manual

M. FERNANDO VARELA IGLESIAS

Panorama de Civilización Española

España y España en América

D1663387

WUV Universitätsverlag

Bibliografische Information Der Deutschen Bibliothek
Die Deutsche Bibliothek verzeichnet diese Publikation in der Deutschen Nationalbibliografie;
detaillierte bibliografische Daten sind im Internet über http://dnb.ddb.de abrufbar.

© 2005 Facultas Verlags- und Buchhandels AG, Wien
Landkarten und Umschlagillustration: Marcos Varela
Druck: Facultas AG
Printed in Austria
ISBN 3-85114-945-9

ÍNDICE

I: LA PROTOHISTORIA: LOS PUEBLOS DE IBERIA

Nuestro panorama de Civilización Española comienza con la Protohistoria peninsular, es decir, con aquel período que se encuentra situado entre la Prehistoria (historia carente de documentos escritos, historia reconstruida a base de los datos que aporta la arqueología), y la Historia propiamente dicha (historia reconstruida principalmente a base de documentos escritos). Sorprendemos así el momento en que nacen las primeras señales visibles (en parte escritas, en parte restos arqueológicos) de unas culturas que prefiguran la posterior identidad de los diversos pueblos de la Península Ibérica.

Este alborear de la cultura ocurre cuando la Península es poco más que simple geografía: tierras que se ofrecen por su riqueza en minerales a los más variados pueblos, pero cuya personalidad cultural es difícilmente separable de su naturaleza mineral. Estamos con un pie en la geografía y con el otro en la historia. No solamente no podemos hablar todavía de España, sino que términos como el de Iberia e incluso el posterior de Hispania ofrecen más connotaciones geográficas que propiamente históricas.

Y sin embargo, este período resulta imprescindible no sólo para entender la historia que viene después, sino incluso para entender la España de nuestros días. Todo el mundo sabe que la España de las Autonomías que ha consagrado la Constitución de 1978 recurre a términos y delimitaciones que resultarían incomprensibles sin el conocimiento de los pueblos de la protohistoria: Asturias, antiguo solar de los astures, Cantabria, región que habitaron los primitivos cántabros, País Vasco, región de los vascones... Y cuando un escritor de la talla de Camilo José Cela afirma aún hoy día que lo que nos une a los españoles es la común admiración por el paisaje «carpetovetónico» (alusión a las tierras ocupadas por los primitivos carpetanos y vetones), todos entendemos lo que quiere decir con esta imagen. Por otra parte, el español coloquial de nuestros días abunda en expresiones humorísticas como «todo sufrido celtíbero»... o «Celtiberia show» (celtíbero: mezcla de celta y de ibero) para referirse en tono de zumba a las peculiaridades de la vida española cotidiana. Un último detalle nos convencerá de la importancia de este período: la increíble riqueza y originalidad de la toponimia de origen prelatino. Algunos nombres de pueblos anteriores a la romanización suenan a algo tan entrañable y propio de los españoles, que Unamuno no duda en considerarlos como el «tuétano» de nuestra sustancia histórica.

A: HISTORIA

El período Calcolítico y las culturas del Bronce (Argar, Atlántico, Baleares)

Como es sabido, la Edad de la Piedra da paso a la Edad de los Metales, llamada así porque el hombre descubre la técnica metalúrgica, invento decisivo de la nueva etapa cultural que revolucionaría su forma de vida. Pero al principio se produce una *fase intermedia entre la técnica de la piedra y la de los metales,* fase que se conoce bajo el nombre de **período Calcolítico** (calcos = cobre, lithos = piedra), por alternar el cobre con la piedra en la producción de utensilios. Las primeras piezas metálicas conocidas son pequeños alambres o punzones de cobre nativo (a veces también de oro) fabricados por martilleo en frío. Poco a poco se va refinando la técnica hasta llegar a la invención del horno hermético, que, gracias a sus altas temperaturas (600 o 700 grados), facilitó la fusión del cobre y con ello la fabricación de objetos de mayor tamaño. Por modesta que parezca esta etapa, ha dejado interesantes huellas en la Península Ibérica, entre las que destaca el yacimiento de *Los Millares* (provincia de Almería, Andalucía).

Los Millares presenta una serie de fortificaciones sobre meseta elevada, con muros sólidos y numerosos fosos. Además de las estructuras de habitación y las defensivas, es de destacar la necrópolis, del tipo de *tholos,* es decir, una cámara circular megalítica a la que conduce un corredor. Por las notables diferencias en la calidad y valor de los objetos del ajuar que acompañaba a los muertos, es de suponer que la sociedad no era del todo igualitaria, sino más bien jerarquizada. Aparecieron además en sus excavaciones diversos objetos de cobre, hachas planas, puñales triangulares, punzones, cinceles, etc., todo ello denotando una tecnología muy primitiva. Un trozo de madera encontrado al pie de la muralla nos permite una datación precisa por medio del carbono 14: año 2340 a. de J.C.

En conjunto, el Calcolítico representa un estadio de cultura material todavía muy primitiva. El cobre solo no podía garantizar un gran desarrollo de la fabricación de utensilios, por lo que éstos tenían que altenarse con los de piedra, como en tiempos anteriores.

Pero el período del Calcolítico es solamente el preludio de la Edad de los Metales, el que antecede inmediatamente a la **Edad del Bronce**. Esta nueva época comienza ya en el Próximo Oriente en edad muy anterior al Calcolítico peninsular. Se puede estimar que ya hacia el año 3500 a. de J.C. en Mesopotamia se solía mezclar el cobre con el estaño para obtener el bronce, fórmula revolucionaria que a su vez procedía del Kurdistán y Armenia. Sólo a partir del año 2000 a. de J.C. alcanza esta técnica las tierras del Mediterráneo occidental (recordemos la fecha antes reseñada para el Calcolítico de *Los Millares*), y su llegada a la Península Ibérica obedece posiblemente a la búsqueda del estaño, que escaseaba en el Próximo Oriente y abundaba en el N.O. peninsular. Esta es la causa de que la Península entrase en el concierto de los pueblos más civilizados.

Tres regiones geográficas resultan privilegiadas por esta verdadera revolución metalúrgica: *El Argar,* en la actual provincia de Almería, la *Cultura del Atlántico* y la *Cultura baleárica.*

La cultura de *El Argar* es de extraordinaria importancia. Dado el espectacular desarrollo de esta cultura, se tendía a explicarla recurriendo a influjos llegados a través del Mediterráneo (teoría difusionista), pero hoy se va abriendo camino la hipótesis de una continuidad natural con la cultura más primitiva de *Los Millares* (teoría evolucionista), cultura que, como hemos visto, se desarrolló igualmente en esta región de Almería. Al igual que en las culturas del Calcolítico, aparecen los poblados situados en lugares estratégicos que dominan las rutas de paso y las tierras circundantes. Pero el sistema de enterramientos es muy distinto, pues ya no existen los enterramientos megalíticos colectivos, sino tumbas individuales localizadas bajo las mismas viviendas. El estudio de los ajuares de las tumbas ha permitido establecer, atendiendo a su riqueza, hasta cuatro niveles sociales distintos y jerarquizados. Las piezas de bronce encontradas en las excavaciones son muy variadas, abundando los puñales cortos, las espadas, los punzones, los objetos de adorno como brazaletes, pendientes, diademas, etc. Y es que ahora los objetos de bronce ya no se hacen por fundición directa, sino por el procedimiento más sofisticado denominado «de la cera perdida», y que consiste en hacer primero un modelo en cera de la pieza que se ha de modelar, de la que después se hace un molde de arcilla. Pero la cerámica es también uno de los elementos distintivos de esta cultura: buena factura, color negro, superficie bruñida y formas muy variadas.

Pero mientras florece en el litoral mediterráneo la cultura o culturas emparentadas con El Argar, tiene lugar en la fachada atlántica de la Península un original desarrollo de la cultura del bronce. La llamaremos *Cultura Atlántica* porque no podemos fijar un lugar concreto como representativo de esta cultura. Efectivamente, se produce simultáneamente en varios puntos de la faja atlántica, especialmente en lo que hoy es Galicia y norte de Portugal, una variedad muy interesante del Bronce europeo que está propiciada por la gran abundancia de yacimientos de cobre y estaño, los elementos indispensables de toda Cultura del Bronce, y a los que hay que añadir una riqueza considerable en yacimientos de oro. Un tipo especial de hachas llamadas «de talón», así como las abundantes joyas encontradas (collares, brazaletes) y objetos de cerámica campaniforme, ofrecen claros paralelos con las culturas análogas de Gran Bretaña e Irlanda. Es de suponer la existencia de un auténtico comercio entre estos pueblos, aunque las condiciones de navegación por un mar tan peligroso nos lo haga difícil de creer.

Otra manifestación original del Bronce la ofrece la *Cultura balear*, que, al igual que la de *El Argar* o la *Cultura atlántica*, empieza a desarrollarse a partir del año 2000 a.de J.C. Sería ocioso discutir de nuevo si se trata de una cultura totalmente importada e impuesta por pueblos extranjeros, por pueblos navegantes del Mediterráneo (teoría difusionista) o es el resultado de un desarrollo de la cultura autóctona debidamente influenciada por las nuevas técnicas del bronce (teoría evolucionista). A lo que parece, la agricultura y la ganadería eran bastante rudimentarias, la cerámica muy simple, y las herramientas, joyas y demás objetos encontrados, no demasiado lujosos. El único aspecto en que verdaderamente destaca esta cultura es la arquitectura ciclópea, especialmente por tres tipos de construcciones: las *navetas* («naves peqeñas»), los *talayots* («torres») y las *taulas* («mesas»). Las *navetas*, llamadas así porque parecen pequeñas naves invertidas, son en realidad tumbas colectivas; constan de una entrada sencilla, una galería y un piso superior al que se accedía desde la entrada. Los *talayots* son lo más característico de esta arquitectura; se trata de torres circulares o cuadradas que solían tener algunas galerías interiores y a veces una gran cámara con columna central. Servían de defensa o de refugio, aunque en algunos casos se aprovecharan como lugar de enterramiento. Las *taulas* o «mesas» constan de una losa plana vertical sobre la que se asienta otra horizontal a la manera de capitel. Generalmente están situadas en el centro de un recinto ligeramente en forma de herradura. Se desconoce su función, aunque se supone que se utilizaba en los ritos y ceremonias religiosas.

En conjunto, el florecimiento de las culturas del Bronce significa no solamente un mayor desarrollo tecnológico, sino, sobre todo, la apertura de buena parte de las tierras de la Península a las culturas europeas. Es de suponer que esta apertura se haya realizado adoptando las nuevas técnicas para mejorar las tradicionales, es decir, desarrollando las culturas tradicionales mediante la aportación de las extranjeras (teoría *evolucionista*), aunque en muchos casos es difícil lograr una soldadura entre lo antiguo y lo nuevo.

Las culturas del Hierro: Tartessos y los primeros colonizadores (fenicios y griegos)

Hacia el primer milenio a. de J.C. se va producir una gran transformación en las diversas culturas europeas, transformación que coincide con el descubrimiento y utilización del hierro (de ahí su nombre: Edad del Hierro), pero que en realidad podemos entender, en lo que concierne a la historia de la Península Ibérica, como la coincidencia de tres factores culturales diversos y de alcance revolucionario: *a) el descubrimiento de la metalurgia del hierro, b) la llegada de los primeros colonizadores* y *c) la aportación del alfabeto y de la moneda por los mismos.*

Puede imaginarse el salto que esto representa con respecto a la época del Bronce: el *descubrimiento del hierro* revoluciona la técnica del utillaje, que en las excavaciones de la época anterior habíamos visto todavía muy escasamente representado; la *llegada de los primeros colonizadores* (fenicios y griegos) abrirá definitivamente la Península a los contactos con el exterior, haciéndola participar, a través del comercio, de culturas muy superiores procedentes del Mediterráneo oriental y del Oriente próximo; en cuanto a la *aportación del alfabeto y la moneda,* diremos en su lugar qué papel le tocó hacer en el enorme desarrollo que sufrió la cultura y el comercio de esta época.

La metalurgia del hierro por sí sola representa ya un gran *progreso tecnológico*: los nuevos hornos de fundición tenían que permitir temperaturas más altas que las requeridas para la fundición del bronce; era necesario, además, saber purificar el material de las escorias; y por si esto fuera poco, la nueva metalurgia debería renunciar al colado del metal fundido en moldes de piedra (como era usual con el cobre y con el bronce) y acudir al moldeado mediante martilleo en caliente. Se atribuye el descubrimiento de esta revolucionaria tecnología, como también de la del bronce, a una tribu armenia. Los hititas se encargarían de difundir esta técnica por Asia y Europa a partir del siglo XII a.C. Se supone que el gran poderío militar del pueblo hitita se debe, fundamentalmente, al dominio de este metal. En Europa entraría ya comenzado el primer milenio a. de J.C., a partir del siglo IX.

Ahora bien, ¿cómo llegó a la Península Ibérica la técnica del hierro? Hay dos interpretaciones, la de los que sostienen que vino importado por las *invasiones de los pueblos centroeuropeos de las culturas de los Campos de Urnas (Urnenfelder)*, y la de los que sostienen que fue importado por los *comerciantes fenicios.* De los primeros pueblos sabemos realmente muy poco: se conocen, sobre todo, por sus ritos funerarios, que eran completamente diferentes de los practicados en el resto de la Península y que consistían en la cremación del cadáver sobre una pira funeraria, en guardar posteriormente sus cenizas en una urna cerámica, y en rodear la urna con los objetos de un ajuar que, básicamente, se componía de armas (espadas, puñales, lanzas) y de adornos personales (fíbulas o broches de cinturón). Se cree que estos pueblos procedían del Rin y que habían llegado a la Península a través del Ródano. Se asentaron, fundamentalmente, en lo que es hoy Cataluña y Aragón, pero no se conoce bien hasta qué punto dominaron o fueron absorbidos por las culturas autóctonas.

La otra teoría supone que el hierro entró con los **comerciantes fenicios**, primero en las costas meridionales, y después a través de vías naturales como el valle del Ebro, en el interior de la Península. Esta segunda teoría parece más probable, especialmente porque de los fenicios tenemos ya muchos conocimientos documentados.

Y con esto entramos de lleno en la etapa de las colonizaciones, que pusieron definitivamente en contacto la Península Ibérica con las demás culturas centroeuropeas, mediterráneas e incluso orientales. Los fenicios son, por decirlo así, los «descubridores» de la Península Ibérica que dejarán constancia de sus riquezas a otros pueblos, como los griegos, los cartagineses (sucesores de los fenicios) e incluso a los romanos. Gracias a los fenicios, se va a facilitar el registro de las culturas peninsulares en la verdadera Historia.

Los fenicios son un pueblo de comerciantes procedentes de Tiro y Sidón (la región del Líbano actual) que, dotados de un extraordinario talento para organizar colonias comerciales en todos los puertos importantes del Mediterráneo, llegaron a rivalizar primero con los griegos y después con los romanos. Su camino de expansión, para no chocar abiertamente con griegos y romanos, era la costa sur del Mediterráneo, al final de la cual se encuentra el estrecho de Gibraltar. Pero se desconoce la fecha en la que se decidieron a atravesar el estrecho para establecer las primeras colonias en la Península. Las fuentes literarias señalan el año de 1100 a. de J.C., pero los restos arqueológicos no arrojan datos anteriores a los comienzos del siglo IX, restos tan escasos que ni siquiera pueden garantizarnos la existencia de una verdadera colonización con asentamientos estables, sino más bien la existencia de una esporádica *precolonización*. Los comienzos de la verdadera colonización podrían situarse hacia, aproximadamente, el año 800. Y la zona directamente afectada por la colonización fenicia sería la del litoral andaluz. Su centro fue Gadir (Cádiz), unica ciudad verdaderamente importante (unos 4000 habitantes) de todas las fundadas por los fenicios en el occidente mediterráneo, junto con Lixus, en la costa africana. Gadir fue no solamente la capital comercial, sino también cultural y religiosa: su famoso templo al dios Melqart, que en época romana fue identificado con Hércules, fue el santuario más famoso del mundo fenicio-hispano. Otras colonias importantes fueron Abdera (hoy Adra), en la actual provincia de Almería, y Malaca (Málaga).

El objetivo primordial de la colonización fenicia eran los *metales peninsulares*, de cuya abundancia ya hemos hablado. Interesaban tanto los llamados *metales preciosos* (oro y plata), como los *metales industriales* (cobre, estaño y plomo). La importancia del estaño y el cobre (los elementos del bronce) en plena edad del hierro no debe extrañarnos: el bronce seguía siendo un metal básico, juntamente con el hierro. Se puede comparar el impacto que produjo la comercialización de estos metales en la Edad Antigua con el que producirían en la Edad Moderna los filones metalíferos americanos.

A cambio de estas materias primas, los fenicios introdujeron, además del *metal del hierro*, una serie de productos manufacturados de gran calidad, en parte de fabricación propia, en parte importados de Grecia y Egipto. Estos productos eran, fundamentalmente, los *textiles* (vestidos de telas fenicias apreciadas en todo el Mediterráneo), los objetos fabricados con *pasta vítrea* (recipientes para perfumes, cuentas de collar), *joyas* de gran valor, *armas y utensilios* de los más diversos tipos. Pero no hay que limitar el influjo fenicio a un simple ciclo de intercambios: la primera *industria de salazón de pescados* (conservación del pescado en sal) tiene origen fenicio, aunque hoy se conozca solamente a través de las factorías que dejaron los romanos. Y, relacionado con la industria del pescado, hay que mencionar una especie de condimento extraído del pescado (*garon* en griego y *garum* en latín) que se producía en Cádiz y se vendía ya con gran éxito en la sofisticada Atenas del siglo V a. de J.C. En la Roma del siglo I de nuestra era, el *garum* hacía furor; Séneca, el gran escritor estoico de origen hispano, considera el *garum* como una de las mejores muestras de la decadencia y corrupción de las costumbres de la Roma de su tiempo.

Pero es hora de volver a contemplar las culturas autóctonas de la Península durante este período del Hierro, de las que hasta ahora no hemos dicho nada. ¿Con quiénes comercian los fenicios en ese reducido espacio que constituye buena parte de lo que hoy es Andalucía? Con una cultura de enorme desarrollo de la que, desgraciadamente, no conocemos más que datos fragmentarios, a veces envueltos en la leyenda: la **cultura de Tartessos**.

Hay dos fuentes tradicionales que hablan de Tartessos, una bíblica y la otra griega. La bíblica es tan abundante en datos como vaga e insegura: en el primer Libro de los Reyes (X, 22) se dice que el rey Salomón y su suegro y aliado el rey Hiram de Tiro (un fenicio, pues), tenían en el mar naves de Tarsis o Tarschich que iban cada tres años a buscar oro y plata, marfil, monos y pavos reales. En el segundo libro de los Paralipómenos (XX, 36-37) se citan las naves de Tarsis construidas por Josafat y que iban igualmente a la búsqueda del oro. En textos de Ezequiel (XXVII, 12) se menciona el comercio de Tiro con Tarsis, que proporcionaba a la ciudad fenicia plata, hierro, estaño y plomo. Otras menciones de Tarsis aparecen en Jeremías (X, 9), con alusiones a lingotes de plata de Tarsis... El problema de todas estas indicaciones es que no es nada seguro identificar a Tarsis con Tartessos, por lo que no es de extrañar que algunos historiadores hayan situado la Tarsis bíblica en Oriente (en concreto, en la India). La otra fuente clásica es la que nos proporcionan los griegos, desde el poeta Estesícoro hasta el geógrafo Estrabón. En ella se encuentran ya muchos elementos concretos que pueden estar más cerca de la verdad. El profesor García Bellido resume así el cuadro de la civilización de Tartessos que presentan los griegos: «Tartessos es una ilustre ciudad de Iberia, que recibe su nombre del río Betis (Guadalquivir), llamado antes también Tartessos. Este río procede de la región céltica, y nace en la 'montaña de la plata'; arrastra en su corriente, además de plata y estaño, oro y cobre en mayor abundancia. El río Tartessos se divide en dos brazos al llegar a su desembocadura. Tartesssos, la ciudad, se alza en medio de un lago llamado Aorno, y una ciudad ligur de nombre Lugustina, sita en la parte occidental de Iberia».

Existe también un curioso relato de Herodoto sobre el descubrimiento de Tartessos, pero este relato contiene detalles semilegendarios. Según Herodoto, un griego llamado Colaios, a finales del siglo VII, fue llevado por una tempestad a las costas de Tartessos, donde fue recibido pacíficamente y donde pudo aprovechar la ocasión para mercadear. Volvió a su país con un cargamento de plata fabuloso para aquella época (600 talentos), lo que le permitió dedicar un 10% como exvoto al santuario de Hera de su ciudad.

Como se ve por las mismas fuentes históricas, los habitantes de *Tartessos* fueron los primeros en ser conocidos y en entrar en contacto con los pueblos históricos civilizados del Mediterráneo oriental, fenicios y griegos. Debido a la importancia de estos contactos comerciales y a la riqueza minera que antes señalaban las fuentes, *Tartessos* alcanzó en poco tiempo gran poderío. Partiendo de sus primeras factorías en el valle del bajo Guadalquivir (la capital misma podría estar cerca de Jerez de la Frontera, en el Coto de Doñana, en Huelva o en Algeciras), pronto se extendieron por toda Andalucía y por levante hasta llegar al cabo de la Nao (Alicante). Es más, a la expansión territorial en el sur de la Península hay que añadir la expansión comercial por mar, que fue considerable para la época: en efecto, los navegantes de *Tartessos* recorrían el litoral atlántico para llegar a la península de Bretaña y a Inglaterra en busca del estaño que necesitaban para la fundición del famoso «bronce tartesio». (Algunos autores, sin embargo, consideran que los tartesios no eran grandes navegantes, y que en esta faceta fueron ayudados o dirigidos por los fenicios).

La cultura de Tartessos fue considerable. El geógrafo Estrabón asegura que los tartesios eran los más cultos de los pueblos ibéricos, ya que contaban con anales escritos (se ha estudiado el alfabeto tartesio, en muchos aspectos semejante al ibero) y con poemas y leyes escritas en forma métrica. Por lo demás, la presencia de Tartessos en el mundo clásico debió de ser considerable. Algunos investigadores, con razón o sin ella, identifican las «Columnas de Hércules» (que se suponían vecinas a Tartessos) con las Escila y Caribdis de la *Odisea*. Y el famoso arqueólogo Adolf Schulten llegó a barajar la posibilidad de identificar *Tartessos* con la Atlántida de Platón, ciudad mítica cuyo final enigmático guarda semejanza con el final de la capital de *Tartessos,* que no ha dejado ni rastro.

Se supone que los fenicios entraron en contacto con la aristocracia tartesia para concertar la explotación de las riquezas naturales. Esta alianza de intereses entre comerciantes extranjeros y clase dominante autóctona puede considerarse una relación «horizontal», mientras que la relación entre la aristocracia dominante y el pueblo dominado puede considerarse «vertical», pues hay una subordinación y una implícita violencia ejercida por una clase social sobre otra.

Pero antes de hablar del final de esta riquísima cultura es preciso dejar paso al otro gran pueblo colonizador, el de **los griegos**, que entran en la Península poco después que los fenicios, y en estrecha competición con éstos. Los griegos habían iniciado su expansión comercial por la orilla norte del Mediterráneo, paralelamente a los fenicios, que seguían la orilla sur. El choque entre ambas culturas al cerrarse el Mediterráneo justamente en *Tartessos* resultaba inevitable. Pero no está bien documentado este choque. Los griegos, que habían comenzado esta expansión colocando sus excedentes de población y formando verdaderos apéndices coloniales de la propia Grecia (recuérdese que la isla de Sicilia era llamada «Magna Grecia»), cuando llegan a Massalia (Marsella) y a Rosas y Ampurias (Cataluña) forman ya colonias muy pequeñas y semejantes a las de los fenicios; es decir, se trata de pequeñas ciudades marítimas especializadas básicamente en el comercio y aisladas unas de otras. Esto explica quizás las dificultades para establecerse en *Tartessos* y superar la hegemonía comercial fenicia. Se han hallado en esta zona numerosos objetos griegos que, más o menos, corresponden a la época del viaje del griego Colaios a *Tartessos* (siglo VII o siglo VI), y que coinciden con una verdadera decadencia de importaciones fenicias, pero estos objetos pudieron haber sido traídos por los mismos fenicios, que, como hemos visto antes, introdujeron en España precisamente productos griegos. En resumen, hay que decir que las huellas de Grecia en Tartessos (e incluso en otras pretendidas colonias del litoral mediterráneo de las que sólo queda el nombre) es muy escasa o prácticamente inexistente.

Muy distinto es el panorama en la región que hoy conocemos como Cataluña, donde los griegos fundaron ricas e influyentes colonias marítimas, entre las que destacan Rosas y Ampurias, situadas en los extremos del golfo de Rosas.

Ampurias es una fuente preciosa de información sobre las colonias griegas. Su mismo emplazamiento, en una zona donde el paisaje catalán es, por excepción, arcilloso, ha contribuido a su relativa buena conservación durante los siglos, pues fue cubierta por las dunas y preservada así de la total desaparición. Desde 1908 se viene trabajando con ejemplar constancia en la excavación de esta ciudad. Al principio (comienzos del siglo VI a.J.C), se estableció en un islote que hoy está unido a la costa una especie de factoría que consistía en un simple mercado y un refugio para las naves; a este enclave se le llamó después *Palaia Polis* (ciudad antigua), aunque la palabra «ciudad» es, sin duda, una exageración. Poco después surgió la *Neápolis* («ciudad moderna»), la verdadera colonia. Rodeada de fuertes murallas, su estructura urbana es semejante a la usual en otras ciudades helenísticas, es decir, regular y más o menos hipodámica. En el centro se encuentra el ágora o plaza pública, con un gran edificio para el mercado. De esta plaza parten las calles principales, que son más o menos rectas y paralelas, y que permiten bloques de casas de planta rectangular o cuadrada. Las casas son, en general, pequeñas y de pocas cámaras, pero no faltan los pavimentos de mosaico de tipo helenístico. Una buena parte de la ciudad estaba destinada a los templos. Aunque es difícil estimar el número de habitantes, se calcula en unos 2000. A pesar de que la colonia griega estaba basada en principios estrictamente comerciales y pacíficos, un texto de Tito Livio nos advierte de la gran desconfianza que sentían los griegos ante sus vecinos hispanos: la única puerta que había en la muralla estaba siempre vigilada, y por la noche un tercio de los habitantes de Ampurias ejercía su vigilancia permanente sobre la muralla. Además, según este mismo texto, ningún hispano se aventuraba a dejar la ciudad sin tomar precauciones. Tampoco les estaba permitido a los hispanos entrar en la ciudad griega.

No es fácil determinar qué tipo de comercio se realizaba en la colonia de Ampurias y en otras semejantes. Se supone que los griegos compraban *metales*, aunque la región no es precisamente rica en ellos; además de metales, los griegos adquirían *sal, esparto y lino*. A cambio de estos productos, los griegos vendían, sobre todo, *cerámica griega, vino y aceite*.

La cerámica es, con mucho, el producto de exportación de los griegos que mayor impacto causó. Durante los finales del siglo V y todo el IV se produce una verdadera inundación de cerámica ateniense en casi todo el litoral mediterráneo peninsular. Se trata de la cerámica ática del estilo de las «figuras rojas» o del estilo de vasijas con barniz negro sin decoración o escasamente decoradas.

Pero un comercio que debemos suponer tan extraordinario por los restos encontrados, estaba favorecido por un invento griego de primerísima importancia económica: *la moneda*. En efecto, los griegos introducen las primeras monedas en la Península. Primero procedían de Marsalia (Marsella), colonia mucho más importante que Rosas o Ampurias, pero con el tiempo llegaron a acuñarse en estas colonias peninsulares monedas propias, marcándolas con las iniciales del nombre de la ciudad (Ampurias) o con una rosa como emblema (Rosas). Poco a poco estas monedas van siendo aceptadas por los indígenas de los demás pueblos peninsulares: primero se expanden las monedas hacia el sur, siguiendo el litoral mediterráneo en dirección a lo que hoy es Valencia, y después logran infiltrarse en los pueblos del interior a través del valle del Ebro.

Los pueblos prerromanos: iberos, celtas, celtíberos

Hasta ahora hemos contemplado culturas balbucientes y dispersas por la Península (los pueblos del Calcolítico y del Bronce) o culturas que difícilmente podrían sernos accesibles (como el semilegendario *Tartessos)* de no mediar pueblos colonizadores que entraron en contacto con ellos. El resto permanecía envuelto en el misterio.

Pero a partir de cierta época empiezan a multiplicarse las noticias de escritores extranjeros sobre pueblos hasta entonces desconocidos y que, rescatados del anonimato sólo por esta mención, empiezan a entrar en la historia. No se sabe mucho de ellos, es verdad, y casi siempre los nombres con que son bautizados aluden más a su situación geográfica que a su problemática identidad cultural. Pero la arqueología ha venido en ayuda de estas valiosas pero superficiales indicaciones de los historiadores griegos y latinos y nos ha completado un cuadro que contiene todavía muchos puntos oscuros, pero que nos permite ya hablar de los primeros pobladores hispanos como antecedentes inmediatos de la España verdaderamente histórica.

Hay que advertir que la historiografía romántica ha tergiversado notablemente los datos aportados por la arqueología para convertir estos pueblos en culturas perfectamente delimitadas y de gran estabilidad histórica. La búsqueda de una identidad cultural que se mantendría prácticamente inalterable a través de los siglos y que garantizaría la personalidad nacional de los españoles, ha impulsado a muchos historiadores a contemplar los pueblos que ahora surgen (iberos, celtas, celtíberos) como los verdaderos antepasados de los españoles. Además, estos «españoles primitivos» entraban en la historia sin ningún género de sombras: se pretendía conocer su mentalidad y carácter, sus usos y costumbres...

La primera medida de prudencia que hay que advertir es la relativa a las palabras mismas con que se designan estos pueblos. La palabra «Iberia», por ejemplo, es empleada por los historiadores griegos cuando comienzan a escribir sobre la Península, y procede de una región homónima del Cáucaso (Georgia) por las analogías que los griegos encontraron entre esta región y la Península, especialmente en lo que se refiere a la riqueza minera. Es evidente que los griegos *no empleaban este término con una referencia étnica, sino puramente geográfica*. Es evidente también que bajo el término «Iberia» se comprendían también otros pueblos que nada tienen que ver con los llamados «iberos» de los que aquí vamos a hablar. Pero aun en el caso de referirnos con este término solamente a pueblos «iberos» (es decir, no celtas ni celtíberos), habría que poner en duda la pretendida unidad de una cultura que albergaba pueblos tan diferentes.

También debemos ser prudentes con el término de «celtas», que ha servido igualmente para legitimar y dar unidad a las culturas más dispares. Se pretende que los celtas entraron, como pueblos centroeuropeos y emparentados con la cultura de Hallstatt, en sucesivas oleadas en la Península Ibérica. Una de estas primeras incursiones sería la de los pueblos de los *Campos de Urnas*, de la que ya hemos dicho que se asentarían en Cataluña y Aragón («beribraces»). Otra invasión alcanzaría las actuales provincias de Soria y Teruel («pelendones», «berones», «turones»...). Una tercera invasión, en fin, se produciría preferentemente sobre el valle del Duero («arévacos», «autrigones», «caristios», «belos»...). Ahora bien: aunque se conocen detalles sobre estas sucesivas invasiones de pueblos que se pueden denominar «celtas», queda por saber hasta qué punto dominaron a la población autóctona o fueron absorbidos por ésta. (En el caso de Cataluña, por ejemplo, parece bastante probable que no hayan dejado huella duradera). Pero es que, además, en muchos casos es perfectamente posible documentar las sucesivas etapas culturales de un pueblo sin necesidad de acudir a influjos externos esenciales. De nuevo nos encontramos aquí con la conocida dualidad de métodos en la investigación: el método *difusionista*, que tiende a explicarlo todo por medio de la influencia de unos pueblos sobre otros, y el método *evolucionista*, que explica las transformaciones históricas recurriendo, fundamentalmente, a la dinámica propia de cada cultura. Hoy día se tiende a prescindir del método difusionista allí donde basta la explicación más simple de una evolución natural propia. *De esta manera resulta, en muchos casos, factible prescindir del factor celta, que se limitaría probablemente a un influjo superficial que haría evolucionar a los pueblos colonizados sin por ello transformar radicalmente su cultura.*

La denominación de *celtíberos* para la mezcla de *celtas* e *iberos* añade a las dificultades del primer grupo las que ya conocemos del segundo, por lo que este término habrá que entenderlo todavía con mayor precaución.

Así pues, seguiremos la clasificación general tripartita de pueblos preromanos agrupándolos en *iberos, celtas y celtíberos*, pero, conscientes de las limitaciones de esta clasificación, pasaremos revista a los distintos pueblos siguiendo un orden de exposición geográfico e indicando, en cada caso, su pertenencia o no pertenencia a alguno de ellos.

Empecemos por el pueblo de los *galaicos*, habitantes del N.O. peninsular (terreno que se corresponde con la actual Galicia). El nombre con que se designa es de origen romano y posiblemente tardío, de la época de Augusto, por lo que empezamos mal la caracterización de una cultura. Los *galaicos* eran un pueblo que participaba del dominio lingüístico indoeuropeo, pero esta característica la comparte con otros muchos pueblos, especialmente con los *lusitanos*. La arqueología no consigue reconstruir una verdadera peculiaridad cultural de este pueblo, pues los restos encontrados son similares a los de la mayoría de los pueblos del norte. A partir del siglo VIII a. de J.C., es decir, a partir de la Edad del Hierro, parece que la población se hizo sedentaria y empezó a vivir en *castros*, es decir, en poblados fortificados situados en lugares estratégicos. La historiografía tradicional ha pretendido ver en la cultura de los *castros* un resultado de las invasiones de los *celtas*, pero ya hemos señalado que una explicación más sencilla de tipo *evolucionista* (en este caso, el cambio de la agricultura itinerante por un sistema de explotación permanente que obliga a construir poblados) resulta suficiente para explicar el cambio. Se han encontrado en los *castros* muchos objetos de hierro que hicieron pensar igualmente a los historiadores en influjos celtas, pero estos objetos bien pudieron entrar en el N.O. a través del comercio con los fenicios. Los nacionalistas gallegos de las primeras generaciones (principios del siglo XX), fundaron buena parte de sus argumentos sobre la identidad cultural de Galicia en el pretendido pasado celta de la región.

Otros pueblos del norte peninsular son los *astures* y los *cántabros*, que se extendían por el territorio de la actual Asturias y Cantabria. Pero aunque la actual España de las Autonomías haya consagrado estas denominaciones basándose en los nombres que estas regiones tenían en la Edad Antigua (nombres que, como en el caso de los *galaicos* provienen de los romanos), lo cierto es que nada o casi nada sabemos de sus respectivas culturas. Es más, la diferenciación misma entre *astures* y *cántabros* es bastante problemática. A lo sumo sabemos que estas regiones estaban bastante influenciadas por estructuras culturales y sociales indoeuropeas (se llega incluso a afirmar la existencia de una aristocracia celta entre los *astures*), y que debían tener una organización social muy jerarquizada. La presencia de *gentes* o de *gentilitas* que registran los romanos nos dejan en la oscuridad; lo único que cabe afirmar de ellas es que eran organizaciones suprafamiliares y que jugaron un papel a la hora de establecer pactos sociales entre los distintos grupos.

Otro pueblo del norte es el de los *vascones*, a quienes se suele identificar, sin justificación, como los primitivos pobladores del actual País Vasco. En realidad este pueblo habitaba lo que hoy es Navarra y una parte del norte de Aragón. En cambio, las actuales provincias vascongadas estaban ocupadas por *várdulos, caristios, autrigones* y *berones*, de los que, en parte, ya hemos hablado. Sea como sea, el pueblo de los *vascones*, dotado de una lengua originalísima que denota una pervivencia milenaria, es uno de los más antiguos de toda la Península.

Al occidente de la Península hay que comprender a los *lusitanos*, a quienes hemos visto emparentados culturalmente con los *galaicos*. Efectivamente, algunos testimonios lingüísticos documentan rasgos indoeuropeos que permiten clasificarlos como precélticos. La enorme extensión del territorio lusitanio (que coincide con todo el actual Portugal al sur del río Duero), justifica la actual identificación entre «lusitano» y «portugués» o «perteneciente a la cultura portuguesa». Naturalmente, una tal extensión presupone, más que un pueblo, un conjunto de pueblos.

Continuemos por el interior de la Península, donde la descripción se complica notablemente. El valle medio del Ebro es un mosaico de pueblos (*suesetanos, berones, titos, belos, lusones...*) a los que les une una característica común: la influencia céltica producida en sucesivas oleadas de invasores y que justifica que los romanos hayan denominado a algunos de estos pueblos *celtíberos* (es decir, mezcla de *celtas* y de *iberos*). Como se ve, en el término de *celtíberos* el único elemento distintivo es el de ser *celtas* o tener algo que ver con los *celtas*, es decir, el de ser de origen centroeuropeo, el de tener una lengua indoeuropea (al revés que la mayoría de los pueblos orientales de la Península), y algunas características de su cultura, como, en algunos de estos pueblos, la costumbre de incinerar los cadáveres (culturas de *Campos de urnas*).

En el valle del Duero se repite, en parte, el panorama que hemos explicado en ocasión de describir el valle medio del Ebro: gran parte de los pueblos de esta zona pueden ser considerados *celtíberos*, y por las mismas razones que hemos dado antes. Estos pueblos son, en primer lugar, los *arevacos*, quizá los más importantes y numerosos, que superaban la cuenca del Duero y llegaban hasta las actuales provincias de Cuenca y Guadalajara; venían después los *pelendones*, culturalmente emparentados con los anteriores, los *vaceos*, que desarrollaron una interesante cultura agraria y, un

16

poco más hacia el norte, los pueblos indoeuropeos o fuertemente indoeuropeizados que ya conocemos, como son los *astures* y los *cántabros*, que lindaban con la región del Duero. Al SO se encontraban los *vetones*, pueblo que ya no puede considerarse celtíbero, y que es el autor de la interesante cultura de los *verracos*, que veremos más adelante.

En la Submeseta Sur (la actual región de Castilla-La Mancha) dominaban los *carpetanos*, que parece que estaba dotada de centros urbanos de cierta importancia, a juzgar por las crónicas de los romanos. Toledo sería el núcleo urbano más considerable.

En el sur, y coincidiendo con la zona que hemos estudiado como Tartessos, se encontraban los *turdetanos*. Por desgracia, es difícil señalar la transición histórica entre una y otra cultura.

Por último, en las zonas de Levante se desarrolló la cultura de los *iberos*, que es la que da el nombre a toda la Península. Como ya hemos advertido, la palabra *ibero* o *Iberia* tenían, sobre todo, una referencia geográfica y no étnica. Identificar con un pueblo y con una cultura todo lo que se entiende bajo esta palabra, resultaría problemático. (Posiblemente los propios *iberos* no eran conscientes de su identidad cultural, dada la cantidad de pueblos que entraban bajo esta denominación común). Además, hay que tener en cuenta que, en la acepción primitiva, *Iberia* era toda la Península, y sólo la aplicación de un criterio restrictivo reduce la geografía de los *iberos* a la tierra donde no había *celtas*, *celtíberos* y otras culturas más o menos bien delimitadas por diversos factores.

Si aceptamos estos criterios selectivos, nos quedamos con que la zona que ocupaban los *iberos* no contaminados de las invasiones centroeuropeas y que, de acuerdo con esto, presentarían una unidad cultural considerable, se reduciría al litoral mediterráneo situado al sur del Ebro (Castellón, Valencia, Alicante, Albacete y Murcia). Pero es evidente que hay también otras zonas altamente iberizadas, como el litoral mediterráneo al norte del Ebro (una buena parte de Cataluña), la cuenca media del río Ebro (el centro de Aragón) y algo de Andalucía. En resumen: la cultura propiamente ibérica ocuparía el tercio oriental y sudoriental de España.

Los pueblos o tribus que integran esta cultura son muy numerosos, como es de esperar en un territorio tan extenso. En el sur del litoral mediterráneo, entre Almería y el río Segura, se encontraban los *mastienos*, con capital en los alrededores de Cartagena (según algunos, la Cartagena misma era Mastia rebautizada); en la región de Valencia se encontraban, según fuentes antiguas, los *edetanos*, y según fuentes más cercanas a la conquista romana, los *contestanos*; la zona de la desembocadura del Ebro la ocupaban los *ilercavones*. Ya en Cataluña tenemos que citar a los *cosetanos*, que ocupaban la actual Tarragona, los *layetanos*, pueblo de Barcelona, los *indigetes*, asentados en el Ampurdán... Y en fin, para no cansar, citemos a los *ilergetes* de Lérida (el nombre latino de Lérida era Ilerda), y, ya en Aragón, cerca de Zaragoza, a los *sedetanos.*

Los iberos vivían en ciudades fortificadas, lo que puede indicar falta de unidad política y luchas internas. De su disposición a la guerra nos hablan los historiadores clásicos, que nos presentan a los iberos como simples mercenarios de los griegos y cartagineses. Los iberos emplearon pronto la moneda (hacia el 250 a. de J.C.) imitando las acuñaciones griegas de la colonia de Ampurias. Por cierto que las monedas del siglo I a. de J.C son bilingües (ibérico y latín), lo que ha permitido reconstruir los signos ibéricos y conocer, ya que no su lengua, al menos su pronunciación. Más adelante tendremos ocasión de ocuparnos de la lengua ibérica y su influencia en la lengua romance.

De la industria tradicional de los pueblos ibéricos hay que destacar a) el uso sistemático del hierro, que será el metal básico de esta cultura, y b) la utilización del torno del alfarero. Ambas industrias se deben a los contactos con los pueblos colonizadores.

Resulta impresionante el catálogo de objetos de hierro que arrojan las excavaciones: espadas, lanzas, puñales, espuelas, acicates y hasta frenos de caballo. Esto por lo que respecta a las técnicas relacionadas con la guerra. Pasemos revista al cúmulo de utensilios agrícolas: arado, rejas de arado, azuelas, cucharas de sembrador, hoces... Y por último los utensilios de trabajo industrial: taladros para madera, escoplos, sierras, barrenas, cuñas, hachas de leñador, martillos-hacha, picos-martillos...

En cuanto a la alfarería y al invento del torno del alfarero, hay que decir que de su aplicación resultó una verdadera revolución de esta técnica, pues los objetos de cerámica dejaron de ser objetos de creación familiar (hechos, generalmente, por las mujeres) para convertirse en productos ya típicamente industriales. Hablaremos más adelante de estos productos, considerados como verdaderas obras de arte.

B: SOCIEDAD

Estructuras sociales prerromanas

La familia es la célula social básica sin la cual no es concebible ninguna otra estructura social. Como institución natural, es común a todos los pueblos y no constituye factor diferencial alguno, aunque la distinción entre sistema *matriarcal* y sistema *patriarcal* puede resultar de gran interés. Nuestra atención, al hablar de estructuras sociales, se dirige entonces a quellas que superan este marco natural de la familia para constituir unidades más complejas y abstractas.

En este sentido, vale la pena comentar una de las primeras estructuras suprafamiliares conocidas y a la que hemos hecho mención anteriormente: la de las **gentilitates** encontradas entre los pueblos *astures* y *cántabros*. Aunque las descripciones que de ellas nos han dado los romanos nos permiten saber que se trata de auténticas unidades suprafamiliares, no se ha podido conocer con exactitud qué eran o cómo funcionaban. Suponemos que, en un territorio tan influido por la cultura indoeuropea como el de los *astures* y *cántabros*, estas *gentilitates* estarían relacionadas con lo que se viene denominando el *cum* céltico, especie de clan que consistía en la asociación de todas las familias colaterales agrupadas en torno a un jefe común. Aunque la base de tales *gentilitates* era familiar, constituían una unidad superior a la simple familia, hasta el punto de que servían para organizar todo un territorio. En algunas regiones poco romanizadas, los romanos llegaron a identificar algunas de estas *gentilitates* con las *civitates* («ciudades» en sentido lato). Es más, cuando los romanos conquistaron la Península, respetaron en algunos casos las organizaciones sociales existentes, como en el caso de las *gentilitates* de los pueblos del norte, y las acogieron en el derecho administrativo. Un ejemplo de tal procedimiento lo ofrece el famoso «Pacto de Zoelas», donde se establece la renovación de un pacto de hospitalidad entre diversas *gentilitates*. El texto se encuentra en un epígrafe hallado en Astorga (provincia de León), y contiene dos pactos pertenecientes a dos fechas distintas, siendo el pacto de la segunda fecha una renovación del de la primera. Se observará que en la primera fecha los nombres propios son nombres originales pero transcritos al latín, mientras que en la segunda fecha muestran ya todos nombres perfectamente latinizados. Ofrecemos la traducción de J. Santos, perteneciente al libro *Los pueblos de la España antigua*, Madrid, 1989, pag. 197:

> En el consulado de Marco Licinio Craso y de Lucio Calpurnio Pisón, cuatro días antes de las Kalendas de mayo (27 de abril del año 27 d.C.), la gentilitas de los desoncos, de las gens de los zoelas, y la gentilitas de los tridiavos, de la misma gens de los zoelas, renovaron un pacto de hospitalidad antiquísimo y se recibieron mutuamente en su fidelidad y clientela y la de sus hijos y descendientes. Lo realizaron Arausa hijo de Blecaeno, Turaio hijo de Cloutio (....) En el consulado de Glabrión y de Homullo, cinco días antes de los idus de julio (11 de julio del 152 d.C.), la misma gentilitas de los desoncos y la gentilitas de los tridavios recibieron en la misma clientela y en los mismos pactos, de la gens de los avolgigos a Sempronio Perpetuo Orníaco y de la gens de los visagilios a Antonio Arquio y de la gens de los cabruagenigos a Flavio Frontón, (ambos) zoelas.

Un paso más adelante en esta evolución hacia una sociedad más abstracta, más alejada de la célula familiar, lo ofrecen algunas instituciones de pueblos celtibéricos asentados en el valle del Duero y que muestran una cierta evolución desde el sistema que antes hemos apuntado de tipo familiar-gentilicio a uno de tipo clientelar. Nos referimos a la institución del **hospitium**, que puede muy bien relacionar individuos entre sí, o comunidades, o individuos con comunidades, *en una especie de relación feudal*. Al constituir una simple relación de clientela, el *hospitium* altera el antiguo orden social, integrando individuos de las más diversas procedencias. Además, el *hospitium* es un acuerdo libre que queda registrado en una tésera o placa de metal donde figura el texto del pacto en latín o en la lengua vernácula.

Estamos todavía muy lejos de las leyes universales que impondrá más tarde el *ius latinum* y la concesión de la ciudadanía romana a todos los habitantes de la Península. Pero también estamos lejos de las relaciones puramente familiares que establecía la sociedad de clanes.

Mencionaremos, finalmente, un interesante modelo de sociedad agrícola que desarrollaron los *vaceos*, pueblo celtíbero de la región del valle del Duero que ya hemos citado, y que podríamos denominar **colectivismo agrario**; en cierta manera, este *colectivismo agrario* presupone un grado de abstracción legal muy superior al de la *gentilitas* y al del *hospitium*, pues presupone la igualdad social de muchos individuos que tienen en común la explotacón de la tierra. Los vaceos estaban asentados, más o menos, en lo que hoy es la región de la Tierra de Campos, y que abarca partes de las provincias de Valladolid, Palencia y Zamora. A diferencia de la mayoría de los pueblos de los alrededores, que eran ganaderos, los vaceos eran fundamentalmente agricultores, y practicaban lo que podría llamarse «colectivismo agrario». Un texto de Diodoro de Sicilia nos informa que los agricultores vaceos dividían cada año los campos y los repartían por sorteo a las diferentes familias; éstas trabajaban las tierras por separado hasta que llegaba la época de la recolección, en que entregaban las cosechas a la comunidad para repartirlas de nuevo a cada una de las familias según sus necesidades. La ocultación de alguna parte de las cosechas para uso privado era castigada con la muerte. Naturalmente, este tipo de repartos de la tarea venía favorecido por la naturaleza del terreno –las tierras llanas de componente arcillosa– y por el monocultivo cerealístico. En muchas otras partes de Europa –y aún de otros continentes– donde se dan estas circunstancias, es frecuente encontrar este tipo de explotación colectiva que geográficamente se denomina «de campos abiertos», es decir, de campos comunes, sin muros divisorios. Si hemos citado aquí este sistema de explotación agrícola es para indicar el alto grado de organización social que podían ya exhibir los pueblos prerromanos. Con todo, debe desecharse la interpretación de una sociedad de estructura comunista; muy probablemente, las familias que recibían lotes de tierras eran solamente las pertenecientes a la nobleza.

C: CULTURA

El arte ibérico: esculturas y cerámica pintada

El arte de los *iberos* destaca por la escultura y por la pintura realizada sobre piezas de cerámica. Aunque se observan influjos de los pueblos colonizadores, especialmente de los griegos, tiene gran personalidad propia y es incomparablemente superior al arte que nos dejaron los *celtas* o los pueblos influidos por la cultura celta.

En los santuarios indígenas han aparecido multitud de estatuillas de bronce que sin duda son exvotos dedicados a los dioses. La mayoría son de fundición y se supone que están realizadas por el procedimiento denominado «de la cera perdida», que ya encontramos al describir las primitivas técnicas de fundición de la cultura de *El Argar*. Otras están forjadas mediante golpes con barras de metal de forma cilíndrica o cuadrangular. En general, muestran cierta influencia del arte griego arcaico, y, lo que es más característico, muestran un cierto geometrismo y esquematismo de los rasgos. Abundan las figuras de guerreros armados de escudos redondos, lanzas y espadas curvas (*falcatas*), y algunas veces van a caballo. Cuando se trata de mujeres, llevan el vestido ceñido al cuerpo y los pliegues dejan adivinar la forma del cuerpo, como en el arte griego. Parece ser que una exposición de estas estatuillas de bronce en el museo del Louvre en 1906 tuvo gran influencia en la fundación del *arte cubista* de Picasso.

Pero mucho más interesantes son las figuras de piedra, entre las que se encuentran verdaderas obras maestras. Así la *Gran Dama Oferente* encontrada en la provincia de Albacete, de tamaño un poco inferior al natural. El manto muestra pliegues en zig-zag, a imitación del arte arcaico griego. En cambio, el tocado parece inspirado en modelos egipcios (lo que sería posible debido a las aportaciones orientalizantes de los fenicios). Tiene triple collar y en el peinado lleva dos rodetes, adornos característicos de la moda femenina de los iberos en los que se recogía el pelo. Hay una cierta rigidez en la figura que parece característica de todo el arte ibérico, aunque bien pudiera ser de nuevo un influjo de las esculturas arcaicas griegas. En las manos, que van igualmente adornadas de joyas, sostiene un vaso con la ofrenda (de ahí el nombre con que se designa esta estatua).

La escultura más conocida del arte ibérico y uno de los mayores logros del arte hispano de todos los tiempos es la denominada *Dama de Elche*. A diferencia de la anterior, es solamente un busto que contenía un pequeño receptáculo posterior, se supone que para las cenizas del muerto. Al igual que en el caso de la *Gran Dama Oferente*, lleva un tocado suntuosísimo en el que no faltan los conocidos rodetes (aquí de gran tamaño), que se mantienen unidos por una diadema que los sostiene. Una tiara puntiaguda cubre el peinado. Sobre el pecho exhibe tres collares de los que cuelgan unas pequeñas ánforas para perfumes. Los pliegues del vestido acusan también la influencia griega en el dibujo de zig-zag. Pero lo mejor de esta obra maestra es la expresión misma del rostro, que, en opinión de J.J. Martín González, «representa un patrón arcaico jónico, pero dulcificado con una expresión melancólica». Encontramos además en este rostro una expresión enigmática que, en su misma indeterminación, parece sugerirlo todo sin decir nada concreto (acaso la mejor muestra de su genialidad).

Todavía muy recientemente (año de 1971) fue descubierta otra joya del arte ibérico en una necrópolis ibérica de la localidad granadina de Baza, por lo que se la denomina *La Dama de Baza*. Se trata de una figura sedente policromada que presenta algunos rasgos comunes con la *Dama de Elche*, aunque no alcanza su perfección. El vestido tiene el característico zig-zag, las joyas son igualmente llamativas (collares y pendientes) y, en fin, la figura toda está dominada por el hieratismo que ya nos es familiar. Un hueco en la parte posterior y a la altura del asiento hacía de urna para las cenizas del muerto.

Son también dignas de mención las figuras de animales antropocéfalos (con cabeza humana) que, al parecer, tenían la misión de guardar las puertas de los poblados y sepulcros contra los malos espíritus. La escultura más característica de este género es la llamada *Bicha de Bazalote* (cuerpo de toro y cabeza humana).

Mencionaremos finalmente las toscas figuras de animales cuadrúpedos de género inidentificable (pueden ser toros, osos o jabalíes) llamadas *verracos*, que se producen especialmente en la cultura de los *vetones*, pero que podemos encontrar en un área que va desde Ávila a Vizcaya. No se conoce bien el sentido de estas esculturas, aunque se supone que se pretendía con ellas proteger a los rebaños de influencias maléficas. Los más famosos son los llamados *Toros de Guisando* (Ávila).

También en el dominio de la pintura es de destacar la aportación de la cultura o culturas de los *iberos*, incomparablemente superior a la de los demás pueblos de la Península, con excepción de los *celtíberos* de la región de Numancia. Nos referimos, claro está, a la pintura sobre objetos de cerámica. Ya hemos anticipado que la cerámica ibérica tomó el torno de alfarero de los griegos, lo que le permitió trabajar a un ritmo industrial. Además el barro era de gran calidad y la cochura perfecta. Sobre esta cerámica se solían emplear colores rojizos o negruzcos.

Aunque hay algunas variantes del estilo que se viene considerando unitariamente como «ibérico», vamos a prescindir de ellas para concentrarnos en los máximos logros de este arte, que son, sin duda, los vasos hallados en la ciudad ibérica de Liria (Valencia). En ellos se nos presentan, en un estilo realista ligeramente estilizado, verdaderas escenas de la vida de los iberos. Las escenas de guerra son las más frecuentes: un grupo de jinetes se arroja sobre el enemigo, empuñando la lanza; otros guerreros de a pie atacan con sus espadas curvas (*falcatas*) a guerreros que se defienden con escudos oblongos... Hay también una escena donde se describe una tauromaquia (la fiesta española por antonomasia tiene antecedentes cretenses). Hay, en fin, una escena donde hombres y mujeres danzan cogidos de la mano al compás de una flauta griega...

En la región de Numancia (Soria), en terreno de los *celtíberos*, se encuentra quizás la única excepción a la mediocridad artística de los publos celtas. Se trata de hermosos vasos pintados que se distinguen de los iberos por dos características principales: una, por emplear la policromía (los iberos trabajaban sólo con un color), y la otra por llegar a un nivel extraordinario de abstracción que convierte a las figuras en simples formas geométricas. Se suele admitir que, tanto la policromía como la abstracción, son elementos de origen celta; la decoración con svásticas refuerza esta impresión de que en esta cultura dominan los temas aportados por los pueblos celtas.

El substrato prerromano en la lengua española

Recordemos la triple división de los pueblos prerromanos: *iberos, celtas y celtíberos*. Dijimos de ella que resulta un tanto inexacta al obligar a encajar a muchos pueblos bajo un pretendido celtismo o iberismo del que apenas hay huellas. Pero en el dominio lingüístico puede sernos muy útil, porque la presencia de palabras registradas en la toponimia alude a una evidente influencia celta o ibera, con independencia de si esa influencia se puede ampliar a otros factores culturales o no. De acuerdo con este principio, se podría dividir el substrato lingüístico prerromano en dos grandes grupos, el de la *esfera de influencia celta* (de evidente procedencia indoeuropea), y el de la *esfera de influencia ibérica* (según algunos, de origen africano), considerando los pueblos celtíberos, claro está, como territorio intermedio que puede presentar elementos de uno o del otro grupo. Añadiremos todavía un grupo que, aunque representado por un pequeño pueblo, reviste capital importancia para estudiar las particularidades del substrato prerromano: *la lengua de los vascos*.

Del grupo celta tenemos conocimientos muy fragmentarios. Como los celtas no tenían alfabeto, no disponemos más que del eco que dejaron estos pueblos en la toponimia o en la onomástica. Empecemos por los nombres compuestos de *briga* («fortaleza»): *Conimbriga* (hoy Coimbra, Portugal), *Mirobriga* (Ciudad Rodrigo, provincia de Salamanca), *Mundobriga* (Munébrega, provincia de Zaragoza), *Nemetobriga* (Puebla de Trives, provincia de Orense), *Brigantium* (Betanzos, provincia de La Coruña), *Brigaetium* (Benavente, provincia de Zamora), etc. Abundan igualmente los compuestos de *sego/segi* («victoria»): *Segontia* (Sigüenza, provincia de Guadalajara), *Segovia* (Segovia), *Segovia* (Sigüeya, provincia de León), *Segobriga* (Saelices, provincia de Cuenca)... Un sinónimo de *briga* es la palabra *dunum,* que ligeramente alterada se conserva en topónimos de los Pirineos: *Navardún* (provincia de Zaragoza), *Berdún* (provincia de Huesca), *Verdú, Salardú* (ambos en la provincia de Lérida), *Bisuldunum* (Besalú, provincia de Gerona)... Otra palabra de resonancias célticas es *deva*, que se aplicaba a los ríos y que está emparentada con el latín *divus* y *deus* («divino», «dios»). Hay que tener en cuenta que la lengua de los celtas pertenece al mismo tronco común al que pertenece el latín, que es el indoeuropeo. Ejemplos de esta palabra son el río *Deva* (que pasa por las provincias de Guipúzcoa y Santander), y *Riodeva* (provincia de Teruel).

Se observará que todos estos topónimos se localizan en lo territorios que hemos considerado de dominio celta o celtíbero, es decir, que pertenecen al cuadrante noroeste, al oeste o al centro. Pero se observará también que indican, en su mayoría, ideas de simple dominación militar. La lingüística, probablemente, no puede aportar mucho sobre la pretendida influencia cultural o social de muchas de estas regiones que tradicionalmente se consideran celtas.

Otra cosa muy distinta son los celtismos que han llegado hasta nuestros días a través del latín; en efecto, un gran número de palabras recogidas de la lengua de los galos por los soldados romanos pasaron a la lengua de los hispanos. Pero se trata ya de palabras que sí hacen referencia a una realidad cultural que puede impregnar todos los aspectos de la vida cotidiana. Encontramos, debidamente latinizados, términos referidos a las prendas del vestir, como *camisia* (> camisa), *sagum* (> sayo), a la vivienda, como *capanna* (> cabaña), a la bebida, como *cerevisia* (> cerveza), a las medidas agrarias, como *leuca* (> legua), o a los nombres de plantas y animales, como *betulla* (> abedul), *berula* (> berro), *alauda* (> alondra), *salmo* (> salmón). La habilidad de los galos construyendo carros hace que los romanos asimilen el nombre *carrus* y también el de *carpentum,* que era un carro de dos ruedas, de donde *carpentarius* (> carpintero). Citemos, finalmente, la palabra celta *brigos,* «fuerza» (comparar con la ya conocida *briga,* «fortaleza»), de donde viene la palabra española «brío» o la que se iba a emplear tanto en el medievo, *vassallus* (> vasallo)...

Muy distinto es el panorama que concierne al influjo de la lengua de los iberos, lengua de la que no solamente conocemos bastantes palabras, sino también su alfabeto, que demuestra una cultura lingüística incomparablemente superior a la de los demás pueblos de aquel tiempo. El alfabeto ibérico es una curiosa mezcla de auténtico alfabeto y de alfabeto silábico. Designa, por ejemplo, a cada una de las cinco vocales con un signo propio, y dispone también de signos propios para algunas consonantes, como son *m, n, r, rr, s, ss* y también *t.* Pero luego aparecen signos que representan sonidos silábicos, es decir, donde tenemos indicada una consonante y una vocal desconocida que hay que adivinar según el contexto. Así el signo que equivale a *b* (y también a *p,* pues no había distinción entre sorda y sonora) puede interpretarse como *ba, be, bi, bo, bu* o como *pa, pe, pi, po, pu.* El signo que equivale a *k* (y a la sonora correspondiente, *g*) puede interpretarse como *ka, ke, ki, ko, ku* o como las sonoras equivalentes *ga, gue, gui, go, gu.* Lo mismo podemos decir de la serie dental, que cuenta con la serie silábica con *t* o con *d...* Tal alfabeto muestra grandes semejanzas con el fenicio, pero, a diferencia de éste, que era exclusivamente silábico, el ibérico muestra ya un camino hacia el análisis de sonidos. El alfabeto fenicio, por ejemplo, nos hace saber que la palabra *rey* se debe escribir *mlk.* Naturalmente, esto es casi impronunciable; reconocemos esta palabra en la hebrea *melek,* o en la árabe *maliku,* donde las vocales están indicadas, pero *mlk* sustituye el sonido vocálico por la sonante *l* ... Si todo verdadero alfabeto debe mostrar lo más claramente posible los elementos fónicos (Meillet), sólo el alfabeto griego alcanza esta perfección. Incluso el sánscrito que nos transmite el gramático Panini no supera esta barrera del análisis puramente silábico. Pero entonces, por paradójico que esto parezca, el alfabeto ibérico es el que se encuentra más cerca de esta perfección del alfabeto griego... Por desgracia, poco o nada conocemos de la lengua de los iberos: el alfabeto, descifrado a través de las monedas o inscripciones en que aparece la transcripción latina, nos facilita solamente la pronunciación de las palabras, pero no su significación.

Disponemos, sin embargo, de una considerable lista de palabras iberas que, una vez latinizadas, pasaron a constituir parte del acervo léxico del español actual. Para cualquier persona medianamente culta y familiarizada con la lengua española, estas palabras tienen un sonido particular que las diferencia notablemente del grueso de términos de origen latino. El origen no indoeuropeo de la lengua ibérica salta a la vista cuando se está acostumbrado a los modelos indoeuropeos que constituyen la mayoría de las lenguas cultas de la actualidad. He aquí, por orden alfabético, una pequeña muestra de términos que deben resultar conocidos a todo estudiante de español: *arroyo, barranco, barro, becerro, bruja, carrasca, cencerro, conejo, galápago, garrapata, gordo, gorra, greña, izquierdo, lanza, manteca, moño, morcilla, muñeca, páramo, perro, pizarra, ráfaga, sabandija, tranca, urraca, vega, zamarra, zurra...* Hemos citado las palabras *lanza* y *conejo* como ibéricas aun sabiendo que aparecen en muchas otras lenguas europeas; en efecto, los autores latinos las señalan como típicamente hispanas, y, en el caso de *conejo,* parece que no sólo era la palabra de origen hispano, sino también el animal que designa: la palabra *Hispania,* que empezaron a emplear los romanos, es de origen púnico (fenicio), y parece que significaba «tierra de conejos». En gran parte de las palabras mencionadas llama la atención la fuerte presencia de doble «r», característica que los extranjeros encuentran verdaderamente «bizarra» (y no es juego de palabras) en la pronunciación del español de nuestros días.

La tercera lengua prerromana de que nos ocuparemos es *la lengua de los vascos, el éuskera*. No vamos a entrar en las polémicas sobre el origen de esta interesantísima lengua, que no resultan pertinentes en el panorama general que aquí estamos ofreciendo. Bastará tener en cuenta que el vasco no tiene parentesco ni con las lenguas indoeuropeas ni con las semíticas, por lo que se ha llegado a suponer un origen africano o caucásico. El posible origen africano, por otra parte, reforzaba la creencia de que el vasco y el ibérico estaban emparentados, pues se creía, asimismo, que los iberos procedían de África. Surgieron, además, estudios serios que encontraban similitudes en el sistema de declinación de la lengua ibera y el de la lengua vasca. Pero todas estas conjeturas tienen mucho de fantasía, y hoy se sigue sin saber prácticamente nada sobre el origen de esta lengua.

La presencia del vasco se deja sentir en voces y sufijos como *berri* («nuevo»), *erri* («quemado»), *gorri* («rojo»), *otz* («frío») y *toi* («sitio»). Así se explican algunos topónimos como *Javier* y *Javierre* («casa nueva»), *Lascuarre* («arroyo rojo»), *Arahós*, a través de *Araotz* («llano frío»), etc. El río Valderaduey, que se llamaba antiguamente *Araduey*, tiene igualmente origen éuskera a través de *Ara-toi* («tierra de llanuras»), que es en realidad como se llama toda la zona que riega este río (en la actualidad: «Tierra de Campos»). *Aranjuez* (provincia de Madrid) y *Aranzueque* (provincia de Guadalajara) están relacionados con el término éuskera *aranz* («espino»). Como se ve, la influencia del vasco llega mucho más allá de la zona que anteriormente hemos descrito como propia de los vascones. Un ejemplo extremo nos lo da la ciudad de *Iliberis* o *Illiberis*, que es la actual Elvira, próxima a Granada, a unos 800 km. de distancia de los límites extremos de los vascones. Pues bien, también este topónimo es de ascendencia éuskera: se trata de una latinización de *Iriberri* («ciudad nueva»). Veremos más adelante, a medida que nos adentremos en la Historia de España, cómo es posible una influencia de este tipo.

Se nos podrá objetar, y con razón, que no es mucho lo que influyen las lenguas prerromanas en lo que será más tarde la lengua española. Topónimos, sufijos, significantes parciales, palabras aplicables al uso militar o un pequeño catálogo de palabras ibéricas de uso corriente, no justifican la importancia del tema. Pero ocurre que *la verdadera influencia del substrato prerromano es de tipo fonético*: son los hábitos articulatorios de la población prerromana lo que determina las particularidades fonéticas del español, lo que hace que el latín se transforme, en la Península Ibérica, en un romance distinto al italiano, al francés o al portugués. Aunque parezca modesta la aportación de los pueblos primitivos, su importancia verdadera se muestra en una especie de latencia de hábitos lingüísticos que se pierden en la historia y que pertenecen, quizás, a lo más antiguo de nuestra herencia cultural. Estudiaremos en su momento oportuno las influencias del substrato celta, ibérico y vasco sobre las sucesivas asimilaciones de la lengua latina.

¿Habrá también una latencia del espíritu de los pueblos prerromanos en el ser de los españoles contemporáneos? ¿Será el carácter y los hábitos sociales del español moderno deudor, aunque en mínima parte, de las culturas protohistóricas? La pregunta ha sido planteada en muchas ocasiones, pero nunca se ha obtenido una respuesta satisfactoria. Con todo, el apasionamiento con que una y otra vez se ha discutido el problema (cfr. la polémica entre Américo Castro y Sánchez Albornoz), y la riqueza de sugerencias que ha aportado, bien merecen un nuevo replanteamiento.

II: LA HISPANIA ROMANA

La Península Ibérica entró en la historia de la mano de los conquistadores romanos. La ocasión fue un episodio fortuito, algo ajeno a lo que suele llamarse «razón histórica»: el enfrentamiento entre cartagineses y romanos precisamente en Hispania. Pero de este episodio fortuito resultaron consecuencias que se encadenan unas a otras de manera verdaderamente necesaria: la unificación de las tierras de la Península y su pacificación, la latinización de la cultura, la asimilación del derecho romano, la introducción del cristianismo, la proyección universal de Hispania...

El proceso de romanización es el resultado del genio político romano, acaso único en la historia, porque impone su imperio al mismo tiempo que acepta la personalidad del vencido. Es asimilador y receptor al mismo tiempo, exige sumisión pero se deja seducir, se apodera de los bienes del vencido, pero luego los devuelve multiplicados. En Roma se produce la increíble paradoja de que los intereses más egoístas coinciden con la más desinteresada generosidad. Hispania no fue una «colonia» de Roma, sino una «provincia» más cuyos habitantes llegaron a gozar de los mismos derechos que los nacidos en la metrópoli. Y si al principio podían reírse en Roma de los «provincianos» hispanos que pronunciaban el latín con otro acento, con el tiempo llegaron a aceptar como maestro de retórica a Quintiliano (nacido en Calahorra), un «provinciano».

Pero además, el genio político de Roma se muestra especialmente en la labor administrativa, que hace posible la articulación de lo particular en lo universal. Efectivamente, las instituciones romanas son lo suficientemente flexibles para reconocer la peculiaridad de los nuevos territorios y, al mismo tiempo, someterlos a una estructura normativa universal. Roma ha puesto tanta atención en las instituciones municipales como en las provinciales o como en aquellas que eran específicas de la metrópoli. Provincialismo y cosmopolitismo no se excluyen necesariamente. Cuando Marcial, el celebrado autor de epigramas, decide abandonar Roma para retirarse a su Bílbilis nativa (hoy Calatayud, provincia de Zaragoza), no es la nostalgia de su patria lo que le impulsa a hacerlo, sino el deseo de regresar a la vida tranquila; paradójicamente, la nostalgia la sintió Marcial precisamente en su retiro de Bílbilis al sentirse desconectado del cosmopolitismo romano...

A: HISTORIA

Preludio a la conquista romana: cartagineses y romanos

Hacia el año 813 a. de J.C. fundan los fenicios una colonia en el norte de África que va a transformar radicalmente la historia de este pueblo e incluso de otros pueblos del Mediterráneo: se trata de *Kart-hadascht*, que significa «la nueva ciudad» (Tiro sería «la ciudad vieja»), y que los griegos van a transcribir por *Karchedon* y los romanos por *Carthago*. Situada a unos 15 kilómetros de la actual Túnez, poseía una situación ideal por ocupar una península fácil de defender en caso de guerra y por tener unos terrenos muy fértiles a su alrededor. Más tarde, la ocupación de Tiro por el rey asirio Asurbanipal (688 a. d. J.C.) hizo que muchos fenicios dejaran su patria definitivamente y se establecieran en la «nueva ciudad», por lo que el auge de Cartago coincide con la decadencia de Tiro.

El comercio prosperó más que en cualquier otra colonia fenicia, no sólo con el interior del continente, de donde traían elefantes, marfil, oro o esclavos, sino también con otras regiones del continente europeo y hasta de la costa atlántica africana. Los historiadores antiguos (Avieno, Plinio) nos hablan de los viajes de Himilcón a través de la costa atlántica europea hasta llegar a las islas Británicas; se supone que el motivo era la búsqueda de estaño, aunque es evidente que se intentaba reanudar un circuito comercial más antiguo que habían practicado ya sus antecesores fenicios. Otro viaje un tanto legendario es el de Hanón, en que los historiadores clásicos nos aseguran que participaron unos 30.000 hombres en sesenta naves de cincuenta remeros cada una, y que estaba dirigido a fundar colonias en la fachada atlántica africana. Esta segunda expedición parece que llegó nada menos que hasta el Camerún.

Estos detalles nos certifican que Cartago, *al principio simple colonia fenicia*, fue adquiriendo importancia propia hasta llegar a *absorber las demás colonias fenicias* e incluso superar el poderío primitivo de éstas merced a una formidable expansión. Disponemos de unos datos sobre la riqueza de Cartago en el siglo III a. de J.C. que, de ser verídicos, pueden hacernos comprender que esta ciudad se convirtiese en sucesora de los griegos y hasta en auténtica rival de Roma: los impuestos y tributos que recogía Cartago en esta época eran de unos 12.000 talentos anuales, cifra que equivalía, aproximadamente, a veinte veces más dinero que el recaudado por Atenas.

La primera potencia que los cartagineses logran vencer es Grecia; los intereses de cartagineses y griegos, que entraban en colisión en la Península Ibérica y en Sicilia y Cerdeña, provocaron una guerra de la que la batalla de Alalia (año 535) parece representar el punto culminante. A partir de esta fecha empiezan a decaer los intercambios comerciales de los griegos, y los cartagineses van a tener un solo enemigo poderoso para monopolizar el comercio de todo el Mediterráneo: Roma, potencia que justamente en estos años, tras derrotar a los samnitas y a los epirotas de Pirro, se encuentra en el momento de constituir un verdadero estado. Los romanos ven con aprensión la creciente expansión del poderío cartaginés, no sólo por el peligro de la hegemonía comercial, sino por el problema más inmediato de la conquista cartaginesa de varias ciudades de Sicilia. La palabra acuñada entonces en Roma para designar al cartaginés, *poenus* (del griego *phoinikés*, «fenicio», y que en castellano da *punio* y *púnico*) despierta terror en todo ciudadano romano. Téngase en cuenta que, aunque Roma era superior en organización político-social, Cartago disponía de una flota de guerra formidable. Roma era, o empezaba a ser, una potencia continental, mientras que Cartago era una potencia marítima.

La guerra entre romanos y cartagineses –*primera guerra púnica*– empezó en el 264 a. de J.C. y terminó 24 años después, en el 241, con la victoria de los romanos, que lograron improvisar un poderío naval considerable para vencer a sus enemigos. Ahora bien, la derrota de Cartago significó un *endurecimiento de su política colonial*, pues quedaba obligada a pagar un alto tributo a los romanos y tuvo que conquistar por la fuerza muchos de los territorios con los que antes mantenía simples relaciones comerciales. Esto fue especialmente importante en la Península Ibérica, donde la riqueza minera –especialmente las minas de plata– resultaba para los cartagineses la única posibilidad de recuperarse de la derrota militar. Amílcar Barca, prestigioso jefe militar cartaginés, desembarcó en la Península cuatro años después del tratado de paz con Roma, y apoyándose en antiguas plazas fenicias de la costa meridional como Gades (Cádiz), dedicó todo su talento de estratega y de organizador político a crear un estado homogéneo cartaginés a través de todo el litoral mediterráneo, desde Andalucía hasta el Ebro. Halló resistencia en muchos pueblos, incluso en el que tenía más próximo, el de los tartesios, pero fue venciéndolos poco a poco de manera inexorable. De su dureza queda constancia en la crucifixión de dos caudillos ibéricos que registra la historia: Istolacio e Indortes. Pero después de nueve años de ininterrumpidas victorias, un caudillo de los *oretanos*, Orisón, le venció y le obligó a vadear un río, donde Amílcar encontró la muerte.

A Amílcar sucedió su yerno Asdrúbal, que le vengó conquistando el país de los *oretanos* y que organizó un ejército gigantesco de unos 50.000 infantes y 6.000 jinetes y al que añadió la novedad de emplear unos 200 elefantes. Pero Asdrúbal, además de militar de talento, era buen diplomático, e intentó captarse las simpatías de los indígenas casándose con una princesa ibera. Asdrúbal es también el fundador de Cartagena («Nueva Cartago»), ciudad de gran importancia por sus minas de plata (en época romana llegaron a trabajar en ella 40.000 obreros) y por su extraordinaria situación geográfica, que le hace ser el puerto más seguro del Mediterráneo. Se puede juzgar de la importancia que el poderío cartaginés alcanzó en época de Asdrúbal si se tiene en cuenta que Roma, la vencedora de la guerra púnica, firmó con Asdrúbal un tratado (Tratado del Ebro, año 226) por el que *se dividían las esferas de influencia de ambos pueblos en España*: el sur del Ebro sería territorio cartaginés, el norte del Ebro romano. Las colonias griegas de Rosas y Ampurias quedaban así bajo protección de Roma; no se debe olvidar que Roma se presenta siempre como aliada o sucesora de Grecia y su cultura.

Pero es evidente que el Tratado del Ebro, como también el tratado de paz que puso fin a la guerra púnica, son solamente armisticios que permiten una pausa en lo que se estaba preparando como guerra en gran estilo. Roma necesitaba tiempo para sofocar la rebelión social que había estallado entonces, y también para sujetar a los galos. Y a la muerte de Asdrúbal, ocurrida pocos años después de la firma del tratado del Ebro, su sucesor Aníbal planteará abiertamente la guerra a los romanos. Y con esto provocará la entrada de éstos en España.

Historia (fases) de la conquista romana

Aníbal tenía 28 años cuando fue nombrado sucesor de Asdrúbal. Se encontraba en el apogeo de sus fuerzas y de sus facultades intelectuales. Había sido educado, como correspondía a un noble cartaginés, en la lengua, literatura e historia de Fenicia y también de Grecia, y su educación militar la había realizado durante 19 años en la ruda disciplina de los campamentos. Estaba acostumbrado a los trabajos y a las privaciones, y también a compartirlo todo con sus soldados y oficiales, que le admiraban por su sobriedad y compañerismo. Además era Aníbal un hombre de rara inteligencia, capaz de pensar con rapidez e improvisar soluciones sobre la marcha. Su genio militar y organizativo fue incluso reconocido por sus más encarnizados enemigos.

En el año 219 a. de J.C. organizaron agentes romanos una especie de *golpe de estado* en Sagunto (provincia de Valencia) para favorecer un partido patriota que se oponía a la hegemonía cartaginesa. Con ello rompía Roma el Tratado del Ebro del año 226, pues Sagunto está muy al sur de este río y pertenece claramente a la zona de influencia cartaginesa. Aníbal, que no podía dejar un puerto tan importante en manos de Roma, conquistó y hasta destruyó Sagunto, y con ello comenzó las hostilidades de lo que iba a ser la *segunda guerra púnica*. Después de tomar Sagunto, acción en la que invirtió ocho meses, se decidió a pasar el Ebro (año 218) para dirigirse, a través del litoral catalán y de las tierras de los galos, a Italia y conquistar Roma con un formidable ejército.

Es de sobra conocida la historia de Aníbal en Italia, sus legendarias victorias, que llegaron a amenazar a la ciudad misma de Roma, y finalmente su derrota en Zama en el año 202. Para el objeto de nuestro estudio es importatante señalar que para Roma la única posibilidad de vencer a Aníbal consistía no en presentarle batalla directamente en Italia, sino en *cortarle toda posible comunicación con Cartago invadiendo las costas del levante peninsular.* En efecto, el punto vulnerable de los cartagineses era que, para comunicarse Aníbal con Cartago, recibir refuerzos, revituallamiento, etc., tenía que hacerlo a través de tierra, es decir, a través de la faja mediterránea de la Península Ibérica. Esto decidió al senado romano a enviar a los dos Escipiones a Hispania para incomunicar a Aníbal. Poco después de atravesar Aníbal el Ebro, los hermanos Publio y Cneo Escipión desembarcaron en Ampurias (218) y emprendieron la conquista de las plazas fuertes del dominio cartaginés, especialmente Cartago Nova (Cartagena), que cae en el 209, y Gades (Cádiz), que cae el 206. Con la derrota definitiva de Aníbal por Publio Cornelio Escipión (que a partir de entonces sería llamado «el Africano»), se produce una situación nueva: la presencia del ejército romano estacionado en las costas del levante peninsular ya no tenía justificación alguna. Pero hay dos factores importantes que deciden a los romanos a quedarse en la región (e incluso a conquistar el resto de la Península): *la escasez de metales en Italia,* y la *reconstrucción del imperio económico griego.* No es necesario insistir en el primer punto; sabemos que los historiadores clásicos griegos y latinos ponderaban con frecuencia las riquezas mineras de Iberia; hemos hablado también de la fabulosa riqueza de plata de Cartagena, que estaba tentando al ejército de ocupación romano. Con respecto al segundo punto, conviene recordar que ésta es la época en que Roma vence a Filipo de Macedonia en Cinocéfalos (197 a. de J.C.), y en que comienza la ocupación militar de Grecia. La zona del litoral peninsular al norte del Ebro era, como sabemos, dominio griego y, por lo tanto, entraba directamente dentro de los planes de expansión romanos.

Podemos dividir, en líneas generales, la penetración romana en Hispania en tres etapas. La primera etapa era una *fase defensiva,* comprendería la conquista de la faja costera mediterránea y coincidiría, en líneas generales, con la segunda guerra púnica. Es decir, como ya hemos visto, se extendería desde el desembarco de los Escipiones en Ampurias (218) hasta la conquista de Cádiz (206) y la total victoria sobre los cartagineses. La segunda etapa correspondería ya a una *verdadera ofensiva* romana para conquistar Hispania, pues, derrotados los cartagineses, no obedecía ya a proyecto defensivo alguno. Esta ofensiva se produciría internándose por la *cuenca del río Ebro* (depresión natural que constituye una vía de comunicación relativamente fácil) hasta llegar hasta el Moncayo y las Bardenas en el año 194. Una prolongación de esta segunda etapa sería la conquista de la zona del Ebro que coincide con lo que hoy es Navarra y la Rioja; además, se avanzaría hacia el sur por terrenos ya más montañosos e intrincados hasta conquistar la zona de las cuencas altas de los ríos Guadiana, Júcar y Turia (año 172). A partir del año 153 se plantea la *tercera etapa*, que consistía en pasar desde la depresión del Ebro y territorios aledaños hasta la Meseta Norte, es decir, dejar el Ebro para entrar en el Duero, cosa difícil por encontrarse la ciudad de Numancia (a unos kilómetros de la actual Soria) como centinela entre las dos regiones naturales.

El *cerco de Numancia* comienza en el año 153, como hemos dicho, y va a durar nada menos que veinte años, hasta el 133. Pero en estos años se van a producir los acontecimientos más sangrientos de esta guerra, no tanto en Numancia como fuera de ella, por lo que los historiadores llaman a este período el de las «Guerras Celtibéricas» y también el de las «Guerras Lusitanas», pues en ambas zonas se produjeron los acontecimientos bélicos. Es de destacar, en una y otra zona, el gran número de tropelías cometidas por los generales romanos, ávidos de poder y de gloria. Así L. Licinio Lúculo, al tomar Cauca (Coca, provincia de Segovia), manda asesinar a sus habitantes. Y Catón se precia de haber destruido, en el plazo de un año, nada menos que 400 pueblos, a cuyos habitantes mató o vendió como esclavos. Peor aún era la situación en la zona de los *lusitanos*: el propretor Sulpicio Galba, con el pretexto de repartir tierras a éstos, les mandó reunirse sin armas y luego les mató en número de 9.000. La traición de Galba despertó la rebelión de los lusitanos, que, dirigidos por su caudillo Viriato, infringieron a los romanos numerosas derrotas practicando una guerra que podríamos llamar de guerrilla. La figura de Viriato inspiró a los historiadores de orientación romántico-nacionalista la leyenda del caudillo invencible e incorruptible que mantuvo en jaque a Roma merced a sus virtudes marciales y a su patriotismo; los historiadores modernos señalan como más probable que Viriato fuese simplemente el jefe de un grupo de bandidos acostumbrados a hacer incursiones de pillaje para poder sobrevivir. Un texto de Diodoro señala que tales incursiones eran tradicionales entre los jóvenes lusitanos que se encontraban en dificultades económicas. Curiosamente, un historiador tan poco de confianza como Alfonso X el Sabio, que escribió en el siglo XIII una de las primeras Historias de España, (*Primera Crónica General*), afirma ya rotundamente que Viriato fue un simple ladrón. Viriato fue asesinado en el año 139 por encargo de Roma.

Pero retornemos a Numancia. De nuevo la historiografía de orientación romántico-nacionalista ha deformado las cosas y ha querido ver en la larga resistencia de veinte años un ejemplo de los valores patrios y hasta una muestra de las virtudes de la raza: mientras la mayoría de las ciudades celtibéricas y hasta el pueblo entero de los vaceos fueron pasando al enemigo, la ciudad de Numancia, que contaba con sólo 7.000-8.000 habitantes, ofrecía resistencia a los mejores ejércitos de Europa... Téngase en cuenta, sin embargo, que los historiadores clásicos nos dicen que en los campamentos romanos que sitiaban Numancia había gran cantidad de buhoneros y prostitutas, y que los soldados llevaban una vida muelle. Es decir, que los soldados no tenían demasiadas ganas de ganar una guerra que los obligaría a volver a Roma y llevar una vida pobre y sin perspectivas de futuro. Resultaba más atractivo prolongar los antiguos pactos con los pueblos celtíberos, e incluso hubo generales romanos que sugirieron al Senado romano la necesidad de hacer la paz. Pero en Roma se decidió acabar con Numancia y se encargó la drástica medida a Publio Cornelio Escipión Emiliano –nieto del Escipión vencedor de Aníbal– que en el año 134 comenzó un auténtico cerco con unos 20.000 hombres y la construcción de una larga valla con foso de unos 9 kilómetros de longitud. Después de quince meses de asedio y en una resistencia que llegó hasta casi el límite de la inanición (se asegura que se produjeron casos de antropofagia entre los últimos supervivientes) se rindieron los pocos numantinos que quedaban con vida. La ciudad quedó arrasada, y sólo años más tarde se permitiría su reocupación.

La fecha de la caída de Numancia (133) se puede considerar como el final de esta tercera y última etapa. Casi toda la Península quedaba en manos de Roma, a excepción de algunos pueblos de la faja cantábrica que fueron conquistados mucho más tarde, en el año 29, ya en época de Agusto.

El proceso de romanización

Es evidente que la conquista militar por sí sola no podría romanizar el país; ni siquiera podría manternerse por mucho tiempo la dominación militar si no estuviera acompañada de un formidable aparato administrativo, de la introducción de leyes universales y de una cultura material que revolucionó la economía de los pueblos indígenas.

Pero hay una serie de factores espontáneos que se producen ya en los primeros años de la dominación romana y que van preparando el camino de la verdadera romanización. Se trata de influencias mutuas entre conquistadores y conquistados que se producen de manera automática, por la necesidad misma de la conquista, y de las que aquí resumimos, con el profesor Ubieto Arteta, algunas de los más importantes. En primer lugar, las *relaciones humanas* que surgen entre los miembros de un ejército considerable y la población indígena; en segundo lugar, las *transacciones comerciales* entre los soldados y esa población; en tercer lugar, el alistamiento de *mercenarios o voluntarios hispanos* en el ejército romano (formando parte de tropas de refuerzo y divididos en grupos numerosos); cuarto, los *matrimonios mixtos*; quinto, la *adopción de dioses ibéricos* por los romanos; sexto, la *admiración del éxito y poderío romanos*; séptimo, (añadimos por nuestra parte) la *admiración por la cultura material*, que era tan superior a la que conocían las culturas de la Península Ibérica...

A estos factores más o menos automáticos añadiremos, siguiendo igualmente las valiosas indicaciones de Ubieto Arteta, tres períodos de romanización progresiva en que se hace patente el genio organizativo y administrativo romano: la primera etapa se extiende desde el comienzo de la conquista (año 218 a.C.) hasta la época de Vespasiano (69-79 d. J.C), y se caracteriza por el predominio de *leyes contractuales particulares* (no universales ni iguales para todos los ciudadanos o grupos sociales). La segunda etapa se extiende desde la época de Vespasiano hasta la de Caracalla (21-217 d. J.C.), y está caracterizada por una revolución legal de primer orden: la *concesión del ius Latii* («derecho latino») a todos los habitantes. Y la tercera, a partir de Caracalla, es la época en que se concede el *ius romanum* («derecho romano»), es decir, el pleno derecho de ciudadanía.

La primera época, en la que domina el sistema de **leyes contractuales**, es época de gran crecimiento económico, en que la superioridad de la cultura material romana impone su influjo sobre la economía primitiva de los hispanos. Es también la época en que se produce un nuevo modelo urbanístico. Los núcleos urbanos indígenas o de origen colonial van adquiriendo ahora el carácter y la estructura típicas de las ciudades romanas (Ampurias, Sagunto, Cartagena, Málaga, Cádiz, Toledo...). Pero muchas ciudades de nueva creación se añaden a las anteriores, con carácter de «colonias». La primera es Itálica (Santiponce, Sevilla), que se fundó en los primeros años de la conquista para servir de lazareto a los heridos del ejército romano. Estaba formada por ciudadanos romanos, latinos y algunos aliados libres. La ciudad se administraba de acuerdo con un estatuto semejante al de los núcleos urbanos de Italia. A Itálica siguen Grachurris (Alfaro, La Rioja), e Iliturgi, fundadas por Tiberio Sempronio Graco. Particularmente interesante es el origen de la colonia de Carteia (Carteya, Cádiz), que fundó el Senado para atender las súplicas de hijos naturales de soldados romanos; efectivamente, los hijos ilegítimos, rechazados por las poblaciones locales, recibían ahora el derecho latino, un domicilio en Carteya y además lotes de tierra; podían además ser registrados, si así lo deseaban, como ciudadanos latinos. Otras colonias conocidas son Corduba (Córdoba), Ilerda (Lérida) y Valentia (Valencia).

La segunda etapa comienza con Vespasiano (69-79 d.C.), que concedió a todos los habitantes del Imperio Romano el **ius Latii** («derecho del Latio»), en parte para ampliar el número de los sujetos a imposición fiscal y en parte también para ampliar la base de reclutamiento de nuevas tropas. Pero, como hemos señalado en la introducción a este capítulo, el egoísmo en Roma coincide casi siempre con la generosidad, los intereses de la metrópoli con los intereses de las provincias: los beneficios de esta ley son, para los hispanos acostumbrados a regirse por leyes puramente contractuales, de enorme importancia. De ahora en adelante se van a regir por un derecho universal en todo lo que concierne a ejercitar el comercio (*ius commercii*) y a contraer matrimonio (*ius connubii*), exactamente lo mismo que si fueran ciudadanos romanos. Pero además de este derecho universal para todo habitante, se concede excepcionalmente la ciudadanía romana a todo hispano que ocupe algún puesto en las magistraturas municipales. Esta será, pues, la época de máximo esplendor de la vida municipal, que estará perfectamente ajustada a la organización municipal romana. Coincidirá con esta potenciación de la vida municipal la proyección de lo local en lo universal, y de los municipios o las provincias españolas llegarán a Roma los máximos representantes del mundo de la política y la vida cultural: emperadores como Trajano, Adriano y Nerva son de origen hispano, como también lo fueron el filósofo Séneca, el maestro de retórica Quintiliano y el poeta Marcial.

La última etapa de este proceso de romanización lo constituye el período posterior al año 212, en que Caracalla concede el *ius Romanum* («derecho romano») a todos los habitantes del Imperio. Con ello, todo habitante de una provincia queda equiparado a un habitante de Roma, es ciudadano romano con plenos derechos, es decir, puede hacer uso también del *ius suffragii* («derecho de elección»), y también del *ius honorum* («derecho a los cargos administrativos»). La primera etapa, como hemos visto, se caracterizaba por el derecho basado en relaciones contractuales particulares. La segunda etapa (*ius Latii*) es la del derecho universal e igual para todos los habitantes, pero sólo aplicado al comercio y al estado civil (matrimonios), y no a la posibilidad de ejercer los plenos derechos políticos. Con la tercera etapa quedan abolidas, prácticamente, todas las diferencias legales entre un habitante de las provincias y uno de la metrópoli. Es verdad que la ciudadanía romana (*ius Romanum*) podía serle concedida a un súbdito hispano ya en la primera etapa, pero sólo a título excepcional y por méritos de guerra. También en la segunda etapa, como hemos visto, se encontraban algunos hispanos en posesión de este derecho (magistrados locales), pero se trataba igualmente de excepciones, pues los que llegaban a las magistraturas municipales eran unos pocos miembros de la aristocracia local.

El proceso de romanización es tan profundo, incluso antes de llegar a la etapa en que se consigue la ciudadanía romana, que cuando nos refiramos a los habitantes de la Península tenemos que llamarles «hispanorromanos» más que «hispanos» a secas. (Por supuesto, de «españoles» no hay todavía ninguna huella...). Sabemos por Estrabón que los turdetanos, en el siglo IV, habían adoptado por completo las formas de vida romanas y que incluso habían olvidado su lengua nativa. «No falta mucho –añade Estrabón sobre este pueblo– para que todos se conviertan en romanos».

B: SOCIEDAD

La administración

La división administrativa de Hispania contaba en un principio con dos *provincias*, llamadas *Hispania Citerior* («la más próxima») e *Hispania Ulterior* («la más alejada»); la primera comprendía los territorios orientales, es decir, las actuales regiones de Cataluña y Valencia, y la segunda el resto de las tierras conquistadas: Andalucía, Lusitania (Extremadura, Portugal) y Galicia. Con el tiempo se fueron alterando estas fronteras hasta convertirse en tres provincias: la *Hispania Citerior* o también *Citerior Tarraconense*, la *Ulterior Baetica* y la *Ulterior Lusitana*. La *Citerior Tarraconense*, con capital en *Tarraco* (Tarragona) experimentó un aumento territorial considerable al añadírsele a su extensión primitiva las tierras recién conquistadas o pacificadas de los astures y cántabros, más los territorios de Galicia y Portugal. La división de la primitiva *Hispania ulterior* en dos provincias se efectuó teniendo como límite el río Guadiana: al sur de este río quedarían los territorios de la *Ulterior Baetica*, con capital en *Corduba* (Córdoba), que coinciden más o menos con los de la actual Andalucía, y al norte la *Ulterior Lusitania*, con capital en *Emérita Augusta* (Mérida), que comprende los territorios entre el Guadiana y el Duero.

Al frente de cada provincia había un *praetor* («pretor»), que era el representante del Estado romano, es decir, del *Senatus populusque Romanus* para el mando del ejército, la administración de las finanzas y la administración de la justicia. Con el tiempo cambió el nombre y el rango del antiguo *praetor* en el de *proconsul* o también *propraetor*, y más tarde, en la época de César, se llamaban simplemente *legati* («legados», «enviados»), o *legati provinciae* («legados provinciales»). Normalmente el pretor, procónsul o legado tenía a su lado a un pequeño *consilium* («consejo») formado por un pequeño número de senadores con los que solía consultar sus decisiones más importantes. Además, tenía un *quaestor* («cuestor») encargado de asuntos económicos que, en caso de muerte del gobernador, ocupaba automáticamente su cargo.

Como la división por provincias comprendía territorios demasiado extensos, hubo que añadir la subdivisión por *conventus*, es decir, circunscripciones administrativas más pequeñas realizadas en principio para administrar la justicia, pero que podían servir también para organizar la recaudación de impuestos o las tareas del culto. La *Citerior Tarraconense* estaba dividida en siete *conventus*, la *Ulterior Lusitania* en tres y la *Ulterior Baetica* en cuatro. Como se ve, el número de *conventus* es más o menos proporcional a la extensión de las provincias, pero hay que decir que no se adaptan a realidades demográficas o históricas anteriores a la conquista. Son subdivisiones artificiales, planeadas de acuerdo con principios burocráticos.

La célula de la unidad administrativa la constituye el *municipio*, que, como ya hemos visto, experimenta un gran desarrollo en la segunda etapa de romanización, a partir de la concesión del *ius Latii* por Vespasiano. En todo municipio hay que tener en cuenta el *senatus* o asamblea municipal, y las diversas *magistraturas* o cargos administrativos. El *senatus* es la institución esencial en la administración de una ciudad; sus competencias se extienden a los problemas del urbanismo (construcción de edificios públicos, de fortificaciones), al abastecimiento de agua, a la elaboración del calendario de fiestas, a la celebración de juegos y de actos religiosos, etc. Puede funcionar también como instancia suprema de justicia en el caso de que haya apelaciones frente a las decisiones de los magistrados. Sus reuniones tienen lugar en el edificio de la *curia*, situado en el *forum* («foro») y cerca de la *basilica* en que se administra justicia. Miembros del *senatus* pueden serlo solamente los *decuriones* (veremos más adelante en qué consiste este orden social), y para ser decuriones hay que gozar de la plena ciudadanía romana (*ius Romanum*) y demostrar poseer una cierta fortuna registrada en el censo de la ciudad. Hay tres procedimientos para llegar al *senatus* municipal: elección por el *populus*, cooptación (elección interna realizada por otros miembros) e integración de los *magistrati* que han agotado su período de un año.

Las *magistraturas* son reproducción de las de Roma; los magistrados de los municipios son elegidos por el *populus* por el período de un año para ejercer sus cargos de manera gratuita (y no sólo gratuita, sino también onerosa, pues, al igual que los decuriones, debían desembolsar algún dinero en calidad de *munera* («obligaciones») con respecto al pueblo que les había elegido). Hay tres categorías de magistrados: los *duunviri* («duunviros»), los *ediles* y los *quaestores* («cuestores»). Los duunviros son, a nivel municipal, lo que los *consules* en Roma; es decir, son la máxima autoridad del poder ejecutivo: presiden los comicios populares y también las reuniones del *senatus*, pero además llevan a cabo labores como las de defender la ciudad en caso de guerra, imponer multas y revisar el censo de la comunidad cada cinco años. Las funciones de los *ediles* son más modestas y se limitan a los asuntos urbanísticos, como vigilancia de edificios y espacios públicos, así como de la red de saneamiento y abastecimiento. Finalmente, los *quaestores* están obligados a vigilar las finanzas públicas y muy especialmente a administrar los fondos de que dispone la comunidad.

Evidentemente, en una época en que todavía no se había hecho universal el *ius Romanum*, el funcionamiento de la administración municipal carecía de base democrática. Solamente podían elegir los miembros del *populus*, es decir, los que poseían la ciudadanía romana. Pero además, todos los que aspiraban a ejercer cargos públicos tenían que acreditar poseer una cierta riqueza en el censo municipal, en parte porque el cargo llevaba aparejada la necesidad de ejercer las *munera* («obligaciones» en forma de donaciones), en parte porque para ser elegidos tenían que hacerse conocer mediante regalos a la comunidad (a veces costosísimos, como la donación de baños públicos, o la institución de fundaciones encargadas de garantizar en el futuro los juegos de luchadores, etc.). Se podría llamar a este sistema «sufragio censitario», como se le llamará en el siglo XIX en la época de Isabel II; hay que establecer, sin embargo, una pequeña diferencia entre este sistema de la Hispania romana y el de la burguesía española del siglo XIX: en la Hispania romana los cargos iban emparejados a la riqueza porque tanto senadores como magistrados tenían que poner dinero de su bolsillo para ejercer sus funciones. Los cargos tenían carácter honorífico (tan honorífico, que los últimos años de la Hispania romana van a contemplar un terrible vaciamiento de las ciudades y pueblos al producirse un empobrecimiento de las clases dominantes). Por el contrario, la burguesía liberal de la época isabelina va a contemplar los cargos públicos como una forma de enriquecimiento privado. El sistema antiguo era patriarcal y proteccionista. El moderno, simplemente oportunista y explotador. El sistema antiguo desembocó en la ruralización de Hispania, pues ya nadie quería «servir» en las comunidades municipales y todos los patricios huían al campo. El sistema moderno desembocó en la gran creación de capitales de la moderna burguesía, y en el aumento de población ciudadana.

La pirámide social: el *cursus honorum*

Para ocupar un cargo administrativo no solamente es necesario poseer la ciudadanía romana, sino además pertenecer a uno de los tres *ordines* («órdenes» o «categorías sociales») en que está estructurada la jerarquía administrativa romana. Estos tres órdenes son: el *senatorial*, el *ecuestre* y el *decurional*.

El orden *senatorial* constituye el vértice de la pirámide administrativa y está integrado por los senadores, los cónsules, los gobernadores de provincias, etc. Para acceder a esta dignidad es necesario que un *homo novus* (literalmente «hombre nuevo») esté registrado en el censo con un mínimo de 1.000.000 de sextercios; ya hemos dicho que todo cargo exige una aportación económica del que lo ejerce para compensar por semejante honor. En la época de Augusto se limitó el número de senadores a 600. Muchas familias de hispanorromanos cuentan entre sus miembros con senadores, especialmente en la Ulterior Baetica, provincia altamente romanizada.

El orden *ecuestre*, formado por los *equites* («caballeros»), ocupaba el segundo lugar en importancia. Naturalmente, era mucho mayor el número de *equites* (se calcula que en la época de Augusto había unos 20.000 *equites* romanos), y se les exigía un capital mínimo de unos 400.000 sextercios para acceder a él. La función administrativa de los caballeros, al menos en la época de Augusto, era fundamentalmente el de la burocracia imperial y el de la participación en la gestión de propiedades públicas. Como burócratas imperiales eran funcionarios bien pagados, funcionarios de elite. Como administradores de empresas públicas, los caballeros solían constituir una especie de sociedades llamadas *societates publicanorum* («sociedades de publicanos») con socios inversores cuyos capitales estaban en Roma, y recibían la asignación, mediante contrato con el Estado, para explotar alguna empresa pública (por ejemplo, minas) o simplemente para recaudar impuestos. En la Hispania romana fueron muchos los nativos que accedieron a este orden de los caballeros, especialmente en la época que hemos estudiado del desarrollo de los municipios.

Finalmente, en la base de la pirámide administrativa se encontraba el orden de los *decuriones*, es decir, el orden que incluye entre sus filas a los miembros del *senatus* municipal que ya hemos visto anteriormente. Parece que muchas veces se incluía simplemente en este orden a las familias que constituían la oligarquía local, con independencia de si pertenecían formalmente o no a este orden. Ya hemos dicho que la forma más frecuente introducir nuevos miembros en el orden decurional era mediante el sistema de cooptación.

Fuera de estos tres *ordines* que conforman el *cursus honorum* queda el *populus* («pueblo»), es decir, el conjunto de habitantes ajenos a toda jerarquía político-administrativa. La denominación *populus* es de carácter oficial; socialmente se consideraba *plebs* («plebe»), nombre que ha conservado su matiz peyorativo hasta nuestros días. Hay que tener en cuenta, sin embargo, que la plebe, tanto la rústica como la urbana, no está del todo al margen de tareas administrativas. Está suficientemente documentada en Hispania la existencia de los *collegia*, una especie de gremios o asociaciones laborales o recreativas. Se han encontrado, por ejemplo, asociaciones de obreros de la construcción, asociaciones de bomberos, de pescadores, de zapateros, etc.

El florecimiento industrial

No es mucho lo que se conoce en detalle sobre la agricultura de la época hispanorromana, ni resulta del todo novedoso, pues el cultivo de los cereales, de la vid y del olivo apenas constituye novedad en relación a lo que ya sabemos de otras épocas. Nos concentraremos en la industria, que muestra rasgos más característicos de la época.

Empezamos con la **industria minera**, que es todavía en la época romana lo que más atrae a conquistadores e inversores extranjeros (recordemos que uno de los motivos principales por los que Roma decide realizar la conquista de la Península es justamente el de poder explotar los recursos mineros). En el panorama minero destacan, como ya conocemos de la época cartaginesa, los *yacimientos de plata* de Cartagena. Polibio, que visitó Hispania, dice que trabajaban en estas minas 40.000 hombres, que se podían extraer unas 300 libras diarias (100 Kg.) y que esto reportaba al Estado romano unas 25.000 dracmas al día. Otros centros de extracción de la plata se encontraban en Riotinto (Huelva) y en Sierra Morena.

La *extracción del oro* constituye también tradición desde, por lo menos, los tiempos del Bronce. Pero ahora hay que destacar como novedad la gran intensificación de los trabajos de extracción, así como las revolucionarias técnicas empleadas, que aceleraron la producción extraordinariamente y que llegaron a transformar el paisaje. Los centros mineros del oro se sitúan en Galicia, concretamente en la zona del río Sil que linda con la actual provincia de León, donde se calcula que fueron removidas unas mil millones de toneladas de terreno (todavía hoy se pueden apreciar las destrucciones del paisaje en la zona de Las Médulas, León). Plinio el joven describe la técnica empleada para conseguir el precioso metal: primero se construían galerías y pozos entibados, luego se retiraban los soportes mediante el incendio para lograr el hundimiento y, finalmente, se aplicaban corrientes de agua procedentes de un río desviado de su cauce para lograr por sedimentación la separación de partículas de cuarzo de las partículas de oro.

En Riotinto (Huelva) se extraía el *cobre*, y en la zona del Ebro, en especial en Bílbilis (Calatayud, Zaragoza), se extraía el *hierro*. Es muy posible que se siguiera produciendo estaño en Galicia, como en la época del Bronce, pero se dispone de muy poca documentación sobre este mineral. En cuanto a la técnica empleada en general, consiste en excavar galerías estrechas a las que se llega a través de pozos de forma rectangular o circular. Las inundaciones de agua eran solucionadas con norias o con unas bombas de agua primitivas llamadas «bombas de Ctesibio».

La dureza del trabajo, así como su peligrosidad, explica que entre los mineros se encontrasen sobre todo condenados o esclavos. (Las leyes de la época consentían una pena especial que era la condena al trabajo en las minas; además de eso, era frecuente destinar a este trabajo a los cautivos de guerra). Como el terreno de las minas era considerado, en general, de propiedad estatal, la administración romana solía explotar las minas indirectamente recurriendo a la contratación de concesionarios, generalmente sociedades de varios individuos que, como ya hemos visto, se llamaban *societates publicanorum* y en las que podían entrar solamente ciudadanos pertenecientes al orden de los *equites*.

Pasemos a la industria de la *conservación del pescado*. Lo mismo que la minería en general, la industria de la salazón no es nada nuevo. La habían importado los fenicios, que la habían convertido en uno de los negocios de exportación más lucrativos de su época. Pero durante la época romana va a experimentar un gran crecimiento debido a la apertura de nuevos mercados. Esta industria se desarrolla especialmente en el litoral sur de la

Península, entre la desembocadura del Sado, al sur de Lisboa, hasta Cartagena. Su centro es, por lo tanto, el Estrecho de Gibraltar, zona donde abundaba la pesca por confluir los dos mares, Mediterráneo y Atlántico. Todavía hoy se pueden contemplar las ruinas de las antiguas factorías de salazones: grandes cubetas construidas con mortero o talladas en la roca y a ras de mar, y patios al aire libre para el secado. Por el gran tamaño de estos edificios se puede juzgar sobre la importancia de esta industria. El procedimiento de la salazón resultaba, en efecto, bastante barato, no ofrecía problemas de conservación, y se podía transportar, debidamente envasado en ánforas de cerámica, a cualquier parte.

Pero el producto de mayor valor que se producía en estas factorías era el *garum*, salsa picante elaborada con las vísceras de algunos peces como el atún y la caballa, y que alcanzaba precios altísimos, especialmente en la exportación. Hemos hablado del *garum* y de su extraordinara fama en Roma y hasta en Atenas cuando hemos explicado la industria de los fenicios.

C: CULTURA

La introducción del cristianismo en Hispania

Una de las aportaciones más decisivas de la romanización fue la introducción del Cristianismo, que entró en Hispania al contacto con las gentes del Imperio, en los mercados, en los foros, en las ciudades portuarias, a través de los caminos comerciales...

Sabemos por una de las *Epístolas a los Romanos* que San Pablo anunció su propósito de visitar Hispania, y algunos autores antiguos, especialmente San Clemente, discípulo de San Pablo, confirman la realidad del viaje. Es tradición que San Pablo haya desembarcado en Tarragona, aunque nada se sabe en concreto del viaje de evangelización. Mejor certificado históricamente está el viaje de siete enviados de San Pedro que visitaron la Bética hacia el año 65, y que fundaron numerosas iglesias.

Por el contrario, la tradición que pretende que Santiago predicó en España, así como la invención de la historia del descubrimiento de sus restos mortales en Galicia (Iria, cerca de Santiago de Compostela) en el siglo XII, carece del más elemental rigor histórico. La «invención» medieval de Santiago, como veremos en el capítulo IV, obedece muy probablemente a la necesidad de buscar un protector celestial para impulsar la lucha contra los musulmanes.

Al comienzo, el Cristianismo estaba prohibido oficialmente, pues era considerado un delito de impiedad para con los dioses oficiales del Imperio. Su propagación tuvo lugar de manera no oficial, a escondidas, y frecuentemente tuvo que sufrir las mismas persecuciones que en Roma, produciéndose los fenómenos de los **martirios** y de las **persecuciones legales**. Los martirios, especialmente numerosos los que tienen lugar en la época de Diocleciano y Maximiano (hacia el año 300), no sirvieron para otra cosa que para reforzar la primitiva Iglesia hispana, que alcanzó una gran cohesión y disciplina. En cuanto al fenómeno de las persecuciones, es digno de registrar el fenómeno de los «libeláticos», es decir, cristianos que tuvieron que aceptar, bajo pena de muerte, el *libelo* o confesión pública de practicar la religión oficial romana. Los «libeláticos» más famosos fueron nada menos que dos obispos, Basílides de Astorga y Marcial de Mérida, que fueron forzados a realizar actos públicos de paganismo, como enterrar a sus hijos en lugares profanos, renegar públicamente de la fe o incluso blasfemar de Cristo. Tanto los martirios como las persecuciones legales tuvieron fin en la época del Emperador Constantino (principios del siglo IV), en la que se otorgó a la Iglesia libre ejercicio del culto e incluso una cierta protección oficial.

El **concilio de Ilíberis** (Elvira, en la actual provincia de Granada), primero de los celebrados en España (principios del siglo IV), es buena muestra de la personalidad del cristianismo hispánico. Los 81 cánones que establecieron son una especie de constitución de la sociedad hispano-cristiana, que se defiende de la amenaza de la idolatría (todavía muy reciente) y que impone castigos ejemplares a los que se aparten de la ortodoxia. El canon 1 excluye de la comunión, incluso en caso de peligro de muerte, al que se acerque a los templos paganos e idolatre. Igual pena se impone a los sacerdotes de origen gentil que, después de recibir el bautismo, recaigan en el culto pagano. El canon 16 prohibe los matrimonios de cristianos con «gentiles, herejes o judíos, porque no puede haber sociedad alguna entre el fiel y el infiel». Esta misma preocupación por mantener a los cristianos apartados de otras religiones inspira el canon 51, donde se llega a prohibir a los cristianos comer junto con los hebreos, bajo peligro de excomunión. Y en fin, el canon 22 prescribe una penitencia de nada menos que diez años al que haya sido acusado de herejía... Pero el concilio no se limitó exclusivamente al problema religioso y pretendió también reformar las costumbres del clero y del pueblo: con la misma o parecida rigidez prescribió la excomunión para la mujer bígama, para el reo de incesto, para el adúltero y hasta para el marido consentidor en el adulterio de su esposa. El concilio decide también arrojar de la Iglesia a los que organicen o participen en juegos escénicos (pantomimas), y lleva al extremo su dureza negando para siempre la comunión a los homosexuales y a las mujeres públicas (!!!). Menéndez Pelayo, de quien hemos extraído estos datos, justifica la dureza del concilio aludiendo al peligro que constituía para la pureza de la fe la convivencia con otras religiones. Nosotros pensamos que la intransigencia de los obispos, al ir más allá del problema religioso e inmiscuirse en el terreno social, muestra ya los típicos defectos de la Iglesia como institución: alejamiento progresivo del mensaje evangélico, institucionalización de la fe religiosa, aspiración al monopolio del pensamiento religioso. La intransigencia de los obispos de Ilíberis es un preludio de la intransigencia de la Inquisición española del siglo XV.

Exponente del poder e importancia de la Iglesia hispánica es la figura del **obispo Osio**, interesante personaje de la vida religiosa de aquel tiempo. Osio nació en Córdoba hacia el año 256, padeció persecución y destierro en la época de Diocleciano, fue nombrado obispo de su ciudad natal, participó en el concilio de Ilíberis y llegó a ser una especie de consejero del emperador Constantino, a quien parece que convirtió al cristianismo. El momento más destacado de la carrera eclesiástica de Osio lo constituye su participación en el primer concilio ecuménico de la Iglesia, el concilio de Nicea (325), que él mismo presidió ante más de 300 obispos de toda la cristiandad. La tarea principal del concilio de Nicea fue combatir las doctrinas de Arrio, que defendía la tesis de que Cristo no era Dios, no era consustancial con el Padre. Pero, al margen de este problema, el concilio tuvo que tratar algunos cánones disciplinarios, y parece que en esto se siguió la inspiración del concilio de Ilíberis.

A finales del siglo IV tuvo lugar la herejía del **priscilianismo**, que causó una verdadera revuelta no sólo religiosa, sino también social y política en toda Hispania.

Prisciliano era un hábil y erudito orador que, como teólogo, defendía una especie de síntesis de teorías *gnósticas* (la salvación del alma reside en la perfección del saber) y *maniqueas* (hay dos principios antagónicos que presiden el mundo, el del Bien y el del Mal). Pero además de teólogo, Prisciliano era un reformador que perseguía una reforma de las costumbres del clero, buscando una imitación total y absoluta de Cristo. Para los representantes de la Iglesia institucionalizada, celosos de sus privilegios, seguridades y riquezas, probablemente este aspecto de reformador resultaba más revolucionario y peligroso que sus ideas teológicas. Prisciliano impulsó a sus seguidores a ocupar las sedes episcopales con el objeto de realizar desde ellas las necesarias reformas, con lo que provocó una especie de cisma. La Iglesia oficial le castigó en un concilio en Zaragoza (aunque sin certificar herejía alguna), y sus seguidores respondieron a este castigo eligiéndole más tarde obispo de Ávila. Prisciliano emprendió un viaje a Roma para defender su causa ante el Papa, y después a Milán para hacer lo mismo ante el Emperador. Al final fue firmemente condenado por hereje y ajusticiado en Tréveris. Los priscilianistas hispanos trajeron su cadáver a Hispania para seguir luchando por su causa, con lo que el cisma priscilianista continuó durante algún tiempo.

Entre la estética y utilitarismo: la arquitectura romana en Hispania

El gran poeta Horacio había sentado uno de los principios más imitados de la preceptiva clásica: la obra de arte debe mezclar lo útil con lo placentero (*utile dulci*), debe deleitar e instruir al mismo tiempo; la sola utilidad no constituye arte, y la estética por la estética carece de sentido. Este principio podía nacer solamente en Roma, donde es difícil separar ambos elementos, donde todo parece estar al servicio de la magnificación del estado y de los valores sociales, donde el arte debe reproducir la virtud ciudadana, donde las estatuas de los héroes tienen esa rara mezcla de realismo e idealismo, de rasgos concretos y rasgos abstractos, de vulgaridad cotidiana y de ejemplaridad arquetípica...

La arquitectura romana es como la proyección en arte del gran talento práctico organizativo que hemos visto al analizar la administración y el derecho. En ella coincide el utilitarismo más materialista con el arte más sobriamente elegante. Nada falta ni sobra, pues las necesidades prácticas dictan unas normas que no se pueden transigir sin traicionar el objetivo de la obra.

Empezamos pasando revista a la **ciudad** como marco arquitectónico. La ciudad romana, siguiendo el trazado de la ciudad etrusca, tenía su origen en las dos vías principales llamadas *cardo* y *decumana*, que se cortaban en cruz. Al extremo de estas vías principales se encontraban las puertas de la ciudad. Y paralelas a estas dos vías se construían todas las demás. El espacio donde se cruzaban estas dos vías estaba ocupado por el *foro*, verdadero centro de la vida social de la ciudad: en el *foro* se encontraban los edificios públicos más importantes y los templos, pero también era el lugar donde se encontraban los mercaderes. El foro era el equivalente romano al *ágora* de los griegos. La ciudad solía estar rodeada de sólidas murallas. En España se pueden admirar algunas de estas ciudades de planta romana, como León, que tiene su origen en un campamento militar. Pero, lógicamente, lo que mejor se conserva son las murallas, como en Tarragona, Mérida, Lugo, etc.

Los romanos son grandes incluso en las tareas arquitectónicas más humildes, como son las **vías** o **calzadas**. Las *vías* eran fundamentales para mantener unidos territorios tan extensos, por lo que constituyeron la gran revolución de la cultura material. Aunque hoy nos parezcan estrechas, tenían el ancho requerido para los carruajes de la época. Constaban de unas losas de piedra que estaban colocadas sobre varias capas de cimentación. A los lados de la *via* había una especie de poyo corrido que servía para dar consistencia a ésta, y también para permitir a los soldados efectuar descansos sentándose en él. Unos postes de piedra que se colocaban a los lados –los *miliarios*– indicaban las distancias. En Hispania se construyeron dos *vías* principales que constituyen un esfuerzo titánico para mantener unidas las diversas tierras de la Península: la *via Herculea,* también llamada *via Augusta*, y la *via de la Plata.* La primera se extendía a través de toda la costa mediterránea, desde la actual Cataluña hasta Cádiz, y la segunda unía Cádiz con Galicia a través de Extramadura. Una tercera vía unía estas dos por el norte: desde Cataluña a Galicia a través de los valles del Ebro y Duero. Naturalmente, allí donde se podía, se utilizaba la infraestructura ya existente: la *vía de la Plata* utiliza un viejo camino ya empleado en la Edad del Bronce por los que traficaban con los metales de Galicia.

Pero la construcción de *vías* implica la de la construcción de **puentes**, donde la proverbial solidez de la construcción (algunos existen todavía hoy y son utilizados para el tráfico de automóviles) está unida a la belleza de su diseño. Los más célebres son el puente romano de Salamanca y el de Alcántara (Cáceres). Este último, construido en un ramal de la *via de la Plata* que conducía de Cáceres a Coimbra, tiene un arco de triunfo en el medio. También es notable el de Mérida, situado en la calzada que llevaba a Huelva, que es uno de los más largos de toda la arquitectura romana.

Otro capítulo de gran importancia y muy ligado al de los puentes es el de los **acueductos,** construcciones destinadas a transportar el agua de la única manera entonces posible, es decir, al aire libre y no bajo tierra como modernamente. El acueducto de Segovia es imponente; cruza además la ciudad por donde exhibe su altura máxima y se encuentra perfectamente conservado. Otro acueducto interesante es el de Ferreras, en Tarragona, construido con molduraciones rectas. Y muy original es el acueducto-puente de Los Milagros, en Mérida, pues sirve al mismo tiempo de puente y de acueducto, y presenta una mezcla de materiales constructivos en que alternan los sillares de piedra con el ladrillo.

Pasemos al capítulo de los edificios destinados a las diversiones. Los más famosos son los **teatros**, que siguen en general el modelo griego, pero cuya gradería (*cavea*) se dispone en forma semicircular, y no en forma de herradura. Todo teatro constaba de dos entradas laterales (*aditus*) situadas al pie de la gradería; en el centro y ocupando el semicírculo vacío que dejaba la gradería estaba el lugar destinado para el coro (*orchestra*). De frente, cerrando el semicírculo y colocado a cierta altura, se encontraba el escenario (*scena*). Hay que tener en cuenta que los teatros verdaderamente importantes aprovechaban el desnivel de un montículo para construir la gradería. En España se conservan algunos teatros pequeños y de poca importancia, como el de *Clunia* (Coruña del Conde, Burgos) o el de Alcudia (Mallorca). Pero hay dos teatros de gran importancia, el de Sagunto (Valencia), y el de Mérida, especialmente este último, bien conservado y donde todavía se representan piezas de teatro y ópera.

Los **anfiteatros** («teatros dobles»), que la gente suele confundir con los *circos,* son, como su nombre indica, edificios circulares que equivalen a dos teatros con una *scena* común, circular también. El objetivo principal de los anfiteatros eran las luchas de gladiadores o de los atletas con las fieras. En España se pueden admirar los anfiteatros de *Itálica* (Santiponce, Sevilla) y Mérida.

Finalmente, los **circos** eran la culminación del arte constructivo dedicado a las diversiones públicas. Tenían forma alargada, terminando en semicírculo en un extremo y dejando el otro extremo para las entradas. Estaban dedicados exclusivamente a las carreras de carros (de dos caballos: *bigas*; de cuatro caballos: *cuadrigas*). En el centro del terreno se encontraba la *spina*, especie de muro de poca altura, generalmente adornado con estatuas, que separaba los dos lados de la carrera. En Mérida y en Toledo hay restos de circos, el de Mérida mucho mejor conservado.

Se han conservado pocos **arcos de triunfo** en España, monumentos conmemorativos por excelencia. El de Bará (Tarragona), que es de tiempos de Trajano, es de un solo vano y de líneas muy pobres. El de Medinaceli (Soria) es un verdadero arco de triunfo con sus tres vanos y abundancia de detalles, pero está muy mal conservado.

Aportación hispana a la cultura romana: Séneca, Quintiliano, Marcial

Es difícil saber qué han aportado de específicamente español los autores latinos nacidos y educados en Hispania. Los historiadores de orientación romántico-nacionalista tienden a ver rasgos típicamente «españoles» por todas partes, sin tener en cuenta que la cultura latina es suficientemente permeable para incorporar los caracteres «nacionales» de los escritores de las provincias y darles una proyección universal. No sólo es permeable la cultura latina, sino que tiene una vocación universal que hace posible una comunidad cultural sin fronteras. Por otro lado, el prestigio cultural de Roma, heredera del clasicismo griego, hace que la cultura latina sea modelo a imitar. Los «provincianos» que emigran a Roma y logran triunfar en los círculos literarios y culturales tienen poco de provincianos; a medida que avanza el proceso de romanización, ni el acento les distingue de los romanos. En la palabra compuesta «hispanorromano» habría que considerar la primera parte como una señal que indica simplemente procedencia geográfica, ya que no un componente «racial» en el que ya nadie puede creer seriamente. La segunda parte sería la que caracteriza el horizonte cultural a que pertenece el individuo.

Lucius Annaeus Séneca nació en Córdoba en fecha imprecisa, alrededor del año en que comienza la era cristiana. Era hijo de Séneca el Retórico y de Helvia, familia perteneciente al orden ecuestre. De su padre heredó el talento por la retórica y la elocuencia, y quizás también el deseo de brillar en sociedad. Pero de sus maestros estoicos y pitagóricos heredó el espíritu ascético y amigo de renunciar a los favores del siglo. Durante toda su vida dudará Séneca entre el amor por la alegría serena que proporciona la sabiduría y la vanidad de los éxitos mundanos. Ya de joven adquiere una cierta reputación en Roma por sus escritos filosóficos, en los que predica un ideal de renuncia y resignación que está muy lejos de responder a su vida real de rico cortesano. En el año 41 Séneca es acusado de estupro y el emperador Claudio le deporta a la isla de Córcega. En los 8 años del exilio corso (del 41 al 49) se acentúa la irreconciliable dualidad del carácter del filósofo: en su libro *Ad Helviam de consolatione* («Consolación a Helvia») pretende tranquilizar a su madre con el pensamiento estoico de que para un filósofo no hay privaciones ni pobreza ni soledad, y que la filosofía y la vida de la razón son suficientes para hacer a un hombre feliz; pero al mismo tiempo escribe un libro completamente diverso, *Ad Polybium de consolatione* («Consolación a Polibio»), en que se queja de su triste destino de proscrito e implora a Polibio, alto funcionario imperial a quien Séneca lisonjea de manera vergonzosa, que se le perdone y se le permita regresar a Roma. Polibio no le perdonará, pero la fama de Séneca continúa creciendo en Roma, y la intrigante Agripina, esposa del emperador Claudio, solicitará el perdón para que Séneca regrese y se haga cargo de la educación de su hijo y futuro emperador Nerón. Las contradicciones se acentúan aún más en este tercer período de su vida (del 49 al 62), pues Séneca alterna la composición de libros de filosofía moral con la participación en intrigas palaciegas que contradicen sus elevado idealismo: no protesta contra el asesinato de Británico, e incluso llega a redactar la carta en la que Nerón justifica ante el Senado el asesinato de su propia madre Agripina. También es contradictoria su vida de lujos y el enorme capital que logró adquirir mediante operaciones financieras sospechosas. Caído en desgracia en la corte de Nerón, sus últimos años (del 62 al 65) parecen dedicados sinceramente al ideal estoico de renuncia de los placeres y del brillo mundano. De esta época son sus mejores obras, como *De otio* («Acerca del ocio»), *De providentia* («Acerca de la providencia»), y, sobre todo, sus célebres *Epistulae morales ad Lucilium* («Cartas morales a Lucilio»). Sorprendido por participar en la conjuración de Calpurnio Pisón contra Nerón, es condenado a morir abriéndose las venas, cosa que Séneca ejecuta con la grandeza de ánimo de un estoico y con la lucidez y serenidad de un Sócrates. Se puede decir que la entereza que mostró en su muerte le redime de todos sus errores de cortesano vanidoso. La muerte de Séneca es ya casi un *topos* literario, como la muerte de Sócrates.

Séneca no es un pensador original. Casi todas sus enseñanzas se encuentran en los filósofos estoicos o pitagóricos. Ni siquiera el desprecio por las cuestiones naturales y la metafísica le diferencian de sus maestros o de Sócrates. Y muchas de sus páginas, incluso las que parecen más sinceras, despiertan la risa, cuando no la indignación, en el lector moderno. Transcribimos unas líneas de las *Epístulae morales ad Lucilium* en que se transparenta la superficialidad de buena parte de su estoicismo:

> Con los poquísimos esclavos que cupieron en un solo carruaje, sin otros objetos personales que los que llevábamos encima, yo y mi querido Máximo lo estamos pasando muy felizmente hace ya dos días. El colchón está echado en tierra, yo sobre el colchón; uno de mis dos capotes me ha servido de sábana, el otro de cobertor.

Es decir, que las privaciones de una cama primitiva son compatibles con la existencia de unos cuantos esclavos (pocos, claro está, los que caben en un solo carruaje...).

Pero lo que es verdaderamente grande en Séneca es lo sugestivo de su estilo, que está lleno de una increíble imaginación capaz de hacer visibles los pensamientos más abstractos. También transparenta este estilo la enorme pasión que ponía en todo lo que escribía, pasión que le convierte en escritor de raza. Séneca es un maestro de retórica (no olvidemos su educación) capaz de persuadir con los argumentos más increíbles y rebuscados. Pero las mismas contradicciones de su peripecia vital, sus continuas caídas en las trampas que le ofrecía la sociedad corrompida de Roma, le hacen más humano, más «de carne y hueso» que los distantes filósofos de los tiempos clásicos. Por debajo de los convencionalismos a la moda asoman en las páginas de Séneca verdaderas huellas de su carácter atormentado.

Representante originalísimo de la literatura hispanorromana es el poeta **Marcial**. Nacido en Bilbilis (Calatayud, Zaragoza) entre el 38 y el 41, fue a buscar fortuna a Roma en el año 64, donde tuvo que abrirse camino a base de lisonjear a los poderosos. Sus *epigramas* le valieron pronto gran renombre, pero la fama no le permitió vivir con comodidad. En alguno de sus poemas se lamenta de que ya no exista un Mecenas que le garantice una vida despreocupada para poderse consagrar a una gran obra. En efecto,

Marcial vivió siempre del poema sin pretensiones, de la sátira de lo cotidiano, de ridiculizar los pequeños vicios de pequeños personajes. Cultivó la amistad de escritores ilustres, como Quintiliano, Juvenal o Plinio el Joven, pero ninguno de éstos pudo ayudarle a salir de la miseria. En el año 98, cansado de la vida ruidosa de Roma, decidió regresar a su tierra nativa de Bílbilis, donde una admiradora le compró una *villa* para que pudiera pasar sus últimos años retirado viviendo de la agricultura. La muerte le sorprendió seis años más tarde (104), cuando el poeta estaba ya aburrido de la vida campesina y añoraba regresar a Roma.

Marcial es el transformador del *género epigramático*. Entre los griegos el epigrama era simplemente un poema breve destinado a ser grabado en las tumbas o en los monumentos; más tarde, los poetas alejandrinos comenzaron a convertir los epigramas en poemas de tipo elegíaco o satírico, modelo que siguió Catulo entre los latinos. Pero con Marcial el epigrama sufre una transformación definitiva, convirtiéndose en un poema generalmente breve donde el *sarcasmo y la ironía* se expresan en fórmulas mordaces muy ingeniosas. Marcial es completamente insensible a los influjos de la retórica; su verso, inspirado o vulgar, es siempre espontáneo y está escrito en lenguaje sencillo. Marcial tiene por lo menos tanta *personalidad humana* como literaria, lo que le impide caer en la tentación de la imitación o la receta. Adivinamos en Marcial un *carácter viril insobornable* que le hace odiar todo género de cosmética.

Marcial no duda en ocasiones en descender a los detalles más obscenos, descritos en lenguaje crudo y sin eufemismos. En tales ocasiones parece adoptar el tono de un *filósofo cínico y un tanto libertino* que se complace en la suciedad. Pero las apariencias engañan: por debajo del cínico asoma el *moralista*, a quien suponemos incapaz de contaminarse de los vicios que fustiga. La superficialidad y despreocupación con que envuelve su cinismo son probablemente las máscaras de que se sirve el poeta para no dejar transparentar su natural sensible y delicado. El mismo Marcial dice en un epigrama: *lasciva est nobis pagina, vita proba* («mi obra es lasciva, pero mi vida es virtuosa»). Por lo demás, Marcial conquista nuestra simpatía porque es poeta sin pretensiones y muy consciente de que parte de su obra vale poco: *Sunt bona, sunt quaedam mediocria, sunt mala plura / quae legis hic: aliter non fit, Avite, liber* («Algunas cosas que aquí lees son buenas, otras son mediocres y muchas malas. Pero así suelen hacerse los libros, Avito»).

Mencionemos finalmente al gran maestro de retórica **Quintiliano**, nacido en Calagurris (hoy Calahorra, La Rioja) hacia el año 30 y que se trasladó ya muy joven a Roma llevado por su padre, al parecer también orador de profesión. Después de una esmerada educación y de entrar en contacto con los más famosos retóricos de su tiempo, regresó a España, donde permaneció hasta el año 68. De nuevo en Roma a partir de esta fecha, se dedicó a la abogacía, profesión en la que pronto alcanzó gran fama. Pero Quintiliano prefirió dedicarse a la enseñanza y dejó la abogacía para abrir una escuela de retórica, en la que impartió enseñanza veinte años, desde el 70 al 90. Por su escuela pasaron intelectuales de la talla de Plinio el Joven, Juvenal, Tácito y Suetonio. Quintiliano fue colmado de honores oficiales, y en el año 90 recibió el encargo de educar a los bisnietos del emperador Domiciano. A pesar de sus éxitos en la vida pública, su vida privada parece haber estado siempre dominada por la tristeza, especialmente por la muerte de su hijo. Quintiliano muere en los últimos años del siglo, se supone que en el 96.

La obra maestra de Quintiliano es *De institutione oratoria*, en 12 libros, donde trata de la formación del orador. Algunas tesis de esta obra no dejan de resultar chocantes en un maestro de retórica. Así, según Quintiliano, la causa profunda de la decadencia del arte oratoria no reside tanto en una técnica deficiente como en la ausencia de verdadera educación moral. (Téngase presente que la oratoria clásica está muy dominada por el pragmatismo, y que el objetivo de «persuadir» es más importante que el de «convencer» por argumentos racionales; Platón nos ha dejado en el *Gorgias* un precioso retrato del orador oportunista y pragmático que dominaba en su tiempo). También resulta chocante que Quintiliano haya criticado tan ásperamente la retórica vacía de las escuelas de declamación, y que en su crítica incluya a la práctica totalidad de la literatura de su tiempo, que para él era brillante y artificiosa. Al gusto corrompido de los modernos opone Quintiliano la vigorosa simplicidad de los antiguos, a la cabeza de los cuales sitúa como modelo a imitar a Cicerón. De Séneca, por el contrario, estima algunas de sus sentencias morales, pero rechaza su estilo, que contiene elementos «muy perniciosos» (*perniciosissima*).

El latín vulgar y los orígenes del romance

Como es sabido, los países dominados por Roma desarrollaron a partir del latín las lenguas que denominamos *lenguas romances*. La palabra misma *romance* procede de un adverbio latino, *romanice*, que significaba «románicamente» o «al estilo de Roma», y que se empleaba como complemento del verbo «hablar»: hablar «románicamente» o hablar «al estilo de Roma» caracterizaba a todos los habitantes del Imperio Romano o a todos sus descendientes por oposición a los que no habían sido romanizados. En España siguió empleándose la palabra *romance* incluso en el siglo XVII, aunque restringiendo su aplicación solamente al español y no al conjunto de lenguas latinas: para decir que algo estaba en español se decía que estaba escrito *en romance*...

Ofrecemos, primeramente, un breve panorama de **cuestiones léxicas** relacionadas con la asimilación de la lengua latina.

Es difícil saber cuánto tiempo transcurrió hasta producirse la total desaparición de las lenguas nativas. Al principio se producirían dos niveles lingüísticos, el de la lengua oficial, que era el latín, y el de las lenguas coloquiales nativas. Poco a poco la lengua oficial iría desplazando a las otras hasta llegar a la plena latinización de la Península (con excepción de la región de los *vascones*, que conservaron su lengua todavía mucho tiempo). Naturalmente, el latín quedaría también influenciado por las lenguas nativas: el *substrato* lingüístico prerromano influyó considerablemente la absorción del latín, imponiéndole no solamente algunas palabras, sino, lo que es más importante, un hábito lingüístico articulatorio que fue transformando la pronunciación latina hasta convertirla en un romance peculiar que con el tiempo sería el *castellano* o *español*. (La palabra *substrato*, aunque tomada por los lingüistas de la geología, no tiene nada que ver con un material que actúa por inercia, con un conjunto más o menos grande de palabras heredadas de los pueblos protohistóricos. Una lengua puede perder el total de sus palabras al ser absorbida por otra, sin que esto impida que siga actuando a través de los siglos mediante la imposición de un determinado comportamiento fonético. El *substrato* puede permitir que se acepte la palabra latina, pero transformándola para adaptarla a las peculiaridades articulatorias. La imposibilidad o dificultad de pronunciar una *f* inicial hace que los castellanos del siglo XI sustituyan esta consonante por una *h*, que al principio se pronunciaba aspirada, y después se perdió por completo. De esta manera *fumu(m)* se transformó en *humo*, pasando de cuatro a tres fonemas).

Pero conviene tener presente que el latín que es asimilado por los hispanorromanos, a excepción de las palabras o expresiones pertenecientes a la esfera administrativa y comercial, tiene poco que ver con *latín clásico* que se aprende en la escuela y se profundiza en la Universidad. Los legionarios romanos no hablaban como Virgilio u Horacio, sino como hablaban los personajes de las comedias de Plauto, es decir, sin el *hipérbaton* que tan difícil se nos hacía en la escuela, y con un *léxico* menos diferenciado, aunque más concreto y exacto. Es decir, se empleaba el *latín vulgar*, el latin coloquial, el que distinguía a la *plebs* de los *nobiles* o aristócratas. Naturalmente, es difícil reconstruir este latín justamente por ser *vulgar*: los escasos textos literarios o los documentos, contratos y apígrafes no son suficientes para documentarlo. Con el *latin vulgar* pasa lo que con el indoeuropeo: muchas veces hay que reconstruirlo a partir de sus huellas dejadas en las lenguas *romances,* comparándolas entre sí para poder encontrar las raíces comunes a todas ellas...

Una lista de palabras en latín clasico, latín vulgar y castellano moderno nos convencerá de la imposibilidad de derivar, en estos casos, las palabras actuales del latín clásico. Ponemos solamente las palabras del latín vulgar en orden alfabético:

CLÁSICO	VULGAR	CASTELLANO
equus	caballu(m)	caballo
vocare	clamare	llamar
agnum	coradariu(m)	cordero
loqui	fabulare	hablar
vis	fortia(m)	fuerza
ludum	jocu(m)	juego
odorem	olore(m)	olor
puer	ninnu(m)	niño
interrogare	praecunctare	preguntar
os/oris	rostru(m)	rostro
genu	rotella(m)	rodilla
strepitus	rugitu(m)	ruido
claudere	serare	cerrar
laborare	tripaliare	trabajar
nuptiae	vota	boda

Naturalmente, en otros muchos casos coincide la palabra del latín vulgar con la del latín clásico, y en este caso la derivación no ofrece problemas para cualquiera que haya estudiado latín en la escuela (y conozca las leyes de transformación fonética).

Hay que hacer igualmente la observación de que, junto a la derivación «popular» o espontánea a partir del *latín vulgar*, existe una derivación culta que se superpone a la primera completándola o perfeccionándola. Fue introducida, naturalmente, por los clérigos o intelectuales de una determinada época para ser empleada solamente en documentos o textos literarios, pero con el tiempo ha llegado a formar parte de la lengua de todos. Así ocurre con la última derivación, *vota > boda*, que se emplea para el substantivo, pero que prefiere la derivación culta para el adjetivo: *derecho nupcial*, y no *derecho bodal*, que nadie entendería.

La derivación *fabulare > hablar* es la más normal, pero nadie dice *hablatorio telefónico*, sino *locutorio telefónico* (*> loquor*). Todos sabemos que el juez somete al testigo a un *interrogatorio* (*> interrogo*), y no a un *preguntatorio*, y que podemos acogernos a un *derecho laboral* (*> laborare*), pero no a un *derecho trabajadoral...*

Abandonaremos ahora las cuestiones léxicas para concentrarnos en las **cuestiones fonéticas**. ¿Cómo ha influido el *substrato* prelatino en la asimilación del vocabulario importado de Roma? Ya no nos interesa *qué* palabras entraron en la Península, sino *cómo* fueron recibidas. Nos limitaremos a los fenómenos más importantes, ya que una exposición detallada está fuera del alcance de este libro.

Casi todos los cambios importantes ocurridos en esta época de dominación romana son *vocálicos* o dependen de los cambios *vocálicos*. Y dentro de los cambios vocálicos, los que nos parecen más importantes son las *variaciones tímbricas* en el sistema vocálico (es decir, transformaciones como *i* > *e* o también *u* > *o*).

El sistema vocálico latino se basaba en dos diferencias fonológicas esenciales: el *acento* y la *cantidad* o *duración*. El *acento* no tenemos por qué explicarlo porque lo reconocemos en cualquier idioma europeo. La cantidad, que es muy importante en alemán, es fonológicamente irrelevante en la mayoría de los idiomas europeos, así como en las lenguas nativas de los hispanos. Todo estudiante de español sabe que la mayor o menor *duración* de una vocal no altera para nada su significado; a lo sumo introduce algún matiz enfático, algún resalte expresivo. Lo mismo significa *caballo* que *cabaallo, con la sílaba interior alargada. En alemán, por el contrario, una cosa es *satt* (harto) y otra muy distinta *Saat* (siembra); lo mismo se puede decir de *Lamm* (cordero) y de *lahm* (paralizado, débil, cojo...); la distinción no es solamente ortográfica, pues todo el mundo entiende que en un caso la primera sílaba es breve y en el otro es larga. Lo mismo pasa en latín, donde la sílaba larga puede llegar a durar el doble que una corta. Pero esto que es muy evidente para un hablante de lengua alemana, resultaba poco menos que irreconocible para los hispanos que oían hablar latín. Las lenguas nativas no reconocían la *cantidad*, sino solamente el *acento*. Esto hizo que poco a poco se fuera olvidando la *cantidad* de las sílabas para irse concentrando en los demás elementos, entre ellos el *acento* o el *timbre*. Pero ocurre que una sílaba larga latina era siempre de timbre cerrado, y una sílaba corta era siempre de timbre abierto. Es decir, una *i* larga sonaba realmente *i*, realmente cerrada, pero una *i* breve sonaba *i* abierta, es decir, ya muy cerca de la *e*. Y lo mismo pasaba con la vocal *u*: cuando era larga sonaba cerrada, es decir, verdaderamente *u*, mientras que cuando era breve sonaba abierta y se acercaba a una *o*. Como se ve por el triángulo vocálico, las breves latinas se abren tanto que pueden confundirse con sus vecinas. Mientras se entendía la diferencia entre larga y breve, no había problema; cuando esta diferencia desapareció, la simple diferencia tímbrica entre la *i* abierta (que es casi *e*) y la *e* misma no fue suficiente y se confundieron en una. Lo mismo pasa con la *u*: al desaparecer la diferencia entre largas y breves, quedó muy pequeña diferencia entre *u* abierta y *o*, por lo que llegaron a confundirse.

En total: la *i* breve latina se relajó siempre en *e* en romance, y la *u* breve latina se relajó siempre en *o* en romance... Ejemplos de *i*: c**i**lia(m) > c**e**ja; verm**i**culu(m) > berm**e**jo; l**i**ngua(m) > l**e**ngua. Ejemplos de *u*: l**u**mbu(m) > l**o**mo; **u**rsu(m) > **o**so; aut**u**mnu(m) > ot**o**ño.

Un segundo cambio vocálico de la mayor importancia es la de la *pérdida de la vocal postónica*, fenómeno que se producía ya en el latín de Plauto y que se intensificó en el latín vulgar. Es preciso tener en cuenta que el acento latino iba, normalmente, en la penúltima sílaba cuando ésta era larga (larga por naturaleza o larga por ir delante de doble consonante: f**e**lix , cap**i**llus); cuando la penúltima era breve, el acento iba en la antepenúltima (f**e**mina, tr**e**decim). Pues bien, atendiendo a estas reglas de la acentuación tenemos las siguientes desapariciones de postónicas: **o**culum > **o**clum; aur**i**cula > aur**i**cla; tr**i**bulum > tr**i**blum. Como se ve, resulta frecuente que esta caída de vocal postónica coincida con la *penúltima* sílaba. (En atención a la claridad expositiva, hemos prescindido de pasos intermedios).

Trataremos ahora de cambios vocálicos que llevan consigo transformaciones consonánticas: nos referimos a la formación de *diptongos*, especialmente *diptongos con elemento palatal*, fenómeno desconocido en latín pero corriente en las lenguas romances. Nos interesa un grupo de diptongos especialmente frecuente en el romance que nace en Hispania: diptongos en que interviene la *yod*, es decir, la *i* de características semiconsonánticas. En una palabra latina como *mulierem* la separación silábica era *mu-li-e-rem*; en el primitivo romance o protorromance de esta época empezaba a separarse *mu-lie-rem*, con lo que en la sílaba intermedia aparecía un diptongo *ie* que sonaba como si fuera *ye*; efectivamente, toda *i* seguida de vocal y pronunciada con rapidez se palataliza en *y* (*i+ a = ya; i + e = ye; i + o = yo...* etc). Ahora bien, el sonido palatal de esta yod atrae a la *l* , sonido en principio alveolar-lateral y que ahora resulta palatal-lateral y se pronuncia como en el moderno castellano *ll*. En total, tenemos en esta época los comienzos de la transformación *muliere(m) > muller* (más tarde *mujer*). Otra interesante palatalización provocada por diptongo es cuando aparece una nasal. Así tenemos la palabra latina *Hispania(m)*, que se pronunciaba *His-pa-ni-a* en latín clásico, pero que comienza ahora a leerse *His-pa-nia,* con lo que vuelve a aparecer un diptongo con *yod*, que es *ia*, pronunciado *ya*. Ahora esta *yod*, que como sabemos es palatal, atrae a la consonante que precede, que es *n*, es decir, una nasal hasta convertirla en palatal-nasal: *ñ*. Total, *Hispania(m) > España*.

Trataremos ahora de transformaciones puramente consonánticas pero que dependen de la acción directa que sobre ella ejercen las vocales. El primer caso es el que podemos denominar *ley de sonorización de las consonantes* y que consiste en que todas las consonantes sordas entre vocales se sonorizan. El fenómeno se debe a que las vocales prestan su sonoridad a las consonantes precisamente por rodear a éstas; es como un fenómeno de asimilación. La consonante sorda sería como una brevísima pausa entre dos impulsos sonoros y se contagiaría así de sonoridad. Ya en el siglo II, según Menéndez Pidal, se encuentra *imudavit* por *immutavit*. Igualmente, *capanna* dará más adelante *cabaña*, *tractatus* se convertirá en *tratado, lupus* en *lobo...*

Un segundo fenómeno en que las vocales actúan sobre las consonantes sin que éstas se alteren a su vez: se trata de la atracción de las velares (sordas como *c* o sonoras como *g)* a la esfera de las palatales mediante la presencia de vocales palatales. Como sabemos, el latín clásico pronunciaba *c* igual que *k* ante cualquier vocal. Una palabra como *Cicero* se pronunciaba como si estuviese escrita *Kikero*; *Caesar* como si estuviera escrita *Kaesar*, etc. Pues bien, al contacto con vocales palatales, es decir, *e, i*, se produjo una atracción de manera que el punto de articulación llegó a ser el de la actual consonante palatal *ch*, por lo que se pronunció más tarde *Chichero*. Todavía los italianos conservan esta evolución en la actualidad. Posteriormente sufrió una evolución que la convirtió en *ts*, que sería el paso inmediatamente anterior al del moderno sonido interdental castellano (*c/z*). En cuanto a la sonora *g*, que se pronunciaba en latín clásico siempre igual ante cualquier vocal, sufrió igualmente una atracción ante las vocales palatales *e, i*, para palatalizarse en el sonido que ya conocemos como *y*; más tarde este sonido se perdió entre vocales: *frigidum* se leía algo así como *friyidum*, que luego dio *frío*; *gente* empezó a pronunciarse *yente*, para luego velarizarse en el moderno *gente...*

III: LA HISPANIA VISIGÓTICA

Durante muchas generaciones se ha obligado a los niños en las escuelas españolas a aprenderse de memoria las interminables listas de reyes visigodos; era casi un ritual de la enseñanza cuyo sentido profundo, si es que lo había, todo el mundo ignoraba. Era una manera de hacer historia recurriendo a la magnificación de la institución monárquica, o a la pretendida eternidad de España (cosa bastante problemática, pues la mayoría de los reyes godos ni siquiera fueron reyes de Hispania, sino de un conjunto de territorios que comprendía el sur de Francia y partes de España). Además, se consideraba a los godos verdaderos «españoles», sin pensar que sólo constituían un pequeño número de invasores que impusieron una estructura política a una población de hispanorromanos con la que ni siquiera se mezclaron durante mucho tiempo.

Pero hoy se cae en el extremo contrario, y se considera la época de dominio visigodo como carente de importancia, como simple prolongación de la decadencia de las instituciones romanas, que los visigodos habrían adoptado y retocado ligeramente para poder mantenerse en el poder. De acuerdo con esta teoría, los tres siglos que median entre las primeras invasiones de los llamados «pueblos bárbaros» (409) y la invasión y conquista de los árabes (711) serían un capítulo más (el último) de la época romana que acabamos de estudiar. Los godos se habrían adaptado a la cultura y a las instituciones romanas por no poseer cultura propia, y la sociedad hispanorromana continuaría un lento declinar histórico que los godos no habrían hecho más que acelerar. El origen de esta interpretación puede estar en la tesis del desafortunado libro de Ortega y Gasset La España invertebrada, *según la cual los godos que entraron en la Península estaban «ebrios de romanización», carecían de empuje vital y su jerarquía nobiliaria manifestaba síntomas de debilidad interna. Como Ortega tenía patente en España para decir los mayores disparates impunemente, se atrevió a hacer de esta pretendida debilidad de los godos nada menos que la causa principal de la decadencia histórica de España hasta nuestros días. Por razones parecidas (falta de personalidad cultural propia) llegó Américo Castro a conclusiones completamente opuestas: los godos no habrían dejado absolutamente ninguna huella en la contextura vital de los españoles, ni siquiera la de la decadencia social e institucional a que aludía Ortega.*

Por razones didácticas nos vamos a situar en una postura intermedia: los godos no ocupan en nuestra historia el puesto que le han concedido los historiadores tradicionales, pues no lograron transformar la sociedad hispanorromana, no influyeron notablemente en la sociedad, no dejaron ni siquiera huellas notables en la lengua... Pero han contribuido a conservar unos rasgos mínimos de identidad cultural (piénsese en la insistencia con la que Isidoro de Sevilla canta las excelencias de Hispania), identidad a la que añadieron algunos elementos nuevos, especialmente en el campo del derecho y hasta en el de las instituciones. Sánchez Albornoz, en su famosa polémica con Américo Castro, llega a afirmar que «la sociedad y el estado hispano-godos se hallaban en el siglo VII tan avanzados o tal vez más avanzados aún que la sociedad y el estado merovingio». En total, será éste un capítulo modesto de nuestra historia, pero un capítulo que merece ser considerado independientemente de los demás.

A: HISTORIA

Aparición de los visigodos en la historia

La denominación de *barbari* (bárbaros) que los romanos aplicaban a los pueblos que hacían presión sobre las fronteras imperiales desde el siglo III, viene del griego βαρβαροσ, y significaba en un principio algo así como «el que habla mal el griego» o «el que habla de manera incomprensible», es decir, el «extranjero». Pero pasó a significar también lo que hoy entendemos por esta palabra, es decir, «bárbaro» por oposición a «civilizado», pues el mundo griego, como después el romano, se consideraba el centro del mundo civilizado. La palabra, empleada genéricamente para denominar a los pueblos que invadieron el Imperio, es bastante inexacta. En algunos casos, aplicada a pueblos cuya subsistencia dependía del saqueo y la devastación, parecía justificada (recordemos que el pueblo de los *vándalos* se hizo tan tristemente célebre por sus correrías, que impuso el término *vandalismo* como la peor muestra de barbarie); pero en otros casos no había justificación: el pueblo de los *visigodos* («godos occidentales») estaba lo suficientemente civilizado como para admirar la cultura romana, a la que siempre intentó respetar e imitar. De hecho, cuando los *visigodos* invadieron las tierras del Imperio, ya estaban romanizados. Por otro lado, los presuntos civilizados habían dado demasiadas muestras de barbarie como para presumir de civilizados; las luchas en los circos romanos, las intrigas sangrientas en la corte imperial o las represiones políticas de increíble dureza (recordemos los crímenes de guerra en Hispania), no muestran rasgos de civilización superiores a los de los pueblos invasores.

Los visigodos y otros pueblos germánicos aparecieron en el escenario político de Roma debido a la *presión demográfica* que ejercieron durante siglos sobre las fronteras del Imperio. Primero realizaron las funciones subalternas de soldados de un Estado que no podía defenderse con sus propias fuerzas, y al final decidieron tomar ellos mismos el poder. Pero el camino del poder estaba lleno de inseguridades, porque el pueblo visigótico podía vencer militarmente a sus señores, pero no estaba preparado para suplantarlos en la esfera cultural y administrativa. Estas inseguridades se reflejan en el largo peregrinar histórico del pueblo visigótico en busca de un solar donde establecerse.

La historia de la *presión demográfica* que estos pueblos ejercían sobre las tierras del Imperio Romano comienza ya en tiempos de Augusto (27 a.C.- 14 d.C.), que poco a poco les fue dejando atravesar los Alpes y el Danubio para *ingresar en las legiones* y sustituir a los romanos carentes de espíritu guerrero. Su ejemplo fue seguido por Marco Aurelio (161-180), Aureliano (270-275) y Probo (276-282), de manera que a finales del siglo IV toda la región de los Balcanes y las Galias orientales estaban pobladas por pueblos germánicos y, lo que es peor para la seguridad del imperio, *en las legiones romanas de estos territorios dominaban los soldados germánicos*. Y así como los bárbaros tuvieron que romanizarse al entrar en las tierras del imperio, los romanos se «barbarizaron» al contacto con estos pueblos y empezaron a llevar abrigos de pieles, el cabello largo e incluso, en algunos casos, pusieron de moda los *pantalones*, prenda germánica por excelencia.

Pero a finales del siglo IV la presión de los pueblos «bárbaros» aumenta debido a las *invasiones de los hunos*, pueblos de las estepas asiáticas que a su vez entraron en Europa huyendo de los yuan-yuan. En el año 376 los visigodos solicitan del emperador Valente permiso para atravesar el Danubio, frontera norte del Imperio. El emperador se lo concede, pero bajo la condición de que dejaran las armas; los visigodos entran con la finalidad de ocupar las tierras vacías para *dedicarse en el futuro a la agricultura*, pero los romanos aprovechan la ocasión para explotarlos cruelmente, vendiéndoles alimentos a precios tan desorbitantes, que algunos tuvieron que vender a sus hijos como esclavos para poder comprar alimentos. La situación se agudiza de tal manera que en poco tiempo los visigodos, que habían entrado pacíficamente, declaran abiertamente la guerra al Imperio. La esperanza del emperador Valente de reducirlos por las armas era utópica, pues los ejércitos imperiales, como hemos visto, estaban formados por «bárbaros» que, lógicamente, no tenían motivos para luchar contra sus hermanos de raza. La batalla de Adrianópolis (378), en la que quedaron destruidas las dos terceras partes del ejército imperial y en la que murió el mismo emperador, significan el comienzo del fin: los visigodos dominarían a partir de esta fecha todos los territorios entre el Mar Negro y el norte de Italia.

Durante la época de Teodosio (379-395) el Imperio consigue sobreponerse a la amenazante presión de los godos dándoles un empleo estable en el ejército y asignándoles una subvención anual considerable. Pero poco antes de morir (395) *divide Teodosio el Imperio entre sus hijos: Honorio en occidente y Arcadio en oriente*, con lo que vuelve a debilitarse el estado romano e incluso a exponerse a luchas civiles entre las dos partes. Efectivamente, por más absurdo que esto parezca en una época dominada por la amenaza de los «bárbaros», entre ambos Imperios va a surgir una guerra civil por una causa banal: la frontera de Iliria. Esta es *la hora decisiva de los visigodos y de su jefe Alarico*: en su condición de soldados mercenarios del Imperio, podían hacer alianzas con los occidentales o con los orientales, siempre con la seguridad de vencer a un poder ahora tan debilitado. Alarico aceptó el encargo del imperio de Oriente y, nombrado por Arcadio *magister militum* de la Iliria, en el año 401 invadió Italia. Estilicón, el general del ejército de Honorio, de origen vándalo (¡un «bárbaro» defendiendo a los «civilizados» contra otros «bárbaros»!) logra salvar Roma del ataque visigodo, pero años más tarde unas intrigas palaciegas contra Estilicón (le acusaron de pretender colocar en el trono a su propio hijo) deciden a Honorio a cortarle la cabeza.

Con la muerte de Estilicón, el camino de Roma está abierto, y en el año 410 Alarico *saquea durante tres días la Ciudad Eterna*, de donde se llevará no sólo un inmenso botín, sino a la hermana del emperador, Gala Placidia (el emperador se había refugiado en Ravena). Pero Alarico apenas pudo aprovecharse de esta victoria, pues murió poco después en el sur de Italia, cuando acariciaba el proyecto de embarcar a sus tropas para África.

Los visigodos en Aquitania y Tarraconense

Ataúlfo, cuñado y sucesor de Alarico, hereda una situación curiosa: su pueblo, superior militarmente al romano, se encuentra incapacitado para sustituirle históricamente. Una cosa es la *victoria militar* y otra muy distinta la *apropiación del estado y las instituciones romanas*. Alarico había comprendido esto y había planeado el abandono de Italia para asentarse en África. Ataúlfo va a intentar otro camino, y escoge un territorio que se extendía a ambos lados de los Pirineos (parte de la Aquitania, con su capital en Toulouse, y parte de la Tarraconense) para fundar allí un reino aliado del pueblo romano. (Vendría a ser una especie de renovación de la antigua función de los godos: mantenerse en terrenos fronterizos al servicio de la seguridad del estado romano). Cuenta con un *foedus* (pacto de vasallaje) firmado con Honorio en el año 413, y además con Gala Placidia, hermana de Honorio, que le servía de rehén y con la que se casó en Narbona en el 414.

Continuas desavenencias con Roma, que aquí no vamos a relatar, le van obligando paulatinamente a ceder territorios de las Galias hasta tener que pasar los Pirineos y refugiarse en la Tarraconense, donde fijó su capital en Barcino (Barcelona) en el año 415. Ataúlfo fundaba sus esperanzas de reconciliación con el Imperio en el nacimiento del hijo que tuvo con Gala Placidia, a quien puso el nombre significativo de Teodosio (como su abuelo el emperador); pero el niño murió al poco tiempo y Ataúlfo fue asesinado poco después.

Ataúlfo representa muy bien el espíritu visigótico: fue vencedor de Roma y al mismo tiempo su aliado, superior en las armas, pero inferior en la cultura, orgulloso de su fuerza, pero también consciente de su incapacidad para administrarla... Ataúlfo lo espera todo de Roma, las tierras donde asentarse, el permiso para gobernar y hasta el acceso a la esfera superior de la nobleza, que, conforme a su mentalidad de «bárbaro», cree alcanzar legítimamente casándose con su rehén. Adivinamos en esta figura contradictoria el complejo de inferioridad del «bárbaro» que, a pesar de su fuerza, tiene que humillarse ante la verdadera superioridad política del adversario. En opinión de Orosio, Ataúlfo habría pretendido en un principio *sustituir la Romania por la Gothia* y ser en este nuevo imperio de los godos lo que César Augusto en Roma. «Pero al convencerle la mucha experiencia – dice textualmente Orosio– de que los godos en modo alguno podían obedecer las leyes a causa de su desenfrenada barbarie, y de que no era conveniente derogar las leyes del estado, sin las cuales un estado no es estado, eligió que, al menos, se procuraría para sí la gloria de restituir íntegramente y aumentar el nombre de Roma con las fuerzas de los godos y de ser considerado por la posteridad como el autor de la restauración romana, después de no haber podido ser el que la transformara».

El sucesor de Ataúlfo, Walia (415-419), heredó el problema de cómo y dónde ejercer el poder, y quiso darle la misma solución desesperada de Alarico: embarcar a sus gentes para el Africa. Pero una tempestad le impidió llevar a cabo sus planes y tuvo que volver a solicitar de Roma lo que ya habían solicitado sus antecesores: un *foedus* (año 418) cuya base jurídica era la *hospitalitas* entre godos y romanos.

La ocasión para esta reconciliación la presentaron las invasiones de los *suevos, vándalos y alanos*, pueblos germánicos que saqueaban la Península Ibérica desde el año 409 y constituían una amenaza para el Imperio mucho mayor que la de los visigodos. Según este nuevo pacto, los visigodos volvían a ser «federados» del pueblo romano, recibían de nuevo una *misión militar para asegurar las fronteras* (unas fronteras que cada vez estaban más amenazadas) y, como en todo pacto feudal, eran recompensados por sus servicios recibiendo oficialmente las tierras que habían tenido oficiosamente en tiempos de Ataúlfo, es decir, la Aquitania francesa (capital Toulouse).

Es difícil establecer un mapa histórico de esta época, pero en lo esencial se va conformando la idea inicial de Ataúlfo de un reino visigótico que se extendiese a ambos lados de los Pirineos: la Aquitania y la Narbonense en Francia serían los territorios oficiales de *dominio político* y *militar*, y la Tarraconense y otras regiones de Hispania serían territorios de *simple dominio militar*. Esto quiere decir que las tropas visigodas actuarán en la Península Ibérica en defensa de la clase dirigente hispanorromana y, con el tiempo, irán formando lazos políticos y ejerciendo influencias que justificarán su futuro asentamiento en Hispania. Por lo demás, Walia emprendió al servicio de Roma unas campañas militares que le llevaron hasta el estrecho de Gibraltar y en las que logró quebrantar decisivamente el poder de los vándalos y de los alanos.

En el período de Teodorico I (419-451) se ampliaron los territorios visigodos en Francia de forma considerable, hasta el punto de que Teodorico pensó seriamente en independizarse de Roma (de nuevo el eterno dilema entre señorío y vasallaje); pero los acontecimientos internacionales le obligaron a estrechar aún más los lazos con el Imperio: el pueblo de los *hunos*, acaudillado ahora por Atila, representaba tal amenaza para el Imperio y sus confederados, que pronto se formó una formidable alianza de imperiales, francos, burgundios y visigodos para defenderse del peligro común. El general Aecio, llamado «el último romano» por su empeño en reconstruir el Imperio, dirigió personalmente el ejército aliado, en el que participó también el rey de los visigodos. La batalla de los

Campos Cataláunicos (en la región francesa de la Champaña), en el año 451, significó una gran victoria para los aliados; Atila tuvo que retirarse del escenario europeo (excepto un pequeño episodio en Italia sin consecuencias) y el Imperio pudo respirar durante algún tiempo. Pero el rey visigodo Teodorico I murió en la batalla.

Los sucesores de Teodorico contituaron la expansión del reino visigodo en Francia y, al mismo tiempo, mantuvieron funciones de control militar en Hispania. Turismundo (451-453) fue asesinado por su hermano Teodorico II (453-466), que renovó el pacto con el Imperio, y del que sabemos que, fiel a su tarea de aliado del Imperio, entró en Hispania con el encargo de luchar contra los suevos, a los que derrotó en el año 456 cerca de Astorga. Teodorico II fue asesinado por su otro hermano, Eurico (466-484), que llegó a ocupar Arlés y Massilia (Marsella), y que representa el punto culminante de la expansión del pueblo visigodo en Francia. El gran poder de Eurico coincide con la desaparicón del Imperio Romano de Occidente en el año 476; a partir de esta fecha, los visigodos no cuentan ya con legitimación política alguna para detentar sus posesiones. (También es verdad que no la necesitaban, pues el Imperio era ya desde hacía varios años únicamente una potencia teórica).

Después de la época de Eurico comienza la definitiva decadencia de los visigodos en Francia, y no precisamente por debilidad propia, sino por el empuje formidable que va a experimentar en esta época el poder de los francos organizados por el talento político de su rey Clodoveo, el futuro creador de la unidad francesa. Efectivamente, Clodoveo empezó a disputarle la hegemonía política a los visigodos en una serie de guerras en que los motivos políticos estaban reforzados por los religiosos, pues los francos eran católicos y los visigodos arrianos. En el año 507 logró Clodoveo derrotar y dar muerte al rey visigodo Alarico II (484-507) en la batalla de *Vogladum* (Vouillé). A partir de ahora, los visigodos deberán *replegarse del territorio francés* (a excepción de la región de Narbona) y se verán obligados a refugiarse en Hispania. El camino para su definitivo asentamiento en la Península Ibérica estaba preparado por las influencias políticas y el prestigio que habían desarrollado en sus numerosas acciones militares por encargo imperial. Al desaparecer el Imperio, la estructura militar que actuaba en su nombre le sucedió de manera natural y sin despertar grandes sorpresas.

Los visigodos en Hispania

El establecimiento de los visigodos en Hispania no está libre de luchas con los francos, sus antiguos rivales en Francia. Pasaremos por alto esa complicada madeja de guerras y pactos franco-visigodos para sorprender el reino visigodo en el momento en que comienza a dar señales de estabilidad, es decir, hacia mediados del siglo VI, en la época en que reina Atanagildo.

La época de **Atanagildo** (550-567) está caracterizada por la guerra civil que sostuvo contra su rival Agila, contra el que no dudó en recurrir a una curiosa alianza: la de los bizantinos (el Imperio oriental). Se observará que la situación ha cambiado radicalmente: antes eran los visigodos los que constituían la fuerza militar para ayudar al Imperio contra sus enemigos exteriores o incluso para influir en las disensiones intestinas. Ahora son los imperiales los que ayudan a los visigodos en sus problemas domésticos. Claro que en este caso se cuela un verdadero caballo de Troya: los bizantinos tenían la pretensión, bajo el emperador Justiniano, de reconquistar todos o gran parte de los antiguos territorios imperiales. Es lo que se llama la política de la *renovatio Imperii*. Atanagildo ganó la guerra, pero una parte considerable del sur y del sureste peninsular quedó bajo control bizantino formando una verdadera provincia con capital propia, Carthago Spartaria, y con un gobernador propio, *magister militum Hispaniae*.

El verdadero creador de la grandeza hispano-visigótica fue el rey **Leovigildo** (569-586), hermano de Atanagildo y esposo de su viuda Gosvita, mujer de gran influencia política, como veremos. Leovigildo está dominado por el pensamiento de la unidad de las tierras peninsulares, idea que va a intentar realizar proyectándola en tres direcciones: a) *unificación territorial*, b) *unificación religiosa* y c) *reforzamiento de la autoridad monárquica*. El primer punto lo realiza conquistando a los bizantinos importantes plazas, como Baza (Granada), Medina Sidonia (Cádiz) y Córdoba; pero la total sumisión de la provincia bizantina no podrá realizarse hasta la época de Suintila, mucho después del reino de Leovigildo. Hay que mencionar también la política de somentimiento de los *suevos*, pueblo «bárbaro» que se había asentado en Galicia y al que se había dejado en paz hasta esta fecha por permanecer un poco al margen de los acontecimientos. Leovigildo les obliga a firmar pactos de fidelidad. Leovigildo tiene su corte en Toledo, ciudad que va a ser identificada a partir de ahora como la capital del reino visigodo.

La *unificación religiosa* revestía capital importancia en una época en que el país estaba dividido entre católicos y arrianos, división religiosa que justamente reflejaba la división de la estructura social: la población hispanorromana era católica y la aristocracia militar invasora era arriana. Leovigildo convocó en el 580 un sínodo arriano en Toledo donde se acordó facilitar la conversión de los católicos al arrianismo sin obligarles a rebautizarse; también se intentó aproximar las posiciones dogmáticas de unos y otros. Pero Leovigildo no tuvo mucho éxito en su política religiosa. Especialmente desgraciada resultó su política religiosa en su propia familia. Su hijo Hermenegildo estaba casado con una princesa católica (hija del rey de Austrasia), por lo que surgió pronto una pelea doméstica entre la influyente esposa de Leovigildo, ferviente arriana, y su católica nuera. El rey envió a su hijo a Sevilla como gobernador de la Baetica creyendo así alejar la tormenta doméstica, pero no hizo más que alimentarla: Hermenegildo, alentado por su mujer y por el obispo de Sevilla, Leandro, se convirtió al catolicismo, aumentando así la disensión religiosa. Bajo el conflicto religioso se ocultaban, claro está, motivos políticos y sociales, y Hermenegildo comenzó a ganarse las simpatías de la aristocracia local y del clero católico, tanto en la Baetica como en partes de la Lusitania. El enfrentamiento político era inevitable, pues lo que Hermenegildo estaba planteando era una auténtica rebelión contra su padre. Una corta guerra civil tuvo como resultado la derrota y encarcelamiento de Hermenegildo, al que luego se le dio muerte (no se sabe si por orden de su propio padre). La muerte del rebelde fue convertida por la Iglesia en «martirio», y Hermenegildo fue canonizado santo, cosa bastante absurda dado el trasfondo político del asunto. Sabemos que una figura tan poco sospechosa de desviación herética como Isidoro de Sevilla considera a Hermenegildo como «tyrannus»...

En cuanto al tercer factor de unidad, el *reforzamiento de la autoridad real*, hay que decir que es el intento más ambicioso y el más laudable de todos cuantos emprendió Leovigildo. Como se sabe por la obra del pseudo Fredegario, el problema institucional más grave de la monarquía importada por los visigodos era, justamente, el de la *monarquía electiva* («morbus gothorum», la enfermedad de los godos) y todo el sangriento procedimiento que le acompañaba; la historia de este pueblo está llena de usurpadores y tiranos que se enzarzan en guerras civiles y que en ellas desgastan sus fuerzas y los recursos del estado. Leovigildo intentó hacer la monarquía hereditaria, lo que inició asociando a sus hijos al mando. Después de la muerte de Hermenegildo, quedaba su hijo Recaredo como heredero legal.

El período de **Recaredo** (586-601) se caracteriza por el cambio de signo religioso para unificar al estado visigótico: ya un año después de subir al trono, Recaredo y su esposa se convierten públicamente al catolicismo, conversión en la que parece que también tuvo parte el obispo Leandro de Sevilla. La convocatoria del III Concilio de Toledo en el año 589 tiene como fin convertir a todo el pueblo visigodo. Pero Recaredo tuvo que enfrentarse repetidas veces a focos de resistencia arriana, uno de ellos en su propia corte y dirigido por su madrastra Gosvinta, que seguía intrigando contra los católicos. Por desgracia, después del gobierno de Recaredo se volvió a la monarquía electiva, con su inseparable cortejo de luchas civiles y usurpaciones del poder... A principios del siglo VIII, una de estas guerras civiles facilitó la entrada de los ejércitos árabes que pusieron fin a la dinastía visigoda.

En conjunto, este período de dominación visigótica produce la impresión de algo inestable que busca desesperadamente su propia identidad sin encontrarla en ninguna parte. El poder mismo no parecía legitimado sin las bendiciones imperiales; la aristocracia dominante no se sentía del todo identificada con el pueblo hispanorromano; la religión era cuestión de tristes disensiones internas; la institución monárquica misma parecía depender de las influencias personales, de la fuerza o el valor de unos grupos...

B: SOCIEDAD

Unidad y dualidad social: hispanorromanos y visigodos

Resulta ya tradicional la orientación dualista en el estudio de la sociedad visigótica: visigodos e hispanorromanos son dos pueblos distintos que nunca llegaron a fundirse. En cierta manera es lógico este planteamiento; por lo que hemos visto de historia, el pueblo visigótico constituía una especie de *casta dominante* destinada a permanecer siempre alejada del grueso de la población. A pesar de los diversos espacios geográficos que fueron ocupando (frontera norte del Imperio, Italia, Aquitania y Narbonense, Hispania...), los visigodos parece que no perdieron completamente su identidad cultural, su conciencia de pertenecer a una minoría privilegiada dedicada solamente a la actividad militar y político-administrativa. Sus leyes les prohibían contraer matrimonio con los nativos, medida que reforzaba la cohesión social de este grupo. Además, de acuerdo con su función militar, eran los únicos que podían usar armas. El aislamiento social de esta especie de «pueblo-ejército» se vería confirmado en el terreno económico: de acuerdo con los pactos de hospitalidad, los visigodos recibían en los repartos de tierras y casas las dos terceras partes del total, por lo que aseguraban así su autarquía económica. (Naturalmente, no ha de entenderse que esta participación de los dos tercios se haya extendido a todo el territorio de la Península, sino más bien a ciertos poblados y regiones, a ciertas «villas» o fincas aisladas).

Vistas así las cosas, se podría decir que el pueblo visigodo mantenía un status de *estamento cerrado*, no era un pueblo con *clases sociales* diferenciadas, clases que pudieran identificarse con las correspondientes clases sociales de los hispanorromanos. Habría que considerarlo algo así como un «pueblo-estamento», un pueblo que, además de sus rasgos étnicos, formaba una estructura cerrada de tipo estamental. El mundo visigótico, frente a las tradiciones jurídico-sociales propias de los romanos, introduciría en Hispania el principio de la sociedad feudal germánica llevado a sus últimas consecuencias. Para los hispanorromanos, los godos serían realmente una casta militar, serían los aristócratas por antonomasia. «Godo» y «aristócrata» serían términos sinónimos...

Esta interpretación dualista estaría reforzada por la coexistencia de dos códigos civiles diversos, uno para los hispanorromanos y otro para los visigodos. En efecto, los visigodos, como la mayoría de los pueblos germánicos, permitieron a sus súbditos (a sus «huéspedes», como solía decirse), regirse por sus propias leyes; en el caso de de los godos, se dejó subsistir la legislación romana. Pero esto exigía la elaboración de dos códigos distintos, que fueron el *Codex Eurici* («Código de Eurico»), más tarde revisado por Leovigildo en el llamado *Codex revisus*, y el *Breviarium Alarici Regis* («Breviario del rey Alarico»); el primero contenía las leyes por las que se regía el pueblo visigodo, y el segundo las leyes del pueblo hispanorromano.

También la toponimia parece indicar que godos e hispanorromanos habitaban colonias separadas. El profesor Lapesa, siguiendo la autorizada opinión de Menéndez Pidal, nos facilita una lista de nombres de pueblos que apoyan la tesis de la separación étnica: Godos, Revillagodos, Gudillos, Godojos, Godones, Gudín, Gudino, Goda son pueblos reservados o dominados por los conquistadores; Romanos, Romanillos, Romanones, Romancos son pueblos en que dominan los hispanorromanos.

Pero hay suficientes datos para ver las cosas de otra manera: la dualidad social, la coexistencia de dos etnias, de dos religiones, de un elemento extranjero y otro nativo, de una casta militar de gobernantes y una plebe de gobernados... todo esto puede verse con claridad solamente en los primeros años de dominación, cuando era frecuente encontrar las denominaciones de *gothi* y *romani*. Pero más tarde, a partir de los esfuerzos por parte de Leovigildo y Recaredo por construir un estado fuerte, empieza a producirse una cierta fusión de los dos pueblos. En concreto, en la época de Isidoro de Sevilla hay como un surgir de un nacionalismo de orientación hispánica; en opinión de Aguado Bleye, ya en esta época «la patria y los godos son dos cosas inseparables». Téngase en cuenta que los germanos impusieron en todos los países los nombres de su propia etnia: Anglia (país de los *anglos*), Francia (país de los *francos*), Lombardía (país de los *lombardos*)... A España le correspondería el nombre de *Gothia*, que parece que era el que había pensado darle Ataúlfo en un principio; sin embargo, por motivos que posiblemente están relacionados con la asimilación de lo hispano por los godos, siguió empleándose el nombre de *Hispania*. Añádase a esto que, poco antes de la época de Isidoro, el rey Leovigildo derogó la ley que prohibía los matrimonios entre godos e hispanorromanos.

Se puede decir, en líneas generales, que la sociedad visigótica evoluciona de un dualismo de castas a una sociedad unificada; el estamento aristocrático, que en un principio estaría reservado solamente a los miembros de una etnia, se fue abriendo hasta acoger a los miembros de la otra etnia. Y lo mismo sucedería en las demás clases sociales. Vistas así las cosas desde una perspectiva más unitaria, más de acuerdo con la idea de un «estado», conviene pasar revista a las clases sociales que se encuentran reflejadas en los documentos y leyes de la época. Estas son, fundamentalmente, cuatro clases perfectamente diferenciadas integradas por: a) *aristócratas*, b) *libres no privilegiados*, c) *libres privilegiados* y d) *siervos*.

La primera clase, la de los *aristócratas*, es un verdadero estamento que está formado tanto por los individuos de la alta burocracia, como por los grandes terratenientes. En realidad, una cosa y otra iban juntas, pues el rey, que era el que otorgaba los cargos, solía pagarlos con la posesión de las tierras. Y, a su vez, la posesión de las tierras, daba derecho, por su influencia, a la posesión de cargos. Una cosa debe quedar clara: los antiguos *possesores* hispanorromanos seguían ahora al frente de sus tierras, alternando en nobleza con los miembros de la etnia visigoda. De modo que, al lado de la «nobleza de sangre» de origen visigodo, se encuentra una «nueva aristocracia»: son los que ocupan altos cargos palatinos por libre decisión del monarca. Es evidente que entre estos nuevos artistócratas se encuentran tanto godos como hispanorromanos...

A la segunda clase, la de los *libres no privilegiados*, pertenecen todos los que son simplemente libres y no están encomendados, no han suscrito ningún pacto que los ligue a otras personas o grupos. Naturalmente, una libertad así entendida tiene o puede tener sus desventajas, pues en caso de extrema pobreza o desamparo el libre no puede más que hacer uso de una libertad puramente teórica. La libertad total no es supremo bien en una sociedad acostumbrada al régimen de clientelas e influencias particularistas (lo veremos en el capítulo dedicado al derecho visigótico). Por esta razón surge la tercera clase social.

A la tercera clase, *libres privilegiados*, pertenecen aquellos que prefieren recortar voluntariamente su libertad para entrar en una relación legal de servicio a un patrocinador. Lo que pierden en libertad lo ganan en bienestar económico o en seguridad. Hay muchos tipos de libres privilegiados; el más importante es el del *bucelariado*, contrato de encomienda en que un libre se somete a otro como soldado y a cambio recibe de su patrón diversos bienes: al principio, el patrón le procuraba solamente alimento, armas, regalos y habitación; más tarde se ampliaron los dones del patrono a tierras cultivables, tierras que permitían al encomendado vivir ya fuera de la casa de su patrón y con cierta independencia. La existencia de *buccellarii* se puede ya documentar en época romana; pero aunque no es invención del sistema social de los godos, sí fue típico del estado visigótico fomentar este tipo de clientela mediante sus leyes particularistas. Hay otro tipo de encomiendas que ya no se basan en la posesión de las tierras, por no necesitarlas el solicitante; en este caso se buscaba simplemente un privilegio de protección de tipo judicial o fiscal.

Al último grupo, el de los *siervos*, pertenecen individuos que ya no son *personas*, es decir, que carecen de derechos. En realidad son *cosas*, y como tal pueden ser tratadas. Los motivos para ser considerado siervo eran muy variados: 1) ser hijo de siervos o hijo de matrimonios mixtos (en la época en que éstos estaban prohibidos), 2) ser prisionero de guerra, 3) expiar una pena dictada por un tribunal de justicia, 4) pagar con el servicio de esclavitud una deuda y 5) contraer matrimonio con otros siervos... Naturalmente un siervo podía ser *manumitido* (restituido a la condición de libre), cosa que a veces ocurría como premio al buen comportamiento. La importancia de los siervos en la economía rudimentaria de la Edad Antigua fue formidable, aunque difícil de cuantificar por falta de datos concretos.

El derecho visigótico y los orígenes del feudalismo

Frente al código de derecho romano basado en la universalidad de la ley, los visigodos impusieron leyes del derecho germánico que favorecían el particularismo legal. Ciertamente, los romanos toleraron prácticas de clientela de los pueblos nativos, y hasta favorecieron la introducción de algunas. Pero son los godos con su sentido pactista y particularista los que van a propiciar una especie de feudalismo o protofeudalismo que caracterizará la sociedad de toda la Edad Media.

Se puede explicar el carácter feudal o protofeudal del derecho germánico si se atiende a los tres estadios que presiden su gestación: en una primera época tenemos lo que podemos llamar *derecho gentilicio*: el comienzo del derecho germánico tiene sus raíces en el grupo social basado en la familia. El derecho son los usos y costumbres que impone la moral del clan familiar, y no un principio general o abstracto válido para todos. Efectivamente, la palabra germánica *Sippe* o también *Sippa* podía significar igualmente el grupo social basado en el parentesco («familia», «parentela») o el derecho por el que se regía tal grupo familiar. Es decir, que en su origen la idea del derecho es una especie de norma consuetudinaria que impone la moral del grupo familiar. En una segúnda época tenemos el *derecho popular*: de la unión de diversas *Sippen* para formar una unidad superior surgió el pueblo, *Volk*, y las normas por las que se regía ya tenían carácter extrafamiliar: debían ser aceptadas por todo el pueblo, por lo que se llamó *Volksrecht* («derecho popular»). Este tipo de derecho, aunque más abstracto y general que el derecho gentilicio, era todavía muy concreto: era el derecho de una etnia, de una raza, por lo que sus normas no aspiraban a la universalidad que hoy le resulta familiar al hombre moderno. Pero hay una tercera época, la del *derecho territorial*, que sí alcanza ya un alto grado de abstracción: el rey, mediante el *bannum* («bando»), hace cumplir sus órdenes en todo un territorio, y no solamente por los individuos pertenecientes a su etnia. Las órdenes reales son verdaderas leyes universales independientes de los «pueblos» y de las «nacionalidades».

Cuando los visigodos se establecen en Hispania, hay que tener en cuenta que sus leyes están influidas por estas etapas sucesivas, y al lado de la orientación más o menos universalista de las leyes territoriales, coexiste la orientación más particularista de las leyes del *derecho popular* destinado sólo a un pueblo, bien al pueblo dominante, como es el caso del *Codex Eurici*, bien al pueblo hispanorromano, como nos muestra el *Breviarium Alarici*.

Pero acaso se puedan detectar influencias del primer período, el del *derecho gentilicio*, pues los godos favorecieron relaciones particularistas especiales que se relacionan con grupos más pequeños; ya hemos visto que han favorecido el clientelismo, especialmente el del *bucelariato*. Y es aquí donde radica quizás la verdadera novedad de este derecho germánico con respecto al derecho romano. Novedad o paso atrás, pues los pactos privados y el sistema de clientela en general favorecieron la formación del feudalismo. La persona no es definida en abstracto por sus derechos o deberes universales, sino muy en concreto por los derechos o deberes contraídos en cada caso individual.

Naturalmente, las leyes germánicas eran transmitidas oralmente de padres a hijos y no se conserva ningún códice escrito. Pero cuando los germanos entraron en contacto con Roma, pudieron comprobar las ventajas de la escritura para la vida jurídica, y hasta adoptaron el latín para redactar sus leyes. Pueblos germánicos establecidos lejos del Imperio Romano, como los *frisios*, *sajones*, *turingios*, etc., tardaron mucho en redactar sus respectivos códigos.

Mencionemos, finalmente, algunos códigos visigóticos empleados en Hispania. El primero de todos fue el de Eurico, *Codex Eurici*, que ya hemos mencionado antes, y que es un ejemplo de código de *derecho popular*, es decir, válido solamente para una etnia, en este caso para la etnia visigótica. Según Isidoro de Sevilla, «bajo este rey comenzaron los godos a tener leyes escritas, pues antes se atenían solamente a las costumbres y usos». Igualmente digno de mencionar es el código de Alarico, *Codex Alarici*, redactado por iniciativa de Alarico II, y también perteneciente a lo que hemos denominado *derecho popular*, pues debían atenerse a él solamente los ciudadanos hispanorromanos. La intención de Alarico era solamente la de hacer una simple compilación de leyes romanas ya existentes, leyes que producían una cierta confusión por proceder de diversas fuentes jurídicas. En esta compilación colaboraron jurisconsultos galorromanos, y fue aprobado en Tolosa (capital de la Aquitania visigótica) en el año 506. Se le llamó a este códice de diversas maneras: *Lex Romana*, *Liber Legum Romanarum aut Romanorum*, *Liber Iuris*, *Liber Iuridicus*, etc. Más interesante que estos dos códices es el *Codex Revisus* («Códice revisado») de Leovigildo, que aunque no es todavía un códice único para godos e hispanorromanos, tiende ya a no distinguir las dos nacionalidades. Por ejemplo, deroga la prohibición de matrimonios mixtos entre godos e hispanorromanos. Y además, pretende acabar con la pretendida superioridad de la gente goda. Finalmente, un ejemplo de código ya perfectamente de *derecho territorial* : el *Liber iudiciorum* («Libro de los jueces»), redactado en época de Recesvinto hacia el año 654. En ninguno de sus capítulos, pertenecientes sobre todo al Derecho civil, al Derecho penal y al Derecho procesal, se hace diferencia alguna entre los súbditos de uno y otro pueblo. Como ya hemos visto, la época de Recesvinto es la de la unidad entre godos e hispanorromanos, unidad que se manifiesta en la abjuración pública de la religión arriana por parte del rey y en un código perfectamente unificado.

C: CULTURA

El saber enciclopédico de Isidoro de Sevilla

Isidoro, obispo de Sevilla, es el mejor representante de la cultura visigótica, que no es una cultura propiamente original, sino un compendio del saber universal de la época. Isidoro es el saber enciclopédico, la síntesis de la cultura clásica pagana con la cultura cristiana. Una síntesis más receptiva que creativa, pues Isidoro no aporta nada nuevo, pero una síntesis necesaria en los tiempos de «barbarie» (la palabra la emplea el propio Isidoro) que siguieron al declinar de la cultura antigua.

Isidoro representa también las primeras manifestaciones de una *identidad nacional visigótica o hispano-visigótica*, de la que el ilustre sabio parecía estar muy orgulloso. Cuesta trabajo imaginar en qué podía basarse esta identidad nacional sentida por una aristocracia invasora y expresada en latín, pero el caso es que Isidoro la sentía.

Isidoro pertenecía a la Iglesia, como todos los sabios de la época, y fue obispo de Sevilla unos cuarenta años, desde el año 599 hasta, aproximadamente, el 638. Participó activamente en los concilios celebrados en la época, especialmente en el IV Concilio de Toledo, que él mismo presidió e inspiró directamente. Hay que tener en cuenta que la influencia de los concilios se extendía, en aquel tiempo, a la sociedad y a la política; Isidoro era, pues, una de las más brillantes personalidades de la vida eclesiástica, cultural, social y política de la época.

A pesar de su relevantísima figura, parece que se trataba de un *hombre sencillo y humilde*, más preocupado por la búsqueda de la verdad que por el brillo social. Tenía en gran aprecio la amistad, según podemos juzgar por el cariño que mostraba en las cartas a sus amigos. Se preocupaba por los pobres, y en la farmacia de su palacio tenía grabada esta leyenda: «Atiende, oh médico, lo mismo el ruego del pobre que el del poderoso. Si el rico te llama, tienes una ocasión justa de lucro; si el pobre, te basta un pequeño salario». Cuando se sintió próximo a morir, pidió perdón de sus pecados en la iglesia, en alta voz y en presencia del pueblo, y mandó distribuir a los pobres todo el dinero que le quedaba.

Isidoro fue el continuador de su hermano no solamente en la sede episcopal de Sevilla, sino en la *labor docente* realizada en la célebre Escuela de Sevilla, donde se entregó con toda su alma a la formación de los jóvenes aspirantes al sacerdocio. Llegó a gastar grandes sumas en la contratación de profesores. Los estudiantes acudían desde toda España atraídos por el renombre de esta institución y por la bondad de su director. Isidoro quería que en todas las diócesis de España hubiera escuelas semejantes, y así lo decretó en el IV Concilio de Toledo. Al parecer, la elocuencia de Isidoro era lo que más cautivaba a sus numerosos discípulos. «Era un hombre de extraordinario ingenio –dice Ildefonso– y de sin par belleza. Tan deleitable era la abundancia admirable de su elocuencia, que los oyentes quedaban abobados escuchándole».

Pero, como es natural, fue mucho más importante el escritor que el orador. Isidoro de Sevilla ha pasado a la historia como el primer gran enciclopedista de nuestra historia. La vastedad de su saber era verdaderamente notable. Siempre que trataba algún tema, recurría a una gran cantidad de notas eruditas procedentes de los más variados campos del saber: exégesis, teología, moral, liturgia, historia, gramática, cosmología, astronomía, física, metafísica, derecho... Repetimos que no radicaba su grandeza en la originalidad, sino en la amplitud del saber. Isidoro vivía en una época en que era posible relacionar las distintas ramas del saber y hacer de ellas un todo armónico; naturalmente, la armonía en este caso no dependía de un «sistema» hecho, de una filosofía propia, sino de la cosmovisión religiosa. Era una época en que el hombre veía el universo como su propia casa, en que todo tenía un lugar asignado por Dios desde la creación.

La obra más famosa de Isidoro fueron las *Etimologías*, aunque, en honor a la verdad, hay que decir que es un libro que está sin acabar (su autor murió antes de terminarlo) y presenta algunos defectos de composición. El propósito de Isidoro era el de hacer nada menos que una enciclopedia de todas las ciencias, fundamentando cada rama del saber y cada objeto con el estudio de su correspondiente etimología. Según Isidoro, el conocimiento de la etimología es muy necesario, «pues te basta ver de dónde nace el nombre para conocer su valor. Conocida la etimología, se hace más clara la visión de una cosa». Este procedimiento, que ya habían utilizado Platón y Varrón con escasa fortuna, tiene dos grandes defectos que la ciencia de aquella época no podía alcanzar a comprender: por un lado, al no conocer las leyes de evolución fonética, se hacían derivaciones caprichosas de las palabras, y la imaginación jugaba un papel más importante que el intelecto. Por otro lado, las palabras cambian de significado con el tiempo, y la correcta derivación del significante no siempre arroja luz sobre el significado. Este último problema ya lo vieron los escolásticos medievales, especialmente a partir de Tomás de Aquino. El conjunto de las *Etimologías* se divide en veinte tomos; los cuatro primeros tratan de las siete *artes liberales* (*trivium* y *quadrivium*); el V de la medicina, el VI de la jurisprudencia... Los tomos siguientes tratan de Dios y del hombre, de sus relaciones mutuas y propiedades; de las relaciones del hombre con el Estado y viceversa; de la descripción anatómica del hombre; de la descripción de los animales y de la naturaleza muerta; de las actividades humanas; de las piedras y metales; del cultivo de los campos y jardines; de la guerra y los juegos... En suma, sin aspirar a llegar a un «sistema», la obra presenta un panorama de todo lo creado, descendiendo de Dios a los hombres, de los hombres a los animales, de estos a las plantas y a la naturaleza muerta...

Isidoro fue también historiador. Su *Chronicon* es una especie de Historia universal desde lo orígenes bíblicos de la humanidad hasta las naciones que surgieron a partir de la decadencia del Imperio romano, pasando, naturalmente, por las culturas clásicas de Grecia y Roma. La falta de rigor histórico (en la época que va desde Abraham a David sitúa a los héroes míticos griegos y los convierte en personajes históricos) era defecto común a este tipo de obras: el respeto a la tradición cultural hacía imposible delimitar los campos entre la fantasía y la realidad histórica...

La historia de los reyes godos, vándalos y suevos (*Historia de regibus gothorum, Historia de regibus wandalorum et suevorum*) es mucho más fidedigna, debido a la proximidad de los hechos que cuenta. Tiene también mayor valor documental, porque recoge datos imposibles de encontrar en otras historias. Pero este libro es importante, sobre todo, por haber recogido las primeras tentativas de expresión de la identidad nacional hispana. En efecto, Isidoro es una especie de patriota que siente alegría cuando el rey Leovigildo sujeta a su dominio a toda la Península «de mar a mar». Hay un cierto chauvinismo hispano-gótico en las páginas en que Isidoro canta el valor, la agudeza de ingenio y la superioridad militar de los visigodos, pueblo que, en cierta época, llegaron a hacerse dueños de la mismísima Roma, «señora del mundo». El patriotismo, nos atreveríamos a decir, incluye dos elementos, el *étnico* (pueblo visigodo) y el *geográfico* (toda la Península, toda Hispania). No sabemos hasta qué punto entendía Isidoro a los visigodos como pueblo integrado en la población originaria de los hispanos, pero la identificación de pueblo y espacio geográfico parece bastante evidente. El prólogo de este libro, que Isidoro tituló *De la alabanza de España*, es el colmo de la exaltación nacionalista:

> Entre todas las tierras que se extienden desde el Occidente hasta la India, tú eres la más hermosa, la sagrada y feliz Hispania, madre de príncipes y de pueblos. Con razón eres tú ahora la reina de las provincias, que ilumina sólo el Océano, sino también el Oriente. Tú eres la honra y el ornamento del orbe; tú, la porción más ilustre de la tierra, donde florece y se expande la gloriosa fecundidad de la gente goda.

No hablaremos de la extensísima obra (filosófica, teológica, médica, cosmológica, etc.) del gran erudito, que sale fuera de los propósitos de este libro. Pero cerraremos nuestra breve presentación con una referencia al libro llamado *Sinónimos* o también *Soliloquios*, por representar mejor que ningún otro el carácter de Isidoro, hombre mucho más moderno de lo que se pudiera sospechar. Se trata de una obra en que el hombre de carne y hueso que era Isidoro confiesa sus luchas, sus inquietudes, sus fracasos, sus deseos insaciables, y en que la razón le contesta proponiéndole el camino de la virtud, de las renuncias y de la paz interior. Es un libro casi existencialista en que se transparenta la angustia y el miedo al mal y a la muerte. Isidoro le envía el libro a Braulio acompañándolo de una carta en que anuncia: «Te envío el libro de los *Sinónimos* no porque sea de alguna utilidad, sino porque así lo quisiste. Mas te encomiendo para que ores por mí, miserable, porque languidezco mucho por enfermedades de la carne y por culpas de la mente».

El arte visigótico: arquitectura

Más bien podríamos calificarla «arquitectura hispanorromana» en tiempos visigóticos, pues no parece ser muy grande el influjo visigótico propiamente dicho. Los visigodos eran un pueblo reducido que no necesitaba muchos edificios propios, ni para las funciones religiosas ni para la administración, por lo que se contentaron con adoptar la arquitectura ya existente entre los hispanorromanos. Podemos, sin embargo, llamarla «visigótica» por la época en que se manifiesta y por la abundancia de temas ornamentales de indudable origen germánico.

Las iglesias visigóticas tienen tres características que las diferencian de los estilos prerrománicos que le siguen inmediatamente (el estilo *asturiano* y el *mozárabe*): 1) los edificios son muy *bajos y macizos*; 2) el elemento constructivo es el *sillar* y 3) el arco que domina es el de *herradura*. La primera característica hace a estos edificios poco atractivos a simple vista; la impresión que producen es de una gran pesadez y pobreza arquitectónica, como si los arquitectos no dispusieran de medios para elevarlos del suelo. La segunda característica contrasta con la primera, porque el *sillar* (piedra regular perfectamente cortada) denota gran habilidad en la técnica constructiva; los sillares encajan perfectamente unos en otros y confieren gran regularidad y solidez al edificio. No es necesario, con tales sillares, emplear ningún tipo de refuerzo en los muros. La tercera característica es, artísticamente, la más interesante. El arco de *herradura* visigótico tiene un *peralte* («prolongación de la curva») que alcanza 1/3 del total del radio. Parece ser que los arquitectos de la época visigoda copiaron este modelo de algunas placas ornamentales de un estilo que podríamos llamar *paleocristiano*. Otras teorías hacen provenir este arco de Siria. El arco tiene, además, un despiece *radial*, es decir, que las *dovelas* o piezas que constituyen el arco están colocadas en la dirección de los radios del arco. Generalmente el *trasdós* (línea externa del arco) se desvía en sus extremos del *intradós* (línea interna del arco), de manera que las dovelas son más anchas en la base que en la cima.

Además de estas características distintivas, se pueden mencionar elementos tomados de otros estilos que contribuyen a caracterizar esta arquitectura. Las plantas de estos templos pueden ser *basilicales* (cruz latina de brazos desiguales: nave larga longitudinal y nave corta transversal), o de *cruz griega* (naves de igual longitud). Las columnas apenas presentan novedad alguna: son las clásicas columnas con *capitel corintio*, aunque las hojas de acanto están aquí muy esquematizadas. A veces el capitel es de origen bizantino, y tiene forma de *tronco de pirámide invertido*. El elemento propiamente visigótico o germánico se encuentra en las *fajas decorativas*, que exhiben con frecuencia dibujos geométricos de origen germánico, como ruedas de rayos, cruces patadas, sogueados (sogas, cuerdas entrelazadas)...

La iglesia de San Juan de Baños (Palencia), fundada por Recesvinto en el año 661 como templo votivo, consta de tres naves (estilo basilical) y tres ábsides separados. La construcción de un embalse hizo que se trasladara, piedra por piedra, al emplazamiento que tiene ahora (buena muestra de la exactitud de los *sillares* empleados). La de Santa Comba de Bande (Orense), de finales del siglo VII, es originalísima: tiene planta de cruz griega, a la que se añade un vestíbulo porticado; el presbiterio tiene un arco triunfal; las naves se cierran por bóvedas de *medio cañón* (es decir, de media circunferencia), solución igualmente original, porque lo normal es el techo de madera plano; y, en fin, el conjunto es de gran serenidad.

La iglesia de San Pedro de la Nave (Zamora) es la que presenta un exterior más pobre y macizo; en contraste con el exterior destaca el arte exquisito de los motivos de sus capiteles, que son imitaciones de los cimacios bizantinos (tronco de pirámide invertido), y en los que destacan, además de los frisos con temas geométricos, escenas completas del mundo bíblico como la del *sacrificio de Isaac* o la de *Daniel en el foso de los leones*. El encanto de estos capiteles reside en esa síntesis de perfección e ingenuidad que prefigura las grandes obras maestras del románico. Dada la personalidad de estas esculturas, se habla de un «maestro de Nave» para aludir al autor anónimo que las realizó.

Aportación de la lengua de los conquistadores

Es evidente, por lo que hemos visto de la España visigótica, que los godos no podían influir mucho ni en la lengua ni en los hábitos lingüísticos de los hispanorromanos. No podían influir en la lengua (las palabras), porque apenas cambiaron una sociedad, unas instituciones o una economía que les era superior y que aceptaron en líneas generales. Pero aún menos podían influir en los hábitos lingüísticos (la fonética), porque el escaso número de los invasores y su radical aislamiento durante los primeros años dejó a los hispanorromanos desarrollar libremente las particularidades de su romance.

A pesar de todo, hay una cierta influencia en las palabras puestas en circulación en esta época. El vocabulario español experimentó un cierto enriquecimiento, y esto de dos maneras diversas: 1) *a través del mismo latín,* y 2) *a través del contacto directo con los visigodos.*

El primer camino, esto es, a través de la lengua latina, se produce porque las palabras latinas que llegan a la Península Ibérica a partir de cierta época están ya contaminadas de términos germánicos. No olvidemos que ya casi desde el siglo I d.J.C los germanos se alistaban en gran número en las legiones que guardaban las fronteras. Pues bien, los mismos *bárbaros* que hemos visto imponer en Roma la moda de las pieles, del pelo largo o del uso de los pantalones, imponen el uso de palabras que, generalmente, corresponden a objetos o conceptos nuevos o no usuales en las tierras del Imperio. La palabra *saipo* (alemán: *Seife*) se latiniza en *sapone* para luego convertirse en Hispania en *xabón > jabón*. De la misma manera entró *werra*, palabra germánica que sustituyó pronto a la latina *bellum* y que dio en romance *guerra*, ocupación por excelencia de los mercenarios bárbaros. *Bandwo* se convirtió en *banda* y también en *bandera*, de nuevo objeto del oficio militar. *Wardon* se convierte en *guardar,* y *raubon* (alemán: *rauben)* en *robar*, acaso también muy empleadas por unas legiones encargadas de lo primero para evitar lo segundo. El casco del guerrero, *helms* (alemán: *Helm*), se convirtió en nuestro clásico *yelmo*, y con la palabra *dard* se hacía alusión al arma del *dardo*. Pero el ejército y las artes militares de los pueblos germanos se apoyaban, sobre todo, en el dominio de la equitación, por lo que han dejado palabras relacionadas con ésta, como *streup*, que dio *estribo*, o la palabra *spaura* (alemán: *Sporn*) que dio *espuela*. En el dominio de la cultura material, destacan palabras que aluden a las prendas del vestido, como *hosa* (especie de pantalón corto que sustituyó a la túnica; alemán: *Hose*) que se convirtió en *huesa* (bota alta) y *falda*, que, con algún cambio semántico, se quedó en *falda* o en *halda*. La palabra *waidanjan* («apacentar los ganados», «cultivar la tierra»; alemán: *weiden*) será el origen del término romance *ganar*. Y *sal* («espacio abierto donde recibía el señor»; alemán: *Saal*) se convirtió en *sala*. También el *arpa* proviene de la lengua germánica, pues este instrumento era muy empleado en los cantos heroicos. Algún reflejo de las instituciones sociales queda en la palabra moderna *bando*, que proviene, como ya hemos visto, de la palabra germánica *ban* («prohibición», «proscripción»; alemán: *Bann*) debidamente latinizada en *bannum*; también *bandido* («el proscrito») deriva de *ban*. Pero la palabra más interesante y que mejor caracteriza el nuevo orden social es *feudo* («posesión concedida por el señor a su vasallo»), que proviene del germánico *fehod.* Destaquemos, finalmente, un par de palabras empleadas en el lenguaje diplomático: *heraldo*, que proviene de *hariwald; embajada*, que viene de *andbahti* («cargo», «servicio»); y *tregua*, que proviene de *triggwa.*

Fuera del ámbito militar y administrativo es difícil encontrar una influencia de las raíces germánicas que lleguen con el latín. Palabras como *rico*, que proviene de *riks* («poderoso»; alemán: *reich*), *fresco*, que viene de *frisk* («fresco», «lozano»; alemán: *frisch*), *blanco*, que viene de *blank* («brillante») o *guisa* («manera»), que viene de *wisa* (alemán: *Weise*), son casi excepciones. No podía ser de otra manera, pues los pueblos germánicos influyeron en Roma no por su cultura, sino por su función militar y, en cierta manera, administrativa.

IV: LA INVASIÓN ISLÁMICA

La invasión islámica que se produce a principios del siglo VIII y pone fin al dominio visigodo, somete políticamente en muy pocos años a la práctica totalidad de la Península y le imprime una cultura espiritual y material completamente original. No es posible entender la historia de España sin estudiar el poderoso influjo espiritual del Islam ni la cultura y estilo de vida importados por los invasores.

Pero nos encontramos, al comenzar el estudio de este importantísimo capítulo histórico, con el mismo problema que hemos mencionado al comenzar la historia de los visigodos: unos historiadores han exagerado el influjo de los invasores y otros lo han reducido prácticamente a nada. En efecto, los historiadores de la escuela romántico-nacionalista negaron todo influjo de la cultura islámica sobre una pretendida esencia histórica española libre e independiente de todo contagio exterior; estaban demasiado preocupados por preservar una identidad histórica invariable a través de los siglos y negaron simplemente todo influjo de la cultura de los invasores. Los historiadores modernos, defendiendo posturas eminentemente críticas, intentaron incardinar la historia de la España Árabe en la Historia de España propiamente dicha, haciendo prácticamente imposible el estudio de ésta sin recurrir a aquella. Para los historiadores tradicionales, los conquistadores eran un pueblo que se mantuvo ajeno al pueblo español durante los casi ocho siglos que aseguran que duró la lucha por expulsarlos. Para los historiadores modernos, la influencia mutua de unos y otros se extiende sobre un extenso período de tiempo en que alternan los años de lucha con los de convivencia y hasta de admiración mutua. Los primeros hacen de la Reconquista una lucha encarnizada del pueblo «español» por recuperar sus territorios perdidos; esta lucha, que duraría ininterrumpidamente ocho siglos, serviría para enraizar y exacerbar el sentimiento nacional de los españoles, que saldrían así robustecidos en su personalidad histórica. Los segundos, que rebajan los años de la Reconquista propiamente dicha a cuatrocientos y pico de años y aumentan proporcionalmente los años de convivencia y hasta de mutua admiración, resaltan la influencia mutua de ambas culturas y llegan a la conclusión de que la idiosincrasia misma del pueblo español es impensable sin la contribución de la cultura islámica.

Es evidente que la postura tradicionalista resulta ya insostenible, y ningún historiador serio puede defender la pervivencia, durante tantos siglos, de la misma identidad histórica. Es más: la identidad nacional así entendida es ahistórica, presupone un concepto inmovilista de la Historia que ya no tiene nada de histórico. Pero tenemos que señalar los peligros a que puede llevar la otra dirección, especialmente después de la aparición del polémico libro de Américo Castro La realidad histórica de España (1954), libro que ha exagerado notablemente el mutuo influjo de ambas culturas hasta convertir el concepto mismo de España en un producto original de esta época. Ni la geografía, ni la raza, ni constitutivo material alguno pueden explicar la identidad cultural de un pueblo, según Américo Castro. De acuerdo con esto, no se puede hablar, por ejemplo, de España ni de españoles en la época de Roma, sino de «Hispania» y de «hispanos»; tampoco existían estas realidades históricas en la época visigótica, donde al pueblo habría que llamarle «hispanogodo». Sería igualmente ridículo hablar de España o de españoles en tiempos de los iberos, de los celtas o de los celtíberos. Un pueblo se define por su sentir común, por sus proyectos comunes, por lo que Castro define con una palabra que pretende traducir el alemán «Erlebnis»: por su «vividura» histórica. Pero, siempre según Castro, esta «vividura» depende de los imperativos del momento histórico y no de una substancia inmóvil como la geografía, el carácter, el clima o la herencia genética. Y durante el período islámico se produce una «vividura» especial que se caracteriza por la convivencia de tres «castas» simultáneas: la musulmana, la judía y la cristiana, castas que porfiaban en una lucha por la supremacía y que se admiraban y odiaban al mismo tiempo. Veremos con algún detalle las tesis de Castro en el capítulo siguiente.

Los problemas que plantean las aventuradas tesis de Castro fueron puestos de manifiesto por Sánchez Albornoz en el libro España, un enigma histórico (1956), libro que obligó a Castro a corregir paulatinamente sus extremadas posiciones en las sucesivas ediciones de su obra capital. Sin negar el concepto de «vividura» ni el de la identidad cultural basado en un proyecto común y libre, resalta igualmente Albornoz una serie de elementos parciales (geografía, raza, carácter, tradición) que establecen un puente entre las generaciones e impiden una especie de generación espontánea de una nación. Albornoz no niega la libertad en los procesos históricos, pero no se olvida de subrayar también lo que corresponde a la herencia y al destino. En una palabra: para Albornoz la etapa de Islamización y la consiguiente Reconquista, aunque revisten capital importancia para comprender el carácter histórico nacional, no justifican un comienzo absoluto de la realidad de «España» y de lo «español». España estaba ya presente antes de comenzar el período de la invasión islámica, pues la historia es como un río que arrastra en sus aluviones toda una tradición con la que es preciso contar.

No ocultamos nuestra simpatía por las tesis de Albornoz, no tan brillantes como las de Castro, pero más sólidas y mejor documentadas históricamente. Nadie más adecuado que Albornoz, profundo conocedor justamente de esta época que vamos a estudiar, para valorar la verdadera importancia de la influencia islámica en la forja de lo español, influencia que nunca ha negado, pero que ha sabido conjugar con otros factores históricos.

A: HISTORIA

Conquista e islamización: del Emirato al Califato de Córdoba

En el año 711 el musulmán Táriq desembarcaba en Gibraltar al frente de un poderoso ejército con el objeto de participar *en la guerra civil* suscitada entre los partidarios del rey Rodrigo y los de su oponente Witiza. La *descomposición política* del reino visigodo, favorecida en especial por su débil estructura monárquica, no dudaba en acudir a una potencia extranjera para defender su legitimidad. Táriq venció a Rodrigo en la batalla del río Guadalete (julio del año 711), donde perdió la vida el rey visigodo. En noviembre del mismo año, Táriq tomó Toledo, la capital del reino visigodo. Y al año siguiente, vista la facilidad de la empresa, Muza, otro caudillo, entraba en España por Algeciras y tomaba al poco tiempo Sevilla y Mérida. Dos años más tarde (714), Táriq y su aliado Muza llegaban hasta Zaragoza y Lugo. Pocos años necesitarían los ejércitos «aliados» para extender su ocupación hasta la Septimania visigótica (Narbonne y Carcassonne fueron tomadas en el año 725). La ayuda de los aliados se había convertido en pocos años en pura y simple *ocupación militar*.

La *leyenda* que fue tejiendo el pueblo para explicar la entrada de las tropas musulmanas es mucho más poética y ocupa buena parte de canciones y romances: el rey visigodo Rodrigo, enamorado de la hermosa Cava, hija del conde don Julián, la seduce a orillas del Tajo. Don Julián, gobernador de Ceuta, decide vengar la deshonra de su hija invitando a las tropas africanas a entrar en España... La conquista de España es el castigo a un pecado cometido por el último rey visigodo...

Teniendo en cuenta que el número total de invasores se estima en solamente unos 10.000 soldados, es necesario explicar cómo fue posible conquistar tan inmensos territorios (la mayor parte de la Península Ibérica y la Septimania francesa) en tan poco tiempo. En primer lugar, como ya hemos indicado, está el hecho de la aparente *legitimidad de los invasores*. (La *Crónica mozárabe* del año *745* considera claramente a Rodrigo como un simple usurpador). En segundo lugar, hay que tener en cuenta que en muchos casos la *capitulación* a que se obligaba a los cristianos adoptaba la fórmula del «ahd», es decir, una especie de contrato muy liberal con los vencidos según el cual se les reconocía la propiedad de las tierras, se les permitía seguir practicando su religión e incluso se les concedía una cierta autonomía política. La única desventaja de los vencidos era tener que pagar impuestos... Y en tercer lugar, la *categoría social* que se conseguía en caso de convertirse voluntariamente al islamismo: todo esclavo cristiano era automáticamente libre; todo ciudadano sujeto a pagar los impuestos de los vencidos, era exento de este tributo; y todo aristócrata converso podría continuar ejerciendo sus privilegios estamentales. Los conversos se llamaron *muladíes*, y los que permanecieron fieles a la tradición cristiana, *mozárabes*.

Es preciso tener en cuenta estos hechos para no caer en los excesos de la historiografía de inspiración romántico-nacionalista: *no hubo apenas resistencia* a los invasores, no hubo grandes enfrentamientos, ni siquiera la imposición de una dura ley a los vencidos. Los conquistadores carecían de fanatismo religioso (algunos ni siquiera eran musulmanes), pues en su mayor parte eran soldados aventureros berberiscos procedentes del norte de África que estaban únicamente interesados en conseguir botín...

Pero hemos dicho que los invasores conquistaron la mayor parte de la Península, no la Península entera. Amparados por las montañas del norte (Macizo Galaico, Cordillera Cantábrica, Montes Pirineos...) se refugiaron algunos *núcleos de cristianos* que no quisieron someterse a los invasores. La historia de estos núcleos políticos es un poco confusa y hunde sus orígenes en la leyenda. Conviene recordar, sin embargo, al núcleo político más importante, al *núcleo asturiano,* reunido en torno a su «rey» Don Pelayo (probablemente un simple pastor dotado de cierto poder carismático y talento organizativo) y a quien se atribuye la primera victoria de los cristianos sobre los musulmanes: la batalla de Covadonga (722), batalla que posiblemente fue un pequeño enfrentamiento de más valor simbólico que estratégico. Asturias será el símbolo de la resistencia contra los invasores y también el de la unidad de España, pues este futuro reino es el depositario de la idea de la Hispania de los godos. Todavía hoy día se le llama al príncipe heredero de la corona «príncipe de Asturias»... Volveremos más adelante sobre el desarrollo político de este núcleo, que de alguna manera encarna los ideales políticos de la sociedad hispano-goda.

Al principio, la España musulmana estaba gobernada por un «emir» que residía en Córdoba y tenía su poder delegado del califa de Damasco, de quien dependía su nombramiento. Pero es evidente que la larga distancia entre Damasco y Córdoba, así como el poder que se iba acumulando en esta última ciudad, iban a hacer de esta situación una ficción política. En el año 755, un príncipe omeya que se refugió en Córdoba para huir de la guerra civil que sostenían en Damasco los omeyas contra los abbasíes, fundó un *emirato independiente* de Damasco. Era Abderrahmán I (756-788), verdadero creador de la grandeza de Córdoba y de la España musulmana. Naturalmente, el emirato resultaba ahora hereditario y se convertía en una especie de «reino» independiente.

Pero el Emirato de Córdoba va a sufrir, como los reinos cristianos del norte, una serie de etapas en que alterna el poder y la estabilidad con serias amenazas de descomposición interna y de debilidad ante los cristianos. Son movimientos pendulares que coinciden, poco más o menos, con las centurias: el siglo VIII, ya lo hemos visto, es el de la conquista y esplendor del Emirato de Córdoba; en el siglo IX se van a producir las primeras fisuras internas (pequeños reinos independientes, primeros conflictos de religión con los cristianos o mozárabes); en el siglo X vuelve a recuperar terreno la España musulmana, especialmente con las campañas de Almanzor; y, finalmente, en el siglo XI, comienza un lento declinar que coincide con el surgimiento de Castilla y con la obligación de pagar tributos a los reinos cristianos («parias»). Así pues, los *siglos pares* representan las épocas de dominio musulmán, y los *siglos impares*, las épocas de recuperación y hasta de hegemonía de los cristianos. (Curiosamente, esta alternancia del dominio musulmán y del dominio cristiano va a continuar, a grandes rasgos, hasta el final de la lucha, en 1492, como tendremos ocasión de comprobar...)

Comentaremos las líneas esenciales de estas tres etapas. La **primera época**, el siglo VIII, coincide con el esplendor de la ciudad de Córdoba y de toda la España musulmana. Abderrahmán I tuvo que gobernar con mano de hierro, primero para imponerse a sus *propios aliados* (árabes conspiradores, bereberes, yemeníes...), después para luchar con *ejércitos extranjeros* (el emperador Carlomagno había penetrado en el norte de la Península en el 778), e incluso *contra sus propios familiares y amigos*. Acaso las bárbaras represiones de Abderrahmán tengan una justificación en la barbarie empleada por sus enemigos. El mismo califa de Damasco, aunque no podía perdonarle la secesión, tuvo palabras de elogio para el forjador de la España musulmana: «No teniendo otro sostén que su política y su perseverancia, ha sabido humillar a sus orgullosos adversarios, matar a los rebeldes, asegurar sus fronteras contra los ataques de los cristianos, fundar un gran imperio y reunir bajo su cetro un gran país que parecía dividido entre diferentes jefes».

Digamos ahora algo sobre el *el esplendor y la hegemonía de Córdoba*. La situación geográfica de Córdoba en medio de una fértil campiña y al lado de un gran río (el Guadalquivir) y siendo además centro ideal de comunicaciones, la predisponía a convertirse en una gran capital. La célebre mezquita de Córdoba, máximo exponente del arte islámico y asombro de la cristiandad (pensemos en el contraste que constituye la pobreza arquitectónica del arte carolingio, que florecía igualmente por estos años), empieza a ser construida en esta época, y responde a los principios tolerantes a que antes hicimos mención: tiene su origen en un templo cristiano, la iglesia de San Vicente, que los cristianos vendieron voluntariamente a los musulmanes. Pero el esplendor de Córdoba resaltará más adelante, por lo que hemos de volver a tratar este punto con más detalle.

El sucesor de Abderrahmán I, Hixem I (788-796), era un monarca modesto y sencillo al que, según las crónicas musulmanas, le gustaba confundirse con el pueblo e incluso visitar a los enfermos y a las familias pobres. Pero en la época de su sucesor, Alhakem I (796-821), entramos en la **segunda época**: casi coincidiendo con el comienzo del siglo IX van a producirse dos tipos de subversión, la una *religiosa*, la otra *política*. Y ambas derivadas directamente de la dudosa legalidad de un Emirato que ha roto definitivamente sus lazos con el Califa de Damasco. Efectivamente, la autoridad político-religiosa carece de una legitimación superior, y no será poco frecuente contemplar rebeliones religiosas (los sacerdotes musulmanes llegaron a apedrear en la calle al propio Alhakem) y sediciones políticas (rebelión secesionista de los toledanos, que fueron cruelmente castigados en la célebre «jornada del foso»). El episodio más triste de descomposición interna fue la rebelión del arrabal de Córdoba, en pleno mes de Ramadán: Alhakem mandó prender fuego a todo el arrabal del sur para entretener a los revoltosos en las labores de extinción del incendio y poder así atacarlos mejor con sus tropas mercenarias.

En la época de Abderrahmán II (821-852), monarca que intentó emular en lujo y refinamiento la corte de Bagdad, la rebelión religiosa y la secesión política se acentúan. Pero esta vez el problema religioso lo suscita la comunidad cristiana, los *mozárabes*, que no parecían estar dispuestos a seguir siendo ciudadanos de segunda categoría. La rebelión mozárabe es, al mismo tiempo, religiosa y social, espiritual y armada. En una época en que la religión es uno de los más fuertes constitutivos de la identidad cultural (los «españoles» refugiados en las montañas del Norte no se llamarán todavía «españoles», sino «cristianos»), los antiguos hispanorromanos que ahora viven en la España musulmana reivindicarán sus derechos invocando el cristianismo. La época de tolerancia religiosa había terminado. Y con la disensión religiosa se producen los *primeros mártires mozárabes,* como San Eulogio y algunas adolescentes apasionadas que buscaron intencionadamente el martirio. La situación amenazaba convertirse en guerra civil, y Recafredo, obispo de Sevilla, intuyendo el peligro que amenazaba la convivencia de los dos grupos de creyentes, llegó a prohibir a los cristianos aspirar al martirio. En cuanto a la disensión política, hay que señalar la continuación del proceso de sedición que había comenzado en Toledo en tiempos de Alhakem: durante siete años hubo *guerra civil* en tierras de Murcia; en Toledo volvió a surgir la revuelta que tantas víctimas había costado en la «jornada del foso», y en Mérida se producirían continuas revueltas.

Con Mohamed I (852-886) alcanza la descomposición político-religiosa su momento culminante: un grupo de mozárabes y rebeldes dirigidos por Omar ben-Hafsún se fortificó en las montañas andaluzas de Bobastro y organizó un eficaz sistema de guerrillas que hizo tambalear el poderío del emirato cordobés. Omar ben-Hafsún llegó a ser una especie de *monarca independiente* en las tierras del sur...

Pero de nuevo el cambio de centuria trae un cambio de signo político, como hemos visto, y el siglo X, al que podemos considerar como la **tercera época**, inaugura un período de estabilidad y orden, acaso el último antes de la gran ofensiva de los reinos cristianos en la centuria siguiente. Abderrahmán III (912-961) heredó un estado en descomposición: guerra civil casi crónica, rebeliones dispersas por todas partes, guerrillas mozárabes y la amenaza del exterior (reinos cristianos al norte de la Península y el reino fatimita del norte de África). Pero Abderrahmán procedió con la misma energía que lo había hecho Abderrahmán I, y pudo pacificar en pocos años el reino, comenzando con la victoria sobre Omar-ben- Hafsún en las tierras andaluzas, continuando con terribles incursiones de castigo contra los cristianos (Pamplona, Burgos, Calatayud...) y terminando con cierto éxito en las campañas africanas contra los fatimitas. En el año 929 Abderrahmán se siente lo suficientemente fuerte como para acabar con la ficción de la obediencia a Bagdad y se proclama califa. Al *Emirato de Córdoba,* que había respetado siempre la autoridad espiritual de Bagdad, sucede el *Califato de Córdoba,* con lo que Abderrahmán pasaba a ser representante legítimo de Alá y sucesor de Mahoma... El poder de Abderrahmán era verdaderamente grande, y así se lo reconocían las potencias internacionales: el emperador de Bizancio, los reyes de Francia y el emperador de Alemania solicitaban su alianza y le enviaban embajadores...

Alhakem II el Sabio (961-976) supo compaginar su afición a los libros (raro era el día que no recibía novedades bibliográficas de Alejandría, El Cairo, Damasco, Bagdad, Mesopotamia, Persia...) con su labor de estadista, en la que en nada desmerece de su padre. Pudo mantener a raya a los cristianos, especialmente a los castellanos de Fernán González, que empezaban justamente ahora a mostrarse poderosos en su avance hacia el sur, y también supo detener la invasión de normandos daneses. En sus últimos años se dedicó a las obras de beneficencia, liberó esclavos, fomentó la religiosidad y la cultura, dedicó bienes y rentas a la fundación de centros para niños pobres.

Los últimos años del siglo X anticipan la decadencia institucional de la España musulmana por medio de un monarca débil y abúlico, Hixén II, entregado a la voluntad de su sultana favorita, Aurora-Zohbeya, e, indirectamente, a la voluntad del amante de ésta, el caudillo Almanzor, cuyo *cursus honorum* oficial fue fulminante: intendente de los bienes de la propia sultana, director e inspector de moneda del Califato y, al fin, caudillo militar y dictador de facto. Almanzor realizó una reforma profunda del ejército que incluía, entre otras medidas, la *creación de un ejército profesional de soldados mercenarios* muy bien pagados y reclutados no sólo en el norte de África, sino también en diversos puntos de la Península, incluyendo tierras de cristianos. Con este poderoso ejército se atrevió a realizar las denominadas «Cincuenta Campañas» contra los cristianos, por lo regular dos campañas cada año. Es difícil saber hasta qué punto resultaron fructíferas las campañas de Almanzor, teniendo en cuenta el enorme esfuerzo y coste de las mismas; de hecho, las fronteras entre cristianos apenas se alteraron. Lo único que sabemos es que causaban el pánico entre los cristianos, hasta el punto de que éstos llegaron a creer que el año 1000 iba a ser el final del mundo. La más sonada tuvo lugar en el año 997, cuando Almanzor saqueó la ciudad de Santiago de Compostela y, según la tradición, obligó a los cristianos a transportar a hombros las campanas de la catedral hasta Córdoba, donde debían servir de lámparas para la mezquita. Pero Almanzor no podía compensar con simples campañas militares el vacío institucional y la evidente descomposición política de la España musulmana. Después de su muerte en el año 1002 los reinos cristianos experimentan un empuje definitivo hacia la unidad y la reconquista del territorio peninsular.

El desierto del Duero y la formación de los primeros reinos cristianos

Durante la época del Emirato y aún del Califato de Córdoba sobreviven, protegidos por las montañas del norte, una serie de núcleos cristianos que arrastran una vida político-social oscura y expuesta a los intermitentes azares de la fortuna. En general, las épocas de decadencia de los núcleos cristianos coinciden con las de esplendor de la España musulmana, y viceversa. Pero la protección que les dispensan las montañas no explica suficientemente la independencia y los tiempos de relativo explendor de que gozaron los cristianos, especialmente teniendo en cuenta el formidable poderío militar de algunos monarcas de la España musulmana. ¿Cómo puede tolerar la fuerza del invasor la resistencia de organizaciones políticas que serán las depositarias del germen de la reconstrucción nacional, de la futura Reconquista? La única explicación es el surgimiento de un desierto en torno al río Duero, desierto que separó las dos Españas y dificultó notablemente toda empresa de asimilación y conquista.

En efecto, a mediados del siglo VIII (solamente unos 40 años después de la invasión y como consecuencia directa de la misma) se produce un fenómeno geográfico-político de gran importancia para nuestro estudio: *la aparición de una zona desértica en torno al río Duero y a la zona del alto Ebro*; se trata de una superficie que ocupa una latitud de unos 300 km. (150 km al norte y 150 km. al sur del Duero) y que sufrió un despoblamiento notable; no quedó totalmente vacío, pero sí desprovisto de núcleos socialmente organizados. Varias son las causas de esta despoblación: 1) una serie de *sequías y hambres* que obligaron a la población musulmana o controlada por los invasores musulmanes situados al sur del Duero a replegarse hacia Andalucía; 2) una serie de *guerras civiles* entre berberiscos y árabes propiamente dichos que acabó con la expulsión de los primeros y la consiguiente despoblación de muchos de estos territorios del sur del Duero y 3), las *expediciones militares* del rey Alfonso I de Asturias por los ríos Duero y Ebro, expediciones que obligaron a muchos cristianos que habitaban al norte del Duero a replegarse hacia el reino de Asturias.

La aparición de este desierto constituye la mejor protección de los núcleos políticos cristianos, mejor incluso que la que proporcionaban los sistemas montañosos a que se habían acogido. En efecto, para que los ejércitos musulmanes pudiesen alcanzar a los núcleos cristianos, eran posibles solamente dos caminos: uno, el de la Antigua vía de la Plata, que atravesaba las actuales provincias de Cáceres y Salamanca y que podía unir así las tierras de Córdoba con el norte peninsular, y el otro el que forma la depresión del valle del Ebro, vía de comunicación cómoda y segura por hallarse un importante núcleo musulmán en tierras de Zaragoza (Nájera, en la actual Rioja, sería el último núcleo musulmán antes de llegar a la frontera). Pero el primer camino era impracticable porque el desierto hacía imposible el *avituallamiento de grandes ejércitos*; y el segundo ofrecía un *estrechamiento* tan considerable en la zona donde se juntan el Sistema Ibérico y la Cordillera Cantábrica (Haro, Pancorbo, Lantarón...) que resultaba aventurado atravesarlo con un gran ejército. Los cristianos comprendieron la importancia estratégica de esta zona del alto Ebro, que era, prácticamente, su único punto vulnerable, y empezaron a fortificarla con *castillos* («castella» en latín); el gran número de castillos y su importancia estratégica hicieron que esta región cambiase de nombre y de Bardulia se convirtiese en *Castilla*.

La aparición de este desierto es de capital importancia para el estudio de la formación de los reinos cristianos. Castilla será, al principio, una simple región de castillos, *una centinela avanzada para proteger el reino de Asturias*, que en el siglo IX y coincidiendo con el declinar provisional de la España musulmana, se permite colocar sus avanzadas en una región fronteriza. A medida que pasa el tiempo y la función de centinela de Castilla va dando sus frutos, los cristianos de Asturias comienzan a repoblar los territorios del antiguo desierto del Duero. La corte de Asturias traslada su capital de Oviedo a León durante el reinado de Ordoño II (914-924) para vigilar mejor el avance hacia el Duero, por lo que el *reino de Asturias* se llamará a partir de esa fecha *reino de León*. Y Castilla, que era ya un condado gobernado por Diego Rodríguez, repoblando igualmente las tierras yermas del antiguo desierto del Duero, poblará Burgos (hacia el año 884) e irá haciéndose cada vez más independiente de *Asturias-León*. Otros reinos cristianos que tienen igualmente su origen en los repliegues montañosos del norte, son: *Navarra*, con la capital en Pamplona, reino que tiene sus raíces en las montañas de los Pirineos; *Aragón*, que fue expansionándose hacia el sur a partir de un núcleo primitivo que tiene igualmente su base en los Pirineos (en concreto: la parte septentrional del río Aragón, de donde viene su nombre); y *Cataluña*, región fronteriza litoral, único camino para alcanzar la Septimania francesa y que fue, lo mismo que Castilla, fortificada con numerosos castillos. (El nombre de Cataluña viene de «castláns», castillos, por lo que tiene la misma etimología que Castilla).

No es necesario insistir en el *escaso nivel de organización social* que tienen todos estos reinos, especialmente si se comparan con la España musulmana. Los reyes son, al principio, poco más que simples pastores. *No se acuña moneda*, por lo que toda transacción comercial ha de realizarse en especie. *No se cultiva la literatura*, ni hay apenas arte. La *lengua romance* solamente se habla, pero *no se escribe*. Los pocos letrados que existen (generalmente clérigos), escriben en latín. Se emplea el antiguo *código de leyes visigótico*, redactado en un latín que casi nadie entiende... Estas características valen, sobre todo, para el siglo VIII. El desierto del Duero ha preservado la identidad de los pueblos del norte, ha contribuido a mantener su independencia, pero no ha podido potenciar su organización político-social. Sólo a partir del siglo IX, coincidiendo con el momentáneo declinar del Emirato (las luchas político-religiosas que antes hemos mencionado) se produce un resurgimiento de esta sociedad primitiva, resurgimiento que se manifestará en la esfera político-militar en el fenómeno de la repoblación. Sólo entonces saldrán estos pueblos de su aislamiento para repoblar las tierras del desierto, repoblación que incluirá una cierta revolución social, como hemos de ver.

El fenómeno de la repoblación y el protagonismo de Castilla

El desierto del Duero había permitido a los cristianos vivir a la defensiva en el siglo VIII, la época de la invasión musulmana; este mismo desierto les invitará a iniciar la ofensiva en el siglo IX, aprovechando que la España musulmana se ve enfrentada a sediciones y guerras civiles. Para los historiadores de orientación romántico-nacionalista, tiene aquí su comienzo la llamada Reconquista. Pero hay que tener en cuenta que lo que se produce en el siglo IX no tiene nada que ver con una verdadera «conquista» o «reconquista» de tierras pertenecientes a otro dueño, sino más con una simple ocupación de tierras yermas cuya posesión, en general, nadie les discute. No se puede «conquistar» un desierto, sino solamente «ocuparlo» o «repoblarlo»...

Se debe hablar de *repoblación* para referirse a esta ocupación pacífica, y emplear el de *reconquista* para el de la conquista violenta de tierras ocupadas por los musulmanes. De acuerdo con la alternancia cíclica de períodos de auge y períodos de decadencia que hemos mencionado, después del auge cristiano de la *repoblación* del siglo IX, período que coincide con el consiguiente declinar del mundo árabe que ya hemos comentado, habrá que esperar por la gran ofensiva de la *Reconquista* hasta, por lo menos, el siglo XI.

La repoblación comienza patrocinada por el rey Alfonso II de Asturias (791-842), que concentró sus esfuerzos en repoblar y fortificar las regiones extremas del desierto: hacia el este, la cuenca alta del río Ebro, y hacia el oeste, las cuencas de los ríos Tambre y Ulla en Galicia. Encomendó esta labor a dos obispos que asumían a la vez la tarea repobladora y la tarea espiritual: Juan de Valpuesta para la región del Ebro, y Teodomiro para Galicia. Y ya en estos primeros años de la repoblación se van a originar los dos puntos neurálgicos de los futuros reinos cristianos: la Castilla guerrera y la Galicia espiritual. Efectivamente, la cuenca alta del Ebro será el origen de Castilla, por la gran cantidad de castillos que fueron necesarios para fortificar la zona de Haro, Pancorbo, Llantarón... Y Castilla será el motor principal de la *expansión* hacia el Duero, y hacia Castilla emigrarán los hombres combativos deseosos de tierras y libertad. El otro extremo, Galicia, será pronto el *centro espiritual* de la cristiandad en guerra: la aparición de unos fuegos fatuos en la proximidad de un cementerio incitó al obispo Teodomiro a excavar hasta encontrar unos restos óseos que supuso que eran los del apóstol Santiago. Pronto se convirtió el apóstol en defensor de los cristianos guerreros («Santiago Matamoros»), y hasta en símbolo de la resistencia cristiana contra el imperio del Islam. Santiago era un hallazgo de fundamental importancia estratégica, dictado por los imperativos del momento histórico.

En palabras del profesor Ubieto Arteta, «la Castilla guerrera atraería a los luchadores del siglo XI; la Galicia espiritual, a los hombres más tendentes a lo religioso; y con estos dos focos –guerrero y religioso–, uno en cada extremo del reino asturiano, los montañeses podrán lanzarse hacia las tierras del sur para ponerlas en cultivo, aprovechando además las luchas civiles de al-Andalus».

En un principio las tierras eran repobladas por el rey, quien delegaba las tareas en un aristócrata o prelado que dirigía de manera centralista todo lo relacionado con la restauración de viejas poblaciones, distribución de tierras, toma de posesión de las mismas, etc. Así hemos visto actuar a los obispos Valpuesta y Teodomiro en nombre del rey Alfonso I. Pero con el tiempo la repoblación se va haciendo menos centralista, y pequeños grupos de familias, familias aisladas o incluso órdenes religiosas se van a encargar por su propia cuenta de realizar estas tareas. Este sistema se llama *presura* (del latín *prendo*, «toma de posesión»), y supone una autorización previa del rey; pero en muchos casos no había tal autorización real. Los colonos se limitaban a hacer sonar un cuerno en el lugar elegido y ya eran informalmente sancionados como poseedores. La autorización real venía después, con rapidez y sin problemas, pues los reyes estaban interesados en extender la frontera hacia el sur con la mayor rapidez posible.

Pero en las regiones especialmente peligrosas y donde la repoblación era más urgente, los reyes (y a veces también los grandes señores) ofrecían a los futuros repobladores una serie de ventajas como alicientes al mayor esfuerzo y a los riesgos. Se trata de las célebres *cartas pueblas* o también *cartas de franquicias*, donde se prometía, en general, una mejora del status social del nuevo colono o la extinción de las deudas o castigos por un delito. Cuanto más peligrosa era la nueva zona a repoblar, mayores las franquicias que se concedían. Los nuevos colonos eran, en estas zonas fronterizas, una mezcla de campesinos y guerreros. En cierta manera dominará aquí el mismo espíritu aventurero y libertario que, varios siglos más tarde, incitará a los conquistadores de América.

Algunas de las zonas repobladas de mayor interés fueron Astorga (854), que será ciudad episcopal; León (856), que será la futura corte del rey de Asturias; Coimbra (881), hoy perteneciente a Portugal; Burgos (884), que se convertirá en capital de Castilla cuando esta región sea independiente; Zamora (893), que pronto revestirá gran importancia económica... En muchos casos la toponimia de los lugares repoblados nos permite reconstruir la procedencia de los repobladores: en tierras leonesas se encuentran poblaciones como Gallegos, Villagallegos, Asturianos, etc., que indican claramente sus orígenes norteños. Otros pueblos como Mozárbez, Huerta de Mozarvitos o Cordobeses, indican que estos lugares fueron repoblados por mozárabes procedentes del sur y descontentos con la situación religiosa que había producido tantos mártires. En el caso de la ciudad de Zamora, está documentada la procedencia de sus repobladores, que eran mozárabes de Toledo. Veremos más adelante que estos mozárabes repobladores llevaron a las nuevas tierras una de las mejores muestras de su cultura: la arquitectura de estilo mozárabe, acaso la más perfecta de todas las artes prerrománicas.

Hay que tener en cuenta que la repoblación, aunque un paso considerable en el dinamismo de los pueblos cristianos, que parece que despiertan a mediados del siglo IX de un profundo letargo, no fue capaz de crear todavía verdaderas ciudades, verdaderos núcleos socialmente organizados. Más que ciudades, se trata, en opinión del profesor A. Ubieto Arteta, de «grandes aldeas pobladas por labriegos y ganaderos».

Una última observación: entre la sociedad que domina en Asturias y la que se origina en las nuevas tierras hay muy pocos puntos en común, especialmente cuando esas tierras dependen de Castilla. En Asturias domina una *estructura social de tipo feudal* y rígidamente *jerarquizada*; incluso parece que existieron verdaderos siervos de la gleba, campesinos rebajados a la condición de esclavos. En las nuevas tierras, y especialmente en Castilla, domina una *sociedad abierta* de *gentes libres* e igualadas por la posesión de la tierra. Y la posesión de la tierra es algo fácil que solamente depende del esfuerzo personal; será frecuente ver entre los emigrados a gentes humildes o siervos deseosos de alcanzar la libertad. Lo mismo sucede con las leyes que imperan en ambas regiones: Asturias es conservadora y se deja juzgar por el *viejo código visigótico*. En las tierras castellanas, lejos de Asturias y cada vez gozando de mayor autonomía, no hay más ley que la que impone el *democrático consenso de los hombres libres*; precisamente el episodio con el que, según la tradición, inaugura Castilla su independencia del reino de León (León-Asturias) consiste en decapitar a los jueces que habían llegado de la corte leonesa y enviar los cadáveres a León como señal de no respetar la ley antigua. En Asturias la nobleza se limita a un conjunto de familias de rancia estirpe; en Castilla todos se consideran ennoblecidos por su esfuerzo, por lo que todos llevan un apellido que termina en «ez» y que significa «hijo de»: González, «hijo de Gonzalo», Fernández, «hijo de Fernando», Martínez, «hijo de Martín»... En Asturias (mejor aún: en Galicia, que depende de Asturias) se conservan los mínimos de la tradición cultural e incluso literaria. Castilla desconoce la tradición y la cultura, porque Castilla no vive del pasado, sino en proyección genial hacia el futuro. La misma lengua castellana, que pronto se separa de la astur-leonesa, muestra ese empuje creador y ajeno a toda norma que caracteriza a las lenguas «bárbaras».

Veremos en su momento cómo esta originalidad de Castilla se proyecta en las demás regiones y reinos y confiere unidad al conjunto de tierras que se llamarán España.

B: SOCIEDAD

El esplendor de la civilización islámica: la ciudad de Córdoba

Puede calcularse la riqueza, importancia y refinamiento de la España musulmana estudiando algunos datos que conocemos de su capital, Córdoba. Si damos crédito a los cronistas árabes, Córdoba contaba con unos 500.000 habitantes en su época de máximo esplendor (algunos acercan la cifra al millón, cifra probablemente exagerada). Para valorar estas cifras hay que tener en cuenta que las grandes ciudades representantes de la civilización clásica (Roma, Alejandría) se encuentran en esta época en estado de gran decadencia, y las nuevas ciudades europeas como París o Londres no son más que pueblos grandes y desprovistos de arte y cultura. En Córdoba había unos 300 baños públicos y un número semejante de mezquitas, lo que puede corroborar el número de habitantes que hemos apuntado. Las calles de Córdoba estaban perfectamente pulimentadas y limpias, mientras que sus concurrentes europeas estaban negras de suciedad y de fango. Los jardines adornaban y alegraban la ciudad, y los numerosos *zocos* (mercados al aire libre) daban una nota exótica con la abigarrada abundancia de productos. Por la noche, la ciudad estaba iluminada con linternas, cosa igualmente impensable en París o Londres o cualquier otra ciudad europea contemporánea.

Una civilización capaz de crear una ciudad de tanto lujo y refinamiento era, sin duda, una civilización superior. Los árabes habían hecho fructificar en España lo mejor de su *cultura material*.

Pero también en la *cultura espiritual* era Córdoba superior a cualquier ciudad europea de su tiempo. Las enseñanzas universitarias, verdadero trasvase de la cultura clásica greco-latina a través del mundo árabe, eran impartidas en la misma mezquita principal, donde había estudiantes a millares. Es de suponer que la enseñanza superior contase frecuentemente con el apoyo del monarca, pues ya hemos visto que había muchos emires o califas de gran cultura, amigos de la poesía e incluso de la ciencia. Y el sucesor de Abderrahmán III, Alhakem II, llegó a fundar 30 escuelas gratuitas sostenidas por el estado, anticipándose así en más de mil años a las modernas tendencias de la pedagogía social.

También la historia de la mezquita principal de Córdoba da una idea del esplendor de la ciudad. La mezquita empezó a construirse en época de Abderrahmán I sobre el terreno de un templo cristiano (la iglesia de S. Vicente) que los musulmanes habían comprado a los cristianos. Esta primitiva mezquita tenía solamente cabida para unas 5.500 personas. En tiempos de Abderrahmán II casi duplicó su cabida (10.000 personas), y en tiempos de Alhakem II llegó a albergar a unas 25.000 personas. La última y definitiva ampliación tuvo lugar en tiempos de Almanzor, y se llegó a una capacidad de 50.000 personas, cifra superior a la población total de las dos o tres ciudades más importantes de Europa en aquel tiempo.

Córdoba era también, en cierto sentido, un exponente de la industria y la técnica de la España musulmana, pues había en ella numerosas *almazaras* (prensas para extraer el aceite de las aceitunas), funcionaban muchas *tolvas* (piezas de forma cónica por donde se echaba el grano) en los molinos, había gran cantidad de *fraguas* (talleres donde se forja el hierro), talleres de *alfareros* (fabricantes de vasijas de barro)... Se estima en 15.000 el número de *tejedores* de lana, cifra que parece fantástica. Además, en Córdoba se hicieron tan famosas las pieles y cueros *curtidos* (aderezados) y *repujados* (grabados sobre cuero), que su producto final se llamó *cordobán*. Por último, un cordobés llamado Ben-Firnás fue el inventor del cristal, elemento que revolucionó la técnica arquitectónica al permitir grandes ventanales.

La sociedad y la economía en el primitivo reino de Asturias

No puede haber contraste más evidente entre la riquísima civilización material musulmana y la pobreza de las instituciones socioeconómicas cristianas. Aunque no está claro todavía el origen de la estructura social y económica de los reinos cristianos (algunos la hacen derivar de la aportación de los cristianos del sur que buscaron refugio en el norte, otros la consideran original y autóctona), lo cierto es que estos primitivos reinos muestran un grado muy elemental de civilización, y sólo la leyenda forjada por los historiadores de orientación romántica pudo convertirlos en organizaciones político-sociales desarrolladas y dignas de competir con el mundo musulmán.

Ante todo, y como contraste a la población ciudadana del reino musulmán, los reinos cristianos manifestaban una **población** todavía marcadamente *rural*. En las crónicas no aparece ni una sola vez el nombre de «ciudad» para referirse a las sucesivas capitales del reino de Asturias (Cangas de Onís, Pravia), y sólo en época tardía expresa la *Crónica Albeldense* que «en Oviedo se edifica una *ciudad* con palacios reales». Si es raro o inexistente el término «ciudad», en cambio abunda el de «aldea», que los textos recogen con la terminología latina de *vicus* o de *villa*. Hay que tener en cuenta que estos pequeños núcleos de población debían su existencia, en parte, a la estructura *gentilicia* de la primitiva sociedad asturiana: un *vicus* o una *villa* eran, generalmente, asentamientos de pobladores unidos por lazos sanguíneos. La familia era, además de núcleo social primitivo, unidad económica y unidad de población. Naturalmente, en una geografía tan accidentada como la de Asturias, las aldeas se establecían, fundamentalmente, en las llanuras cercanas a la costa, o en los fértiles valles de los ríos.

La sociedad del primitivo reino de Asturias, además de manifestar este carácter marcadamente *rural*, exhibía unas formas rudimentarias de **agricultura y ganadería**. Tradicionalmente, en época romana y visigótica, la *ganadería* era la fuente de ingresos predominante, combinada con una *agricultura seminómada* de bajos rendimientos que agotaba los campos de cultivo debido a unas técnicas y unos instrumentos verdaderamente primitivos. En la época que estamos estudiando, parece ser que la *agricultura* hizo algunos progresos (aprovechamiento más intensivo del suelo), pero posiblemente la importancia de la *ganadería* seguía siendo muy superior: la geografía de toda esta región favorece la abundancia de pastizales, y en algunos documentos de la época aparecen los *caballos* y los *quesos* como formas de pago preferidas. Los productos agrícolas más importantes eran los *cereales*, los productos *frutales* (especialmente el *manzano*, del que se hacía la *sidra*), y el *vino*. (Los granos de *cereales*, así como la *sidra*, se empleaban también como moneda en las transaciones comerciales).

La estructura de la **propiedad** experimenta, en los años en que surge el reino de Asturias, una curiosa evolución desde un sistema de propiedad *familiar colectiva* a otro más moderno de propiedad *individual privada*. En efecto, antiguamente toda la propiedad era una propiedad familiar que además se encontraba concentrada y definida por la unidad de población (la «aldea»), como hemos visto. En la época que aquí nos ocupa, los miembros de una familia comienzan a desprenderse no de bienes concretos, sino de las *porciones* de propiedad que les corresponden como miembros del clan familiar. Comienza así a dividirse la propiedad de la tierra, que puede ser aquirida por miembros extraños a la familia. Se cree que la propiedad individual comienza a extenderse en los siglos IX y X. Naturalmente, la disolución de la propiedad *familiar colectiva* no solamente da lugar a la *individual privada*, sino también a los grandes latifundios de la *propiedad feudal*. Al dejar de ser propiedad controlada por la familia, puede dar lugar a la formación de los grandes *latifundios* nobiliarios o eclesiásticos. La propiedad de la tierra, que en un principio tenía una función social muy concreta, se convierte en valor puramente económico. Sabemos que los condes Piniolo y Aldonza poseían ya en el siglo X y, probablemente, a finales del siglo IX, ricas posesiones en el valle bajo del Nalón y en la zona de Tineo.

También la **estructura social** del primitivo reino de Asturias presenta rasgos relacionados con la importancia del clan familiar. Los *lazos de parentesco* parecen estar a la base de toda organización social. En un simple documento de compra-venta del año 908 leemos lo siguiente:

> Nosotros, que somos nietos de Cere, a saber, Gaudiosa, Cognomento, Gola, Vitalia, [...] hijos de Reventi y de Buisana; Sendinus y Vegita, hijos de Proelio y Justa, y Feliciano, hijo de Fofe y Cere, vendemos a ti, Fredesinda, las porciones que nos corresponden entre nuestros coherederos en los bustos que nos pertenecen por nuestro abuelo Feliciano...

Como se ve, todo el documento descansa en la relación parental. Llama la atención, especialmente, la importancia de los *abuelos*, que parece que son los legitimadores de los derechos de propiedad, y las *mujeres*, que parece que nos recuerdan la existencia de un primitivo *matriarcado*.

Ahora bien, lo mismo que había pasado con la estructura de la propiedad, que dejaba de ser *familiar* y *colectiva* para hacerse gradualmente *individual* y *privada*, la estructura social fue abandonando paulatinamente las relaciones de *dependencia gentilicia* (relaciones entre los miembros de una misma familia), por las relaciones de *dependencia personal*. Y, lo mismo aquí que allí, la extinción de la estructura familiar ocasionó la aparición de la *sociedad feudal* con todas sus consecuencias de desigualdad social y hasta de supresión de libertad. Es muy difícil indagar los orígenes de la aristocracia laica, pero parece ser que ya abundaban una serie de personajes pertenecientes a la *aristocracia de servicio* (especie de burócratas de palacio) en fecha tan temprana como la del reinado del rey Silo (774-783). Más difícil todavía es averiguar hasta qué punto la relación de *dependencia personal* pudo ocasionar la aparición de *esclavos*. Las tres crónicas del reino de Asturias coinciden en la descripción de una rebelión de siervos o libertos contra sus señores sucedido durante el reinado de Aurelio (768-774): solamente la autoridad real pudo sofocar esta rebelión, lo que da idea de su importancia. Pero parece ser que este episodio no tiene una interpretación muy clara, y no se sabe hasta qué punto se trataba verdaderamente de *esclavos*.

La situación económico-social en Asturias (y, por extensión, en todos los primitivos reinos cristianos), no solamente se encontraba en evidente retraso con respecto a la brillante cultura material que había desarrollado el mundo musulmán en el sur de la Península, sino que resultaba ya anticuada a los mismos castellanos, que reaccionaron violentamente exigiendo la independencia.

C: CULTURA

El arte de la España musulmana: arquitectura árabe

El arte árabe en España, y especialmente la arquitectura, es lo que más contribuyó a despertar admiración y respeto en toda la cristiandad europea por esta cultura. Sólo a partir de los siglos XI y XIII (aparición del románico y gótico), cuando ya la España musulmana iba en decadencia, pudieron los cristianos ofrecer un arte equivalente. Pero aún entonces era frecuente que los reyes y grandes de España recurrieran a los arquitectos árabes (estilo mudéjar) para construir palacios e incluso iglesias. El cristiano de estos primeros siglos debía contemplar la riqueza del arte árabe con envidia y sentimiento de impotencia.

La arquitectura de inspiración árabe que se desarrolla en España muestra una característica un tanto paradójica: los materiales que emplea son pobres (ladrillo, yeso, madera), pero la ornamentación que con ellos se consigue es de una riqueza incomparable. Acaso la falta de piedra en los lugares donde nació esta cultura sea la causa de que se hayan empleado, fundamentalmente, estos elementos blandos. Pero nunca se han aprovechado con mayor acierto arquitectónico ni ornamental.

Una de las características principales de todo estilo arquitectónico es el *arco* que emplea. Pues bien, el arco del estilo árabe en España es el de *herradura*, es decir, el que tiene una prolongación o *peralte* de la curva del arco por debajo del diámetro. El origen de este arco de herradura no está muy claro; para algunos autores se trata de una imitación de los arcos paleocristianos, para otros tiene su origen en el arco de herradura visigótico, que es fundamentalmente el mismo, como hemos visto, pero con un *peralte* de sólo 1/3, mientras que en el arte árabe encontramos el *peralte* prolongado hasta 1/2 de la longitud del radio. Sea como sea, lo que es evidente es que este arco no es originario del arte árabe, sino de la cultura autóctona.

Pero el arco de herradura del estilo árabe-español suele aparecer además con las piezas o *dovelas* que lo constituyen alternando en dos colores, rojo y blanco, característica que se puede observar sobre todo en la mezquita de Córdoba. Además, las *dovelas* que están situadas por encima del diámetro suelen tener *despiece radial*, es decir, que todas están colocadas como los radios de una circunferencia, orientadas hacia su centro. En cambio, las dovelas que están por debajo de la línea del diámetro suelen ser paralelas a éste. Una última característica de las *dovelas* o que tiene relación con éstas: en los extremos suelen ser más estrechas que en el centro, es decir, que la línea interior del arco, *intradós*, no es paralela a la línea exterior del mismo, *extradós*. En otras palabras: el *intradós* y el *extradós* no tienen el mismo centro. Un último detalle relacionado con el arco: alrededor del arco suele encontrarse con frecuencia una especie de marco en relieve que encuadra el arco y que se llama *alfiz*.

Las *columnas* no son originales; prácticamente son iguales a las que empleó el estilo visigótico, es decir, con *fuste* liso y un *capitel* de estilo *corintio* pero muy tosco. En algunos casos se emplearon las mismas columnas que estaban en templos visigóticos. En lo que sí se distinguen estas columnas de las de cualquier otro estilo es en el gran número empleado, pues el amontonamiento de columnas era efecto muy empleado por el arte árabe.

El conjunto de *arco* y *columna*, cuando se repite en un segundo piso, suele presentar algunas variantes: el arco puede ser de *medio punto*, es decir, de media circunferencia, para no repetir la *herradura* del primer piso; y la columna suele llevar, encima del *capitel*, un *cimacio*. Esta alternancia de *medio punto* y *herradura* se puede advertir igualmente en la mezquita de Códoba, donde aparece repetido innumerables veces.

Cuando el estilo árabe se va haciendo barroco y va perdiendo la sencillez inicial, será frecuente encontrar arcos que, arquitectónicamente, van perdiendo su función constructiva para ir adquiriendo función ornamntal. Aparecerá entonces el *arco mixtilíneo*, es decir, el arco compuesto de líneas rectas y curvas, y el *arco lobulado*, así llamado porque consta de curvas cóncavas. En el último período de este arte, el arco tiene una función puramente ornamental: es un adorno que sirve para rematar airosamente un techo de *arquitrabe*. En estos casos, el arco, compuesto de muchas líneas caprichosas, suele ser de *yeso* o de *madera* cubierta de *yeso*. Un tipo especial de adorno que suele recorrer la línea interna de estos árcos puramente decorativos es el *mocárabe*, taco de madera incrustado o atornillado en el arco y recubierto de yeso y de pintura. El *mocárabe*, empleado en gran número, imita el efecto geológico de las estalacticas, y es de gran eficacia ornamental.

Las *cúpulas* son muy atrevidas: situadas a gran altura (hay que pensar en los edificios contemporáneos del arte cristiano, por lo general muy bajos y poco elegantes), estaban cerradas por *nervaduras* y el espacio restante cubierto con materiales blandos (yeso, mampostería...). Hay que tener en cuenta, sin embargo, que se trata, en la mayoría de los casos, de falsas cúpulas, cúpulas que no sostienen peso ninguno.

Pero acaso la característica más original del arte árabe, especialmente si dejamos la arquitectura religiosa y contemplamos la civil, sea el aspecto de la decoración de las paredes. El arte árabe, como, en general, todo arte oriental, está dominado por la idea del *horror vacui*, el «horror al vacío», por lo que tiende a llenar las paredes con todo tipo de dibujos. Se pueden enumerar tres tipos de decoración: a) la *lacería* o *arabesco*, b) el *ataurique* y c) el tema *epigráfico*. La *lacería* o *arabesco* es un dibujo cuyas líneas de tipo geométrico se entrelazan hasta el infinito. El *ataurique* es, básicamente, igual a la *lacería* por su multiplicación hasta el infinito, pero el dibujo imita aquí formas vegetales, con frecuencia palmeras. Y el ornamento *epigráfico* consta, como su nombre indica, de letras del alfabeto arábigo, que en este arte tienen valor decorativo. Es bastante frecuente que todos estos elementos ornamentales se proyecten sobre *azulejos* (piezas planas de cerámica vidriada), elementos estos que no pueden faltar en el arte árabe. Otras veces estos dibujos se proyectan sobre *yeso*, material también muy empleado. En general, la importancia de la decoración sobre la pared es tan grande, que una faja de *azulejos* con *lacerías* o con *atauriques* de aproximadamente 1.5 m. de altura suele recorrer todas las paredes de una casa o un palacio: es el *zócalo*, palabra que en el español actual sugiere algo mucho más modesto y parecido a un simple *rodapié*.

Los monumentos más célebres del arte árabe en España son la ya mencionada mezquita de Córdoba, exponente de varias etapas, pero sobre todo de la del equilibrio del arte árabe «clásico»; el suntuoso palacio de Medina-Azahara (Córdoba), que mandó construir Abderrahmán III en las afueras de Córdoba en honor a una de sus favoritas y cuya lujosa construcción parece desafiar a la fantasía más delirante de «Las mil y una noches»; y, finalmente, la imponente Alhambra de Granada, muestra de la grandeza y poderío del reino nazarí y exponente del último período del arte árabe, cuando la arquitectura se pone al servicio de la ornamentación y el arte abandona el equilibrio clásico que hemos advertido en Córdoba para convertirse en suntuosidad barroca.

El arte de la España cristiana: arquitectura asturiana y mozárabe

Comparado con el arte musulmán, resultan muy pobres las creaciones del arte original de los cristianos. Se trata de los primeros balbuceos artísticos de pueblos que viven a la defensiva, encerrados entre montañas, casi aislados de todo contacto con el exterior y que apenas han podido desarrollar una cultura propia. Su principal preocupación era la propia subsistencia en medio de un ambiente hostil. Detrás del arte árabe hay una tradición secular y una riqueza material que hace posible realizar los sueños más originales de la imaginación más ardiente. Detrás del arte asturiano pervive un pálido reflejo de una cultura hispano-visigoda poco definida y, lo que es más importante, una limitación de medios económicos que va a contemplar como lujo toda manifestación artística o literaria.

A pesar de todo, el arte asturiano tiene su originalidad y comparte, con el arte carolingio, el otónico, el lombardo y el mozárabe, el título de *prerrománico*, pues es evidente que el arte *románico* tiene su origen en estos estilos.

Aunque se comienza ya a edificar en este estilo a finales del siglo VIII, es a partir del siglo IX, sin embargo, y coincidiendo con el renacimiento experimentado por los reinos de la España cristiana (repoblación de la zona del Duero), cuando tiene lugar en Asturias, centro político-espiritual de todos estos reinos, un modesto pero original renacimiento artístico que se va a manifestar, sobre todo, en la construcción de templos.

Tres características distinguen los edificios del estilo asturiano de los templos del estilo visigótico: 1) el *arco de medio punto*, 2) los materiales empleados, generalmente el *sillarejo* (pequeños sillares irregulares) o la *mampostería* (mezcla de pequeñas piedras con argamasa) y 3) la *gran altura* . La primera característica es el principal distintivo, y consiste en un arco de medio punto (media circunferencia) prolongado en un largo *peralte* en línea recta. Las dos últimas características, la altura y el empleo de materiales constructivos poco estables, hace que los edificios de este estilo estén reforzados con *contrafuertes* en la fachada o en los muros laterales. Hablamos de gran altura a sabiendas de que este es un concepto muy relativo: gran altura en comparación con los edificios visigóticos. En conjunto, un templo asturiano es a un tempolo visigótico lo que un templo gótico a un templo románico. El aspecto ascensional, en el estilo asturiano, triunfa sobre las estructuras pesadas y achaparradas del estilo visigótico.

La *columna* emplea un *fuste* con *estrías*, a veces verticales y a veces helicoidales. El *capitel* suele ser de estilo *corintio*, aunque también se encuentra el de *doble tronco de pirámide invertida*, que parece que tiene origen bizantino.

En la estructura general de los templos domina la planta de *cruz latina*, aunque los hay también de *cruz griega*. Las *bóvedas* son de *medio cañón,* y debido a que suelen estar cubiertas de *mampostería*, necesitan *arcos fajones* para robustecer la estructura. La decoración del interior suele abundar en *sogueados* (de «soga», cordel) y en *medallones*, todo ello realizado directamente en la piedra.

Es digna de mención la interesante solución que se le dio al problema de las ventanas en una época en que se desconocía el cristal: se trata de las *celosías*, especie de verjas de piedra artísticamente trabajadas con figuras geométricas, que permitían guardar el templo sin impedir pasar la luz.

Los edificios más importantes de este estilo se construyen durante el breve reinado de Ramiro I (842-850) . Destaca entre todos Santa María del Naranco, obra maestra de la arquitectura asturiana, que parece que fue el palacio del rey. Otros edificios dignos de mención son San Miguel de Lillo, templo situado en las proximidades del palacio de Santa María y que posiblemente era la capilla del palacio, Santa Cristina de Lena y San Salvador de Valdediós.

El arte arquitectónico de estilo *mozárabe* se desarrolla, fundamentalmente, en tierras cristianas repobladas al norte del río Duero. Los mozárabes (cristianos que vivían entre los árabes), aunque podían practicar su religión, no podían reconstruir sus iglesias, por lo que solamente pudieron dar muestras abundantes de su arte cuando dejaron la España musulmana y se unieron a los repobladores cristianos. En las tierras del Emirato o Califato apenas quedan huellas de este estilo.

Naturalmente, se trata de un feliz producto híbrido del arte de tradición visigótica con el arte árabe. Los mozárabes no podían sustraerse al brillo de la cultura islámica, aunque en algunas épocas vieran en los musulmanes a sus enemigos de religión; y cuando emigraron a las tierras libres de los cristianos del norte, llevaron consigo toda una serie de elementos árabes en su manera de expresarse artísticamente.

La arquitectura mozárabe tiene, de acuerdo con estos principios, características comunes a la tradición arquitectónica visigótica y a la innovación del arte árabe, lo que se puede observar analizando su elemento más característico, el *arco*, que es siempre de *herradura*, pero que a veces se parece a la *herradura visigótica* (solamente 1/3 de peralte), y otras veces a la *herradura árabe* (1/2 de peralte). A veces, para acentuar más la semejanza con el arco árabe, se le añade un *alfiz*. También se emplean los *arcos gemelos*, es decir, arcos que tienen una columna común (de nuevo una característica del arte árabe). En cuanto a los materiales de construcción empleados, hay que subrayar de nuevo el carácter híbrido de esta arquitectura, que lo mismo puede, siguiendo la tradición visigótica, emplear *sillares* (piedras bien cortadas y encajadas), o *ladrillos*, el típico recurso de la arquitectura árabe. La *mampostería*, también empleada con frecuencia, es común al arte árabe y al arte asturiano. Las *columnas* son menos características: *fuste* liso y *capitel corintio*, elementos que ya conocemos de otros estilos. Una novedad la constituyen los *aleros* y *cornisas*, que sobresalen bastante de la línea de la pared y suelen estar sujetos por unos *canes* especiales que son *modillones de rollos*. En conjunto, y debido a su inspiración árabe, el arte mozárabe parece el más perfecto y evolucionado de todos los estilos prerrománicos...

Los edificios más famosos del arte mozárabe son los de San Miguel de la Escalada (León), San Miguel de Celanova (Orense) y San Cebrián de Mazote (Valladolid).

Las lenguas romances y la originalidad del castellano

La misma originalidad que hemos visto en el surgimiento de la sociedad castellana se manifiesta en la aparición de su lengua, cuya evolución fonética apenas guarda semejanza con las demás lenguas romances. Un poeta de hacia 1150 expresó muy gráficamente la novedad del castellano: «Illorum lingua resonat quasi tympano tuba» («su lengua resuena como una trompa acompañada de timbal»). Una sociedad libre, en plena fiebre de repoblación y de apropiación de nuevas tierras, irrespetuosa con la tradición y enemiga de normas y leyes, tenía que hacer surgir una lengua nueva, libre como sus hablantes de toda atadura con el pasado. Las mismas urgencias de la repoblación y vigilancia de las nuevas fronteras hacían superflua la cultura, por lo que no se podía fijar la lengua por escrito y someter a una norma lingüística su espontaneidad creadora. Los cambios fonéticos no necesitaban legitimarse con la tradición; se imponían con el mismo empuje con que se abrían camino sus hablantes por medio de la espada. La lengua castellana, a diferencia de las demás lenguas romances (gallego, asturiano-leonés, aragonés, catalán y mozárabe), tiene un origen «bárbaro» y ajeno al cultivo literario.

En parte, esta originalidad se puede explicar por las características histórico-geográficas de la región castellana misma. Castilla nace, como ya hemos visto, como avanzada de Asturias en el paso natural que ofrece el encuentro de los dos sistemas montañosos, la Cordillera Cantábrica y el Sistema Ibérico. Pero la repoblación del desierto del Duero hará que Castilla deje de ser centinela para convertirse en repobladora y conquistadora de estas tierras, por lo que se va produciendo, en su avance hacia el sur, una especie de *cuña* que va incomunicando a las demás lenguas romances entre sí: al occidente de Castilla quedan las tierras de Asturias-León y los territorios dependientes como Galicia y Portugal; al oriente las de Navarra, Aragón y Cataluña; y al sur, las tierras de la España musulmana con una población importante de mozárabes. Pues bien: todas estas tierras conservan unas lenguas romances parecidas entre sí: entre el dialecto gallego y el leonés hay grandes coincidencias; entre el leonés y el aragonés, aunque separados por Castilla, hay igualmente semejanzas que incluso llegan hasta el catalán; y los mozárabes, por las transcripciones que nos han llegado en lengua árabe, empleaban palabras que sonaban de manera semejante al gallego-portugués... Sólo el castellano suena distinto, sólo el castellano se aleja de manera decidida del latín.

Es precisamente en esta época de tránsito entre el siglo X y el XI, cuando aparecen los primeros documentos de la lengua forjada en la rudeza de la repoblación y reconquista: se trata de las *Glosas Emilianenses* (aparecidas en La Rioja, en San Millán de la Cogolla) y las *Glosas Silenses* (aparecidas en Burgos, en Santo Domingo de Silos), que no son más que comentarios entre líneas a textos religiosos latinos, algo así como traducciones a la lengua romance de unos textos latinos que empezaban a ser difíciles de entender sin recurrir a la lengua vulgar. Pero ya aquí se muestra el talante lingüístico de los castellanos, que no recurren a una lengua culta, como la árabe, para explicar el latín, sino a los rudos vocablos de la lengua inculta que empleaban todos los días. En el reino de León se comentaba el latín recurriendo al árabe, lengua culta fijada por la tradición. En Castilla se recurría al castellano, una lengua que estaba todavía en efervescencia y que no conocía normas. No importaba: quienes estaban acostumbrados a imponer su ley, podían sentirse orgullosos de su propia lengua...

Se pueden resumir brevemente algunos de los cambios fonéticos más importantes que distinguen la lengua castellana de todos los demás dialectos romances. Se observará que hay en toda la Península una especie de unidad fonética que no respeta el castellano. He aquí los más importantes:

1) Todos los *romances* peninsulares conservaban la *g* o *j* iniciales ante vocal palatal *e, i* átonas. Palabras como *jenuariu* o *germanu* dan: mozárabe *yenáir*; gallego-portugués *janeiro*; leonés *yermano*; aragonés *girmano*; catalán *giner, germá*... Es decir, que se conserva la consonante palatal fricativa sonora (un sonido parecido al que representa actualmente la grafía *y*). Pero el castellano rompe con esta norma y realiza una especie de asimilación: consonante palatal ante vocal palatal resulta asimilada por ésta y desaparece: *enero, hermano*... Hay que tener presente que, si la sílaba fuera tónica, ayudaría a conservarse la consonante: *gente* > gente...

2) Todos los *romances* peninsulares conservaban la *f* inicial latina. Así la palabra mozárabe *fauchil*, encuentra sus correspondencias en el gallego-portugués *fouce*, en catalán *falc*; la palabra del gallego-portugués *fillo* o también *filho* encuentra su exacta correspondencia en el leonés y aragonés *fillo*, y en el catalán *fill*.... Pero el castellano, influido por el hábito lingüístico de los vascones, que no podían pronunciar este sonido en inicial, lo sustituye por una *h* que se pronunciaba aspirada: *hoz, hijo*...

3) Todos los *romances* peninsulares convertían los grupos latinos *l + yod* o *k + l* en el sonido *ll* (sonido palatal lateral que sigue existiendo en el español de hoy representado por la misma grafía). Así palabras latinas como *muliere* o como *oc(u)lu* dan en mozárabe *uelyo;* gallego-portugués *muller, ollo*; leonés y aragonés *muller, uello*; catalán *ull*... Pues bien, el castellano no acepta aquí el sonido palatal lateral de *ll* y lo hace alveo-palatal fricativo sonoro, representándolo con la grafía *j* y pronunciándolo como el francés actual en *jour, jeudi*. Así se pronunciaban palabras como *mujer, ojo*... antes de producirse la velarización del castellano actual.

4) Todos los *romances* peninsulares parecían sentirse incómodos ante el grupo latino de *k + t*, por lo que empezaron una tímida aproximación entre estas dos consonantes que ocupan los extremos de la boca (velar/dental...). Por lo general, se contentaban con una aproximación a la dental recurriendo a una *yod* que servía de puente articulatorio y que, eventualmente, podía cerrar también a la vocal anterior. En otros casos se eliminaba esta incomodidad prescindiendo del sonido velar *k*. De esta manera, las palabras latinas *lacte* y *factu* se convirtieron en gallego-portugués y en leonés en *leite* y *feito*; en aragonés en *leite, feito* o también *feto*; y en catalán en *llet* y *fet*. El castellano, no contento con el tímido puente articulatorio de la *yod*, terminó por palatalizar también la consonante dental y convertirla en *ch*, hecho insólito no sólo en la Península, sino en toda la Romania, por lo que surgieron palabras de difícil identificación con su origen: *leche, hecho*...

5) Todos los *romances* peninsulares mostraban gran inseguridad a la hora de diptongar la *e* y la *o* cuando eran breves y tónicas. Algunas veces diptongaban y otras no; pero además, a veces diptongaban de una manera y a veces de otra. El castellano fue tajante: la *e* breve latina acentuada dio siempre *ie*, y la *o* breve acentuada dio siempre *ue* (después de una

vacilación, al principio, entre *uo* y *ue*). De esta manera tenemos *pede > pie; porta > puerta,* etc. También es aquí originalísimo el castellano, pues en el resto de la Romania las diptongaciones ocurren solamente en sílabas abiertas, es decir, en sílabas terminadas en vocal.

6) Todos los *romances* peninsulares tienden a conservar diptongos primitivos o a transformarlos ligeramente para evitar los extremos del triángulo vocálico: el mozárabe empleaba palabras en diptongo como *febrair*, *pandair*; el gallego-portugués, intentando acortar las distancias entre la *a* y la *i* (consúltese el triángulo vocálico), prefería una pronunciación más suave: *febreiro, pandeiro...* Los castellanos, radicales en sus decisiones, acortaron directamente la distancia entre estas vocales buscando un punto articulatorio intermedio entre los extremos, que es *e*, y de esta manera pronunciaron *febrero, pandero...* Lo mismo ocurrió cuando las vocales ocupaban los extremos de la serie velar, es decir, *a* y *u*: las palabras latinas *auro, mauro* se suavizaron en el dialecto gallego-portugués en *ouro, mouro*; pero los castellanos vuelven aquí a elegir el término intermedio, la *o*, para prescindir de los extremos: *oro, moro...*

Podemos imaginarnos el desprecio que sentirían los cultos asturianos al oír la pronunciación bárbara de los castellanos. Pero podemos suponer también que el desprecio iba acompañado de desconfianza: la falta de respeto de los castellanos por las tradiciones asturianas era también una señal de insubordinación política. Con el tiempo, Castilla impondría la dominación política y convertiría su lengua en *norma lingüística* de todas las tierras españolas...

V: LA RECONQUISTA

Ya se ha dicho en el capítulo anterior que la Reconquista propiamente dicha (la conquista violenta de las tierras ocupadas por los musulmanes) es un fenómeno relativamente tardío. El lento renacer de los reinos cristianos no se proyecta, en el siglo IX, en la reconquista de las tierras, sino en la repoblación de buena parte de ellas (las que formaban el desierto en torno al Duero y alto Ebro). La historiografía tradicional inventó el mito de la Reconquista ya en el mismo siglo de la invasión, situándola en Asturias y atribuyéndola a una figura poco menos que legendaria, Don Pelayo, vencedor en la batalla de Covadonga (722), batalla de indudable valor emblemático, pero posiblemente sin importancia alguna de orden estratégico-político. En realidad, solamente a principios del siglo XI, coincidiendo con la muerte de Almanzor y el decaimiento de la España musulmana, que se fraccionará definitivamente en multitud de reinos de «taifas», se sentirán los cristianos lo suficientemente fuertes como para acometer la verdadera conquista violenta de tierras habitadas o administradas por musulmanes.

La verdadera Reconquista comienza en el año 1045 por iniciativa del rey pamplonés García de Nájera (1035-1054), que tomó violentamente la ciudad de Calahorra. Puede parecer extraño el protagonismo de Pamplona después de lo que hemos explicado sobre el papel de Castilla, pero hay que tener en cuenta que los castellanos tenían ante sí el desierto, y los pamploneses las tierras del reino musulmán de Zaragoza. El objetivo principal de los castellanos era ocupar las tierras yermas, el de los pamploneses era librarse de sus enemigos, que los tenían muy vecinos. De hecho, los pamploneses habían iniciado ya a principios del siglo X algunas conquistas violentas en la región de la Rioja, pero no pudieron continuarlas debido a la general postración de los reinos cristianos en esta época.

Pero aunque Castilla quedara un poco rezagada al principio de la Reconquista, pronto tomó la iniciativa que le correspondía por el empuje renovador de su sociedad libre, por su situación geográfica y por su sistema de alianzas. Efectivamente, Castilla se encontraba en este tiempo unida al reino de León, por lo que el antiguo reino de Asturias contaba ahora con un potencial militar extraordinario para la época. Además, el rey Fernando I de León-Castilla, que era precisamente un hermano del citado rey pamplonés García de Nájera, podía contar con la alianza de Pamplona, por lo que las fuerzas cristianas presentaban por primera vez una gran homogeneidad. Fernando I continuó la Reconquista comenzada por los pamploneses tomando diversas plazas de Portugal hasta llegar a Coimbra (1064). Y aunque estas plazas cayeron pronto otra vez en manos de los musulmanes, la idea de reconquistar las viejas tierras hispanas era ya el objetivo primordial de todos los reinos cristianos.

La Reconquista es un fenómeno que ha dejado profundas huellas en la historia de España, en el carácter de los españoles y en la organización político-administrativa. Casi se podría decir que no hay acontecimiento histórico importante que no esté directa o indirectamente relacionado con la Reconquista. Incluso en la España de nuestros días, un simple vistazo a las Comunidades Autónomas (entidades territoriales garantizadas por la Constitución de 1978) nos confirma la importancia del estudio de este período histórico: Asturias, Aragón, Cataluña, Castilla-León, Castilla-La Mancha, La Rioja, Valencia... son *realidades políticas cuya gestación histórica tiene lugar justamente en esta época. Compárese con la organización política en tiempos romanos (Lusitania, Bética, Tarraconense...) y se verá la gran diferencia.*

A: HISTORIA

La Reconquista en la Submeseta Sur: Alfonso VI y la conquista de Toledo

De acuerdo con la alternancia ya comprobada entre siglos del auge y siglos de la decadencia, será el siglo XI una época de recuperación de los reinos cristianos. Por una parte, las tierras del desierto del Duero se encuentran en esta época ya prácticamente repobladas, por lo que el empuje de los cristianos no puede contentarse con las tierras de la Submeseta Norte y ejercerá su empuje incontenible sobre la Submeseta Sur (las tierras de la actual Castilla-La Mancha y Extremadura). Por otra parte, el fraccionamiento de la España musulmana en pequeños reinos independientes («reinos taifas») y su consiguiente debilitamiento político-militar, animan a los cristianos a traspasar la cadena montañosa del Sistema Central que divide a las dos submesetas y llegar hasta la frontera misma de Al-Andalus.

Efectivamente, toda la España musulmana, después de la muerte de Almanzor (1002), se encuentra dividida en pequeños reinos independientes («reinos de taifas») : Sevilla, Badajoz, Granada, Toledo, Valencia, Zaragoza... Serán frecuentes las guerras de estos reinos entre sí, guerras en las que no dudan en aliarse con los cristianos, si es necesario. Y los cristianos se vuelven conscientes de su importancia militar. Una de las primeras consecuencias de esta inversión de poderes es el surgimiento de la *función protectora* de los cristianos: a cambio de protección, los reinos taifas musulmanes suscriben con los cristianos contratos económicos en los que se comprometen a pagar una cantidad mensual en oro. A este impuesto de protección se le denominó «parias». Sabemos que, a mediados del siglo XI, el rey Al-Motádir de Zaragoza pagaba al rey de Pamplona Sancho de Peñalén mil monedas de oro mensuales en concepto de parias; teniendo en cuenta que el peso en oro de esta moneda zaragozana era de 1.9 gramos, el rey cristiano recibía unos 20 Kg. de oro cada año, cifra considerable si se tiene en cuenta que el oro (y la moneda, en general) eran desconocidos en algunos reinos cristianos, especialmente en el de León-Castilla. Naturalmente, como los reinos de taifas estaban comprometidos a pagar un número de monedas determinado sin especificar su peso en oro, fueron rebajando paulatinamente la proporción de oro en la emisión de las monedas... (las monedas califales del siglo X pesaban casi 4 gramos en oro fino). A pesar de este truco, la influencia de este oro en la economía de los cristianos fue enorme.

La reconquista de la Submeseta Sur es obra exclusiva de Castilla, que se encuentra en su mejor momento histórico. Castilla se había independizado del reino de León en fecha imprecisa (de hecho, sino de derecho, fue el condado de Castilla ya independiente en la época de Fernán González, a mediados del siglo X, que logró que heredaran el condado sus propios hijos). Pero la decadencia de los reinos cristianos en esta época le impidió sacar partido de su independencia. En la época de Fernando I (1037-1065), Castilla se encontraba de nuevo unida a León, pues Fernando, príncipe castellano, se había casado con Sancha, hermana del rey de León y heredera de este reino.

Fernando I se sentía fuerte por su alianza con Navarra (era hijo de Sancho el Mayor de Navarra) y por su unión con León. *Casi toda la cristiandad, exceptuadas las tierras del Pirineo, se encontraba unida por una misma corona*: las tierras de Galicia y Portugal eran feudatarias del antiguo reino de Asturias; León era la prolongación de Asturias en las tierras repobladas, como ya hemos visto; y Castilla, por su parte, aportaba las tierras repobladas de la Submeseta Norte y, sobre todo, una sociedad joven que se encontraba en un momento de gran empuje. De esta manera, las montañas del Sistema Central que dividen las dos mesetas constituían una invitación a atravesarlas, con la seguridad de que los reinos de taifas no serían capaces de unirse para defenderlas. Fernando llegó hasta Toledo y obligó a su rey a pagar parias a cambio de protección. Luego dirigió sus tropas hacia las tierras del actual Portugal, conquistando Viseo, Lameo y Coimbra. Después emprendió expediciones militares a Sevilla, logrando también que su rey taifa le pagase parias. Y cuando preparaba una expedición contra el reino taifa de Valencia, que era el paso lógico después del control de Toledo y Sevilla, enfermó de gravedad y murió un año más tarde (1065). No todos estos territorios fueron resultado de una «reconquista», sino más bien objeto de una especie de «protección» o «influencia», como lo muestra la obligación de pagar parias. Pero, a pesar de todo, el paso que se había dado era enorme, inimaginable sesenta años antes, en la época de Almanzor.

Sería interesante plantear una vez más el problema de los ideales de los reyes y aristócratas de la Reconquista. ¿Actuaban por intereses particularistas los reyes cristianos o les unía el ideal de la recuperación del solar hispano? ¿Hasta qué punto era una cuestión de ambición personal o un sentimiento de ideales colectivos? Si durante su vida pareció Fernando I encarnar los principios de un *ideal colectivo*, con su muerte demostró interesarse solamente por los *intereses particulares y dinásticos*, pues en lugar de dejar sus tierras unidas, las repartió entre sus hijos. A Sancho, el primogénito, le dio Castilla; a Alfonso, León; a García, Galicia; la ciudad de Zamora fue para su hija Urraca, y la de Toro para su hija Elvira. No solamente se fragmentaba así la unidad tan duramente conquistada, sino que las fronteras de las nuevas tierras se establecían de forma un tanto artificial (no había fundamento para segregar Galicia, que había pertenecido siempre al reino de Asturias-León, ni tampoco para hacer de Zamora y Toro ciudades independientes). A la fragmentación musulmana en pequeños reinos de taifas sucedía la fragmentación en taifas cristianas...

Pero los mismos intereses y ambiciones personales que dictaron esta absurda fragmentación de los cristianos, impulsaron de nuevo la unidad, que volvió a conseguirse en las manos de Alfonso. Ninguno de los hermanos podía sentirse satisfecho con la repartición del reino: Sancho, porque era el primogénito y aspiraba al reino completo; Alfonso, porque había recibido León, que no tenía el prestigio del nuevo reino castellano; desconocemos las ambiciones de García, pero el antiguo condado de Galicia no era pieza comparable con las otras… Paradójicamente, una guerra fratricida en la que no es posible encontrar un ideal superior a la ambición de poder, va a *restablecer la unidad perdida* mediante la fuerza bruta de las armas. El vencedor, Alfonso, que gobernará bajo el nombre de Alfonso VI, volverá a tener unidas bajo un mismo cetro, las tierras de Castilla y León.

Sancho y Alfonso acuerdan decidir el derecho al trono librando una pelea en un campo lindante entre Castilla y Aragón; el vencedor obtendría en premio el reino del vencido. Sancho ganó esta apuesta disparatada, pero su hermano se negó a entregarle el trono de León. Sancho aplazó la guerra contra Alfonso para expulsar a García de Galicia, operación que realizó con facilidad. Después continuó la guerra contra su hermano Alfonso, a quien derrotó tres veces hasta hacerlo prisionero y pasearlo rodeado de cadenas por las ciudades de la región leonesa. Hay que tener en cuenta que Sancho contaba en su ayuda con el Cid Campeador, «alférez» de sus tropas y uno de los estrategas más famosos de su época. El Cid llegará a ser un héroe nacional e inspirará el primer monumento épico de la literatura castellana: el *Poema de mío Cid*, que estudiaremos más tarde.

Sancho perdona a Alfonso por intercesión de Urraca, la hermana que, según la «vox populi» de la época, mantenía amores incestuosos con Alfonso. Y éste, para no continuar en las tierras que ahora pertenecían a su hermano, *buscó asilo en la corte toledana de Al-Mamún*. Es importante subrayar este hecho del asilo político en un reino musulmán. También lo había hecho el otro hermano vencido, García, que fue recibido con todos los honores en la corte de Motamid de Sevilla. Entre musulmanes y cristianos la guerra ofrecía pausas al diálogo y a la actividad diplomática. Alfonso tenía en Toledo plena libertad para moverse, para ponerse en contacto con los sabios y poetas que allí vivían, para familiarizarse con las costumbres moras y hasta para pelear contra los enemigos de Al-Mamún. Pero lo más importante de este exilio dorado de Alfonso fueron sus contactos con los numerosos mozárabes toledanos, cuya organización política tiene raíces muy antiguas, como sabemos por las numerosas rebeliones que suscitaron contra el Emirato de Córdoba. Precisamente estos contactos con el «partido» mozárabe, descontento de su posición subordinada, serán los que explicarán la posterior conquista de Toledo.

Pero no adelantemos acontecimientos. En el año 1072, Sancho pone sitio a la bien amurallada ciudad de Zamora, defendida por Urraca, por considerar esta ciudad un foco de rebelión pro-alfonsí. El Cid se encarga de dirigir las operaciones, como casi todas las campañas del rey Sancho. Pero un golpe de suerte completamente inesperado hace cambiar el rumbo de los acontecimientos y quizás también la «lógica» de la historia: un caballero de quien solamente conocemos el nombre, Vellido Dolfos, sale de la ciudad amurallada al galope, penetra de manera misteriosa en el campamento de Sancho, mata al rey de una lanzada y regresa a toda velocidad a la ciudad amurallada, cuyas puertas se cerraron inmediatamente después de él. Urraca comunicó a su hermano la sensacional noticia y éste abandonó Toledo para ser aclamado rey en León. Sancho no había dejado descendencia, por lo que, lógicamente, Alfonso debía igualmente heredar Castilla. Pero el pueblo y la nobleza castellana sospechaban que Alfonso había tenido parte en la muerte de Sancho, por lo que el rey Alfonso tuvo que jurar inocencia antes de ser admitido rey de Castilla. En Santa Gadea de Burgos tuvo lugar la ceremonia, y el Cid fue el encargado de tomarle el juramento al rey castellano, tal y como la recoge el célebre romance:

> En Sancta Gadea de Burgos,
> do juran los hijosdalgo,
> allí le toma la jura
> el Cid al rey castellano...

Alfonso se mostró rencoroso con el Cid por haber dudado de su inocencia y le desterró de Castilla. Hablaremos en su lugar de las hazañas del Cid, que guerreó por su cuenta hasta llegar a conquistar todo el reino de Valencia hacia el año 1090.

Después de haber reunificado Alfonso las tierras de Castilla-León, su preocupación se volvió hacia Toledo, donde había dejado un *partido mozárabe* muy bien dispuesto a acoger a los cristianos. Toledo tenía un evidente valor emblemático para los cristianos, pues había sido la corte de la España visigótica y la ciudad de los concilios. Además, la muerte de Al-Mamún planteó el problema de una guerra civil entre el partido mozárabe y el partido islámico, guerra que Alfonso supo aprovechar apoyando a los mozárabes. El rey taifa Mutawákil de Badajoz apoyaba al partido islámico. Pero la guerra en torno a Toledo, según Menéndez Pidal, fue una ficción: los del partido islámico estaban de acuerdo en entregar la ciudad a los cristianos, pero no querían hacerlo por no hacer un mal papel ante los demás reinos de taifas. Una serie de campañas más espectaculares que ofensivas, que incluían año tras año la destrucción sistemática de las cosechas de los campos toledanos, sirvieron para fingir un celo guerrero que nadie sentía. Por fin, en el año 1085, salvado el «honor» del partido islámico, el rey Alfonso entró en Toledo de la manera más pacífica. La única guerra efectiva se había llevado a cabo contra el aliado de los musulmanes, el rey de Badajoz, a quien Alfonso igualmente venció, y que significó la total incorporación de este reino (aproximadamente la actual Extremadura).

Con la conquista de Toledo, la Reconquista da un paso gigantesco: *toda la Submeseta Sur* (el reino de Toledo y el de Badajoz) *estaba en las manos del rey de Castilla-León*. Pero además el Cid conquistaría, bajo patronato castellano, las tierras de Valencia cinco años más tarde, tierras que ocupaban, poco más o menos, la misma altura geográfica que la Submeseta Sur. Casi toda la península estaba reconquistada o bajo la influencia de los cristianos, a excepción de las tierras de Andalucía (reinos de Sevilla y Granada), separadas de la meseta castellana por la cadena montañosa de Sierra Morena.

Es evidente que tan radical cambio en tan corto espacio de tiempo se explica, fundamentalmente, por la desunión de los reinos de taifas. Así lo comprendió el rey taifa de Sevilla, Al-Motamid, que para recomponer la perdida unidad de la España musulmana se atrevió a llamar en su auxilio a los *almoravides*, fanáticos guerreros africanos recién convertidos a la fe islámica (su nombre viene de *al' morabetin*, «consagrados a Dios»), gente ruda, sobria y despiadada que dominaba gran parte de África, desde el lago Chad hasta el Atlántico. El peligro que corría el rey de Sevilla en manos de estos guerreros no era menor que en manos de los cristianos, y así se lo hicieron saber a Al-Motamid, quien parece que respondió que prefería ser camellero en África que guardador de cerdos en Castilla. La invasión se produjo poco después de la toma de Toledo, y el caudillo almoravide Yusuf pudo en poco tiempo hacer retroceder notablemente los avances de la Reconquista de Alfonso VI: las batallas de Sagrajas (1086), la toma de Valencia (1002) poco después de la muerte del Cid, y la batalla de Uclés (1108), ensombrecieron los últimos años del rey castellano.

De nuevo parece confirmarse la versión pendular de la historia: despues del auge del siglo XI, adviene la relativa decadencia del XII, época dominada por el fanatismo de los nuevos invasores.

La Reconquista en Andalucía: Alfonso VIII y el espíritu de cruzada

Una vez más en la historia de la Reconquista se cumple la ley pendular a la que venimos aludiendo: si el siglo XII está caracterizado por el dominio musulmán, dominio sostenido por las nuevas invasiones de pueblos fanáticos africanos (*almoravides*), el XIII significará el definitivo triunfo de los cristianos.

Hacia 1146 entran nuevos invasores, los *almohades*, pueblos igualmente fanáticos que se aprovecharon de la debilidad de los reinos taifas para imponer su hegemonía en la Península e impedir los avances de la Reconquista. En el breve paréntesis que representa el siglo XII, se puede hablar de «africanización» de la España musulmana, pues ya no es la aristocracia árabe la que gobierna, sino unas tribus africanas muy belicosas que sustituyen el ambiente cortesano, culto, refinado, liberal y un poco decadente de los reinos taifas por una especie de aristocracia guerrera fanática, bárbara e intolerante. Los bereberes sustituyen a los árabes, y la España musulmana se convierte en una especie de provincia de África.

Curiosamente, a pesar de esta seria amenaza, los reinos cristianos permanecen desunidos, formando ellos también una especie de reinos «taifas» más atentos a sus problemas domésticos que a la tarea de combatir al enemigo común. León y Castilla vuelven a encontrarse separados, como en la época de las guerras entre Sancho y Alfonso, y será frecuente contemplar rencillas entre ellos. Pero de nuevo será Castilla el motor de la unidad de los cristianos, y será un rey castellano, Alfonso VIII, el que inspirará una especie de sentimiento de unidad «nacional».

Alfonso VIII, casado con Leonor, hija del rey Enrique II de Inglaterra, es un rey que obtiene un cierto reconocimiento internacional que le permitirá, en su madurez, sentirse respaldado por los cristianos de más allá de los Pirineos y pensar en organizar una especie de «cruzada» de todos los cristianos contra los infieles.

Pero los comienzos de su reinado no pueden ser más desgraciados. Alfonso, más dominado por su temperamento caballeresco que por su talento diplomático, decide en el año 1194 *provocar al rey almohade* Yacub enviándole un imprudente mensaje donde le invita a desembarcar en España para combatirle; caso de negarse a luchar en España, le pedía que le enviase naves para poder trasladar su ejército a África. Alfonso contaba con la ayuda de Portugal, León, y Aragón, pero esta alianza era puramente teórica, y ninguno de los aliados acudió a su llamamiento. Limitado a los recursos guerreros de Castilla, las posibilidades del rey cristiano ante el poderoso rey almohade eran prácticamente nulas, y la batalla reñida en Alarcos (frente a Sierra Morena) en el año 1195 resultó un tremendo desastre para los cristianos; incluso Alfonso VIII estuvo a punto de perecer en la batalla, y sólo la intervención de algunos nobles que le sacaron a la fuerza de la batalla, pudo evitar su muerte. Alfonso se retiró a Toledo en el estado de ánimo que puede imaginarse, mientras los almohades aprovechaban su victoria para conquistar Madrid y Guadalajara, e incluso para poner sitio a Toledo.

Alarcos fue un escarmiento ejemplar para el rey castellano, que fue abandonando paulatinamente sus disparatadas ideas caballerescas para sustituirlas por una prudente política de alianzas con los demás reinos cristianos peninsulares e incluso con los cristianos de más allá de los Pirineos. Motivos no le faltaban: hacia el año 1200 moría Yacub, el rey almohade, y le sucedía su hijo Abu Said, que defendía una política todavía más intolerante no sólo contra los cristianos y los judíos, sino también contra la vieja aristocracia árabe e incluso contra los almoravides que se habían establecido a finales del siglo XI. Alfonso logró esta vez firmes alianzas con Aragón, Navarra y León, que habían por fin comprendido la amenaza que representaban las nuevas fuerzas. Alfonso inició además una especie de *cruzada internacional contra el infiel*, enviando como embajador de esta cruzada al obispo Ximénez de Rada, cuya elocuencia conquistó el voto de franceses, alemanes e italianos. El talento diplomático y retórico del buen obispo debía de ser extraordinario, pues unos años antes había fracasado estrepitosamente la cuarta cruzada, que ni siquiera había llegado a los Santos Lugares. Naturalmente, donde más tuvo que lucir Ximénez de Rada su talento diplomático fue ante el Papa Inocencio III, cuyas promesas de premios y favores divinos eran imprescindibles para justificar el nombre mismo de «cruzada».

En el año de 1212 tuvo lugar esta singular cruzada, que fue el último y definitivo gran esfuerzo para establecer la hegemonía cristiana en la Península. Pero los cruzados internacionales, a medida que avanzaban hacia el sur, comenzaban a manifestar su descontento por el calor reinante. Divergencias surgidas entre el mando extranjero y el nacional sobre la manera de conducir la guerra (los extranjeros querían destruir por completo los lugares conquistados) hicieron que poco a poco se fuera retirando la mayoría de los cruzados extranjeros, por lo que solamente la alianza de los reinos cristianos pudo enfrentarse al grueso de las tropas almohades en las Navas de Tolosa (Despeñaperros, paso natural entre Castilla y Andalucía). Por cierto que el rey castellano, invocando un principio superior a las rivalidades entre los distintos reinos, no emplea ya la palabra «cristianos», como era tradicional, sino la de «españoles»: «todos nos somos españoles»...

Algunas pinceladas que recogen el «colorido» de esta guerra nos harán comprender mejor el enfrentamiento de *dos mundos* tan radicalmente distintos como el de los cristianos y el de los musulmanes africanos. Los cristianos observaban desde lejos un panorama verdaderamente bizarro: en el centro del ejército almohade se encontraba la tienda de Abu Said, rodeada de un gran círculo en el que se advertían diez mil guerreros negros de talla corpulenta, cada uno con su lanza, muy cerca uno del otro, formando una especie de muralla formada por seres humanos. Esta escolta de negros estaba protegida por una línea continua de pesadas cadenas que estaban sujetas entre sí por miles de camellos. Dentro estaba Abu Said, vestido con el manto que había usado su abuelo, fundador del Imperio, en todas sus campañas. En la mano derecha (cuentan las crónicas de la época) tenía su cimitarra, ricamente adornada, y en la mano izquierda sostenía el libro del Corán, que leía en voz alta para recordar a sus hombres los premios que les estaban reservados en el paraíso. No nos hacemos responsables de la exactitud de estos datos, pero no hemos podido resistirnos a su exposición: es la imagen, quizás desproporcionada y absurda, que tenían los cristianos de lo que fue el último orden del mundo islámico en Europa.

La batalla de las Navas de Tolosa fue el triunfo definitivo de los cristianos. Según Ximénez de Rada, se produjeron más de 200.000 muertos entre los almohades. Pero acaso más interesante que la victoria en sí misma, es el nacimiento del sentimiento de unidad y hasta de identidad nacional de los cristianos, que ahora parece que pueden ya llamarse *españoles*. La tarea común frente al invasor les había reforzado el vago sentimiento de identidad nacional.

Sobre Alfonso VIII se proyectó la *leyenda popular de la influencia de la «judía de Toledo»:* el rey, según esta tradición, habría padecido la derrota de Alarcos (1195) por haber descuidado sus deberes de estadista y haberse entregado en los brazos de una hermosa judía toledana que las crónicas llamaban Fermosa; el pueblo, que había identificado a la judía con la causa de las desgracias de la nación, se había encargado de matarla y devolverle así al rey la libertad para acometer la empresa de las Navas de Tolosa. La historia, que sirvió de base argumental a varias obras de teatro (entre ellas a una de Lope de Vega y a otra de Franz Grillparzer), no parece estar bien documentada históricamente: Alfonso había dejado a Fermosa y se había reconciliado con Leonor, la reina y esposa legítima, ya ocho años antes de la batalla de Alarcos, resultado de cuya reconciliación fue la construcción del hermoso monasterio de las Huelgas, en Burgos. Más que la personal anécdota de los amores adulterinos del rey, la historia nos descubre un triste sentimiento antisemita muy arraigado ya en aquella época. No hay que olvidar el papel que desempeña en todo el Medievo español la rivalidad entre las castas (judíos, moros y cristianos), rivalidad a la que no era ajena Fermosa, cuyo padre era una especie de ministro de finanzas del rey Alfonso y, por lo tanto, blanco de las iras del pueblo.

La batalla de las Navas de Tolosa fue la llave que abrió a los cristianos las puertas de Andalucía. Fernando III el Santo, autor de la *unificación definitiva de Castilla y León*, pudo entrar en Córdoba, ciudad emblemática de la España musulmana, en el año 1236. El rey ordenó, según cuenta la tradición, devolver a hombros de musulmanes las campanas que Almanzor había arrancado dos siglos antes de la catedral de Santiago. Y en el año 1248 Fernando III pudo entrar en Sevilla, ciudad donde estableció su corte.

La Reconquista quedaba prácticamente terminada. Sólo las tierras del reino de Granada (Granada, Málaga, Almería) quedarían en manos de musulmanes hasta finales del siglo XV. Pero hay dos razones que explican la supervivencia anacrónica de este reino: la primera, la *protección natural* que le ofrecían las montañas del Sistema Penibético, verdadera muralla natural difícil de conquistar en una época en que todavía no existía la moderna artillería de los cañones. Y la segunda, las ventajas económicas que le reportaba a los reinos cristianos el cobro de las *parias* o impuestos de guerra, única fuente de oro y plata a la que tenían acceso los cristianos para acuñar moneda...

B: SOCIEDAD

Sociología de la repoblación

La repoblación de la Meseta Central (tierras situadas entre el Duero y el Sistema Central) de la Submeseta Sur (Castilla-La Mancha, Extremadura) y de Andalucía, muestra rasgos distintos de los que hemos apuntado para la repoblación de la Submeseta Norte (León y Castilla). Se trata ahora, en general, de tierras habitadas y no de un desierto, por lo que hay que contar con estructuras sociales ya dadas que, de alguna manera, imponen un determinado comportamiento socioeconómico en los conquistadores. En la Submeseta Norte no había habido conquista, sino simplemente repoblación u ocupación de tierras. Los ocupantes podían organizarlas a su antojo y comodidad; donde dominaban estructuras políticas democráticas y abiertas, como en Castilla, la repoblación se manifestaba con un reparto equitativo de las tierras; donde dominaban estructuras feudales, como en León, alternaban las tierras pertenecientes a campesinos libres con las donaciones al estamento nobiliario y eclesiástico.

Pero los nuevos territorios conquistados por Alfonso VI, Alfonso VIII y Fernando III, al contar con una población ya establecida y, en gran parte, islamizada, presentaba otros problemas. La repoblación dependía, en cierta manera, del número y carácter de los pobladores preexistentes, por lo que podemos dividir estas nuevas tierras en dos grandes grupos: *el situado entre el río Duero y el Sistema Central* (tierras relativamente despobladas de la Meseta Central donde el tipo de colonización cristalizó en *concejos* o núcleos urbanos democráticos y autónomos), *y el que ocupaba las restantes tierras, es decir, la Submeseta Sur y Andalucía* (tierras habitadas, en gran parte, por una población altamente islamizada, y donde se impuso la estructura de *latifundio* al someter las tierras al dominio del estamento aristocrático y eclesiástico).

El primer grupo se asemeja a la repoblación llevada a cabo en la Submeseta Norte por los castellanos; aunque no se produjeron las *presuras* particulares típicas de los castellanos primitivos, triunfó un sistema democrático de repartición de tierras organizando a los colonos en grandes *concejos* democráticos. La tierra se repartía dividiendo el *alfoz* (territorio del concejo) en seis partes (*sesmos*), y subdividiendo después cada uno de estos *sesmos* en *veintenas* o lotes de tierra que los colonos recibían con el derecho de hacerlos hereditarios. Los colonos vivían en grandes pueblos situados en el centro de sus tierras, y contaban con una serie de *privilegios* y *fueros* que les garantizaban un amplio margen de autonomía. Así nacieron los grandes concejos como Ávila, Salamanca, Segovia, y otros menores como Medina, Cuéllar, Arévalo, Sepúlveda... Es de suponer que este sistema democrático e igualitario de repartición de tierras estaba condicionado por la escasez de habitantes, que les permitía ensayar nuevos sistemas sociales, y por la naturaleza de los mismos, que eran todos cristianos viejos o mozárabes y no representaban peligro alguno para los nuevos grupos.

Muy distinto es el panorama en la Submeseta Sur y Andalucía. La población, abundante y altamente islamizada, suponía un peligro constante para los nuevos señores; es de suponer que este peligro fue el factor determinante en la feudalización de estos territorios, que debían ser *administrados directamente por el estamento nobiliario, por las órdenes militares o por la Iglesia*, pero nunca entregados a la iniciativa privada. En la región del Tajo (Toledo y tierras adyacentes), quizás debido a la gran abundancia de mozárabes y a su tradicional rebeldía contra la población islamizada, no fue necesaria la introducción del régimen señorial y parece que se produjo una especie de continuidad en el sistema administrativo. Las tierras de Toledo continuaron siendo una abigarrada mezcla de musulmanes, cristianos y judíos, característica fácil de advertir aún hoy día en el originalísimo arte toledano. Pero al sur del río Tajo, los monarcas confiaron la repoblación a las Órdenes Militares, que llevaron a cabo una colonización de tipo señorial y latifundista con todas las consecuencias que esto implica. Tres órdenes militares se repartieron enormes extensiones de tierra: la Orden de Santiago, la Orden de Calatrava y la Orden de Alcántara. La de Santiago ocupó la zona oriental y algo de la occidental (Cuenca, Uclés...), la de Calatrava la zona central (La Mancha) y la de Alcántara la occidental (Extremadura). Todavía hoy puede el viajero comprobar en la *toponimia* de esta región la enorme importancia que adquirió en la administración de estas tierras la impronta de las órdenes militares. Buena parte de la provincia de Ciudad Real está llena de pueblos que aluden a este origen: Torralba de Calatrava, Bolaños de Calatrava, Corral de Calatrava, Argamasilla de Calatrava, Calzada de Calatrava, Moral de Calatrava... En general, la repoblación confiada a las Órdenes Militares resultó un desastre económico y social. Ni las Órdenes disponían de medios materiales suficientes para llevar a cabo una verdadera repoblación, ni estaban verdaderamente interesadas en una actividad económica propiamente tal. El estamento nobiliario era, en el fondo, ajeno a toda actividad económica...

También en Andalucía confió el rey a las Órdenes Militares, especialmente a las de Calatrava y Santiago, la repoblación y administración de las nuevas tierras. Añádase como novedad la adjudicación al estamento eclesiástico, en concreto al arzobispado de Toledo, de algunas tierras bastante considerables en extensión (la parte oriental de Jaén hasta llegar a Baza, unos 2.000 Km. cuadrados). Del reparto de tierras a la aristocracia no es necesario hablar, pues es de sobra conocido el papel que los grandes señores andaluces desempeñarán en la historia de los años futuros. Naturalmente se produjeron también repartos de tierras de acuerdo con el sistema de *concejos*, pero no se puede decir que haya sido la norma en Andalucía.

En conjunto, la repoblación en la Submeseta Sur tuvo consecuencias nefastas en la evolución de la economía y la sociedad españolas hasta nuestros días. Nadie ignora los grandes problemas agrarios actuales de la región de los latifundios españoles, región que coincide exactamente con la que acabamos de describir. Grandes masas de campesinos famélicos han tenido que emigrar de regiones especialmente castigadas por el latifundismo (especialmente de la baja Extremadura y Andalucía) en un vergonzoso éxodo histórico que llega hasta el tiempo presente. El estamento nobiliario, concebido para estructurar la sociedad jerárquicamente, era ya en esta época instrumento pernicioso para organizar la vida social y económica. Falto de interés por la administración de un territorio enorme (podía contentarse con los rendimientos de una fracción del total) y humanamente desinteresado por la cuestión social (su único interés lo cifraba en mantener los privilegios de clase), el estamento nobiliario va a resultar ya en esta época una rémora para el libre desarrollo económico y social.

Las tres castas (judíos, musulmanes y cristianos): lucha y convivencia

La historia de la Reconquista, contemplada exclusivamente desde el punto de vista político y militar, puede sugerir la falsa interpretación de que los grupos humanos que luchaban se limitaron a enfrentarse por las armas para conseguir la tierra, y que sería posible dibujar en un mapa sus respectivas posiciones estratégicas, separadas siempre por una línea que marcaría el frente de guerra. Pero esta manera de entender los hechos, que no es ajena a la interpretación romántico-tradicional de la historia, olvida que pocas veces se produjo una neta demarcación entre los combatientes. Con excepción de la línea divisoria que establece el desierto del Duero durante los siglos VIII y IX, los cristianos y los musulmanes raramente estuvieron totalmente separados, ni geográfica ni social ni económicamente. Con menos motivo podría separarse el tercer grupo social en discordia, el de los judíos, que constituyeron siempre un grupo social inestable que tuvo que apoyarse en los cristianos o en los árabes, según la conveniencia del momento. Incluso hay momentos en que se produce una verdadera simbiosis social y cada grupo aporta lo mejor que tiene a una sociedad multiétnica donde los imperativos del momento imponían una convivencia forzada: los cristianos son la fuerza, la organización política, el factor de cohesión social; los musulmanes, la laboriosidad, los saberes técnicos, la producción agraria; y los judíos, el mundo de las finanzas, las ciencias, la medicina...

Pero entonces la historia de la Reconquista se convierte en la historia de tres etnias distintas que intercambian mutuamente sus servicios. Ya no será la historia de unos problemáticos «españoles» identificados externamente por su confesionalidad («cristianos»), sino un producto más complejo cuya elaboración se produce a lo largo de una problemática convivencia de varios siglos. Adoptaremos, siguiendo a Américo Castro, la palabra «casta» para referirnos a cada uno de estos grupos. «Casta» es algo así como «raza», y fue término muy empleado por los españoles de estos años conflictivos. «Limpio de casta», «castizo», era sinónimo de «sin mezcla de sangre», o también, en su connotación religiosa, «cristiano viejo», «cristiano hijo de cristianos», etc. Evidentemente, el concepto traduce un prejuicio y no una realidad: la sangre, la raza, los factores hereditarios como elementos definitorios de un grupo social, son un gran error. No solamente porque no existen «razas» puras, sino porque lo que da cohesión a un grupo social son factores culturales que nada tienen que ver con la herencia genética. Pero es evidente que este prejuicio racial fue compartido por todas las «castas», y que a nosotros nos interesa su función histórica, y no su posible exactitud. Fue un error, pero un error fecundo, pues desenmascara los verdaderos prejuicios de toda una época.

Pues bien, las «castas» están obligadas a alternar la lucha con la convivencia, y tan importante es la guerra como el contrapunto de la paz en la forja de la sociedad española. Con frecuencia se ha dado el caso de que dos castas distintas se han unido para luchar contra sus hermanos de raza y religión: los castellanos del Cid, por ejemplo, ayudaron al rey taifa de Zaragoza a defenderse de sus enemigos políticos; los reyes taifas de Toledo y Sevilla protegieron a los príncipes de León y Galicia (Alfonso y García, como hemos visto anteriormente), y no faltarán casos en que un rey cristiano llame en su auxilio a un rey musulmán para luchar contra otro rey cristiano. Y lo mismo sucede en los intervalos de paz: los reyes cristianos no pueden prescindir de la colaboración de las fuerzas económicas de los musulmanes, cuya aportación al mantenimiento de la agricultura y la pequeña industria fue innegable; tampoco pueden prescindir de la banca judía y sus conexiones internacionales, ni de la intelectualidad hebrea, que con frecuencia aportó preceptores para los príncipes y médicos para todos los miembros de la casa real. A su vez, la casta vencida, es decir, los musulmanes, tuvieron que aceptar el patrocinio social de los cristianos y someterse a su estructura político-social. Lo mismo ha de decirse de los judíos, muy fuertes en lo económico, pero desvalidos en lo político-militar, que tuvieron que aceptar la espada del vencedor e incluso parte de sus leyes.

Paz en la guerra, podría decirse, pues las castas se necesitaban mutuamente. Pero también guerra en la paz, pues cada una de las castas estaba atenta a no ceder en sus privilegios, convencida de la superioridad de su sangre y su religión. Américo Castro explica muy bien esta mezcla de rivalidad y respeto comentando el epitafio de Fernando III el Santo en su sepulcro de la catedral de Sevilla. El epitafio está redactado en latín, en castellano, en árabe y en hebreo. Es decir, en la lengua culta propia de los clérigos, y en cada una de las lenguas de las tres castas. Pues bien, en la lengua culta, lengua accesible solamente a una minoría de clérigos, lengua destinada a los celosos preservadores de la identidad de la casta cristiana, las palabras con que se alude a los enemigos de Fernando III son durísimas. Se dice textualmente que el rey «machacó y exterminó la *desvergüenza* («proterviam») de sus enemigos», y aun se añade que arrancó a Sevilla del poder de los *infieles* («paganorum»). En el texto castellano, que podía ser entendido por muchos miembros de las otras castas, faltan estas duras expresiones, y lo mismo sucede en las traducciones al árabe y al hebreo. Se empleaba el tono de tolerancia que exigía la convivencia...

Que las castas, a pesar de sus esfuerzos por la convivencia, se sentían orgullosas de su superioridad e impedían todo contacto con las otras, nos lo certifica la historia de las leyes. En el código de Las Partidas encontramos numerosas pruebas del esfuerzo por lograr la «pureza de sangre». A las cristianas que tuviesen amores con infieles les estaban reservados ciertos castigos sancionados por la ley. Mayores eran, si cabe, los que la comunidad hebrea reservaba para las judías que tuviesen amores con cristianos: se conoce el caso de una judía de Coca a la que le cortaron la nariz por haber dado a luz dos mellizos de un cristiano...

El tema de la «pureza de sangre» va a convertirse en verdadera obsesión entre los miembros de la casta dominante durante los últimos siglos de la Edad Media e incluso durante gran parte de la Edad Moderna. Todo cristiano que aspirase a un cargo oficial o a una posición relevante en la sociedad, debía mostrar un árbol genealógico libre de toda «mancha»; un apellido moro o judío equivalía a una deshonra, y la abjuración de la religión musulmana o judía no siempre eran suficientes para hacer olvidar su origen. Había que demostrar ser no solamente cristiano, sino «cristiano viejo», cristiano desde varias generaciones. Naturalmente, en una sociedad donde la convivencia de las tres castas había sido tan prolongada, nadie o casi nadie podía estar completamente seguro de poseer una sangre «limpia», por lo que la superstición de la limpieza de sangre degeneró en una verdadera esquizofrenia colectiva. Es de sobra conocido el chiste, recogido varias veces por la literatura, del vendedor de unas medias tan finas, que apenas se podían ver o tocar; el vendedor añadía que solamente los que estaban limpios de sangre podían certificar la realidad de esas medias, por lo que todo el mundo se apresuraba a asegurar que, efectivamente, las veían y tocaban. El mismo chiste se hizo con un retablo de marionetas que solamente eran visibles para los cristianos sin mezcla: el público podía verlas y entender la trama que representaban...

Cuando se instauró el Tribunal de la Inquisición se dio el caso de que muchos conversos, precisamente para demostrar que eran limpios de sangre, se mostraron mucho más duros en la persecución de los herejes que los cristianos viejos. Nombres tan sospechosos como Morillo y San Martín se hicieron famosos en la Andalucía del siglo XV por la extraordinaria crueldad de su represión inquisitorial. Lo mismo ocurriría en la Alemania del III Reich con algunos descendientes de judíos que ocuparon altos cargos en las S.S.

De una manera general, se puede resumir diciendo que los convertidos al cristianismo eran admitidos y tolerados, pero nunca del todo perdonados. Seguían siendo algo radicalmente diferente, herederos de una «raza» vencida que debía pagar un precio a la raza de los vencedores...

C: CULTURA

Historia y literatura: el poema de Mío Cid

Todos los poemas épicos hunden sus raíces en la mitología; generalmente, a partir de un hecho histórico más o menos comprobable, se tejen una serie de leyendas poéticas que adornan la prosa del acontecimiento histórico hasta casi desfigurarlo. La guerra de Troya, sobre la que Homero compuso la *Ilíada* y la *Odisea*, es un hecho histórico de muy modestas proporciones que apenas tiene relación con los poemas. Y la aparición de los dioses, influenciando favorable o desfavorablemente la conducta de los hombres hasta casi convertirlos en marionetas del destino, contribuye a hacerlos aun más fantásticos e irreales. Incluso el poema épico de los franceses, la célebre *Chanson de Roland*, está llena de episodios maravillosos que nada tienen que ver con la perspectiva realista.

En la lengua castellana se va a producir una excepción: el *Poema de Mío Cid* es un relato de extraordinario realismo donde el héroe o los héroes del poema están calcados de la realidad histórica, y donde el mérito de sus actos se debe exclusivamente a su esfuerzo personal y no a la intervención divina. El realismo castellano no tolera superhombres ni dioses. Incluso las indicaciones geográficas se limitan a una fiel descripción de la realidad topográfica. Se tiene la impresión de que el espíritu castellano, absorbido por las tareas apremiantes de la guerra, no se sentía atraído por las seducciones de la fantasía.

Naturalmente, no es posible hacer una obra de arte sin idealizar la historia que se cuenta. Y el Cid está *ligeramente idealizado*, realzado en su importancia histórica, exageradamente ennoblecido. Y algunos hechos históricos poco lisonjeros, como la crueldad de haber quemado vivo a Ibn Cháfar en Valencia, son prudentemente silenciados en el poema...

La obra está escrita hacia el año 1140, según estima Menéndez Pidal, su mejor conocedor. Es decir, que fue escrito unos cuarenta años después de la muerte del héroe (1099), cuando todavía estaba vivo su recuerdo y era posible encontrar testigos presenciales, factor que puede contribuir a entender su extraordinario realismo. Otras teorías (Colin Smith) defienden la fecha de 1307, año que figura en el manuscrito original firmado por Per Abbat y que Menéndez Pidal considera solamente una copia de la versión anónima primitiva. Las diversas interpretaciones sobre la datación influyen sobre la comprensión de la obra: la fecha de hacia 1140 significaría que el autor es anónimo y que, por lo tanto, su carácter es fundamentalmente popular. La fecha de 1307 indicaría que Per Abbat no sería un copista, sino su verdadero autor, por lo que el carácter de la obra sería el perteneciente al «mester de clerecía» y contendría rasgos típicos de la poesía culta.

En total, el poema consta de cerca de 4.000 versos divididos en tres *cantares*, es decir, tres partes dotadas de cierta unidad y destinadas a ser recitadas una cada día. La primera parte es la denominada *Cantar del destierro*, la segunda *Cantar de las bodas* y la tercera *Cantar de la afrenta de Corpes*.

En el *Cantar del destierro*, como indica su nombre, se narra el comienzo del destierro del Cid: yendo el héroe a Sevilla por encargo de Alfonso VI a cobrar las parias del rey taifa, fue acusado de haberse apropiado indebidamente del dinero; el rey Alfonso destierra al Cid, y éste, después de dejar a su familia en seguridad, huye de Burgos para dedicarse a una vida semejante a la de los *condottieri* italianos, es decir, ofrece sus servicios militares a los príncipes (cristianos o musulmanes) que lo soliciten. Para ello cuenta con su propio ejército privado, con el que llega a vencer a notables enemigos, entre ellos al conde de Barcelona. En el *Cantar de las bodas* se narra la conquista del reino taifa de Valencia, que el Cid pone a disposición de Alfonso, y la incursión victoriosa contra el rey taifa de Sevilla. El Cid logra traer a su familia a Valencia, donde actúa como una especie de gobernador. La fama del Cid se ha extendido de tal manera, que los infantes castellanos de Carrión solicitan casarse con las hijas del Cid. El *Cantar de la afrenta de Corpes* tiene, probablemente, muy poco o nada de histórico; el poeta abandona aquí las hechos de guerra para concentrarse en la vida privada del Cid, si bien proyectando la real rivalidad existente entre la antigua y nueva aristocracia castellana. Los Infantes de Carrión no son dignos de haber emparentado con el Cid: huyen en las batallas y muestran una vez más su cobardía ante la aparición de un león en el palacio. Los soldados del Cid se burlan de esta rancia aristocracia incapaz de mostrar valor, y los Infantes deciden vengarse de la burla deshonrando a las hijas del Cid, a las que atan desnudas a unos árboles para azotarlas y abandonarlas después en el robledo de Corpes. El Cid solicita venganza del rey Alfonso y éste decide convocar las Cortes de Toledo (episodio evidentemente fantástico) para castigar a los culpables. Solicitado el divorcio de las hijas del Cid, éstas se casan con los infantes de Navarra y Aragón (de nuevo episodio fantástico que persigue el ennoblecimiento del Cid al emparentarlo esta vez con princesas de casas reales...).

Formalmente, el poema está escrito en versos de metro irregular, alternando los de 16 o 17 sílabas con otros de 14 o 15. Menéndez Pidal interpreta esto como característica típica de la versificación popular, descuidada y poco atenta a las reglas de la poética. Colin Smith, que considera el poema una obra de autor culto, lo atribuye a que el poeta tenía presente el ritmo de la frase, y no el número de sílabas, que podía variar según lo exigieran los matices expresivos. La rima es asonante y monorrima, es decir, que todos los versos riman y todos también, al menos durante una *serie* más o menos larga, tienen las mismas terminaciones vocálicas (vas**allos**, m**arcos**, dobl**ados**, d**año**)... Cuando cambia el tema o la situación que se describe, cambia la *serie* monorrima y aparece otro tipo de asonancia (compl**i**da, f**i**jas, ch**i**cas, serv**i**da)... No hay estrofas propiamente dichas; las únicas unidades que se pueden percibir son las de las series monorrimas ya aludidas. En conjunto, los elementos formales (metro, rima y series monorrimas) están en función de la expresión oral; no se trata de un poema para leer, sino para recitar, y la aparente pobreza de recursos estilísticos está en parte condicionada por la sensibilidad del oyente, que exigía un ritmo simple y reiterativo.

En cuanto a sus contenidos materiales, es decir, las palabras y la sintaxis empleada, el poema refleja un interesante momento de indeterminación lingüística en el que el castellano se está formando y no puede decidir tajantemente una norma a seguir. Añádase a esto que el autor del poema emplea muchas palabras que son propias de Aragón (Menéndez Pidal creía que el autor era de las tierras de Medinaceli, zona fronteriza entre Castilla y Aragón), lo cual añade un nuevo factor de indeterminación. En la sintaxis es interesante comprobar la indeterminación entre los auxiliares *ser* y *haber* (ortografiado *aver*) para formar los tiempos compuestos de los verbos intransitivos: tradicionalmente se construían los intransitivos con *ser*, como la generalidad de las lenguas romances que hoy conocemos, pero en este poema encontramos tanto ejemplos de «**son** idos», «**son** entrados», etc., como ejemplos de «a Valencia **an** entrado» o «arribado **an** las naves»... Podemos considerar el empleo de las formas compuestas con *ser* como la tendencia antigua, y el empleo de *haber* (*aver*) como la tendencia moderna. Pero no hay en el poema señales de preferencia por una u otra, tal es el grado de indeterminación lingüística de la época. Algo parecido ocurre con la concordancia: en los tiempos compuestos con *haber* (*aver*) el participio podía concordar con el complemento directo, como en «no la avemos usad**a**», o «cercad**os** nos han», pero podía permanecer también invariable, como en «tal batalla avemos arrancad**o**» o «esta albergada los de mio Cid luego la an robad**o**». Es decir, que también aquí se manifiesta un alto grado de indecisión entre la tendencia antigua (participio concertado) y la moderna (participio gramaticalizado en la terminación de masculino singular).

El mismo grado de indeterminación se muestra en la fonética: la mayoría de los rasgos fonéticos que hemos estudiado en el capítulo anterior como originales del castellano y como resultado de una auténtica revolución fonética, se muestran aquí vacilantes, faltos de apoyo en una autoridad normativa que no existía ni podía existir en aquella época. Así ocurre con uno de los rasgos más típicos del castellano, con los diptongos. Es frecuente encontrar «p**ue**rta», con la diptongación completa del castellano moderno, pero no es raro «p**uo**rta» (diptongo más «lógico» que la forma en **ue**), y también «p**o**rta» (forma primitiva latina y común a los demás romances peninsulares). En la serie de vocales palatales podemos encontrar ejemplos de diptongos, como «fuertem**ie**ntre», o de la forma primitiva sin diptongar (fuertem**e**ntre). Es como si el atrevimiento ante cambios tan radicales les hiciera vacilar.

Otras vacilaciones de menor importancia conciernen a la ortografía, cosa más natural si se tiene en cuenta la falta de textos escritos en la época. Los problemas entre las grafías *b* y *v* (problemas que a veces podían tener una razón de tipo fonético, pues se solía entender oclusiva la primera y fricativa la segunda), o los problemas entre *c* y *z* vienen a confirmar este valor documental de una época de fermentación lingüística de difícil o imposible normativización. Los castellanos, ocupados en la urgente tarea de la Reconquista, no tenían tiempo para improvisar una norma gramatical.

Una valoración literaria de este verdadero monumento de la literatura española señalaría, en primer lugar, las virtudes ligadas a su carácter eminentemente *realista*: lo heroico alterna con lo cotidiano, impidiendo siempre el paso a lo fantástico o mitológico; la caracterización psicológica está limitada a la acción, por lo que bastan unos pocos rasgos descriptivos para retratar un personaje; el valor documental se manifiesta en la descripción de costumbres, trajes, armas, clases sociales, etc., que muestran una cierta predilección por el detalle...

Pero el poema puede ser valorado también por los momentos de *lirismo*, que aunque son escasos en una trama fundamentalmente épica, resaltan aun más que en un poema lírico propiamente tal. La aparición de una niña de nueve años, indefensa y atemorizada, que tiene que negarle al poderoso Cid el albergue por una noche porque se lo había prohibido el rey Alfonso, es una escena que produce más efecto que si estuviese pensada en un contexto lírico. Es un lirismo esparcido con gran economía, pero que conmueve precisamente por el contraste que produce con la realidad del contexto. Se trata siempre de pequeñas flores encontradas por sorpresa en medio de un desierto, y que por esta razón captan mejor nuestra atención y nos conmueven.

Por último, ha de tenerse presente que toda valoración de esta obra ha de partir del hecho de que se trata de un poema para ser *recitado*, y no para ser *leído*. Nos encontramos en presencia de un texto que sirve para ser transmitido mediante la *comunicación oral*. Las particularidades expresivas están centradas en el *ritmo*, en la *repetición*, en la elección de *imágenes simbólicas*... El poema se recita ante un público que luego recordará los principales hechos con sólo oírlos una vez. De ahí el valor *plástico* de las imágenes, y el carácter *ejemplar* de los caracteres.

La identidad cultural: Alfonso X el Sabio

A partir del siglo XIII se producen las primeras manifestaciones de la prosa romance en toda la Península Ibérica. Dos son las causas de este fenómeno: la emigración masiva de sabios árabes y judíos a Castilla después de la victoria de las Navas de Tolosa, y la irrupción de seglares en el mundo de la cultura. Alfonso X el Sabio no habría podido realizar su ingente labor enciclopédica si no hubiera podido contar con esta nueva intelectualidad. El reino de Castilla, absorbido por la tarea de la Reconquista, apenas contaba con intelectuales para poder llevar a cabo una compilación tan ambiciosa de todo el saber humano.

Alfonso X el Sabio (1221-1284) era hijo de Fernando III el Santo, y representa la lógica continuación de la labor de su padre: terminado prácticamente el ingente esfuerzo militar de la Reconquista, se imponía ahora «reconquistar» el saber perdido durante tantos años de semibarbarie y contribuir a la identidad cultural de su pueblo. El rey era consciente de las lagunas culturales de la casta gobernante, y no duda en solicitar la colaboración de quienes guardaban el saber. La cultura unía a las tres castas en una tarea común...

Pero no ha de creerse que Alfonso X era el «rey filósofo» con que soñaba Platón; como gobernante era don Alfonso una verdadera calamidad, y exceptuada la feliz campaña militar contra el reino de Murcia, que se había sublevado veinte años después de su conquista por Fernando III, se vio envuelto continuamente en luchas civiles contra sus parientes por causa de problemas sucesorios. Además emprendió una absurda campaña de candidatura imperial al Sacro Imperio Romano-Germánico que solamente hubo de significar una sangría económica para el país.

Solamente su labor intelectual merece alabanzas, especialmente por el patronazgo de la Escuela de Traductores de Toledo, que reunía un notable grupo de intelectuales de todas las procedencias (judíos, árabes, castellanos, italianos) que trabajaban en labor de equipo de acuerdo con unas reglas democráticas. El rey se limitaba a coordinar y a corregir el trabajo común. Dice Solalinde de la actividad del rey en esta Escuela de Traductores: «Frase por frase, hasta palabra por palabra, puede encontrarse todo en escritos anteriores; mas la originalidad no es una virtud medieval. Y el Rey Sabio tiene otra originalidad: la del esfuerzo». La orientación de estos trabajos era la de ofrecer una especie de enciclopedia del saber de su tiempo: reunir en un todo armónico cuantos aspectos ofrecía la cultura de la época (historia, jurisprudencia, astronomía, poesía, música, pintura...).

El célebre código alfonsí *Las Partidas* es una compilación de leyes basada en fueros y costumbres de León y de Castilla y también en los escritos de Justiniano, emperador de Oriente. Debido precisamente a que este código seguía una orientación general basada en los principios del Derecho Romano y no en el Derecho Germánico, no pudo entrar en vigor hasta el siglo XIV porque lesionaba los derechos feudales de la nobleza, aunque su influencia en las universidades se hizo sentir ya en su época. Naturalmente, no es obra directa del rey, que se limitó a dirigir la compilación, sino de sus colaboradores especialistas en jurisprudencia. Este código abarca la práctica totalidad de la actividad social: vida eclesiástica, deberes y derechos de los gobernantes, administración de la justicia, contratos matrimoniales, contratos económicos, testamentos, delitos y penas... El libro es, además de fuente indispensable para el conocimiento jurídico de la época, un documento histórico de primer orden para conocer las costumbres, la etiqueta cortesana y hasta los detalles más nimios de la vida cotidiana.

Los *Libros del Saber de Astronomía* están basados, fundamentalmente, en las enseñanzas de Ptolomeo a través de las traducciones árabes, lo que nos dispensa de comentar sus inevitables errores. Curiosamente, el contenido de esta obra es muy heterogéneo y los estudios matemáticos sobre los movimientos de los astros alternan con inesperadas disquisiciones morales y religiosas, pues el rey encontraba por todas partes huellas de la sabiduría divina y del orden del mundo. Fruto del interés del rey por la astronomía fue la construcción en Toledo de un observatorio astronómico, pero no sabemos hasta qué punto pudo influir la observación directa de los astros en su obra.

Más interesantes para el objeto de nuestro estudio son las obras históricas, porque demuestran frecuentemente una seria preocupación por encontrar y justificar la identidad nacional de los españoles, que parecen en esta época un pueblo sin raíces, preocupado por el futuro y desprovisto de pasado. Pero hay que tener en cuenta que el concepto que tiene el Rey Sabio de la historia no tiene nada de científico, y se *confunden las fuentes históricas con las leyendas y la poesía*. Alfonso X está empeñado en emparentar a los españoles nada menos que con las primeras figuras bíblicas y con los dioses del Olimpo griego, y ya se puede suponer a qué graciosos disparates conduce esto. La *Crónica General* comienza con el libro del Génesis, en concreto con la dispersión de la familia de Noé, cuyos hijos Sem, Cam y Jafet se reparten la tierra. Precisamente un hijo de Jafet es Túbal, que decide venir a establecerse en España. Pero además de Jafet nos encontramos en España al mismísimo Hércules, hijo de Júpiter, que después de realizar los célebres *trabajos* se establece igualmente en España. Naturalmente, había toda una tradición en la antigüedad sobre las relaciones entre Hércules y España, sobre las *columnas de Hércules* (Gibraltar), sobre el templo fenicio dedicado a Melquart, que los romanos identificaron con Hércules, etc., etc. Pero no deja de sorprender en un monarca cristiano la disparatada mezcla de genealogía bíblica y geneología pagana. En fin, Hércules se establece en Cádiz, y después va a luchar con Gerión en la Coruña, donde lo vence y hace construir la célebre Torre de Hércules colocando la cabeza de Gerión en sus cimientos... Pero para relacionar a Hercules con los españoles necesitaba Alfonso X un eslabón intermedio, que no tardó en encontrarlo en la figura de Espan, hijo de Hércules nacido en España, y de quien se derivaría el nombre mismo de España...

No es preciso seguir en detalle la *Crónica General*. Estamos en una época en que la historia no solamente se *hace* con hechos, sino también se *inventa* a medida de las necesidades. Cuando Alfonso X cuenta la historia de Dido y Eneas, se permite inventar literalmente la carta que le envía Dido a Eneas, con lo que la literatura se cuela por en medio del relato y suplanta bonitamente la historia. Y en efecto, el valor literario supera con mucho al puramente histórico: la prosa de Alfonso X no carece de cierto *valor estilístico*, superando la sequedad de las crónicas latinas e introduciendo a veces párrafos enteros llenos de variedad y emoción, como la entusiasta *Loor de España* («Alabanza de España»), imitación de la de San Isidoro.

Otra obra ambiciosa es la *General e Grand Estoria*, que pretende recoger toda la historia del mundo desde su creación, pero que solamente llega hasta el Nuevo Testamento. Sus fuentes son, naturalmente, la Biblia, los autores latinos, árabes, griegos..., pero *sin poder discernir entre lo histórico y lo poético-legendario*. Valga como ejemplo la biografía que hace del dios Júpiter, que Alfonso X considera «rey», y a quien obliga a estudiar nada menos que el Trivium y el Cuadrivium: «En esta cibdad (ciudad) de Atenas nasció (nació) el rey Júpiter e allí estudió, et aprendió i tanto que sopo (supo) muy bien todo el trivio et tod el cuadrivio que son las siete artes a que llaman liberales.» La obra contiene, además de graciosos disparates históricos, divertidas disquisiciones que salen de la historia, como cuando trata sobre el entendimiento de los caballos, o sobre los perros que se crían con los hombres...

Acaso lo mejor de Alfonso X sea la obra de creación, como lo son las célebres *Cantigas de Santa María*, colección de 430 composiciones poéticas en lengua gallega (la lengua culta de la época) que recogen historias de la virgen de la más diversa procedencia, y que el rey supo versificar con gran sentido musical y variedad de metros.

En conjunto, se puede decir que la obra de Alfonso X constituye un primer esfuerzo por reconstruir una cultura que parecía haberse perdido en la oscuridad de la Alta Edad Media; los medios de que disponía no le permitieron llegar a un criterio verdaderamente científico, pero cuando los resultados de la investigación no convencen, convence el estilo, que muestra ya gran agilidad y flexibilidad sintáctica, a pesar de la ausencia de cultivo literario y de toda norma lingüística. Y convence, sobre todo, porque hay una *voluntad de estilo*: el rey supo unificar los diversos estilos de los colaboradores y presentar una obra con cierta personalidad propia.

La arquitectura mudéjar

La arquitectura mudéjar es otro buen ejemplo de la convivencia y mutuo influjo de las diversas *castas*, pues se trata de un estilo mixto del arte musulmán y el arte cristiano. En algunos casos la colaboración se produce al encargar los cristianos la construcción de un edificio –generalmente un templo o un palacio– a los arquitectos y decoradores musulmanes, pero en otros casos son los mismos arquitectos cristianos los que imitan directamente las formas del arte árabe. Tanto en un caso como en otro, suele producirse una creación originalísima, única en Europa, que confiere gran personalidad a algunas regiones españolas, como Andalucía, la meseta toledana o Aragón.

Aunque hay muchos tipos de arte mudéjar, el más típico es el que combina un estilo arquitectónico cristiano (románico, gótico o renacentista) con unas técnicas, unos materiales y una ornamentación típicamente árabes. Es decir, que la estructura arquitectónica la imponen los vencedores, reservando para los vencidos lo secundario. Consecuencia lógica de la conquista, pues los vencedores son los que confieren un encargo a los vencidos para que éstos ejecuten la obra de acuerdo con los ideales que dominaban en el mundo cristiano. Este modelo cristiano-árabe será el que domine en la construcción de los templos (sería absurdo que la casta vencedora eligiera el estilo arquitectónico árabe y se decidiera a orar en mezquitas); por el contrario, será frecuente encontrar palacios en que tanto la estructura arquitectónica como los materiales y la decoración son de orientación árabe. En estos casos resulta difícil decir en qué se distingue el estilo mudéjar del que hemos estudiado como arte árabe...

Detengamos nuestra atención en la modalidad cristiano-árabe, que es la más importante. Se trata de edificios que, como hemos anticipado, emplean la técnica constructiva árabe (ladrillos, y no piedra), sobre unos esquemas constructivos del arte cristiano, como son los del románico, el gótico o el estilo renacentista. El interior será igualmente de inspiración árabe, pero sólo en lo decorativo. Habrá, por lo tanto, tres estilos mudéjares diferentes: el *románico-mudéjar*, el *gótico-mudéjar* y el *estilo Cisneros*, que sería una especie de mudéjar combinado con elementos renacentistas.

El *románico-mudéjar* es una especie de «románico de ladrillo» (así se le ha denominado en alguna ocasión). Todos sus elementos constructivos son románicos: arcos de medio punto, tres naves en el interior, tres ábsides semicirculares, arquerías ciegas (a veces con doble arco concéntrico), etc., etc. Pero los materiales de la construcción y la técnica constructiva proceden del mundo árabe: ladrillos, barro prensado y mampostería. Y esto es lo original y lo que sorprende al que viaja por España: toda la apariencia del edificio es románica, pero el ladrillo lo hace notablemente distinto a los edificios románicos de piedra que se extendieron por toda Europa a partir del siglo XI. Generalmente, entre ladrillo y ladrillo se coloca espesa argamasa, lo produce un cierto bicromatismo (rojo-blanco). Ladrillo y argamasa alternan con el mampuesto (por ejemplo en los arcos ciegos, donde el interior suele ser de mampostería), y estas alternancias impiden la monotonía. A pesar de todo, suelen dar la impresión de una cierta pobreza, a la que quizás contribuya el estado de deterioro a que están expuestos los edificios construidos con tales elementos. En toda la Submeseta norte (Castilla y León), así como en Toledo, abundan los edificios de este estilo.

El *gótico-mudejar* combina los elementos constructivos del gótico con los materiales y técnica constructiva del estilo árabe. Pero como se produce un siglo más tarde, es decir, en la época del gótico, a partir del siglo XIII, va a coincidir con la conquista de los últimos reinos de taifas, por lo que el influjo del arte árabe será mucho mayor. La casta cristiana no podrá reprimir su admiración ante un arte tan refinado y exquisito, y el mudéjar de esta época será de una riqueza extraordinaria, especialmente en Aragón y Andalucía. Los elementos arquitectónicos del gótico serán los clásicos: arcos apuntados, arcos dobles, edificios que ganan en altura, etc., etc. Y los elementos materiales, de nuevo el ladrillo, la argamasa y la mampostería. Pero ahora se suman detalles de verdadero lujo, especialmente en la decoración: cerámica vidriada recubriendo el ladrillo exterior, yeserías de diversos colores en el interior, azulejos, temas decorativos geométricos («lacerías»), etc. Ya conocemos estos elementos decorativos, que ahora se emplearán profusamente. Una novedad son las *armaduras* («techos de madera») de los templos: los llamados de *alfarje* son armaduras planas que cuentan con grandes vigas horizontales que ocupan todo el ancho de la nave central; estas vigas sostienen otras más pequeñas perpendiculares a éstas y que son las que propiamente sostienen el tejado. Las armaduras de *limas* son aun más originales: tienen forma de artesa invertida (cuatro paredes inclinadas hacia afuera y una pieza horizontal en el centro).

Dado el extraordinario valor de este estilo, no podemos dispensarnos de una breve enumeración de los más importantes. En Aragón, zona mudéjar por excelencia, se encuentran las torres de San Martín, El Salvador y la Catedral, en Teruel; las torres de planta octogonal de Santa María y San Andrés en Calatayud. En Andalucía destacan las capillas de Santa Marina y San Pablo, de Sevilla; la Capilla Real de la Mezquita de Córdoba, de influjo nazarí. Y en Extremadura destaca el impresionante monasterio de Guadalupe, en Cáceres.

Por último, el *estilo Cisneros*, que va a constituir la última gran muestra del mudéjar. El nombre se debe a que la mayoría de estos edificios se fechan en los años que coinciden con la regencia del célebre Cardenal Cisneros (1515-1517), pero es discutible esta denominación. Se trata de un estilo ya solamente reconocible en interiores, de un lujo de detalles que solo se explica acudiendo al «horror vacui» que caracteriza la ornamentación árabe.

Hemos comentado brevemente el arte mudéjar que resulta de la conjunción del arte cristiano y el árabe, y hemos visto que esto ocurre, sobre todo, en la edificación de templos. Pero como la noción de «mudéjar» alude más a un hecho socio-cultural (la colaboración entre cristianos y árabes) que a los elementos artísticos empleados, se puede hablar también de mudéjar allí donde no hay influencia alguna del arte cristiano. Esto ocurre exclusivamente con edificios civiles, con palacios reales o nobiliarios. Efectivamente, basta que un rey o un noble cristiano encargue la construcción de un edificio a un arquitecto musulmán o a un arquitecto cristiano versado en el arte árabe, para que este edificio sea clasificado como «mudéjar». Tal ocurre con el Alcázar de Sevilla, mandado construir por Pedro I el Cruel, monarca apasionado por lo oriental y que vivió rodeado de lujos orientales...

Igualmente cabría ampliar la noción de «mudéjar» al extraordinario estilo de las sinagogas judías. Efectivamente, se trata también aquí de un arte fruto de la colaboración de dos «castas» distitintas, la judía y la musulmana. Los judíos, que no contaban con arte propio, imitaron el árabe, y esto por dos razones: porque el arte árabe es, como el judío, *anicónico* («libre de toda representación de imágenes»), y porque las grandes juderías se encuentran situadas en tierras de la España musulmana y sumergidas en las formas culturales del pueblo árabe. Dos muestras extraordinarias de este mudéjar judío se encuentran en Toledo, y son las antiguas sinagogas (después templos cristianos) de Santa María la Blanca y la del Tránsito.

VI: LOS RR. CC. Y LA UNIDAD DE ESPAÑA

Los historiadores de inspiración hegeliana suelen entender la historia como el resultado de una necesidad. Si esta necesidad es de carácter lógico, ideal, entonces tenemos una especie de interpretación idealista de la historia (la historia la hacen las ideas, las creencias, la psicología colectiva); si esta necesidad es de carácter material, entonces tenemos una interpretación materialista de la historia, como la que inauguró la «izquierda hegeliana» (la historia la hacen los condicionamientos económicos, la geografía, el clima). Poco importa que los idealistas intenten salvar el concepto de libertad, pues el desarrollo de las ideas obedece a una necesidad lógica, a un encadenamiento causal del pensamiento que parece prescindir de todo lo que sea espontáneo y libre. Y poco importa también que los materialistas insistan en la necesidad de las razones materiales, pues los acontecimientos históricos, en su pura facticidad, son inexplicables e imprevisibles y desembocan, contra la voluntad de los historiadores de esta tendencia, en la espontaneidad y libertad.

En el fondo, idealistas y materialistas son igualmente partidarios del determinismo, aunque este determinismo sea llamado en algunos casos «libertad». Parecen ignorar que la historia se teje, en parte, con un factor ajeno a la necesidad o «lógica» de los acontecimientos, algo que es indefinible e inclasificable, algo cuyo estudio constituirá una realidad de hecho y nunca de derecho, algo, en fin, que es «porque sí». Este algo es el azar, la casualidad. Sin esta participación en el juego de la ruleta universal, ningún acontecimiento histórico puede ser enteramente explicable, deducible de premisas. Y acaso sea ésta una de las razones por las que la historia se nos hace atractiva: hay algo de eternamente misterioso en el encadenarse de los hechos, algo que nos sorprende siempre porque no podemos «entenderlo». La historia es, en parte, un conjunto de «hechos» que están ahí y que tenemos que aceptar como tales.

No es nuestra intención hacer aquí filosofía de la historia, materia que nos conduciría inevitablemente a recurrir a esquemas simplistas. Pero no podemos evitar la pregunta: ¿podemos explicarnos la unidad de España recurriendo exclusivamente a una interpretación «hegeliana» de la historia, sea en su vertiente idealista, sea en su vertiente materialista?

Todas las explicaciones de carácter «idealista» (ideal común de reunificación de las tierras de la Hispania romana, comunidad de creyentes, proyecto común contra el infiel...) son parciales y no bastan para explicar el fenómeno. Las explicaciones de carácter materialista (geografía, clima, raza, economía, estrategia de guerra...) son igualmente insuficientes. Y todas las explicaciones son insuficientes porque, entre otras cosas, ninguna de ellas nos explica por qué se unieron Castilla y Aragón precisamente, y no Castilla y Portugal, por ejemplo. O mejor aún, por qué no se unieron los tres grandes reinos, Castilla, Aragón y Portugal para reconstruir la antigua Hispania de los romanos.

Efectivamente, el azar se ha colado por entre la serie de causas que explican la historia: una simple guerra dinástica entre los herederos de Enrique IV de Castilla (su mujer Juana de Portugal y su hermanastra Isabel) va a decidir sobre el futuro de la unidad peninsular: si vence el partido de Juana, se producirá la unidad de Castilla con Portugal, pues Juana era hermana del rey de Portugal; y si vence el partido de Isabel, que está casada con el príncipe heredero de Aragón, la unidad será la de Castilla con Aragón. Es más: el destino de España pareció depender, en ciertos momentos de la lucha, de una cosa tan poco «lógica» y «necesaria» a la historia como la legitimidad o ilegitimidad de la hija de la reina: si la niña era realmente hija legítima del rey, gran parte de la nobleza apoyaría la sucesión de la niña, que sería heredera de Castilla y Portugal; pero si la niña era considerada hija ilegítima, esta misma nobleza se mostraría partidaria de Isabel, que heredaría así las coronas de Castilla y Aragón. No es de descartar que muchos nobles del partido de Isabel, aun creyendo en la legitimidad de la hija de Juana, hayan defendido exteriormente la ilegitimidad de la niña para desfavorecer su causa.

Naturalmente, las grandes razones históricas están ya dadas: el proyecto de vida en común, la unificación por la religión, la conciencia de pertenecerse mutuamente, la amenaza de un enemigo común (la Francia unificada), la presencia de una geografía y de una historia compartida. En este sentido tienen razón los hegelianos, pues sin estas razones no pueden producirse los hechos concretos, que son como las realizaciones de aquellas. Pero ninguna de estas razones parece aportar más que las bases posibles para la unidad peninsular; el resto lo pone la letra que hoy acostumbramos a escribir muy pequeñita, como si nos avergonzáramos de considerarla digna de entrar en la historia. A veces esta letra pequeña nos describe pequeñas miserias del ridículo sistema dinástico. Pero no por eso deben ser olvidadas: son pequeñas razones de las que se derivan grandes consecuencias...

A: HISTORIA

Unidad dinástica: Castilla y Aragón

En el siglo XV se va a producir la unidad de las tierras que hoy conocemos como España. Esta unidad es el fruto de un lento madurar de *razones históricas*, pero también el *resultado fortuito* de las peripecias dinásticas que anticipamos en la introducción.

El reino de Castilla se encuentra en un mal momento: el *estamento aristocrático es más fuerte que la autoridad real*, e impone a su capricho las leyes. Y el rey, Enrique IV, no solamente está en manos de los nobles, sino de su propia debilidad de carácter y de su cobardía. Realmente, el rey es un caso clínico, una personalidad difícil de explicar: abúlico, vicioso, poco inteligente, insensible al sentimiento de la honra, siempre dispuesto a rebajarse con tal de conseguir su propia comodidad... En Enrique IV parecen dominar los impulsos puramente sensuales: nunca sentirá el aguijón apremiante del sentimiento del honor y todo lo someterá a la satisfacción de sus deseos inmediatos.

Pero todo esto, con ser grave, no sería causa de un pleito dinástico de enorme trascendencia para el destino de los españoles. Falta todavía la *anécdota personal de su impotencia sexual* (impotencia real o presunta) para que entendamos cómo la anécdota se convierte en categoría y puede colarse con pleno derecho en la historia. Al rey Enrique se la llamaba «Enrique el Impotente». La «vox populi» aseguraba que era impotente al no tener descendencia de su primera esposa, Blanca de Navarra. Cuando tuvo por fin una hija, después de seis años de matrimonio con su segunda esposa, Juana de Portugal, el pueblo supuso que la niña era hija de don Beltrán de la Cueva, alto dignatario de la Corte que, justamente por aquel tiempo, frecuentaba el palacio del rey. A la niña se la conocía con el nombre de «Juana la Beltraneja», injurioso apodo con que el pueblo y la nobleza mostraban su desprecio por la familia real. Hoy tenemos motivos para sospechar que la «impotencia» del rey era, probablemente, invención de los enemigos del rey: Enrique IV había repudiado a su primera mujer, Blanca de Navarra, porque no le había dado descendencia, y ésta no alegó, en el juicio, acusación ninguna de impotencia contra Enrique. Además, cuando se casó con Juana de Portugal, el rey se enamoró de una de las lindas damas que formaban el cortejo de la reina, y ésta reaccionó con ataques de celos muy violentos. Es difícil sentir celos de un marido que se sabe impotente...

A pesar de las censuras y murmuraciones, el rey reunió las Cortes para reconocer a Juana como su legítima heredera. Los nobles, los obispos y los dos hermanastros de Enrique IV (Alfonso e Isabel) juraron a la niña sucesora legal del trono. Pero pronto manifestaron su rebeldía y se olvidaron del juramento: un conjunto de nobles dirigidos por el Marqués de Villena y el obispo Carrillo dirigieron al monarca un mensaje brutal, en el que *exigían que anulara el reconocimiento de Juana* y que nombrara heredero a su hermanastro Alfonso; añadían que no solamente Juana era hija de don Beltrán, sino que el rey lo sabía y que se había deshonrado nombrando heredera a una hija adulterina.

Por extraño que nos parezca, el rey no emprendió venganza alguna ni recurrió al uso de las armas. Al contrario, se avino a firmar un documento redactado por el Marqués de Villena en el que se desheredaba a Juana y se nombraba a Alfonso heredero del trono. De hecho, el rey confesaba oficialmente la ilegitimidad de Juana, hecho increíble ante el que ni siquiera sus propios aliados podían hacer nada. Pero el rey era tan voluble como cobarde, y un año después volvió a designar a Juana heredera legítima de Castilla. Y con esto provocó una verdadera guerra civil entre los partidarios de Juana y los partidarios de Alfonso.

Gran parte de la nobleza, dirigida otra vez por Villena y Carrillo, decidió nada menos que *destronar a Enrique IV*. En Ávila tuvo lugar una ceremonia bufa: se montó un escenario con la estatua del rey sentada en un sillón y vestida con todos los adornos y atributos de la realeza. El Marqués de Villena y el obispo Carrillo quitaron a la estatua el manto, la corona y demás atributos reales y la arrojaron violentamente al suelo, rematando su obra con golpes y patadas. A continuación invitaron a subir al pretendiente don Alfonso al trono vacío para ocupar la vacante. La guerra civil que siguió impuso el triunfo de los rebeldes en Olmedo y Segovia, y el rey no tuvo más remedio que firmar la paz y aceptar las condiciones que le había impuesto Villena, es decir, *desheredar a Juana y nombrar heredero a Alfonso* (segunda declaración de ilegalidad de Juana). Pero más asombro aun nos produce una cláusula del tratado de paz: para garantizar el cumplimiento de las condiciones acordadas, el rey consintió en entregar a su propia esposa como rehén en manos de los rebeldes.

En el año 1468, y aprovechando un golpe de la suerte (la ciudad de Toledo se declaró adicta a Enrique IV), el rey volvió a reanudar las hostilidades de lo que empezaba a convertirse en guerra civil. En este mismo año murió de repente el príncipe Alfonso, por lo que *los rebeldes aclamaron candidata real a su hermana Isabel*, princesa que contaba solamente 17 años, pero que estaba dotada de la energía e inteligencia que le faltaban a Enrique. Isabel aceptó ser «princesa de Asturias» (heredera a la corona), pero se negó a aceptar el trono castellano mientras viviera el rey, noble gesto que le ganó simpatías en el partido contrario y favoreció el entendimiento entre los dos bandos rivales. Las conversaciones de paz dieron como fruto el tratado de «Los Toros de Guisando», por el que el rey volvía otra vez a *desheredar a Juana y reconocer a Isabel como heredera* (tercera declaración de ilegalidad de Juana). Además, se comprometía el rey a negociar en Roma el divorcio con Juana. A cambio de esta concesión, toda la nobleza se obligaba a renunciar a la guerra y a ponerse al servicio de Enrique mientras viviera.

Pero Enrique volvió una vez más a romper lo pactado y, unido a su mujer, que se había escapado de Alaejos, donde residía como rehén, volvió a declarar legítima heredera a su hija Juana.

Para reforzar esta «legalidad», concertaron el matrimonio por poderes de la niña con el Duque de Berri. El encargado de negociar el matrimonio fue el cardenal de Albí, quien le formuló a la reina, en solemne reunión, la insultante pregunta de si podía jurar que su hija, allí presente, era también hija del rey Enrique.

No seguiremos la historia al pie de la letra, pues se repiten los hechos y los personajes. Digamos solamente que en medio de la guerra civil, Isabel, heredera del partido rebelde después de la muerte de Alfonso y *casada en secreto con el príncipe Fernando, heredero del reino de Aragón*, ganaba en reputación a medida que pasaba el tiempo, mientras que el rey Enrique perdía el poco crédito que le quedaba. En el año 1474 muere por fin el rey Enrique, y aunque, según hemos visto, la heredera legal era Juana la Beltraneja, ya apenas le quedaban partidarios, por lo que Isabel pudo sin problemas coronarse *reina de Castilla* a las veinticuatro horas de la muerte del rey. Todavía una guerra con el rey de Portugal, que recoge los derechos de la niña, va a ensombrecer los primeros tiempos del gobierno de Isabel, hasta el año 1476 en que los portugueses son definitivamente vencidos. Y en el año 1479, cuando *Fernando hereda Aragón*, los dos monarcas van a inaugurar un nuevo Estado: el de los antiguos reinos de Castilla y Aragón, que ahora están «todos debajo de un señorío».

Isabel aporta Castilla, es decir, más de la mitad occidental de España: Asturias (con Galicia y el País Vasco), León, Castilla, Extremadura, Murcia y Andalucía. Una ojeada a la historia nos permite recordar la génesis de los reinos hispánicos, que sigue el orden que aquí hemos expuesto. En total, unos 355.000 km. cuadrados y unos 7.500.000 habitantes. Fernando aporta Aragón, reino del que apenas hemos hablado y que en esta época comprende las tierras de Aragón (provincias actuales de Huesca, Zaragoza y Teruel), las de Cataluña, las de Valencia y las de Mallorca, además de una interesante tradición de expansión por el Mediterráneo de la que nos ocuparemos más adelante. En total, unos 110.000 km. cuadrados y algo más de un millón de habitantes. Como se ve, el peso específico de la nueva nación reside en Castilla. Al final del reinado de los Reyes Católicos, con la incorporación del reino de Granada y de Navarra, la población total parece que llegó a 10.000.000 de habitantes, cifra considerable para las naciones de la época.

Es difícil establecer qué tipo de unidad indica la fórmula empleada por los reyes con las palabras «todos (los reinos) debajo de un señorío», porque en realidad los dos reinos siguen manteniendo una cierta autonomía político-administrativa. Más que una *integración de los dos reinos* (tendencia que parece que defendían los castellanos), parecía prevalecer una *concepción simplemente federal* (tendencia tradicional de aragoneses y catalanes). Fernando llegó a sentirse con derechos plenos a la corona de Castilla, pero en el arbitraje de Segovia del año 1475 (antes de ser coronado rey de Aragón), se le negaron. De la participación de Isabel en el gobierno de Aragón sabemos únicamente que, al menos en algún momento, los aragoneses consideraron a Isabel reina solamente en Castilla y «corregente» en el reino de Aragón.

La unidad de las tierras de España habría podido producirse de otra manera si hubieran triunfado los partidarios de la Beltraneja, en cuyo caso *Castilla se habría unido con Portugal, y no con Aragón*. De hecho, Castilla, Aragón y Portugal eran reinos con cierta personalidad autónoma, por lo que la otra combinación hubiera sido tan realista como ésta. Incluso habría sido posible una *unidad de todas las tierras de la Península*, idea que persiguieron sin éxito los Reyes Católicos mediante una activa política matrimonial para unir las tres coronas. Pero el fracaso de la unidad peninsular fue, igualmente, resultado de la casualidad, y no de la razón histórica: una serie de muertes de las hijas y nietos de los

Reyes Católicos impidió la unión dinástica de España con Portugal. La pervivencia de la idea de la Hispania romana, idea que en la época de la formación de las grandes naciones europeas tenía gran actualidad estratégica, pudo realizarse sólo a medias...

Unidad territorial: conquista del reino de Granada

Ya se ha dicho que la anacrónica pervivencia del reino taifa de Granada (Málaga, Granada, Almería y algunos pequeños territorios de otras provincias) se debía a dos razones fundamentales: la *aportación del oro de las parias*, y la *difícil situación geográfica* de esta región. Efectivamente, los cristianos estaban interesados en cobrar el oro del reino de Granada para acuñar moneda, pero además consideraban arriesgada toda operación militar en una región que estaba doblemente aislada: aislada del exterior por las montañas del Sistema Bético y por el desierto de Almería, y aislada también de sí misma, porque estas mismas cadenas montañosas recorren la región dejando en su interior verdaderas «hoyas» o «fosas» como Guadix, Baeza o la misma Granada. Añadamos una tercera razón: el reino de Granada era un cómodo refugio para todos los moros desterrados por los cristianos.

Pero todas estas razones no valen ya para los finales del siglo XV: la conquista de Constantinopla por los turcos en 1453 hace imposible el aflujo de oro a esta región; las dificultades que ofrece la geografía resultan paliadas por el empleo de enormes ejércitos modernos, ejércitos al servicio del Estado y que cuentan además con la invención del cañón, arma formidable para derribar fortalezas; y la situación de «refugio» de los «infieles» de este reino no es tolerable justamente en una época en que triunfa el ideal de la unidad hispánica.

Naturalmente, la lógica de la historia necesita también aquí de la colaboración de la anécdota para poder realizarse de manera concreta. Y la anécdota nos la ofrecen las *disensiones familiares* de la familia real. Abulhasán, casado con Aixa, tiene dos hijos, Yusuf y Boabdil. Pero el rey está enamorado de Isabel Solís, una belleza de origen cristiano a la que Abulhasán cambia el nombre por el más poético de Zoraya («Lucero del Alba»). Pero el lucero, más que iluminar la vida del rey, va a provocar los celos de Aixa, que abandonará el palacio con sus hijos Boabdil y Yusuf. Pronto se enciende una guerra civil entre Abulhasán y sus hijos. Yusuf muere pronto, y Boabdil es vencido, al menos provisionalmente, pero la guerra atrae a otro enemigo de Abulhasan, un hermano suyo llamado El Zagal. De esta manera la guerra civil cuenta ya con tres partidos, que se reducirán pronto a dos al morir el rey Abulhasán.

Los Reyes Católicos saben aprovechar estas disensiones internas y, empleando a fondo un enorme ejército donde los nobles entraban por primera vez al servicio de la realeza, van conquistando plaza por plaza toda la región, desde Ronda hasta Granada, pasando por Vélez-Málaga, Baza, etc.

En el año de 1492 se firmaron las *Capitulaciones de Granada* entre Boabdil, último rey de Granada, y los Reyes Católicos. El espíritu del tratado no podía ser más tolerante, y leyendo sus cláusulas hay que dudar sobre la recta intención de los vencedores, pues evidentemente estaban muy lejos de pensar en cumplirlas. Según este tratado de paz, los vencedores se comprometían a *respetar las leyes, las costumbres y los tributos de los* vencidos; les otorgaban libertad para *convertirse en súbditos del reino de Castilla o para abandonar España* en naves prestadas por la Corona; se les permitía *practicar su religión*, e incluso se estipulaba que en las villas con mayoría musulmana los cristianos pidiesen permiso para celebrar cultos y fiestas; los vencidos quedaban *exentos del servicio militar*; y, por último, podían seguir *manteniendo sus armas*, a excepción de cañones.

Naturalmente, esta tolerancia era poco realista. El orgullo de la casta vencedora, que de esta manera tenía que humillarse ante la vencida, y el abismo existente entre dos sociedades completamente diversas, hacían difícil la convivencia. Al principio, cuando era gobernador el Conde de Tendilla y arzobispo Hernando de Talavera, las cosas marchaban bien y no se produjeron violencias. Pero al poco tiempo se presentó en Granada el Cardenal Cisneros, religioso de vida ejemplar pero demasiado celoso por ganar conversiones al cristianismo, y se empeñó en *convertir a los musulmanes* empleando medios tan poco evangélicos como repartir oro entre los que se bautizaran. Sólo en unos meses del año 1499 pudo bautizar Cisneros a unos 70.000 musulmanes. Naturalmente, se trataba de conversiones por conveniencia. Cisneros llegó en su celo catequizador a romper con las bases mismas de las *Capitulaciones de Granada*: en una plaza pública de esta ciudad hizo una gran *hoguera con libros musulmanes*, entre los que se encontraban valiosas ediciones del Corán. Toda la ciudad estalló en rebeldía, y su eco se propagó a Baza, Guadix, las Alpujarras, la Sierra de Ronda y la de los Filabres. En la ciudad misma de Granada, los rebeldes estuvieron a punto de asaltar la casa de Cisneros, acto que pudieron impedir Tendilla y Hernando de Talavera; Tendilla se mantuvo a prudente distancia sin intervenir, y Talavera pudo persuadir al pueblo con su prestigio para que depusiera las armas. Pero en las demás comarcas la rebelión amenazaba convertirse en guerra civil, por lo que, en el año 1502, apenas 10 años después de las *Capitulaciones de Granada*, se publicó un decreto dando a los musulmanes *un plazo de sesenta días para salir de España o aceptar el bautismo*. A los que no aceptasen el bautismo se les permitía vender sus bienes, pero se les prohibía llevar de España oro ni plata, por lo que, de hecho, se les condenaba a la ruina. Este terrible decreto del año 1502 fue aun más duro que el decreto de expulsión de los judíos de 1492, al que nos referiremos más tarde al tratar de la Inquisición.

La política exterior: Italia

La unidad de España se traduce en una mayor proyección internacional: no hay que olvidar que ya el objetivo inmediato del matrimonio de Fernando con Isabel se debía a la amenaza de Francia, nación ya unificada, sobre los territorios de Aragón, que se veían obligados también a unirse para poder defenderse mejor del exterior.

Y la política internacional tiene dos vertientes principales: la *mediterránea*, que continúa una tradición expansiva aragonesa, y la *atlántica*, que inaugura Castilla a partir del descubrimiento del Nuevo Mundo. La primera es simple prolongación de la presencia de catalanes y aragoneses en las Baleares, y aspirará al *control de Italia y del norte de África*. La segunda es un fenómeno radicalmente nuevo e imprevisible. El *descubrimiento de todo un continente* (que en los primeros tiempos se creía que era Asia), plantea un verdadero desafío a unas tierras acostumbradas a reñir por problemas domésticos inmediatos. (La fecha del descubrimiento de América coincide con la fecha de la conquista del último reino taifa, el de Granada).

La política exterior en Italia está causada por la directa intervención del rey de Francia en este país. La rivalidad de franceses y españoles por el control de las tierras italianas ocupará buena parte de las guerras del siglo XVI, y se convertirá incluso en la causa de las disputas por el *imperium mundi*, del que, en esta época, tenemos solamente la primera edición.

En el reino de Nápoles gobernaba el rey Ferrante, hijo bastardo del rey aragonés Alfonso V el Magnánimo. El rey Carlos VIII de Francia, con el pretexto de apoyar a los barones angevinos napolitanos, invadió el reino con un poderoso ejército y al año siguiente pudo ocupar Nápoles. El rey Fernando el Católico se opuso a los planes del rey francés empleando a fondo su *gran talento diplomático* para formar la Liga de Venecia, amplia alianza internacional en que entraban las fuerzas de los Estados Pontificios, Venecia, Génova, Milán, el Imperio Austriaco e Inglaterra. El triunfo de las fuerzas de la Liga fue inmediato, pero mucho más importante que la victoria militar fueron *las alianzas matrimoniales* que siguieron: los príncipes Juana y Juan, hijos de los Reyes Católicos, se casaron con los hijos del Emperador Maximiliano, Felipe el Hermoso y Margarita. Carlos, el hijo de Juana y Felipe el Hermoso, heredaría no solamente las tierras de la España unificada, sino Austria, Borgoña y el derecho a presentarse a la candidatura imperial...

El sucesor de Carlos VIII, Luis XII, volvió a insistir en la conquista de las tierras de Nápoles, y en el año 1500 se hizo dueño de Milán como paso para poder invadir este reino. Los Reyes Católicos, empeñados en defender el reino de Nápoles o una parte de éste (Sicilia), acordaron repartir el territorio napolitano con el rey francés. Pero surgieron grandes discrepancias a la hora de limitar las respectivas zonas, por lo que estalló de nuevo la guerra. Fernando confió las tropas a un capitán de extraordinario talento, Gonzalo Fernández de Córdoba, al que pronto empezaron a llamarle «el Gran Capitán», y éste pudo *reconquistar en poco tiempo todo el reino de Nápoles*, cuyo dominio fue reconocido oficialmente en 1505 por el rey francés.

Esta segunda campaña italiana explica una curiosa expresión de la moderna fraseología española. No se sabe si el Gran Capitán fue demasiado liberal a la hora de premiar los servicios de sus soldados, o el rey Fernando demasiado avaro al exigirle las cuentas por la campaña en Italia; el caso es que la cifra de gastos superaba de tal manera las expectativas del rey, que éste se enfadó con el Gran Capitán y lo mantuvo alejado de la vida militar y privado de honores hasta su muerte. El pueblo, con o sin razón, acuñó la frase «hacer las cuentas del Gran Capitán», con que se alude a unas cuentas excesivas o arbitrarias...

B: SOCIEDAD

La unidad social: ascensión del estado llano

El surgimiento de las nacionalidades en la Edad Moderna va acompañado del robustecimiento de la autoridad real. Se puede hablar en este tiempo de *monarquías autoritarias*, modalidad de gobierno que tiene su origen y teorizadores en el Renacimiento y cuyo desarrollo va a desembocar en los siglos XVII y XVIII en las *monarquías absolutistas*. Pero no debemos valorar negativamente estas *monarquías autoritarias*. Al menos en sus primeros tiempos, representaron un evidente progreso para la causa popular: los reyes, para fortalecer la autoridad real, necesitaban luchar contra el estamento nobiliario, y no dudaron en apoyarse en el pueblo (estado llano) para lograr sus fines.

Toda la Baja Edad Media está caracterizada por el predominio del estamento nobiliario, y las luchas y guerras civiles emprendidas por los nobles llenaron de sangre e inestabilidad el país. El pueblo tenía que contemplar indefenso cómo se arruinaban las cosechas por simples rivalidades entre nobles. El rey estaba muchas veces en manos de la nobleza, y no siempre por falta de cualidades morales, como en el caso de Enrique IV, que ya conocemos.

Cuando los Reyes Católicos empiezan a gobernar juntos lo que es ya una gran nación a la moderna, no dudan en emplear toda su fuerza para sujetar a todas las fuerzas que pueden estorbar su gobierno. La acción conjunta de los nuevos monarcas se dirige, prácticamente, contra todas las instituciones y leyes que interfieren en la autoridad real: a) la *nobleza*, b) los *municipios*, c) la *Iglesia*, d) las *cortes* (que, a su vez, estaban dominadas por el estamento nobiliario y eclesiástico), e) la *legislación particularista* de las diversas regiones, y f) los *ejércitos privados*.

Las acciones emprendidas contra la **nobleza** eran las más urgentes, y la reina Isabel mostró gran energía reprimiendo el vandalismo nobiliario que existía, sobre todo, en Galicia y Andalucía, no dudando en destruir los castillos de los rebeldes, verdaderos emblemas del poder nobiliario de la época, e integrando a los más dóciles en el servicio a la realeza. El vacío que dejaba la autoridad nobiliaria fue ocupado por la Santa Hermandad, especie de policía estatal que fue precisamente reorganizada y fortalecida en esta época.

Los **municipios** fueron igualmente controlados por la autoridad real: en Castilla, mediante la creación de los *corregidores*, que eran una especie de delegados gubernativos de la autoridad real, y en Aragón, creando el llamado *sistema insaculatorio* para poder intervenir en la provisión de cargos municipales (concejales).

La Iglesia sufrió un extraordinario recorte en sus privilegios, ya que los Reyes Católicos lograron del Papa Sixto IV que sólo fueran nombrados para altos cargos eclesiásticos las personas que propusieran los reyes. Otra manera de sujetar al alto clero fue impulsar una reforma de sus costumbres; el arzobispo Ximénez de Cisneros, ejemplar monje de la orden franciscana, se encargó de esta especie de anticipación de la Reforma de Lutero dictando severas reglas para la vida de los clérigos.

También sometieron fácilmente a las **cortes**, especialmente a las castellanas. En Aragón se recurrió, lo mismo que en los municipios, al *sistema insaculatorio*. Pero más importante que la sumisión de las cortes fue la sustitución de parte de la función legislativa de las cortes por los *consejos*, órganos consultivos que a veces, como en el caso del Real Consejo de Castilla, llegaron a asumir funciones legislativas. El surgimiento de estos *consejos* es quizás el elemento más representativo de la nueva política, pues son órganos que dependen solamente de los reyes y no están al servicio de ningún estamento. Están al servicio del país, y no de los particularismos nobiliarios. Los primeros *consejos* fueron, además del citado Real Consejo de Castilla, el Consejo de Aragón, el de la Inquisición, el de las Órdenes, el de Indias...

Igualmente la codificación de **las leyes** tendió a facilitar notablemente la acción gubernamental. No citaremos aquí todas las compilaciones legales realizadas en esta época; nos limitamos a citar dos: la que llevó el nombre de *Ordenanzas reales de Castilla*, (1484), que recoge las leyes y ordenamientos de Cortes, y la conocida bajo el nombre de *Leyes de Toro* (1505), que recoge las leyes del Derecho civil o privado.

Por último, los Reyes Católicos son los creadores de los primeros **ejércitos** reales o nacionales, ejércitos al servicio de la nación y no de los intereses particularistas de la nobleza o de las órdenes militares. Se crearon tropas a sueldo, se fijaron procedimientos de reclutamiento, etc. Cuando participaban los nobles, lo hacían como subordinados de la realeza, y no como simples aliados. El rey ya no era, en la guerra, una especie de «primum inter pares», sino señor absoluto y representante de los intereses nacionales. El ejército moderno se estrena en la guerra de Granada, donde, al lado de fuerzas reclutadas directamente por los reyes, aparecen capitanes de la nobleza, como el Marqués de Cádiz o el Duque de Medinasidonia, pero ya integrados en el ejército y no como aliados del rey.

Naturalmente, la estratificación social en tiempos de los Reyes Católicos continúa siendo exactamente la misma que en la Baja Edad Media. Nada ha cambiado, sustancialmente, en el orden económico, que sigue dominado por los grandes terratenientes que hemos visto aparecer al avanzar la Reconquista por las tierras de la Meseta Sur y Andalucía. Tampoco ha cambiado nada en el orden social: los estamentos nobiliario y eclesiástico continúan sin pagar impuestos, y los únicos «pecheros» son, justamente, los pertenecientes al estado llano. Pero al desproveer de prerrogativas a los estamentos, los Reyes Católicos le conceden mayor atención al estado llano, que ahora se libera en parte de la servidumbre al régimen señorial y puede participar en tareas nacionales o de utilidad colectiva. El número de gentes sencillas que participa en la administración, en el ejército o en la policía trae consigo una cierta revalorización del estado llano.

La unidad religiosa: la Inquisición y el problema de las minorías

No es la Inquisición una institución típicamente española, aunque la tradición convierte a España en el país inquisitorial por excelencia. Tampoco es en España donde se mostró más cruel. La Inquisición española es la más célebre porque duró mucho más tiempo: la lucha de castas a la que venimos aludiendo hizo más profundas las raíces del mal llamado Santo Oficio y prolongó de manera increíble sus crueldades hasta llegar al siglo XIX. La última víctima de la Inquisición murió en tiempos de Fernando VII, en 1824 (!!!).

La Inquisición europea nació en el siglo XIII para «defender» a la Iglesia de los herejes *albigenses o cátaros*, simples disidentes religiosas que se manifestaron en el sur de Francia y norte de Italia y que pretendían regresar a la sencillez y pureza evangélicas mediante la negación del poder, el dinero y la influencia social. La Iglesia como institución se veía amenazada por el radicalismo de quienes pretendían entender al pie de la letra la frase de Jesucristo «mi reino no es de este mundo». Aunque ya desde mediados del siglo XII se habían decretado castigos gravísimos contra los herejes, la Inquisición propiamente dicha se crea mediante decreto de Gregorio IX en 1231. A partir de esta fecha se organizan sus reglas y empiezan a nombrarse *jueces y tribunales*. Ya desde sus comienzos era posible aplicar la bárbara sentencia de *quemar vivos a los herejes*, cosa que, al parecer, se practicó en Roma. Dudando acaso el Papa del celo inquisitorial de legados y obispos, encargó de los asuntos inquisitoriales a la *orden dominicana*, fundada solamente dieciséis años antes por Santo Domingo, y que no podía empezar peor sus funciones religiosas encargándose de tan cruel tarea.

La palabra «Inquisición» viene de «inquirir», que significa «examinar», «averiguar». Pero hay que entender este proceso de «averiguación» de una manera muy particular. En primer lugar, porque *se partía de la culpabilidad del acusado*, al que prácticamente no se le concedía la posibilidad de demostrar inocencia. Se suponían suficientes las acusaciones existentes para poder declararlo hereje. Y en segundo lugar, porque *se le exigía al presunto hereje la obligación de delatar como sospechosas* a otras personas. Hay que decir, en honor a la verdad, que en caso de que el sospechoso admitiese su culpa y cumpliese con la obligación de delatar a otros presuntos herejes, se le aplicaban castigos superficiales. Pero en el caso de que no lo hiciera así y cayeran sobre él denuncias, se le sometía a la tortura para que confesase su culpa. Es decir, que *la tortura*, además de un refinado procedimiento de crueldad física, suponía una no menos refinada táctica de crueldad psíquica, ya que se suponía previamente la culpabilidad del acusado y se le obligaba a cantar públicamente esta culpabilidad. Si el reo confesaba ahora su arrepentimiento, podía ser condenado a muerte por garrote; si persistía en declararse inocente, era condenado a la muerte en la hoguera. Es de suponer que muchos condenados hayan manifestado falso arrepentimiento para huir de las llamas..

Los instrumentos de tortura de la Inquisición nada tenían que envidiar, en cuanto a crueldad refinada, a los practicados por la autoridad civil. El primer grado de tortura (el más «tolerable») era el procedimiento del *cordel*, que consistía en atar al reo con los brazos desnudos a una tabla; se le enrollaba la cuerda a las muñecas y el verdugo daba un fuerte apretón. Los que superaban esta prueba pasaban a la del *potro*, mesa cóncava con un saliente en el centro; al reo se le colocaba con la espalda apoyada en el saliente y las piernas y brazos colgando hacia fuera; unas abrazaderas aumentaban gradualmente la presión sobre piernas y brazos... La prueba del *agua* estaba reservada a los que superaban la del *potro*, y consistía en envolver la cabeza del reo en una tela sobre la que se vertían chorros de agua. El reo no podía abrir la boca ni la nariz, pues en este caso entraba el agua en los pulmones... Finalmente, quedaba la tortura llamada de la *garrucha*, a la que no llegaban más que unos pocos capaces de superar los otros tormentos. Consistía en suspender el cuerpo del reo atándole las manos a una cuerda que remataba en una polea; se izaba el cuerpo mediante la polea y se dejaba caer bruscamente hasta quedar a unos centímetros del suelo; el tirón que producía al quedar la cuerda tensa amenazaba descoyuntar los huesos. Se añadían, en caso necesario, algunas pesas sujetas a los pies, para ir aumentando el efecto...

Ya en el siglo de su implantación produjo la Inquisición violentísimas protestas y *sublevaciones populares*. Ciudades del norte de Italia como Novara, Verona, Brescia y Bérgamo se alzaron contra los representantes de la Inquisición y los mataron. En Alemania, en la ciudad de Marburgo, llegaron a matar al gran inquisidor. Y en el reino de Aragón mataron a los inquisidores de Urgel y Lérida, además del inquisidor Pedro de Arbués, que la Iglesia convirtió en mártir y elevó a los altares: San Pedro de Arbués.

La historia de **la Inquisición en España** comienza un año después de implantarse en Roma, es decir, en 1232. Pero se trata solamente de un Inquisición restringida al *reino de Aragón*. Raimundo Peñafort, dominico que había ocupado un alto cargo en Roma bajo el Papa Gregorio IX, la llevó a este reino para combatir la herejía de los cátaros. La Inquisición comenzaba en España lo mismo que en el resto de Europa: combatiendo una herejía universal. No se trataba todavía de la Inquisición propiamente española, especializada en perseguir a las dos castas vencidas, la de los judíos y la de los musulmanes. Curiosamente, tres siglos más tarde, la Iglesia española convirtió a Raimundo de Peñafort en «San Raimundo de Peñafort»; nadie se acordaba ya de las hazañas del buen dominico, ni mucho menos de la disidencia religiosa de los cátaros, pero la Iglesia decidió canonizar al perseguidor de herejes justamente en una época en que la casta cristiana se hacía más intolerante y más celosa guardadora de su identidad. La Inquisición y sus ministros eran el mejor sostén de esa casta dominante que, a pesar de todo, se sentía insegura y necesitaba todo un proceso de glorificación y de ayudas sobrenaturales...

Precisamente en la época de los Reyes Católicos la Inquisición se convierte en *instrumento de represión al servicio de la casta cristiana*. Ya no hay herejía alguna que combatir y que sea universal. Se trata de un problema específico de una sociedad insegura que, aunque ha vencido, teme por la preservación de su identidad. La Inquisición, nada más terminar la Reconquista con la toma de Granada (1492), va a ser la celosa guardadora de la personalidad social de los vencedores, y se dedicará a perseguir a las otras dos castas, la musulmana y la judía. Especialmente a la judía, a la que no se la puede vencer militarmente, y cuyo poderío económico y social a finales del siglo XV parece considerable. La Inquisición en España será, pues, órgano de represión política, y las autoridades civiles estarán tan interesadas como las religiosas en controlar e incluso sostener a la Inquisición.

Esto explica el origen y el status jurídico verdaderamente excepcional de la Inquisición en España en la época de los Reyes Católicos. Fray Alonso de Ojeda, de la Orden Dominicana, aconsejó a los reyes solicitar de Roma una *bula especial* para poder llevar la Inquisición a España *sin necesidad de someterla a la autoridad del Papa*. Y el Papa Sixto IV otorgó dicha bula a los Reyes Católicos, quienes podían nombrar libremente a los inquisidores. En el año 1480 nombraron inquisidores para Andalucía, donde era más grande el número de judíos, a los dominicos Fray Juan de San Martín y Fray Miguel Morillo (personajes ambos que no podían presumir precisamente de «castellanos viejos»: San Martín es apellido que abundaba entre los judíos conversos, y Morillo es diminutivo de «moro»...). Los dos frailes, acaso llevados del furor propio de los conversos, impusieron un verdadero terror inquisitorial en Andalucía, publicando un edicto por el que se obligaba a todos los habitantes de la región a delatar a todos los sospechosos de ser malos cristianos; para los que no se dieran prisa en delatar estaban reservadas graves penas, por lo que al poco se produjo un éxodo masivo de gentes a otras regiones. Las atrocidades cometidas por la pareja de frailes llegó hasta oídos del Pontífice, quien, arrepentido de haber concedido la bula especial para la Inquisición española, escribió una carta durísima a los Reyes Católicos en la que les decía que los inquisidores habían encarcelado, sometido a tormentos inhumanos y arrojado al fuego a un número incontable de personas, y que todo lo habían hecho sin suficientes pruebas y sin ningún respeto por las leyes canónicas; el Papa terminaba su carta anunciando la destitución de los inquisidores y anulando así la bula que daba derecho a los monarcas a dirigir la Inquisición española. Pero era demasiado tarde: los reyes habían extendido rápidamente tribunales inquisitoriales en Valencia, Aragón, Cataluña y Mallorca, tribunales que funcionaban de manera parecida a los que dirigían Morillo y San Martín.

La indignación del Papa llegó al extremo de dictar para España nada menos que un indulto total sobre las herejías (!!!), ordenando a los vicarios absolver sin demora a todos los herejes. Los Reyes Católicos eran, a juzgar por estos hechos, «más papistas que el Papa». Y la carta que le dirigió el rey Fernando al Papa es todo un documento sobre el verdadero sentido de la Inquisición española: «... Su Santidad tiene un deber con la Inquisición. Pero si acaso hubiere hecho concesiones, no pienso permitir que surtan efecto. Tenga cuidado, por lo tanto, de no permitir que el asunto vaya más lejos y de revocar toda concesión...» Se ve por esta carta que los reyes tenían más interés en mantener el instrumento criminal de la Inquisición que los mismos pontífices. La casta vencedora necesitaba de la religión para sentirse fortalecida en su identidad... El Papa cogió miedo ante las amenazas del rey mal llamado «Católico» y dejó hacer a los inquisidores, con lo que las minorías disidentes, judíos y musulmanes, siguieron siendo perseguidos por esta especie de Inquisición Nacional.

Pero la Inquisición no fue suficiente para someter a las minorías, que simulaban convertirse a la fe cristiana para no perder sus haberes. Y dos edictos vergonzosos pusieron fin a la persecución inquisitorial en gran estilo: en el año de 1492 se publicó el *edicto de expulsión de los judíos*, y en 1502 el *edicto de expulsión de los moriscos*. En el primero se les concedían tres meses para bautizarse o abandonar España; en el segundo se les concedían sesenta días para elegir entre el bautismo o la emigración. Ambos edictos añadían a la crueldad de la ley, la injusticia de prohibirles llevar consigo oro ni plata. Y tanto en uno como en otro caso, los espíritus acomodaticios aceptaron el bautismo, y emigraron los de más fuerte carácter. Pero es difícil estimar el número de los que abandonaron España; se barajan algunas cifras para los expulsados judíos, pero no son muy exactas y varían entre 36.000 familias (¿150.000 personas?), 500.000 personas e incluso 800.000 y 900.000. Más importante que las cifras de emigrados es el enorme vacío social que dejaron: los judíos, porque eran los depositarios de la cultura, y los musulmanes, en especial a partir de la segunda expulsión a principios del siglo XVII, porque eran los que sostenían con su trabajo buena parte de la agricultura de las regiones meridionales.

La casta cristiana, si se nos permite un cliché histórico, quedaba a solas con su orgullo y sus virtudes acartonadas e inútiles de antiguos guerreros. Despreciando la cultura y el trabajo manual, que eran virtudes de las minorías expulsadas, se cerraron al progreso del mundo moderno y se limitaron a repetir los gestos del pasado.

La unidad económica

La España de los Reyes Católicos contaba, antes de la conquista de Granada, con una población total de, aproximadamente, 8.500.000 habitantes, de los cuales unos 7.000.000 estaban en Castilla y 1.500.00 en el reino de Aragón. Al producirse la conquista del reino de Granada se añadieron unas 700.000 almas a las cifras anteriores, si bien en el año de 1502, como resultado del edicto de expulsión de los moriscos, muchos tuvieron que abandonar España y el número total de habitantes apenas aumentó en medio millón. Podemos aceptar la cifra de 9 millones de habitantes para la España posterior a la conquista de Granada.

Resulta evidente el gran contraste entre la potencia demográfica de ambos reinos: el reino de Aragón contaba solamente con millón y medio de habitantes, repartidos entre Aragón, Cataluña y Valencia (un tercio, aproximadamente, para cada uno). A esta gran desigualdad demográfica correspondía la desigualdad en extensión geográfica: Castilla (es decir, León, Galicia, Asturias, País Vasco, Extremadura, Murcia y Andalucía) contaba con unos 385.000 Km², mientras que Aragón apenas llegaba a 110.000 Km².

Los dos reinos eran lo suficientemente diversos como para plantear serias dificultades a una política económica común. Castilla centraba su tradición económica en la *riqueza cerealística* y la producción de *lanas*. Aragón se orientaba más bien a lo que iba a ser, con el tiempo, su gran especialidad industrial: la *industria textil*. Castilla tenía, además, una tradición comercial con el centro de Europa (a través del puerto de Santander). Aragón tenía una tradición comercial basada en la expansión por el Mediterráneo. El descubrimiento y colonización de América fue un acontecimiento que no contribuyó para nada a estrechar los lazos económicos entre los dos reinos: la empresa americana fue asunto exclusivo de Castilla.

Más que de *unidad económica* en época de los Reyes Católicos, habría que hablar de un *proyecto de unidad económica*, proyecto que no llegó a realizarse por completo. Cada reino tenía una personalidad económica bien marcada, y no siempre fue posible armonizar los intereses de cada uno en una política económica común.

En general, la política económica de los Reyes Católicos se orientó a favorecer la **ganadería**, sector económico de gran tradición durante los siglos de la Reconquista, pues era casi la única manera de sustentarse en un régimen de vida casi nómada (las fronteras eran tan móviles, que los cristianos tenían que cambiar de residencia con frecuencia). Y dentro de la ganadería, dominaba la *ganadería lanar*: las grandes extensiones de la estepa castellana hacían casi imposible otro género de ganadería. Las lanas castellanas, generalmente, se exportaban a Flandes, centro textil por excelencia, y sólo una pequeña parte de la producción era destinada a la industria textil castellana. Los Reyes Católicos ayudaron a la ganadería robusteciendo los privilegios de la Mesta (especie de sindicato de ganaderos), pero, al mismo tiempo, exigiendo que el Consejo de la Mesta fuese presidido por un Consejero real. Naturalmente, la ganadería podía prosperar sólo a cambio de grandes sacrificios en la agricultura: los rebaños, y especialmente los trashumantes, necesitaban grandes extensiones de eriales y dehesas.

Pero si la **agricultura** sufrió por causa de los privilegios de la Mesta, mucho más tuvo que sufrir por causa del edicto de expulsión de los musulmanes en 1502, que causaron una lamentable despoblación del campo. Suponiendo ya que la cosecha del año 1503 iba a ser desastrosa, los Reyes Católicos fijaron un precio máximo para la venta de cereales (110 maravedís la fanega de trigo). Naturalmente, se impuso el precio del mercado negro, que ya en 1504 hacía que la fanega se cotizase en Medina del Campo a 500 y 600 maravedís, e incluso a 800 y a 1000 en Salamanca (Vicens Vives). Se puede suponer qué impacto podía producir en una economía primitiva el aumento de hasta un 100% del precio de un alimento básico. En el año de 1506, perdidas las esperanzas de una mejora de la situación, el rey Fernando dio permiso para importar trigo del extranjero (Flandes, Bretaña, África, Sicilia...); el «pan de la mar» logró arreglar la situación de momento, pero es evidente que la estructura agraria estaba seriamente dañada.

La **industria**, como la ganadería, fue también favorecida por la política económica de los Reyes Católicos. Y es de destacar, ante todo, el gran número de medidas proteccionistas que adoptaron para favorecerla: impidieron la entrada en España de ciertas manufacturas (sedas de Nápoles y Levante, paños finos, etc.) y además impidieron la salida de España de materias primas que podían necesitar las industrias nacionales (Vicens Vives). Puede dar una idea de la mentalidad proteccionista de los reyes la pragmática de 1484, según la cual se eximía de impuestos a todos los obreros textiles de Flandes e Italia que decidieran establecerse en España. A pesar de todo, no hay que pensar en la existencia de grandes empresas industriales, sino más bien de industrias familiares o de pocos obreros; la industria española, como la agricultura, tuvo que sufrir las consecuencias de la política inquisitorial, y el edicto de 1492 de expulsión de los judíos provocó la ausencia de los grandes capitales imprescindibles para construir grandes industrias.

La política proteccionista se extendió igualmente al **comercio exterior**, donde, por ejemplo, se prohibía la exportación de mercancías en barcos extranjeros mientras hubiera suficientes naves españolas disponibles (Vicens Vives). Para reglamentar y fomentar el comercio exterior fueron creados numerosos consulados en el extranjero (Nantes, La Rochela, Londres, Florencia...).

En general, la política económica de esta época es ya *nacional*, tiene en cuenta los intereses que plantea la economía de las distintas regiones como un todo orgánico. Y es *nacional* porque adopta una actitud proteccionista de cara al exterior. Pero esta política económica quedó truncada en su proyecto de unificar los distintos intereses económicos de las regiones, especialmente en lo que se refiere al intercambio de cereales y lana de Castilla por textiles y hierros de Aragón. Una serie de intereses particularistas de estas regiones, así como alianzas internacionales, impidieron llevarla a cabo.

C: CULTURA

La unidad de la lengua: Antonio de Nebrija y su *Gramática Castellana*

Con la unidad política llega también la unidad lingüística. La unión de Castilla y Aragón incluye una diversidad lingüística tan grande que, por razones prácticas, es necesario unificarla y «normativizarla». Además, la proyección internacional de estas tierras es la de España, y no la de los reinos que la componen; de cara al exterior es necesario también presentar una lengua única, la lengua oficial que aprenderán los diplomáticos, comerciantes e intelectuales relacionados con España. Por las razones demográficas y sociales que hemos apuntado, es evidente que el peso específico de Castilla en la unificación de España es mucho mayor que el de las tierras de Aragón, por lo que se imponía que la lengua oficial fuese el castellano.

Naturalmente, el castellano estaba en esta época todavía en ebullición, y la relativa escasez de contacto entre las diversas partes de Castilla, así como el casi general desconocimiento de textos escritos, hacía del castellano una lengua insegura en el registro léxico, en la fonética e incluso en la ortografía. Curiosamente, la elaboración de una gramática castellana y, por lo tanto, de la *primera normativización lingüística*, procede de los estudios del latín más que del castellano mismo. Y será un gran latinista, Antonio de Nebrija, el autor no sólo de la primera *Gramática Castellana* (1492), sino también de la primera gramática de las lenguas romances europeas.

Antonio de Nebrija, natural del pueblo de Lebrija o Nebrija (Sevilla), nació en 1444. De familia acomodada, fue enviado a la Universidad de Salamanca a los quince años para cursar humanidades con los profesores más famosos del momento. Después de los cinco años de estudios universitarios, que parece que no le dejaron totalmente satisfecho, se permitió el joven Nebrija el lujo de continuar sus estudios de filología en el Colegio español de San Clemente de Bolonia. Después de diez años de estudio intenso, regresó a España llamado por el Arzobispo de Sevilla, que le nombró secretario y preceptor de un sobrino suyo, cargo en que permaneció durante tres años. A partir de 1475 entra a formar parte del claustro de profesores de la Universidad de Salamanca, donde obtuvo por oposición la cátedra de gramática. Su primera publicación fueron las *Introductiones Latinae*, de 1481, libro revolucionario y en parte escandaloso, donde Nebrija pretendía nada menos que restaurar los conocimientos de latín y devolver a la filología latina su pureza original. Hacia el 1486 contrajo matrimonio, y con el matrimonio una serie de dificultades económicas que le impidieron seguir viviendo de la cátedra salmantina. Acepta un cargo que le ofrece el Maestre de la Orden de Alcántara, don Juan de Zúñiga, que había sido alumno suyo y que ahora quería recompensar al maestro ofreciéndole una especie de mecenazgo en la villa de Zalamea. Nebrija disfruta con este cargo los años más felices y creativos de su vida, e insiste en su tesis de la restauración de la latinidad (*restitutio latinitatis*), para la cual no encuentra mejor camino que partir del conocimiento de la lengua materna, es decir, del estudio de la lengua castellana. Fruto de esta dedicación al latín fue la publicación, en 1492, de un magnífico diccionario latino-castellano y castellano-latino (*Lexicon latino-castellanum et castellano-latinum*) y, lo que es más importante para nuestro objeto, de la *Gramática Castellana*, en el mismo año, que era la consecuencia lógica de su método de acercamiento al latín. Todavía en esta etapa de Zalamea tiene lugar su colaboración en la edición de la *Biblia Políglota*, obra magna emprendida por el Cardenal Cisneros en la Universidad de Alcalá; hablaremos más adelante de esta edición, verdadero monumento del humanismo renacentista español. Muerto Zúñiga en 1504, Nebrija se vio obligado a volver a la Universidad de Salamanca. En 1514, Cisneros, nuevo Mecenas de Nebrija, le llama para darle una cátedra en la Universidad de Alcalá por él fundada. Las condiciones que le ofrecía Cisneros producen verdadera emoción: «Que leyese ('enseñase') lo que quisiese, y si no quisiese leer, que no leyese; y que esto no lo mandaba dar porque trabajase, sino por pagarle lo que le debía España». Hay que tener un gran idealismo para estipular condiciones de este tipo, y para ejercer en nombre propio una función social que debería realizar el Estado... Nebrija permaneció en Alcalá hasta su muerte, acaecida en 1522, a los 78 años.

En el Prólogo a la *Gramática Castellana*, que es la obra que aquí más nos interesa, están formulados con gran lucidez los problemas lingüísticos de su tiempo y la tarea que se propone el autor de la Gramática. Este Prólogo está dirigido a la reina Isabel, y el principio fundamental que Nebrija defiende es que «siempre *la lengua fue compañera del imperio*, y de tal manera lo siguió, que juntamente comenzaron, crecieron, y florecieron y después junta ('simultáneamente') fue la caída de entrambos». Después de ejemplificar este principio con el nacimiento, apogeo y decadencia de muchos pueblos, como los judíos o los romanos, donde política y lengua transcurrieron paralelamente, pasa a aplicarlo al momento presente de la unidad de España, donde «los miembros y pedazos de España que estaban por muchas partes derramados, se redujeron y ayuntaron ('reunieron') en un cuerpo y unidad de reino». Esta unidad política requiere la unidad de lengua, pues ésta «hasta nuestra edad anduvo suelta y *fuera de regla*, y a ('por') esta causa ha recebido ('recibido') en pocos siglos muchas mudanzas; porque si la queremos cotejar ('comparar') con la de hoy (la de) a ('hace') quinientos años, encontraremos tanta diferencia y diversidad, cuanta puede ser mayor entre dos lenguas (distintas)». Y esto es, justamente, lo que se propone Nebrija: someter la lengua a una *regla*, es decir, a una norma, pues solamente así puede perdurar a través del tiempo. Las lenguas latina y griega, aunque ya no se hablaban en tiempos de Nebrija, se conservaban muy bien por estar sometidas a regla: «Como vemos que se ha hecho en la lengua griega y latina, las cuales por haber estado debajo de arte ('regla', 'norma'), aunque sobre ellas han pasado muchos siglos, todavía quedan en una uniformidad». En resumen, les dice Nebrija a los Reyes Católicos que sería inútil escribir sus grandes hazañas (las de los Reyes Católicos) en una lengua que iba a desaparecer en breve por falta de una norma. Hay quizás un poco de oportunismo en esta búsqueda del patrocinio real, pero no por eso deja de ser menos exacta la advertencia: «Y será necesaria una de dos cosas: o que la memoria de vuestras hazañas perezca con la lengua, o que ande peregrinando por las naciones extranjeras, pues que no tiene propria ('propia') casa en que pueda morar». La verdadera novedad que plantea Nebrija es la de la *norma lingüística*, cuya transcendencia supo entender mejor que nadie en su tiempo. Pero hay que tener presente que el origen de su preocupación normativa está en su experiencia con la lengua latina: el latín que Nebrija quería «restituir» y al que dedicó la mayor parte de sus estudios, debía ser entendido y traducido a una lengua unificada y debidamente codificada. Es decir, que para entender el latín era preciso previamente unificar el castellano, con lo que, paradójicamente, Nebrija se convertía en el primer gramático de la lengua castellana por ser el primero también en la lengua latina...

No vamos a analizar aquí la *Gramática Castellana*, pero sí decir en qué consiste ese aire verdaderamente nuevo, un poco como reflejo del Renacimiento, que distingue la filología moderna de la filología medieval. En el fondo, es la misma novedad que domina en sus trabajos de filología latina: la convicción de que la lingüística es una *ciencia autónoma*, diversa de la lógica y de la metafísica. La gramática no analiza el habla como una expresión del ser, ni como una manifestación de las categorías del pensamiento, como querían los filólogos medievales. El filólogo moderno tendrá menos pretensiones, se acercará a las palabras con más modestia y sin un bagaje preconcebido de ideas. La exactitud y el respeto a las palabras tal y como se recogen en los textos escritos, sustituye a las teorizaciones más o menos oscuras de los filólogos de la Edad Media. El filólogo descubrirá en la lengua, ante todo, el aspecto *formal*, aspecto que no ha de llevarle a desdeñar la ciencia gramatical, que no es nada más ni nada menos que «la arte de las letras»..

Los romances y la literatura popular

Antiguamente la palabra «romance» podía significar tres cosas: 1) la «lengua vulgar» por contraposición a la lengua culta (el latín), 2) una «composición poética» en general y 3) una composición poética determinada que era breve, que constaba de versos de ocho sílabas, y donde rimaban los versos pares en asonante. Con el tiempo se han ido perdiendo los dos primeros sentidos de esta palabra, y actualmente la palabra «romance» se limita a significar estas últimas composiciones poéticas citadas cuya fama se ha extendido por toda Europa y ha llamado la atención de estudiosos de todo el mundo. Los *romances* españoles y *El Quijote de la Mancha* son los dos grandes temas de referencia de la literatura española.

Es difícil arriesgar una definición de los *romances*, especialmente sin leerlos o comentarlos siguiendo ejemplos concretos. Digamos que los *romances* son, por sus temas, poemás épico-líricos (y no exclusivamente líricos, como algunos pretenden); por su forma, poemas de versos octosílabos monorrimos y asonantados en los pares; por su origen, poemas populares, aunque generalmente refundidos o incluso elaborados por autores cultos; por su destino, son poemas para ser cantados, y no leídos... Los *romances* se parecen a las *canciones de gesta* porque se transmiten oralmente (se cantan o recitan) y porque están destinados a un público popular, pero se distinguen por su brevedad (apenas una simple anécdota o detalle) y porque suelen introducir un matiz lírico que generalmente está ausente en las grandes composiciones. La *canción de gesta*, por su longitud y sus pretensiones (El *Poema de Mío Cid* tiene cerca de 4.000 versos), necesita de un especialista que lo aprenda de memoria y lo vaya recitando por el mundo adelante; el *romance*, más modesto y limitado a lo concreto, puede ser recitado o cantado por cualquiera. La *canción de gesta* surge en los años de la Reconquista, en una época orientada por el espíritu de la aristocracia guerrera; el *romance* surge en los siglos XIV-XV, y refleja los gustos de la nobleza caballeresca y de la incipiente burguesía. Es posible que los *romances*, al menos en su origen, sean trozos de *canciones de gesta* que se han desprendido del conjunto y han recibido tratamiento aparte; los versos de dieciséis sílabas divididos en dos hemistiquios de ocho sílabas, se convertirían ahora en versos de ocho sílabas, y la rima que antes se extendía a todos los versos, se limitaría ahora solamente a los pares...

El *romance*, como la *canción de gesta*, hemos dicho que pertenecen al género popular. Pero está muy discutida la cuestión de qué significa exactamente «literatura popular». Ya hemos visto, a propósito del *Poema de Mío Cid*, que hay estudiosos que defienden un origen culto para este poema; y aun cuando se tratara de un origen verdaderamente «popular», habría que establecer un autor (un juglar) capaz de dar forma literaria al poema...

Un breve repaso a las teorías sobre «poesía popular» nos ayudará a entender mejor la pretendida popularidad de los romances.

En el siglo XVIII, Herder llamó la atención sobre el fenómeno contemporáneo de la decadencia y progresivo apagamiento de la poesía popular; según Herder, el arte sofoca a la naturaleza, trayendo consigo *falsedad, debilidad y artificiosidad* («Falschheit», «Schwäche», «Künstelei»). Para recuperar la naturalidad perdida, es preciso retornar a lo popular. En su colección de *Volkslieder* (1778), incluye Herder gran cantidad de romances españoles, por los que sentía gran admiración. En el siglo XIX, con el romanticismo, se ahonda en la vena de lo popular, y se llega al colmo de la glorificación de lo natural y espontáneo. Grimm publica en Viena la *Silva de romances viejos* (1815) y aprovecha la ocasión para disertar sobre la *Naturpoesie*, que es inconsciente, pura, de inspiración divina y, naturalmente, colectiva, popular... Hegel, el gran filósofo del idealismo alemán, contrapone en sus *Vorlesungen über die Ästhetik*, las «epopeyas primitivas», es decir, las puramente populares, a las «epopeyas artificiales», es decir, las cultas. En apoyo de sus teorías cita ampliamente ejemplos de romances españoles... Avanzando el siglo XIX, una serie de filólogos recogen esta tradición romántica de glorificación de lo popular para insistir en la antigüedad de los romances, antigüedad que garantiza la autenticidad popular de los mismos (solamente en los primeros tiempos había «pueblo»; más tarde surgieron los poetas cultos, imitadores de lo popular...). F. Diez, el célebre fundador de la Romanística, publicó la antología *Altspanische Romanzen* (1818-1821) basándose en esta interpretación. Ferdinand Wolf repitió las mismas tesis de Diez en su antología *Primavera y Flor de Romances* (1856). Y en España, aparentemente sin tener noticia del movimiento romántico alemán, Agustín Durán publica *Romances caballerescos e históricos* (1832), donde se abunda en las mismas ideas.

Pero a partir de mediados del siglo XIX se producirá una corriente antirromántica que corregirá toda idealización popular y reducirá notablemente la participación del pueblo en la creación de la poesía. Algunos autores son francamente hostiles al pueblo. Hebbel, en unas anotaciones de su *Diario* en 1859 escribía: «La poesía popular, en el sentido que se suele dar a esta expresión, es pura quimera, porque siempre quienes han poetizado han sido únicamente individuos singulares». Y el poeta italiano Carducci, en un texto de 1870, afirma que los aldeanos y montañeses, si cantan, son sólo simplezas e indecencias. En España, el representante de esta corriente antirromántica es Pereda, escritor de la generación de 1867 que, aunque especializado en idealizar en sus novelas el ambiente campesino y montañés, no duda en asegurar que los romances son obra de buenos poetas cultos, y que «lo único que deben esos ligeros fragmentos de bella poesía al pueblo que los manosea es el favor de encontrarse mutilados y contrahechos a lo mejor de la vida». Los filólogos Milá y Fontanals y Marcelino Menéndez Pelayo demuestran con sus estudios que los romances tienen origen en autores cultos y que no son tan antiguos como querían Diez, Wolf, o Durán. El mito del pueblo poeta se va disipando entre mediados y finales del siglo XIX...

¿Qué significa entonces la acepción de «popular» referida a este género literario? Menéndez Pidal, el mejor conocedor de romances, asegura que es imposible rescatar la versión «original» (la más antigua, la más acorde con una pretendida autoría popular). Los romances están ya desde siempre en el pueblo y pasan de generación en generación por «tradición», pero la palabra «tradición», a pesar de su etimología, no significa simple «transmisión» o simple «aceptación», sino más bien «asimilación», actividad continua de una lenta selección de variantes que va imponiendo la experiencia de los transmisores. El autor anónimo era seguramente culto, pero el pueblo, al recibir el poema, lo fue transformando, a veces por error, a veces porque encontraba variantes verdaderamente afortunadas. Y de esta manera, la poesía «popular» existe como una especie de coparticipación del pueblo en el proceso creativo. Menéndez Pidal asegura que el autor se llama Ninguno o Legión, y que cuando un poeta culto se decide a imitar el estilo de los romances, como hicieron tantos escritores, especialmente en el Siglo de Oro, entonces les falta algo a estos romances cultos: les falta «el desgaste o pulimento de la transmisión oral, que obra como la corriente del río, redondeando las guijas ('piedrecillas') de su lecho». Resumiendo: cuando se dice que los romances son poemas populares, se alude a la co-autoría popular sin por ello negar al autor anónimo cuya inspiración fue imprescindible para crear el poema primitivo.

Resaltemos algunas de las características principales de los romances que, directa o indirectamente, dependen de su carácter «popular». En primer lugar, la *esencialidad e intensidad*, pues el pueblo selecciona solamente los detalles que sean esenciales al relato, detalles que se acumulan a veces en corto espacio, y desprecia lo que es accesorio. En segundo lugar, la *naturalidad* con que se amolda el poema a la sensibilidad de una comunidad; el poema no puede defraudar las expectativas de su público. En tercer lugar, la aparición de *instantáneas*, de momentos fragmentarios que no llegan a constituir nunca una narración trabada y completa; precisamente porque se selecciona lo esencial y se suprime lo descriptivo, el argumento camina por transiciones bruscas, de instantánea en instantánea. En cuarto lugar, el *carácter fragmentario* del relato, que no siempre llega a darnos una aventura completa, sino más bien una parte de ella: el comienzo suele ser brusco, sin relación con algo anterior, y el final impensado y como interrumpido sin motivo aparente. En quinto lugar, y resumiendo un poco todos los anteriores, la *inimitable sencillez* de estos poemas; y digo *inimitable* porque justamente lo que no alcanzan casi nunca los poetas cultos es imitar de verdad la sencillez popular. Quizás porque no es sólo sencillez, sino el resultado de una larga decantación secular: el pueblo, que es co-autor, alcanza la sencillez como resultado de una larga maduración casi inconsciente. La sencillez que cree alcanzar el imitador culto resulta artificial y un poco rebuscada. Menéndez Pidal consideraba el Romancero español como una obra «de trabajada sencillez y difícil facilidad»...

Una clasificación de los romances por su argumento nos dará idea de la gran riqueza y variedad de los temas tratados. Los romances pueden tratar a) *temas históricos españoles*, como los de Don Rodrigo, Bernardo del Carpio, los Infantes de Lara, Fernán González, el Cid, etc.; b) *temas históricos franceses*, como los dedicados a Carlomagno, Roldán, Lanzarote, Tristán...; c) *temas novelescos*, es decir, cortas aventuras en las que domina el tema sentimental; d) *temas líricos*, generalmente de tipo amoroso y muy breves y de escasa acción; e) *temas fronterizos*, es decir, temas de la guerra contemporánea de Granada... Pero toda clasificación resulta un poco artificial.

Los romances han llegado, en su transmisión oral, hasta el siglo XX. En algunos pueblos se han podido recoger todavía en nuestro tiempo versiones que contienen notables variantes con respeto a las ya registradas por escrito. Resulta emocionante percibir todavía hoy los ecos de esta primitiva lírica medieval que comenzó hacia el siglo XIV con la espontaneidad con que nacen las flores y se extinguió súbitamente en el siglo XVI, época en que no surgió ningún nuevo romance, a excepción de los *romances artísticos*, es decir, romances escritos por literatos y desprovistos de oralidad.

Cisneros, la Universidad de Alcalá y la *Biblia Políglota*

El Cardenal Cisneros representa al mismo tiempo el espíritu de la Prerreforma y el del Prerrenacimiento; la época que le tocó vivir, a caballo entre el siglo XV y el XVI (a caballo, por lo tanto, entre la Edad Media y el Renacimiento) favorece esa situación un poco indecisa que caracteriza todo período de transición. Cisneros muere cuando Lutero plantea en Wittemberg la necesidad de una radical reforma de la Iglesia; es evidente que los planes reformistas de Cisneros pertenecen a la misma onda histórica de Lutero, pero sus planteamientos no son tan radicales. Otro tanto ocurre con su manera de enfocar la tradición literaria de los textos sagrados: Cisneros siente la necesidad de «restituir» los textos clásicos, cosa evidente en un hombre del Renacimiento; pero su respeto por los textos bíblicos latinos es tan grande, que no se atreve a enmendarlos, y su versión de la Biblia Políglota admite el latín de San Jerónimo como verdadera autoridad, cuando cualquier humanista bien instruido sabía que este texto no era digno de compararse con sus fuentes en griego o en hebreo. La misma indecisión parece proyectarse sobre la creación de la Universidad de Alcalá, donde los estudios de Humanidades (especialmente de la filología clásica y hebrea) están al servicio de los estudios de Teología.

Sólo el temple vital de Cisneros parece ajeno a toda indecisión y a todo compromiso. Monje franciscano de estricta observancia, guardador fidelísimo del voto de pobreza, Cisneros es un raro ejemplo de modestia y humildad cristianas en una época en que los altos dignatarios de la Iglesia llevaban la misma vida disoluta de los aristócratas. En 1492 la reina Isabel le nombró su confesor, pero tuvo que insistir para que aceptara el cargo, que Cisneros consideraba muy alto. Tres años más tarde la reina, haciendo uso de la bula pontificia de Alejandro VI, le nombró Arzobispo primado de Toledo, cargo que rechazó al principio por

modestia, pero que tuvo que aceptar ante las presiones del Papa. Al entrar en su rico palacio de Toledo retiró los tapices, las vajillas de plata y otros lujos impropios de su cargo. Además se empeñó en seguir comiendo frugalmente como en el convento y en dormir sobre una simple tabla de madera. Insistió también en seguir vestido con sayal de monje, y no con los vestidos de seda que le correspondían. La indignación que provocó en los demás obispos y en los miembros del cabildo catedralicio, hizo que interviniera el Papa, que obligó a Cisneros a suprimir los signos de pobreza y restituir el majestuoso aspecto que siempre había ostentado.

No siempre tuvo suerte con sus intentos de reforma: sus proyectos de obligar a los canónigos toledanos a vivir en un edificio común chocaron con la animadversión general, y el edificio quedó sin habitar. En otra ocasión se levantó el cabildo entero contra Cisneros y le negó obediencia. Con todo, parece que obtuvo algunos éxitos parciales en la reforma de los conventos, especialmente de los conventos femeninos; también logró desalojar a los franciscanos «conventuales» (fracción de esta orden partidaria de la vida muelle) de los monasterios para instalar en ellos a los franciscanos «observantes» (fracción partidaria de las reformas). Poco a poco, las reformas emprendidas en su orden se fueron contagiando a otras órdenes (dominicos, benedictinos, jerónimos...), por lo que se puede hablar de una especie de «Prerreforma» (la de Lutero se llamaría «Reforma», la de los católicos en lucha contra Lutero, «Contrarreforma»).

Cisneros es también el creador de la Universidad de Alcalá de Henares, población cercana a Madrid y propiedad del arzobispado de Toledo. La base de la Universidad la constituyó el Colegio de San Ildefonso, centro de la fundación, y cuya primera piedra fue colocada en 1498; tendrían que pasar todavía diez años hasta su inauguración como institución universitaria en 1508. En este tiempo Cisneros tuvo que superar grandes dificultades para lograr convertir Alcalá en ciudad universitaria; tuvo que desecar los pantanos que hacían la zona insalubre, tuvo que crear ciertas industrias necesarias para los nuevos habitantes, como la imprenta, la tintorería, los batanes, las industrias de la hilandería, la tejeduría, la fabricación de paños... Sólo los gastos de la imprenta, que empezó a funcionar en 1502, resultaban ya un buen problema económico: el propietario solicitó de Cisneros tres años de sueldos adelantados para sus trabajadores.

La universidad de Cisneros está creada para impulsar los estudios de teología, es decir, para subvenir a la demanda de clérigos, para cubrir las necesidades de la Iglesia española; para los estudios de derecho, por los que Cisneros no sentía ninguna simpatía, ya estaba Salamanca, y aun sobraba. «La teología determinará la orientación toda de su Universidad, será su razón misma de ser. A regañadientes, por decirlo así, hace el Arzobispo un lugarcito para el derecho canónico, y como la facultad de artes, vestíbulo de la teología, es también indispensable preparación para la medicina, esta ciencia necesaria a la república no será tampoco proscrita de Alcalá» (Marcel Bataillón). Cisneros planea también, con su típico amor por los pobres y por la vida de orientación conventual, la construcción de una serie de «colegios de pobres» anucleados en torno a la Universidad, y cuyos estudiantes serían alimentados en régimen de limosna. Cisneros pensaba llegar a construir dieciocho, pero ya en las constituciones de 1517 se hizo rebajar la cifra a solamente siete.

A pesar del carácter aparentemente reaccionario de la Universidad de Alcalá (estudios de teología o estudios de humanidades como preparación a la teología), carácter que contrasta con Salamanca y con toda institución cultural renacentista, Cisneros introdujo en estos estudios las últimas direcciones del pensamiento filosófico-teológico de la época. Algunas de estas novedades incluso causaron escándalo, como la introducción de la filosofía voluntarista de Duns Escoto y las teorías nominalistas de Guillermo de Occam. La Universidad de Salamanca se apresuró a imitar a Cisneros decretando la creación de tres cátedras nominalistas...

Pero la fama de Cisneros va íntimamente ligada al proyecto de la creación de la *Biblia Políglota* o *Biblia de Alcalá*. Se trata de una edición completa de la Biblia en latín (*Vulgata*), griego y hebreo. El esfuerzo es considerable, especialmente si se tiene en cuenta que España es una nación que cuenta con una tradición humanística muy pobre y que faltan especialistas en lenguas antiguas. Pero de nuevo asoma aquí la presencia de la tradición: el proyecto de Cisneros, que sería un maravilloso campo donde estrenar el nuevo humanismo renacentista, está lastrado por un exceso de confianza en los textos de la *Vulgata*. Cisneros quiere hacer una revisión «independiente» de las tres versiones: se trata de buscar el mejor texto latino posible entre todas las versiones latinas, el mejor texto griego entre todas las versiones griegas, el mejor texto hebreo entre todas las versiones hebreas... Pero la filología del Renacimiento, armada de conocimientos lingüísticos considerables, y de sentir autónomo, no respeta criterios ajenos a la filología misma, y sabe que la *Vulgata* está plagada de errores, y que, en lugar de buscar una buena versión de la *Vulgata*, lo mejor sería crear una nueva. Es decir, los filólogos modernos se muestran partidarios de respetar la *Vulgata* donde ésta concuerde con el texto griego y el texto hebreo. Trabajar en equipo es conveniente cuando se respeta la jerarquía de las lenguas: primero la hebrea, después la griega y por último la latina. Este es el orden de las sucesivas redacciones del texto bíblico...

Cisneros llamó a Erasmo de Rotterdam a colaborar en la *Biblia de Alcalá*, pero éste no aceptó venir a España, suponiendo lo que le esperaba. Otro tanto sucedió con Antonio de Nebrija, que cuando vio cómo funcionaba realmente el proyecto, retiró su adhesión inicial. A pesar de todo, cuando la *Biblia Políglota* se publicó en julio de 1517 (pocos meses antes de la muerte de Cisneros), se puede hablar de joya filológica y hasta de maravilla del saber humanístico. No parecía lógico, en una nación absorbida por la guerra y que comenzaba a encerrarse en el orgullo de no hacer nada, llevar a cabo una labor filológica tan inmensa...

La arquitectura de estilo Isabelino

La arquitectura del *estilo Isabelino*, llamado también, y con más derecho, *estilo Reyes Católicos*, es una feliz síntesis de elementos góticos y de elementos que podríamos llamar renacentistas o prerrenacentistas. La época de los Reyes Católicos es una época de transición entre la Edad Media y el Renacimiento, y es muy difícil fijar en conceptos esa sensibilidad artística en transformación. El estilo gótico, llegado a los excesos del barroquismo de su última época (*gótico flamígero*), parece agotado e incapaz de seguir inspirando a los arquitectos; pero el Renacimiento italiano tampoco entra en España hasta bien empezado el siglo XVI, por lo que en esta época tendremos sólo alguna anticipación de formas renacentistas añadidas o combinadas a las del *gótico flamígero*.

Del estilo gótico se conserva, ante todo, la *estructura* general del edificio (disposición interior, gran altura, refuerzos laterales, pináculos...) el *arco apuntado* (aunque en combinación con otras formas geométricas) y el complicado *barroquismo* del *gótico flamígero* (cresterías complicadas, columnas helicoidales, profusión ornamental...). De las nuevas normas arquitectónicas dictadas por el Renacimiento se impone el uso del *arco de medio punto* y, alternando con éste, el *arquitrabe*.

Quizás donde mejor se observa la síntesis de elementos góticos y renacentistas es en el *arco*, elemento arquitectónico que mejor define un estilo. La arquitectura isabelina emplea mucho el *arco conopial*, que es como una síntesis de arco apuntado y arco de medio punto: apuntado en el centro, y de curvatura regular, como el de medio punto, en los lados...

La transición de un estilo a otro se puede observar en un mismo edificio: quien visite la catedral de Burgos, se encontrará con multitud de elementos gótico-flamígeros en el exterior. Pero una corta visita a la capilla del Condestable de esta misma catedral le producirá una sensación de inseguridad: en medio de elementos gótico flamígeros se cuelan otros difícilmente explicables, como son el gran arco conopial, el arco de medio punto o la gran abundancia de temas heráldicos. Ha tenido lugar, en muy pocos años, una interesante transformación: el exterior de la catedral es de Juan de Colonia, que diseña las agujas caladas siguiendo modelos alemanes del Rhin, y la capilla del Condestable es ya de su hijo, Simón de Colonia, que evidentemente representa otra orientación más moderna.

Pero quizás lo que más llama la atención es la *profusión ornamental* de las fachadas, elemento que procede de las últimas exageraciones del gótico flamígero. El arte isabelino exhibe tantos elementos ornamentales, que tenemos la impresión de asistir a una nueva versión del principio del arte árabe del «horror al vacío». Fachadas como las de Santa María en Aranda de Duero o San Gregorio en Valladolid, no tienen apenas un metro cuadrado libre de adornos. Enumeraremos los detalles ornamentales más frecuentes: 1) empleo de los *temas heráldicos* (escudos nobiliarios, insignias), 2) *figuras de salvajes* (generalmente sosteniendo escudos), 3) *cadenas*, 4) *puntas de diamante*, 5) *medias bolas*, 6) *rosetas* y 7) *símbolos de la autoridad real* (yugos y flechas, que eran el emblema de los Reyes Católicos, las iniciales «F» e «I»...).

Dado que en esta época de gran empuje político los Reyes Católicos patrocinaron la construcción de muchos edificios, no es extraña la abundancia de los símbolos del poder real.

Los mejores exponentes de este estilo verdaderamente original se encuentran en Valladolid, en Toledo y en Guadalajara. En Valladolid destaca la iglesia de San Pablo, con una fachada que parece un retablo, y San Gregorio, el monumento más suntuoso de este estilo, con una fachada que es un auténtico tapiz realizado en piedra; San Gregorio cuenta además con un patio suntuoso. En Toledo se encuentra San Juan de los Reyes, obra que realizó Juan Guas por encargo personal de la reina Isabel, y que contiene muchos temas ornamentales de inspiración mudéjar. Guas es también el autor del Palacio del Infantado, de Guadalajara, acaso la cumbre del estilo isabelino; la fachada recuerda más el estilo gótico, especialmente por su galería superior, de sabor medieval, pero el patio interior aporta ya un anticipo del renacimiento.

VII: ESPAÑA EN AMÉRICA

A: HISTORIA

Los grandes descubrimientos geográficos: tradición marítima portuguesa.

La segunda mitad del siglo XV y primera mitad del XVI es la época de los grandes descubrimientos geográficos: todo un nuevo continente, América, y gran parte del viejo continente de Asia son explorados e incorporados definitivamente a la economía europea. Se puede hablar de una especie de primitiva *globalización* de un comercio que antes estaba limitado a los estrechos límites europeos.

Hay varias razones que explican este extraordinario impulso descubridor. En primer lugar, la necesidad de encontrar *instrumental monetario* (oro y plata) para facilitar las transacciones comerciales, que habían experimentado un crecimiento extraordinario en esta época, y que amenazaban llegar al colapso en caso de no encontrar un medio de pago adecuado. En segundo lugar, los *progresos técnicos en la navegación*, que permitían realizar viajes alejados de la costa, así como la creencia, cada vez más extendida, de que *la tierra era redonda* y de que un mismo océano rodeaba Eruropa, Asia y África. En tercer lugar, el hecho de que el camino tradicional de la India, de donde se exportaban los metales preciosos y las especias, estaba bloqueado desde la *conquista de Constantinopla por los turcos* en 1453. Para evitar el contacto con los turcos, intentaron los portugueses el viaje a la India rodeando el extremo sur de África, y los españoles el camino directo a través del Atlántico. Una cuarta razón fue el poderoso estimulante que constituía el deseo de *evangelizar las tierras de Asia* y llevar la religión a los paganos de Ultramar. A veces es difícil separar los intereses puramente económicos de los del ideal de cruzada religiosa.

España y Portugal eran las naciones que estaban *geográficamente* mejor situadas para llevar a cabo las empresas descubridoras. Pero además se encontraban *políticamente* en el mejor momento para realizar estas empresas: la finalización de la Reconquista, con la definitiva victoria sobre las fuerzas del Islam, hacía de estos países una especie de campeones de la idea de cruzada contra los infieles. Téngase en cuenta, además, que el final de la Reconquista, al menos en España, convierte a toda una clase aristocrática en poco menos que inútil, y el descubrimiento y posterior conquista de América es una manera de canalizar estas energías sobrantes. Los aristócratas menos afortunados económicamente, intentarán de nuevo la fortuna de las armas en las nuevas tierras descubiertas.

La historia de los descubrimientos comienza en Portugal y está especialmente ligada a la tradición de las cruzadas contra el Islam. El rey Diniz de Portugal, convencido de que la extinción de la Orden del Temple por Felipe IV de Francia podía acarrear males para la nación, decidió donar los bienes arrebatados a esta orden para crear otra, la Orden Cristo, que era una especie de organización militar y religiosa al mismo tiempo y cuya misión era «...defender la fe cristiana, combatir a los musulmanes y engandecer el reino de Portugal».

La Orden de Cristo llegó a constituir el núcleo de los ejércitos de los reyes portugueses, y fue la encargada de propagar la idea de una Cruzada permanente contra los infieles.

En 1415, y obedeciendo a este principio programático de lucha contra los musulmanes, el príncipe Enrique el Navegante se apoderó de Ceuta, puerto marroquí que dominaba el paso del estrecho de Gibraltar. Enrique fue nombrado gran maestre de la Orden de Cristo, y la conquista de Ceuta le inspiró sucesivos viajes hacia el sur del continente africano, viajes que costeó la Orden de Cristo, y que estaban en principio destinados a evangelizar a los infieles. El príncipe Enrique mantuvo en Sagres, junto al Cabo de San Vicente, precisamente el lugar más occidental de Europa, una interesante corte donde acudían sabios procedentes de diversos países para dedicarse al estudio de la geografía y de la técnica naval.

Hacia 1434 los portugueses habían doblado ya el Cabo Bojador, considerado infranqueable por las antiguas tradiciones marineras. Pero a partir de esta fecha, los intereses comerciales (el objetivo de llegar a la India sin tener que pagar los altos impuestos que imponían los mamelucos en Egipto) se sobrepusieron a los primitivos ideales de evangelización, y los portugueses no tuvieron inconveniente en hacer prisioneros a muchos negros africanos para venderlos en Portugal como esclavos, iniciando así la vergonzosa trata de esclavos que tanta importancia iba a adquirir en los siglos siguientes.

A la muerte de Enrique el Navegante en 1460 continuaron las expediciones hacia el sur, cada vez mejor organizadas desde el punto de vista técnico. En 1475 se pudo franquear la línea del Ecuador y en 1482 los portugueses descubrían la desembocadura del Congo. Pero el verdadero descubrimiento llegó en 1487 de la mano del marino Bartolomé Díaz, que logró llegar al Cabo después de una terrible tormenta. Díaz llamó a este punto geográfico «Cabo de las Tormentas» en recuerdo a esta terrible experiencia, pero cuando expuso en la corte portuguesa lo fácil que sería alcanzar la India después de superada esta dificultad, el rey Juan II decidió llamarle «Cabo de Buena Esperanza».

Con el paso del Cabo de Buena Esperanza quedaba establecida la línea de descubrimientos y conquistas de Portugal: el camino hacia la India a través de África. Cuando, algunos años más tarde, españoles y portugueses decidan dividir el mundo en dos hemisferios, los portugueses escogerán el hemisferio que comprende África y Asia, dejando para sus rivales el de las tierras americanas recientemente descubiertas.

El descubrimiento de Colón y el reparto del mundo: España y Portugal

Cristóbal Colón, personaje envuelto en el misterio y del que apenas se sabe algo más que su origen, que parece claro que era genovés, presentó primero sus servicios al rey Juan II de Portugal, a quien hemos visto en el capítulo anterior empeñado en encontrar un camino para llegar a la India a través de África.

Naturalmente, el proyecto de Colón era muy distinto al que dominaba la tradición martítima portuguesa, y consistía en encontrar una vía mucho más corta que la africana: *navegar directamente hacia el oeste*. Colón estaba armado de *todos los errores geográficos* que imperaban en la época, y sin los cuales probablemente no se habría atrevido a plantear la expedición. Había entablado relaciones con Paolo Toscanelli, cartógrafo italiano que estaba convencido de que la distancia entre Portugal y Asia, navegando hacia el este, comprendía aproximadamente 2/3 del total de la circunferencia de la tierra, mientras que navegando hacia el oeste comprendía el 1/3 restante. De hecho, navegando hacia el occidente había doble distancia de la que Colón y Toscanelli creían.

Curiosamente, el rey Juan II rechazó el proyecto de Colón. Al parecer, no estaba de acuerdo con las pretensiones de Colón en cuanto al dinero y honores que solicitaba para sí. Colón decidió *ofrecer sus servicios a los Reyes Católicos*, y se estableció en España hacia 1485.

Pero no era éste el mejor momento para plantear un proyecto tan aventurado: la guerra de Granada absorbía la atención de los monarcas, por lo que Colón tuvo que contentarse con exponer su proyecto ante los monjes del convento de la Rábida, en la villa de Palos, que lo acogieron con entusiasmo. Más tarde, y por intercesión de los citados monjes, el proyecto llegó a las manos de la reina Isabel, pero ésta tuvo que disculparse alegando que no podría estudiar su proyecto hasta terminar la guerra de Granada. Colón veía desvanecerse sus planes, pues justamente en este momento llegaban noticias poco alentadoras desde Portugal: Bartolomé Díaz había conseguido, impulsado por una tormenta, doblar el Cabo de las Tormentas, que después se llamó Cabo de Buena Esperanza. Portugal soñaba con suplantar a Venecia en el comercio con las tierras de Indias. Y este comercio se haría sin necesidad de viajar en dirección oeste...

Colón decidió plantear de nuevo su proyecto ante Juan II de Portugal, quien volvió a rechazarlo; suponemos que con el descubrimiento del Cabo de Buena Esperanza, el rey portugués tenía aun menos interés en el proyecto de Colón que la primera vez. Colón ofreció su proyecto a su ciudad natal, Génova, que igualmente lo rechazó. Nuevas intervenciones en España dieron por resultado comisiones de expertos que dictaminaron todas negativamente.

Cuando Colón estaba dispuesto a abandonar España definitivamente y ofrecer su proyecto al rey de Francia, una última intervención de los monjes de La Rábida le hizo retrasar su marcha. Esta intervención coincidió con la toma de Granada (enero de 1492), por lo que quedaban todas las dificultades allanadas. Los Reyes Católicos aceptaron el proyecto de Colón después de largas discusiones en las que las *disparatadas ambiciones* de éste y la poca fe que tenía Fernando en la empresa hacían difícil el entendimiento. Por fin, en las *Capitulaciones de Santa Fe* se estipulaban las tres condiciones básicas para llevar a cabo la empresa: 1) Colón se reservaría un *10% del oro, plata, alhajas y riquezas* que adquiriera en las Indias; 2) Colón sería *almirante supremo* de la expedición marítima; 3) Colón sería *virrey* de todas las tierras descubiertas o colonizadas, título que podía legar a sus descendientes... Hay, sin embargo, una frase en el texto de estas capitulaciones que hace pensar que Colón había hecho ya un «predescubrimiento» de estas tierras en alguno de los muchos viajes que había emprendido anteriormente. En efecto, los monarcas le ofrecen a Colón con todos estos títulos y derechos «alguna satisfacción de lo que ha descubierto en las mares océanas y del viaje que agora con el ayuda de Dios ha de hazer a ellos». Pero, ¿qué podía haber descubierto Colón antes de 1492?

La historia del *primer viaje* de Colón es de todos conocida. Es la historia de un gran error cartográfico. Colón sale del puerto de Palos el 3 de agosto de 1492; una semana más tarde, el 9 de agosto, llega a Canarias, donde una avería le hace esperar hasta el 6 de septiembre, en que reanuda viaje. Al cabo de una semana, el 11 de septiembre, Colón observa que había recorrido ya más distancia que la que Toscanelli indicaba como necesaria para llegar al Asia. A partir del día 15 se nota en las anotaciones del *Diario* una cierta inquietud por ver tierra, inquietud que va acompañada de observaciones con las que pretendía inspirarse valor a sí mismo, como la de que las aves que veía volar cerca del barco indicaban la proximidad de tierra. La inquietud y hasta desconfianza de la tripulación intentó calmarla dándoles falsas informaciones sobre la distancia recorrida. El 1 de octubre Colón comprueba que había recorrido una distancia *ocho veces mayor* que la que suponía Toscanelli. Algunos historiadores hablan de conatos de sublevaciones de la tripulación, pero este es un punto que no es posible aclarar. Finalmente, el 11 de octubre se descubre tierra: una pequeña isla de las Bahamas, San Salvador. Y el 12 de octubre desembarca Colón en esta isla, creyendo que se encuentra en el continente asiático. Más tarde identificará la isla de Colba (Cuba) con Cipango (Japón). Como es sabido, Colón murió sin saber que había descubierto un nuevo continente...

El verdadero valor del viaje de Colón, más que en la oportunidad de haber planteado lo que estaba ya maduro en muchas cabezas, consiste en su fe en el triunfo de la empresa. Navegar sin descanso más de seis semanas cuando después de la primera semana se habían sobrepasado los cálculos previstos, demuestra una extraordinaria fe en sí mismo. Hoy se sabe que Cristóbal Colón se consideraba a sí mismo depositario de un cierto *mesianismo* que podía consistir en la tarea de evangelizar a otras naciones (el nombre de Cristóbal o Christophorus podía entenderse, al pie de la letra, como «Christum ferens», el que lleva a Cristo). En un libro manuscrito que se conserva en la Catedral de Sevilla, el llamado *Libro de las Profecías*, fue escribiendo Colón una verdadera antología de frases bíblicas de pretendido valor profético en que se hablaba no sólo de la reconstrucción de Jerusalén, sino del descubrimiento de las «islas del mar», que Colón identificaba con las Indias por él descubiertas. En otra ocasión identifica la Tarsis bíblica, que hemos visto en el primer capítulo de este libro que para muchos era Tartesos, con la isla Española, es decir, con la actual Haití. En este libro Colón llega a considerar el apoyo de los Reyes Católicos a su empresa ultramarina como inspiración del Espíritu Santo, y el éxito de su viaje lo atribuye no a sus conocimientos matemáticos ni cartográficos, sino al cumplimiento de las profecías de Isaías. Lo más asombroso es que en las ideas de Colón late una visión apocalíptica de los tiempos: el mundo, según ciertas autoridades, sólo puede durar 7.000 años, y como entre la Creación y la venida de Cristo transcurrieron exactamente 5.343 años, quedaban en el año en que se redactó este manuscrito solamente 155 años para el fin del mundo (!!!). Así pues, las profecías que aludían a las «islas del mar» tenían que cumplirse antes del fin del mundo, que estaba ya tan próximo... Ciertamente, no era Colón el único en creer en estos disparates ni en defender la interpretación profética de los textos bíblicos, que compartían muchos sabios de su tiempo. Lo nuevo en Colón es esa convicción de ser instrumento del Espíritu Santo y creer encontrarse en las postrimerías del mundo, lo que no fue obstáculo para exigir de los Reyes Católicos enormes sumas en oro y plata, así como el título de Virrey de las Indias...

Naturalmente, los Reyes Católicos se preocuparon por encontrar las *garantías legales* sobre las tierras descubiertas, problema que volvía a replantear las relaciones entre España y Portugal. Un primer acuerdo, anterior al descubrimiento de América y adaptado exclusivamente a las expediciones portuguesas a través de la costa africana, era el Tratado de Alcaçobas (1479), que reservaba para España todas las tierras que se encontraban a partir de un meridiano situado a 100 leguas al oeste de las islas de Cabo Verde. Pero este primer tratado, demasiado desfavorable a Portugal en los tiempos de los nuevos descubrimientos, fue corregido hacia el oeste en dos ocasiones. En 1493 la bula papal *Inter Caetera* otorgó a los españoles la posesión de las tierras situadas a partir de 100 leguas al oeste de las Azores (200 leguas al oeste de Cabo Verde), dejando para Portugal las tierras situadas al oriente de esta línea. Se sancionaba así toda una *tradición oriental* de navegaciones de los portugueses, y se inauguraba una *occidental* de los españoles. El Tratado de Tordesillas de 1494 confirmó la división del mundo en *hemisferio oriental* (Portugal) y *hemisferio occidental* (España), pero volviendo a correr la línea divisoria hasta llegar a 270 leguas al oeste de las Azores (370 al oeste de Cabo Verde). Con estas repetidas correcciones hacia el oeste, Portugal obtuvo derechos territoriales sobre las tierras del Brasil (al menos una parte del Brasil), pero perdió todo derecho sobre las islas Filipinas, que quedarían en el *hemisferio occidental* y justificarían los derechos del rey de España a conquistarlas.

A partir del Tratado de Tordesillas, los portugueses iniciaron una verdadera política de expansión colonial, de la que es testimonio la hazaña del viaje de Vasco de Gama en 1498 (Cabo Verde, Cabo de Buena Esperanza, Mozambique, Mombasa), que llegó a Calicut (India occidental) y estableció la primera colonia portuguesa en Asia.

La idea del nuevo continente: Vespucio, Balboa y Magallanes

Cristóbal Colón murió convencido de que había llegado a las tierras de Indias (Asia), pero algunos de sus pilotos, como Juan de la Cosa y Alonso de Ojeda, empezaron a dudar de esta creencia. También **Américo Vespucio**, importante comerciante florentino al servicio de los Médicis, se hallaba convencido del error de Colón y emprendió algunos viajes de exploración, al servicio de España o al servicio de Portugal, que le llevaron hasta la desembocadura del Río de la Plata (1502) e incluso hasta el paralelo 52. La línea costera que había recorrido Vespucio era demasiado larga para ser una isla, pero además no mostraba semejanza alguna con las costas más orientales de Asia. Por otra parte, la existencia de ríos tan caudalosos exigía la existencia de una masa de tierras de gran extensión y no una simple isla. «He redactado ya un informe pormenorizado –dice Américo Vespucio a sus amigos– acerca de mis experiencias en los nuevos territorios que he decubierto. El nombre de Nuevo Mundo les conviene muy exactamente, pues nuestros antepasados ignoraban del todo su existencia. Mi último viaje ha demostrado que se ha descubierto un continente cuya población es más numerosa y su fauna más rica que en Europa, Asia o África».

Américo Vespucio fue destinado a la Casa de Contratación de Sevilla en 1508, y murió poco más tarde, en 1512. Pero dejó un libro de inestimable valor: una colección de cartas prologadas por el sabio alsaciano Waldseemüller en que se recogían sus observaciones geográficas. Waldseemüller sugirió, ya convencido de la existencia de un nuevo continente, que al conjunto de las tierras descubiertas se le denominase América, en honor a Vespucio.

A pesar de esto, faltaba demostrar que las nuevas tierras formaban un continente, es decir, faltaba llegar a las costas del Pacífico para dejar establecida su naturaleza continental. Esta fue la empresa de **Núñez de Balboa**, realizada un año después de publicarse el libro de Vespucio, pero sin tener relación alguna con sus reflexiones geográficas. Balboa era, como tantos otros descubridores o conquistadores, un simple colono harto de las dificultades económicas que presentaba la explotación agrícola en las tierras vírgenes del nuevo continente. Balboa era un hombre ambiciosísimo y codicioso de riquezas, y su descubrimiento no obedece a la curiosidad científica, como en el caso de Vespucio, sino a la fiebre de oro y a la ambición de grandes hazañas. Transformado de colono en soldado (y hasta en soldado rebelde, pues no tenía autorización para dirigir ejército alguno), Balboa se improvisó capitán y decidió ir por su cuenta en busca de riquezas. Después de algunos éxitos, su talento diplomático le permitió emparentar con la familia de un cacique indio de la zona del Darién (Venezuela), y apoyarse en esta alianza para conquistar otros pueblos. En cierta ocasión, peleando en un territorio que muy probablemente se corresponde con la actual Costa Rica, fue invitado por un riquísimo cacique indio llamado Comagre, que le regaló pepitas de oro y esclavos. Balboa no pudo impedir disputas entre sus soldados para repartirse un metal al que los indígenas no parecían darle ningún valor. Comagre, extrañado por el interés de los occidentales por el oro, les dijo que había una región, más allá de las montañas y al pie un vasto mar, en que «hay oro en tal cantidad, que los reyes comen en platos de oro y beben en vasos de oro también». Comagre aludía al Birú o Perú, donde se encontraba una de las más ricas civilizaciones de la América precolombina, la de los incas. Balboa decidió emprender la expedición hasta el mar, pero para ello tuvo que dirigirse hacia el sur, hacia las tierras de la actual Panamá, único lugar relativamente accesible. El calor insufrible, húmedo y pegajoso (en el mes de septiembre llega a alcanzar los 39 grados), las picaduras de millones de insectos que transmitían fiebres, la abundancia de serpientes y caimanes y, en fin, la espesura misma de la vegetación tropical, permitían una marcha de sólo unos cinco o siete kilómetros diarios. Por fin, después de veinticinco días de sufrimientos en que pereció más de la mitad del ejército de Balboa (llegaron vivos setenta y siete hombres de un total de ciento setenta blancos), llegaron a divisar el inmenso océano que bautizaron como Pacífico. Balboa tuvo un gesto teatral, magnífico: hizo que sus hombres se detuvieran antes de llegar a la cumbre, para que él pudiera contemplar antes que ningún otro el gran espectáculo. Fue un gesto inútil, manifestación de la anormal megalomanía típica de los conquistadores: Balboa fue hecho prisionero al poco tiempo, acusado de alta traición y ejecutado sin poder realizar su sueño de entrar en el Perú.

Pero el descubrimiento de Vespuccio y la confirmación de Balboa de que estas tierras constituían un continente podía interpretarse en España como algo negativo: la competencia establecida entre españoles y portugueses para llegar antes a la India parecía decidida a favor de los portugueses, pues los españoles veían ahora interponerse entre Europa y Asia todo un nuevo continente que había que atravesar o circunnavegar. De esta manera surge la gesta de **Fernando Magallanes**, que realizó el primer viaje de circunnavegación a toda la tierra.

Magallanes era un noble portugués que había participado en los viajes colonizadores a la India realizados por Alburquerque, el sucesor de Vasco de Gama. Cuando regresó a Portugal, sus estudios cartográficos así como sus experiencias de navegante le hicieron llegar a la conclusión de que, en virtud de la línea de reparto del mundo establecida en 1494 en el tratado de Tordesillas, las islas Molucas (principales objetivos de la búsqueda de las especias), podrían pertenecer a España, y no a Portugal. Magallanes expuso sus estudios al monarca portugués, pero éste no le hizo ningún caso, y Magallanes, acaso por venganza, decidió exponer sus reflexiones al monarca español, que era en realidad el auténtico beneficiario de sus cálculos. Carlos I aceptó sus proyectos y en 1518 se preparó una expedición con el objeto de ir a las Molucas a través del Atlántico, esto es, buscando un paso que facilitase atravesar el continente americano. Conocemos bien la expedición de Magallanes por el diario de un marino, Antonio de Pigafetta: la expedición navegó rodeando las costas del Brasil, donde los españoles desembarcaron por algún tiempo, continuó hacia el sur hasta encontrar el estrecho que hoy lleva su nombre, atravesó este estrecho con grandes dificultades (tardó tres semanas en franquearlo), navegó a continuación tres meses por el Pacífico sufriendo las terribles consecuencias del escorbuto, y por fin llegó a las islas Marianas, al este de las Filipinas. Pero Magallanes, mal diplomático y hombre violento en el que el fanatismo religioso competía con la ambición de riquezas, se enzarzó en luchas con los indígenas de Filipinas y recibió una herida que resultó mortal. Después de la muerte de Magallanes, el viaje de regreso a España, que estaba proyectado a través del océano Indico y el cabo de Buena Esperanza, es decir, a través de la ruta ya conocida por la tradición marítima portuguesa, tuvo que realizarlo Juan Sebastián Elcano, que de esta manera se convirtió en el primer marino en dar la vuelta completa a la tierra. Elcano llegó a Sanlúcar de Barrameda en 1522 con unos marinos tan agotados, que tuvieron necesidad de ayuda para conducir el barco por el Guadalquivir hasta Sevilla. Elcano recibió un escudo de armas en que aparecía dibujado el globo terrestre con el lema *Primus circumdedisti me* («Fuiste el primero en rodearme»).

Una vez descubierta la realidad de un nuevo continente, se produce la rápida conquista y colonización de las nuevas tierras, que dividiremos, resumiendo la complicada trama histórica, en tres zonas geográficas fundamentales: a) conquista de México («Nueva España»), b) conquista del Perú, y c) conquista de las tierras de Venezuela y Colombia («Nueva Granada»).

Hernán Cortés y la conquista de México

La historia de la conquista de México está llena de detalles que producen asombro, y la justa indignación que siente el hombre moderno ante la barbarie y crueldad de los conquistadores, no impide el sentimiento de admiración ante unos hechos que parecen sacados de una novela de aventuras. La *codicia del oro* y la *ambición del poder* son los dos grandes móviles que impulsan al hombre blanco. A América no emigró precisamente lo mejor de cada familia, sino justamente aquellos *segundones* de la nobleza o *desesperados* de la fortuna que estaban empeñados en triunfar a todo trance. Pero si la *codicia* del oro no puede despertar nunca nuestras simpatías, hay algo de hermosamente trágico en la desproporcionada *ambición* de los soldados y capitanes que protagonizaron la conquista. Nuestra imaginación no puede sustraerse al encanto del *elemento épico*, que manifestaron incluso los más humildes soldados de a pie. El soldado y cronista Bernal Díaz del Castillo, testigo de excepción de la conquista de México, confiesa en su libro: «Muchas veces, agora que soy viejo, me paro a considerar las *cosas heroicas* que en aquel tiempo pasaron...» No está Bernal orgulloso de haber adquirido riquezas, sino de su comportamiento *heroico*. En otra ocasión asegura que los soldados españoles habían superado la gloria y hazañas y de los soldados romanos. Por lo demás, las citas de la antigüedad clásica o del mundo de los romances épicos que hacen los conquistadores nos sugiere la idea de que los ideales de la conquista iban más allá de la simple codicia.

Hernán Cortés nació en Medellín (Badajoz), en 1485, de una familia medianamente acomodada. Sus padres le enviaron a la universidad de Salamanca, donde el joven parece que no aprovechó en sus estudios. En 1504, el inquieto Cortés embarca para las tierras que todos consideran aún las Indias, y se establece como simple colono en Sto. Domingo. En 1511, Diego Velázquez, gobernador de Cuba, lo lleva a esta isla en calidad de ayudante administrativo. Cortés permanece en Cuba dedicado, principalmente, a la modesta labor de cría de vacas y caballos. Pero por esta época, y patrocinada desde Cuba por el gobernador Velázquez, tiene lugar la expedición de Grijalba a tierra firme en que se descubren las costas de México, desde la península de Yucatán hasta el río Tabasco y las proximidades de la actual Veracruz. La expedición de Grijalba trae las primeras noticias del fabuloso imperio azteca y de su rey Moctezuma, y abre los ojos al descontento colono para cambiar de vida y probar fortuna con las armas.

Diego Velázquez confía una expedición a Cortés para descubrir y conquistar el imperio azteca, pero rivalidades no bien estudiadas entre el gobernador y su súbdito hacen que Cortés tenga que abandonar Cuba sin obtener el permiso definitivo para la empresa. Se repite un cierto paralelismo con Núñez de Balboa: ambos son colonos frustrados y capitanes improvisados, y ambos dirigen un ejército expedicionario por cuenta propia y sin el necesario respaldo de sus superiores. Ambos son, también, infinitamente ambiciosos, condición indispensable de todo conquistador. Pero Cortés supera a Balboa en inteligencia, en talento diplomático, en don de gentes, sin resultarle inferior en imaginación ni en audacia. Cortés tiene, igualmente, algo de la grandeza del César, que no llegó nunca a los extremos de la crueldad habitual en las empresas de guerra, y que hasta supo perdonar a sus enemigos y convertir el perdón en alianzas militares.

La expedición de Cortés comenzó en la península de Yucatán y en la isla de Cozumel, que era la zona más cercana a Cuba; y comenzó con un verdadero golpe de fortuna, pues allí se encontraron con un español llamado Aguilar, superviviente de un antiguo naufragio, que conocía perfectamente la lengua de los mayas. Más tarde, continuando el camino de Grijalba, llegaron hasta el río Tabasco y San Juan de Ulúa, donde entraron en contacto con los primeros embajadores del emperador Moctezuma. De nuevo la fortuna viene en ayuda de Cortés, pues en esta región conoce a doña Malinche o Melincha (doña Marina para los españoles), joven esclava que se convierte en su mujer inoficial (Cortés estaba casado y había dejado a su mujer en Cuba). La compañera de Cortés conocía la lengua maya y la azteca, y el soldado Aguilar la maya y la española. Mediante la doble traducción del español al maya (Aguilar) y del maya al azteca (Malinche), Cortés podía entenderse a la perfección con los representantes de Moctezuma. Todavía un golpe de suerte: Cortés había llegado en el momento justo en que los aztecas, mediante unas señales del cielo, creían que unos hombres blancos procedentes de las tierras orientales iban a acabar con su imperio y castigar así sus pecados. Añádase a esto la impresión que causaban los ejércitos españoles en los indios: las armaduras les hacían prácticamente invulnerables, las armas de fuego les hacían semejantes a los dioses, e incluso se creía que los españoles eran una especie de centauros, por ir siempre a caballo.

Pero no todo era fruto de la suerte: Cortés era un gran diplomático, y sabía negociar con los diversos caciques o reyezuelos sometidos a Moctezuma prometiéndoles ayuda para recuperar la libertad. Los primeros contactos con un pueblo sometido tuvieron lugar al llegar a *Zempoala*, cuya ciudad o poblado sorprendió a los españoles por sus calles bien trazadas, por los edificios de piedra, por los numerosos palacios y jardines. Parece ser que fue también en Zempoala donde tuvieron por vez primera conocimiento de la tiranía de Moctezuma, que obligaba a los estados que rodeaban México a pagar un tributo. Cortés hizo alianza con el cacique de Zempoala y continuó viaje por la costa mexicana. La *fundación de Veracruz* queda ligada al recuerdo de la destrucción de las naves; en efecto, para evitar a sus hombres toda tentación de retirada, Cortés mandó quemar las naves de la escuadra. Todavía la lengua coloquial recoge la expresión *quemar las naves* para indicar que se ha adoptado una decisión que impide toda marcha atrás.

En el camino por tierra hacia el corazón del imperio azteca se encuentra Cortés con el *pueblo tlascalteca*, al que después de algunos combates consigue convencer para firmar una alianza defensiva contra el poder de Moctezuma. El cacique Xicotencal llegó a presentar a Cortés en el senado como el salvador de su pueblo. La admiración de los indios por los españoles aumenta cuando les ven entrar en el volcán Popocatepelt, en busca de azufre para fabricar pólvora... El ejército de Cortés logra todavía un aliado antes de llegar a la capital de México: el pueblo de *Cholula*, que después de algunas resistencias, decide unirse al de *Tlascala* y hacer causa común con los españoles.

La llegada de los españoles a la capital de México estaba preparada por numerosos contactos diplomáticos que habían tenido lugar a través de la larga expedición. La recepción que les ofreció Moctezuma fue magnífica, sin duda influenciada por el temor a las profecías sobre el final del imperio azteca. Con todo, en el discurso de recepción, Moctezuma estaba desengañado sobre la naturaleza de los conquistadores, a los que ya no tenía por dioses, y cuyas armas juzgaba igualmente fruto de la natural inventiva. Los españoles fueron bien tratados y alojados con todo género de comodidades en la capital del imperio, capital que les deslumbró por la riqueza de sus edificios, la abundancia de los mercados y el pintoresquismo de la estructura urbana, que consistía en bloques de viviendas separadas por canales y unidas por puentes, como una especie de Venecia más modesta que la del Adriático.

Es asombroso el valor de los soldados de Cortés, muy pocos en número, auxiliados por unos seis mil quinientos indios aliados, y encerrados en una ciudad-laguna de unas sesenta mil casas. Pero más asombroso todavía es comprobar la audacia de que se sirvió Cortés para acabar con Moctezuma. A Cortés le llegaron emisarios desde Veracruz informando que sus tropas en el fuerte que llevaba este nombre tuvieron que luchar contra oficiales del ejército de Moctezuma, y de cuyas resultas murieron algunos españoles, entre ellos su capitán. Aunque Cortés sospechaba que Moctezuma era inocente, decidió aprovechar la ocasión para hacerlo prisionero mientras no se aclarase la situación, y dispuso el traslado del emperador a su palacio. Moctezuma era así una especie de rehén voluntario que debería garantizar con su persona el cumplimiento de los pactos entre los mexicanos y los españoles. La situación parecía grotesca. ¡El emperador Moctezuma prisionero de un capitán extranjero en la propia capital de su imperio! Añádase todavía una dificultad más, para hacer más increíble la historia: Cortés se permitió el lujo de abandonar la capital de México para ir a pelear contra las tropas que había enviado contra él Velázquez, el gobernador de Cuba. Cortés venció a las tropas del gobernador, en parte conquistando la confianza de sus capitanes y ganándolos para su causa, y regresó victorioso a la capital de México para continuar la prisión de Moctezuma.

Pero el pueblo mexicano estaba descontento de su emperador, que era prisionero y aliado de unos conquistadores que habían permitido actos de gran crueldad en los templos aztecas (durante la ausencia de Cortés, su representante Alvarado permitió una salvaje matanza de indios). Moctezuma quiso ganarse las simpatías del pueblo y decidió dirigirles la palabra desde su palacio-prisión, pero una pedrada disparada por la airada multitud le causó una herida mortal. Con la muerte de Moctezuma pierde Cortés un rehén de inestimable valor y se convierte en prisionero de los mexicanos, que no dudaron en cortar los puentes para dificultarle la salida. La célebre *Noche Triste*, en que los españoles tuvieron que huir de la ciudad de la laguna, significó grandes pérdidas para el ya de por sí reducido ejército español (muchos soladados se ahogaron por querer atravesar las aguas cargados de riquezas). Pero refugiándose en Tlascala y rehaciendo el ejército aliado, Cortés pudo derrotar a los ejércitos aztecas en la célebre *batalla de Otumba* (1520), que en poco tiempo le permitió conquistar todo el imperio mexicano.

Francisco Pizarro y la conquista de Perú

La historia de la **conquista del Perú** se lee con desagrado: domina la *codicia* que hemos advertido en la conquista de México, pero sin el contrapunto de la *ambición de gloria* que hacía sentirse a los soldados émulos de Roma. La conquista del Perú, realizada por capitanes sin escrúpulos (Pizarro, Almagro), está dominada por el único objetivo de conquistar riquezas. Al final, los participantes terminan matándose los unos a los otros. No había en sus almas ningún impulso generoso que les proporcionase un ideal común. A Hernán Cortés le admiraban sus soldados, a Francisco Pizarro le temían. Durante la conquista de México se produjeron escenas dignas de una epopeya, y el libro de Antonio de Solís (*Historia de la conquista de México*) o el de Bernal Díaz del Castillo (*Historia Verdadera de la Conquista de la Nueva España*) están llenos de elogios a la figura del nuevo César americano. No ocurre lo mismo en el libro de Pedro Cieza de León (*Descubrimiento y conquista del Perú*), que no puede ocultar los continuos extravíos morales de los capitanes.

El reino del Perú, ya lo hemos visto, fue el objeto de la codicia de Balboa, que facilitó el descubrimiento del Pacífico en 1513. Francisco Pizarro, soldado que había participado en la expedición de Balboa, recogió la idea de llegar a este lejano país navegando desde Panamá por la costa occidental de América. El gobernador de Panamá, Pedrarias Dávila, suegro y ejecutor de Balboa, concedió permiso a Pizarro para conquistar las riquezas del Perú. Ante la dificultad de la empresa, se formó un extraño triunvirato en que entraban Francisco Pizarro, Diego de Almagro y el clérigo Luque. Los tres se dividirían las riquezas de la conquista a partes iguales, aunque Luque no participaría directamente en la labor de descubrimiento y conquista y se limitaría a ser socio capitalista.

La primera expedición fue un fracaso. Después de recorrer unos 800 kilómetros de costa, la expedición se detuvo en la isla del Gallo (en la línea del ecuador, al sur de Colombia) para pedir refuerzos de Panamá, pero el nuevo gobernador de Panamá, don Pedro de los Ríos, encontraba el proyecto demasiado arriesgado y denegó toda ayuda. Pizarro tuvo un gesto teatral al negarse a regresar a Panamá en las naves que a su disposición ponía el gobernador, trazó una raya en el suelo con la espada, y dijo que pasaran la raya los que tuviesen ánimo para seguir la expedición hacia el sur. La raya la atravesaron solamente 13 soldados, los que la historia recogió con el nombre de «Los trece de la fama». Pizarro aguantó siete meses en esta zona, hasta que el gobernador, apiadado de los desgraciados, envió un barco para traerlos a Panamá. Pizarro logró contagiar su fe en la empresa a los tripulantes del barco, e hizo que cambiasen de rumbo para acercarse a las tierras del Perú (de nuevo una expedición sin apoyo oficial...). Arribaron a Túmbez, en el norte de Perú, e incluso descendieron un poco más hacia el sur, hasta alcanzar Santa (entre Trujillo y Lima), donde Pizarro recogió valiosísimos detalles sobre el imperio de los incas.

A su regreso a Panamá, Pizarro no logró convencer al gobernador, por lo que decidió ir a España y exponer personalmente su proyecto al emperador. Después de muchas dificultades, consiguió el permiso de conquistar las nuevas tierras, así como el título de capitán general de todas las conquistas, que incorporaría a España. Obtuvo para Almagro el cargo de teniente de la ciudad de Túmbez, mientras que Luque era nombrado protector de los indios. El reino de Castilla costearía toda la expedición, y se acordó que las tierras de la monarquía incaica se denominase Nueva Castilla.

Contando con el permiso y ayuda oficial, Pizarro emprende la segunda y definitiva expedición en 1531. Lleva consigo solamente 200 soldados, cifra increíblemente pequeña para conquistar tan gran imperio, pero que era usual en las expediciones de esta época. Cuando llega a las costas del Perú, decide desembarcar de nuevo en Túmbez, región ya conocida, pero en la que Pizarro se presenta ahora como conquistador y enemigo. Allí se entera de la guerra civil entre los príncipes incas Atahualpa y Huáscar, que estaba prácticamente terminada con la victoria de Atahualpa, pero que indirectamente favoreció la empresa de los españoles. Pizarro decidió ir derecho a junto de Atahualpa, que se encontraba en Cajamarca, al otro lado de los Andes. Ni su edad de 56 años, ni las dificultades que ofrecía atravesar la cordillera de los Andes, ni la superioridad del enemigo, que contaba con unos 50.000 soldados, hicieron dudar a Pizarro. Efectuó la salida en el verano de 1532, y en octubre alcanzó la cadena de los Andes. Tuvo que esquivar peligrosos abismos, escalar pendientes casi verticales, avanzar por senderos impracticables y atravesar selvas enmarañadas de calor insufrible. Después de alcanzar cierta altura, se acabaron los bosques y aparecieron cumbres coronadas de nieve y volcanes que vomitaban fuego desde unas calderas rodeadas de nieve. Después de una semana agotadora llegaron al valle de Cajamarca, donde se encontraba el ejército de Atahualpa.

El hundimiento del imperio incaico se produjo casi instantáneamente. Pizarro hizo saber a Atahualpa que los papas, en nombre de Dios, habían decretado el reparto de la tierra entre los príncipes cristianos, y que al rey de España le había correspondido el reino del Perú; en caso de que Atahualpa se negara a abrazar la verdadera religión y aceptar el protectorado de España, todo su imperio sería arrasado a sangre y fuego. Ante la lógica negativa de Atahualpa, los soldados de Pizarro embistieron a los indios de la escolta y los vencieron en un momento: las armaduras hacían a los españoles inmortales, las armas de fuego sembraban la muerte a su alrededor, y un cañón disparado oportunamente produjo el pánico entre los indios, que se dieron a la fuga.

Atahualpa fue hecho prisionero, y al observar la desmedida ambición de riquezas de los españoles, le propuso pagar una crecida suma si le dejaba libre; no fijó la cantidad, pero levantó el brazo señalando la altura de dos metros y medio en la pared del cuarto que le servía de cárcel, y como tenía siete metros de largo y cinco de ancho, el precio a su libertad se cifraba en un rescate de oro y plata que llenase el espacio de ochenta y siete metros cúbicos (!!!). Mientras Atahualpa daba órdenes de despojar el oro de templos y palacios para alcanzar la suma requerida, el hermano de Atahualpa, Huáscar, le hacía saber a Pizarro desde la prisión que estaba dispuesto igualmente a ofrecerle una buena suma en oro a cambio de la liberación. Pizarro se había convertido en árbitro de los destinos políticos del Perú. Atahualpa mandó matar a su hermano Huáscar, por miedo a una posible rivalidad, y aportó el oro y plata convenidos. Pero Pizarro no solamente le negó la libertad, sino que lo mandó matar por ver en su presencia un estorbo a su política de dominio. Buscó dos pretextos legales absurdos: uno, el haber matado a su hermano, y el otro el de negarse a abrazar la religión cristiana, lo que le hacía reo de herejía. Pizarro sabía unir a la crueldad la ironía más refinada.

No sabemos de qué pasta estaba hecho un hombre como Pizarro. Su valor y arrojo personal tenía algo de locura, y su ambición de mando y riquezas era sobrehumana. En realidad, nada era humano en Pizarro: era como el juguete de un destino más fuerte que le dominaba y no le dejaba ser él. Se podría escribir una verdadera tragedia griega con la historia de su vida. Una tragedia en que casi desaparecería el héroe de carne y hueso para ser suplantado por los hilos del destino.

Pizarro murió en medio de una verdadera guerra civil que encendió contra su antiguo socio Diego de Almagro. «Pizarristas» y «almagristas» lucharon sin más ideales que el poder puro y simple. Se asegura que, en el momento de morir, Pizarro dibujó una cruz en el suelo con su propia sangre y luego la besó. Acaso había recuperado la lucidez en el último momento...

El mito de Eldorado y las tierras de Venezuela y Colombia

La conquista de Venezuela y Colombia no es tan importante como la de México o Perú, pero tiene mayor valor emblemático, porque estas tierras simbolizan el mito del oro, la leyenda de *Eldorado*, sin la cual no se habría producido el fenómeno de la conquista. Ciertamente, no había nada detrás del mito, a no ser el sueño febril de los conquistadores, pero el sueño fue más fuerte que la misma realidad.

El mito de *Eldorado*, surgido ya en los primeros años del descubrimiento, acompañó y hasta impulsó buena parte de las expediciones que partían del norte de Venezuela, especialmente las que se originaban en torno a la zona del lago de Maracaibo. Estas expediciones solían tener capitanes de origen alemán (Nikolaus Federmann, Ambrosius Dalfinger, Georg Hohermuth...), porque el Emperador, siempre endeudado con los grandes banqueros alemanes, les había concedido a éstos el derecho a explotar estas tierras a cambio de la remisión de sus deudas. El mito, agrandado a medida que pasaba el tiempo, aseguraba que en una tribu india de las tierras del interior un *hombre dorado* (de oro) era arrojado a las aguas de un lago. La localización de esta tribu (que se suponía en las cercanías de Bogotá) era un problema para los conquistadores, pues, partiendo de Venezuela, había que dirigirse al sur caminando por el desierto paralelo a los Andes (travesía dificilísima por ser un desierto, y por no ser fácil encontrar un paso perpendicular a los Andes), o seguir el curso del río Magdalena (travesía igualmente peligrosa por ser zona de selva).

Después de varias expediciones infructuosas, en el año de 1539 se produce una de las mayores casualidades que registra la Historia: tres expediciones que habían partido de tres puntos distintos en tres fechas distintas y sin tener conocimiento las unas de las otras, alcanzan la zona de *Eldorado* al mismo tiempo (casi coincidieron en el mes y día): Nikolaus Federmann, que había seguido el camino del desierto y encontrado un paso natural a través de las montañas (el paso que aún hoy se llama, castellanizando la fonética alemana, «Paso de Fredemann»); Gonzalo Giménez de Quesada, que siguió el cauce del río Magdalena; y Sebastián de Belalcázar, que inauguró un camino nuevo, sin casi riesgos, desde el norte del Perú. Los tres ejércitos expedicionarios no sabían que buscaban un mito, un sueño provocado por la fiebre del oro. En la región de Bogotá no había oro ni plata ni metales preciosos de ningún tipo. Mejor dicho, había oro, pero no en la tierra, sino en moneda, como resultado del cobro de la sal, producto de primerísima importancia en los Andes y que producían los indios de la cultura Chibcha. La leyenda de *Eldorado* había nacido, simplemente, como una ampliación febril de una sencilla *ceremonia religiosa* observada en las orillas del lago Guatavita, situado algunos kilómetros al norte de Bogotá: el Zipa o cacique de los indios chibchas, untado con resina y espolvoreado con polvo de oro, era sumergido unos momentos en el lago para dejar allí su recubrimiento de oro, y el pueblo acompañaba esta ofrenda a los dioses arrojando al agua objetos de oro (mejor: objetos recubiertos de oro).

Como el hombre no tiene memoria histórica, la leyenda de *Eldorado* continuó su itinerario febril por otras regiones; apenas se descubriría la falsedad del nuevo emplazamiento, volvía a surgir en otros países, como ocurrió en el Brasil del Amazonas o en la zona minera de California... Era el verdadero motor de los descubrimientos, la locura que fue cristalizando en las modernas sociedades criollas.

B: SOCIEDAD

Las civilizaciones de América Central: aztecas y mayas

Los arqueólogos y los paleontólogos están de acuerdo en que los pueblos de las culturas precolombinas no son autóctonos del continente americano. No hay en América ningún vestigio de pitecántropos o de hombres de culturas primitivas como Neanderthal en Europa. Se supone que los primeros pobladores llegaron a América desde Asia a través del estrecho de Behring. Los pueblos indios de América pertenecerían a la raza mongólica y estarían emparentados con los chinos. Al principio serían *nómadas* dedicados a la caza, y después desarrollarían una agricultura primitiva y muy pobre (basada casi exclusivamente en el cultivo del maíz) que les permitiría hacerse *sedentarios*. El paso de la cultura nómada a la sedentaria está ligada a la aparición de estructuras sociales más desarrolladas y a las primeras manifestaciones culturales de importancia.

Curiosamente, ninguna de las culturas precolombinas, con independencia del grado de desarrollo alcanzado, llegó a conocer el invento de la rueda, fenómeno particularmente asombroso en el Perú de los incas, donde se tuvo que improvisar todo un sistema de transporte a hombros humanos o con bestias de carga.

En América Central hay dos regiones culturales de importancia extraordinaria: a) región de México o de la *meseta mexicana*, donde floreció la cultura de los *aztecas*, y b) región de la península de *Yucatán-Guatemala-Honduras*, donde se desarrolló la cultura de los *mayas*.

En la región que más o menos se corresponde con el actual **México** o la **meseta mexicana**, destaca como cultura primitiva (anterior a la era cristiana) la de los *olmecas*, única en todo el continente americano que se dedicaba a la agricultura (cultivo del maíz) y que dejó importantes muestras culturales en la escultura de los hombres-jaguares. A la cultura de los *olmecas* sucedió hacia el siglo X de la era cristiana la cultura de los *toltecas*, que llegó a ser tan importante como la anterior. Los *toltecas* ofrecían a los dioses sacrificios de flores.

Pero la cultura más importante fue la de los *aztecas*, hordas al principio nómadas que se establecieron en la región mexicana hacia el siglo XIII de nuestra era y que poco a poco fueron creando la riquísima civilización que produjo el asombro de los españoles. Los aztecas fundaron sobre las pequeñas islas del lago Texcoco la ciudad de Tenochtitlán, una especie de Venecia consistente en islotes edificados separados por canales de agua. Poco a poco, partiendo de Tenochtitlán, los aztecas fueron conquistando a sus pueblos vecinos hasta llegar a dominar gran parte del actual México. Se trataba de un verdadero imperio compuesto de muchos pueblos y culturas diferentes que conservaban una cierta autonomía política, pero que debían pagar impuestos al poder central. Es preciso tener esto muy en cuenta, porque hemos visto que Hernán Cortés pudo llegar al mismo corazón del imperio azteca solamente gracias a la ayuda de unos pueblos deseosos de sacudir la servidumbre política.

Tenochtitlán, la «Venecia mexicana», llamaba la atención de los españoles sobre todo por ser una ciudad construida sobre el agua: los aztecas habían habían desecado en gran parte el pantano y construido canales o calles que rodeaban pequeños islotes de casas. Entre los distintos islotes había puentes, algunos de ellos levadizos, es decir, que podían ser retirados en caso de necesidad militar para aislar al enemigo. También llamaban la atención sus numerosos *jardines flotantes*, que eran enormes balsas recubiertas de limo extraído del fondo del lago y sobre las que plantaban legumbres, flores y también árboles que alcanzaban el fondo del lago y mantenían estos jardines anclados al fondo. La ciudad en su conjunto era una especie de laguna artificial en la que el nivel del agua se controlaba por medio de *diques* y *compuertas* que cerraban el paso del agua o lo impedían, según la necesidad. Tenochtitlán, según los cronistas españoles, contaba con unos 300.000 habitantes, (según algunos historiadores modernos llegaba a 1.000.000). No conocemos la exactitud de estas cifras, pero, supuesto que sean exageradas, dan una idea de la sorpresa que producía la civilización azteca en los europeos, acostumbrados a encontrar solamente pequeños núcleos de población. La ciudad estaba llena de multitudes que se agrupaban en torno a los tenderetes donde se vendía el maíz (base alimenticia de casi todos los pueblos precolombinos), las patatas (que pronto se extenderían por Europa), tomates y otros productos agrícolas, así como tejidos, piedras preciosas y tabaco (otro de los productos americanos destinado a hacerse famoso en Europa). En Tenochtitlán se podían comprar también esclavos para el trabajo, que eran indios procedentes de los pueblos sometidos. Curiosamente, la moneda empleada en transacciones comerciales tan variadas solían ser los granos de cacao, producto muy apreciado en la meseta mexicana.

La sociedad azteca estaba rígidamente estratificada en clases sociales. La clase más modesta estaba formada por los *esclavos*, muy abundantes en la civilización azteca. Los esclavos podían ser a) esclavos de guerra, es decir, prisioneros cogidos al enemigo y condenados a morir como ofrendas a los dioses; b) delincuentes que expiaban su culpa trabajando gratis para el Estado; c) pobres que renunciaban a su libertad por falta de medios para vivir; y d) niños vendidos por sus padres para remediar la pobreza. A continuación venía el *pueblo llano*, esto es, la gran masa de la población, que trabajaba sus tierras de acuerdo con un régimen de propiedad comunitaria. El pueblo llano estaba obligado a pagar impuestos y a prestar el servicio militar. Finalmente venía la *aristocracia* azteca, formada por las familias que nutrían la administración del Estado (altos funcionarios) y entre cuyos miembros se elegía el *consejo* que rodeaba al emperador y que participaba en la elección del mismo. Como la sociedad azteca estaba organizada según las necesidades de la guerra, el estamento aristocrático no era solamente hereditario: los soldados que se habían distinguido en la guerra, podían recibir un título de nobleza. Una parte de la aristocracia (la formada por nobles sin tierras) constituía la casta de sacerdotes.

En la sociedad azteca era muy importante la institución del *ejército*, cosa comprensible en una sociedad que era cabeza de un gran imperio. Los aztecas tenían un servicio militar obligatorio y general, como los ejércitos modernos. Los soldados, como hemos dicho, eran reclutados entre el pueblo llano, pero el núcleo militar estaba constituido por soldados profesionales debidamente adiestrados y educados para esta función. Pertenecer al núcleo de soldados profesionales era el sueño ideal de los jóvenes, y tenemos que suponer que había una estrecha relación entre la aristocracia social y este ejército de profesionales.

La *religión* de los aztecas comprendía gran número de dioses sanguinarios, dioses que debían ser aplacados por medio de sacrificios de vidas humanas. Había que derramar sangre humana sobre las pirámides escalonadas, generalmente arrancando el corazón de la víctima, para que los dioses siguieran permitiendo que saliera el sol cada mañana. Probablemente estos dioses tenían su origen en la barbarie de las primitivas culturas nómadas. Se trataba de una religión sin consuelos, sin mayor relación entre el hombre y la divinidad que la que produce la continua angustia de sentirse víctima de la cólera divina. Se cree que solamente para mantener el servicio divino en Tenochtitlán había 5.000 sacerdotes, lo que da idea de la importancia de esta religión en la vida social azteca. Además, los mumerosos templos escalonados que había en la ciudad eran los únicos edificios que sobresalían por en medio de casas vulgares, pobres y hasta primitivas, construidas con adobes y desprovistas de adornos.

Los aztecas tenían un sistema de *enseñanza escolar* controlada por el Estado y obligatoria para todos los jóvenes hasta los 15 años. La misión de las escuelas era la de formar ciudadanos obedientes a las leyes del Estado. Solamente los hijos de los nobles recibían una educación superior, de acuerdo con sus tareas administrativas o militares.

Políticamente, el *soberano* azteca era elegido en el seno de una familia aristocrática, pero su poder no era absoluto, pues, como hemos dicho, tenía siempre a su lado una especie de *consejo* que se reunía con regularidad para adoptar decisiones conjuntamente. Cuando llegaron los españoles, el soberano era Moctezuma II, hombre que tenía fama de ser muy culto, buen capitán y severo gobernante. Parece ser que la época de Moctezuma fue una especie de siglo de oro del imperio azteca. Pero Moctezuma era un hombre víctima de la melancolía y estaba perseguido por el sentimiento apocalíptico del próximo hundimento del imperio: Quetzalcoatl, el dios del viento del este, gigante de piel blanca y provisto de larga barba, habría de regresar del oriente para castigar las culpas de los indios. Cuando llegaron los españoles, parece ser que Moctezuma los identificó con los hombres de Quetzalcoatl: venían del oriente, eran más altos que los indios y tenían barba... Se desconoce el origen y sentido del mito de Quetzalcoatl, pero parece bastante probable que este mito haya contribuido efectivamente al triunfo de los españoles de Cortés.

En la región de la **península de Yucatán-Guatemala-Honduras** floreció la civilización de los *mayas,* mucho más rica que la de los aztecas desde el punto de vista cultural, pero históricamente menos importante para el objeto de nuestro estudio, pues se encontraba ya en decadencia cuando llegaron los españoles. Cuando Hernán Cortés hizo su expedición a Honduras, tuvo que pasar muy cerca de las ruinas de Palenque, la ciudad que fue en su día el centro religioso de esta cultura, pero que entonces estaba ya invadida por la selva tropical. La causa del abandono de Palenque fue una migración del pueblo maya desde Honduras-Guatemala a la península del Yucatán, migración que había tenido lugar ya hacia el siglo VI de nuestra era y cuyas causas se desconocen. (Algunos suponen que se debió a la huida de la fiebre amarilla, otros que se debió a haber agotado las posibilidades del monocultivo). Se puede llamar *Viejo Imperio* a la civilización maya de Guatemala-Honduras, con Palenque como capital, y *Nuevo Imperio* a la civilización maya de la zona de Yucatán, con Chichén-Itzá como capital.

Los mayas de Yucatán fueron bárbaramente conquistados por los españoles a partir de la expedición de Francisco Montejo en 1527. En quince años de luchas, los colonizadores acabaron con la civilización maya, quemaron sus libros sagrados y destruyeron sus ídolos. Estudiaremos más adelante lo más importante de la civilización maya, esto es, su arte, especialmente la arquitectura y la escultura.

La civilización de los Andes: los incas del Perú

Se puede establecer un cierto paralelismo entre el desarrollo de la cultura de los *mayas* de América Central y la cultura de los *incas* de la América andina. En efecto, también la civilización de los *incas* experimentó su apogeo (agricultura, artesanía textil, cerámica, escultura y arquitectura) en los primeros siglos de la era cristiana, para sufrir una cierta decadencia en los siglos posteriores. La diferencia es que la civilización maya no se recuperó, mientras que los incas volvieron a experimentar un gran desarrollo precisamente poco tiempo antes de la llegada de los españoles. (La increíble ciudad de Machu Pichu, situada a unos 2400 metros de altura, se comenzó a construir hacia mediados del siglo XV). Esta civilización tiene, entre otros, el gran mérito de haberse desarrollado en las altas montañas andinas, es decir, en lugares donde la lucha contra la naturaleza era particularmente difícil.

Hay que entender el imperio incaico como el azteca, es decir, como la *tiranía de un pueblo sobre los pueblos circundantes*. El historiador Cieza de León nos habla con frecuencia de la multitud y variedad de pueblos sometidos al poder central de los *incas*, que habían establecido desde su capital, Cuzco (unos 200.000 habitantes en el tiempo en que llegaron los españoles), toda una red de carreteras, puentes, túneles, etc., para mantener contacto con las provincias. El poder estaba rígidamente centralizado, y el inca o soberano tenía poderes absolutos sobre sus súbditos a través de los gobernadores de las cuatro provincias del imperio, gobernadores que residían también en Cuzco y que formaban una especie de *gran consejo*. En opinión del historiador Means, ningún soberano europeo ni asiático gozaba de un poder tan absoluto como el del soberano inca. En parte, este carácter absoluto se justificaba recurriendo al origen divino del inca, que le hacía diferente a todos los demás mortales. (Ningún súbdito podía presentarse ante el inca sin haberse descalzado previamente y sin llevar sobre sus espaldas alguna carga, símbolo de sumisión).

Este carácter absoluto y centralizado del estado incaico se muestra muy claramente en la *arquitectura* y *obras públicas* de esta civilización: para mantener un sistema de correos eficiente entre el poder central y las provincias, los incas construyeron en las alturas de los Andes (en lugares incluso donde falta oxígeno) una red extraordinaria de carreteras, puentes y túneles, así como de pequeños albergues y almacenes de ruta (*tambos*) en donde se guarecían los corrreos del inca (*chasquis*). La carretera más importante unía Cuzco, la capital, con Quito, tenía unos 5.200 kilómetros de longitud y recorría paisajes que con frecuencia se encontraban entre los 3.000 y los 4.300 metros de altura. Una segunda carretera paralela a ésta recorría el país por la zona costera, tenía unos 4.000 kilómetros y alcanzaba hasta el sur de la actual Colombia. Estas dos carreteras principales en dirección norte-sur eran atravesadas por muchas otras carreteras secundarias perpendiculares en dirección este-oeste. En general, las carreteras tenían una anchura de hasta 6 metros. En una civilización que no conocía la rueda (mejor dicho, que la conocía, pero no la empleaba) el servicio de correo se realizaba a la carrera: los citados *chasquis* estaban situados a una distancia de unos 3 Km unos de otros, y transmitían los mensajes recorriendo esta distancia a toda velocidad. Por medio de estas carreteras y estos correos era posible que una noticia necesitara solamente cinco días para recorrer la distancia entre Cuzco y Quito.

A la extraordinaria dificultad de construir edificios y obras públicas sobre montañas tan elevadas se une la increíble *técnica empleada para cortar y ensamblar los bloques de piedra*: los incas empleaban enormes bloques de piedra irregulares (de muchos ángulos distintos) que encajaban a la perfección entre sí, hasta el punto de no dejar espacio para introducir la lámina de un cuchillo. Se ha especulado sobre el misterio de esta técnica, que algunos han llegado a atribuir a la colaboración de extraterrestres, pero que muy posiblemente se debe al aprovechamiento de fracturas internas de la piedra y a su posterior pulimentación fuera de la cantera, es decir, en el edificio mismo que se estaba construyendo.

El centralismo y absolutismo incaico es también la causa –o la consecuencia– de la continua *presencia del Estado en la sociedad*. Se puede decir que en la sociedad incaica, a semejanza de las modernas sociedades occidentales, el Estado era omnipresente, sus funciones se extendían a prácticamente todas las actividades sociales. Todo ciudadano debía servir al Estado de alguna manera, y a cambio de este servicio del ciudadano, el Estado se comprometía a velar por el bienestar de todos. Las tierras, por ejemplo, las repartía el Estados en tres lotes distintos según la función social: el primer lote estaba destinado al sol, es decir, a los sacerdotes, que tenían la obligación de velar por el culto. El segundo lote era para el soberano, es decir, para el inca y el aparato político. Y el tercer lote estaba destinado a los *ayllus*, es decir, a las tribus o clanes de ciudadanos. Suponemos que los dos primeros lotes estaban al servicio de lo que en las sociedades europeas anteriores a la Revolución Francesa se denominaban *estamentos* (estamento eclesiástico y estamento nobiliario, respectivamente). El tercer lote, sin embargo, era de gran originalidad: las tierras eran comunes a todos, y el jefe del *ayllu* repartía cada año estas tierras entre las familias, evitando que ninguna familia se quedara sin nada. En tiempo de paz, a todo ciudadano le estaba garantizada la subsistencia, y si caía enfermo o se hacía viejo, el Estado lo cuidaba. Se trataba de una especie de socialismo primitivo donde no existía la propiedad privada, al menos en el lote del *ayllu*.

Este socialismo, sin embargo, no tenía nada de democrático: la *jerarquía social impedía romper las fronteras entre los estamentos*. La clase dominante, es decir, la aristocracia que formaba el aparato de poder en torno al inca, tenía no solamente el monopolio del poder, sino también el monopolio de la cultura. «Nadie puede gobernar si no está instruido –se decía– pero es inútil instruir a quienes no tienen que hacer sino obedecer». De acuerdo con esto, había una escuela destinada única y exclusivamente a los jóvenes de la aristocracia. Igualmente impermeable era el estamento sacerdotal, que en el Perú gozaba de enorme prestigio por dedicar su vida al dios Sol, protector del Estado. El gran sacerdote del templo del Sol en Cuzco era siempre hermano o tío del mismo soberano. Frente a estos dos estamentos verdaderamente impermeables –aristocracia y clero– la gran masa del pueblo llano, como en Europa, estaba obligada a pagar impuestos para sostener a los estamentos, pero los impuestos no podían consistir en dinero (que no existía en el Perú precolombino), sino en forma de prestaciones laborales obligatorias, sistema que se denominaba *mita*. La mita era una especie de servicio social gratuito que tenían que realizar todos los súbditos del reino trabajando las tierras de los otros estamentos, o participando en las obras públicas del Estado, o ayudando en la búsqueda de materias primas. La mita tenía una duración máxima de 90 días, durante los cuales el Estado se comprometía a alimentar, vestir y proporcionar techo a sus súbditos.

El problema social de la colonización: el régimen de encomiendas

La etapa del descubrimiento produce el sentimiento de maravilla ante las bellezas naturales, la etapa de conquista desata la ambición y la crueldad, y el período de colonización despierta la avaricia. El descubridor es curioso, el conquistador es violento, y el colonizador es avaro e inhumano.

Los crímenes cometidos por los «civilizados» europeos contra los «bárbaros» indios no admiten disculpa, especialmente si se tiene en cuenta que una de las justificaciones de la empresa americana era la de convertir a los indios a la fe cristiana. Pero hay razones que explican, ya que no disculpan, la barbarie de los europeos. En primer lugar, a América fueron los *segundones de la nobleza*, es decir, los hijos que no heredaban, los que se veían obligados a luchar por mantener un status social sin trabajar con las manos. Es evidente que estos desheredados estaban dispuestos a todo por conseguir riqueza y honores. Además, después de haber expuesto la vida durante las peligrosas campañas de conquista, consideraban legítimo explotar de mala manera a sus «enemigos», a quienes a veces ni siquiera consideraban seres humanos. Se puede decir que a América no emigró precisamente lo mejor de cada casa...

Una segunda razón que explica los crímenes de la colonización es el *choque de dos culturas*, dos formas de vida y hasta dos «naturalezas» distintas. Los indios, acostumbrados a vivir en una sociedad que podríamos denominar, con Lévi-Strauss, «sociedad fría» (no hay historia, el tiempo es reversible, no hay desgaste, producción y consumo están equilibrados), reciben el impacto, en muy breve espacio de tiempo, de una «sociedad caliente» (hay un proceso histórico, hay una tensión por aumentar el consumo, se produce desgaste y desequilibrio). Esto siginifica que deben trabajar a estilo europeo, transformando su ritmo de vida y sufriendo las consecuencias de tal adaptación. La miseria, las enfermedades y la muerte fueron el triste resultado. En algunos casos fue suficiente el contagio de simples enfermedades a las que los europeos eran inmunes, para diezmar toda una población. (Todavía hoy día, en la región del Amazonas, es posible observar este fenómeno: un simple virus gripal introducido por los blancos puede destruir pueblos enteros).

Una tercera razón (Salvador de Madariaga) puede residir en la situación geográfica que se le impone al hombre «civilizado»; la palabra «civilización» viene de *cives* («ciudadano») y de *civitas* («ciudad»). El europeo *civilizado*, transplantado a estas tierras donde dominan enormes extensiones de selva, de montaña y hasta de desierto, se *desciviliza*, se primitiviza, recupera los atavismos del hombre solitario o del que vive en pequeños grupos. Y con esto tenemos la metamorfosis del *civilizado* en *salvaje*...

Pero acaso la razón más importante sea la de que los españoles tuvieron que improvisar en corto espacio de tiempo un sistema socioeconómico basado, en parte, en viejas *fórmulas feudales*. En efecto, España exportó a América un sistema económico de dudosa eficiencia y, lo que es peor, de pésima moralidad. Añádase a esto la dificultad de poder controlar desde Europa lo que acontecía en el continente americano...

En un principio, y mientras había que *conquistar* nuevas tierras, dominaba el sistema de *capitulaciones*, esto es, contratos firmados entre empresas privadas y la Corona. También la labor del *descubrimiento* se realizó mediante este tipo de contratos (el primero, el que sirvió de modelo para los siguientes, fue el contrato firmado con Colón: *Capitulaciones de Santa Fe*). En todas estas *capitulaciones* se ofrecía a los participantes modestas ganancias: «rescates» o trueques de objetos de pequeño valor por pequeñas cantidades de oro que entregaban los indígenas; regalos que hacían los indios; prisioneros de guerra y 4/5 de los bienes muebles que obtenían como botín (el 1/5 restante era para la Corona). Lo único que realmente constituía riqueza eran los bienes inmuebles, pero éstos estaban reservados a la Corona. En estas condiciones, no es extraño que la mayoría de las empresas de descubrimiento resultaran, a largo plazo, ruinosas.

Los verdaderos beneficios de la conquista son posteriores a ella y consisten en títulos nobiliarios, cargos públicos, tierras y bienes raíces (Juan Reglá). Es lo que en la Edad Media se llamaba propiamente *beneficios*, y constituye la única forma de pago de que dispone la Corona, que padece de pobreza crónica, especialmente durante el período de las guerras de religión en Europa. Y es el viejo sistema empleado durante la Reconquista, y que favoreció la creación de poderosísimas familias nobiliarias y Órdenes Militares. Naturalmente, los reyes procurarán repartir la menor cantidad de títulos y tierras para evitar la formación de una aristocracia demasiado levantisca. Territorios tan alejados de España y dotados de gran autonomía, podían fácilmente independizarse.

Otra forma de administrar, igualmente inspirada en el sistema feudal, es el de las *encomiendas*. Las *encomiendas* son sistemas de propiedad de tierras y de indios que tienen su base legal en el principio de la imposición fiscal: los indios son ciudadanos libres, y como tales tienen la obligación de pagar impuestos personales (*tributos*). La Corona, no encontrando medios suficientes para pagar los servicios prestados por los conquistadores, decidieron recompensarlos *encomendándoles* una determinada cantidad de indios (entre seis y varios centenares), que tenían que pagar el *tributo* no a la Corona, sino directamente al *encomendero*. En teoría, nada habría que oponer a este procedimiento, a pesar de su inspiración feudal: los *encomenderos* serían una especie de recaudadores de impuestos que se meterían el dinero en el bolsillo como única recompensa a sus esfuerzos en la conquista. Para que la cosa no quedara en un simple asunto privado, los encomenderos estaban obligados a *proteger* a los indios e incluso a *instruirlos* en la religión cristiana. Pero, en la práctica, este sistema de encomiendas dio lugar a una auténtica esclavitud. Los indios tenían que pagar sus impuestos *en dinero* (un peso por año, aproximadamente), *en especie* (productos de la tierra, tejidos, etc.), o *con trabajo manual* (especialmente el del cultivo de las tierras). Como la mayoría de los indios no podían pagar ni con dinero ni en especie, tuvieron que trabajar en condiciones de gran dureza para pagar su *tributo* al *encomendero*, situación que desembocó en verdadera esclavitud.

Además de las *encomiendas*, hay otras formas de prestación laboral, como la de los *repartimientos*. Como los indios no estaban dispuestos a trabajar voluntariamente para ganar dinero, se les obligó a trabajar pretextando el bien de la comunidad. Los *repartimientos*, al revés de las *encomiendas*, se inspiraban en instituciones indígenas precolombinas, como la *mita* de los incas, o el *cuatequil* de los aztecas. De esta manera se obligó a los indios a trabajar en los *repartimientos* más variados: explotación de minas, construcción y reparación de fortificaciones, iglesias, casas, caminos... Naturalmente, el pretendido bien de la comunidad no existía en muchos casos; se trataba, pura y simplemente, de obligar al indio a trabajar al servicio del señor.

El padre Bartolomé de las Casas, defensor de los indios

No todos los colonos fueron insensibles al problema social del indio. El gran defensor de los indios, **Bartolomé de las Casas**, es una figura extraordinaria (aunque no la primera ni la única) que dedicó toda su vida a denunciar los crímenes de la colonización americana. Al principio era uno de tantos aventureros deseosos de enriquecerse en poco tiempo, pero hacia el año 1514, unos doce años después de su llegada a América y cuando contaba treinta años de edad, se le revelaron súbitamente los crímenes de la conquista. Parece ser que recibió una especie de inspiración al leer unos versículos del capítulo 34 del libro del Eclesiástico en que se fustiga la explotación de los pobres por los poderosos. Pero el texto bíblico caía en terreno abonado, pues Las Casas, a juzgar por lo que leemos en sus múltiples libros, había sido testigo presencial de muchas crueldades que él narra con gran abundancia de detalles concretos. Dos años más tarde decide emprender viaje a España para alertar a las autoridades sobre los abusos de los colonos, y entre 1616 y 1620 escribe numerosos memoriales en que ataca el régimen de encomiendas y repartimientos, propugnando un método soluciones más o menos utópicas, como las de mantener a los colonos en fortalezas y atraer a los indios con la ayuda de los frailes, «porque más suele allí asegurar un fraile que doscientos hombres de armas».

De nuevo en América, en el año 1522 decide ingresar en la orden dominicana, que contaba en el Nuevo Mundo con una tradición de valientes frailes defensores de los indios. Pero comprendiendo que la lucha por la justicia exigía no sólo acción, sino también estudio, se retiró provisionalmente de la lucha al convento dominicano de la isla Española (hoy República Dominicana y Haití), donde pasó varios años estudiando teología y jurisprudencia, y donde comenzó a escribir su monumental *Historia de las Indias*, libro destinado a acusar los crímenes cometidos por los conquistadores.

En 1531 dirige una durísima admonición al Consejo de Indias en la que recuerda el objetivo principal de la empresa americana (al menos en teoría), que era el de evangelizar y atraer a los indios a la religión cristiana. Las Casas, recordando a las autoridades las palabras del Evangelio «Yo os envío como ovejas entre lobos para amansarlos y traerlos a Cristo», no tiene inconveniente en emplear estas durísimas expresiones: «¿Por qué en lugar de enviar ovejas que conviertan los lobos, enviáis lobos hambrientos, tiranos, crueles, que despedacen, destruyan, escandalicen y avienten ('aparten') las ovejas?». Las Casas tuvo algunos éxitos parciales en sus tentativas de acercamiento al indio, y parece ser que tanto en La Española como en Nicaragua logró ganarse a buena parte de la población india.

Hacia 1540, alarmado por las crueldades cometidas en el recientemente conquistado Perú, decide volver a España para informar directamente a las autoridades; Las Casas llegó a exponer sus quejas ante el mismo emperador y sus consejeros.

Pero el año de 1542 va a ser decisivo en la actividad indigenista de Las Casas, pues va a publicar dos escritos de capital importancia. El primero es una especie de «memorial de agravios» dirigido a las autoridades competentes y que se titula *El octavo remedio*. En este opúsculo se sugiere nada menos que la *supresión total y definitiva de las encomiendas*, así como la *incorporación directa de todos los indios a la Corona* «como súbditos y vasallos libres que son». La palabra «encomiendas», que antes hemos explicado, cubría también la significación de «repartimientos», por lo que Las Casas atacaba el núcleo mismo del problema social del indio. El segundo escrito es el librito *Brevísima relación de la destrucción de las Indias*, redactado en este año y publicado en 1552, sin duda la obra más famosa del fraile. En cierta manera, constituye una excepción en su obra, pues no trata el problema de la colonización, es decir, el problema de su tiempo, el que le ocupaba directamente, sino el de la conquista. La tesis general del libro, como sugiere el título, es la del *exterminio masivo de los indios* por la crueldad de los españoles, que, según Las Casas, hicieron morir entre doce y quince millones de almas en cuarenta años. Patentes exageraciones numéricas (como el número de pobladores del continente, que dice que era de mil millones antes de la conquista, o el número de habitantes de La Española, que hace pasar de tres millones antes de la conquista a solamente doscientos después de ella), son disculpables por el celo que puso en la defensa del indio. También resulta excesiva la imagen del «buen salvaje», más propia de la fantasía de un Rousseau que de un testigo de la colonización: de los indios llega a decir que «estas gentes eran las más bienaventuradas del mundo, si solamente conocieran a Dios»... Tampoco resulta exacto atribuir a los conquistadores solamente afán de lucro; leyendo los relatos escritos por los propios conquistadores y descubridores (Bernal Díaz del Castillo es un buen ejemplo), llama la atención el sentimiento de honra y de gloria militar, no precisamente el de adquirir riquezas. Pero los defectos de la obra de Las Casas están compensados por la rectitud de la intención y por la valentía de la denuncia, formulada en una época en que nadie quería atender los derechos del indio. Hay que tener en cuenta, además, que Las Casas fue testigo ocular de algunos de los episodios de tortura que relata (al menos eso dice él mismo), y que la riqueza de datos concretos hace de esta obra un documento histórico de gran interés. Descontadas las exageraciones, queda un fondo de indudable autenticidad.

La labor de Las Casas obtiene algunos éxitos parciales inmediatos en la legislación: las *Leyes Nuevas* de 1542-1543 preveían la *liquidación progresiva de las encomiendas* y la supresión de la esclavitud. Por desgracia, la Corona no podía sustituir el régimen de encomiendas por ningún otro, y la rebelión de los encomenderos impuso la reaccionaria *Ley de Malinas* de 1545, en que se restablecía el sistema de encomiendas.

Las Casas fue nombrado obispo de Chiapas (México), donde realizó una labor ejemplar entre la comunidad indígena. Pero prefirió volver a España, convencido de poder atajar el mal directamente, influyendo desde la corte misma. Entre 1547 y 1567, fecha de su muerte, Las Casas desarrolló una intensísima actividad jurídica, en la que destaca su interesante participación en el caso de la «venta a perpetuidad» de las encomiendas. En el año 1554, los encomenderos del Perú enviaron a España a un representante dotado de plenos poderes para negociar con el emperador nada menos que la *concesión a perpetuidad de las encomiendas*, en las que, además, habría de reinar «plena jurisdicción civil y criminal». Los nuevos señores ofrecían pagar la respetable suma de cinco millones de ducados oro. La propuesta equivalía a endurecer aun más la situación de los indios, que prácticamente quedarían desamparados ante la ley. Pero el emperador, necesitado como siempre de dinero para pagar sus campañas y deseoso de congraciarse con los encomenderos (después de las *Leyes Nuevas*, los encomenderos se encontraban en situación de declarada rebeldía), decidió tomar en serio la propuesta y encargó a una junta de teólogos, juristas y políticos que emitieran un dictamen.

La propuesta de los encomenderos representaba un respiro económico para la Corona, pero también una preocupación por el futuro político de los territorios americanos, que prácticamente se convertían en *autónomos* y podían fácilmente *emanciparse*. Estando así las cosas, en el año de 1559, ya en la época de Felipe II, decidieron los caciques («reyezuelos») de los indios peruanos poner la defensa de sus intereses en manos de Las Casas, el mejor abogado de los indios, para defenderse de las pretensiones de los encomenderos. Las Casas, a pesar de su avanzada edad, emprendió la defensa de los indios recurriendo a todos los medios legales a su alcance. Y cuando agotó estos medios, no desdeñó un truco de gran efecto: ofreció a la Corona, en nombre de los indios, seis millones de ducados (uno más que los encomenderos) por la libertad de la población indígena. Naturalmente, era imposible juntar el dinero, y el rey lo sabía, pero la valiente postura de

Las Casas, así como la opinión de algunos miembros más prudentes del Consejo de Indias, lograron que el rey pusiera punto final a la cuestión de la venta de las encomiendas.

Resulta curioso que las modernas teorías jurídicas de Las Casas, basadas en el derecho universal, fuesen más favorables a la Corona que las teorías que esgrimían los que favorecían las encomiendas. El anacronismo histórico que significaban las encomiendas era doble: no solamente se basaban en el *derecho feudal* (derechos privados, poder oligárquico, privilegios), sino en el *derecho señorial*, que era mucho peor (facultad de administrar justicia, posesión no sólo de tierras, sino de almas...). Y este anacronismo histórico, además de ir contra el espíritu de los tiempos y entorpecer el desarrollo económico, era peligroso para el mismo Estado, que podía verse enfrentado a poderosos enemigos, como ya había ocurrido al final de la Edad Media en tiempos de Enrique IV.

C: CULTURA

Los historiadores de Indias: Bernal Díaz, Solís, Cieza de León

Los libros que tratan la historia de la conquista de América constituyen un género literario aparte. Por un lado, como tales libros de historia aspiran a la objetividad que corresponde al género de las «crónicas». Por otro lado, los deseos de ennoblecer las gestas guerreras y de proyectar el inevitable chauvinismo hispánico sobre la conquista, les obliga con frecuencia a pasar por alto el delicado tema del exterminio de los indios y la destrucción de las culturas autóctonas. La pasión, con frecuencia, ciega el punto de vista del historiador, y no solamente cuando se trata de defender a los conquistadores, pues cuando el escritor toma la pluma para defender a los indios, puede ocurrir el mismo fenómeno de partidismo. Uno y el mismo hecho de armas (por ejemplo: el castigo de los indios cholulas por los soldados de Cortés), es interpretado como un bárbaro e innecesario crimen por Bartolomé de las Casas, o como un acto de legítimo escarmiento y defensa propia por parte de Bernal Díaz.

Hay que tener en cuenta, además, que los historiadores, conscientes de que la única justificación de la conquista de América es de orden moral (la evangelización de los indios), han exagerado intencionadamente la crueldad y primitivismo de las sociedades precolombinas para justificar mejor su intervención militar. Resulta un poco sospechosa la insistencia de los historiadores en presentar capitanes españoles empeñados en prohibir los sacrificios humanos en México, cuando sabemos que raramente se lamentaron de la enorme cantidad de indios muertos en acciones de guerra. El pretendido humanismo de los conquistadores se viene abajo también cuando se les ve tan interesados en enriquecerse.

Entre los historiadores de **la conquista de México** destaca la figura de *Bernal Díaz del Castillo*, modelo de historiadores por su «objetividad» (?), ya que Bernal fue soldado de Cortés y testigo presencial de todos y cada uno de los hechos de las expediciones a Yucatán y de la posterior conquista de México.

Bernal Díaz del Castillo nació hacia 1495 en Medina del Campo, en el seno de una familia que había servido a los reyes de Castilla y Aragón, Isabel y Fernando. De acuerdo con la tradición familiar, Bernal decide servir a los reyes en América y se embarca en dirección a las Indias de Tierra Firme (es decir, Panamá) en 1514, un año después del sensacional viaje de descubrimiento de Balboa. Al poco tiempo se traslada a la isla de Cuba, donde el gobernador Diego Velázquez, que era algo pariente suyo, le prometió la asignación de una encomienda. La promesa de la encomienda no se cumplió, y Bernal decidió buscar fortuna con las armas participando en las expediciones que desde Cuba se dirigían a Yucatán: expedición de Francisco Hernández de Córdoba (1517) y expedición de Juan de Grijalva (1518). A pesar del fracaso de estas operaciones, Bernal no pierde la fe en la fortuna y decide alistarse el año siguiente (1519) en la expedición de Hernán Cortés a México, y en la que Bernal permanece hasta el final de la conquista de este país. Como premio a sus servicios de guerra, Bernal recibe varias *encomiendas* de indios, tanto en México como en la actual Guatemala, además de convertirse en uno de los regidores del *cabildo* (órgano de gobierno) de la capital de Guatemala.

El libro *Historia verdadera de la conquista de la Nueva España* tiene su origen, como él mismo explica, en sus «memorias» o notas y borradores personales. Es, pues, un libro de excepción en que el historiador es, al mismo tiempo, *autor* y *actor* del argumento, un libro que no se apoya en otros libros ni documentos de segunda mano. Cuando Bernal cita la *Historia general de las Indias y conquista de México*, de López de Gómara, lo hace no para recabar datos de este autor, sino para refutarlos con cierta violencia. Estamos en una época en que la oralidad es todavía muy importante, y cuando Bernal no puede recordar con precisión algunos detalles, se permite recurrir al testimonio personal de los que con él hicieron la campaña. Bernal insiste una y otra vez en que la veracidad de sus afirmaciones como *autor* está avalada por su condición de *actor*: «Como testigo de vista me hallé en todas las batallas y reencuentros de guerra».

Bernal era admirador de Hernán Cortés, a quien sigue ciegamente y cuyas decisiones nunca discute. Bernal justifica la conquista de México aludiendo frecuentemente a los vicios de los indios, especialmente a la crueldad de los sacrificios humanos. Suponemos también que en más de una ocasión ha embellecido las acciones de sus compañeros, ocultando los aspectos más desagradables de la conquista. Pero hay un detalle que hace simpática la versión de la historia de Bernal Díaz: en los españoles domina el ansia de *imitar y aún superar a los griegos y romanos*, y Bernal, aunque no era culto como Hernán Cortés, ofrece un número relativamente elevado de citas literarias de romances o de la historia de la época clásica para mostrar la superioridad de los españoles. No domina en esta historia el ideal de la codicia, sino el del orgullo de las grandes gestas. Hay que tener presente que los conquistadores, incluso los relativamente incultos como Bernal Díaz, estaban empapados de literatura caballeresca o romancesca, que abunda en relatos maravillosos.Cuando los españoles se acercan a la capital del imperio azteca, Bernal expresa su admiración recurriendo al mundo maravilloso del Amadís de Gaula, libro aparecido en 1508:

> [...] nos quedamos admirados, y decíamos que parecía a las cosas y encantamiento que cuentan en el libro de Amadís, por las grandes torres y cues ['templos,'] y edificios que tenían dentro en el agua.
> (Cap. LXXXVII)

El mismo sentimiento de orgullo ante las hazañas muestra cuando describe la entrada de los españoles en Tenochtitlán (poco más de 400 soldados en una ciudad de unas 300.000 personas):

Miren los curiosos lectores esto que escribo, si había bien que ponderar en ello; ¿qué hombres ha habido en el universo que tal atrevimiento tuviesen?
(Cap. LXXXVIII)

Estilísticamente, la *Verdadera historia* es un libro mal escrito, de una sintaxis complicada y absolutamente desprovista de elegancia. Su único mérito, aunque no es pequeño, es emplear la palabra justa, la imagen certera. Bernal tenía la virtud del hombre del pueblo castellano, que es la *naturalidad* y la *llaneza* y su estilo coincide con la preceptiva literaria del Renacimiento (piénsese en los célebres *Diálogos de la lengua*, de Juan de Valdés). Desde el punto de vista lingüístico, el libro de Bernal Díaz es un auténtico tesoro de vocablos procedentes de algunas lenguas primitivas de Indias, como el *taíno* y el *arahuaco*, lenguas habladas en las islas de Cuba y La Española, y también del *náhuatl*, la lengua de los indios de México.

Muy distinta es la obra de *Antonio de Solís*, *Historia de la conquista de México*, escrita más de cien años después de los hechos que narra: carece del valor documental del libro de Bernal Díaz, pero a cambio de ello es una obra bien escrita, muy clara, perfectamente estructurada y desprovista de los innumerables detalles que hacen engorrosa la lectura de su predecesora. El único defecto del estilo de Solís es que su español resulta un tanto artificial y demasiado elaborado. En la obra de Bernal Díaz, con todos sus defectos formales, se agradece siempre la frescura y espontaneidad, que parece que viene de un libro escrito al aire libre. En Solís se respira un aire empobrecido de biblioteca, y de biblioteca polvorienta.

Antonio de Solís y Rivadeneyra nació en 1610 en Alcalá de Henares, en la misma casa de la célebre Universidad, lo que puede simbolizar muy bien el carácter de su obra, que no podía estar más marcada por el carácter intelectual. Estudió en la universidad de Alcalá, como era de esperar, y después completó sus estudios en Salamanca. Comenzó su carrera literaria dedicándose a la poesía, a la que después abandonó para dedicarse a la administración. Ocupó el cargo de primer secretario de Estado, y fue también nombrado cronista mayor de Indias (América). Hacia 1667 decidió abandonar los halagos de la vida de la corte para hacerse sacerdote y dedicarse casi exclusivamente a la religión. En 1684, dos años antes de su muerte, publicó la *Historia de la conquista de México,* que fue una de las obras más ampliamente difundidas del género histórico.

El libro de Solís es casi un manifiesto contra el de Bernal, parece que está escrito contra él. A Solís le molesta el estilo de Bernal, pero por dos razones diferentes: en primer lugar, por razones puramente estilísticas, por su falta de elegancia, reproche natural en un humanista de la talla de Solís; pero, en segundo lugar, porque creía que la insistencia de Bernal en la sencillez y llaneza era una especie de técnica retórica para fingir objetividad. Para Solís, la circunstancia de haber sido testigo presencial de la conquista no es garantía alguna de objetividad:

> Pasa hoy por historia verdadera ayudándose del mismo desaliño y poco adorno de su estilo para parecerse a la verdad y acreditar con algunos la sinceridad del escritor: pero aunque le asiste la circunstancia de haber visto lo que escribió, se conoce de su misma obra que no tuvo la vista libre de pasiones, para que fuese bien gobernada la pluma: muéstrase tan satisfecho de su ingenuidad, como quejoso de su fortuna: andan entre sus renglones muy descubiertas la envidia y la ambición.

Pero Solís tampoco tuvo «la vista libre de pasiones», como le reprocha a Bernal Díaz, y su obra manifiesta verdadera antipatía por los indios, a los que llega a considerar literalmente como «salvajes». La falta de comprensión de Solís por las civilizaciones indias se debe al hecho de los sacrificios sangrientos de los aztecas, que este autor describe con verdadera indignación siempre que puede. Las escenas en que se describen las maravillas de la cultura material de los indios, como la descripción de la capital de México, resultan pálidas en comparación con las escenas en que los españoles suben a la cima de los templos aztecas para destruir los ídolos y lavar la sangre de las víctimas humanas (Cozumel, Zempoala) o al menos reprender y amenazar a los sacerdotes y autoridades que permiten estos sacrificios (Tenochtitlán). Solís, que es consciente de los crímenes de los españoles contra los indios, llega a justificar las violencias de la conquista invocando el principio de la evangelización:

> No dejamos de conocer que se vieron en algunas partes de las Indias acciones dignas de represión, obradas con queja de la piedad y de la razón, ¿pero en cuál *empresa justa* o *santa* se dejaron de perdonar algunos inconvenientes? [...] ¿Y qué tienen que ver estos *inconvenientes menores* con el acierto principal de la conquista? No pueden negar los émulos de la nación española que resultó de este principio, y se consiguió con estos instrumentos ['métodos'], la conversión de aquella gentilidad ['aquellos idólatras'], y el verse hoy restituida tanta parte del mundo a su Criador.

El fin justifica los medios, y la «empresa justa o santa» reduce los crímenes de los españoles a simples «inconvenientes menores»... Habla aquí el alto funcionario, el frío tecnócrata para el que la historia es un conjunto de datos y cifras.

Por lo demás, la obra de Solís, aunque surgida ya mucho después de la conquista, demuestra una cierta preocupación por la objetividad y probablemente no desmerece mucho de la de Bernal Díaz. Solís se preocupa continuamente de comparar lo que dicen diversos autores, aportando solamente datos cuando éstos coinciden entre sí.

Entre los historiadores de la **conquista del Perú** mencionaremos solamente la noble figura del soldado *Pedro Cieza de León* (de nuevo, como en el caso de Bernal Díaz, un *autor* que es al mismo tiempo *actor* de la historia). Soldado, pero, a diferencia de Bernal Díaz, soldado culto, aunque suponemos que esta cultura haya sido la de un autodidacta. Cieza nació en 1518 en un pueblo de Extremadura, aunque él siempre se consideró sevillano de adopción. Muy joven (él mismo asegura que no había cumplido los trece años) desembarcó en América, en donde sirvió en el ejército a las órdenes de Robledo y después de Sebastián de Belalcázar. Residió durante algún tiempo en Arma, donde redactó parte considerable de sus escritos. Recibió en recompensa a sus servicios militares una encomienda, pero permaneció en ella poco tiempo. Tomó parte en las guerras civiles que tuvieron lugar entre los conquistadores (Pizarro y Almagro, como hemos visto), y de las que fue testigo presencial. Durante un par de años recorrió detenidamente los lugares más importantes del Perú, preguntando, inquiriendo, poniendo en orden y quizás redactando sobre la marcha lo que iba a ser su futuro libro. Hacia 1550 regresó a España y en 1553 publicó en Sevilla la primera parte de su obra, que llevaba el título general de *Crónica del Perú*. Murió un año más tarde, por lo que el resto de su obra tuvo que aparecer póstumamente. Cieza era hombre piadoso y compasivo, y en su testamento se muestra arrepentido de las crueldades e injusticias cometidas contra los indios.

La *Crónica del Perú*, tal y como la planeó y escribió Cieza, constaba de cuatro partes: 1) descripción general de las tierras y pueblos del Perú en los tiempos posteriores a la conquista; 2) descripción de la estructura político-social del mundo de los incas antes de la llegada de los españoles; 3) historia del descubrimiento y conquista del Perú por los españoles, y 4) historia de las guerras civiles posteriores a la conquista. Como se ve, la primera y la última parte tratan de hechos contemporáneos al autor y en los que en parte ha contribuido con su propia participación. En estos libros, Cieza es, como Bernal Díaz, testigo presencial, y no se cansa de repetir que todo lo que narra lo ha visto con sus propios ojos.

La primera parte es de una gran riqueza de datos sobre la vida de los distintos pueblos sometidos a los incas: costumbres, religión, cultura material, régimen económico... Cieza es aquí, además de buen *historiador* o *cronista*, un excelente *etnógrafo* o *antropólogo*, lleno de curiosidad y amor por los pueblos que describe. Llama la atención la insistencia de Cieza en hablar de la *antropofagia* de estos pueblos, que Cieza atribuye al influjo del diablo, pero que, indirectamente, le sirve para justificar la labor de los conquistadores. Ofrecemos un ejemplo de los muchos que Cieza aporta para censurar el canibalismo:

> Son tan amigos de comer carne humana estos indios que se ha visto haber tomado indias tan preñadas que querían parir, [...] y arremeter a ellas y con gran presteza abrirles el vientre con sus cuchillos de pedernal o de caña y sacar la criatura; y habiendo hecho gran fuego, en un pedazo de olla tostarlo y comerlo luego, y acabar de matar la madre, y con las inmundicias comérsela con tanta priesa, que era cosa de espanto.

La antropofagia, sin embargo, la encuentra principalmente entre las tribus de la región que hoy se corresponde con Colombia (Nueva Granada) y que no pertenece estrictamente a la cultura incaica. También insiste Cieza en criticar otras costumbres que él consideraba inspiraciones del demonio, como la de *enterrar vivas a las viudas* de un personaje principal, o la de practicar regularmente el *incesto* o la *sodomía*. A pesar de todo, esta primera parte está llena de observaciones en que abunda el sentimiento de la *maravilla* ante la civilización material de los incas (edificaciones, obras públicas, cultivos...) e incluso ante la geografía andina, que Cieza describe con entusiasmo.

La segunda parte es una reconstrucción histórica de la antigua civilización inca en que se manifiesta de nuevo la admiración, sorpresa y maravilla del intelectual europeo ante una cultura tan rica. En la tercera parte se describe la conquista del Perú por los españoles sin ocultar su poca simpatía por héroes crueles como Pizarro. Cieza tiene siempre ante los ojos la única justificación de la conquista, que es la evangelización del indio. Algunos historiadores señalan en Cieza una cierta afinidad espiritual con el padre Las Casas, que Cieza admiraba y a quien confía en su testamento la publicación de los libros inéditos de la *Crónica*. La cuarta parte es fuente imprescindible para entender las tristes guerras civiles entre los capitanes españoles, aunque mucho menos interesante desde el punto de vista histórico en general.

Aunque Cieza escribió una obra tan voluminosa en muy poco tiempo (murió antes de los cuarenta años, después de haber dedicado la mitad de su vida a campañas militares), su libro no da señales de precipitación o descuido y muestra siempre un estilo claro, suelto, preciso, de gran corrección sintáctica. La *Crónica del Perú* no se hace nunca aburrida, porque Cieza sabe alternar hábilmente los párrafos descriptivos con los narrativos, dotando a su historia de una gran vivacidad.

El arte y la cultura de los mayas

Como ya hemos visto, la milenaria civilización maya se encontraba en decadencia cuando llegaron los españoles, y los monumentos que habían marcado su edad de oro se encontraban ya bajo tierra y devorados por la selva. Los conquistadores no podían sospechar la existencia de una cultura tan rica, y cuando empezaron a surgir los primeros estudios arqueológicos, se pensaba que las ruinas de los monumentos mayas pertenecían a una cultura ajena a la de los indios, importada de otras tierras, acaso de los países de las civilizaciones clásicas de Europa y Asia. El asombro que producían descubrimientos tan extraordinarios les impedía relacionar esta cultura con la pobreza de las formas de vida contemporáneas de los indios.

Hay elementos románticos y novelescos en la historia de estos descubrimientos arqueológicos, pues los trabajos de excavación o limpieza de los monumentos iba poniendo al descubierto restos de ruinas rodeados de una vegetación exuberante. Ruinas y naturaleza: he aquí los componentes de uno de los tópicos románticos más frecuentes en la literatura occiddental. No es de extrañar que los dibujantes que acompañaban a los exploradores (Castañeda) o los exploradores mismos (Waldeck) se dejaran llevar por la fantasía y recrearan un mundo mítico y fabuloso muy poco relacionado con la realidad. Acaso este elemento romántico es lo que justifica también el éxito de las publicaciones inspiradas por las excavaciones, que tienen más de libros de aventuras que de libros de ciencia. (No se olvide que incluso las obras de Stephens y Catherwood, los primeros en entrar de manera racional en el mundo maya, deben su extraordinaria fama más al aspecto anecdótico y aventurero que al aspecto científico).

En efecto, la historia del descubrimiento de la cultura maya se lee como una novela. Al principio, los contactos de los conquistadores con estas tierras ni siquiera hacían sospechar la existencia de esta cultura. Conocemos ya la figura de *Aguilar*, soldado español que naufragó frente a las costas de Cozumel y fue asimilado por la sociedad india. Aguilar aprendió la lengua de los indios y estuvo más adelante al servicio de Cortés para traducir de la lengua española a la lengua de los mayas (Doña Marina se encargaba después de traducir las palabras de Aguilar a la lengua de los aztecas). Es de suponer que Aguilar, un simple soldado, no haya sabido absolutamente nada de una civilización de la que sólo conocía la lengua.

Las expediciones de *Hernández de Córdoba* y de *Juan de Grijalba* a la zona de Yucatán tampoco sirvieron para hacer entrar a los españoles en contacto con esta cultura. A lo sumo, aportaron la novedad de que en estas tierras, a diferencia de las demás conocidas hasta la fecha, había gran cantidad de edificios suntuosos y construidos en piedra, y no simples chozas de barro. Las expediciones de Córdoba y Grijalba solamente sirvieron para impulsar la expedición de Cortés a México.

Después de la conquista de México por Hernán Cortés, tuvo lugar la conquista de la zona de Yucatán, Guatemala y Honduras, las tierras por donde se extendía la vieja civilización maya. A diferencia de la campaña de México, que duró solamente dos años, esta vez los españoles necesitaron veinte para someter estas tierras (aprox. hacia 1541), y esto con algunas excepciones, pues hubo siempre zonas rebeldes que no se sometieron totalmente. En los tiempos de la progresiva expansión de los conquistadores por esta zona, tiene lugar el viaje de *Cortés* a Honduras (1525): Cortés parte de Tabasco y sus ciénagas, atraviesa la región de la selva y luego la zona montañosa. Cuando llega a Honduras no ha advertido que ha pasado rozando Palenque y otras ciudades pertenecientes a una civilización milenaria y que ahora se encontraban bajo la tierra.

Después de conquistada esta zona, fue *Diego de Landa*, primer obispo de Yucatán, el primero en hacer el descubrimiento de esta cultura. En su libro *Relación de las cosas de Yucatán*, aparece por primera vez con claridad la noticia de una civilización superior. Landa, fanático defensor del cristianismo, critica muy duramente la religión de los indios de esta cultura, pero subraya frecuentemente sus virtudes sociales y asegura que no se trata de salvajes, sino de seres civilizados que cuidan bien sus campos, plantan árboles, construyen hermosas casas con tejados cubiertos de paja y ciudades deslumbrantes de blancura. Pero más que la civilización india contemporánea, lo que más admira Landa son las ruinas del pasado, por lo que este escritor es también el primero en establecer una teoría sobre la decadencia de una gran civilización cuyas mejores muestras se encontraban sepultadas entre la vegetación tropical.

En el siglo XVII las ruinas mayas son visitadas y admiradas por viajeros curiosos, casi siempre clérigos, que querían ejercer su ministerio de evangelización. Se trata de visitas esporádicas que no dejan mucha huella en el mundo científico de la época.

En el siglo XVIII, el rey Carlos III de España, gran entusiasta de la arqueología que había financiado, en sus tiempos de rey de Nápoles, las primeras excavaciones de Pompeya y Herculano, envía a Yucatán al capitán *Antonio del Río* con objeto de que haga un informe científico de las ruinas mayas. Del Río tiene a su servicio 200 trabajadores indios que trabajan con hachas, picos y palas y que realizan la ingente tarea de talar el bosque, cortar ramas y lianas, transportar grandes masas de tierra y hasta de romper muros. El informe de Del Río, muy detallado y acompañado de numerosas muestras de la escultura y arquitectura maya, incluye la tesis de que una civilización tan maravillosa como la que se veía en Palenque no podía salir de los indios contemporáneos y tenía que deberse a la inspiración de Grecia o Roma.

A principios del siglo XIX, el rey Carlos IV de España envía al capitán *Guillermo Dupaix*, militar austríaco de nombre francés y formación italiana, con una misión parecida a la de su antecesor Del Río. La novedad que aporta Dupaix es la colaboración del dibujante mexicano Castañeda, que es el primero en dejar dibujos muy detallados y técnicamente perfectos (aunque artificialmente embellecidos) de las ruinas mayas, especialmente de las de Palenque. Castañeda inicia un estilo de mitificación de la cultura maya que probablemente está inspirado en la sensibilidad romántica. Se trata, por lo tanto, de una visión falsa de la realidad, pero que tiene la virtud de resultar extraordinariamente sugestiva y que va a atraer en el futuro a muchos admiradores de esta cultura.

Hacia 1832 llega a Palenque el conde *De Waldeck*, curioso personaje de difícil clasificación y cuya biografía está envuelta en el misterio. Su viaje se realiza gracias a una suscripción y por la ayuda de un mecenas, y tiene por objeto estudiar, dibujar y pintar las ruinas antiguas. Su libro, *Voyage pittoresque dans la province de Yucatán*, se convirtió en una especie de best-seller, sobre todo gracias a sus dibujos y pinturas, que proyectan el mundo de las ruinas sobre un trasfondo de paisaje idealizado al estilo romántico. De Waldeck, como Del Río y otros muchos, creía que la cultura maya estaba emparentada con la griega, la romana o las grandes culturas orientales, y en sus dibujos y pinturas introduce falsos elementos que sugieren la semejanza con estas culturas. A pesar de su intención claramente idealizadora, la obra de Waldeck, como los dibujos de Castañeda, contribuyó enormemente a hacer sugestiva la cultura de los mayas.

A mediados del siglo XIX tiene lugar el verdadero descubrimiento científico de la cultura maya por obra de los exploradores *Stephens y Catherwood*. John Stephens, joven abogado norteamericano ya conocido en todo el mundo por sus libros de viajes sobre Oriente Próximo, entra en contacto en Londres con el arquitecto Frederick Catherwood, que le contagia el entusiasmo por las culturas de la América central mostrándole el informe de Del Río ilustrado con los dibujos y pinturas de Waldeck. La lectura de la obra de Del Río, a la que Stephens añade el sugestivo libro *Voyage pittoresque* de Waldeck, decide a Stephens a solicitar el puesto de encargado de negocios de los Estados Unidos en Centroamérica. Del viaje de Stephens y Catherwood a Centroamérica surge el maravilloso libro *Incidents of Travel in Central America, Chiapass and Yucatán*, aparecido en 1841. El éxito del libro es inmediato debido especialmente al talento literario, y no precisamente arqueológico, de Stephens: la arqueología propiamente dicha ocupa poco más de un tercio de la obra, y el resto consiste en la narración de auténticas aventuras de expedicionario (problemas con los animales de transporte, comidas frustradas, arrestos por obra de los militares, descripción de los paisajes, ciudades y pueblos atravesados, detalles sobre la historia de la conquista por los españoles, etc.). Desde el punto de vista de la arqueología, el gran mérito del libro de Stephens consiste en su realismo: Stephens no recurre a ninguna explicación fantástica o mitificadora, como había hecho

Waldeck, y es el primero en establecer con claridad el principio de que la cultura maya es original de Centroamérica. Este mismo espíritu realista inspira los dibujos de Catherwood, que no emplea ningún recurso para embellecer la realidad, ni finge formas que proyecten la cultura maya sobre un pretendido trasfondo clásico. Los dibujos de Catherwood son un preludio del realismo fotográfico, que sería introducido unos años más tarde por el explorador Desiré Charnay.

Con las publicaciones de Stephens y Catherwood queda definitivamente superada la perspectiva fantástica y romántica de las investigaciones arqueológicas. A la pasión del romántico sucede la pasión del científico positivista, no menos entusiasta que la primera, porque cada secreto arrancado a la selva constituye un descubrimiento sensacional.

La antigua ciudad de **Copán**, primera en ser explorada por Stephens y Catherwood y situada en el territorio de la actual Honduras, ofrece un conjunto arquitectónico de primera magnitud, extendido en una superficie de aproximadamente 75 hectáreas. Es una de las mejores muestras de la cultura del Antiguo Imperio, esto es, la época anterior al siglo VI, en que se produce la migración a Yucatán. Copán está lleno de *pirámides escalonadas*, generalmente construidas en su interior con materiales pobres (barro mezclado con mampostería), pero recubiertas en el exterior con bloques de piedra. En algunas pirámides se pueden comprobar sucesivos recubrimientos de bloques de piedra. En la cima de las pirámides se encontraba un templo, y para llegar al templo tenían una o varias escaleras exteriores. El templo de las pirámides carecía de ventanas, y solía tener una entrada con la forma de una boca de serpiente. Resulta muy interesante el edificio del *juego de pelota*, de forma rectangular y flanqueado por zócalos inclinados. No se conocen muchos detalles acerca de este juego, que, con ciertas variantes, era bastante común en toda la América Central. En el libro maya del Popol-Vuh (Guatemala) se habla de cuatro jugadores, opuestos dos a dos, pero en otras regiones el número de jugadores era mayor. Se supone que para marcar puntos era necesario introducir una pelota de goma maciza a través de un anillo de hierro (algo así como en el moderno baloncesto), pero en algunos de estos edificios no se han encontrado restos de anillos. La *escalera de los jeroglíficos* es una de las más impresionantes muestras de la arquitectura y escultura maya. Consta de 63 escalones de unos 8 metros de anchura llenos de jeroglíficos (en total, 2.500), y en ellos se contienen 200 años de historia de Copán y de sus reyes. La *plaza principal* de Copán es famosa por sus numerosas *estelas* de piedra, que son las esculturas que mejor representan las características del estilo maya.

Palenque, la otra gran capital de la cultura del Viejo Imperio, está dominada por el enorme y laberíntico edificio del *palacio real,* que destaca por contener enorme cantidad de *relieves en estuco*. El estuco maya estaba formado por una masa de cal, agua y una resina especial, y ofrecía a los artistas la ventaja de una mayor plasticidad que la de la piedra. Es también muy original el *acueducto*, único en toda la cultura precolombina, y que consistía en un túnel con techo de «falsa bóveda», esto es, de piedras que cerraban el techo por aproximación. Al este del palacio se levantan muchos templos, algunos de ellos de extraordinaria riqueza decorativa. Conocemos ya sus características esenciales a partir de la descripción de los templos de Copán.

Como ya hemos indicado, la época dorada de la cultura maya pertenece al Nuevo Imperio, es decir, a la época protagonizada por **Chichén-Itzá** y que comenzó hacia el siglo VI con el éxodo del pueblo maya desde Guatemala y Honduras a la península de Yucatán. Los arqueólogos modernos que han descubierto y estudiado la ciudad de Chichén-Itzá nos presentan una visión fabulosa de esta ciudad en su edad de oro: se trataba de una ciudad de muchos miles de habitantes, de amplias calles adornadas de palmeras, espaciosas plazas públicas, palacios gigantescos y grandiosos templos.

La *pirámide* y el *templo* de *Kukulcán* dominaban la ciudad. Se llegaba a este templo por medio de una escalera de balaustradas decoradas con la tradicional serpiente. Delante de la pirámide se encontraba como una plaza de donde partían las carreteras que permitían a los correos alcanzar las zonas más importantes del país. Las puertas del templo estaban adornadas de riquísimas esculturas, y delante de la entrada principal se encontraba la piedra para inmolar sacrificios humanos. Al norte del templo de Kukulcán se encuentra una fuente, el *Cenote* («fuente sagrada»), donde se ofrecían sacrificios humanos al dios de la lluvia, uno de los más importantes en la cultura maya, pues el bienestar material de este pueblo dependía en gran manera de las lluvias. Los ritos que se realizaban para ofrecer sacrificios humanos en el Cenote son muy característicos de esta cultura: los sacerdotes predicaban que para una mujer joven era una suerte y una extraordinaria bendición ofrecerse al dios de la lluvia, que residía en un hermoso palacio bajo las aguas de la fuente. La joven elegida era conducida a la fuente en medio de un complicado ceremonial, y el pueblo arrojaba ofrendas a la fuente antes de que la joven fuese entregada a las aguas. Es también de gran interés una enigmática *terraza* sobre cuyos muros aparecen miles de cráneos esculpidos en la piedra. Se trata, muy probablemente, de un lugar dedicado a los sacrificios humanos. El *templo de los guerreros* tiene unos pilares en la entrada en los que están representados guerreros mexicanos triunfantes y mayas vencidos en actitud de sumisión. Cerca de este templo se encuentra la *plaza de las mil columnas*, que fue muy probablemente en aquella época el centro comercial de la ciudad y de las regiones ciurcundantes. En Chichén Itzá se encuentra el *juego de pelota* más interesante y mejor conservado de todos cuantos se conocen en América Central. Está dotado de sus correspondientes anillos para introducir la pelota y, lo que es más importante, en las paredes laterales relieves que ilustran escenas del juego de pelota. Más interesante todavía es el espléndido *observatorio astronómico*, que está situado en la cumbre de una alta terraza y que tiene la particularidad, verdadera excepción en toda la cultura maya, de ser un edificio circular y contener en su interior una escalera de caracol. Desde este edificio observaban los astros con una extraordinaria exactitud, a pesar de no tener instrumentos adecuados. El *calendario maya* que nos han dejado, fruto de estas observaciones, se puede comparar por su precisión con el célebre calendario gregoriano. Como resultado de los cálculos astronómicos y matemáticos surgió una *escritura* que les permitía anotar los movimientos de los astros, así como también conservar memoria de su propia historia. De hecho, los mayas son la única cultura precolombina que ideó un sistema de escritura. Por desgracia, los conquistadores en Yucatán destruyeron gran parte de los textos. A partir de 1961, unos matemáticos rusos consiguieron descifrar los jeroglíficos mayas, lo que permite ir descifrando progresivamente esta interesante literatura.

Ciertamente, no todo es positivo en esta cultura. Los modernos estudios basados en el desciframiento de la escritura maya dejan establecida con claridad la estructura de *ciudades-estado*, cada una con un rey absoluto que rivalizaba con los reyes de las demás ciudades hasta el punto de debilitar al país con continuas guerras. Algunos investigadores sugieren que esta situación de continuas rivalidades fue lo que causó la decadencia de la cultura maya en la época en que llegaron los españoles. Otro gran defecto de la civilización maya es su *religión*, que, como en el caso de la religión azteca, exigía continuamente la celebración de sacrificios humanos para aplacar la ira de los dioses.

VIII: IMPERIO (CARLOS I) Y HERENCIA IMPERIAL (FELIPE II)

Muy poco tiempo después de realizada la unidad nacional, España se convierte en cabeza de un Imperio. Apenas han tenido tiempo los dos reinos de Castilla y Aragón para organizar un proyecto político común, y ya se ven obligados a sostener una política de proyección universal. La unidad de Francia o de Inglaterra, que se produce más o menos por los mismos años en que se produce la de España, deja a estas naciones en los límites que más o menos tienen en nuestros días. Pero la nación española se verá obligada a volcarse en los asuntos de medio mundo, y los ciudadanos que antes apenas superaban los límites de la esfera provinciana, deberán asomarse ahora a los asuntos de Italia, Austria, Alemania, Flandes, Borgoña, el norte de África, el Nuevo Mundo e incluso Asia (Filipinas).

Evidentemente, la nación no estaba preparada para semejante tarea, y el desgaste en términos económicos y humanos será perceptible ya mucho antes de acabar la centuria; al siglo del Imperio y de la Hegemonía española (siglo XVI), seguirá necesariamente el de la decadencia política y económica (siglo XVII) ...

Se puede decir que nos encontramos en un período carente de realismo político. Los ideales políticos y la realidad económica y social siguen caminos divergentes. España sostiene el Imperio, la guerra contra los luteranos, la guerra contra los turcos, la empresa de la colonización americana, etc., mientras los campos se van vaciando de hombres, la industria paralizando, el gasto público y la inflacción aumentando... Dos razones explican este vivir de espaldas a la realidad: en primer lugar, el espíritu caballeresco del Emperador, cuyos ideales pertenecían más a la Edad Media que a la Edad Moderna; en segundo lugar, el temperamento quijotesco de las clases dirigentes españolas, empeñadas en sostener y continuar los ideales guerreros de la Reconquista.

El espíritu caballeresco de Carlos I (nacido en Gante en 1500) se explica por su educación en la corte borgoñona de Flandes, donde parece pervivir el ambiente epigonal del «Otoño de la Edad Media» que tan bien ha sabido describir Huizinga. No solamente la vigencia del ideal caballeresco o la complicada etiqueta borgoñona caracterizan sus primeros años, sino también la creencia en el valor de los patrimonios dinásticos, es decir, en la posibilidad de gobernar unidos una serie de territorios que nada tienen en común, a excepción de pertenecer a una misma herencia. El Emperador ignora que vive en una época en que surgen y se afianzan las nacionalidades históricas, es decir, las unidades naturales basadas en la identidad cultural y racial y en los condicionamientos geográficos, económicos y políticos. Y tanto las ignora, que sigue aferrado a la idea verdaderamente medieval de conservar su patrimonio incluso cuando la realidad le muestra lo inútil de tal empresa. Naturalmente tenía Carlos de su lado todos los argumentos al querellarse con el rey Francisco I de Francia por causa de las tierras de la Borgoña francesa; pero el rey francés tenía también sus argumentos, no tan legales ni anclados en el pasado, sino basados en las exigencias del presente. Carlos argumentaba que la herencia de Borgoña comprendía las tierras de Flandes, Luxemburgo y la Borgoña propiamente dicha, pero hoy día puede cualquiera comprender lo artificial de esta unidad, sobre todo teniendo en cuenta la posición geográfica de Borgoña.

La segunda razón que explica esta falta de sentido práctico radica en la misma sociedad española, que está dominada por una nobleza que vive la borrachera de su triunfo sobre la casta musulmana y favorece toda empresa militar que ayude a mejorar sus privilegios y a exaltar su función social de defensora de la tradición. Es como si la aristocracia, una vez acabada la secular empresa de la Reconquista, necesitase de nuevas tareas políticas para seguir sintiéndose imprescindible. En realidad, los ideales de Carlos I y los ideales vigentes en la sociedad española se complementan mutuamente. Carlos exigirá de sus súbditos precisamente aquello que éstos estaban dispuestos a darle. Tanto la política imperial como la empresa de la colonización de América, no son más que las válvulas de escape de una sociedad incapaz de vivir la realidad del presente. Don Quijote de la Mancha tiene aquí su verdadero origen.

Cuando Carlos experimenta el doble fracaso de sus guerras contra los luteranos y contra los franceses (1552), fracaso que más adelante le hace abdicar de la soberanía de los Países Bajos (1555), de la soberanía de España (1556) y, finalmente, del Imperio (1558, el mismo año de su muerte), acaso comprende por vez primera la realidad de un mundo que hasta entonces le había resultado ajeno. Su retiro voluntario en el monasterio de Yuste es no sólo un reconocimiento del principio religioso de las vanidades mundanas, sino también la expresión de su amargo desengaño al choque con la realidad.

A: HISTORIA

Las tierras del Imperio y la idea imperial

De nuevo el azar desempeña un papel de primer orden en los destinos históricos de la recién estrenada nación española: Carlos I de España (Carlos V de Alemania) es hijo de Juana la Loca y de Felipe el Hermoso, y por lo tanto es nieto de los Reyes Católicos y de Maximiliano de Austria. Se puede hablar de casualidad: los hijos mayores de los Reyes Católicos, casados con príncipes portugueses, mueren pronto o quedan sin descendencia, por lo que el proyecto de unir las coronas de España y Portugal deberá ser abandonado. Juana, la hija que queda como heredera, se ha casado con Felipe el Hermoso, hijo del Emperador Maximiliano de Austria; pero Felipe muere pronto, y Juana, trastornadas las facultades mentales por la muerte de Felipe (durante muchos meses se negó a permitir que enterraran a su marido por creer que no podía estar muerto), fue declarada incapaz de gobernar, por lo que a la muerte del cardenal Cisneros en 1517 (nombrado regente en 1515 cuando muere el rey Fernando), la herencia recae en el príncipe Carlos, primogénito de Juana y Felipe.

Si hubiera sido posible la sucesión a través del primogénito de los Reyes Católicos, se habría producido la unidad de España y Portugal, unidad que hubiera representado un crecimiento armónico de la monarquía y que estaría más en consonancia con la estructura geopolítica peninsular. Pero con futuribles no se hace la historia, sino con hechos reales, y éste del advenimiento de Carlos representa sin duda una ruptura del equilibrio y de la armonía en el crecimiento orgánico de la nación, que va a experimentar en pocos años una proyección internacional desproporcionada a sus medios.

Carlos hereda, por parte de su madre Juana la Loca, las tierras de España unidas (Castilla y Aragón), la isla de Cerdeña, Nápoles y Sicilia, algunas plazas importantes del norte de África, y todos los territorios del Nuevo Mundo situados al oeste de la línea de demarcación que prescribía el Tratado de Tordesillas. Por parte de su padre Felipe el Hermoso, las tierras de Austria, Alemania, Borgoña (es decir, los Países Bajos, la Borgoña propiamente dicha y Luxemburgo) y una opción a la corona del Imperio, pues aunque el Imperio Alemán era electivo y no hereditario, era tradición que lo detentase la familia Habsburg. Como se ve, la herencia de Carlos, vista desde la perspectiva de los tiempos modernos, constituye un patrimonio enorme de tierras que nada tienen en común entre sí (a partir de la rebelión de Lutero, ni siquiera la religión). La idea imperial difícilmente podía servir de lazo de unión, pues era más teórica que práctica y nadie obedecía su autoridad.

Pero, ¿qué significa, al menos en teoría, la *idea imperial*? Una descripción del ceremonial y de las fórmulas empleadas en la coronación de Carlos en Aquisgrán en el año 1520 nos ilustran sobre los ideales, ya que no sobre la realidad, de la anacrónica idea imperial. Al futuro Emperador le plantearon las seis preguntas rituales: 1) ¿estaba dispuesto a defender la religión católica?; b) ¿protegería a la Iglesia y a sus servidores?; 3) ¿gobernaría su reino según la ley y el derecho?; 4) ¿estaba dispuesto a defender los derechos de su imperio y trataría de reconquistar lo que se había perdido?; 5) ¿sería justo juez de ricos y pobres, de viudas y huérfanos?; 6) ¿manifestaría al Santo Padre y a su Iglesia la adhesión que se les debía? A cada pregunta, Carlos respondía: *volo* («quiero»). Al terminar, Carlos recibió la espada imperial y le ciñeron la corona de oro. Como se ve, las fórmulas rituales insistían, con alguna variante retórica, en uno y el mismo tema: defender la religión y a sus ministros...

Se ha encendido una polémica sobre el verdadero sentido que tenía para Carlos la idea imperial. Para el historiador Karl Brandi, los ideales imperiales de Carlos estaban inspirados por su canciller Mercurino Gattinara, un piamontés muy activo que permaneció al lado del Emperador unos doce años, desde 1518 hasta su muerte en el año 1530, y que respondían al principio puro y simple de la glorificación del poder por el poder mismo. Dominaría en los principios de Carlos, según este historiador, la teoría política que imponía la mentalidad laica y racionalista del Renacimiento. Menéndez Pidal, buen conocedor de los documentos relativos a esta época, sostiene lo contrario: Carlos entendía el Imperio como «un alto deber moral de armonía entre los pueblos», que es como se entendía en la Edad Media la idea imperial. Y esta idea no provenía del canciller Gattinara, sino de los consejeros españoles que le rodeaban, así como del Emperador mismo. Menéndez Pidal demuestra su teoría analizando discursos y documentos, del Emperador o de sus secretarios, en los que sale a relucir la idea imperial.

El primer documento en que surge la teoría sobre la idea imperial es muy significativo: procede del año 1520 y es un *discurso del doctor Mota*, encargado de convencer a las Cortes de Coruña de la necesidad de aceptar el imperio alemán. En este discurso se insiste en la idea de que el imperio que recibirá Carlos no tiene como fin ganar nuevos reinos, pues a Carlos le sobran los que ha heredado, sino defender a la religión cristiana y acometer «la empresa contra los infieles enemigos de nuestra santa fe católica, en la cual entiende, con la ayuda de Dios, emplear su real persona». Para poner en práctica estos principios tan poco acordes con el pragmatismo político del momento, Carlos piensa convertir a España en el eje de su política imperial. En palabras textuales del discurso del doctor Mota, «este reino es el fundamento, el amparo y la fuerza de todos los otros», lo que implica que el Emperador haya determinado «vivir y morir en este reino, en la cual determinación está y estará mientras viviere». El idealismo de Carlos, al contacto con España, se convierte en quijotismo...

Pero hay un segundo documento, mucho más valioso por estar redactado de su puño y letra, sobre las verdaderas intenciones imperiales de Carlos, y es la *declaración de principios del joven emperador ante la Dieta de Worms en 1521*; Carlos parece obsesionado por la disidencia luterana, que introduce una insuperable fisura en las tierras del Imperio, y que le inspira una apasionada defensa de la cristiandad amenazada. En esta declaración no duda en ofrecer «mis reinos, mis amigos, mi cuerpo, mi sangre, mi vida y mi alma» para salvar el cristianismo. Una declaración tan fogosa en un príncipe aparentemente tan flemático y de aspecto indeciso, debió de producir asombro en los contemporáneos. ¿Estaba ya contagiado el Emperador de la vena religiosa de sus súbditos españoles?

Los dos documentos son suficientes para establecer la gran distancia existente entre las ideas del canciller Gattinara, influido por el célebre tratado *De Monarchia*, del Dante, y las ideas del Emperador, inspirado en la vieja idea del imperio cristiano. Menéndez Pidal nos asegura que Gattinara aconsejó a Carlos en repetidas ocasiones no sólo *conservar* los reinos y dominios heredados, sino también *adquirir más*. (Acaso el momento en que las discrepancias entre Carlos y su canciller llegaron a ser mayores fue cuando el rey Francisco I de Francia cayó prisionero de Carlos; Gattinara aconsejó aprovechar la victoria para conquistar tierras a Francia, y el Emperador se limitó a exigir estrictamente lo que le pertenecía). Lo que Gattinara proponía era la *monarquía universal*, y la dirección que siguió el Emperador fue la de la *universitas christiana*. El primero creía en el poder por el poder mismo, y el segundo en el poder como servicio a una idea trascendente. Pero tenemos que decir también que el primero era un hombre realista de su tiempo, de la Edad Moderna, y el segundo era un reaccionario que permanecía anclado en la Edad Media. Y esta última circunstancia fue lo que constituyó la ruina de España, lo que disparó esa absurda carrera militar hacia la destrucción y la muerte que caracteriza todo nuestro siglo XVI y parte del XVII.

En la esfera de la valoración moral, las ideas de Carlos son muy superiores a las de su canciller; incluso en el ámbito de lo personal, no podemos evitar sentir simpatía por el emperador, hombre, sencillo, afectuoso y ligeramente inclinado a la melancolía. Sus *Memorias* son un ejemplo de gran modestia, inimaginable en quien tenía medio mundo en sus manos, y de callado sufrimiento cuando el destino le era desfavorable. Carlos no parecía concederle gran importancia a sus victorias, y siempre trató dignamente a los vencidos. Se tiene la impresión, leyendo sus *Memorias*, de que su verdadera grandeza estaba en su alma, que tenía algo de la calma de los estoicos, y no en el enorme poder que acumuló. Impresión que se confirma cuando le vemos retirarse, desengañado del mundo, al monasterio de Yuste.

Pero el retrato personal y humano no debe impedirnos reconocer el *gran anacronismo histórico* que significaba la existencia de un emperador dispuesto a «desfacer entuertos» en todo el mundo, como el inmortal personaje de Cervantes... Como dice Madariaga de esta época, Francisco I de Francia es *ya* francés, Enrique VIII de Inglaterra es *ya* inglés, mientras que Carlos es *todavía* europeo por sus raíces medievales. Este es, justamente, el problema: Carlos es europeo en una época en que se están consolidando las grandes nacionalidades históricas.

El Imperio y la hegemonía europea: las guerras con Francia

Contemplando el mapa que ofrece Europa después de la coronación imperial de Carlos en Aquisgrán (1520), se comprende la preocupación del monarca francés por sacudirse el yugo de la dinastía Habsburg. Francia estaba completamente rodeada por las tierras de Imperio, que constituían como una tenaza que amenazaba sofocarla. Francia era entonces la nación más rica de Europa, y la que contaba con mayor potencial humano (unos dieciséis millones de habitantes, frente a los diez escasos de España y los cuatro de

Inglaterra). Además, el rey de Francia, Francisco I, gozaba de una autoridad y un prestigio extraordinarios entre sus súbditos, y contaba con un grupo de juristas expertos en Derecho público que sostenían la teoría, muy de moda en las universidades italianas, de que el rey debe tener un poder absoluto (teoría que debía de coincidir bastante con la que ya hemos visto a propósito del canciller Gattinara). La guerra parecía inevitable, y Francisco I la inició conquistando Pamplona en 1521, la capital de Navarra, reino recientemente incorporado a la corona de España por Fernando el Católico. Pero el Emperador logró reconquistar pronto Pamplona y desviar la guerra a Italia gracias a una alianza realizada con el Papa para expulsar del condado de Milán a los franceses.

La guerra en Italia va a durar, con algunas intermitencias, muchos años, y se tiene la impresión de que lo que está en juego es la polémica sobre el *dominium mundi*, pues quien tiene Italia detenta la hegemonía mundial. El poder del Imperio procede de la autoridad espiritual de Roma, única legitimación, como hemos visto antes, del poder temporal. El Papa jugará un papel ambiguo en esta guerra, apoyando al Emperador o a Francia, según las conveniencias; en principio es favorable al Emperador, que representa y sostiene las ideas de la Iglesia, pero en ocasiones experimenta temor por el inmenso poder que detenta Carlos y que puede atentar contra la soberanía de los Estados Pontificios, y llega a aliarse con Francia y hasta con Inglaterra... Evidentemente, es muy difícil establecer aquí hasta qué punto juegan un papel las ideologías y hasta qué punto dominan los cálculos oportunistas de un pontificado más atento al poder temporal que a su misión evangelizadora.

Examinando objetivamente las fuerzas de ambos bandos, parecía más probable la victoria de los franceses. Carlos tenía un ejército poco homogéneo, compuesto de soldados y hasta de capitanes procedentes de diversas tierras y que apenas se conocían entre sí. Además, el Emperador demostró durante todas las campañas de Italia no disponer de medios suficientes para sostener a su ejército, por lo que, en algunas ocasiones, no pudo evitar que sus soldados saquearan las ciudades para cobrarse sus atrasos; en otras ocasiones tuvieron que subvenir los mismos capitanes las necesidades del ejército, vendiendo o empeñando sus joyas para pagar a las tropas. La administración imperial está llena de anécdotas semejantes, y se tiene la impresión de que todo en el inmenso imperio funcionaba a base de improvisación y golpes de ingenio.

La campaña de Italia comienza con la alianza del Imperio y el Pontificado para arrojar a los franceses de Milán, cosa que consiguen a finales de 1521. Pero el contratiempo de Milán no era gran cosa para el ejército francés, superior al imperial y más homogéneo, y cuando Francia estaba preparando de nuevo sus ataques en Italia contra toda una alianza internacional (España, Inglaterra, Venecia y los Estados Pontificios), surgió en el ejército francés la *defección del Duque de Borbón*, el personaje más importante de Francia después del rey Francisco I. Tenía el título de *condestable*, es decir, de jefe supremo de los ejércitos reales, y era tan rico e influyente, que sostenía en Moulins una verdadera corte. No se conocen bien los motivos verdaderos de la ruptura con el rey, aunque se supone que fue causada por el odio de la madre de Francisco I, despechada ante la negativa del de Borbón a casarse con ella. Borbón huyó de Francia y se puso al servicio de Carlos. A partir de 1525 le vemos conduciendo los ejércitos imperiales en Italia.

Con la defección del de Borbón, la guerra en Italia está perdida para el rey de Francia. En el año 1525, Francisco I decide sitiar la ciudad de Pavía, a unos setenta kilómetros de Milán, contra el consejo de sus oficiales, que juzgaban esta acción demasiado arriesgada. En efecto, al poco tiempo se presentaron el Duque de Borbón, Lannoy y el Marqués de Pescara para socorrer a los sitiados. Las tropas del de Borbón estaban pagadas con el producto de la venta de sus joyas, y las demás tropas estaban todavía en peores circunstancias, pues padecían hambre. Ninguno de los tres capitanes disponía de dinero, municiones o víveres, pero todos conocían la abundancia que reinaba en el campo francés. Bastó una arenga del Marqués de Pescara, en la que pintaba la existencia de los depósitos de comestibles, para garantizar el ardor del ataque. Paradójicamente, no fueron los ideales imperiales los que triunfaron en Pavía, sino algo mucho más prosaico, como las exigencias del estómago...

Pavía fue una catástrofe para el rey de Francia. El mismo rey, que participó en la batalla al estilo caballeresco, fue herido y hecho prisionero. En carta que escribió a su madre se lamentó en estos términos: «De toutes choses ne m'est demeuré que l'honneur et la vie, qui est sauvé». Luego *fue llevado prisionero a Madrid*, donde se le impusieron las condiciones para firmar la paz. Aunque suele afirmarse que estas condiciones fueron muy duras, lo cierto es que Enrique VIII de Inglaterra las consideraba muy modestas y exhortaba a Carlos a continuar la guerra. También en España el canciller Gattinara, aconsejaba al Emperador una política expansiva para formar un sólido bloque imperial, a lo que se negó Carlos alegando (son sus propias palabras) que «no era mi fin de conquistar ni tomar lo ajeno, sino solamente de recobrar y conservar lo que era mío propio». Francisco *abdicó la corona* de Francia en favor del Delfín, por lo que, en realidad, Carlos apenas podía exigirle ya muchas responsabilidades y se contentó con pedirle Borgoña, territorio patrimonial que había pertenecido a la abuela del Emperador, así como una renuncia a toda pretensión sobre Milán y Génova. Además, y para ratificar el tratado de paz, se acordaba la boda del rey de Francia con la hermana del Emperador, Leonor de portugal (1526). Como se temía que Francisco I incumpliría la promesa de devolver Borgoña, se acordó que el rey partiese para Francia sólo después de dejar a sus hijos como rehenes en España, lo que suponemos una gran humillación para un rey tan imbuido del ideal caballeresco.

El mismo día en que se firmó el tratado de paz, Francisco juró solemnemente cumplir escrupulosamente el tratado. Pero el día anterior había declarado, ante sus consejeros, que el tratado carecía de valor alguno por habérsele impuesto por la fuerza. Se trataba, pues, de un perjurio del rey, que no aceptaba lo pactado y que inició la guerra inmediatamente después de ser puesto en libertad.

En la segunda guerra de Italia se produce un espectacular cambio de alianzas: el Papa, que ahora es Clemente VII, decide formar una liga contra el Emperador (Liga de Cognac, también llamada Liga Santa, 1526) en la que entran Francia, Inglaterra, Venecia, Florencia y, naturalmente, los Estados Pontificios. Al parecer, el Papa quería liberar a Italia de los «bárbaros» que la ocupaban y, según algunos historiadores, realizar los ideales nacionalistas de Maquiavelo. Cuando el Emperador se enteró de que el rey de Francia había roto lo pactado, llamó a Francisco «falso» y «cobarde», a lo que éste contestó retando a Carlos a un *duelo personal*. Se llegó a fijar el lugar del duelo en un punto situado en la frontera hispano-francesa, hasta que prudentes consejeros de una y otra nación lograron evitar el disparate. Tanto Carlos como Francisco parecían buenos lectores del *Amadís de Gaula*...

Las tropas imperiales iban mandadas por el Duque de Borbón, como en la primera guerra, y por Georg von Frundsberg, caudillo alemán que habían combatido ya anteriormente en otras batallas al servicio del emperador con sus célebres *lasquenetes* («Landsknechten») alemanes. Pero la falta de dinero en las tropas era ahora mucho más apremiante; el Duque de Borbón tuvo que recurrir al vergonzoso procedimiento de secuestrar a gente rica para poder pedir dinero por su rescate y pagar a sus hombres, siempre dispuestos a rebelarse. También tuvo que saquear los templos y vender el oro y la plata. Los invasores justificaban el calificativo de «bárbaros» que les aplicaba Clemente VII...

Pero mucho más grave era lo que pasaba entre las tropas alemanas de Frundsberg: los «lasquenetes», además de encontrarse en la misma situación económica que los españoles, eran luteranos y sentían profundo odio por los católicos y por sus representantes eclesiásticos. Los soldados alemanes estaban dispuestos a todo. Y después de amenazar a su jefe repetidas veces con romper la disciplina y desertar, el viejo Frundsberg perdió la paciencia y regresó a Alemania amargado y dejando en Italia a unas tropas para las que solamente la perspectiva del saqueo de Roma ofrecía algún atractivo.

El Duque de Borbón condujo a este indisciplinado ejército hasta las murallas de Roma, adonde llegaron en el mes de mayo del año 1527. El Duque se vistió de blanco para que sus tropas le siguieran con mayor facilidad, pero al escalar las murallas de Roma sirvió de «blanco» para el fuego del enemigo y cayó muerto. El ejército, ahora sin nadie que le impidiera los desmanes, se *entregó al saqueo más desenfrenado*, con toda la secuela de violaciones, robos, asesinatos, torturas, etc., que no es necesario describir ni comentar. Diremos solamente que duró ocho días sin descanso, y que al noveno ya no quedaba nada que robar, por lo que los saqueadores tuvieron que enfrentarse otra vez con el hambre y, todavía mucho peor, con la peste. Se daba la paradoja de que un ejército «imperial», esto es, un ejército al servicio de la religión y sus ministros, saqueaba justamente la capital de la cristiandad; el ideal imperial, como se ve, estaba desconectado de la realidad, no podía cumplirse por falta de medios materiales. Fueron numerosa las protestas que este «Sacco di Roma» despertó en todo el mundo cristiano.

Al vencer en las guerras con Francia, España se convierte en potencia hegemónica europea. Pero la victoria de los ejércitos imperiales despierta la fama de vandalismo, pues el «Sacco di Roma», realizado precisamente por quienes estaban llamados a defender a la cristiandad, es algo que resulta contradictorio. Los ideales del Emperador, como hemos visto, eran los de lograr una «universitas christiana», lo que se acomodaba mal con la destrucción de la capital de la cristiandad. Pero hay que reconocer que el Papa era el culpable directo de los sucesos de Roma al aliarse a los enemigos del Emperador justamente en momentos en que peligraba la estabilidad política del Imperio. Francisco I hubiera podido vencer fácilmente al Emperador en la primera guerra italiana, como hemos visto, y no demuestra precisamente gran tacto político el Papa Clemente con sus deseos de ayudar a Francia.

Clemente VII envía una carta de protesta al Emperador por los sucesos de Roma, y éste encarga a su secretario de letras latinas, Alfonso de Valdés, que redacte una respuesta en la que se exponen los motivos de la política del César. Este documento es, como los que ya hemos examinado al estudiar la idea imperial, de capital importancia, y Menéndez Pidal lo resume así: «Carlos está dispuesto a ofrecer sus reinos y su sangre para proteger a la Iglesia. Pero si el Papa estorba estas sus preocupaciones imperiales, si hace veces, no de padre, sino de enemigo, no de pastor, sino de lobo, entonces el emperador apelaría al juicio de un Concilio general, en el que se buscase el remedio a la difícil situación interna de la cristiandad». La opinión de Valdés la compartían muchos erasmistas (su hermano Juan de Valdés, entre otros) y parece ser que también el propio Erasmo, que veía en un Concilio la única solución al problema de la corrupción en la Iglesia.

Veremos en el próximo capítulo la cuestión del concilio, pues está directamente relacionada con el problema del protestantismo y las luchas de religión que Carlos sostuvo en Alemania. Nos limitaremos aquí a anotar el final de las guerras de Italia con la paz de Cambrai de 1529, que fue llamada «Paz de las Damas» por haber sido dirigidas las negociaciones por la tía de Carlos, Margarita, gobernadora de los Países Bajos, y Luisa de Saboya, madre de Francisco I. No fue una paz muy duradera, pero le permitió a Carlos enfrentarse a los problemas del luteranismo en Alemania.

El Imperio y el protestantismo: las guerras de religión en Alemania

La rebelión de Lutero tenía como como causa inmediata la vergonzosa *venta de indulgencias* que la Iglesia había sabido organizar en gran escala comercial, encargando a los príncipes territoriales el montaje del negocio, y a los grandes banqueros como los Fugger la recaudación del dinero. Mediante la compra de las indulgencias, los fieles podían conseguir algunos favores del cielo, como las rebajas en las penas temporales; la Iglesia ejercía de intermediaria entre el cielo y la tierra, y el dinero recaudado era empleado en enriquecer Roma, capital del arte más que capital de la cristiandad. Pero la cuestión de las indulgencias fue solamente el factor detonante; Lutero estaba convencido de que la Iglesia toda estaba corrompida y aferrada a su poder temporal, y que sólo una *reforma radical* podía devolverle el espíritu evangélico. Los altos dignatarios de la Iglesia apenas podían distinguirse de la alta aristocracia, ni por sus ideales ni por su género de vida. La Iglesia era un estamento social como lo era el estamento nobiliario, un poder establecido con intereses exclusivamente mundanos.

No fue Lutero el único, ni siquiera el primero, en denunciar el problema: ya hemos visto que el Cardenal Cisneros impulsó en España una *tímida reforma* («prerreforma») que suscitó las iras de la jerarquía eclesiástica, en España y fuera de España (el Papa llegó a obligarle a exhibir los símbolos del poder y la riqueza). También Erasmo de Rotterdam estaba convencido de la necesidad de una reforma de la Iglesia que la hiciera volver a encontrar sus raíces evangélicas. El mensaje de Cristo, venía a decir el gran humanista, *no es de naturaleza teológica, sino moral*; si Cristo hubiera querido explicar teología, lo habría hecho, y mejor que ningún otro teólogo. Pero Cristo se contentó con dejar un mensaje para la vida práctica, mensaje que supo explicar mediante simples parábolas para que lo entendiera todo el mundo... La teoría de Erasmo va directamente al problema: si nada hay que esperar de la teología, tampoco hay *nada que esperar de una Iglesia cuya única razón de ser es la custodia de esa misma teología*. La Iglesia establecida, viene a decirnos Erasmo, es inútil, pues el Evangelio habla directamente al corazón de los hombres... No es extraño que Erasmo haya sido objeto de la persecución de la Iglesia de Roma; sus doctrinas eran semejantes a las de Lutero, al menos en el aspecto de la superfluidad de la institución eclesiástica.

Así pues, Lutero no planteaba ninguna verdadera novedad en el *terreno práctico y disciplinario*. Donde Lutero resultaba incómodo, y no solamente a los ministros de la Iglesia, era en el *terreno dogmático*. Porque toda la teología luterana descansa en el principio de la *gracia*, que es un don sobrenatural que otorga Dios al hombre para que se salve sin el concurso de sus obras. La *gracia* procede directamente de Dios, y la Iglesia no puede hacer de intermediaria. El que recibe la *gracia* se salva, el que no la recibe, se condena. De nada sirve la Iglesia, y especialmente el negocio de las indulgencias, pues nada puede estorbar ni favorecer la donación o negación de la *gracia*.

Como se ve, el problema exclusivamente práctico y moral del escándalo de las indulgencias fue el disparador de toda una teología centrada en el principio de la *gracia*. Para negarle poder a la Iglesia, Lutero se lo concedió todo a la intervención divina. Para hacer innecesaria la existencia de la Iglesia, Lutero acentuó la necesidad de la intervención de Dios. La imagen del hombre que nos da Lutero está en radical contraste con la que nos da el humanismo renacentista: el hombre ya no es libre, sino juguete de la *gracia*. Es más: el hombre está predeterminado para recibir o no recibir la *gracia*. Si no la recibe, carece de libertad para obrar el bien, porque la naturaleza del hombre es el pecado, transmitido por herencia desde el pecado de Adán (pecado original). Y si el hombre recibe la *gracia*, difícilmente podrá sustraerse a su influjo. Predeterminación de la voluntad, naturaleza pecaminosa del hombre... estamos ante una verdadera involución del pensamiento, ante una recaída en la bárbara Edad Media. El hombre del Renacimiento, que apenas acaba de adquirir carta de naturaleza racional y autarquía moral y política, vuelve a caer en las cadenas de la esclavitud medieval.

Paradójicamente, tampoco la teología luterana es nueva; parte en realidad de la teología paulina y, sobre todo, de San Agustín, que defendió igualmente la *predeterminación* y la *dependencia de la gracia* para lograr la salvación. Cuando la Iglesia de Roma se enfrente con Lutero en la campaña de la Contrarreforma, atacará sin saberlo las teorías mismas de San Agustín... Volveremos en el capítulo siguiente sobre este delicado problema.

La rebelión de Lutero va a ser el problema insoluble del imperio de Carlos, el único enemigo verdaderamente poderoso que va a acabar con el sueño imperial. El Papa condenó a Lutero y a todos sus seguidores, y dio a conocer su sentencia en el año 1521. Y el emperador, consciente de su papel de defensor de la cristiandad, se sintió obligado a ejecutar la sentencia y a luchar contra Lutero.

Cuatro momentos podemos distinguir en los enfrentamientos de Carlos con el movimiento protestante; cuatro momentos que preceden a la guerra y que hacen concebir esperanzas de una victoria por medios pacíficos. El **primer momento** es la Dieta de Worms de 1521, a la que ya hemos aludido al estudiar la idea imperial. Las posturas del emperador y de Lutero son inconciliables; la del emperador, porque afirma que está dispuesto a defender a la cristiandad empleando «mis reinos, mis amigos, mi cuerpo, mi sangre, mi vida y mi alma». La de Lutero, porque declara valerosamente que no puede retractarse de una sola palabra siquiera de cuantas había escrito, a menos que pudieran demostrarle su error basándose en la Biblia. Carlos destierra a Lutero de Alemania, pero el príncipe elector Federico de Sajonia lo esconde en su castillo de Wartburg, donde escribirá la primera traducción alemana del Nuevo Testamento, verdadero monumento literario de esta lengua. Por cierto que esta traducción la realiza directamente del texto griego, y no del texto latino; Lutero sentía por la *Vulgata* la misma desconfianza que Erasmo y Antonio de Nebrija, como hemos visto al comentar la gestación de la *Biblia Políglota*.

El **segundo momento** lo constituye la Dieta de Spira (Speyer) en 1526, en la que se decidió que los diversos estados del imperio podrían adoptar libremente su postura religiosa hasta la celebración de un concilio. Pero el Papa no estaba dispuesto a aceptar un concilio verdaderamente universal, por lo que fue dándoles largas al asunto. Por otra parte, por estas fechas tiene lugar la segunda guerra con Francia, en la que el emperador tuvo que enfrentarse con el Papa; la catástrofe del *Sacco di Roma* no podía tampoco contribuir a la celebración del concilio...

El **tercer momento** es la Dieta de Spira de 1529, en la que el emperador endureció su gesto inicial favorable al diálogo y dio un viraje inesperado hacia la intolerancia: en esta ocasión se revocaron las decisiones de 1526 y se prohibió toda divulgación de la doctrina luterana. Los príncipes luteranos y los representantes de las ciudades luteranas protestaron de esta decisión, lo que les valió el nombre de «protestantes». Se avecinaba la guerra.

El **cuarto momento** es la Dieta de Augsburgo de 1530. El emperador vuelve a mostrarse conciliante y dispuesto a hacer concesiones. También el teólogo Melanchton, enviado por Lutero para que le sustituya, se muestra conciliante e incluso cree que hay ideas fundamentales que pueden ser aceptadas por ambos grupos. Pero a medida que avanzan las discusiones, se radicalizan las posturas, y los esfuerzos de Carlos por contener a los teólogos católicos resultan inútiles. Al final, la Dieta se clausura con un ultimátum que lanza el emperador: todos los luteranos deberán reintegrarse al seno de la iglesia antes del 15 de abril de 1531. Los estados protestantes se unieron en la Liga de Smalkalda para defender por la fuerza de las armas la doctrina luterana. La guerra sa había declarado.

Felipe de Hesse es el principal animador de la causa protestante; incluso hizo cambiar de opinión a Lutero, en principio reacio a toda guerra con el emperador. Felipe de Hesse será igualmente el que inicie el *diálogo con el rey de Francia* para lograr una ayuda militar a la causa protestante, proyecto al que Francisco I, deseoso de una revancha, accedió inmediatamente.

Rodeado de enemigos por todas partes (protestantes al norte, franceses al sur), el imperio se cuartea, y con excepción de los años de concordia que impone el peligro turco, la guerra se hace cada vez más insostenible. El año de 1547 constituye el último momento de apogeo imperial: Carlos derrota a sus enemigos Felipe de Hesse y Juan de Federico de Sajonia en la batalla de Mühlberg (Sajonia). El gran pintor Tiziano inmortalizó en sus característicos tonos rojos lo que fue el último momento de gloria del imperio carolingio, pintando un magnífico retrato ecuestre del emperador (*Carlos V en Mühlberg*). Pero la derrota estaba tan próxima a la victoria, que el cuadro de Tiziano parece más bien el resultado de un sueño febril (el que soñaba toda una sociedad enferma que confundía la realidad). Mauricio de Sajonia, sucesor de Juan Federico por haber prometido su devoción a la causa imperial, va a traicionar al emperador y *pasarse al enemigo* justamente cuando Carlos estaba más desprevenido. En el año de 1552, Carlos se encuentra en Innsbruck, lugar ideal para vigilar al mismo tiempo el concilio de Trento y los movimientos de las tropas protestantes en Alemania. Mauricio, en connivencia con las tropas francesas, avanza hacia Innsbruck y obliga al emperador a emprender una penosa huida, casi solitario, a través del Brennero. Enfermo gravemente de gota (enfermedad que padecía desde su juventud) y completamente extenuado por el viaje, el emperador llega a España sin ánimos para seguir luchando.

La abdicación de los Países Bajos (1555), de España (1556) y del Imperio (1558), ponen fin a un sueño que tiene mucho de alucinación colectiva. Pero Carlos no tendrá mucho tiempo para gozar de la vigilia, pues muere poco después de despertar, en el mismo año de 1558.

La herencia imperial de Felipe II: las guerras con Francia

Todo o casi todo parece repetirse en el reinado de Felipe II, especialmente en lo que toca a las guerras con Francia; tenemos la impresión de que estamos leyendo, por error, las mismas páginas de historia que describían los enfrentamientos con Francia a principios del XVI. Han cambiado los personajes (Felipe II, Enrique II de Francia, el papa Paulo IV), pero no las ideas ni la situación política. Francia se siente de nuevo amenazada por las tierras de los Habsburg (España, Flandes, Italia...), y el Papa siente de nuevo el peso del poder español. El teatro de la guerra será también, al menos en la primera parte, Italia...

El papa Paulo IV comenzó las hostilidades en 1556 enviando a Francia a su sobrino, el cardenal Caraffa, para incitar a Enrique II a invadir las posesiones españolas en Italia y apoderarse del reino de Nápoles. El Papa aportó un ejército propio para unirlo a las tropas francesas y poder arrojar más cómodamente a los españoles de Italia.

Felipe II, que era rey de España desde enero del mismo año, prefirió comenzar su reinado empleando la moderación y el buen sentido, y recurrió a la diplomacia. Al parecer, lamentaba tener que dirigir las armas contra el Papa (acaso estaba todavía vivo el recuerdo del *sacco di Roma* que, justamente, se había producido por las mismas fechas en que había nacido Felipe II). Pero la paz no fue posible, y el virrey de Nápoles, el duque de Alba, invadió los Estados Pontificios al frente de un ejército formidable. Tuvo la precaución de declarar que tomaba posesión de algunas plazas en nombre del colegio cardenalicio y solamente mientras no se eligiese otro Papa. Paulo IV decidió solicitar una tregua para esperar socorros de Francia; la tregua le fue concedida, pero cuando llegó a Italia el ejército francés del duque de Guisa, fue derrotado en varias ocasiones, por lo que el Papa se decidió a firmar la paz por separado (1557), abandonando su alianza con Francia.

Con la derrota del Papa, se traslada el escenario de la guerra a la zona fronteriza entre los Países Bajos y Francia. Y la guerra se internacionaliza, formando parte de los ejércitos españoles tropas españolas, inglesas, alemanas, húngaras y flamencas. La presencia de ingleses entre las filas españolas se explica por el matrimonio de Felipe II, viudo de María de Portugal, con la reina inglesa María Tudor, aunque el parlamento inglés había prohibido expresamente a la reina toda injerencia en los asuntos continentales. Las demás tropas (húngaros, alemanes, flamencos) recuerdan la composición abigarrada de las tropas imperiales en la época de Carlos V.

Al frente de los ejércitos de Felipe II estaba el duque Filiberto Manuel, duque de Saboya, que ya se había distinguido en las últimas campañas del emperador. La táctica del duque de Saboya consistía en atacar San Quintín, plaza fuerte de gran importancia estratégica, situada entre las antiguas fronteras de Flandes y Francia. Pero sabiendo la plaza muy bien protegida, se sirvió de un truco que consistió en simular un ataque a Marienburg para atraer allí al grueso del ejército francés. *La victoria de San Quintín* (10 de agosto de 1557) debió de ser el resultado de una batalla muy muy encarnizada, a juzgar por el impacto que causó en el habla coloquial española, que todavía en nuestros días hace buen uso de la unidad fraseológica *armarse la de San Quintín* («surgir una gran pelea o disputa»).

La muerte de María Tudor dejó a Felipe II viudo por segunda vez, pero libre para poder casarse con Isabel de Valois, la hija del rey de Francia, y cimentar así una *paz duradera con* Francia, que fue finalmente firmada en Cateau-Cambresis en 1559.

Las condiciones del tratado de Cateau-Cambresis fueron, al parecer, bastante desventajosas para Francia. Amelot de la Houttaie comentó así el tratado: «Se concluyó el tratado con condiciones tan desventajosas para Francia, que no hubiera podido exigir otras Felipe II si hubiera estado en París. Baste decir que, por tres ciudades que volvió en Picardía, a saber: Ham, el Chatelet y San Quintín, le dio Enrique ciento noventa y ocho en Flandes, el Piamonte, Toscana y Córcega. Cosa vergonzosa y que ha marchitado la memoria de Enrique II con eterno oprobio».

Vencida Francia, que era la primera potencia militar y económica de la época, el camino a la hegemonía mundial parecía asegurado...

La herencia imperial de Felipe II: las guerras en Flandes

Como ya hemos visto, los Países Bajos (Flandes) son *herencia patrimonial* de Carlos V (parte de las tierras de Borgoña adquiridas por la casa Habsburg en tiempos de Carlos el Temerario). En tiempos de Felipe II están gobernados por Margarita de Parma, una hermanastra del rey de España (hija natural de Carlos V, como Don Juan de Austria), a la que ayuda en sus funciones de gobernadora el cardenal Granvela. Tanto Margarita como Granvela son de carácter liberal y conciliador, pero al mismo tiempo son fieles seguidores de Felipe II, por lo que, cuando surja la crisis religiosa, se verán en situación muy comprometida.

Todas estas tierras se encuentran en una situación incómoda, intermedia entre el concepto moderno de *nación* y el concepto medieval de *territorio patrimonial*; aunque dotados de identidad propia, se encuentran siempre imposibilitados de ejercerla por ser juguetes de otras potencias: Austria, España, Francia... Hay, evidentemente, un anacronismo histórico en esta pretensión de mantener unidas en pleno siglo XVI tierras tan alejadas unas de otras y que no tienen nada en común entre sí. El estallido de la *rebelión protestante* en Alemania se transmitió pronto a los Países Bajos, con lo que la distancia ideológica entre España y Flandes no hizo más que aumentar. Pero acaso el problema religioso, en muchos casos, sirvió de pretexto para acentuar la identidad cultural de unos pueblos que buscaban la independencia.

Ante los primeros brotes de militancia protestante en los Países Bajos, Felipe II, fiel a su fama de «brazo derecho del catolicismo», decide *extremar la rigidez de la Inquisición*, que pronto empieza a producir sus primeras víctimas. Los grandes representantes del estamento nobiliario (Orange, Egmont, Horn) dirigen una enérgica carta de protesta a Felipe II en que exigen la deposición de Granvela, que, siguiendo las instrucciones del rey español, había multiplicado el número de obispados católicos y, por lo tanto, aumentado el poder de la Inquisición. Felipe II decide deponer a Granvela, pero no frena las actividades de la Inquisición, que, dirigida por Peter Titelman, se cobraba todos los días alguna víctima. Los atropellos y crueldades de la Inquisición llegaron a ser tales (muchos sospechosos fueron condenados sin ser oídos en juicio), que los concejales del ayuntamiento de Brujas, a pesar de ser todos católicos, llegaron a acusar de «bárbaro» a Titelman. La intervención de la gobernadora ante el Gran Inquisidor no sirvió de nada, pues Felipe II protegía abiertamente a Titelmann y le ordenó poner en práctica sin demora los edictos del concilio de Trento, que justamente por entonces (1564) se habían publicado. Egmont, apoyado en secreto por la gobernadora, decidió viajar a Madrid para solicitar una dulcificación de los edictos, fue recibido en Madrid con todos los honores, se le escuchó con toda atención... y tuvo que regresar a Flandes con las manos vacías.

En 1566 una *gigantesca manifestación* en la que tomaron parte unos 400 nobles se dirigió al palacio de la gobernadora para solicitar que se pusiera fin a la Inquisición y sus edictos en los Países Bajos. Parece ser que Margarita quedó impresionada del número y carácter decidido de los nobles, y uno de sus consejeros le dijo: «¿Por qué se asusta Su Alteza de esos *mendigos* ('gueux')?». La expresión fue inmediatamente adoptada por la nobleza como distintivo, y algunos incluso se disfrazaron de mendigos para exigir sus reivindicaciones. El grito de «¡vivan los mendigos!» fue uno de los lemas de la rebelión.

A mediados de este mismo año (julio de 1566), y después de algunas manifestaciones de Felipe II a Margarita a favor de la paz, el Consejo de Regencia envió al barón de Montigny a Madrid para solicitar una dulcificación de la Inquisición episcopal. Sorprendentemente, Felipe II se mostró de acuerdo en suprimir la Inquisición y en declarar una amnistía general para todo el país. La paz parecía estar asegurada.

Pero los luteranos, calvinistas y anabaptistas aprovecharon la supresión del Santo Oficio de la Inquisición para hacer propaganda de su fe y para hacer ostentación de su superioridad numérica y doctrinal. Muchos de ellos regresaban de Inglaterra, Alemania o Suiza, países donde se habían refugiado para huir de la Inquisición, y la borrachera de su triunfo les impulsó a creerse dueños de la situación y adoptar una *postura de desafío*. No sólo teólogos, sino también improvisados predicadores –sombrereros, curtidores– hablaban en presencia de grandes multitudes de gentes que cantaban salmos, portaban armas y gritaban «¡vivan los *mendigos*!». Mientras muchas iglesias católicas permanecían casi vacías, era frecuente contemplar reuniones protestantes donde tomaban parte hasta 15.000 personas, todas armadas. La gobernadora, viendo el peligro de la *rebelión armada*, intentó prohibir estas reuniones, pero era ya demasiado tarde. Justamente por este tiempo (agosto de 1566), los *mendigos,* dirigidos por Luis de Nassau, decidieron *unirse a los protestantes alemanes* para formar una armada defensiva.

Amparados en la organización de un ejército propio, los protestantes llegaron a cometer verdaderos desafueros contra la religión católica. Sólo en la parte sur del país (Flandes propiamente dicho), fueron despojadas de sus altares más de 400 iglesias católicas. El conde de Culemborch llegó a alimentar a su papagayo con hostias consagradas, y en otras localidades asaban las hostias y las comían trinchadas con tenedor.

La gobernadora dio la alarma a Felipe II: «Todo está ahora permitido en este país, todo a excepción de la religión católica». Comienza así el largo período de las *guerras de Flandes,* de fatales consecuencias para la economía española.

Felipe II decide sustituir a su hermanastra por un gobernador decidido y enérgico, y elige al **duque de Alba** para sustituirla. No podía haber hecho mejor elección para favorecer el nacimiento de la *leyenda negra.* Alba parecía sacado de un cuadro de El Greco: era alto, delgado, de piel amarilla y barba blanca... Pero en lugar de la espiritualidad de los personajes de El Greco, era de extraordinaria dureza y crueldad. Un gobernador insensible a los sufrimientos e, indiscutiblemente, de ningún talento político, que todo lo quería arreglar por medio de soluciones militares.

El período del gobierno de Alba (1567-1573) está lleno de *crímenes y desafueros.* Lo primero que hizo al establecerse en Amberes fue invitar a un banquete a dos de los principales representantes de la nobleza, Egmont y Hoorn, banquete que era solamente una trampa para hacerlos prisioneros y, algún tiempo después, matarlos. Téngase en cuenta que Egmont, el principal patriota de los Países Bajos, y cuyo gesto a favor de la libertad fue enaltecido e idealizado por Goethe en el drama que lleva su nombre, era una gloria del ejército de Felipe II que había contribuido a la victoria de San Quintín y que había ganado la batalla de Gravelinas, con la que Felipe II había vencido definitivamente a los franceses. Ajusticiar a Egmont era, además de un crimen, una falta de respeto absoluta por uno de los mejores militares al servicio de España. Además, Alba instituyó un «Tribunal de los Tumultos» que hacía juicios sumarísimos y desprovistos de justicia (a veces resultaban en un solo día condenadas a muerte cuarenta o cincuenta personas). En el transcurso de sólo un mes (enero de 1568), fueron ajusticiadas ochenta y cuatro personas en Valenciennes. Los flamencos le cambiaron pronto el nombre por el de «Tribunal de la Sangre»... En los informes oficiales que enviaba el duque de Alba a Felipe II hay frases que parecen inventadas por los autores de la *leyenda negra.* En uno de ellos leemos: «El día de la Ceniza se han preso cerca de quinientos (...) A todos he mandado justiciar (...) Para después de Pascua tengo que pasará de ochocientas cabezas». Igualmente resultó impopular e incentivo para la rebelión la absurda *política impositiva* de Alba: en 1569 decretó un impuesto único del 1% para todas las tierras, así como un impuesto permanente del 5% para todo contrato de compra-venta de tierras y otro impuesto permanente del 10% sobre cada transacción comercial. Este último impuesto era, económicamente, imposible de realizar, porque si un mismo producto cambiaba de dueño varias veces, la tasa de impuestos lo hacía prácticamente inaccesible al mercado. Católicos y protestantes se unieron en sus protestas contra la política del gobernador.

Alba se preciaba de haber ajusticiado a 18.000 rebeldes. Acaso era lo único de que podía presumir. El obispo católico de Namur aseguraba que Alba había hecho en siete años más daño al catolicismo que el mismo Lutero y los calvinistas a lo largo de toda una generación.

Felipe II comprendió la necesidad de sustituir la política militarista de Alba por la de un gobernador liberal y humano, y eligió a **Luis de Requeséns**, que era virrey de Nápoles cuando fue nombrado gobernador de los Países Bajos. Al llegar a Flandes el nuevo gobernador, quedó impresionado del extraordinario poder militar que habían podido organizar los rebeldes sin contar prácticamente con dinero para pagar las tropas. La sola fe en la empresa –creyó advertir Requeséns– permitía a los rebeldes mantener tropas cuyos soldados se contentaban con recibir solamente la manutención alimentaria. Al contrario ocurría con los desmoralizados soldados españoles, que se veían obligados a saquear las ciudades del enemigo para poder cobrarse los atrasos en la soldada. Y lo más notable del ejército de los rebeldes era la constitución de una poderosa flota de unas 160 naves que, mediante el procedimiento de inundar los campos, podía maniobrar incluso sobre campos de labranza (!!!).

Requeséns proclamó, nada más llegar, una *amnistía general* para todos los herejes, y además la libertad de emigrar a otras tierras. Una segunda medida que fue igualmente bien recibida, fue la *supresión del impuesto del 10%* sobre toda transacción mercantil. Más importante todavía: Requeséns llegó a defender *el total abandono de Flandes*, bajo la sola condición de dejar bien asegurada la práctica de la religión católica (idea que fue recogida más tarde, en 1598, cuando Felipe II cedió la soberanía de Flandes a su hija Isabel Clara Eugenia, y que fue de nuevo recogida en 1607, poco antes de la firma de la Tregua de los Doce Años). Pero sus tropas estaban más atentas al pillaje y al saqueo que al cumplimiento de sus órdenes, y en medio de estas luchas murió Requeséns a los dos años de haber llegado a Flandes.

El tercer gobernador fue el vencedor de Lepanto y de Túnez, el joven y audaz **Juan de Austria**. Don Juan tuvo que entrar en los Países Bajos disfrazado: las tropas españolas, abandonadas a sí mismas, quisieron cobrarse los atrasos saqueando ciudades, y el nombramiento de Don Juan coincide casi con la horrible matanza que tuvo lugar en Amberes (noviembre de 1576), en donde fueron muertos más de 7.000 ciudadanos y donde gran cantidad de edificios, algunos obras maestras del arte de todos los tiempos, fueron convertidos en cenizas. Los soldados españoles destruyeron la ciudad al grito de «¡Santiago, España! ¡A sangre, a fuego, a carne, a saco!» El saqueo de Amberes duró dos días, hasta que las tropas pudieron desquitarse de la miseria económica que venían padeciendo. No podía empezar peor Don Juan su período de gobernador. Pero en febrero de 1577, uno de sus primeros pasos fue la preparación y firma del generoso *Edicto Perpetuo*, tratado de paz que *reconocía las libertades de las Provincias*. Don Juan, además, había licenciado el ejército, y su entrada en Bruselas el primero de marzo, sin tropas que le protegiesen, fue al mismo tiempo una demostración de buena voluntad y de valentía.

Pero no todos aceptaron el gesto de buena voluntad de Don Juan de Austria. Guillermo de Orange, el principal cabecilla de los rebeldes, tomó por debilidad de Don Juan el licenciamiento del ejército y se negó a aceptar el *Edicto Perpetuo* en las provincias de Holanda y Zelanda. Además, tramó algunas asechanzas contra el gobernador, entre ellas un proyecto para asesinarlo. En julio de 1577, don Juan tuvo que abandonar Bruselas precipitadamente para refugiarse en Namur. En vista de que su vida peligraba, tuvo que *volver a llamar a los viejos tercios* que habían sido acantonados en Italia.

No vale la pena seguir enumerando batallas, avances y retrocesos que no manifiestan una línea coherente. Lo importante, lamentablemente, es que la guerra retorna. Los tercios de Italia, acaudillados por Alejandro Farnesio, hijo de Margarita de Parma y, por lo tanto, sobrino de don Juan de Austria, consiguen recuperar muchas plazas en poco tiempo. Pero la muerte súbita y misteriosa de don Juan de Austria en 1578 (la *leyenda negra* señalará a Felipe II como asesino de su hermanastro, cosa disparatada si se tiene en cuenta la difícil situación política y militar de Flandes en este tiempo), pone punto final este período.

El período más importante de las guerras de Flandes se corresponde con el de la gobernación de **Alejandro Farnesio**, que sucedió a Don Juan de Austria y que comparte algunos rasgos de temperamento con él. Valiente, liberal, abierto, libre de prejuicios, Alejandro Farnesio añade a estas virtudes la de la *diplomacia y el realismo político*, cosa que desconocía por completo el soñador y alocado don Juan (durante su período como gobernador de los Países Bajos soñaba con desembarcar en Inglaterra para liberar de la prisión a la católica María Estuardo y casarse con ella para hacerse rey de Inglaterra...). Durante el gobierno de Alejandro Farnesio (1578-1583) se van consolidando los frentes: el *protestante*, dirigido por Guillermo de Orange, en las provincias del norte, y el *católico*, presidido por el representante de Felipe II, en las provincias del sur. Alejandro Farnesio supo llevar bien no solamente los asuntos de la guerra, sino también los de la paz, y logró a base de diplomacia conquistarse la confianza de las provincias católicas del sur para mantenerlas dependientes de la corona española.

A principios de enero de 1579, y bajo la protección de las tropas españolas, formó un grupo de católicos presididos por el obispo de Arrás la denominada *Liga de Arrás* con el objeto de proteger su religión y sus posesiones. Formaban parte de esta liga las regiones de Hennegau, Douai, Artois y Lille, es decir, las provincias del sur. A finales del mismo mes respondían los protestantes con la *Unión de Utrecht*, que estaba formada por las provincias del norte: Holanda, Zelanda, Groninga, Utrecht y Güeldre, a las que después se añadieron Frisia y Oberissel. Con el tiempo, las siete Provincias Unidas del norte formaron Holanda, y las demás formaron, primeramente Los Países Bajos Españoles, y después, con la independencia de España, la nación de Bélgica.

El mérito de Alejandro Farnesio, pues, consistió en salvar lo que era salvable, y, aprovechándose de los descontentos de los católicos, formar una especie de *protectorado católico* en las provincias del sur. No ha de creerse que con esta división del país entre católicos y protestantes surgió la paz. Al revés, la guerra siguió aún por muchos años, y quizás con mayor violencia que antes. Los dos grupos religiosos, que habían de constituir más tarde dos naciones independientes, se enfrentaron con un enconamiento extraordinario. El sitio de Maastricht (marzo de 1579) es un ejemplo de barbarie por ambas partes. Los sitiadores católicos construyeron pasadizos subterráneos para después llenarlos de explosivos y hundir la ciudad. Pero los sitiadores excavaron igualmente pasadizos para atacarles bajo tierra. Se recurrió a todo tipo de barbaridades para vencer en la lucha: se arrojó agua hirviendo en los túneles, se hizo fuego para ahogar al enemigo por medio del humo... Una de las minas que colocaron los soldados de Alejandro Farnesio estalló antes de tiempo y provocó la muerte de quinientos de sus soldados. Cuando el ejército católico entró en Maastricht, se dice que quedaban solamente 400 de los 30.000 habitantes...

En el año de 1598, poco antes de su muerte, Felipe II concedió al archiduque Alberto, casado con su hija Isabel Clara Eugenia, la *soberanía de los Países Bajos*. En caso de que el matrimonio no tuviera descendencia, los Países Bajos volverían a la soberanía española. El gesto de Felipe II equivalía a una confesión de impotencia, pues desde el año 1579 no se había avanzado prácticamente nada; la división del país en una esfera de influencia protestante y otra católica continuó existiendo también durante la época del archiduque Alberto, por lo que la decisión de Felipe II tenía mucho de teórica. Veremos que el problema de los Países Bajos continuará en tiempos de los sucesores de Felipe II, pues el archiduque Alberto e Isabel Clara Eugenia no tuvieron descendencia...

B: SOCIEDAD

El impacto de América en la economía española

Una vez descubiertas y conquistadas las tierras americanas, se imponía organizar la colonización de las mismas, para lo que se organizó, ya en tiempos de los Reyes Católicos, todo un *sistema de administración y explotación en régimen de monopolio* y dirigido de manera centralista por la Casa de Contratación, que tenía su sede en Sevilla por ser ésta la ciudad ideal para establecer contacto entre Castilla y la costa atlántica. Los barcos podían continuar su viaje marítimo navegando por el Guadalquivir hasta Sevilla, por lo que esta ciudad era el puerto más cercano a Castilla. Más adelante, cuando se empezaron a utilizar barcos de más calado para los que el Guadalquivir resultaba insuficiente, la Casa de Contratación tuvo que trasladarse a Cádiz, nuevo centro de las operaciones comerciales con América.

No es posible comprender la evolución económica de España en el siglo XVI sin tener en cuenta el impacto que produjo la explotación de los recursos naturales del Nuevo Mundo. Pero este impacto fue, en cierta manera, negativo: en primer lugar, la gran cantidad de oro y plata importados de América disparó un *proceso de inflación*; en segundo lugar, causó un *desajuste entre precios y salarios*; y en tercer lugar, favoreció una excesiva *acumulación de tierras* (latifundismo), que favoreció una peligrosa tendencia, ya hecha tradicional en la sociedad española, hacia el hidalguismo y la abstención en las tareas económicas.

La Corona no llegó a explotar directamente las minas, a excepción de las de Huencavélica, sino que *percibía un canon* de las empresas privadas explotadoras. Este canon era, al principio, de 2/3, es decir, de cerca del 70% del total de la producción, cantidad excesiva que hacía poco atractiva la extracción de los metales, por lo que más adelante se rebajó a 1/5 (20%) de la producción. A pesar de esto, las ganancias brutas percibidas por la Corona a través de la importación del oro y la plata fueron enormes.

Una tabla cronológica de las *importaciones de metales preciosos* nos da una idea de la enorme importancia que tenía para la Corona esta fuente de riqueza:

Años	Valor (en millones de pesos)
1516-1520	**1**
1541-1545	4.9
1551-1555	**9.8**
1566-1570	14.1
1581-1585	29.3
1596-1600	**34.4**

Las cifras que, aproximadamente, se corresponden con el comienzo y el final del reinado de Carlos V (1516-1555) muestran un aumento del volumen total de importaciones de casi *diez veces la cantidad inicial*. Está claro que la Corona, más interesada incluso que los particulares en la explotación de las minas, tuvo parte en esta enorme aceleración de la producción. Las últimas cifras recogen los años de transición entre Felipe II (muerto en 1598) y Felipe III, y muestran un aumento de más del triple del volumen alcanzado en los tiempos de Carlos V.

Pero el enorme incremento en la importación de metales preciosos no significó un incremento proporcional en el tesoro nacional. La mayor parte del oro y de la plata vino a España sólo *de pasada* (Ramón Carande). Es decir, que fue a parar al poco tiempo a las arcas de los banqueros europeos (alemanes e italianos) que financiaron las *campañas militares* en toda Europa. Francisco de Quevedo, genial intérprete del sentimiento de decadencia nacional, resumirá en versos amargos el destino del oro de Indias:

> Nace en las Indias honrado,
> donde el mundo le acompaña;
> viene a morir en España
> y es en Génova enterrado.

Al principio dominaban las importaciones de oro, pero a partir de 1530 empezaron a dominar las de plata, en parte debido a las formidables explotaciones de Potosí (Perú, hoy Bolivia), tan famosas en su tiempo, que aún hoy es corriente en España decir que algo muy valioso «cuesta un Potosí»...

En conjunto, la España imperial contaba con una moneda muy codiciable, especialmente el ducado, que hacía que los extranjeros se apoderasen de ella a la menor oportunidad. Ya al comienzo del reinado de Carlos V, cuando el inexperto rey llega a España rodeado de ministros flamencos, se produjeron verdaderos saqueos de moneda española. El cardenal Chievres, consejero de Carlos, debió apoderarse de buena cantidad de ducados; buena muestra de su rapacidad es una frase que se hizo célebre por aquellos años: «Sálveos Dios, ducado de a dos, que *monsieur* de Chievres no topó ('no se encontró') con vos». Y el sobrino de Chiévres, Guillermo de Croy, convertido nada menos que en arzobispo de Toledo a los veinte años, solía enviar a Flandes el producto de las rentas del arzobispado.

La gran abundancia de oro y de plata va a disparar un *proceso inflacionario* que desequilibrará la relación entre precios y salarios. Es decir, que la abundancia de oro hará subir los precios, sin que haya una compensación salarial a esta subida. Una tabla de precios establecida por Hamilton ilustra el proceso inflacionista a lo largo del siglo XVI. Señalamos en letra negrilla las cifras aproximadas de comienzos y finales del reinado de Carlos V y el final del reinado de Felipe II:

Años	Indice de precios
1501	33.3
1511	39.9
1521	**46.5**
1541	56
1550	69
1561	**86.8**
1581	103.9
1591	112.7
1600	**137**

Según este esquema, durante los años del reinado de Carlos V casi se duplicaron los precios. Hay que tener presente que en la economía de aquellos tiempos no se producían los aumentos de precios a que nos tienen acostumbrados los problemas económicos de nuestros días; un aumento de precios de cerca del doble en solamente cuarenta años es, pues, una cantidad respetable, capaz de alterar profundamente el ritmo económico de una nación. Durante los años del reinado de Felipe II los precios aumentaron a un ritmo más modesto, pero el conjunto total del proceso inflacionario en todo el siglo XVI arroja cerca de un 400% de aumento de precios.

Como hemos anticipado, el aumento de los precios no siempre iba acompañado de un *aumento proporcional en los salarios*; es difícil establecer un término medio entre los diversos salarios, porque hay grandes oscilaciones; generalmente salieron perjudicados los jornaleros del mar, cuyos sueldos fueron bastante a remolque de los precios. He aquí algunos datos, que escogemos de la tabla de salarios confeccionada por Hamilton:

Años	Carpinteros	Albañiles	Jornaleros
1519	85	85	34
1557	153	153	68
1593	238	238	102

Como se ve, para sostener la capacidad de compra se necesitaría en 1557 ganar el doble que en 1519, cosa que solamente lograron, en este esquema, los jornaleros. A finales de siglo la desproporción entre inflación y salarios parece aun mayor, aunque limitada a los oficios concretos que aquí apuntamos. Entre los marinos el problema fue mayor: un capitán de barco apenas pudo aumentar su salario entre los comienzos y finales del reinado de Carlos V, y un marino sencillo incluso llegó a perder dinero en cifras absolutas...

Además del proceso inflacionario, la importación de metales preciosos favoreció la *concentración de la tierra en pocas manos* (latifundismo), pues los nuevos ricos o favorecidos por los negocios con América deseaban a toda costa ennoblecerse, y para conseguir un título de nobleza o una patente de hidalguía era necesario cambiar el dinero por tierras y poder vivir sin trabajar. Vivir de las rentas de la tierra y contemplar todos los días un escudo labrado en piedra eran los ideales de esta anacrónica hidalguía que empezaba a paralizar la nación. Pueden suponerse las condiciones negativas de esta mentalidad hidalga cuando se observa que en toda Europa se había ya formado por este tiempo una burguesía de negocios de gran fuerza económica, tanto en la industria como en el comercio, mientras que en España aumentaba el número de hidalgos que se colocaban voluntariamente fuera del proceso de producción. El *Bourgeois gentilhomme* de Moliére (el burgués preocupado por acceder a un título nobiliario), tenía en España muy poco de *bourgeois,* y hay que suponerlo progresivamente empobrecido por su inhibición y sus hábitos contemplativos. El *Bourgeois gentilhomme* francés se convierte en el enteco hidalgo *Don Quijote de la Mancha,* que ha arruinado su hacienda para refugiarse en el ideal caballeresco.

El coste del imperialismo: la economía y la guerra

Hemos visto en el tema dedicado al impacto de América en la economía española un cuadro general de la evolución de la inflación y los precios en todo el siglo XVI. Se desprendía de este estudio que la importación de los metales preciosos americanos había provocado un aumento de los precios que no lograban compensar los aumentos salariales, y que algunas clases sociales se habían empobrecido en términos reales.

Sobre este panorama general de empobrecimiento se proyecta la sombra de las guerras sostenidas por Felipe II en el último tercio del siglo XVI, especialmente las guerras en el Mediterráneo contra los *turcos y berberiscos*, y las *guerras de religión en Flandes*. Las primeras se pueden considerar defensivas, dado el peligroso expansionismo turco en esta época. Las segundas son difícilmente disculpables, dado que Felipe II no respetó el mínimo de autonomía administrativa y de identidad cultural de los Países Bajos. Si además se tiene en cuenta el estado de las finanzas hacia finales de siglo, se verá que las guerras en Flandes, además de injustas y anacrónicas, resultaban un disparate económico de graves consecuencias para el futuro. Lo triste de las guerras de religión en Flandes fue no sólo la cerrazón mental de quienes creían gobernar imponiendo los edictos del concilio de Trento y dando libertad a la Inquisición, sino la incapacidad de ver la realidad y creerse lo suficientemente fuertes como para sostener una fuerza militar durante tanto tiempo. Incluso en este aspecto es Felipe II heredero directo de los ideales de Carlos V: la ceguera de la España felipista es continuación de la ceguera de la España imperial.

Reproducimos el *cuadro de gastos militares* para las campañas del Mediterráneo y Flandes que ofrece el historiador Geoffrey Parker (en ducados):

Años	Flota mediterránea	Ejército de Flandes
1571	793.000	119.000
1572	1.460.000	1.776.000
1573	1.102.000	1.813.000
1574	1.252.000	3.737.000
1575	711.000	2.518.000
1576	1.069.000	872.000
1577	673.000	857.000
Total	**7.063.000**	**11.692.000**

Las cifras de Flandes corresponden al período del gobierno del duque de Alba, y no incluyen el dinero que aportó personalmente el duque. Las cifras de las campañas del Mediterráneo reflejan un gran contraste entre el primer año, fecha de la batalla de Lepanto, donde el coste de la campaña se elevó a «sólo» 793.000 ducados, y los años siguientes, en que fácilmente se superaba el millón de ducados, a pesar de los resultados bélicos prácticamente nulos (la conquista de Túnez en 1573 tuvo que perderse un año más tarde).

Como las cifras arriba reseñadas son demasiado abstractas, es necesario contrastarlas con el *volumen de ingresos de la Corona*, que en estos años era de un total de 5, 5 millones de ducados. Es decir, que en el año de 1574 el estado español habría gastado en mantener los frentes de guerra en el Mediterráneo y en Flandes prácticamente la totalidad del dinero recaudado en los impuestos (!!!).

El *déficit público* fue acumulándose hasta llegar, en este mismo año de 1574, a una deuda pasiva total de 74 millones de ducados, cifra extraordinaria que equivalía a la recaudación de impuestos de casi catorce años. La suspensión de las remesas destinadas a los ejércitos de Flandes provocó el amotinamiento de las tropas y el brutal saqueo de Amberes que ya hemos comentado. Todavía peor: la suspensión de pagos y las consiguientes barbaridades de los tercios contribuyeron a desprestigiar la administración española y dieron alas a los rebeldes protestantes. El cristianísimo monarca, dueño de medio mundo, estaba lleno de deudas y no podía evitar los desmanes de su propio ejército...

La nueva burocracia administrativa

Durante el reinado de Felipe II se va imponiendo un estilo administrativo que podemos calificar de «burocrático», pues todas las decisiones que adoptaba el rey eran el resultado de una compleja labor de oficina en la que participaban muchos burócratas. Madrid, y sobre todo El Escorial, se parecía a una inmensa oficina en la que se movían los hilos del poder a través de firmas, decretos, consultas, peticiones, informes, documentos... Y el rey-burócrata, en medio de cantidades ingentes de papel, necesitaba mucho tiempo para tomar una decisión que a veces podía ser muy urgente. La prudencia o el escrúpulo le hacía prisionero de verdaderas montañas de papel.

Una de las principales causas del aumento del aparato burocrático fueron los *consejos*, células consultivas que constaban de varios miembros, y que estaban especializadas según ámbitos administrativos. Antiguamente no había *ministros* ni *ministerios o gabinetes*, sino *consejos*, es decir, grupos de personas que asistían al monarca, y que tenían exclusivamente carácter *consultivo* (como dice su nombre) y *administrativo*, nunca *ejecutivo*. Pues bien, el número de *consejos* fue aumentando paulatinamente a medida que aumentaba la complejidad administrativa de la nación y del imperio: en la época de los Reyes Católicos solamente había cinco, en la de Carlos V se habían convertido en nueve, y en la de Felipe II eran catorce. A partir de 1561, cuando Felipe decretó que Madrid fuese la sede permanente de todas las oficinas centrales de gobierno, cada uno de los consejos se reunía, a horas fijas y en días fijos, en una habitación del Palacio Real. Los más importantes eran el *Consejo de Castilla* (una especie de Ministerio del Interior que se ocupaba de la justicia y del orden público), el *Consejo de Indias* (para los asuntos relacionados con América), el *Consejo de la Inquisición* (que controlaba a los veintiún tribunales del Santo Oficio), y el *Consejo de Estado* (que equivalía a un Ministerio de Asuntos Exteriores).

Hay que tener en cuenta que todos estos *consejos* contaban con un personal burocrático que pertenecía a la nobleza: las universidades españolas contaban con los llamados Colegios Mayores, residencias universitarias para los hijos de los nobles que funcionaban como seminarios de la administración, pues un puesto en un Colegio Mayor significaba la garantía de obtener un puesto administrativo. La nobleza ya no servía al rey exclusivamente con las armas, sino con los servicios que prestaba en la administración. Servicios que, generalmente, estaban mal pagados, sobre todo cuando se trataba de aristócratas poderosos, como el duque de Alba, que afirmaba haber gastado 500.000 ducados de su fortuna personal para ejercer las tareas que le había encomendado el rey. Se puede decir que la nobleza, en general, había experimentado una especie de proceso de domesticación, pues ahora se sometía a unas tareas más modestas, como eran las puramente consultivas y administrativas. Más adelante, en el siglo XVIII, la nobleza tuvo que empezar a ceder incluso esta modesta función de soporte administrativo: el Estado empezó a admitir, de manera masiva, a los licenciados universitarios procedentes del estado llano.

Los *consejos*, pues, se limitaban a emitir unas *consultas* (notas o documentos en que expresaban su opinión) que luego el rey estudiaba para aprobarlas y ponerlas en práctica, o para rechazarlas y, eventualmente, solicitar de los *consejos* un nuevo dictamen. El poder ejecutivo residía solamente en el rey, y todas las órdenes debían ser despachadas con su firma personal. Pero este sistema tenía dos grandes inconvenientes: 1) no podían solucionar con rapidez los asuntos que se presentaban sobre la marcha y que exigían determinaciones rápidas e improvisadas; y 2) en caso de que un problema fuese de la competencia de dos o más consejos distintos (cosa que ocurría con frecuencia), el tiempo necesario para llegar a un dictamen se alargaba aun más. Todavía puede añadirse un defecto más, como señala un consejero de tiempos de Felipe II: el de la disparidad de caracteres y temperamentos entre los miembros de un mismo consejo, que a veces dificultaba notablemente llegar a un acuerdo.

Además de los *consejos*, Felilpe II echó mano de las *juntas*, especie de consejos informales creados para solucionar problemas concretos. La complicación administrativa era cada vez mayor.

El rey, pues, era víctima de su propio método de trabajo, y había días en que desconfiaba de su capacidad para poder solucionar los papeles que se acumulaban en su despacho. Se dice que en una ocasión llegó a leer y despachar en un solo día cuatrocientos documentos diferentes. El rey iba acompañado de papeles a todas partes, cuando salía de paseo, cuando iba de viaje... «Cuando la familia real navegaba por el Tajo en Aranjuez,

Felipe llevaba en su barca un bufete, en que iba firmando y despachando negocios que le traía Juan Ruiz de Velasco, su ayudante de cámara» (Geoffrey Parker).

La situación llegó a hacerse insostenible, y Mateo Vázquez le propuso al rey ocuparse de todo su correo personal. Felipe II accedió a la propuesta y nació así el primer *secretario real* de que tenemos noticia. Mateo Vázquez fue el secretario de Felipe II para el resto de su vida, y además de despachar el correo, servía de intermediario entre los muchos *consejos* y *juntas* de la administración y el rey. Con el tiempo, la figura del secretario se haría más y más imprescindible, hasta llegar a usurpar la autoridad real y convertirse en *valido* en la época de Felipe III.

C: CULTURA

De la lengua castellana a la lengua española.

Con la unidad de España en la época de los Reyes Católicos tiene lugar la primera normativización de la lengua castellana; Antonio de Nebrija, como hemos visto, sienta las bases con su *Gramática Castellana* (1492). Pero bajo la necesidad de normativizar la lengua se encuentra el hecho histórico de su carácter oficial, de ser la lengua oficial de todo el reino. El castellano ya no es la lengua de Castilla, sino de toda España.

Esta tendencia será continuada en el período imperial, en el que ya no se hablará tanto de «castellano», como de «español», y en el que esta lengua será digna de alternar en el concierto de todas las lenguas europeas. No solamente será el «castellano» sinónimo de «español», sino que será una lengua culta que gozará de gran prestigio cultural. Carlos hace de España el centro del imperio, aprende a hablar el español y elige España para morir. Cuando el obispo de Macon, embajador de Francia, se quejó de no comprender el discurso de Carlos en que éste desafiaba a Francisco I (1536), el emperador le contestó: «Señor obispo, entiéndame si quiere, y no espere de mí otras palabras que de mi lengua española, la cual es tan noble que merece ser sabida y entendida de toda la gente cristiana». Sabemos por el célebre *Diálogo de la lengua*, de Juan de Valdés, que en la época imperial «en Italia así entre damas como entre caballeros se tiene por gentileza y galanía saber hablar castellano» (la ortografía es nuestra). Y Arias Montano asegura que en Flandes, incluso en los tiempos del luteranismo y de los movimientos independistas, eran muchos los que aprendían la lengua «por la necesidad que tienen della, ansí ('así') para las cosas públicas como para la contratación». Otro tanto debía de ocurrir en Portugal, donde un Cristóbal Colón, para hacer anotaciones en los libros que leía, recurría solamente al castellano; Menéndez Pidal comenta esta costumbre suponiendo que se debía a que el castellano era en Portugal la lengua culta por antonomasia...

Dentro de la Península, la administración territorial española, cada vez más centralista, contribuye igualmente a esta conversión del castellano en español. Y la industria y el comercio, aprovechándose de la permeabilidad de las fronteras regionales, impone igualmente el castellano como única lengua capaz de ser entendida en los distintos territorios. En 1535 dice Juan de Valdés en el ya citado libro: «La lengua castellana se habla no solamente por toda Castilla, pero ('sino también') en el reino de Aragón, en el de

Murcia con toda el Andalucía y en Galicia, Asturias y Navarra; y esto aun hasta entre gente vulgar, porque entre la gente noble tanto bien se habla en todo el resto de España».

La unificación lingüística no es solamente un fenómeno político y administrativo, sino también literario; los escritores y los intelectuales de la época se sentirán identificados con esta magnificación del castellano y abandonarán sus lenguas vernáculas para escribir en esta lengua. En palabras del profesor Lapesa: «No quedó apenas otra literatura que la escrita en lengua castellana; y a su florecimiento contribuyeron catalanes como Boscán, compañero de Garcilaso en la renovación de nuestra poesía; aragoneses como los Argensola y Gracián; valencianos como Timoneda, Gil Polo, Guillén de Castro, Moncada y multitud de autores secundarios. En Portugal, cuyos vínculos con España se mantenían firmes, no era extranjero el castellano: el desarrollo de la literatura vernácula no impidió que los más relevantes clásicos lusitanos, Gil Vicente, Sâ de Miranda, Camoês, Rodrigues Lobo y Melo, practicaran el bilingüismo; otros, Montemayor por ejemplo, pertenecen casi intergramente a la literatura castellana».

Conviene insistir en que la hegemonía del castellano y el correspondiente olvido de las lenguas vernáculas no obedece exclusivamente a criterios que pueden identificarse con el «prestigio social» del hablante (hablar castellano como señal de distinción social...). Ya hemos señalado, cuando estudiamos la figura de Antonio de Nebrija, que el castellano se impuso por motivos demográficos y económicos, porque el peso específico de Castilla era superior al de Aragón, y no por una especie de imperialismo cultural. El castellano se impuso en la administración y en la economía por motivos prácticos, pues no había otra manera de entenderse en el conjunto de las tierras de España. En cuanto al mundo de la cultura y de la ciencia, el castellano eclipsó a las otras lenguas por motivos que podríamos considerar de prestigio cultural, y no social. Es característica del Renacimiento la exaltación de las lenguas nacionales, de los idiomas «modernos» por oposición al latín. En Italia Pietro Bembo (*Prose della volgar lingua*, 1255)*,* en Francia Joachim du Bellay (*Défense et illustration de la langue françoise*, 1549) y en España Juan de Valdés (*Diálogo de la lengua*, 1535), tienen presente la belleza y dignificación de la lengua por la lengua misma, sin acudir a justificaciones político-sociales de ningún tipo.

El arte renacentista: arquitectura plateresca

No se produce en el arte español una imitación literal del Renacimiento italiano, sino una adaptación del nuevo estilo a las corrientes que dominaban en España a finales del siglo XV y principios del XVI. Los arquitectos españoles se dejan inspirar por las nuevas tendencias venidas de Italia (geometría clásica, sencillez, predominio de lo constructivo sobre lo ornamental...), pero a estas directrices generales añaden un amor por el adorno que procede del arte isabelino y del gótico flamígero, y que sería imposible encontrar en Italia.

Se puede decir que el Renacimiento español es una síntesis de Renacimiento italiano y técnica ornamental gótico-isabelina; del Renacimiento toman la severidad de la geometría (medio punto, arquitrabe, frontón, columna clásica...), y del arte isabelino el amor por el detalle ornamental. Pero hay que hacer una precisión importante: el Renacimiento contagia su sencillez a las técnicas ornamentales aquí empleadas, por lo que, en general, domina en el arte plateresco un adorno de fina labor que parece trabajo de *platería*. De aquí el nombre de este estilo, que lo caracteriza bastante bien. Se trata de un adorno mucho menos aparente que en el caso del arte isabelino, donde se invertían los principios del Renacimiento y lo constructivo desaparecía bajo lo ornamental. En el estilo plateresco el adorno suele concentrarse encima de los arcos o de los arquitrabes, permitiendo ver una fachada relativamente lisa (a veces de relieve de almohadillado) donde es fácil adivinar la estructura arquitectónica. Si se compara un edificio característico del arte isabelino, como San Gregorio de Valladolid, donde no queda un solo centímetro de pared sin cubrir, con otro característico del arte plateresco como la fachada de la universidad de Alcalá, donde sólo hay adornos en la cima de las ventanas, se verá la diferencia entre los estilos.

Se podría decir, forzando quizás un poco la comparación, que los arquitectos italianos del Renacimiento sentían como arquitectos, y que los arquitectos españoles del siglo XVI sentían como escultores. Una fachada construida enteramente a base de estructuras arquitectónicas, como el Hospicio de los Inocentes, de Brunelleschi (Florencia), dejaría insatisfechos a los arquitectos españoles, aferrados a la tradición gótico-isabelina del barroquismo ornamental.

Pero no siempre es fácil encontrar ejemplares puros de edificios platerescos; la transición del goticismo isabelino al renacentismo plateresco es a veces tan fluida, que el problema clasificatorio se hace difícil de resolver. «Que la savia goticista, con su fantasía y emoción, seguía circulando por los edificios platerescos, se demuestra por el agitado expresivismo de la decoración. Nunca se ha visto tanta exaltada pasión en las figuras, ni tantos caprichos monstruosos como en la ornamentación plateresca, en vivo contraste con el ponderado naturalismo de la italiana» (Martín González). A veces se produce el fenómeno contrario a la transición y mezcla de estilos: la fachada del Colegio de Santa Cruz de Valladolid, ejemplo de plateresco puro, sin excesos ornamentales, de fiel orientación renacentista, se construye por los mismos años en que se construye el ya mencionado San Gregorio, ejemplo máximo del furor ornamental isabelino.

Tenemos, pues, un estilo renacentista un tanto original que se caracteriza por admitir una cierta profusión ornamental. Una fachada plateresca, cuando se aleja de la pureza y clasicismo que es patente en la fachada de la Universidad de Alcalá, puede llegar a tener algo de tapiz o de estandarte. Una lista de los temas ornamentales nos permite distinguirlo del Renacimiento propiamente dicho: emblemas heráldicos, medallones, candeleros, animales fantásticos, hornacinas con estatuas, panoplias, cornucopias, cabezas de ángeles alados, hojas...

Además de los edificios ya señalados (Universidad de Alcalá, Santa Cruz de Valladolid), es preciso destacar el palacio de los Mendoza (Cogolludo, Guadalajara), el Hospital de la Santa Cruz, de Toledo, el Convento de San Marcos de León, la fachada de la Universidad de Salamanca, la iglesia de San Esteban de Salamanca, el Palacio de Carlos V de Granada...

En tiempos de Felipe II los elementos puramente arquitectónicos y renacentistas van a vencer sobre los puramente ornamentales, y el estilo que hemos denominado plateresco se va a convertir en «herreriano» (Juan de Herrera fue el principal defensor de este retorno a la sobriedad).

Garcilaso de la Vega y el espíritu del Renacimiento

El año de 1526 es el más importante para la moderna lírica española: el poeta Juan Boscán entra en contacto con Navagiero, el embajador de Venecia, que le invita a componer versos castellanos utilizando los metros italianos. Boscán contagia su italianismo a Garcilaso, que pronto adaptará, con su finísimo sentido musical, el ritmo castellano a los nuevos metros. Pero con la entrada en España del endecasílabo (verso de once sílabas) entra también la delicada poesía de Petrarca, e incluso la imitación de los clásicos latinos, Horacio el primero de todos. De esta manera nace la sensibilidad renacentista en España.

Garcilaso de la Vega es el mejor representante de esta sensibilidad renacentista y además uno de los mejores poetas de toda la literatura española. Nació en Toledo a principios del siglo XVI (1501?-1503?) en el seno de una ilustre familia, y desde muy joven entró a formar parte de los ejércitos imperiales, que le llevaron a Navarra (primera guerra con Francia), Italia, Túnez, Francia... Compartió con muchos poetas célebres de su tiempo los laureles de la espada y de la pluma, a los que añadió los de la vida galante para parecerse mejor a la imagen del perfecto *cortesano* que había descrito Baldassare de Castiglione en su célebre libro *Il Cortesano*, traducido precisamente en estos años por el amigo de Garcilaso, el también poeta Juan Boscán. Murió heroicamente en el asalto a la fortaleza de Muy (Provenza), cuando contaba solamente 33 años.

Las historias superficiales de la literatura suelen destacar en Garcilaso el aspecto formal: la imitación de los patrones poéticos renacentistas, especialmente la introducción en España del endecasílabo italiano. Su amigo el poeta Juan Boscán parece que fue el que convenció a Garcilaso, después de la célebre entrevista con el embajador veneciano Navagero, para que adoptara la nueva preceptiva. Pero Garcilaso es mucho más que un simple innovador de metros.

Garcilaso es un ejemplo de *equilibrio, de armonía, de contención*. El sentimiento se refrena cuando está a punto de desbordarse, y la emoción no logra alterar la elegancia de un verso que permanece siempre sereno. Se adivina la pasión que inspira su poesía, pero no se ve directamente. Es como un río que lleva una corriente subterránea y en el que adivinamos un agua turbia, pero que muestra siempre una superficie tranquila. Acaso la obligación de alternar la espada con la pluma le confirió esta virtud viril del equilibrio, este desprecio por el sentimentalismo...

Garcilaso, como buena parte de los poetas del Renacimiento, está muy influido por Petrarca, con quien comparte, además del credo poético, una *situación sentimental* semejante: el amor no correspondido, la muerte de la amada, el insatisfecho afán de paz (J. García López). Pero Petrarca hace ostentación del sentimiento, y Garcilaso lo recata; Petrarca puede volverse lacrimoso, y Garcilaso permanece siempre sereno. Difícil, casi paradójico y sobrehumano equilibrio el de Garcilaso, que recoge muy bien el verso

salid, sin duelo, lágrimas corriendo.

Esto es lo difícil, lo inimitable de Garcilaso: llorar «sin duelo». Es lo que le convierte en modelo de generaciones y generaciones de poetas que han buscado la perfección huyendo tanto de los excesos del sentimiento como de la frialdad del formalismo.

Dos manifestaciones importantes de este equilibrio garcilasiano se observan en la expresión de los *temas amorosos* y en la delicada *descripción del paisaje*. El tema

176

amoroso, que no podía faltar en todo poeta renacentista, está inspirado, en gran parte, por sus amores con Isabel Freyre, dama portuguesa que parece que desdeñó al poeta y que contrajo matrimonio con otro hombre. Casi siempre el tema amoroso aparece teñido de *melancolía*, pero no es una melancolía afectada, dictada por la moda literaria importada de Italia. La melancolía de Garcilaso surge espontánea de su propia personalidad, y está disimulada con la extraordinaria *elegancia* de su palabra, elegancia que no pierde ni cuando muere Isabel Freyre. No hay tampoco una idealización de la amada, aunque las doctrinas neoplatónicas seguramente le resultaban familiares al poeta, como a todo intelectual renacentista. También aquí el soldado refrena al poeta y le impide llegar a la abstracción y al artificio.

También es equilibrada la *descripción del paisaje*, que recoge la herencia de toda una tradición bucólica grecolatina que desemboca en Petrarca. En Garcilaso es posible encontrar una cierta emoción del paisaje por el paisaje mismo, si bien estilizándolo ligeramente y convirtiéndolo en símbolo de belleza. *No llega a idealizarlo ni a convertirlo en arquetipo* (de nuevo el realismo del soldado refrena el idealismo del poeta), pero lo hace centro de referencia de todo lo perfecto y hermoso. Se trata de un paisaje donde todo es perfecto, pero al mismo tiempo *real y tangible, al alcance de la mano, concreto, humano...* El ideal es aquí la realidad misma, pero después de alcanzar el máximo de perfección. Es como si las ideas puras del universo platónico se puedieran tocar... Las «corrientes aguas, puras, cristalinas» que bañan con «manso ruido» alguna «verde y deleitosa ribera» que está «sembrada de flores» pueden servir de ejemplo de este difícil equilibrio entre la distante belleza del ideal y la proximidad de lo real y concreto...

La obra de Garcilaso es tan reducida como intensa. Garcilaso ha dejado solamente una epístola, dos elegías, tres églogas, cinco canciones y treinta y ocho sonetos. El soneto que aquí copiamos y que recrea el conocido tema del *carpe diem* es una de las mejores muestras de perfección y equilibrio:

> En tanto que de rosa y azucena
> se muestra la color en vuestro gesto,
> y que vuestro mirar ardiente, honesto,
> enciende el corazón y lo refrena;
>
> y en tanto que el cabello, que en la vena
> del oro se escogió, con vuelo presto,
> por el hermoso cuello blanco, enhiesto,
> el viento mueve, esparce y desordena;
>
> coged de vuestra alegre primavera
> el dulce fruto, antes que el tiempo airado
> cubra de nieve la hermosa cumbre.
>
> Marchitará la rosa el viento helado,
> todo lo mudará la edad ligera,
> por no hacer mudanza en su costumbre.

Trento y el espíritu de la Contrarreforma

Hemos visto que en la época de los Reyes Católicos, y por lo tanto bastante tiempo antes de la rebelión de Lutero, se había producido un movimiento de reforma de la Iglesia. El cardenal Cisneros, secundado por algunos clérigos e intelectuales erasmistas, había introducido una serie de reformas de tipo disciplinario que habían chocado con la mentalidad conservadora de los altos dignatarios eclesiásticos y con los privilegios de la vida conventual. Cisneros quería suprimir el carácter mundano de la Iglesia de su tiempo para devolverle su espíritu evangélico. En su tarea reformadora, Cisneros coincidía con los ideales de Erasmo de Rotterdam, que propugnaba igualmente un cristianismo interior, enemigo de las pompas y de toda institucionalización del poder. Cisneros, como sabemos, era gran admirador de Erasmo, y llegó a invitarle a trabajar en la elaboración de la *Biblia Políglota*. Y la Universidad de Alcalá era uno de los centros activos del erasmismo español. Hemos llamado a este movimiento «prerreforma», para distinguirlo del término «reforma» acuñado por Lutero

La reforma que querían Cisneros y los erasmistas coincidía con la reforma de Lutero en un punto esencial: se trataba de una *reforma moral*, de una reforma de las costumbres y estilo de vida, que se consideraban corrompidos en su tiempo. Pero las ideas de la prerreforma no podían coincidir con Lutero en el aspecto teológico o dogmático, en la *reforma dogmática* de la Iglesia; un punto fundamental separaba las posiciones de unos y otros: *la teoría de la libertad del alma*. Para Lutero la naturaleza humana estaba corrompida por el pecado original, y el hombre no era libre de escoger entre el bien y el mal; el hombre, por decirlo así, era un trozo de naturaleza, algo incapaz de libertad. Sólo la gracia divina podía hacerlo libre, pues sólo la gracia, como ayuda *sobrenatural*, podía superar las limitaciones de la *naturaleza*. Pero la concesión de la *gracia*, como dice la palabra misma, es un don *gratuito* de Dios, que no sigue a los méritos del hombre, sino que es el resultado de la libre voluntad divina. En una palabra: la gracia la concede Dios por voluntad propia, sin ninguna razón extrínseca a esta voluntad misma. Dios elige a los que van a ser beneficiados por la gracia y a los que no la van a recibir; el ser humano está *predestinado* para el bien o para el mal...

Esta doctrina, de marcado sabor medieval, se amparaba en los escritos de San Agustín; no era en modo alguno «herética», e incluso en las formulaciones teológicas de la escolástica medieval (especialmente Sto. Tomás de Aquino) se repite la misma teoría de la predestinación. Pero los tiempos no estaban ya para creer en ningún género de predestinación; el hombre moderno, inspirado por el humanismo renacentista, sabía valorar la dignidad y el valor del alma racional, que exigía el reconocimiento implícito de la libertad. El hombre ya no era un trozo de naturaleza, expuesto a las mismas leyes mecánicas de la materia, sino un ser dotado de voluntad libre. Y la Iglesia de Roma, obligada a combatir las tesis de Lutero, llegó a combatir su propia tradición predeterminista. Implícitamente, ya que no de manera explícita, la Iglesia condenaba los escritos de San Agustín y Sto. Tomás.

Cisneros, muerto en noviembre de 1517, no había podido conocer la rebelión de Lutero. Su reforma (prerreforma), se limita a ser una *reforma moral*. Pero Erasmo y los erasmistas, además de apoyar esta *reforma moral* tan semejante a la que proponía Lutero, polemizan contra su *reforma dogmática*: el libro de Erasmo *De libero arbirtrio* es un buen ejemplo de obra escrita para polemizar contra la teoría determinista de Lutero. Los erasmistas coinciden con los protestantes solamente en el aspecto de la *reforma moral* de la

Iglesia, que ellos consideran tan necesaria y urgente como aquéllos. Pero la *reforma dogmática* debió parecerles ajena a la sensibilidad de su época, sensibilidad influida por la confianza, típica del Renacimiento, en las solas fuerzas de la naturaleza humana.

A Erasmo se le confundió en su tiempo con los protestantes por las reivindicaciones morales que planteaba en sus libros; sin embargo, la sola lectura del *De libero arbitrio* es suficiente para aclarar su verdadera posición doctrinal.

Si de esta tímida «prerreforma» pasamos a la Contrarreforma llevada a cabo en el Concilio de Trento (1545-1563), concilio promovido, en gran parte, por el emperador Carlos V y el rey Felipe II, observaremos la gran desproporción que ocupan los temas *morales* y los *dogmáticos*. Los papas de Roma, temerosos de perder la batalla contra el luteranismo, que tenía razón en sus pretensiones de reforma de las costumbres, procuró siempre soslayar los temas *morales* para concentrarse en los puramente *dogmáticos*. Efectivamente, en el aspecto puramente *dogmático* el punto de vista de Lutero era bastante discutible para la mentalidad del hombre moderno, y fue aquí donde la Iglesia de Roma supo atraerse más partidarios.

Fue muy importante la participación de teólogos españoles en el Concilio de Trento, especialmente de los teólogos pertenecientes a la recientemente fundada orden de los jesuitas, que contribuyeron notablemente a crear lo que se ha denominado «espíritu de la Contrarreforma». ¿En qué consiste este «espíritu de la Contrarreforma»? Ante todo, justamente en este rasgo de defensor a ultranza de la libertad y libre albedrío, rasgo que caracteriza mejor que ningún otro la originalidad de los nuevos tiempos. Paradójicamente, Lutero se presentaba como «moderno», pero sus teorías eran, en el fondo, medievales y dejaban al hombre convertido en una especie de marioneta del destino (o de la predestinación, que viene a ser lo mismo). Y el «espíritu de la Contrarreforma», que en teoría sería reaccionario y favorable a una Iglesia esclerotizada y corrupta, se erigió en defensor del hombre moderno, ahora considerado libre de elegir su propio destino. Ya no sería posible, a partir de Trento, defender la justificación por la fe sin el concurso de las obras. Porque ahora el hombre es considerado libre, y aunque es necesario el concurso de la gracia para ayudar a la débil naturaleza, Dios le otorga la gracia al que voluntaria y libremente ha elegido el bien. Primero está la *libre elección* («liberum arbitrium»), y después el concurso de la gracia. Para Lutero era al revés: primero se necesita la gracia, y solamente después de la gracia es posible la actuación libre. A partir de Trento el hombre es mayor de edad y responsable de sus actos.

Dentro de este «espíritu de la Contrarreforma» que tan bien supieron encarnar los teólogos jesuitas, es digna de mención la publicación en 1588 de un libro del padre Luis de Molina titulado *Concordia liberi arbitrii cum gratiae donis...* (el título es mucho más largo, por lo que lo abreviaremos en *Concordia*), donde se replantean con gran rigor analítico todas las relaciones existentes entre Dios y el alma humana: el acto voluntario es *libre*, aunque necesita siempre del *concurso divino* (las causas segundas necesitan siempre el concurso de la Causa Primera); este concurso de Dios es *indiferente* a la elección misma, que pertenece siempre al hombre; por la *ciencia media*, Dios conoce lo que el hombre elegirá *libremente*, pues Dios conoce lo que ocurrirá de una manera necesaria y también lo que ocurrirá de una manera libre... El libro *Concordia* del padre Molina provocó una polémica violentísima con los representantes de las tesis favorables al determinismo, que en España estaban acaudillados por el padre Domingo Báñez, de la Orden de Predicadores, el cual contestó con otro libro, la *Apología fratrum predicatorum...* (1595), en que se repiten y adaptan las teorías tradicionales sobre la libertad que habían defendido los filósofos tomistas. La polémica sobre la libertad del hombre y sus relaciones con la gracia divina no era, en su tiempo, ningún tema para eruditos: gran parte de las obras de teatro de Calderón (y no solamente los *Autos sacramentales*) están basados en la teoría de la libertad del padre Luis de Molina. *La vida es sueño, El mágico prodigioso, El gran teatro del mundo*, etc., recrean el tema de la libertad tal y como defendían los jesuitas, tema que de alguna manera debía de resultar familiar al público de su tiempo...

Los jesuitas, al potenciar el voluntarismo y la militancia cristianas, tienden siempre a acentuar el aspecto de la libertad y la responsabilidad humanas, y favorecen la aparición de doctrinas sociales, políticas y religiosas llenas de optimismo y confianza en la facultad que tiene el hombre de mejorar su condición. Además del padre Molina, destacan Francisco Suárez, filósofo que dejó establecido el origen democrático del poder político (¡en el siglo XVI!), y el padre Mariana, historiador, filósofo y jurista que se hizo célebre por llegar a defender nada menos que el regicidio, esto es, la muerte violenta del (rey) tirano, que debe morir herido por espada («ferro perimere»), si su conducta lo justifica.

La nueva espiritualidad en la literatura: Fray Luis de León

Es difícil en esta época imaginarse alguna rama de la cultura libre del influjo del espiritualismo cristiano; pero este espiritualismo es tan universal, se puede aplicar a tantas esferas del arte y la cultura, que sin perder su carácter religioso se puede entender como una manifestación cultural perfectamente profana. Los temas que pintó El Greco están inspirados por el espíritu religioso, pero no es necesario ser religioso para comprender la grandeza de este arte. La poesía de San Juan de la Cruz expresa los grados más perfectos de la experiencia mística, pero el lector de San Juan de la Cruz no necesita compartir su misticismo para sentir emoción por sus versos. Y es que la inspiración religiosa no es más que el disparador de todas las potencias del alma del artista, que se ponen en movimiento como accionadas por un resorte, y alcanzan así el grado máximo de expresividad. La religiosidad está en el ambiente, preside todas las manifestaciones del espíritu; pero estas manifestaciones son perfectamente comprensibles en sí mismas, en cuanto manifestaciones artísticas, sin remitir necesariamente a la inspiración que las hizo posible. El artista *«piensa» con los sentidos, con la imaginación,* y son los sentidos y la imaginación los que crean la obra de arte. Con las ideas se puede hacer ciencia, filosofía, teología, pero no se puede pintar un cuadro, componer una sinfonía o escribir un poema. La mentalidad moderna puede rechazar éste o aquel punto doctrinal del artista, pero no la plasmación visible de esta ideología en la obra artística. La religiosidad (o falta de religiosidad) del hombre moderno puede poner reparos a la religiosidad del siglo XVI, pero no a la obra de arte que inspiró esta religiosidad, que alcanza un grado de perfección extraordinario.

El sentimiento religioso, verdadero o erróneo, moderno o anticuado, es capaz de conmover tan profundamente al artista, que todas las fibras de su alma vibran y se ponen en acción. La religiosidad española de esta época, nos guste o no nos guste, tiene la extraordinaria fuerza sugestiva de arrancar al artista potencial de su estado de indiferencia para impulsarle a las creaciones más extraordinarias de nuestra cultura. La poesía, el teatro, la pintura, la escultura de esta época (segunda mitad del XVI y buena parte del XVII) están hasta tal punto inspirados por la religión, que se podría dudar si muchos de estos artistas hubieran podido manifestar su talento sin ayuda de la inspiración religiosa.

Hemos escogido a una figura representativa de esta espiritualidad: **Fray Luis de León** (1527-1591), uno de los mayores poetas españoles de todos los tiempos.

Fray Luis de León nació en Belmonte (Cuenca), en el seno de una familia con antecedentes judíos, cosa que contribuyó a atizar las persecuciones de sus numerosos enemigos. Ya de joven entró en la orden de San Agustín. Estudió en Salamanca, donde recibió la influencia de algunos de los mejores expositores de la filosofía escolástica y de la patrística medieval, como Domingo de Soto o Melchor Cano. Andando el tiempo, en esta misma universidad llegó a ser catedrático de varias disciplinas, entre ellas de teología. Entre los años 1572 y 1576 estuvo encerrado en la prisión de la Inquisición de Valladolid, acusado de haber impedido la difusión de una traducción suya del *Cantar de los Cantares*, y asimismo de haberle dado en sus lecciones más importancia al texto hebreo de la Biblia que a su versión latina (*Vulgata*). Es fama que cuando salió de la cárcel reanudó sus lecciones en la universidad con la frase: «Decíamos ayer...» Publicó varias obras de comentarios a los libros sagrados que le hicieron famoso, pero su obra poética, que sería la que verdaderamente le convertiría en una de las primeras figuras de nuestra lírica, apareció publicada por primera vez algunos años después de su muerte.

Su vida fue todo menos placentera. Fray Luis de León se debatió entre el anhelo de paz que exigía su alma de religioso y de humanista, y las continuas rencillas que le ofrecía la vida universitaria y a las que no era ajeno su carácter *combativo y hasta violento*. Participó activamente en las intrigas que suscitaban las oposiciones a las cátedras universitarias, fue acusado ante la Inquisición por simple venganza de sus enemigos («Aquí la envidia y mentira/ me tuvieron encerrado», dirá al salir de la cárcel), y él mismo acusó a otros colegas universitarios ante este mismo temible tribunal, entre ellos a Domingo Báñez y, lo que es mucho más grave, al gran humanista y amigo personal suyo Arias Montano. Es difícil justificar a Fray Luis, pues empleó contra sus enemigos las mismas mezquindades que éstos emplearon contra él. El tema que más se repite en sus poesías, hasta el punto de dar sentido a todas ellas, es el célebre *tópico horaciano de la vida retirada*; hay que suponer, conociendo las miserias y bajezas que protagonizó el gran poeta, que este anhelo de vida retirada, esta huida del «mundanal ruido», tiene mucho de *contradicción existencial*, de grito desesperado ante la experiencia de la propia impotencia para alcanzar el ideal. Pero precisamente este matiz existencial acerca a Fray Luis más que a ningún otro poeta de su tiempo al lector de nuestros días. Porque Fray Luis no tiene esa perfección un tanto inexpresiva e incolora del que sirve de modelo, sino más bien la imperfección del que sufre y convierte la experiencia de pecado en material poético.

Menéndez Pelayo quiso caracterizar a Fray Luis como una síntesis de los ideales de la cultura clásica greco-romana y los ideales de la cultura cristiana: «El mármol del Pentélico, labrado por sus manos, se convierte en estatua cristiana». Pero no son dos, sino tres, los elementos culturales que confluyen en la original personalidad creadora de Fray Luis: la *cultura clásica*, la *cultura cristiana* y la moderna *sensibilidad del Renacimiento italiano*.

Del *mundo clásico* asimila Fray Luis, ante todo, la *teoría platónica de las ideas o arquetipos* del mundo, que utilizó en repetidas ocasiones para ejemplificar sus ansias de transcender la vida mundana. En sus mejores poesías se manifiesta esta presencia de un mundo doble: el material, donde todo es imperfecto y perecedero, y el sobrenatural y eterno. El primero está simbolizado por el *suelo* («de noche rodeado / en sueño y en olvido sepultado») y el segundo por el *cielo* («de innumerables luces adornado»). El alma humana, que nació para ser destinada al cielo, se encuentra, como en la filosofía de Platón, prisionera del cuerpo y del mundo («en esta cárcel baja, escura»). Esta nostalgia platónica del cielo está admirablemente combinada con el sentimiento cristiano de habitar un mundo que es un lugar de destierro... Además de Platón, Fray Luis asimila a la perfección todo el *arte poética* de Horacio, especialmente en lo que se refiere a la contención, a la economía y eficacia estilísticas, a la condensación de su pensamiento en muy pocas palabras: adjetivación muy escasa, reducido número de imágenes, vocabulario usual y no rebuscado...

De la *tradición cultural cristiana* hay que destacar sus *conocimientos bíblicos*, en parte facilitados por su dominio de la lengua hebrea, que le llevaba a despreciar la versión latina de la *Vulgata*. Como Erasmo y como Nebrija, Fray Luis tenía sobradas razones para entender que había que atenerse a los textos hebreos y hacer una nueva versión en latín. Su conocimiento y amor por la Biblia le llevó a traducir directamente del hebreo el *Cantar de los Cantares*, de Salomón, labor que llevó a cabo aprovechando al máximo las posibilidades alegóricas del texto y sin ocultar para nada las expresiones eróticas. Fruto de sus estudios bíblicos es también la obra *La exposición del libro de Job*, que es una traducción directa del hebreo acompañada de valiosos comentarios. Suponemos el valor emblemático que debía de revestir el personaje bíblico de Job en el propio Fray Luis, siempre deseoso de encontrar la paz que su tempestuoso carácter le impedía conseguir.

Finalmente, de la *sensibilidad renacentista* recoge Fray Luis las innovaciones estilísticas y formales que imponían los nuevos tiempos, especialmente las relacionadas con la métrica. Fray Luis, como poco más tarde también San Juan de la Cruz, adoptan casi exclusivamente la estrofa denominada *lira*, que viene de Italia (Bernardo Tasso parece que fue el primero que la usó) y que fue introducida en España por Garcilaso. La lira consta de cinco versos, el segundo y el quinto endecasílabos (el endecasílabo es también de origen italiano), y los restantes de siete sílabas; riman el primero con el tercero, y el segundo con el cuarto y el quinto. La *lira* se adapta muy bien al estilo rápido y conciso de Fray Luis; produce un ritmo elegante y al mismo tiempo alejado de toda hueca solemnidad. Naturalmente, Fray Luis era admirador de Petrarca, cuyos versos imitó en alguna ocasión. Pero el tono de la poesía de nuestro autor tiene poco o nada que ver con el que dominaba en los círculos poéticos del Renacimiento y del Prerrenacimiento.

Pero es inútil pretender explicar a Fray Luis por los influjos que haya experimentado. Lejos de ser un crisol donde se funden armónicamente la tradición clásica, la cristiana y la renacentista, nuestro autor es un originalísimo poeta que sólo se puede explicar (si es posible explicar la poesía) acudiendo a este especie de «desequilibrio espiritual» (Luis Cernuda) que sufrió toda su vida, desequilibrio que le impidió perdonar a sus enemigos y reconciliarse consigo mismo. Es la extraordinaria pasión que pone en sus versos, la continua contradicción entre el ideal y la realidad lo que constituye su personalidad poética. Si Fray Luis fuese ese poeta equilibrado que nos presenta Menéndez Pelayo, sería incapaz de producirnos entusiasmo. No hay poeta sin sufrimiento, sin tragedia personal.

Fray Luis nos interesa como poeta, no como filólogo ni como teólogo; su poesía es lo que le hace ocupar un puesto de excepción en la literatura española. Pero la idea que tenía Fray Luis de su propia poesía no parece muy halagüeña. No solamente no se decidió a publicar sus poemas, que anduvieron circulando en copias manuscritas, como de contrabando, sino que en la «Dedicatoria» a estas mismas poesías afirma que «se me cayeron como de entre las manos estas obrecillas»... También asegura que «nunca hice caso desto que compuse ni gasté en ello más tiempo del que tomaba para olvidarme de otros trabajos». Es difícil creer que el poeta no fuese consciente del carácter excepcional de su obra; o bien Fray Luis fingía modestia para captar la benevolencia del destinatario, o bien hacía un esfuerzo para disimular su natural orgulloso, su soberbia intelectual.

Su producción poética es muy escasa. Fray Luis ha dejado apenas una veintena de poesías originales, además de algunas traducciones e imitaciones de los clásicos y de los autores renacentistas. Pero la *intensidad* y *originalidad* de su creación poética compensa esta escasez: todos los poemas tienen el sello originalísimo del poeta verdaderamente inspirado. Entre sus poemas destacan el de la «Vida retirada», inspirado en el tema horaciano del «Beatus ille», el titulado «Noche serena», que recrea el tema platónico de la dualidad entre cielo y tierra, el poema «A Felipe Ruíz», donde se recrea el tema del filósofo estoico, insensible a los halagos de la fortuna y firme ante las adversidades de la vida, y el que lleva el título «A Francisco de Salinas», de nuevo una recreación del universo clásico mediante el recurso a la teoría pitagórica de la armonía de los números y de la música de las esferas.

Pero hay que decirlo una vez más: ninguna influencia puede explicar a Fray Luis. Su originalidad es tan grande, que transfigura todo lo que toca y le da su sello personal de hombre atormentado, perseguido por sus propios demonios, que tenemos que suponer que eran muchos y muy encarnizados. El tema de la «Vida retirada» se repite a través de toda su obra poética; pero más que un «Leitmotiv», parece una obsesión, un deseo inalcanzable. A veces se acompaña de la imagen contrapuesta de los que buscan la ambición por los mares y se confían a un *falso leño* («frágil nave»), o de los que buscan la felicidad en el oro de las Indias. Fray Luis se pasa la vida suspirando por un pequeño rincón del paisaje que ya no es el «locus amoenus» de los clásicos, sino el refugio a los desengañados del mundo.

> ¡Oh monte, oh fuente, oh río!
> ¡Oh secreto seguro, deleitoso!,
> roto casi el navío,
> a vuestro almo reposo
> huyo de aqueste mar tempestuoso.

Naturalmente, no encontrará nunca Fray Luis la paz de este refugio; se lo impide su natural colérico, la enorme *pasión* que ponía en todo lo que hacía. Habrá que agradecérselo, pues el paraíso en la tierra hubiera significado el final de sus versos. El origen de su inspiración poética está en su sufrimiento, en su experiencia existencial. No hay «arte por el arte» en Fray Luis, sino arte como transfiguración del dolor. Él mismo confiesa no haber encontrado nunca la paz, más que en raras excepciones, como las que le proporcionaba el disfrute de la música:

> ¡Oh desmayo dichoso!
> ¡oh muerte que das vida! ¡oh dulce olvido!
> ¡durase en tu reposo
> sin ser restituido
> jamás aqueste bajo y vil sentido!

Nótese el acento lastimero de este subjuntivo desiderativo *durase* («¡ojalá pudiera durar!»), que traduce muy bien el sentimiento de impotencia del poeta, siempre condenado a vivir en la cárcel de sus pasiones. Precisamente aquí reside la enorme diferencia entre Fray Luis y San Juan de la Cruz, el otro gran poeta contemporáneo: Fray Luis se esfuerza por encontrar la paz, el encuentro con Dios; San Juan la ha encontrado ya en la unión mística con Dios. En Fray Luis se oyen los ecos de las tormentas del mundo; en San Juan el mundo ha desaparecido o lo ha transfigurado la visión mística que de él tiene el poeta. Fray Luis se esfuerza por superar el primer grado de la escala mística, que es el de la *purificación* del mundo de los sentidos; San Juan lo ha superado ya y hasta ofrece muestras de encontrarse en el grado de la *iluminación* y en el grado de la *unión* con Dios...

La nueva espiritualidad en la pintura: El Greco

Con la pintura de El Greco ocurre lo mismo que con la poesía de San Juan de la Cruz: el mundo se ha transfigurado y es contemplado desde la perspectiva del *espíritu místico*. La materia se hace más ligera, el mundo está como bañado en una luz sobrenatural. No hay, en sentido propio, *naturaleza*, sino *espíritu*. En los retratos de personas domina la expresividad del *alma*, y no la opacidad del *cuerpo*. En los paisajes domina la luz que viene del *cielo*, no el color que procede de la *tierra*. Y entre la *naturaleza* y el *espíritu*, entre el *cuerpo* y el *alma*, entre la *tierra* y el *cielo*, hay una tensión que está traduciendo el pensamiento místico de la *iluminación* y hasta de la *unión* con Dios.

Pero **Doménicos Theotocópulos**, **El Greco**, no es español de nacimiento, sino griego («greco») originario de Creta. El misticismo de su arte es el resultado de una «españolización» surgida al contacto con la espiritualidad española (Maurice Barrès). Efectivamente, nada podría prever una evolución tan espectacular de sus tendencias pictóricas si no se hubiese asentado en España. Nacido en 1541, heredó de las tradiciones pictóricas de su tierra un cierto desprecio por la *profundidad* y el *movimiento*: en sus cuadros se nota siempre una cierta ausencia de relieve plástico y una cierta rigidez de las figuras. Esto constituirá el «sedimento bizantino» (Martín González) que no le abandonará en toda su vida.

Pero sobre este sedimento oriental se acumulan otras influencias. Hacia mediados de la década de los años sesenta, El Greco se establece en Venecia, donde existía una importante colonia cretense, colonia basada en estrechos lazos comerciales. El Greco asimila en Venecia las técnicas pictóricas de Tiziano, Tintoretto y Bassano, especialmente en lo que se refiere a la *sensualidad de los colores* y en el derroche de luz.

Hacia 1570 se establece en Roma, donde aprende la técnica del retrato y donde se asimila los principios del *tenebrismo*, es decir, la técnica de la distribución de la luz en dos planos, uno sobreiluminado, y otro prácticamente carente de luz. Pero las continuas disputas con los seguidores de Miguel Ángel parece que fueron el motivo determinante de su abandono de Italia y de su asentamiento definitivo en España.

Sabemos que El Greco se encuentra en España a partir de 1576, pero se discuten los motivos que pudieron inducirle a ello. Acaso tenga razón Marañón cuando dice que «el genio va adonde tiene que ir, sin saber por qué». Es decir, que El Greco presintió que la espiritualidad española de este tiempo le era afín y que el artista podía identificarse en España mejor que en ningúna otra parte con el espíritu de la época. Acaso también haya tenido parte la llamada que había hecho Felipe II a los pintores italianos para establecerse en España. Lo importante es subrayar que ninguna de las tendencias pictóricas adquiridas hasta 1576 (*sedimento bizantino, sensualidad de los colores venecianos, técnica tenebrista*) son suficientes para explicar el genio artístico de El Greco en su madurez. Sin la influencia de la espiritualidad española sería irreconocible, sería otro artista. El Greco se hace en Toledo...

En efecto, en cualquier cuadro de El Greco son perceptibles elementos que responden a una sensibilidad religiosa que no es posible encontrar entre sus maestros de Venecia o Roma. Esta sensibilidad (hipersensibilidad, podríamos decir, porque El Greco no conoce canon ni medida), se manifiesta en lo que podríamos denominar *expresionismo*: las figuras humanas (y a veces también los paisajes) nos están diciendo algo, pero nos lo dicen con una profusión de gestos y posturas corporales que realmente las hacen *hablar*. El *expresionismo* aquí es la perfecta antinomia del *academicismo*, del orden y medida, del canon y la regla que utilizaban sus maestros de Venecia y Roma. La sensibilidad religiosa de El Greco no cabe entre los estrechos moldes del academicismo, y este pintor va mucho más allá del clasicismo renacentista para anticiparnos la torturada expresividad de la época barroca. El Greco no estaba de acuerdo con el credo artístico de Miguel Ángel, demasiado formalista para su gusto. Aunque Miguel Ángel es el primero en romper con el academicismo renacentista para inaugurar el *manierismo* (Arnold Hauser), El Greco va mucho más allá en su antiacademicismo.

Todo contribuye a reforzar este *expresionismo* pictórico: el *agua en los ojos*, que nos hace pensar en un diálogo con Dios; la *gesticulación de las manos*, con que se acompaña este diálogo, y que en esta pintura llega a resultar antinatural, forzada (algunos suponen que la abundancia de manos gesticulantes se debe a los deseos del artista de demostrar que sabía pintar las manos...); el *alargamiento de las figuras*, que alcanzan a veces proporciones completamente antinaturales, y que sirve para reforzar esta impresión de espiritualismo, de huida del mundo; los *desproporcionados escorzos*, fuera de toda perspectiva natural, exagerando hasta la fealdad la figura humana; la *vibración luminosa*, como de hoguera, que resplandece en sus cuadros y que sugiere la «llama de amor» en que se consume el alma de los místicos; el *retorcimiento de las figuras*, que las obliga a adoptar posturas no sólo incómodas, sino forzadas y antinaturales, y que convierte a este pintor en un predecesor del *manierismo*...

Este *expresionismo*, el primero y más original del arte europeo, contrasta con la técnica del color y de la luz que estudió en Italia. Sorprende encontrar llamativos rojos, azules y verdes en cuadros donde se resalta la expresión del austero ideal religioso. El *expresionismo* de la forma, que no desdeña recurrir a la estética de lo feo, contrasta con el *sensualismo* del color, que se basa en la glorificación de la belleza. El Greco puede armonizar, en su originalísima personalidad, dos facetas aparentemente inconciliables, como lo son la profunda religiosidad castellana y el sensual brillo colorista veneciano. Sensualidad y espíritu religioso, o mejor: sensualidad al servicio del espíritu religioso... Casi tenemos aquí anticipada la fórmula del barroco español del XVII: *la sublimación de la sensualidad a través del espíritu.*

Una breve mención a sus cuadros más famosos incluiría, en primer lugar, el *San Mauricio,* cuadro que en 1580 le encargó Felipe II y con el que el pintor pretendió alcanzar el favor real. No lo consiguió, pues el cuadro parece que no le gustó al rey, que despidió al pintor. El *San Sebastián,* inspirado en el cuadro de este mismo título del Tintoretto, es uno de los más hermosos escorzos del arte español. El *Entierro del Conde de Orgaz* es el cuadro más famoso del pintor. Recoge el pretendido milagro de la aparición de San Agustín y San Sebastián para depositar en la tumba el cadáver del señor de Orgaz. Todo ocurre con una extraña naturalidad, pues los caballeros que observan el milagro (y entre los cuales se encuentra retratado el propio pintor y su hijo) parecen estar familiarizados con los hechos sobrenaturales. Y el colorido es de un lujo tan grande, que contrasta con la austeridad y transcendencia de la escena. El *Caballero de la mano en el pecho* es el mejor ejemplo de idealización del caballero cristiano: sobre el negro del pecho destaca una espiritual mano (¿quién ha pintado manos tan expresivas com El Greco?) y la empuñadura de una espada; la mano, símbolo del honor, armoniza con un rostro ovalado, alargado, adelgazado, casi connsumido por la devoción, y al que no le faltan los imprescindibles ojos humedecidos. Finalmente, el cuadro de la *Vista de Toledo* es el colmo de la originalidad y el atrevimiento: el pintor prescinde de toda perspectiva realista para entregarnos una imagen onírica de Toledo, una ciudad bañada en luz sobrenatural, una ciudad casi fantástica que parece salida del sueño de un místico o un enfermo genial...

IX: EL SIGLO DE LA DECADENCIA

Es ya un tópico entre los historiadores citar las lamentaciones de Felipe II sobre el futuro político que se produciría después de su muerte y según las cuales Dios le había dado muchos reinos, pero no un hijo capaz de regirlos. Aludía con estas palabras al príncipe Felipe, el futuro Felipe III, de quien dijo también: «Me temo que le han de gobernar»...

Efectivamente, Felipe III fue un rey abúlico, falto de carácter y personalidad, que inauguró la fatal tradición de entregar las responsabilidades del gobierno a los validos, es decir, a una especie de ministros universales que podían suplantar al rey en prácticamente todos los asuntos.

Pero con Felipe III la decadencia dinástica de la casa de Austria no hizo más que empezar; su sucesor Felipe IV, hombre también de débil voluntad y carácter sensual y que entregó las riendas del poder igualmente a un valido, tuvo que experimentar durante su reinado la crisis política más grande de la historia de España, la que estuvo a punto de costarle la pérdida de la unidad territorial.

El sucesor de Felipe IV, Carlos II «el Hechizado», ya casi no es un hombre, sino un enfermo mental en manos de validos e intrigantes, y su reinado significa la práctica desaparición de España en el concierto de las naciones. Con Carlos II se extingue la Casa de Austria y se impone el cambio dinástico que inaugurará, en el siglo XVIII, la dinastía Borbón.

Pero es evidente que el fenómeno de la decadencia dinástica no puede explicar el mucho más profundo de la decadencia político-social. No se puede explicar la historia a partir de lo que hacen o dejan de hacer los reyes y sus minsitros, por grande que pueda ser su influjo. ¿Habrá que suponer que los datos económicos y su incidencia en la sociedad pueden explicar mejor el fenómeno? ¿Se puede recurrir al acontecer mecánico de unos hechos de naturaleza económica para deducir de ellos el comportamiento de toda una sociedad?

El problema está más en el planteamiento dual que nos hacemos, que en la naturaleza misma de las cosas. Si se produce la decadencia, se produce en todas y cada una de las manifestaciones de la sociedad que la padece: la minoría gobernante, los gobernados, las relaciones económicas, la producción, la mentalidad y las ideologías, el ímpetu social... El cuerpo social entero está enfermo, todos los miembros están afectados, y también están afectados los hechos, la actividad que desarrollan los miembros. Veremos que las causas de la decadencia son muchas y de muy diversa naturaleza, y que las explicaciones que tienden a mostrar una sola causa no explican nada e incluso resultan contradictorias.

Una de las mayores dificultades que nos salen al paso es explicar por qué precisamente en esta época de indudable decadencia se produce el más extraordinario florecimiento literario que conoce nuestra Historia: Cervantes, Lope de Vega, Calderón, Quevedo, Góngora... ¿Es que necesitaban los grandes escritores la experiencia del fracaso y la derrota para manifestar su genio? En el caso de Cervantes bien pudiera haber sido así, pues el Quijote *es una meditación sobre el desengaño de las hazañas y el mundo heroico. Acaso también Quevedo, al menos en buena parte de su obra, haya despertado su genio sacudido por la realidad del mundo de la picaresca. Pero los otros son genios que parecen independientes del tiempo y del espacio en que vivieron; su aparición, justamente en esta época, es incomprensible.*

Hay que tener presente que el siglo XVII, para los intelectuales preocupados por el problema de España, ha quedado como símbolo de la decadencia de la nación, y que esta época encarna todos los valores negativos y de los que se debe huir. A finales del XIX y principios del XX, la generación literaria de 1898, preocupada por el tema de la regeneración social y cultural de España, llegó a negar incluso los valores literarios y culturales de esta época (con excepción de Cervantes) por considerarlos contagiados por los vicios de la sociedad a la que pertenecían. Por huir de esta época se llegó a enaltecer la cultura y los ideales de la Edad Media, que se consideraban espontáneos y creadores, frente al triste espectáculo de la postración general del siglo XVII.

A: HISTORIA

La decadencia dinástica: Felipe III, Felipe IV y Carlos II

Felipe III (1598-1621) mereció el sobrenombre de «piadoso», pues sólo la religión parecía mover su voluntad. La religión, la caza, el teatro y el juego, si queremos ser más exactos y completar la esfera de intereses del nuevo rey. Por la política no sintió ninguna afición, y pronto puso los negocios del gobierno en manos de su *valido*, el duque de Lerma, que se convirtió en el político más influyente de España.

No era novedad introducir un *valido* en el gobierno: Francia consintió los de Richelieu y Mazarino, e Inglaterra los de Buckingham y Strafford. La novedad estaba en la calidad moral e intelectual del valido español y en el uso que hizo Lerma de su valimiento, pues puso todo su empeño en enriquecerse confundiendo la esfera de lo público y lo privado, hasta llegar a extremos inauditos. Lerma era modelo de político sin escrúpulos, y su ambición parecía no tener límites. Antes de llegar Felipe al trono, procuró cultivar al príncipe ofreciéndole el dinero que el tacaño Felipe II le negaba. Y después de ser coronado rey, Lerma podía preciarse de que su firma, estampada en un documento público, valiese tanto como la del propio rey. Lerma gozó de su privanza veinte años seguidos, desde 1598 a 1618, es decir, la práctica totalidad del reinado de Felipe III, que murió en 1621.

Lerma era una mezcla de aristócrata y personaje picaresco, como demuestran algunos de sus trucos para enriquecerse. En 1601 recibió dinero de los propietarios de Valladolid por permitir trasladar la capital de España a esta ciudad. Y cinco años más tarde volvió a recibir dinero de los propietarios madrileños por devolverle la capitalidad (!!!). No sabemos qué pretextos pudo aducir ante el tonto del monarca para cambiar dos veces la residencia de la corte. Lerma demostró también saber enriquecerse utilizando medios «legales», es decir, aumentando brutalmente los impuestos. Se sabe también que Lerma se apoderó de buena parte de la plata labrada de los templos y congregaciones religiosas.

La caída de Lerma se produjo en 1618, y precisamente como fruto de las maquinaciones del duque de Uceda, hijo del de Lerma y tan buen discípulo suyo en el arte de la intriga, que llegó a desplazar a su propio padre. El «destronado» duque de Lerma fue acusado de mal gobierno y de haber vendido cargos públicos, por lo que, para escapar a las persecuciones, solicitó y obtuvo el título de cardenal (!!!). Una copla popular retrató así la escena:

> Para no morir ahorcado,
> el mayor ladrón de España
> se vistió de colorado.

Felipe III murió en 1621 sin que se pueda decir que hubiera reinado verdaderamente. El mismo rey, tan entregado a las cuestiones religiosas, era consciente de su negativo balance político cuando se sintió enfermo de muerte y pronunció aquellas palabras: «¡Buena cuenta daremos a Dios de nuestro gobierno...!» Durante su reinado tuvo lugar el triste suceso de la *expulsión definitiva de los moriscos* (1609), que no es precisamente timbre de gloria del monarca, y una *incierta política militar en Flandes*, más bien negativa, que culminó, este mismo año de 1609, con la tregua llamada de los Doce Años. Nos referiremos más adelante a estos dos acontecimientos.

Felipe IV (1621-1665) hereda de su padre no sólo el reino, sino también su *falta de voluntad y debilidad de carácter*, que ahora está acompañada de una buena dosis de sensualidad, patente en los labios carnosos y la mirada desprovista de tensión que tan bien supo retratar Velázquez. Felipe IV empeora el retrato moral de su padre: su vida privada se reduce a una serie ininterrumpida de devaneos amorosos en los que el rey ni siquiera llega a la categoría de Don Juan, pues no necesita emplear el valor ni la astucia. Armado únicamente de su sensualidad y de una cierta bondad que no está muy lejos de la debilidad de carácter, Felipe IV hizo lo único que podía hacer: poner los negocios de la nación en manos de un valido. Y esto lo supo hacer tan bien, que se puede decir que *la época de Felipe IV es la de su valido, el célebre conde-duque de Olivares*.

El conde-duque de Olivares fue, como el duque de Lerma, privado del rey ya antes de que éste accediese al trono (tenía entonces el título de «gentilhombre de cámara» para mejor poder servir al príncipe). Al principio se contentó con ser modesta figura de segundo plano, y dejó que gobernara su tío don Baltasar de Zúñiga. Pero su ambición era todavía mucho mayor que las de sus antecesores, y cuando llegó al poder, se hizo famosa su frase «ya todo es mío», que traduce la anormalidad de su apetito de mando. Pero hay algo de noble y de grande en esta desmesurada ambición, en esta hinchazón anormal del ego y de la propia estima: el conde-duque, al revés que sus antecesores, no pretendió enriquecerse ni medrar a costa de la nación. Su intención era recta, aunque la ambición, desproporcionada a sus propias posibilidades y a las de la nación, llevara al país a la ruina. Tenía además una enorme capacidad de trabajo y disfrutaba de una cultura de humanista nada despreciable: había estudiado en Italia, mantenido tertulias literarias en Sevilla, actuado de Mecenas de las artes, reunido una magnífica biblioteca e incluso había sido rector de la univesidad de Salamanca a los 16 años, cargo puramente honorífico, claro está, pero que es preciso tener en cuenta para señalar las diferencias entre su personalidad de humanista y la mediocridad intelectual de la mayoría de sus rivales

Nada más comenzar el reinado de Felipe IV, organizó Olivares una verdadera *purga política*. Al duque de Lerma se le recluyó en sus posesiones de Lerma (provincia de Burgos); al de Uceda se le entabló un proceso durísimo del que sólo le libró la intercesión de Felipe IV (que, sin embargo, no pudo impedir que Uceda muriese en prisión unos años más tarde). A Pedro Téllez Girón, duque de Osuna, virrey de Nápoles y Sicilia y uno de los personajes más importantes de la vida política de su tiempo, le acusó de haberse enriquecido a costa de su influencia política, y le encerró en prisión, donde murió algo más tarde. Cayó igualmente y acusado de cargos parecidos don Rodrigo Calderón, confidente del duque de Lerma y del que se decía que en tiempos de Felipe III era el «valido del valido»; condenado a muerte, se condujo con tal valentía e hizo tales alardes de despreciar la muerte, que el pueblo español acuñó la frase «tener más orgullo que Rodrigo en la horca»...

Mientras el conde-duque de Olivares gobierna, el rey se dedica a sus amores, que debieron ser muy numerosos a juzgar por la fama que dejó entre el pueblo. Se conocen al menos ocho hijos naturales de Felipe IV, el más famoso de ellos Juan José de Austria, que obtuvo, lo mismo que su antepasado bastardo don Juan de Austria, algún protagonismo en la declinante escena política española. La madre de don Juan José de Austria era una actriz llamada María Calderón (el pueblo la llamaba «la Calderona»), de la que se decía que llegó a atreverse a provocar a menudo celos en el propio rey. No son éstos los únicos rumores en que el rey anda en boca del pueblo: se le atribuyeron también amores sacrílegos con las monjas del convento de San Plácido, convento que se hizo igualmente célebre por la leyenda según la cual el conde-duque de Olivares tuvo que poseer a su legítima esposa sobre el altar de la iglesia para poder fecundarla (!!!). Ni siquiera la reina está libre de rumores, aunque esta vez sean completamente infundados: según la todopoderosa *vox populi*, la reina mantuvo amores con el conde de Villamediana, caballero poeta de la corte que se atrevió a exhibir en las fiestas de los toros la divisa «mis amores son reales». (Según Marañón, buen conocedor de la época, Villamediana no pudo ser amante de la reina porque era homosexual...).

Felipe IV va a experimentar (no decimos «protagonizar» porque esta expresión está reservada exclusivamente a su valido) lo que fue acaso la crisis más aguda de la historia de España: hacia 1640 se producen, casi simultáneamente, la *secesión de Portugal*, unida a España desde 1580, las *reivindicaciones separatistas de Cataluña* y las *insurrecciones de Nápoles y Sicilia*. La consecuencia de la crisis, que comentaremos más adelante, es la caída del conde-duque de Olivares en 1643. Le sucedió su sobrino Luis de Haro, lo que hace pensar que el cargo de valido *se estaba institucionalizando* como si pudiera ser hereditario; en efecto, Olivares era, a su vez, sucesor de su tío Baltasar de Zúñiga. Recordemos que en el reinado anterior Uceda había sucedido a su padre, el duque de Lerma. A la sucesión dinástica de los reyes se sobrepone la sucesión, por nepotismo, de los validos...

Desde la caída de Olivares hasta la muerte del rey en 1665, nada hay que decir que no añada tristeza al panorama que hemos diseñado. La injerencia de España en los negocios europeos le hizo *participar en la Guerra de los Treinta Años*, de que es testimonio la derrota de Rocroi (1643) y la independencia definitiva de Holanda consagrada por el tratado de Westfalia (1648). En la vida privada del monarca, a los excesos de la pasión amorosa sucede la *correspondencia secreta* mantenida con la monja franciscana María de Jesús de Ágreda, que gozaba fama de santa y de ser favorecida con revelaciones sobrenaturales. El rey confiesa en estas cartas, que tenemos que suponer sinceras por no estar destinadas a la publicidad, que teme ante todo la debilidad de su propia naturaleza, «pues mi flaqueza es mucha». Se nos antoja que la tragedia del carácter de Felipe IV se queda reducida a tragicomedia al ver que elige una monja milagrera como confidente de sus desgracias. Ni como rey ni como hombre supo Felipe IV tener entereza para hundirse con su barco: intentó tranquilizar su conciencia acudiendo al triste recurso de un epistolario pretendidamente espiritual...

Con Carlos II (1665-1700) llega al extremo la inercia y el desgobierno, como si las virtudes y vicios políticos hubieran ido degenerando al transmitirse de padres a hijos. No podía precipitarse más hondo la dinastía Habsburg, y su sustitución por la casa de Borbón fue, más que el resultado de las hábiles combinaciones políticas de Luis XIV de Francia, que supo colocar en el trono español a su nieto Felipe de Anjou, la consecuencia lógica de la degeneración de una estirpe.

En la época de Carlos II se suceden los validos y personajes influyentes con gran rapidez. Siendo el rey todavía niño y durante la regencia de su madre Mariana de Austria, el favorito era el jesuita alemán Everardo Nithard, confesor de la reina, personaje verdaderamente odiado por el pueblo. Un auténtico «golpe de estado» de don Juan José de Austria en 1669 logró expulsar al jesuita, que fue pronto sustituido por Fernando de Valenzuela, personaje mediocre que contaba como único mérito político el de ser marido de una camarera de la reina. Don Juan de Austria, que tenía la ambición de llegar a ser primer ministro, volvió a repetir el golpe de estado en 1677, mandó prender a Valenzuela e incluso llegó a desterrar a la reina a Toledo. Pero el ambicioso primer ministro murió en 1679, dejando un verdadero vacío de poder que no pudo llenar un rey siempre enfermo e incapacitado para gobernar. Carlos II era, al parecer impotente, pues de ninguna de sus mujeres logró tener descendencia; pero al estudiar su impotencia cayeron los palaciegos en la cuenta de que el monarca padecía frecuentes ataques nerviosos, y que sus nervios y su incapacidad de engendrar obedecía a una y la misma causa: el rey tenía los demonios en el cuerpo. Se llegó incluso a dictaminar el momento y la manera en que el rey fue hechizado: a los 14 años y a través de una taza de chocolate (!!!). Alarmada la Inquisición, se decidió exorcizarlo con los medios habituales en la época, y que lo único que lograban era ponerlo aun más histérico. Naturalmente, mezclados con los exorcistas estaban los intrigantes de turno, que se aprovechaban de la situación para obtener ventajas. Religión, superstición y picaresca estaban unidas por los intereses del momento...

Lo único positivo que hizo Carlos el Hechizado, lo hizo quizás sin tener ya conciencia de ello, por estar muy enfermo y próximo a la muerte: dar su firma al proyecto que le presentó el cardenal Portocarrero para aceptar la *sucesión a favor del nieto del rey de Francia*, Felipe de Anjou, el futuro Felipe V. Carlos traicionaba así los intereses dinásticos, pero liberaba al país del estigma de la decadencia.

La institucionalización del valido

El valido es una especie de primer ministro todopoderoso que sustituye y hasta eclipsa al rey en todas sus funciones. Pero el valido no es un dictador, porque el dictador se impone al rey por la fuerza, y el valido por el halago y la lisonja. El dictador conquista directamente el estado, el valido conquista directamente la voluntad del rey para después conquistar el estado.

Es evidente que, a pesar de contar los validos con el apoyo del rey, constituían un cierto *riesgo* para la institución monárquica, que se veía amenazada por un poder incontrolable. Los tres últimos reyes de la dinastía Habsburg (Felipe III, Felipe IV, Carlos II) entregaron el poder a los validos por comodidad, por abulia, porque les faltaba vocación política y sentido de la responsabilidad; pero en muchas ocasiones supieron adivinar el peligro en que se encontraba el estado y hasta la institución monárquica misma, e intentaron controlar el poder de los validos. Cuando en 1598 Felipe III comienza a reinar, se atreve a conceder a la firma de su valido (el duque de **Lerma**, como hemos visto) el mismo poder que a la suya propia; pero la experiencia le enseña a este rey los peligros que entraña entregarle todo el poder a un valido, y cuando sustituye a Lerma por su hijo el duque de **Uceda** en 1618, decide que «todo lo que fuere mercedes y órdenes universales y cossas que emanaren de mi voluntad y deliberación, las rubricaré yo de mi mano, y no otra persona alguna, con que cesará la forma de despacho de las órdenes que asta ('hasta') agora ('ahora') se han dado en mi nombre».

Felipe IV heredó probablemente esta desconfianza de su padre por los validos, pues los comienzos del duque de **Olivares** son modestos y se contentó al principio con ocupar el segundo lugar de la privanza, dejándole el primer puesto a su tío don **Baltasar de Zúñiga**. Olivares prefería captarse sin prisa la voluntad del rey, sin despertar sospechas o recelos por su desmedida ambición. En el fondo, Olivares estaba seguro de su triunfo: dada la escasa vocación política del monarca, no era de esperar que el rey asumiera las complicadas funciones de gobierno, que exigían gran empeño y dedicación exclusiva. Luego, cuando Olivares fue confirmado en su cargo de privado del rey, manifestó el poder más absoluto de que se tiene noticia en la historia de España. Tanto poder, que cuando Felipe IV lo sustituyó por don **Luis de Haro**, el rey parecía arrepentido y dispuesto a tomar él mismo las riendas del gobierno, como él mismo afirma en el decreto en que expulsa a Olivares: «Con esta ocasión me ha parecido advertir al Consejo que la falta de tan buen Minsitro no la ha de suplir otro sino yo mismo, pues los aprietos en que nos hallamos piden toda mi persona para su remedio». Naturalmente, las buenas intenciones del rey se estrellaron contra su débil voluntad, y, pasando el tiempo, los poderes de don Luis de Haro igualaron a los de Olivares, aunque el rey nunca llegó a darle el título de ministro «por huir de los inconvenientes pasados», como el mismo rey confiesa ingenuamente en su correspondencia con su confidente espiritual, la monja sor María de Agreda.

La desconfianza de Felipe IV ante los validos siguió actuando incluso después de su muerte: el rey dejó ordenado en su testamento que la tutora de Carlos II (todavía muy niño para poder gobernar), la reina madre Doña Mariana de Austria, atendiera los asuntos de gobierno mediante una Junta. Es decir, que la reina madre no quedaba autorizada para gobernar sola, pues podía fácilmente caer bajo la influencia de un valido, sino apoyándose en una Junta cuya composición detalló Felipe IV en este mismo documento. En principio, la posibilidad de producirse un nuevo valido quedaba excluida, a menos, claro está, que el valido tuviese la habilidad de infiltrarse entre los miembros de la Junta...

Y este fue el camino que tuvo que seguir el nuevo valido, el jesuita **Everardo Nithard**, que ganó primero la confianza de la reina madre a través del confesionario, para después hacerse nombrar miembro de la Junta. Como dice un papel satírico de la época, el padre Nithard pasó en poco tiempo «desde la celda y refectorio, al puesto de Consejero de Estado, de Inquisidor General, de miembro de la Junta de Gobierno y de Primer Ministro». Es decir, que la reina le nombró primero Inquisidor General para que se convirtiese automáticamente en miembro de la Junta...

Don Juan José de Austria no fue un valido, sino un *dictador* que se impuso, en las dos ocasiones que hemos comentado antes, mediante un golpe de estado. No nos interesa aquí su figura.

El último valido al que hicimos mención, **Valenzuela**, fue alzado a la privanza por Mariana de Austria, pero cuando Carlos II es declarado mayor de edad (1675), lo primero que hace el débil monarca es conferirle a Valenzuela el título de Grande de España y nombrarlo Primer Ministro. Al mismo tiempo quedaba anulada la Junta, que ya no tenía sentido con la mayoría de edad del rey. El golpe de estado de don Juan José de Austria se vio amparado por la mayoría de la nobleza, que veía en Valenzuela un simple plebeyo ennoblecido artificialmente por el oportunismo político. Es curioso comprobar cómo a la decadencia dinástica e institucional acompaña la decadencia de los propios validos: en la época de Felipe III y Felipe IV, los validos pertenecían a la alta nobleza; en la época de Carlos II es suficiente ser un mediano clérigo (Nithard) o un simple palafrenero (Valenzuela) para escalar la más alta magistratura...

No es posible dar una respuesta clara al surgimiento de la institución de los validos, pero sí explicar el mecanismo institucional con que se produjeron. Según Francisco Tomás y Valiente, el valido tiene su antecesor en la figura del *secretario* del rey. Tanto en el *secretario privado* como como en el *secretario de Estado*. En efecto, el valido tiene un trato de amistad y confianza con el rey que proviene del *secretario privado*, es decir, del secretario con el que despachaba directamente todo tipo de documentos (incluso íntimos) dirigidos directamente al rey. Pero el valido tiene también un poder y un influjo directo en los Consejos, especialmente en el Consejo de Estado, y esto proviene del puesto del *secretario de Estado*, que era una figura intermediaria entre el rey y los consejeros que formaban parte de este Consejo. (El *secretario de Estado*, teóricamente, no tenía poder alguno sobre los consejeros, pero su cargo le obligaba al contacto directo con el rey, lo que le confería una cierta preeminencia sobre los consejeros mismos, y su opinión podía valer más que el simple dictamen de los consejeros...).

El surgimiento del valido parece ser una especie de conquista, por parte de la aristocracia, de los cargos clave de la nación. Los secretarios, especialmente los secretarios de Estado, eran oscuros personajes del pueblo llano, titulados universitarios sin poder político alguno, simples técnicos de la administración. Pero como su influencia real podía ser muy grande y superar incluso la influencia de los consejeros (que eran todos, sin excepción, miembros de la alta aristocracia), se produjo la inevitable lucha por el poder entre la aristocracia y la clase de los funcionarios. En palabras del profesor Tomás y Valiente: «Los grandes, esto es, la más alta nobleza cortesana, intentaron por medio de los validos asaltar de modo pacífico los escalones político-administrativos del poder, situándose por encima de todos ellos en la dirección del Estado».

La alta nobleza, sin renunciar a sus patrimonios en el campo, se hizo nobleza cortesana. Pasó, a través de un largo proceso histórico que comienza en la Edad Media, de una política defensiva y aislacionista, a una política ofensiva e intervencionista. Como esta política ya no podía realizarse a través de las guerras feudales (los estados modernos habían robustecido la autoridad de los reyes a costa de la autoridad de la aristocracia), la nobleza intentará en esta época engancharse en el carro del poder, para lo que le es necesario ponerse al servicio del rey en las tareas administrativas. Los validos son, quizás, el último esfuerzo de la nobleza por no perder el *protagonismo histórico*, protagonismo que empezaban a ejercer, aunque todavía en modestas proporciones, las clases populares.

La triple crisis política de 1640

Los años 40 constituyen la más aguda crisis afrontada por el moderno estado español fundado por los Reyes Católicos. El movimiento *separatista de Cataluña*, al que había de suceder la *secesión de Portugal*, y los *conatos separatistas de Aragón, Andalucía y Nápoles-Sicilia*, no solamente precipitaron la caída de Olivares, sino que amargaron los últimos años de Felipe IV (la noticia de la derrota de Montesclaros, que consagró definitivamente la independencia de Portugal, sumió al rey en un estado de depresión del que ya no pudo recuperarse hasta su muerte, ocurrida en el mismo año). El estado español estaba en cuestión, y con él la existencia de la dinastía gobernante.

Pero tanto el problema catalán como el portugués se producen sobre el *telón de fondo de la Guerra de los Treinta Años*, sin la cual posiblemente no podría explicarse la debilidad político-militar del Estado español. España luchará casi simultáneamente en tres frentes: Cataluña, Portugal y el amplio escenario europeo de las nuevas guerras de religión (los intentos separatistas en Aragón, Andalucía y Nápoles-Sicilia apenas pasaron de pequeñas sublevaciones de carácter anecdótico). Es el último gran esfuerzo bélico de la que había sido una gran potencia, la última locura antes de entrar en razón en el siglo XVIII.

La Guerra de los Treinta Años comenzó en 1619 como fruto de la intolerancia del nuevo emperador de la casa de Habsburg, Fernando II, tío de Felipe IV, y que estaba empeñado en extirpar para siempre la causa protestante del centro de Europa. Fernando II entró en Bohemia, quemó miles de Biblias protestantes, destruyó las iglesias del culto luterano y pretendió reintroducir el culto católico. Bohemia se levantó en armas contra el Emperador y, secundada por Silesia y Moravia, proclamó rey a Federico V, elector alemán en el Palatinado. Federico V, tan intolerante como Fernando II, se dedicó a destruir templos católicos y a perseguir a los luteranos, pues era calvinista. Comenzó así una de las guerras más crueles y largas que conoce la historia europea.

En 1620 el rey Felipe III prestó ayuda a los católicos enviando tropas a Bohemia y al Palatinado, pero la verdadera participación española en esta guerra se produce en tiempos de Felipe IV, a partir de la entrada en la guerra de Francia, tradicional enemiga de España y de la casa de Austria. Richelieu, viendo la ocasión que se le presentaba de vencer definitivamente a los Habsburg, no dudó en traicionar sus propias convicciones religiosas (Richelieu era cardenal de la Iglesia católica), para ponerse al lado de los protestantes alemanes y bohemios. La entrada en la guerra de Francia aumentó la internacionalización del conflicto: Richelieu logró comprar con dinero la intervención de Dinamarca. Indirectamente, la entrada de Francia en el conflicto provocó el fortalecimiento de la alianza católica, y el emperador Fernando II logró contratar los servicios del noble bohemio Albert Wallenstein, a cuyo talento militar se debió el restablecimiento del poder de los católicos. En 1627, y pese a la participación de Francia, los católicos habrían podido considerarse vencedores y poner punto final a la guerra, si el emperador hubiese decretado el perdón y favorecido la reconciliación general. Pero prefirió la venganza, exigiendo que los protestantes salieran desterrados y dejaran sus haciendas en manos del Imperio. Wallenstein, por su parte, saqueaba cruelmente las ciudades protestantes, que sabía que estaban desarmadas por haberse rendido...

Los vencidos llamaron de nuevo en su ayuda a los franceses, y Richelieu contrató mediante dinero la intervención de Gustavo Adolfo de Suecia, el mayor genio militar de la época. La contienda se recrudecía con esta segunda internacionalización de la guerra, y amenazaba con prolongarse indefinidamente. Gustavo Adolfo murió, pero después de haber vencido en la batalla de Lutzen (1632). Murió también Wallenstein (1634), pero por orden del emperador, que castigó así su traición de querer pasarse al enemigo y coronarse rey de Bohemia (Friedrich Schiller ha recreado la situación de Wallenstein imprimiéndole, como de costumbre, un idealismo que no corresponde a la triste realidad histórica).

Es justamente en este momento cuando, con poca fortuna, se inmiscuye España en la Guerra de los Treinta Años. El detonante será, naturalmente, el *problema de los Países Bajos*, que hemos visto que no fue capaz de solucionar Felipe II. Pero además de este problema, influye en la política española la *alianza dinástica de la casa Habsburg* y toda la *tradición carolingia y filipista de defensora del catolicismo*. De nuevo una España incapaz de comprender la realidad del momento histórico (veremos más adelante el desastroso estado de las finanzas) decide arbitrar los destinos de Europa. De hecho, parece que lo logró por algún tiempo, pues los diplomáticos de la época aluden con frecuencia al gran respeto que inspiran en los encuentros internacionales los embajadores españoles, a los que consideran tan importantes como a los representantes de Francia. Pero la comparación entre la Francia de Richlieu y la España de Olivares es engañosa: España se encuentra al borde del colapso financiero y político-social; Francia se encuentra en un gran momento, a punto de ser la potencia hegemónica europea... Don Quijote emprende su última salida, la que le desengañará definitivamente de la inutilidad de sus ideales. Y con ello recupera la cordura, que llegará en el siglo XVIII de la mano de una administración sobria, alejada de aventuras y concentrada en los problemas domésticos.

La chispa que desencadena la intervención en la Guerra de los Treinta Años es, como hemos dicho, el **problema de los Países Bajos**. En 1621 moría el archiduque Alberto, casado con Isabel Clara Eugenia, hija de Felipe II. La pareja, que gobernaba un país de hecho independiente (los Países Bajos Meridionales, es decir, lo que hoy es Bélgica, pues el norte del país, Holanda, no reconocía el gobierno católico), no tuvo descendencia, por lo que, después de la muerte de Alberto, estas tierras volvían al dominio de España. Algunas victorias aisladas de los católicos durante estos años de la gobernación de Isabel Clara Eugenia hacen concebir las vanas esperanzas de mantener la soberanía española en Flandes; la toma de Breda (1625) realizada por Ambrosio Spinola e inmortalizada por Velázquez en el célebre cuadro de este título, coincidió con los cien años de la victoria de Pavía, lo que renovó la retórica marcial y la borrachera imperialista de los políticos de turno.

La muerte de Isabel Clara Eugenia en 1633 hace que Felipe IV nombre directamente un *gobernador militar para los Países Bajos*, como en tiempos de Felipe II. Este gobernador será su propio hermano Fernando, denominado el «cardenal-infante», hombre culto, inteligente y bravo militar. El cardenal-infante abandonó Milán, donde era gobernador, atravesó el Tirol y se dirigió a los Países Bajos para posesionarse de su nuevo cargo. En Nordlingen se enfrentó al poderoso ejército protestante –poderoso especialmente por contar con los hombres que había dejado Gustavo Adolfo de Suecia– y a pesar de la fatiga del viaje, los venció de forma contundente (1634). Tenía lugar así la intromisión de los asuntos de Flandes con los de la Guerra de los Treinta Años... El cardenal-infante continuó su viaje sin problemas y en 1635 podia entrar en Bruselas. Aunque no pudo dominar a los protestantes holandeses ni siquiera firmar una tregua con ellos, logró una importante victoria sobre Guillermo de Nassau (sucesor de Guillermo de Orange) en Amberes (1638). Pero el cardenal-infante murió en 1640 víctima de unas fiebres malignas y justamente cuando la presión del ejército francés de Richelieu era más fuerte. La muerte del cardenal-infante marca la fecha exacta del comienzo del hundimiento de España: los fracasos que va a experimentar en los Países Bajos y en la Guerra de los Treinta Años coinciden con los planteamientos independentistas de catalanes y portugueses.

El problema catalán se remonta a algunos años antes, y tiene por causa los problemas que plantea la administración demasiado centralista de Olivares, poco o nada respetuoso con la personalidad de Cataluña. Además, Olivares pretendía recaudar impuestos en Cataluña y reclutar soldados catalanes para financiar campañas militares con las que este pueblo, más realista que el castellano, no podía ni debía identificarse. El chispazo que encendió la rebelión fueron los abusos cometidos por las tropas españolas estacionadas en la región catalana, que se portaron con excesiva altanería con el pueblo que les daba hospitalidad. Una representación de la nobleza, del clero y del pueblo de Cataluña visitó al virrey catalán, conde de Santa Coloma, pero éste no sólo no los escuchó, sino que los mandó encarcelar. Ante la conducta inexplicable del virrey, se produjo una sublevación popular que culminó en el asesinato del virrey. Se conoce la rebelión bajo el nombre de «Corpus de sangre», por haber tenido lugar en la festividad del Corpus (7 de junio de 1640). La guerra que mantuvieron los rebeldes catalanes con el gobierno central duró doce años y fue patrocinada por Francia, cosa natural si se tiene en cuenta que nos encontramos en el tiempo de la Guerra de los Treinta Años. En 1652, un cierto cansancio y arrepentimiento de haberse aliado con los franceses, permitió a don Juan José de Austria entrar en Barcelona y poner fin al problema secesionista.

Casi simultáneamente estalla la **rebelión en Portugal**, y por motivos semejantes: la oposición al centralismo de Olivares (en el caso de Portugal, más injusto aun que en Cataluña, dada la mayor personalidad de este país), y las quejas ante los abusos de la política impositiva. Y lo mismo que en el caso de Cataluña, protestan todos los estamentos sociales: nobleza, clero, estado llano. El duque de Braganza fue proclamado rey bajo el nombre de Juan IV, y los funcionarios españoles y agentes de Olivares fueron perseguidos o muertos. Un tercer paralelismo con la insurrección catalana: también esta guerra fue sostenida y apoyada por los franceses, que llegaron a declarar en el tratado de Westfalia de 1648 (el tratado que puso fin a la Guerrra de los Treinta Años) la independencia de Portugal. En realidad la declaración de Westfalia fue un poco precipitada, pues la guerra entre españoles y portugueses continuó hasta la decisiva batalla de Montesclaros en 1665.

La causa común del conflicto en ambas guerras es el simple desequilibrio entre el centralismo impuesto desde Madrid y las legítimas aspiraciones de la periferia. Pero por encima de este problema gravitaba el fantasma de la Guerra de los Treinta Años, que contribuyó a alargar el conflicto en Cataluña y a hacerlo irreversible en Portugal. Citamos al profesor Vicens Vivens, que ha resumido muy bien la problemática: «La guerra de nervios entre el poder central y los teritorios periféricos habría quizá derivado hacia un compromiso más o menos satisfactorio para los deseos de ambas partes, si la intervención de Francia en la guerra de los Treinta Años y su declaración de guerra a España no hubiese abierto rápidamente la brecha de la desunión política hispánica. En París hallaron los descontentos catalanes y portugueses el apoyo exterior que necesitaban para declararse en abierta rebeldía contra su monarca».

B: SOCIEDAD

La gran crisis económica y social del siglo XVII

Primeramente, **crisis demográfica**, que es un buen índice de la gravedad de la situación. Ciertamente, no todos los autores están de acuerdo en que España experimentara un descenso en el número de habitantes; algunos consideran la cifra de 8 millones como número que permanecería más o menos estable a través de todo el XVII, y otros, como

Hamilton, aseguran que se produjo una notable despoblación, especialmente en los pueblos y ciudades castellanas, que llegaron a perder, muchas de ellas, hasta la mitad de sus habitantes. En concreto, y según este autor, Burgos se habría convertido en una ruina, y Segovia en poco menos que un desierto...

Acaso se pueda conciliar ambas teorías admitiendo, al mismo tiempo, la dramática despoblación del centro (Castilla especialmente), y el aumento de población en la periferia peninsular, (en especial Andalucía, Levante y faja cantábrica).

Sea como sea, es evidente que se ha producido, al menos en las regiones centrales, una gran despoblación que ponía en peligro la existencia de muchos pueblos. Y las autoridades eran conscientes del problema, porque así lo manifiestan las numerosas disposiciones (todas ellas sin apenas valor práctico) dictadas a lo largo de la centuria. En 1609 y 1619 el Consejo de Castilla emitió unas *consultas* encaminadas a poner remedio a los males de la despoblación. Y con el mismo fin, una *pragmática* de 1623 permitió el asentamiento de extranjeros en España (bajo la condición de que fuesen católicos, claro está). En este mismo año se acordó igualmente eximir del pago de todo tipo de impuestos durante dos años a los que contrajeran matrimonio. También se prohibió emigrar, medida un tanto difícil de poner en práctica y que no sabemos qué resultados prácticos podía haber alcanzado. Y en fin, en 1624 la Junta de Población, Agricultura y Comercio reconoció oficialmente la «despoblación del reino».

Pero no solamente se produce una crisis demográfica: el reparto social de la población en el siglo XVII continuará favoreciendo las **desigualdades sociales**, ya muy patentes en el siglo XVI. Y es que los *estamentos* en España (*estamento aristocrático* y *estamento eclesiástico*) van a agudizar la crisis social aumentando su poder a costa del *pueblo llano*. Hablando en términos económicos: los estamentos, formados por individuos que no pertenecen al sector productivo y que además están exentos de impuestos, van a aumentar en número y riqueza a costa de aquellos que constituyen la base productiva de la nación. Una sociedad parasitaria, inflada artificialmente con lemas e ideales que no tienen ya vigencia histórica, va a vivir a expensas del sufrido trabajador del campo y del modesto menestral de las ciudades.

El deseo de adquirir una patente de nobleza estaba extendido por toda Europa (*Le bourgeois gentilhomme,* de Moliére, es un buen ejemplo), pero en España era una enfermedad nacional. Comprar un título era relativamente fácil y barato en el siglo XVII, e incluso los títulos de «Grandes de España», antes reservados a unos pocos, se concedían ahora con cierta liberalidad. El valido Fernando Valenzuela, de origen plebeyo, recibió el título de «Grande» en parte como compensación a una pequeña herida que el rey Carlos II le había causado durante una cacería.

Es muy difícil dar cifras que ofrezcan un mínimo de confianza, pero se puede admitir como probable el número de 200.000 para los eclesiásticos y de 500.000 para los nobles. La estadística de Laborde, realizada en tiempos de Felipe IV, arroja el dato de 478.000 nobles y 276.000 servidores de éstos. Sumando las cifras mencionadas (es decir, añadiendo la de los servidores y suponiendo que la población eclesiástica tenía también personal a su servicio), llegamos a la cifra de un millón de personas pertenecientes a los estamentos o relacionadas con éstos, es decir, un millón de personas puestas fuera del proceso productivo. Como la población total de España se puede calcular entre 7.000.000 y 8.000.000, se puede fácilmente advertir la gravedad del fenómeno parasitario. En su manifiesto de 1625, el conde-duque de Olivares observa la necesidad de «repoblar» el país con gentes verdaderamente aptas para trabajar, «favoreciendo los matrimonios, privilegiando los casados y poniendo límite el mayor que se pueda, con entera seguridad de conciencia, al número de religosos y eclesiásticos». Olivares ha denunciado aquí el problema, que veremos plantearse con mayor radicalidad en el siglo XVIII, de las «manos muertas»... Naturalmente, el problema no tiene solución, al menos mientras no se cuestione la existencia misma de la *sociedad estamental*. Los estamentos necesitan unas tierras y unas posesiones que les garanticen la subsistencia; nobleza y clero no trabajan, no pertenecen al ciclo económico productivo...

Pero los estamentos nobiliario y eclesiástico no solamente cuentan con mayor número de miembros, sino también con mayor cantidad de posesiones (lo que no se traduce directamente en un aumento de la riqueza propiamente dicha, pues las tierras permanecen, en su mayor parte, sin cultivar). El fenómeno de la acumulación de tierras en pocas manos tiene lugar ya a finales del siglo XVI por el alza de precios causado por las importaciones de oro y plata provenientes de América: ante el fenómeno inflacionista, que revaloriza notablemente el precio de la tierra, muchos pequeños propietarios deciden vender sus tierras para vivir de rentas con el producto de la venta. Los nuevos poseedores, que han invertido porque no sabían qué hacer con el dinero, dejan sin cultivar unas tierras que en el fondo no necesitan. Son propietarios *latifundistas* demasiado ricos para preocuparse de las nuevas adquisiciones; cultivan sólo una pequeña parte, la que consideren necesaria para sostenerse, y dejan yermo el resto. Los propietarios *latifundistas* se convierten así en *absentistas*, pues prefieren vivir en la ciudad y dejar el cuidado de las pocas tierras cultivadas a las familias de confianza. Se quiso poner remedio al *absentismo*, pero con poca energía, acaso porque la corte no podía ya imponerse a una estructura arsitocrática que había asaltado el poder.

Pero el fenómeno de descomposición económico-social está acompañado de acontecimientos puramente mecánicos que, sin que haya actuado la política ni la ideología de la época, precipitaron la decadencia. Tal ocurre con la **disminución de las remesas de oro y plata** procedentes de América, disminución que estaba directamente relacionada con las crisis económicas de todo el siglo XVII. A finales del reinado de Felipe II, en concreto en el quinquenio de 1591-1595, las importaciones de metales preciosos llegó a alcanzar la cifra de 35 millones de pesos. Hemos estudidado en su lugar la evolución de estas importaciones, que ahora comparamos con las que ofrece el siglo XVII:

Años	Millones de pesos
1601–1605	24.4
1621–1625	27.0
1641–1645	13.7
1656–1660	3.3

Como se ve, las cifras bajas coinciden, sin que se pueda observar relación alguna de causalidad, con las crisis políticas más graves. Durante la época de Felipe III se mantiene un ritmo relativamente alto, que se corresponde más o menos con la cifra que hemos dado para el primer quinquenio. Con Felipe IV se mantiene este ritmo, con pequeñas oscilaciones, hasta llegar la triste década de la triple crisis político-militar de los años 40, en que las importaciones son, poco más o menos, la mitad de las que correspondían al reinado anterior. En los útlimos años de este reinado, consumadas las derrotas en la guerra europea y en Portugal y apenas restañada la herida de Cataluña, se produce la práctica desaparición del tesoro indiano. El Estado español, acostumbrado a sostener sus empresas contando con las remesas americanas, tuvo que sufrir una verdadera bancarrota.

Una última observación que resume la triste política económica y la decadencia espiritual de la clase dominante: en conjunto, el Estado español tuvo que recurrir, cada veinte años aproximadamente, al triste procedimiento de declararse en quiebra y suspender pagos. Están documentadas las **bancarrotas del Estado** de 1607, 1627, 1647 y 1656. Estas quiebras se deben en parte a las circunstancia económicas que hemos apuntado, pero también a la increíble ligereza de la clase dominante, que no era capaz de advertir el peligro. En 1599, en ocasión de las bodas de Isabel Clara Eugenia (hija de Felipe II y hermana de Felipe III) con el archiduque Alberto, el duque de Lerma aportó medio millón de ducados para la fiesta, el rey casi un millón, y los Grandes de Castilla tres millones. En total, casi cinco millones de ducados... Como la deuda pública acumulada al morir un año antes Felipe II era de 140 millones, la corte gastó en unos pocos días un 3% del total de la deuda (!!!). Naturalmente, muy poco después, el rey se veía obligado a solicitar dinero de las Cortes para poder sustentar su persona y su dignidad real...

En conjunto, el panorama social que presenta esta centuria no puede ser más desolador. Un moderno investigador, J. Juderías, nos da un buen resumen de la descomposición social de España en tiempos de Carlos II: «Abajo, el pueblo, esquilmado, hambriento, envilecido; en medio, elementos sin fusionar, hidalgos de sangre, hidalgos de privilegio, personas sometidas al fuero militar o eclesiástico, comerciantes ricos, tratantes adinerados; en lo más alto, una oligarquía holgazana, ignorante, incapaz para la guerra, inútil para la paz, y, con todo eso, ambiciosa, amiga de intrigas, codiciosa de mando... Entonces surgen los motines populares y las conjuras aristocráticas, y, perdidos por unos y otros el respeto al rey, llegan hasta las gradas del trono y arrastran a algún ministro.»

La expulsión de los moriscos

Ya hemos visto los problemas que había suscitado la minoría «morisca» (los descendientes de la población islámica, en teoría cristianizados) en tiempos de Felipe II. En la época de Felipe III serán expulsados de la Península, lográndose así la definitiva supremacía de la «casta» vencedora (los cristianos) sobre sus rivales moros y judíos.

Pero no ha de creerse que el problema se puede ver como una simple rivalidad de castas. Los moriscos, al parecer, además de una «casta» en el sentido en que la entiende Américo Castro, constituyeron un auténtico peligro para la sociedad de los cristianos, debido a su *connivencia con los turcos y los piratas berberiscos* del norte de África. De hecho, la expulsión en el siglo XVII era casi el resultado lógico de muchos años de sospechas, resquemores y hasta luchas abiertas. Se puede comparar la tragedia social de los moriscos a una obra de teatro al estilo clásico, con sus tres actos perfectamente articulados: el primer acto (planteamiento) lo constituyen las capitulaciones de Granada de 1492, demasiado liberales para ser llevadas a la práctica; el cardenal Cisneros y los inquisidores hicieron imposible la convivencia, imponiendo bautismos y conversiones entre los vencidos. El segundo acto (desarrollo) es la peligrosa rebelión de las Alpujarras (1568) y su violenta represión por don Juan de Austria. El tercer acto (desenlace) es la consecuencia lógica de los anteriores, y culmina con la expulsión de 1609. Pero lo que parece escapar a la «lógica» teatral del desenlace son la época y los personajes del drama. No parecen Felipe III y su todopoderoso valido el duque de Lerma los más adecuados para tomar esta decisión: el monarca, por ser un hombre débil de carácter, y el valido por estar más preocupado por honores y riquezas. Tampoco parece la época de Felipe III más amenazada por el peligro morisco que la de Felipe II, en que los moriscos llegaron a nombrar un rey propio...

El problema de los moriscos era, más que la cuestión religiosa, su posible connivencia con potencias extranjeras. Primero con los *piratas berberiscos* del norte africano, que hacían inseguras las costas e incluso las tierras cultivables cercanas a la costa, y después con los *turcos*, amenaza ya mucho más seria a partir de la pérdida de Chipre. De este problema hay suficientes documentos, incluso en la época del imperio de Carlos V. Una muestra de hasta qué punto era peligrosa la presencia de los piratas berberiscos a comienzos del siglo XVI nos la da una orden del emperador de 1520 según la cual, en el reino de Valencia, nadie podía desempeñar cargos públicos sin tener a punto «caballo de silla y armas suficientes para la guerra». En época de Felipe II, en las Cortes de Toledo de 1558, se dijo que «las tierras marítimas se hallaban incultas y bravas y por labrar y cultivar, porque a cuatro y cinco leguas del agua no osan las gentes estar, y así se han perdido y pierden las heredades que solían labrarse en las dichas tierras y todo el pasto y aprovechamiento de las dichas tierras marítimas, y es grandísima ignominia para estos reinos que una frontera sola como Argel pueda hacer y haga tan gran daño y ofensa a toda España». Es decir, que los berberiscos argelinos dificultaban no sólo el *comercio marítimo*, sino incluso el *cultivo de las tierras litorales*. Pero el problema mayor eran los contactos entre los piratas y la población morisca. En este mismo año de 1558 la flota turca de Piali Pachá se apoderó de Ciudadela, en la isla de Menorca, y cundió el pánico en todo el reino de Valencia y Aragón, pues los poblados moriscos se encontraban en gran agitación. Incluso en el frustrado ataque turco contra la isla de Malta se descubrió una activa participación morisca. Y cuando surgió *la insurrección de los moriscos de las Alpujarras* (1568), los turcos de Constantinopla discutieron la posibilidad de una intervención militar en el oeste del Mediterráneo, cosa que llegó a saberse en Madrid.

Naturalmente, se había planteado en diversas ocasiones la posibilidad de expulsar a los moriscos, lo mismo que se había hecho con los judíos a finales del XV. Pero se temían las consecuencias económicas de una tal medida. A finales del reinado de Felipe II, su secretario Francisco de Idiázquez vio muy claro el problema al emitir su informe sobre la cuestión de los moriscos: «Si fuese tan buena y segura la habitación de esta ruin gente entre nosotros como es provechosa y cómoda, no había de haber rincón ni pedazo de tierra que no se les deviesse encomendar, pues ellos solos bastarían a causar fecundidad y abundancia en toda la tierra, por lo bien que la saben cultivar y lo poco que comen, y también bastarían a baxar el precio de todos los mantenimientos». Ya hemos dicho que la «casta» cristiana no se distinguía precisamente por su afición al trabajo, y que el espíritu de hidalguía paralizaba buena parte de la actividad económica del país. Los moriscos, con su proverbial laboriosidad, contribuína en gran manera a mantener la prosperidad de las regiones del Sur (Andalucía) y Levante (Valencia).

Parece ser que uno de los personajes que más influyó en conseguir la orden de expulsión fue Juan de Ribera, arzobispo de Valencia y personaje de notable intransigencia que ya había intentado convencer a Felipe II de la conveniencia de esta medida. Juan de Ribera propuso la expulsión al conde de Lerma, y éste se la transmitió a Felipe III. «¡Grande resolución –constestó el rey– .Hacedlo vos, duque!» La orden de Felipe III fue una de las pocas en que manifestó la decisión que le faltaba habitualmente; se equivocó en malgastarla en tan mal negocio y en no reservarla para resolver los asuntos económicos o poner fin a las guerras de Flandes.

En marzo de 1609 se promulgó la *orden de expulsión*, que contenía las siguientes disposiciones: 1) los moriscos deberían abandonar el país en el término de tres días; 2) deberían embarcarse en los puertos que los comisarios les señalaran; 3) se les permitiría sacar de sus casas solamente aquello que pudieran llevar sobre su cuerpo; 4) si después de tres días fuesen hallados moriscos, se les podría desvalijar, prender o incluso matar impunemente... Aunque el edicto de expulsión garantizaba el respeto a los moriscos que cumpliesen con estas normas y se embarcaran en este plazo de tiempo, los abusos fueron incontables en robos y violaciones.

Es difícil saber cuántos moriscos tuvieron que abandonar España; se calcula en aproximadamente 500.000, la mayoría, naturalmente, procedentes de Andalucía y Valencia. Y es más difícil todavía conocer cuantitativamente las pérdidas económicas que significó la bárbara medida. Sabemos por Escolano, cronista de Valencia, que este reino «siendo el más florido de España, es hoy un páramo seco y deslucido, por la expulsión de los moriscos». El único beneficiado económicamente fue el duque de Lerma, que se apoderó de las tierras que tuvieron que dejar los infelices.

Teorías sobre la decadencia

En el siglo XVI dominaba la idea de la Monarquía Universal (idea imperial carolingia y hegemonía filipista). En el XVII dominaba la idea ya más modesta de la «paz austríaca», es decir, la idea de la comunidad de destino de las dos ramas de la Casa de Austria para defender la fe católica e imponer la paz en Europa. Se suele denominar «austracismo» a esta teoría política del siglo XVII .

Imperialismo y «austracismo» son dos maneras diferentes de ver Europa. La idea del Imperio consistía en integrar a toda Europa en los ideales de la Cristiandad, la idea del «austracismo» consistía en limitar esa integración cristiana a solamente algunos países europeos. En el primer caso la religión era el elemento integrador de Europa, en el segundo la realidad de Europa era más amplia que la del ideal religioso. En el siglo XVI se podía identificar «Europa» y «Cristiandad» (al menos en teoría), en el XVII «Europa» era una realidad autónoma de la religión. El «austracismo» del XVII es la versión más modesta y resignada del triunfalismo imperialista del XVI.

Pero imperialismo y «austracismo» son dos ideales reaccionarios y anacrónicos (la época ya no estaba para defender principios abstractos y ajenos a la razón pragmática de los estados modernos) y, lo peor de todo: son ideales elaborados de espaldas a la realidad económico-social de la época. Hemos visto el alto precio que tuvo que pagar Felipe II por defender sus pretensiones hegemónicas en Europa; en la época de Felipe III y, especialmente, Felipe IV y Carlos II, la caída de las importaciones americanas, las periódicas bancarrotas del Estado y la alarmante situación de despoblamiento que sufrían extensas regiones del país, convierten estos ideales en sueños irrealizables.

Naturalmente, estamos suponiendo que estos ideales son verdaderamente «ideales» y no la máscara de la ambición de gobernantes irresponsables que entregaron a sus pueblos a los horrores de la guerra y a las privaciones económicas. Pero acaso estamos suponiendo demasiado. La voluntad de dominio puede disfrazarse sutilmente de los más altos ideales sociales y religiosos, que aportan siempre el pretexto adecuado para legitimar la violencia.

La Guerra de los Treinta Años, si hemos de creer a numerosos testigos presenciales, fue la más cruel habida hasta la fecha; sin embargo, surgió motivada por altos ideales religiosos y fue sustentada, por parte española, por los principios del «austracismo» al que hemos aludido antes. Hay algo turbio y morboso en toda esta ideología pretendidamente cristiana y universalista. Tenemos motivos para sospechar que tener ideales en esta época era más peligroso que carecer de ellos.Una Europa laica compuesta por naciones entregadas a la sorda rivalidad económica y a las pequeñas miserias que impone la convivencia cotidiana, hubiera sido acaso menos violenta y un poco más humana que la que invocó los valores pretendidamente espirituales con que se defendió la idea de la Monarquía Universal o el «austracismo».

Consolémonos pensando que las desgracias podían haber sido aun mayores: a finales del siglo XVI, el hijo de Maximiliano II, Rodolfo de Austria, acusaba una agravación de su dolencia mental que estuvo a punto de costarle la Corona. Felipe III, a pesar de su poca voluntad, pensó presentar su candidatura para el Imperio alemán. Podemos imaginarnos lo que hubiera hecho una nación ya en franca decadencia y con una corte dominada por ambiciosos validos si tuviera que cargar de nuevo con el peso de la tan traída y llevada Monarquía Universal...

El concepto de *decadencia* y las teorías que se emitieron para explicarla no pertenecen al siglo en que esta decadencia se produce. Será en el siglo XVIII cuando se empezará a insistir en estas ideas, sobre todo gracias al formidable impulso crítico que introdujo en España la Ilustración. Contribuirán además los monarcas de la nueva dinastía reinante (la Casa de Borbón) a acentuar el carácter decadente del siglo XVII para desprestigiar a sus rivales de la Casa de Austria. A finales del siglo XIX y principios del XX, los intelectuales de la Generación del 98 fijarán definitivamente el concepto de decadencia, haciendo de este siglo el origen de todos los males de España y el modelo a evitar.

Pero aunque en el siglo XVII no se desarrolla un concepto claro de la decadencia, hay muchos autores y observadores políticos que advierten claramente el desfase entre el ideal político y la realidad económico-social. En medio del insensato triunfalismo de la clase política, estos observadores honrados no se dejan cegar por el brillo de los últimos éxitos militares, y saben que España está arruinándose. Toda la literatura de la época refleja igualmente este sentimiento de decadencia y postración, aunque pocas veces se llegó a tematizarlo expresamente. Francisco de Quevedo escribe en un soneto:

Miré los muros de la patria mía,
si un tiempo fuertes, ya desmoronados,
de la carrera de la edad cansados,
por quien caduca ya su valentía.

Ya en fecha tan temprana como el año de 1600, asegura González de Cellorigo en un célebre *Memorial*: «Ha llegado el tiempo que todos juzgamos por de peor condición que los pasados». Y en 1609, con ocasión de la *consulta realizada por el Consejo de Castilla*, el problema de la decadencia, centrado casi exclusivamente en el tema de la despoblación, es reconocido oficialmente por la alta administración del país. En 1618 tiene lugar otra *consulta* del mismo Consejo, y de nuevo se emite un dictamen que señala la despoblación como causa fundamental del problema: «La causa de ella (de la despoblación) nace de las demasiadas cargas y tributos impuestos sobre los vasallos de V.M., los cuales, viendo que no los pueden soportar, es fuerza que hayan de desamparar sus hijos y mujeres y sus casas, por no morir de hambre en ellas, y irse a las tierras donde esperan poderse sustentar, faltando con esto a las labores de las suyas y al gobierno de la poca hacienda que tenían...» Los remedios que propone el Consejo rozan el mundo de la utopía, por lo que es innecesario señalar que no tuvieron efecto alguno: 1) *rebajar los impuestos* (¡en la época en que el Estado más los necesitaba para las guerras!), 2) *disminuir las mercedes y privilegios de la aristocracia* (¡en los tiempos del vandalismo de los validos!), 3) *repoblar las tierras* con lo habitantes que sobraban en la Corte (no se dice con qué medios), 4) *recortar el lujo y los gastos superfluos*, empezando por los de la Corte (como si un par de medidas sobre gastos suntuarios pudiesen solucionar el problema), 5) *proteger a los labradores* (medida sugerida mil veces a lo largo del siglo anterior y mil veces olvidada) y 6) *disminuir la fundación de conventos*, por acaparar demasido número de trabajadores útiles (advertencia inútil en una época en que el estamento eclesiástico era aliado inseparable del estamento nobiliario).

Más interesante y más alejado del dominio de la utopía es el análisis de la situación que presentan los escritores de la época. **Fernández Navarrete**, en su libro *Conservación de monarquías*, aunque coincide en algunos puntos con las *consultas* mencionadas, está mucho más atento a las causas concretas de la decadencia nacional, algunas de carácter puramente político y que el autor no duda en mencionar al lado de las estrictamente económicas. Las causas de la decadencia son: 1) *las expulsiones de judíos y moriscos*, 2) *la abundancia de vagabundos*, 3) *la institución de los mayorazgos*, 4) *el absentismo en las provincias* y, como consecuencia de este punto, 5) *la concentración excesiva de gentes en la Corte*, 6) *la colonización de América* y 7*) la contribución de vidas humanas en las guerras europeas*. Navarrete tiene el valor de denunciar el absurdo de medidas políticas tan discutibles como la expulsión de judíos y moriscos, tema poco menos que tabú en la época, así como la sangría que representaron las guerras europeas. Este autor, además de criticar las guerras de Flandes y poner en duda las ventajas de la conquista de América, tiene la rara lucidez de pedir nada menos que una limitación voluntaria del Imperio español, pues este Imperio es una empresa que él considera superior a las fuerzas de la nación: «Para evitar el consumirse y acabarse los españoles será cordura poner límite y raya a su extendido imperio, porque con la demasiada extensión crecieron al principio las riquezas y ellas despertaron la ambición, y la ambición solicitó la codicia, que es la raíz de todos los males, con lo que se va experimentando en España lo que en todas las demás monarquías, cuya ruina suele originarse de su misma grandeza: porque con ella se introduce el disipar con vicios y excesos los patrimonios: de que resulta hacerse los hombres holgazanes y descuidados...» Otras preocupaciones de Navarrete son la excesiva centralización administrativa y, naturalmente, el gran problema de la despoblación, que este autor pretende atajar fomentando la agricultura, para lo cual tiene madurado un amplio plan de medidas concretas: créditos a los labradores, abrir ríos navegables y construir acequias para el regadío.

Otro pensador de la época preocupado por la decadencia y sus remedios es el gran economista **Sancho de Moncada**, que cifra la solución del problema en el *saneamiento de la economía industrial*. Según el autor, España será rica cuando cubra sus necesidades industriales y evite la entrada masiva de mercancías extranjeras. Su libro *Restauración política de España* es de 1619, y en él se diseñan con gran abundancia de detalles concretos una serie de medidas mercantilistas de gran interés. Desconocemos el impacto de la obra en las clases dirigentes, aunque suponemos que habrá sido escaso o nulo, dada la aversión por la letra impresa dominante en la época.

No puede faltar en nuestra breve enumeración de estudiosos de la decadencia el gran escritor y diplomático **Saavedra Fajardo**, que asistió como ministro plenipotenciario a las conversaciones de paz que pusieron fin a la Guerra de los Treinta Años en Westfalia. Nadie mejor que él, testigo de primera fila de las exequias del «austracismo», para hablarnos con fúnebres acentos del dolor ante la derrota en los escenarios europeos. En realidad, el libro de Saavedra Fajardo (*Empresas*) es muy anterior al tratado de Westfalia; tanto más han de admirarnos sus palabras, de una lucidez extraordinaria: «Con inmenso trabajo y peligro traemos a España, de las partes más remotas del mundo, los diamantes, las perlas, los aromas y otras muchas riquezas; y no pasando adelante con ellas, hacen otros granjería de nuestro trabajo, comunicándolas a las provincias de Europa, Africa y Asia. Entregamos a genoveses la plata y el oro con que negocian, y pagamos cambios y recambios de sus negocios. Salen de España la seda, la lana, la barrilla, el acero, el hierro y otras diversas materias y, volviendo a ella labrados en diferentes formas, compramos las mismas cosas muy caras por la conducción y hechuras, de suerte que nos es costoso el ingenio de las demás naciones... Y porque en España no se hace lo mismo se padecen tantas necesidades, no porque la fertilidad de la tierra deje de ser grande... sino porque falta la *cultura de los campos, el ejercicio de las artes mecánicas, el trato y comercio* a que no se aplica esta nación...» En pocas líneas está diseñada la decadencia mercantil, industrial e incluso financiera de España.

Un último pensador a quien es obligado citar: **Juan de Palafox y Mendoza**, curioso personaje que a mediados del siglo XVII escribió un libro, sin intenciones de publicarlo, titulado *Juicio interior y secreto de la monarquía*, donde critica, además de problemas ya conocidos como el de la excesiva centralización administrativa, las absurdas pretensiones sobre Flandes. En lenguaje desenfadado, Palafox asegura con firmeza que «no hay quien dude que las *guerras de Flandes* hayan sido las que han influido la ruina de nuestra Monarquía; porque aunque aquellas provincias eran muy inferiores a nuestras fuerzas, debajo de aquella máscara, y en el campo y en figura de holandeses, ha peleado España con la emulación de Francia, con la herejía de Alemania, con los celos de Venecia, con los horrores de Inglaterra y Escocia y con todos los disidentes de Italia».

Estamos lejos todavía del análisis crítico del concepto de decadencia, análisis que vendrá más tarde, con la necesaria perspectiva histórica que sólo dan los años. Pero ya hay conciencia de la «declinación» del país, como se la llamaba entonces. Conciencia que es el testimonio intelectual de los verdaderos idealistas, de los que no se dejan comprar por el poder establecido, de los que saben desenmascarar la retórica católico-nacionalista, de los verdaderos humanistas.

C: CULTURA

Leyenda y realidad del *Don Quijote*

De los tres grandes mitos de la literatura moderna (Fausto, Don Juan y Don Quijote), dos son genuinamente españoles (Don Juan y Don Quijote), y el último de ellos *tan español como universal*. Acaso el más español y el más universal al mismo tiempo. El más español, porque difícilmente podemos imaginarnos a Don Quijote buscando aventuras fuera del paisaje y paisanaje castellano; y el más universal porque en todo el mundo se entiende lo que significa «ser un Quijote», «hacer una quijotada» o «luchar contra molinos de viento». La ocasión para escribir el *Quijote* la proporciona la crisis de la sociedad española, que empieza a sentir la fatiga del heroísmo y la ejemplaridad; pero la figura del héroe derrotado se puede aplicar a todo idealismo desproporcionado, en España como en cualquier otra nación y época. (Decía Miguel de Unamuno que la verdadera universalidad se consigue solamente profundizando en la propia esencia nacional...)

Esta es la primera aparente paradoja del *Don Quijote*. La segunda paradoja es la personalidad misma del héroe, que está *loco y cuerdo al mismo tiempo*, comete los mayores disparates con las armas y pronuncia los mejores discursos sobre las letras, confunde lamentablemente la realidad material y es capaz de analizar agudamente la realidad social y moral. Don Quijote ha perdido el sentido de la realidad, esa modesta pero indispensable facultad del *sentido común* sin la cual no es posible mantener una hacienda ni abrir un negocio (don Quijote había vendido parte de sus tierras para poder comprar libros de caballerías...). Pero la pérdida del sentido común se ve compensada por la agudización de la sensibilidad moral. Don Quijote es un incorregible idealista que, a pesar de todo, tiene siempre razón, incluso cuando se encuentra vencido, ensangrentado y con los dientes quebrados (Cervantes no ha sabido llevar la cuenta de las veces en que a don Quijote le quiebran los dientes).

La obra es tan genial que admite todavía una paradoja más: la de ser al mismo tiempo *cómica y seria*, de una seriedad que roza la tragedia. Ningún lector, por duro que tenga el corazón, puede reír a costa de los descalabros que sufre don Quijote; pero tampoco puede permanecer completamente serio ante las infinitas muestras del fino humor de Cervantes. La intención inicial de la obra es, como ya sabemos, la de ridiculizar las novelas de caballerías y el anacrónico ideal caballeresco, ideal que representa Don Quijote y que está destinado a estrellarse con la dura realidad. Pero el ideal caballeresco contiene también elementos del mejor idealismo, y éstos salvan a don Quijote y le hacen ganar nuestra admiración. De esta manera, don Quijote es, al mismo tiempo, un personaje ridículo y sublime. Cuando don Quijote llega a la corte de los duques, se baja del caballo para saludarlos cortesmente, pero con tan mala fortuna, que se cae del caballo y hace el ridículo; nos reímos, con los duques, de la torpeza del caballero, pero Cervantes salva pronto a don Quijote de la burla y le hace pronunciar un discurso que despierta la admiración de los duques (y, por supuesto, del lector, que empezó a reír antes de tiempo): «El [placer] que yo he tenido en veros, valeroso príncipe, es imposible ser malo, aunque mi caída no parara hasta el profundo de los abismos, pues de allí me levantara y me sacara la gloria de haberos visto».

Miguel de Cervantes Saavedra nació en Alcalá de Henares en 1547, en el seno de una familia medianamente acomodada (el padre era cirujano). Nada se sabe de su juventud, y la primera noticia que alude a su biografía es del año 1569, cuando acompañó a Italia al cardenal Acquaviva. En el año 1571 participó en la batalla de Lepanto contra los turcos («la mayor ocasión que vieron los siglos», dirá más tarde en el *Quijote*), donde quedó herido de la mano izquierda. Al regreso de Lepanto, la nave en que viajaba fue apresada por los piratas norteafricanos y Cervantes ingresó en la cárcel de Argel. El cautiverio de Argel duró 5 años, pues los argelinos pensaban que Cervantes era un gran personaje y exigían un alto precio por su rescate. De nuevo en España, Cervantes contrajo matrimonio y llevó una vida un tanto azarosa, siempre a la búsqueda de cargos que le permitieran vivir mejor. Tuvo mala suerte: consiguió ser nombrado comisario de víveres para la Armada Invencible que Felipe II estaba preparando contra Inglaterra, pero quebró el banco en que Cervantes había metido el dinero recaudado, y tuvo que ir a la cárcel. En otra ocasión se vio envuelto en un proceso a causa de un duelo fortuito producido en las inmediaciones de su casa, y en el que Cervantes no tuvo intervención alguna. La desilusión parece que va apoderándose del alma de Cervantes, pero nunca se transforma en amargura. Sus éxitos en la literatura le van resarciendo de sus fracasos en la vida social. Y cuando en el año 1605 aparece la primera parte del *Quijote*, el autor de mediano éxito se va a convertir en lo que hoy llamaríamos un *best-seller*, aunque no parece que haya podido sacar mucho partido de las ventas del libro, dada la gran cantidad de ediciones no autorizadas que salieron al mercado. En el año 1615, cuando publica la segunda parte del *Quijote*, Cervantes está ya seguro de que su libro se va a traducir a todas las lenguas del mundo. Tuvo poco tiempo para saborear las mieles del triunfo: Cervantes murió al año siguiente, en 1616.

La historia de las desventuras de don Quijote, de todos conocida, comienza cuando el viejo hidalgo pierde el juicio por haber leído demasiados libros de caballerías y decide convertirse en caballero andante. (Retengamos el dato: don Quijote es *hidalgo*, es decir, pertenece al grado inferior de la nobleza; se encuentra ocioso en una sociedad que ya no le reconoce función alguna e inventa o recrea una personalidad heroica que le compense de su frustración social). La literatura al uso le obliga a usar un caballo de nombre representativo (Rocinante), emplear a su servicio a un escudero (Sancho Panza) e incluso elegir a la dama de sus sueños (Dulcinea del Toboso). Su locura consiste justamente en *transfigurar la realidad,* pues don Quijote no advierte ni la poco marcial figura de Rocinante, ni la ridiculez y villanía del escudero, ni la inexistencia de Dulcinea. A don Quijote, evidentemente, no le gusta la sociedad en que vive...

En la primera parte del *Don Quijote* parece dominar el *tema de la burla*; don Quijote es, verdaderamente, un loco que excitará más nuestra compasión que nuestra admiración. La aventura de los molinos de viento, que nuestro héroe confunde con gigantes, la de los dos rebaños de ovejas, que confunde con ejércitos, la de los galeotes (prisioneros condenados a trabajos forzados en galeras) que don Quijote pone inmediatamente en libertad, etc., muestran tan sólo el aspecto ridículo de su locura. El final de la primera parte confirma esta impresión: el cura y el barbero, representantes del sentido común, logran dar con el paradero de don Quijote y deciden devolverlo a su casa contra su voluntad... ¡metido en una jaula, como un animal salvaje o un loco peligroso! El penoso transporte del héroe en una ridícula jaula representa, en nuestra opinión, el colmo del desprestigio de don Quijote, que llega a parecernos un personaje grotesco. Naturalmente, don Quijote pensará que todo es obra de un simple encantamiento de alguno de los muchos encantadores enemigos, y que la jaula y el carro que la lleva, y el cura y el barbero no son más que el resultado de un encantamiento...

En la segunda parte parece que Cervantes ha sentido compasión por su héroe, cuyo ideal caballeresco brilla y destaca en la mediocridad ambiente. La cordura y el sentido común, de nuevo representados por el cura y el barbero (a quienes podemos añadir la figura del bachiller Sansón Carrasco), no conquistan la simpatía del lector, que se sentirá cada vez más identificado con las locuras del ideal. A la compasión que inspira don Quijote en la primera parte, se añade en la segunda la *admiración por los ideales que representa*. La aventura de la cueva de Montesinos es uno de los episodios más imaginativos de toda la obra: decidido don Quijote a explorar la cueva, se golpea la cabeza al entrar, pierde el conocimiento y sueña encontrarse bajo tierra en el lugar donde es custodiado el corazón de Durandarte, caballero de Carlomagno. Los detalles poéticos alternan con los cómicos, y el lector va siendo ganado poco a poco por el encanto del relato. No importa el absurdo y hasta el ridículo del tema de las novelas de caballerías ¡Qué pena que nada sea cierto!, parece pensar el lector moderno... Pero donde mejor se advierte el triunfo de don Quijote es durante su prolongada estancia en el castillo de los duques: los numerosos episodios cómicos, la burla casi ininterrumpida a que someten los aristócratas a don Quijote y Sancho (entre los que destaca la aventura del caballo de madera volador, «Clavileño», al que don Quijote se sube para volar hasta el lejano reino de Candaya y desafiar al clásico encantador que ha condenado a una doncella a llevar barba...) no logran deshacer nuestra impresión de que don Quijote *tiene razón*. La corte de los duques representa la falta de ideales, la aristocracia corrompida, el estilo de vida muelle y despreocupado. Esa es la realidad, la amarga realidad de España, y don Quijote hizo bien en volverse loco para huir de esa realidad. Entre la vanidad y cinismo del perfecto cortesano y la locura de don Quijote, no dudamos en escoger la segunda. También tenemos la impresión de que, en el fondo, es más real el ideal de don Quijote que la realidad en que vive instalada la nobleza, que descansa en falsos valores y que algún día serían o serán vencidos por la fuerza del ideal. El quijotismo es, en definitiva, el verdadero motor de las revoluciones sociales...

Un truco del bachiller Sansón Carrasco, que se disfraza de Caballero de la Blanca Luna, reta a un duelo a don Quijote y le obliga bajo juramento a abandonar su vida errante en caso de ser vencido, hace que nuestro héroe regrese dócilmente a su casa y familia. El triunfo del sentido común parece confirmarse con la enfermedad y recuperación del juicio de nuestro héroe, que se arrepiente de sus pasadas locuras y se dispone a morir cristianamente. La muerte de don Quijote es un capítulo que no se puede leer sin sentir gran emoción: los ideales de don Quijote nos han conquistado, y ya no es compasión lo que sentimos por su muerte, sino verdadera admiración. Don Quijote murió de «melancolía», como dice textualmente Sancho Panza. De melancolía por no poder ya creer más en sus fantasías...

Es imposible hacer una interpretación de conjunto del que es acaso el libro más genial de toda la historia de la literatura. El *Don Quijote* trasciende toda interpretación concreta, toda posible identificación con un ideal o un dogma. El siglo XVIII, dominado por el espíritu crítico de la *Ilustración*, destacó solamente el aspecto realista y paródico: Don Quijote era un loco que sólo podía hacer el ridículo. En el siglo XIX los románticos, especialmente los románticos alemanes, subrayaron el aspecto idealista: Don Quijote era la encarnación del ideal, un ideal tan alejado de la realidad prosaica, que se confundía con la locura. A finales del XIX y principios del XX, los miembros de la generación del 98 interpretaron la obra de Cervantes con gran libertad, atentos a extraer enseñanzas válidas para los problemas de su tiempo y despreocupados del valor literal de los textos mismos. José Martínez Ruiz, «Azorín», destaca el papel que desempeña el *paisaje castellano* en la locura de don Quijote: la estepa, no ofreciendo objetos visibles concretos, provoca ese desbocarse de la imaginación que hace posible la identificación de los molinos de viento con los gigantes; la febril imaginación de don Quijote, viene a decirnos Azorín, está posibilitada por esas terribles llanuras manchegas en que la fantasía no puede refrenarse. Igualmente interesante es la interpretación de Miguel de Unamuno: don Quijote es la encarnación del *ideal puro*, que es también la *pura locura*. La cordura, el sentido de la realidad, la razón práctica, son para el mundo. El ideal, en cambio, es locura, absurdo, negación de la lógica del mundo. Unamuno subraya así el *valor religioso* del *Don Quijote*, que es, lo mismo que en el caso de la teología existencialista de Kierkegaard (que Unamuno conocía tan bien), una apuesta por valores que trascienden lo mundano. Claro está que Unamuno suaviza un tanto el idealismo de don Quijote haciéndole participar, a medida que avanza la obra, en el instinto práctico-realista de Sancho («sanchización» de don Quijote), de la misma manera que también Sancho se irá contagiando de los ideales de don Quijote («quijotización» de Sancho)... Citemos todavía una última interpretación de un autor de la generación de 1898: Ramiro de Maeztu insiste en el *contraste entre don Quijote y Hamlet*. El primero es todo acción, acción disparatada que desgasta sus fuerzas y consume su hacienda en un ideal inasequible; el segundo es todo dudas y vacilaciones. El héroe de Cervantes está necesitado de descanso para reparar sus fuerzas, el héroe de Shakespeare necesita urgentemente actuar para poner remedio a sus males. La sociedad española, viene a decirnos Maeztu, ha actuado demasiado, debe retirarse del escenario bélico europeo, decir adiós a sus aventuras militares; la sociedad inglesa, por el contrario, se encuentra en el momento en que va a empezar a formar su gran imperio, en que se encuentra madura para la acción...

Evidentemente, todas estas interpretaciones tienen poco que ver con el fenómeno literario en sí mismo, al que aquí no podemos dedicarle atención. Y es que el *don Quijote*, como obra literaria, resulta ya prácticamente inexplicable (Unamuno dice, para expresar esto, que el *don Quijote* es muy superior a Cervantes; es un hijo que se le hizo independiente y superó a su padre). ¿Qué idea tenía Cervantes del género literario «novela», que al parecer acababa de inventar? ¿Y cómo clasificar su estilo literario: realista, fantástico, humorístico, naturalista, idealista...? Hay varios capítulos del *Don Quijote* en los que se alude a la existencia de un libro donde aparecen las aventuras de Don Quijote. Ficción dentro de la ficción, novela dentro de la novela... En concreto, en un capítulo de cerca del final, don Quijote sorprende a alguien leyendo unas páginas del libro *Don Quijote* de Avellaneda, autor mediocre que quiso aprovechar la fama del héroe cervantino para continuar por su cuenta las aventuras del buen hidalgo. Pues bien, Cervantes critica por boca de don Quijote el libro de Avellaneda y se permite la broma de cambiar la ruta de don Quijote para desautorizar con ello lo que se decía en este libro. Cervantes se toma, literalmente, todo tipo de libertades sin importarle lo más mínimo la cuestión del género literario. Lo más probable es que Cervantes fuese perfectamente desconocedor de estas materias; tampoco los pájaros se preguntan por las características de su vuelo, ni hacen cálculos matemáticos para sostenerse en el aire.

El gran teatro clásico español: Lope y Calderón

Lope y Calderón llevan la creación teatral del Siglo de Oro a su máxima expresión. El primero aporta, sobre todo, el elemento popular y nacional español (los tipos, ambientes y costumbres), el segundo el intelectual y universal (los grandes problemas filosóficos y teológicos). Lope de Vega es el genio de la improvisación y ligereza (él mismo asegura haber escrito una obra «en horas veinticuatro»), Calderón es el genio de la obra meditada y elaborada. En Lope destacan las escenas aisladas, algunas por su encanto poético, otras por su dramatismo y otras por su humor. En Calderón destaca sobre todo el conjunto arquitectónico de sus obras, el equilibrio y disposición de las escenas, la dosificación del clímax dramático, la lógica inexorable de los acontecimientos.

Pero ambos dramaturgos coinciden en ser formalmente perfectos. Entre lo que han querido escribir y lo que de verdad han escrito, no parece haber distancia alguna. La forma, la expresión, no son nunca problema, y sus versos se adaptan a las situaciones dramáticas como el guante a la mano (especialmente en el caso de Calderón, menos descuidado que Lope). Se tiene la impresión de que estas obras son siempre el resultado feliz de la inspiración, y no el fruto de una lucha con la forma. No podemos imaginarnos a estos dos dramaturgos perdiendo horas de sueño para buscar una rima feliz o una escena lograda.

También coinciden ambos en haber incorporado a sus obras una serie de ideas y situaciones que nos resultan ya un poco distantes. Es difícil que el lector o el público moderno se identifique con temas que, evidentemente, han envejecido (como ciertos planteamientos teológico-morales) o resultan francamente repulsivos (como el disparatado sentimiento del honor). A pesar de todo, la forma poética, la estructura dramática, la riqueza imaginativa, la sabia composición de las escenas y, sobre todo, aquel misterioso e indefinible ingrediente que hace que algo sea arte, nos obligan a seguir el hilo argumental con verdadera tensión. Tampoco interesan demasiado los tipos humanos que aparecen en este teatro, que carecen de la profundidad psicológica de los personajes del teatro moderno (están demasiado estilizados, transparentan más la idea universal que el carácter individual). Pero Lope y Calderón no han pretendido hacer un teatro realista, y sería absurdo reprocharles falta de caracterización psicológica o repetición de tipos y escenas estereotipadas, como pretendía Menéndez Pelayo. El teatro de Lope y Calderón (especialmente este último) es casi lo contrario del teatro realista, porque tiene mucho de *artificio* (*arte* y *artificio* son términos emparentados), de artificio barroco, desmesurado, grandilocuente, gesticulante, magnífico...

El innegable lastre de prejuicios de la época, prejuicios que Lope y Calderón incorporan a sus obras, ha envejecido considerablemente, y ya nadie puede tomarse muy en serio los innumerables piques de honor de las comedias de *capa y espada* o las sutilezas teológico-filosóficas de los *Autos Sacramentales*. No importa; aunque han envejecido los temas, no han envejecido las tramas, y es una buena muestra de la genialidad de este teatro haber llegado fresco y lozano a nuestra época. Basta una buena dirección escénica capaz de disimular lo que pertenece a su tiempo y potenciar lo que tiene alcance universal, para hacer con este teatro las delicias del público moderno. Decididamente, el fenómeno artístico, cuando alcanza a ser artístico de verdad, se hace universal e independiente de sus condicionamientos, incluso de los condicionamientos ideológicos y sociales.

Lope Félix de Vega Carpio –Lope de Vega– nació en Madrid en 1562. Estudió en Madrid con los teatinos y después en Alcalá de Henares. Su niñez está ya marcada por las huellas del genio, pues es fama que ya a los trece años escribió su primera comedia. Su vida, y no solamente en su juventud, es una serie ininterrumpida de amoríos un tanto escandalosos en los que Lope de Vega parece encarnar un papel semejante a los que desempeñaban sus *galanes* en las comedias de capa y espada. La muerte de su segunda esposa, a la que solía engañar con alguna de sus amantes, y la de su hijo Carlos Félix, provocan una crisis espiritual que le decide a ordenarse sacerdote a sus cincuenta y dos años. El arrepentimiento no es definitivo, y Lope volvió a sostener amores con una hermosa actriz de teatro. De nuevo el arrepentimiento cuando su nueva amante se queda ciega y después pierde la razón. Se añadieron a estas desgracias la de la fuga de su hija, que le sumió en la tristeza y le amargó los últimos años. Lope de Vega murió, arrepentido de su vida desordenada, en Madrid en 1635.

Lope de Vega fue un prodigio de vitalidad, y no solamente en sus aventuras amorosas. Escribía a una velocidad increíble, y bien pudiera ser cierta la noticia que anticipamos de haber escrito una comedia en sólo veinticuatro horas. Su amigo Pérez de Montalbán afirma que Lope llegó a escribir 1800 comedias y 400 autos sacramentales; la cifra puede ser exagerada, pero no demasiado, pues actualmente se conservan como suyas nada menos que 426 comedias y 42 autos sacramentales (!!!). Si tenemos en cuenta la poca importancia que se le daba en esta época al autor, y que muchas comedias se publicaban anónimas o se perdían, la cifra de Montalbán seguramente no está muy alejada de la verdad. Por otra parte, el mismo Lope afirma que debían de ser unas 1500. Le perdonamos que nos dé una cifra sólo aproximada. ¿Quién puede llevar una cuenta tan larga? Además, 100 piezas teatrales de más o de menos, poco importan.

La energía del «Fénix de los ingenios» era inagotable; era una explosión de vitalidad que tenía por fuerza que proyectarse hacia afuera. Era un «extrovertido» genial, una fuerza elemental que tenía que manifestarse. Pero esto no siempre era positivo: Lope usó y abusó de su talento, llegando a veces a rozar la superficialidad, el descuido o la imperfección. Por suerte, el manantial parecía inagotable, y Lope no escribió nada que fuese «malo» a secas. Pero tampoco llegó a escribir nada perfecto y definitivo, al menos en teatro, que es un género que exige un aliento prolongado. Lope era tan pródigo en el dar, era tan generoso y sobreabundante, que quiso dejar algo también para los críticos y profesores pedantes, y sus obras ofrecen suficientes descuidos como para llenar de notas a pie de página las cuidadas ediciones de sus obras. Digamos en su defensa, para no caer también nosotros en el defecto de la pedantería, que los descuidos formales e incluso la evidente superficialidad de algunas de sus piezas teatrales están compensados por una sonriente ligereza que hace su lectura siempre placentera. El teatro de Lope tiene defectos, pero nunca encontraremos entre ellos el de la pesadez.

Lope fue capaz de hacer teatro de los temas más difíciles y atrevidos, porque para Lope la técnica dramática no tenía secretos, y todo fluía con naturalidad, como si fuera fruto de la improvisación. Un ejemplo es la comedia titulada *La viuda valenciana*, que difícilmente podemos imaginarnos tolerada por el público pacato de su tiempo: una viuda todavía joven, hermosa y un tanto atrevidilla, decide gozar del amor de un galán. Debido a las convenciones sociales, que le obligan a mantenerse en incógnito, pues es mujer principal y no debe deshonrar el nombre de su difunto marido, obliga al galán a acudir a las citas amorosas con la cabeza tapada para no reconocer la vivienda ni, naturalemente, el rostro de la cachonda señora. ¡Una mujer del siglo XVII que no se avergüenza en invitar a un desconocido a compartir su lecho! Al final de la obra triunfa el sentimiento sobre el simple amor sensual, cosa obligada para no escandalizar demasiado al público de la época y para no incurrir en la prohibición de la censura. ¿Qué otro dramaturgo que no fuera Lope podría llevar a buen puerto una obra con argumento tan disparatado? *La viuda valenciana* es todo un desafío al ingenio del dramaturgo, que debe manejar todos los recursos escénicos para evitar caer en el escándalo o la simple banalidad. No hay profundidad, ni psicología, ni acaso realismo alguno. Pero hay todo un juego gratuito de la imaginación que resulta fascinante.

Lope de Vega fue un radical renovador del teatro que impuso una nueva preceptiva anticlasicista; rompió con el principio aristotélico de las *tres unidades* (unidad de tiempo, unidad de espacio y unidad de acción), permitiéndose mezclar lo *trágico* con lo *cómico* (contraste efectuado en muchas ocasiones por la alternancia de señores y criados) e imponiendo las comedias de *tres actos* (cinco actos tenían las comedias clásicas). Pero acaso donde mejor se manifiesta su originalidad es en la variedad de metros y estrofas que emplea, que se adaptan a la perfección al *tempo* dramático: *redondillas* en las escenas amorosas, *décimas* para las «quejas», *romances* para las «relaciones» y *sonetos* para los monólogos. Esto contribuye a reforzar la impresión de libertad, ligereza y espontaneidad a que antes aludimos: la escena no depende nunca del apretado corsé que impone una forma estrófica o un metro determinado (como, por ejemplo, en el teatro clásico francés de Racine). Lope se permitió hacer algunas de estas observaciones de preceptiva dramática en el libro *Arte nuevo de hacer comedias,* que se puede considerar como una especie de manifiesto anticlasicista.

El arte de Lope estaba destinado, sobre todo, al pueblo, con el que parecía identificarse el gran dramaturgo. Sus obras solían alcanzar resonantes éxitos en los teatros populares, en los llamados *corrales de comedias* (teatros improvisados aprovechando el patio interior común a tres edificios). Pero no sólo estaba destinado al pueblo: el mismo pueblo era, con frecuencia, el protagonista de su teatro, bien actuando individualmente (*Peribáñez y el comendador de Ocaña, El perro del hortelano, El villano en su rincón...*) o bien colectivamente (*Fuenteovejuna*). Es muy frecuente el tema del labrador o campesino rico cuyo honor hace brillar Lope a la altura del de los nobles. Es como una venganza o desquite de las humillaciones sufridas por el pueblo, que ahora va a dejar de ser sujeto pasivo de la historia para convertirse en protagonista. Lope de Vega, en su simpatía por el pueblo sencillo, parece querer revivir el proyecto de los Reyes Católicos de unir el pueblo con la realeza: en caso de conflicto entre el pueblo y la aristocracia, no puede faltar la intervención del rey en favor de las clases populares. El motivo del conflicto –no era necesario mencionarlo– es, naturalmente, un problema de honor. Tal ocurre en la obra *Fuenteovejuna*, una de las obras más características de Lope, y donde todo un pueblo (*Fuenteovejuna* es el nombre de un pueblo) decide matar nada menos que al comendador Fernán Gómez para vengar la deshonra cometida por éste contra la joven Laurencia. Ante la pregunta insistente de los representantes de la autoridad «¿quién mató al comendador?», el pueblo entero («todos a una») respondía: «Fuenteovejuna, señor». Los Reyes Católicos aprobarán el anónimo asesinato del comendador. Apuntemos el dato, que se repetirá en *El alcalde de Zalamea*, de Calderón, pero que es una refundición de una obra de Lope de este mismo título.

Calderón de la Barca, el otro «monstruo» del teatro clásico español, nació en Madrid en el año 1600. Conocemos pocos detalles de su vida, pero los que conocemos nos lo presentan como un hombre que tiene el carácter contrario al de Lope. Estudió en el Colegio Imperial de los jesuitas, en la universidad de Alcalá y después en la de Salamanca. Adquirió una sólida base teológica, que en parte supo aprovechar para sus comedias de tesis y para sus *autos sacramentales*. Pero no terminó sus estudios eclesiásticos y, de vuelta en Madrid, se convirtió en el autor de comedias más famoso de la Corte. Tomó parte en la expedición militar contra Cataluña, y a los cincuenta años se ordenó sacerdote, como Lope. Vivió algún tiempo en Toledo como capellán de los Reyes Nuevos, y después se estableció definitivamente en Madrid al ser nombrado capellán de honor del rey. Murió en esta ciudad en 1681.

Muy distinta es la cosmovisión dramática de Calderón. Dos aspectos diferencian fundamentalmente su teatro del de Lope de Vega: su *alejamiento del sentir popular*, y la importancia del *trasfondo ideológico*. En cuanto al primer aspecto, el contraste entre ambos dramaturgos no puede ser mayor: Lope está más cerca de la idea renacentista de la naturaleza, de lo espontáneo y natural, y Calderón se acerca más a los ideales del barroco, que son los del artificio formal y la progresiva complicación del diálogo y de la escena. Calderón tiene sensibilidad aristocrática y su teatro va dirigido no tanto al público de los *corrales de comedias* como al de los teatros cortesanos, aunque gran parte de su producción teatral (especialmente las *comedias de capa y espada*) fue igualmente bien acogida por el pueblo. El lenguaje se hace más difícil en Calderón, donde están presentes las dos tendencias estilísticas del barroco español, el *conceptismo* (sutilezas o agudezas expresadas por medio de conceptos) y el *culteranismo* (metáforas atrevidas, imágenes deslumbrantes). Pero no debe pensarse que Calderón es un artista de lo difícil y complicado. Calderón, como todo genio, tiene ese núcleo claro y diáfano que le distingue del imitador o del artista de segunda fila. Al lado del brillo metafórico y del alarde conceptual nos encontramos con unas ideas muy claras, con una estructura dramática muy simple, con unas escenas muy bien diseñadas. Puede ocurrir que el público (incluso el público culto a quien va dirigido este teatro) no entienda algunas palabras sueltas, algunos conceptos demasiado enrevesados, algunas metáforas atrevidas que requieren el reposo de la lectura y no la rapidez de la dicción teatral. No importa: la escena se entiende, y el desarrollo dramático también, que es lo importante. El «hipógrifo violento» que aparece al comienzo de *La vida es sueño* se identifica inmediatamente con un caballo, y los calificativos de «rayo sin llama» o «pájaro sin matiz» que añade a continuación nos hacen suponer que este caballo es «rápido». Sin duda, encontramos las metáforas innecesarias, nos parecen un inútil fuego de artificio y, lo que es peor, un elemento ajeno a la economía dramática, que exige un lenguaje directo y preciso. Pero el genio de Calderón es tan grande, que armoniza sin dificultad esta aparente contradicción entre complicación y sencillez.

En cuanto al *trasfondo ideológico*, hay que decir que las ideas del dramaturgo son como *tesis* que hay que demostrar, y que los personajes y situaciones están en función de esas tesis. Generalmente, las *ideas son abstractas o muy generales*, por lo que los personajes aparecen demasiado estilizados y como vistiendo las ideas. Les falta *carácter*, naturaleza *individual y concreta*. No son del todo personajes de carne y hueso, sino una especie de ejemplos o demostraciones que se siguen de unas ideas. Pero no debe creerse que estos personajes sean de cartón. El genio de Calderón puede tambien superar esta segunda aparente contradicción entre ideas abstractas y seres concretos. Todos los personajes de este teatro tienen vida propia, aunque sean demadiado dependientes de su autor... Calderón se salva, como Lope, por su extraordinaria fantasía, que puede prestarle carne a personajes que en principio son sólo ideas. No es una vida real, sino imaginada, pero vida al fin y al cabo.

Las ideas que inspiran el teatro de Calderón son, fundamentalmente, dos: una está impuesta por la sociedad de la época, y es la del *sentimiento del honor*, que no puede faltar en ningún autor del Siglo de Oro, pero que en Calderón alcanza su formulación más extremada. La otra está inspirada en la teología de la Contrarreforma, y es la defensa apasionada del *libre albedrío*, idea que pertenece a un entramado ideológico más complejo y diseminado por entre los muchos *autos sacramentales*. El tema del honor es, en la formulación calderoniana, una verdadera contradicción con las ideas religiosas del autor, una idea monstruosa, un absurdo de consecuencias impredecibles. Los héroes de Calderón matan a sus mujeres o a sus rivales por una simple sospecha de adulterio; en algunos casos el marido vengador sabe positivamente que no ha habido adulterio, pero le basta la *mala fama*, el rumor, la murmuración pública para matarla. Se puede, en el teatro de Calderón, *deshonrar* a alguien *desfamándolo*, es decir, destruyendo su buena *fama*, la opinión que merece en sociedad. Si esta fama le es adversa, de nada sirve su inocencia. Las fronteras entre «ser» y «parecer» están aquí abolidas, y hasta da la impresión que es más importante lo segundo: el hombre que *parece* bueno es superior al que solamente *es* bueno...

En *El médico de su honra* se castiga a la presunta adúltera practicándole una bárbara sangría (de ahí el título de la obra), en *A secreto agravio, secreta venganza* se mata al seductor dejándole en una barca a merced de las aguas del Tajo, en *El pintor de su deshonra* se construye toda una grotesca escena de pintura para matar sin piedad a los amantes... ¿Cómo es posible sostener principios tan bárbaros sin abandonar la inspiración cristiana que recorre todas sus obras? Nos atreveríamos a plantear todavía una pregunta: ¿Cómo un poeta de la categoría de Calderón pudo descender a argumentos que caen en el ridículo y en lo grotesco? Evidentemente, la sociedad española de su tiempo compartía con los personajes de Calderón una serie de prejuicios e ideas morbosas que no se sentían como ridículas ni grotescas en su tiempo; los españoles habían asimilado de la casta gobernante una serie de normas estereotipadas, ya inútiles en la sociedad del siglo XVII, que le obligaban a ajustar su conducta a un acartonado código del honor cuyas reglas eran durísimas y exigían continua vigilancia. Pero la explicación por la sociedad no es suficiente; posiblemente, ni Calderón ni su público se identificaban por completo con este código inhumano (de hecho, los personajes mismos de estas comedias protestan contra las leyes del honor, a las que respetan porque no tienen más remedio...). La explicación debe ser otra: el teatro de Calderón, como hemos visto también al tratar de Lope, no es realista. Es un juego de la imaginación, un desafío al ingenio. Aunque no quedan descartados los planteamientos ideológicos, la trama en sí misma reivindica todos los recursos posibles del ingenio. Y la mejor trama, la más apasionante, la que tiene más intriga, la que nos depara las mayores sorpresas al final, es la de los conflictos del honor. Los dramas de honor son el equivalente de las novelas y películas de criminales de nuestros días, pues también en éstas, contra toda lógica y toda moral, se exige un considerable tributo de sangre para conquistar la atención del público.

La otra idea que domina en los dramas de Calderón es la defensa de *libre albedrío*, tema por excelencia de los teólogos españoles, especialmente de los jesuitas, en el Concilio de Trento. Ya hemos expuesto en su lugar la significación y oportunidad de esta doctrina. Calderón, antiguo alumno de los jesuitas y preocupado por las discusiones teológicas del momento, refleja en varias de sus obras la posición del padre Molina: el alma es libre de escoger el bien o el mal, aunque necesita la ayuda de la gracia de Dios para poner en práctica su elección. La naturaleza sola sin la gracia no tiene fuerza para actuar el bien, pues la naturaleza está contaminada del pecado original. Pero la ayuda divina, aunque necesaria, tiene lugar solamente después de haber elegido el hombre. Luego la libre elección antecede a la ayuda de Dios, y es como un «mérito» para recibir esta ayuda. Estas ideas, convenientemente distribuidas en la trama argumental, aparecen en varias obras de Calderón, como *El gran teatro del mundo, El mágico prodigioso, La hija del aire* y, sobre todo, *La vida es sueño.*

La vida es sueño es la obra maestra de Calderón y una de las más geniales de la literatura universal. Se puede decir que es una especie de escenificación dramática de la idea de la libertad. De la libertad y del desengaño típicamente barroco que nos dice que la vida no tiene más consistencia que la del sueño. ¿Cómo logra Calderón sintetizar estas dos ideas, libertad e irrealidad, en una estructura dramática, en una fábula viva? ¿Cómo logra vestir de carne unas ideas que en principio parecen destinadas a la cátedra de teología y no al mundo de las tablas? Para Calderón nada hay imposible, y de su ingenio surge una fábula perfecta: Basilio, rey de Polonia, tiene encerrado en una prisión a su hijo Segismundo, para evitar que se cumplan unos oráculos que habían predicho que el joven príncipe se volvería contra su padre y le arrebataría el trono. En la prisión crece el príncipe sin conocer su origen ni ver a nadie más que a su criado Clotaldo. Un día, el rey decide probar a Segismundo, le da un narcótico y lo lleva a la corte. Cuando despierta del narcótico, Segismundo se comporta como un bárbaro, arroja a un criado por la ventana, etc., y su padre, viendo en esto una demostración de la infalibilidad de los oráculos, decide volver a narcotizarle y encerrarle otra vez en la mazmorra. De nuevo en su prisión, Segismundo cree que su estancia en la corte ha sido solamente un sueño. La vida es sueño, no es posible distinguir el sueño de la vigilia... Pero enterado el pueblo de lo ocurrido, se subleva contra Basilio y le libera de la prisión. Segismundo vence a su padre Basilio, pero no porque lo han dicho los oráculos, pues el destino del hombre sólo lo conoce Dios, sino por la causalidad natural de las acciones libres. La barbarie de Segismundo estaba determinada por la barbarie cometida por su padre: vuelto a la libertad, Segismundo, que ha aprendido a comportarse, se mostrará generoso con todos...

El nervio argumental de la obra reside en la autonomía del pensamiento, que es libertad, que es moralidad: las dudas de Segismundo ante la realidad de la vida se solucionan con el pensamiento consolador de que existe al menos una realidad interior, una especie de «cogito» cartesiano del que no es posible dudar. Segismundo desconfía de la realidad del mundo, pero no de la realidad de su yo, de su pensamiento, que es libre y que fundamenta el orden moral. Segismundo reconoce que «aun en sueños, no se pierde el hacer bien». La experiencia de la libertad moral es superior a la experiencia de la realidad del mundo: la vida puede ser solamente un sueño, pero la realidad moral es indubitable, y esta realidad, aunque no tuviera cuerpo, sería suficiente para garantizar todo el orden moral. El barroco español insiste en la vanidad de todo lo mundano; no está lejos de este pensamiento el que aquí nos muestra Segismundo, pues la riqueza y profundidad de la vida del espíritu puede muy bien sustituir la deficiente realidad del mundo físico.

En toda la obra dramática de Calderón (y no sólo en *La vida es sueño*) la realidad del mundo tiene bien poca consistencia. Leyendo a Calderón se tiene la impresión de que su mundo posee una naturaleza simbólica. Más que cosas encontramos símbolos que se refieren a cosas. El mundo tiene la consistencia de un sueño, pero de un sueño que es condición necesaria para llegar a despertar a una realidad que lo trasciende; es el sueño lucidísimo de la moralidad. No hay realidad en sentido fuerte, como tampoco hay verdaderos *caracteres*, como se la ha venido reprochando a Calderón desde la desafortunada perspectiva crítica de Menéndez Pelayo, sino personajes meditabundos que piensan la realidad. No hay cosas, sino mensajes que nos dejan las cosas y que están subordinados a un universo moral. ¿Filosofía pesimista del barroco español, que reduce el mundo a simple transición para el otro? ¿O quizás poesía de inspiración «existencialista» que nos dice que nada queda más que las palabras?...

La pintura de Velázquez

Velázquez, como todo genio, resulta imposible de clasificar. Algunos le han considerado típicamente *barroco* por su tendencia a *contraponer* escenas y relacionarlas por un *nexo ideológico*, como hacían los escritores conceptistas: en el cuadro *Las hilanderas*, por ejemplo, la contraposición entre la escena realista de las mujeres que hilan y la escena mitológica representada en el tapiz (Aracne = araña) estaría unida por el tema común de hilar. Otros le han negado todo carácter barroco, pues en Velázquez domina una calma y una quietud tan extraordinarias, que difícilmente puede realacionarse con el vértigo del movimiento que domina el expresionismo barroco. En un cuadro como *Las Meninas* da la impresión que el tiempo se ha detenido, y una sensación de paz y serenidad invade al contemplador. Acaso la única presencia de movimiento que cabe observar en Velázquez es el movimiento que tenemos que imprimir a la mirada, pues muchos de sus cuadros (por ejemplo, *La venus del espejo*) invitan a dirigir los ojos de un extremo a otro del cuadro, a grandes tirones, como llevados por una atracción polarizada. Pero es un dinamismo subjetivo, centrado en el contemplador, que nada tiene que ver con el dinamismo objetivo que caracterizan los cuadros típicamente barrocos, como los de Ribera. ¿Podemos entonces clasificar a Velázquez como pintor barroco?

También se ha discutido mucho sobre el pretendido *realismo* o *naturalismo* de Velázquez. En realidad, no se sabe qué es el realismo: un artista de verdad no puede copiar la realidad como una cámara fotográfica. Solamente se puede hablar de realismo o naturalismo velazqueño cuando se le contrapone a la *idealización* y a la búsqueda de los *arquetipos* que caracterizaba al arte del Renacimiento. En efecto, Velázquez rechaza el arquetipo y los cánones artísticos. No hay más que observar cómo entiende las figuras mitológicas para convencerse de que Velázquez intenta copiar del natural: Baco es un tipo popular que probablemente conoció el pintor en alguna taberna y que no se parece en nada al dios del vino; Marte es un viejo cansado y muy poco «marcial» que pudo encontrar Velázquez paseando por los barrios populares; Vulcano es igualmente un tipo del pueblo que se gana su vida con el sudor de su frente y al que difícilmente podemos imaginarnos dios del rayo... No hay ni rastro del arquetipo. No hay ninguna figura que encarne la belleza, la fealdad, la apostura, la bondad o la vileza. La naturaleza, parece decirnos Velázquez, está hecha individuo a individuo. No hay, en todo el universo artístico velazqueño, puesto alguno para el idealismo platónico, para las ideas y arquetipos. Dios ha tenido que hacer a los hombres y las cosas uno a uno, sin recurrir a las *ideas seminales*. Ni siquiera los personajes «feos» de Velázquez (enanos, bufones, mendigos) representan íntegramente la fealdad; hay algo en la mirada que los ennoblece y los salva de la caricatura.

Digamos también, a propósito del *realismo* velazqueño, que la realidad está más en la reconstrucción intelectual que realizamos de ella, que en los elementos sensibles que nos permiten captar sus cuadros. El *tema* es realista, así lo capta nuestro intelecto. Pero la *forma* es más bien impresionista: nuestros ojos ven manchas de colores que solamente después, elaboradas por el intelecto, arrojan la figura completa y acabada. *Vemos* manchas, pero *percibimos* formas. Es un realismo que impone una técnica impresionista... ¿Podemos clasificar a Velázquez dentro del realismo?

Pero hay algo que ni siquiera entra dentro de los *ismos* clasificatorios, algo que está más allá del barroquismo, del renacentismo, del realismo, del naturalismo, del impresionismo... palabras más o menos vacías a la hora de explicar este ejemplar único que es Velázquez. Y este algo es la *serenidad* de sus cuadros, esa paz que inspira su cosmovisión artística y que nadie puede explicarnos de dónde viene. Cuando se contempla un cuadro de Velázquez se tiene la impresión de que «el aire se serena», como decía Fray Luis a propósito de la música de su amigo Salinas. No hay tiempo ni movimiento, ni siquiera ruidos ni voces. El pintor ha logrado convertir en eterno el instante fugaz en que han quedado detenidas las figuras. Los personajes retratados, los paisajes, los ambientes, todo ha quedado fuera del tiempo y de la historia. Velázquez ha conquistado la inmortalidad de sus personajes sin recurrir a los arquetipos, sin renunciar a los rasgos individuales. Velázquez ha logrado salir del tiempo sin necesidad de salir del espacio concreto e individual que ocupan sus personajes, acaso el mayor desafío que puede realizar un artista.

Todavía una característica más: en Velázquez alternan los retratos de los grandes personajes cortesanos con los de pobres diablos, bufones enanos, locos, mendigos... Se nos dirá que esto es bastante corriente dentro de la sensibilidad barroca, pero se nos antoja que Velázquez ha puesto más amor en inmortalizar estas figuras grotescas que en retratar a los grandes personajes de su tiempo. El gesto grandilocuente del retrato del *Duque de Olivares* no vale lo que expresa la profunda mirada del enano *Sebastián de Morra*, y a la expresión abúlica y sensual de Felipe IV preferimos el monstruo hidrocéfalo del *Niño de Vallecas*, tan humano que deja de ser grotesco. No hay burla, ni ironía, ni denuncia social en estos cuadros, sino simplemente amor compasivo por los desgraciados. Y es que Velázquez quiere inmortalizar a todos, a los grandes y a los humildes, quiere salvar a todos del tiempo y del olvido.

Diego Rodrigo de Silva y Velázquez nació en Sevilla en 1599. En su juventud parece que fue influido por el *tenebrismo* y *realismo* del italiano Carducho, así como por el colorido de *madera mate* de Francisco Pacheco, con cuya hija se casó Velázquez. En conjunto, su época sevillana se caracteriza por la *dura plasticidad*, un cierto *tenebrismo* y el tono *madera* de sus cuadros (Martín González). Abundan los temas de interiores domésticos y, muy especialmente, los *bodegones* o *naturalezas muertas*. En toda la producción de este tiempo aparece ya una característica velazqueña que no le va a abandonar en toda la vida: el amor por las clases humildes, la compasión por la pobreza. El mejor cuadro de esta época es la *Vieja friendo huevos*, de un naturalismo sin concesiones que nos deja asombrados; sólo le falta a este cuadro reprodocur el ruido que hacen los huevos en la sartén.

Velázquez decide instalarse en la Corte como retratista, y a partir de 1623 comienza su período madrileño imitando la técnica retratística de Tiziano y permitiendo el uso de colores más alegres, pues abandona el color madera y lo sustituye por pigmentaciones rosadas y blanquecinas. El cuadro *Los borrachos*, en que Velázquez incorpora a un grupo de alegres bebedores de vino la figura mitológica de Baco, es uno de los más célebres de toda su producción. Llama la atención la intencionada desmitificación del cuadro, que, como hemos anticipado antes, rechaza toda presencia del arquetipo y nos pinta un Baco al que apenas podemos distinguir de los otros personajes. Parece un tipo de la época disfrazado de Baco.

En 1629 viajó por primera vez a Italia, acaso por consejo de Rubens, que había visitado España poco antes. A partir de su experiencia italiana abandona Velázquez los últimos colores oscuros que le quedaban en su paleta. Pinta también con más fluidez, marcando menos las líneas y contrastes. De esta época es la *Fragua de Vulcano*, de nuevo un cuadro donde se lleva al extremo el principio de desmitologización. Decididamente, a Velázquez no le interesa el mundo clásico ni, como ya hemos dicho, los arquetipos. Velázquez es perfectamente antiacadémico, no le gusta ningún género de cánones universales. De Italia coge el color, la técnica, pero nunca los tipos ni los temas. En la *Fragua de Vulcano*, un Apolo resplandeciente –único elemento «sobrenatural» del cuadro– informa a un honrado herrero, que resulta ser Vulcano, de la infidelidad de su señora, que es Venus. La expresión de sorpresa de Vulcano podría ser la de un honrado empresario al que le comunican que debe pagar el doble de impuestos. Este cuadro es casi un manifiesto de «anticlasicismo» (valga la expresión), de naturalismo en que sólo valen los tipos concretos y normales. No se respeta más *canon* que la realidad observable.

Entre su regreso a Madrid (1631) y su segundo viaje a Italia (1649) se extiende un fecundísimo período en que el color se va aclarando más y la pincelada se va haciendo más y más fluida. Velázquez se hace pintor del aire mismo, exhibiendo una profundidad lumínica extraordinaria en sus paisajes abiertos. El cuadro de las *Lanzas*, realizado para conmemorar la toma de la ciudad de Breda por Ambrosio Espínola (1625), es un prodigio de equilibrio temático (no parece haber vencedores ni vencidos) y de perspectiva aérea (Velázquez pinta realmente el aire, acaso inspirado en el paisaje de las sierras que rodean Madrid).

A partir de su segundo viaje a Italia (1649), viaje realizado por encargo real para comprar cuadros para las galerías españolas, la manera de tratar la luz va desembocando en una técnica impresionista. El cuadro más importante de esta última época, y uno de los más geniales de la historia de la pintura, es el de *Las Meninas*. Velázquez se pinta a sí mismo ejerciendo su oficio de pintor de la realeza; a su lado, miembros de la familia real (la infanta Margarita), un perro, bufones... Todos contemplan a la pareja real (el rey Felipe IV y la reina) que no está visible en el cuadro, pero que se adivina porque se refleja su silueta en el espejo de la pared de fondo. Las relaciones entre el artista y su obra se han invertido: no es interesante la pareja real, que no está en el cuadro, sino el artista encargado de retratarla... Este cuadro es, acaso, el único de verdad barroco en toda la producción velazqueña, pues hay una verdadera *contraposición* de elementos que obligan a una especie de movimiento de la vista, que se dirige primero a Velázquez y acompañamiento, después a los reyes en el espejo, después a la posición que los reyes realmente deberían tener, y que coincide con el punto que ocupa el observador del cuadro... Todo un juego barroco de ilusión y realidad, de perspectivas y tensiones.

Las hilanderas, que ya hemos mencionado, insisten en la idea barroca de la contraposición: mundo real del taller de hilar, mundo mitológico representado en el tapiz, con su tema de Aracne («Araña»). El cuadro es un prodigio de técnica: casi se ve la rueca en movimiento, y la perspectiva, como en el caso de las *Meninas*, está sabiamente reforzada por un sutilísimo esfumado de los contornos.

Velázquez murió en 1660 sin haber sufrido problemas económicos, sin haber luchado por vender sus cuadros, lo que le permitió retocarlos continuamente para acercarlos más y más a la perfección. Pero, paradójicamente, la perfección que Velázquez buscaba ya no estaba en el arte mismo, que es artificio, sino en la naturaleza («el arte imita a la naturaleza», decía la preceptiva aristotélica). Es como si Velázquez quisiera llegar a la naturaleza misma sin interponer reglas de ningún tipo, reglas que, de una manera o de otra, empañan la transparencia del objeto artístico, lo deforman...

X: EL SIGLO DEL DESPOTISMO ILUSTRADO

El siglo XVIII es la época del despotismo ilustrado. Con la primera palabra, despotismo, se alude al gobierno «desde arriba» y al centralismo administrativo. Con la segunda, ilustrado, se alude a los ideales de la Ilustración, a la creencia en la posibilidad de mejorar al hombre y a la sociedad mediante la educación y el uso de la razón.

Aparentemente, despotismo e ilustración son dos términos contradictorios que nunca deberían ir juntos. El primero sugiere un sistema de represión, el segundo un sistema de libertad; el primero supone una cosmovisión pesimista del hombre, cuya naturaleza se declara incapaz para la convivencia; el segundo supone una cosmovisión optimista según la cual el ser humano, debidamente educado, está destinado a vivir armónicamente en sociedad. El despotismo es reaccionario, autoritario, confía solamente en el uso de la fuerza, en la cohesión social mediante el empleo de la policía y el ejército; la ilustración es progresista y democrática, no conoce más armas que la educación y la razón.

Y sin embargo, despotismo e ilustración se pertenecen mutuamente en el proyecto político del siglo XVIII. Porque no es posible comenzar «desde abajo» la reconstrucción de una nación a la que se ha declarado oficialmente en decadencia después de los desastres políticos y sociales del XVII. El proyecto ilustrado supone la obligatoriedad de los ideales culturales, ideales que detenta una pequeña minoría de «ilustrados», una especie de «aristocracia de la inteligencia». (En la España del XVIII, el analfabetismo afectaba, aproximadamente, a un 95% del total de la población). El proyecto ilustrado es, en sus medios, represivo y autoritario, aunque liberal y progresista en sus fines (Voltaire, el más lúcido exponente de la Ilustración francesa, era un gran admirador de Federico II de Prusia...). Los reyes ilustrados y sus ministros son déspotas: imponen su proyecto sin respetar las instituciones parlamentarias (absolutismo) y sin respetar las particularidades regionales (centralismo administrativo).

«El fin justifica los medios», parece ser el lema del proyecto ilustrado. Y el fin es tan ambicioso, representa una revolución social tan profunda, que asombra que los reyes mismos se hayan aplicado a poner en práctica tales principios revolucionarios. Los reyes y los aristócratas ilustrados, esa pequeña minoría de idealistas generosos y desprendidos, van a actuar contra sus propios intereses, van a provocar su propia ruina. Porque el proyecto ilustrado es nada menos que lograr la igualdad de los hombres basándose en la igualdad de la razón. Las desigualdades ya no son «naturales», no dependen del destino, sino del mayor o menor grado de acceso a la educación. La compartimentación social por «estamentos» dejará paso, poco a poco, a una sociedad libre e igualitaria que, al menos en teoría, no dejará sitio para esa misma aristocracia que protagonizó la revolución. No es de extrañar que, cuando estalle la Revolución Francesa en 1789, muchos ilustrados se vuelvan atrás, asustados ante el extremismo revolucionario.

En España, a diferencia de otras naciones, el proyecto ilustrado coincide con el proyecto de regeneración nacional. Se trata de salir del estado de «postración» (ésta es la palabra más empleada) en que se encuentra la nación desde los tiempos del barroco. Una nueva dinastía gobernante va a patrocinar este verdadero programa regeneracionista: la casa de Borbón. Ilustración, por lo tanto, doblemente francesa, pues de Francia vienen las ideas y los gobernantes. Felipe V, Fernando VI, Carlos III y Carlos IV serán los impulsores de esta pacífica revolución social. Al principio (Felipe V), los ideales reformistas tienen que luchar contra la inercia de la sociedad estamental, que se opone encarnizadamente a perder sus privilegios históricos. A finales de siglo (Carlos IV) y coincidiendo con el estallido de la Revolución Francesa, las reformas se paralizan y hasta se pretende regresar a la situación anterior. En medio de ambos períodos, la época de Fernando VI y Carlos III (especialmente esta última), representan la época áurea de las reformas.

Pero las reformas, que van señaladas por la impronta del patrón francés, ofrecen un blanco a la crítica: no siempre encuentran la simpatía por parte de un pueblo demasiado apegado a sus tradiciones y que teme perder su identidad cultural. El célebre Motín de Esquilache, al que nos referiremos más adelante, es una buena muestra de respuesta popular a lo que se consideraba un afrancesamiento de la vida pública. El siglo XVIII representa quizás la primera etapa de esa curiosa polémica entre «europeístas» y «casticistas» que hizo derramar tanta tinta en el siglo XIX y buena parte del XX

A: HISTORIA

La nueva dinastía y el proyecto de la Ilustración

A los años de la decadencia presididos por los últimos monarcas de la dinastía Habsburgo suceden lo años de la reconstrucción nacional que patrocinan los monarcas de la dinastía francesa de Borbón. Todo un programa de renovación inspirado en Francia y en los ideales de la Ilustración va a sustituir poco a poco el viejo nacionalismo chauvinista español. Una nueva administración, centralista y eficaz, va a potenciar la economía y los recursos naturales. Una nueva política exterior, más realista, va a renunciar a las ideas imperialistas para concentrarse en la conservación de lo adquirido. Y una nueva política social, tendente a sustituir los *estamentos* por *clases sociales*, va a sentar las bases de la sociedad moderna. España va entrando en razón, aunque la razón se haga muchas veces a costa de una cierta pérdida de identidad regional y hasta nacional (los escritores románticos se encargarán, en el siglo XIX, de reivindicar de nuevo los derechos regionales y nacionales).

Pero el cambio de dinastía no coincide con el cambio de orientación política. **Felipe V** (1714-1746), abúlico y de poca personalidad, parece prolongar la política decadente de los monarcas del siglo XVII. Nieto de Luis XIV, se vio envuelto en una larga lucha sucesoria (Guerra de Sucesión, 1700-1714) durante la cual entregó las riendas del gobierno a su mujer, María Luisa de Saboya, o mejor, a una camarera de la reina, la princesa de los Ursinos. Muerta María Luisa en el mismo año en que se termina la Guerra de Sucesión, Felipe V se casa con Isabel Farnesio, mujer ambiciosísima que despide inmediatamente a la de los Ursinos e introduce a una especie de valido o favorito, Alberoni. La política de la princesa de los Ursinos era, naturalmente, profrancesa; la de Alberoni será proitaliana y, lo que es peor, revisionista, pues Alberoni no quería aceptar las fronteras dictadas por el tratado de Utrecht (1713), y metió a España en costosas e inútiles guerras para recuperar territorios en Italia. No gobernaba Felipe V, sino sus mujeres, o mejor, los favoritos de sus mujeres...

Un acontecimiento insólito en la historia de España (y acaso en toda la historia) pone de manifiesto la verdadera personalidad del rey: en el año 1724 decide abdicar la corona en favor de su hijo y sucesor Luis I, que contaba solamente 16 años de edad, y retirarse al palacio de San Ildefonso de La Granja. El motivo que dio resulta incomprensible: servir a Dios y pensar en la muerte. (El monarca contaba solamente 41 años, edad no muy apropiada para pensar en la muerte; de esos 41 años, 11 los pasó luchando justamente para conquistar el trono que ahora tan lindamente quería dejar). Afortunadamente, Luis I, que era todavía un niño más interesado en robar fruta que en gobernar, murió de viruelas a los siete meses de un gobierno caótico y absurdo, por lo que Felipe V volvió a ocupar el trono sin que apenas se hubiese producido interrupción de continuidad.

En la segunda parte de su reinado no mostró Felipe V más interés en los negocios de la política que en la primera. Es digno de mencionarse el increíble episodio del barón de Riperdá, noble holandés embajador de las Provincias Unidas en Madrid, que llegó a ser nombrado duque con grandeza de España, y además ministro de Estado, Guerra, Marina y Hacienda, es decir, ministro universal, como lo había sido Alberoni. Riperdá era un personaje de la alta picaresca, un hombre sin escrúpulos que logró engañar a todo el mundo: católico de nacimiento, protestante para ocupar cargos en Holanda, de nuevo católico para ascender en España... Había comprado el título de barón a un tío suyo, se había casado por primera vez con una mujer rica para adquirir dinero, y por segunda vez con una mujer noble y vieja para adquirir más títulos. Riperdá pretendió engañar a toda la Corte preparando una alianza entre España y Austria que iría sellada con el matrimonio de un príncipe español con una princesa austríaca. Cuando se descubrió que todo era un truco, Riperdá fue desposeído de todos sus cargos y encerrado en prisión. Logró fugarse de la prisión (el alcázar de Segovia) seduciendo a una doncella de la alcaldesa y continuó su increíble historia rocambolesca en Holanda, donde llegó a conspirar contra el estatúder holandés, y en Marruecos, donde enamoró a la madre del sultán y donde igualmente conspiró para convertirse en sultán... La España de Felipe V, permitiendo situaciones grotescas como las que protagonizó Riperdá, se colocaba a la altura de los tiempos de Carlos II.

Fernando VI (1746-1759) fue uno de los mejores monarcas que tuvo España. Rey bondadoso, amigo de la paz, impulsor de una política administrativa excelente, continuamente preocupado por el bienestar de sus súbditos... su único defecto fue morir joven. Los trece años que ocupa su reinado son un período de tiempo demasiado breve para permitir observar los buenos resultados de su administración. Su mayor acierto fue rodearse de ministros eficientes, verdaderos antecesores de los ministros «ilustrados» de la época de Carlos III. José de Carvajal y Zenón de Somodevilla (marqués de la Ensenada) fueron los más célebres, especialmente este último. Al marqués de la Ensenada se le deben, entre otras medidas, las de establecer una contribución única para todo el país, así como también un código unificado (recuérdese la tendencia centralista general que presidía el ideal político del XVIII). Ensenada dedicó igualmente gran atención a la realización de obras públicas, como la construcción de canales de riego y la construcción o mejoramiento de carreteras. Ensenada es también el promotor de una moderna y potente flota capaz de defender los intereses mercantiles españoles sin temor a la omnipresente flota inglesa; los arsenales de La Habana y La Carraca (Cádiz), fueron reconstruidos, y fundados otros nuevos que son famosos aún en nuestros días, como los de El Ferrol (Coruña) y Cartagena (Alicante). Naturalmente, el rearme que perseguía Ensenada estaba inspirado en una política defensiva y no ofensiva, de acuerdo con la orientación pacifista del rey Fernando VI.

La época de **Carlos III** (1759-1788) representa el apogeo del *despotismo ilustrado* en España. El nuevo monarca, hermano de Fernando VI, supo rodearse de los ministros más brillantes que tuvo España (brillantes e idealistas, pues algunas de las reformas que emprendieron iban contra los privilegios del estamento a que pertenecían). En estos 29 años se llevaron a cabo numerosas reformas, especialmente en la agricultura y el comercio, se crearon bibliotecas, museos y numerosas instituciones culturales, se protegieron las ciencias, las artes y las letras... Destaquemos, entre las reformas más importantes, los canales de riego de Aragón, Tortosa, Manzanares y Guadarrama; la elaboración de una Ley Agraria; la creación del Banco Nacional de San Carlos (es decir, el primer banco estatal propiamente dicho); el establecimiento del libre comercio de Indias (América); la creación del museo de Ciencias Naturales, del Observatorio Astronómico y un sinnúmero de obras públicas y servicios públicos (el de limpieza, el de alumbrado) en la capital de España (a Carlos III le llamaron «el mejor alcalde de Madrid», e incluso se decía de él, por su afición a la construcción de nuevos edificios, que padecía del «mal de la piedra»).

Sus principales ministros fueron Esquilache, el conde de Aranda, el conde de Campomanes y el conde de Floridablanca. El ministro Esquilache protagonizó una verdadera sublevación popular («motín de Esquilache», 1766), al querer llevar demasiado lejos su celo reformista: una orden que prohibía usar capas y obligaba a doblar el ala del sombrero «chambergo» (capa y sombrero «chambergo» hacían a los españoles irreconocibles y favorecían la criminalidad) provocó una revuelta popular muy grave. Se acusaba al ministro (que era de origen italiano) de no respetar la tradición española... Carlos III, para evitar males mayores, decidió destituir a Esquilache, que fue así víctima inocente de su propio idealismo. Luego se le echó la culpa de todo a los jesuítas, que fueron expulsados de España al año siguiente (1767). En realidad, el «motín de Esquilache» fue provocado intencionadamente por los conservadores, por los enemigos de las reformas; supieron aprovechar el descontento del pueblo a causa de la subida del precio del pan para canalizarlo contra el autor de las reformas «extranjerizantes» y lograr su destitución.

Carlos III no defendía las mismas ideas pacíficas que su hermano Fernando VI; no era partidario de la política de la neutralidad, y algunas experiencias negativas con los ingleses durante el período en que fue virrey de Nápoles le indujeron, al ocupar el trono español, a enfrentarse a este pueblo formando alianza con Francia («pactos de familia»...). No entraremos en estos detalles, pues nada o casi nada alteran el mapa europeo de la época. Señalemos solamente los infructuosos esfuerzos por conquistar Gibraltar (1781-1782), en donde se llegaron a emplear «baterías flotantes» (invento del francés D' Arzon) para simultanear el cañoneo desde tierra con el cañoneo desde el mar.

Carlos IV (1788-1808) representa ya la reacción y el arrepentimiento del proyecto ilustrado. El carácter débil y poco inteligente del monarca, que cayó en la vieja tentación de dejar el gobierno en manos de un favorito, Godoy (con el agravante de que este favorito era el amante de la reina), le aleja de toda preocupación ilustrada. Pero además, el estallido de la Revolución Francesa, que coincide casi con el comienzo de su reinado (1789), y los excesos revolucionarios que le siguieron, hicieron cuestionar entre la minoría gobernante los principios mismos de la Ilustración. El despotismo ilustrado se transforma en simple despotismo, y Carlos IV (o, mejor dicho, Godoy) van a poner freno a las reformas. El proyecto ilustrado muere, prácticamente, con la muerte de Carlos III.

Carlos IV pasó a la historia por su torpe y cobarde política ante Napoleón Bonaparte, a quien, prácticamente, le abrió las puertas de España. Pero la historia de Carlos IV pertenece a otro capítulo...

B: SOCIEDAD

Reformismo y reaccionarismo

Ya hemos aludido al carácter paradójico del reformismo del XVIII: en nombre de los ideales de la Ilustración, se pretende imponer un programa político en que la razón unifique a los hombres y logre una sociedad igualitaria. Los ideales de los reformistas desembocan, directa o indirectamente, en el programa de los radicales de la Revolución Francesa. Se trataba de acabar con el *ancien régime* y su injusta estructura estamental, pero haciéndolo de manera pacífica y contando con el respaldo del monarca. En cierta manera, éstos eran los ideales que defendía Mirabeau en el parlamento francés de 1789: abolir la sociedad estamental, pero respetando la institución monárquica, que era la única garantía del orden social.

El siglo XVIII nos ofrece un panorama insólito en el mundo de la política: los ilustrados no solamente luchan por el «bien común» o la «utilidad pública», sino que además lo hacen sabiendo que están minando sus propios intereses estamentales. Naturalmente, no todos los miembros del estamento nobiliario estaban dispuestos a autosacrificarse, y solamente los más idealistas emprendieron valientemente el camino de las reformas. Esto explica las continuas tensiones entre los reformistas y los conservadores. Los reformistas, vulgarmente llamados «manteístas» («manteo» = capa de estudiantes), pertenecían al grupo de los hidalgos o al de la burguesía, y su único mérito para alcanzar las altas magistraturas consistía en graduarse en alguna universidad. Era la «inteligencia», los ilustrados propiamente dichos, y no importaba su origen relativamente modesto (la hidalguía era el grado más modesto en la jerarquía nobiliaria, y la burguesía era considerada tradicionalmente indigna de ocupar cargos públicos) si iba acompañado de la graduación universitaria. Los conservadores, vulgarmente llamados «colegiales», eran la manifestación de la inercia histórica, los representantes de la alta nobleza aferrada a sus privilegios, una nobleza que detentaba el monopolio de la administración: el nombre de «colegiales» procede de los Colegios Mayores universitarios, residencias de estudiantes destinadas a los futuros altos funcionarios del estado. Los jóvenes de la nobleza que residían en los Colegios Mayores tenían prácticamente asegurado un cargo administrativo.

Un pequeño grupo de los reformistas eran llamados «revolucionarios» por sus tendencias extremistas (sobre todo en cuestiones religiosas, en que se mostraban «deístas», como los grandes autores de la Ilustración). El más conocido de los «revolucionarios» fue el conde de Aranda. Pero la mayoría de los ilustrados españoles eran «cristianos ilustrados» que aspiraban a conciliar la tradición con el progreso: Campomanes (Consejo de Castilla),

Floridablanca (Secretaría de Estado) y, sobre todo, Jovellanos, el personaje político más importante del siglo y de quien hablaremos más adelante por extenso.

La dialéctica entre reformistas y conservadores comienza en época de Felipe V; en los años de Fernando VI van ganando lentamente los reformistas, y en la de Carlos III las reformas alcanzan su apogeo. En la época de Carlos IV, y coincidiendo con los excesos de la Revolución Francesa, se produce la reacción.

El reformismo –como ya hemos visto– se manifiesta especialmente en el campo de la educación (ideal pedagógico), en el de la economía (fomento de las riquezas naturales), y en el de la estructura social (crítica de los privilegios estamentales). Trataremos los dos primeros puntos en este capítulo y reservaremos el siguiente para estudiar la reforma de la estructura social.

En el campo de la educación nos limitaremos a citar las instituciones culturales fundadas en el XVIII, que son suficientes para dar una idea del extraordinario dinamismo de los ilustrados, así como exponer las líneas generales de la política de la enseñanza y el ideal pedagógico. En el siglo XVIII se fundan la mayoría de las prestigiosas instituciones que aún hoy consideramos imprescindibles: Colegios de Medicina y Cirugía, Escuelas de Veterinaria, Jardines Botánicos, Escuelas de Ingenieros de Caminos, Puentes y Canales, Escuelas de Comercio, etc. Además se fundaron las primeras Academias: Real Academia Española de la Lengua (1713) y Real Academia de la Historia (1736). Además, el Estado español patrocinó, a través de Campomanes, las Sociedades Económicas de Amigos del País (que tratamos con algún detalle más adelante) y las Juntas de Comercio, que se dedicaban a fomentar los estudios náuticos y técnicos en general, pensionando a los alumnos más brillantes.

En el campo de la economía hay que destacar la importancia que adquirió en este tiempo el *fisiocratismo*, teoría económica que consideraba la agricultura como la fuente fundamental de la riqueza. Los mejores talentos de la época compartieron esta teoría e incluso escribieron tratados para potenciar la agricultura y dignificar esta actividad, rescatándola del abandono y menosprecio en que se la había tenido. Jovellanos en su *Informe sobre la Ley agraria*, Benito J. Feijoo en su ensayo *Honra y provecho de la agricultura* o Campomanes en su *Tratado de la regalía de la amortización*, trataron con cierto detalle los problemas relacionados con la producción agraria y la explotación de la tierra, sin descuidar el tema candente de los latifundios nobiliarios: la tierra no debería estar en pocas manos, la amortización o sistema de «manos muertas» (posesión inalienable ligada a los miembros de un estamento) era perjudicial para la economía, pues no había interés en cultivar el total de las tierras... Jovellanos llegó a proponer nada menos que un reparto equitativo de la tierra entre los necesitados, dividiendo los latifundios en «lotes» ni demasiado grandes ni demasiado pequeños... Naturalmente, las teorías revolucionarias de los fisiócratas se quedaron en simples proyectos utópicos; los intereses económicos de los estamentos aristocrático y eclesiástico eran demasiado fuertes para permitir semejante revolución. Más importante, dentro del fisiocratismo, es la amplia labor de construcción de obras de regadío: Canal Imperial de Aragón, canal de Tauste, acequia real del Júcar, pantano de Lorca...

Dentro de los esfuerzos económicos fomentados por los ilustrados hay que señalar, como el más típico de la política racionalista, el de la abolición de la «deshonra legal» que recaía sobre artesanos y empresarios nobles: trabajar con las manos, ejercer un oficio en la actividad industrial, ya no implicaría la pérdida de la carta de hidalguía. (Téngase en cuenta que la jerarquización social que exigía la sociedad estamental en España impedía que los nobles viviesen del trabajo de sus manos).

Los primeros ensayos de la desamortización

Como es sabido, la sociedad del *ancien régime* (la sociedad anterior a la Revolución Francesa) se caracteriza por su estructura estamental. No hay clases sociales, sino *estamentos*, esto es, compartimentos estancos en los que los individuos no pueden entrar ni salir (o, al menos, no pueden hacerlo sin cumplir ciertas condiciones). Nobles, eclesiásticos y miembros del estado llano están separados entre sí por una especie de muralla de derechos y deberes que impiden casi todo intercambio social. Son, por así decirlo, tres sociedades distintas dentro de un grupo humano determinado (país o nación). Las actuales clases sociales son permeables, se puede ascender o descender en la escala social según el mérito o el esfuerzo personal de cada uno (al menos en teoría). Los antiguos *estamentos* eran impermeables, se nacía y se moría en el mismo estamento, y se ascendía o descendía siempre sin salir del estamento...

Dada la repartición de tareas sociales que caracterizaba a la sociedad estamental (los nobles estaban encargados de defender y gobernar, los clérigos de rezar, y los miembros del estado llano de trabajar), cada uno de los estamentos contaba con fuentes de riqueza propias. Los nobles, debido a su función militar y administrativa, no podían trabajar, por lo que tenían que vivir de los impuestos de los trabajadores y de las rentas de la tierra. Los clérigos, por las mismas razones, tampoco podían trabajar y se veían obligados a vivir de las rentas de las tierras, única riqueza tradicional estable y con garantías. Solamente los miembros del estado llano tenían que trabajar, no sólo en provecho propio, sino en provecho de los otros dos estamentos.

Ahora bien, para que quedara garantizada la subsistencia de los miembros del estamento nobiliario o eclesiástico, las tierras se *vinculaban* a las familias o a las instituciones pertenecientes al estamento respectivo. Es decir, que las tierras no podían ser compradas ni vendidas, ni dentro del mismo estamento, ni mucho menos a individuos pertenecientes a otro estamento. No había así peligro de que desaparecieran o de que se parcelaran demasiado y resultaran poco rentables. Las tierras quedaban así *enajenadas*, no eran bienes que entraban en el círculo económico del libre mercado; a veces, ni siquiera los productos de las tierras pertenecían a la economía de mercado, pues servían exclusivamente para alimentar a los miembros de un estamento, y no de la sociedad en general. El fenómeno de la *vinculación* de las tierras suele llamarse también *amortización*, y los poseedores del conjunto de las tierras vinculadas o amortizadas, es decir, de las tierras que no pertenecen a la libre circulación económica, solían llamarse, muy gráficamente, *manos muertas*.

Es evidente que la sociedad estamental había crecido de manera anormal y que sus miembros constituían un cáncer social que había que extirpar. El número y poder social de nobles y clérigos no guardaba proporción con sus prestaciones sociales; los estamentos superiores se habían convertido en una especie de superestructura parasitaria que vivía a costa del trabajo de los humildes. Es evidente también que los ideales de la Ilustración (igualdad social basada en la igualdad de la razón) tenían que chocar violentamente contra lo que eran privilegios abusivos. No es necesario esperar al estallido de la Revolución Francesa y la proclamación de los ideales *liberté, egalité, fraternité,* para establecer la incompatibilidad entre esta sociedad parasitaria y la nueva sociedad igualitaria que exigían los dictados de la razón. De esta manera, hay toda una tradición de ilustrados preocupados por la realización de lo que empezó a llamarse más tarde *desamortización*, es decir, liberación de esas tierras vinculadas, puesta en libre circulación económica de todos los bienes vinculados.

Es difícil darse hoy una idea de hasta qué punto se encontraba la sociedad de aquel tiempo paralizada por la economía de las vinculaciones. En la provincia de Ávila, por ejemplo, había 957.092 fanegas de tierra vinculadas a la nobleza, 239.591 vinculadas a la Iglesia y solamente 8.160 en manos de plebeyos. Es decir, que las tierras de los plebeyos no llegaban al 1% del total de las tierras pertenecientes a los estamentos (!!!). Y Ávila no era una excepción: Jovellanos dice que en Asturias «los mayorazgos, monasterios e iglesias son casi los únicos propietarios»...

A pesar de la oposición y hasta abierta hostilidad de los ilustrados a las vinculaciones estamentales, es evidente que podían hacer muy poco para cambiar la situación. Los ilustrados eran innovadores («novatores» se les llamaba en el tiempo), pero no revolucionarios, y acabar con las vinculaciones sería equivalente a acabar con la sociedad estamental, que es lo que hizo la Revolución Francesa. Los ilustrados se limitaron a comenzar el derribo de la sociedad estamental, y sus medidas sentaron un precedente para las futuras reformas emprendidas por la sociedad liberal burguesa del siglo XIX.

En el siglo XVIII se producen tres tipos de proyectos económicos tendentes a poner en circulación los bienes inmuebles: la *desamortización eclesiástica*, la explotación agraria de *terrenos comunales* y la *desamortización nobiliaria*.

Comencemos por la **desamortización eclesiástica**. En 1775 publica Campomanes el célebre *Tratado de la Regalía de amortización*, primer manifiesto desamortizador de nuestra historia. Desde la seguridad y autoridad que le confería su puesto de fiscal y gobernador del Consejo de Castilla, emprende el autor un análisis de los males económicos derivados de la amortización y propone, no atreviéndose a atentar contra los bienes nobiliarios, una tímida desamortización limitada a los bienes de la Iglesia, en concreto a los bienes pertenecientes a los hospitales, hospicios, cofradías y fundaciones piadosas. Se trata de una especie de tímida desamortización eclesiástica, pero la primera de todas. Naturalmente, no obtiene éxito. En 1784 publica Jovellanos su célebre *Informe sobre la ley agraria*, texto en el que se continúa esta dirección desamortizadora concentrando la crítica en el tema de las donaciones piadosas: para evitar que desaparezcan gran cantidad de bienes de la circulación económica (muchos particulares ricos dejaban sus bienes inmobiliarios a la Iglesia para salvación de su alma), propone Jovellanos que se reconviertan los bienes donados a la Iglesia en valores del Estado. Tampoco esta propuesta obtiene el menor éxito. Por fin, en 1795, el rey Carlos IV ordena la expropiación forzosa de todos los bienes de las fundaciones religiosas, medida que se extiende a todas las fincas pertenecientes a la orden de los jesuitas, que, como sabemos, habían sido expulsados en 1767. Paradójicamente, el rey menos reformador de todo el XVIII va a llevar a cabo las medidas más drásticas en materia de desamortización eclesiástica...

La explotación de los **bienes comunales** responde igualmente a la misma política consistente en ganar nuevas tierras para la libre circulación económica, aunque aquí no se puede hablar de «desamortización». Los terrenos que pertenecían a los municipios o ayuntamientos siguieron en posesión de estas instituciones, pero incorporados por completo al circuito económico. Había tres tipos de propiedades comunales: las denominadas *propios* (tierras de los Ayuntamientos cuyas rentas servían para hacer frente a los gastos públicos), las llamadas *tierras comunales* (tierras también pertenecientes al Ayuntamiento, pero de libre aprovechamiento para todos sus vecinos) y las tierras de *realengos* o también llamadas *baldíos* (tierras generalmente no cultivadas y dedicadas a pastos). En general, los terrenos *comunales* y los de *realengo* eran objeto de explotación ganadera debido a una poderosísima organización gremial llamada Honrado Concejo de la Mesta, institución pastoril de gran tradición y fuerza política (la economía pastoril era clave en la España de la Reconquista, cuando las fronteras entre cristianos y musulmanes eran tan precarias que impedían la dedicación a la agricultura). Jovellanos atacó las pretensiones de la Mesta, pues las tierras *comunales* y de *realengo*, debidamente explotadas, podían dedicarse a la agricultura y satisfacer el aumento de la demanda de alimentos que planteaba la creciente demografía de la época. En 1786, y debido al celo incansable de Campomanes, se decretó que todos los municipios sin excepción tenían el derecho a cercar sus tierras para liberarlas de los rebaños de la Mesta y dedicarlos a la agricultura. También los terrenos llamados *propios* perdieron su estatuto de independencia económica: a partir de Carlos III, el Consejo de Castilla tenía el derecho a supervisar la economía de estos terrenos y a percibir impuestos; en tiempos de Carlos IV se les obligó a invertir dinero en la Real Hacienda...

La **desamortización nobiliaria** es el tercer gran esfuerzo por incorporar bienes inmobiliarios a la circulación económica. Se trata, en este caso, de desvincular las tierras de los *mayorazgos*, es decir, de las tierras vinculadas al primogénito de una familia nobiliaria. (De hecho, la palabra *mayorazgo* puede significar tanto las tierras vinculadas al primogénito, como el primogénito mismo que hereda estas tierras). Son, pues, tierras del patrimonio familiar que no se pueden vender ni dividir, a fin de que la familia disponga siempre de medios de subsistencia y no pueda nunca arruinarse. Vivir de las rentas de la tierra no era gran cosa, pero no entrañaba riesgos de ningún tipo, y la decadente nobleza de los siglos XVII y XVIII se contentaba con esta modesta fuente de subsistencia para mantener su status social. Los sacrificios que significaba la institución del mayorazgo eran enormes, pues solamente el hijo mayor podía heredar el patrimonio familiar, pero mantener el prestigio de un título nobiliario era más importante que el bienestar material de todos los miembros de la familia. El problema de los *mayorazgos* era no solamente el que ya hemos apuntado antes (economía cerrada), sino el del gran número de familias plebeyas ricas que se incorporaban cada año a la nobleza y convertían su patrimonio en *mayorazgos*, disminuyendo así cada vez más el ya escaso número de tierras productivas. A la vanidad de estas familias correspondía tradicionalmente el Estado haciendo cada vez más fácil el acceso al estamento nobiliario. Es más, el Estado llegó a permitir *amayorazgar* incluso alhajas y puestos administrativos, de modo que un *mayorazgo* normal y corriente (tierras, bienes inmuebles) solía incorporar a este privilegio el desempeño de ciertos cargos en la administración, como por ejemplo el de las regidurías municipales (!!!).

Jovellanos fue el que mejor vio el problema de los *mayorazgos*, que él juzgaba mucho más grave que el problema de la amortización eclesiástica, pero sus propuestas de sugerir a la nobleza la cesión de las tierras en régimen de enfiteusis no dejan de ser puramente teóricas y de ningún efecto práctico. Las primeras medidas efectivas a favor de la desamortización civil son anteriores a las propuestas de Jovellanos: en 1749, el rey Fernando VI permite vender las casas ruinosas de los patrimonios amayorazgados. Poca cosa, pero el comienzo de un movimiento de desamortización civil que continúa Carlos III por sugerencias de su ministro Floridablanca: prohibición de crear nuevos mayorazgos y permitir invertir los capitales de los ya existentes en los créditos del Real Tesoro. Todavía un paso más adelante: en 1795, Carlos IV decretó un impuesto del 15% sobre los mayorazgos, por lo que un cierto número de bienes vinculados pasaron a integrarse en el circuito económico general...

En conjunto, las medidas económicas de los ilustrados fueron el primer esfuerzo por romper las bases mismas de la sociedad estamental. No eran medidas muy revolucionarias, pues esto significaría el suicidio colectivo de toda una casta gobernante, pero tuvieron el mérito indudable de poner la primera piedra en un lento proceso histórico que culminará, en el primer tercio del XIX, con la abolición de la sociedad estamental y su sustitución por la sociedad de clases que propugnaba la burguesía liberal.

Las Sociedades Económicas de Amigos del País

Hemos dicho que los políticos del despotismo ilustrado, confiando en la perfectibilidad del ser humano por medio de la razón, impulsaron un proyecto de renovación social que funcionaba «desde arriba». Se trataba de imponer la razón por la fuerza, de gobernar despóticamente, aunque aplicando siempre los principios de la razón.

Pero, paralelamente a los esfuerzos de la inteligencia gobernante, se producen movimientos espontáneos (más tarde estimulados por los gobernantes mismos) entre la gente ilustrada para reactivar la actividad cultural. No son movimientos «populares», pues el pueblo es inculto y no sabe leer, pero tampoco tienen su origen en las minorías gobernantes. Es el espíritu razonador del siglo, que todo lo impregna, y que llega a cristalizar en numerosas instituciones dedicadas exclusivamente al cultivo de las ciencias o de las letras.

A principios de siglo se forman unas tertulias científicas en la trastienda de la botica de don José Ortega, en Madrid. Una simple trastienda, que tradicionalmente era un lugar donde la gente se reunía para distraer el ocio criticando a sus vecinos, se puede convertir, en el siglo XVIII, en algo tan importante como una sociedad científica. Con el tiempo, la modesta tertulia de don José Ortega será el origen de la Academia de Medicina (1734).

En Azcoitia (País Vasco), se reúnen espontáneamente los ilustrados de la localidad para discutir, de acuerdo con un programa y un calendario, las materias más variadas (matemáticas, física, historia, geografía...). Estas reuniones, en principio informales, darán lugar a la Sociedad Vascongada de Amigos del País, una de las sociedades culturales más importantes del siglo. Volveremos sobre esta sociedad.

En la Fonda de San Sebastián (Madrid) tiene lugar la primera tertulia literaria de que tenemos noticia en España. No llegó a convertirse en academia (la Real Academia Española es un poco anterior), pero en ella participaron las figuras literarias más representativas de la época: Iriarte, Cadalso, Moratín...

Todas estas tertulias surgen espontáneamente, como los hongos, y cuando se institucionalizan suelen convertirse en «Sociedades Económicas de Amigos del País», con unos objetivos y unos estatutos comunes o muy semejantes en todas ellas, e incluso semejantes a las que ya existían en el extranjero (el denominado «Siglo de las Luces» no es, ciertamente, invento español). En España llegaron a fundarse 70 Sociedades Económicas, y aunque algunas fueron de corta duración, la simple aparición de estas instituciones explica mejor el espíritu racionalista y pedagógico del siglo que ningún otro fenómeno cultural. Capmany, uno de los ilustrados más sobresalientes del XVIII español, describe la Sociedad de París, que pone de modelo de las sociedades españolas, y señala dos cualidades esenciales que tenemos que retener en la memoria: 1) el objetivo de la cultura debe ser combinar lo teórico con lo práctico, y 2) el acceso a la cultura debe prescindir de las diferencias estamentales. El primer punto constituye una revolución cultural, pues por primera vez se insiste en la importancia de las «ciencias útiles» y en la necesidad de acabar con el predominio y hasta casi monopolio de las humanidades, especialmente los estudios de teología. Se ha criticado en alguna ocasión esta creencia en el valor utilitario de las ciencias, pero lo cierto es que los ilustrados han sabido combinar las «ciencias útiles» con las humanidades propiamente dichas, y grandes impulsores del saber «técnico», como Jovellanos, eran grandes humanistas conscientes de la necesidad de concentrar los esfuerzos en el progreso material. El segundo punto refleja muy bien el espíritu de la Ilustración: la cultura no conoce diferencias sociales, y no sólo se admite a gentes de todas procedencias, sino que en las discusiones toman parte sentándose todos mezclados, el campesino al lado del obispo, el aristócrata al lado del menestral...

Hay que tener en cuenta que los fundadores o promotores de las Sociedades Económicas de Amigos del País eran conscientes de su labor de reconstrucción nacional. La decadencia que afectaba a la nación había que vencerla con el instrumento de la razón y las ciencias útiles, con el esfuerzo del trabajo. La decadencia o «postración» no era resultado del destino histórico, sino de la falta de aplicación. Roberto Ward, describiendo el funcionamiento de la Sociedad de Dublín, insiste en la importancia que tenía en esta sociedad el tratar de agricultura, los tipos de fertilizantes, las técnicas de labranza, etc. Según este autor, la nación irlandesa, «tan inclinada a la desidia como la española», estaba progresando gracias a la preocupación por estos temas.

Los intelectuales tienen conciencia de su papel al servicio del bien común, y consideran la cultura como un servicio a la sociedad. Las Sociedades Económicas son el despertar de una intelectualidad comprometida que abandona su torre de marfil para educar al pueblo. Campomanes, procurador del Consejo de Castilla y fundador y animador de muchas Sociedades Económicas, establece en su *Discurso sobre el fomento de la industria popular* los dos grandes principios que deben animar a los intelectuales: abandonar las especulaciones abstractas para regresar a las «útiles», y, sobre todo, incorporarse a las tareas educativas del Estado. Campomanes compara a los intelectuales en la sociedad con los oficiales en un ejército: «Las gentes de letras tienen en la República el encargo que en las tropas los oficiales. Mas ¿a qué provecho pagar éstos si no se cuidase de tener disciplinado ejército a que aplicar sus experiencias y talentos militares?»

La más interesante de todas las Sociedades Económicas es la Sociedad Vascongada de Amigos del País. Su fundador, el conde de Peñaflorida, es un simpático personaje que representa muy bien al humanista ilustrado: ardiente, instruido y versado al mismo tiempo en ciencias y artes (era, al mismo tiempo, físico y músico compositor de óperas, dos cosas que hoy difícilmente podemos imaginarnos). Peñaflorida es un buen ejemplo del ilustrado equilibrado y honesto que puede muy bien armonizar las ciencias humanas con las «ciencias útiles», la tradición con el progreso, el respeto a la religión con el entusiasmo por las ideas del Iluminismo. Critica el pensamiento conservador y reaccionario ironizando con mucho humor: «¿Quién ha de hacer caso de unos perros herejes, ateístas y judíos como Newton, que fue un herejote terrible, un Descartes, que, al menos en lo que toca a los animales, era materialista, un Leibniz, que sabe Dios lo que fue, un Galileo de Galileis que, según su nombre, debió de ser algún archijudío o protohebreo...?»

Peñaflorida organizó esta sociedad dándole más importancia a las ciencias útiles, pero sin descuidar las ciencias humanas. Las discusiones se centraban por materias o «secciones», y se le dedicaba un día de la semana a cada una. Estas «secciones» eran la agricultura, la industria y el comercio, la arquitectura, la economía animal y la economía doméstica... Además se celebraban conciertos y otras actividades culturales.

Peñaflorida logró permiso para importar de Francia todos los tomos de la obra tabú *La Enciclopedia*, cosa que da idea de la alta opinión que tenían las autoridades españolas de este ilustrado.

C: CULTURA

La literatura de la Ilustración

El siglo XVIII proyecta los ideales de la Ilustración en todas las esferas de la actividad intelectual, y la literatura no va a ser una excepción. El arte y la literatura se encuentran situados en un difícil equilibrio entre el sentimiento y la razón, entre la inspiración que le es propia a toda creación artística, y el discurso racional que impone el criticismo enciclopedista. Se aspira a reproducir la fórmula de Horacio según la cual el arte debe ser, al mismo tiempo, «dulce et utile». Winckelmann, con su descubrimiento del mundo clásico, pretende convertir las normas artísticas en principios de la conducta. Y para Schiller y Lessing la educación estética será el principio de la educación moral.

Este espíritu racionalista, al menos en España, ha dañado la creación espontánea y libre, y arte y literatura carecen de la rebelde originalidad que caracterizaba la producción artística y literaria del pasado. Del «dulce et utile» horaciano queda, a veces, solamente el principio de lo «utile», y si se compara la producción literaria y artística de esta época con la del Siglo de Oro se advertirá una decadencia que ningún principio programático podrá justificar. En muchos casos la pedagogía sustituye la inspiración, y la obra se queda reducida a una simple imitación de los clásicos.

Pero lo que puede resultar negativo a la hora de valorar una obra artística o literaria en cuanto tal, puede resultar positivo al contemplarla como documento de su tiempo. La historia del arte y de la literatura no tienen por qué coincidir con la historia de la cultura, y nuestros escritores del XVIII son el mejor reflejo de la sociedad de su tiempo. Ni la poesía de Meléndez Valdés puede compararse con la que escribió Góngora, ni el teatro de Moratín es comparable con el de Lope o Calderón. Pero a cambio de la relativamente modesta producción literaria del XVIII español, resalta su mayor valor documental, su capacidad de reflejar los problemas del tiempo. El escritor y el artista del XVIII no viven en ninguna «torre de marfil», se sienten comprometidos con un programa social de renovación, se identifican con la tarea de la utilidad y el provecho...

El fraile benedictino **Benito Jerónimo Feijoo** (1676-1764) es uno de los pioneros del espíritu racionalista del siglo y el mejor exponente de la síntesis de Ilustración francesa y tradicionalismo cristiano. Aunque vivió toda su vida en el estrecho espacio de su celda conventual, su vocación científica le llevó a recorrer el vasto mundo científico de la época. Sus trabajos son una especie de *artículos* sobre los temas más variados, que fue recogiendo en volúmenes (*Cartas eruditas, Teatro crítico universal*) que no tienen más unidad que la del programa mismo del saber enciclopédico. De acuerdo con su orientación al mismo tiempo crítico-racionalista y cristiana, procede siempre aplicando primero los criterios de la *razón* (es decir, analizando críticamente, destruyendo creencias y prejuicios inveterados) y después los de la *autoridad* (es decir, recurriendo a las Escrituras). «En la ciencia teológica –nos dice Feijoo en su Teatro Crítico– se debe preferir la autoridad a la razón; en todas las demás facultades y materias se debe preferir la razón a la autoridad».

Naturalmente, compartió Feijoo con los ilustrados de su época el principio del utilitarismo del saber (preferencia por las ciencias «útiles», urgencia del ideal pedagógico...) utilitarismo que le llevó a defender todo un programa de reconstrucción económica basado en la dignificación de la agricultura (recordemos el ideal del *fisiocratismo* de los ilustrados). En el artículo «Honra y provecho de la agricultura» de su *Teatro Crítico Universal* admiramos la lucidez y valentía de su defensa de los agricultores: «Hoy salen más libros a luz en Europa en un año que en otros tiempos en un siglo. De todo se escribe mucho, sólo de la agricultura poquísimo. Conozco que muchos de aquellos están muy bien escritos y son muy útiles. Sólo me lamento de que, entre tantos escritores, ninguno se acuerde de la agricultura, siendo el asunto tan importante». Feijoo llega a proponer la creación de un consejo formado por «labradores acomodados e inteligentes, extraídos de todas las provincias de España» con objeto de fomentar directamente la explotación racional de las tierras. Naturalmente, nadie le hizo caso.

En este mismo artículo compara, con cierta cautela, la utilidad de la agricultura y de los agricultores con la inutilidad del estamento nobiliario, cuyos miembros describe humorísticamente como «fantasmones que nada hacen toda la vida sino pasear calles, abultar corrillos y comer la hacienda que les dejaron sus mayores».

En **José Cadalso** (1741-1782) encontramos ya formulaciones críticas que acusan el rigor del ilustrado decepcionado. Cadalso viene a ser como un continuador de los pensadores críticos del XVII, pero armado con el bagage cultural de la Ilustración. Escritor y soldado, tuvo que dividir su tiempo, como Garcilaso, entre la espada y la pluma. Su vida tiene algunos trazos románticos en que no faltan unos amores trágicos con la actriz María Ibáñez ni su propia muerte heroica en el sitio de Gibraltar. El libro *Noches lúgubres*, obra en que imita al inglés Young, acusa esta sensibilidad romántica o prerromántica. Pero el Cadalso que nos interesa no es el romántico, sino el ilustrado, no es el creativo, sino el crítico, el autor de las bellísimas *Cartas marruecas*, libro que, a pesar del tiempo transcurrido, no ha perdido frescura y se lee todavía con gran placer.

El libro de las *Cartas marruecas* es una imitación formal de las *Lettres persanes* de Montesquieu: un extranjero proveniente de un país perteneciente a otra cultura (un persa en Montesquieu, un marroquí en Cadalso) se permite hacer curiosas observaciones epistolares sobre las costumbres que observa en Europa (Francia y España respectivamente). La distancia entre las culturas permite la suficiente lejanía para permitir una perspectiva crítica. Y aunque Cadalso emplea un tono irónico-burlón, la cantidad y acidez de las críticas deja traslucir un tono desilusionado que anticipa al gran crítico social del XIX, Mariano José de Larra. Cadalso es consciente de la *decadencia* por la que atraviesa España, y su análisis no puede ser más lúcido: la decadencia se debe 1) a las «continuas guerras» que han arruinado el país y destruido el hábito del trabajo, 2) a los «muchos caudales adquiridos en Indias», que hacen innecesario el trabajo, 3) al «considerable atraso científico» y al estado lamentable de la cultura española, que ha degenerado en superstición y superficialidad, y 4) al carácter mismo del pueblo español, cuyos defectos son «el orgullo», o también «la poca afición al trabajo»... Naturalmente, Cadalso, como buen ilustrado, no desaprovecha la ocasión de disparar sus dardos contra los representantes del estamento nobiliario, especialmente contra los hidalgos campesinos, cuya descripción realiza recurriendo a una jugosa caricatura: «Todo lo dicho es poco en comparación de la vanidad de un hidalgo de aldea. Éste se pasea majestuosamente en la triste plaza de su pobre lugar, embozado en su mala capa, contemplando el escudo de armas que cubre la puerta de su casa medio caída y dando gracias a la providencia divina de haberle hecho don Fulano de Tal. No se quitará el sombrero (aunque lo pudiera hacer sin desembozarse); no saludará al forastero que llega al mesón, aunque sea el general de la provincia o el presidente del primer tribunal de ella. Lo más que se digna hacer es preguntar si el forastero es de casa solar conocida al fuero de Castilla; qué escudo es el de sus armas, y si tiene parientes aconocidos en aquellas cercanías».

Gaspar Melchor de Jovellanos (1744-1811) representa el modelo del ilustrado dieciochesco: idealista, soñador, desprendido, trabajador, sensible, humano... Estudió Leyes en Alcalá y comenzó dedicándose a la magistratura en Sevilla, donde supo alternar la prosa del oficio forense con la poesía de sus primeras composiciones dramáticas. Llamado a Madrid para ejercer cargos públicos, supo atraerse la confianza y amistad de los grandes reformistas del momento, como Aranda, Campomanes y Cabarrús. En 1789, Godoy le obligó a ejercer cargos más modestos en Asturias (supervisión de minas y carreteras), lo que equivalía a una especie de destierro. Jovellanos supo aprovechar su estancia en esta región para fundar, en parte arriesgando su patrimonio privado, el *Real Instituto Asturiano* (estudios de Náutica y Mineralogía). Una vez rehabilitado por el mismo Godoy, Jovellanos recibe la cartera de ministro de Gracia y Justicia, pero por muy poco tiempo: la radicalidad de sus reformas le hizo caer de nuevo en desgracia, y esta vez fue desterrado oficialmente a Mallorca. Cuando se produce la invasión francesa (1808), Jovellanos no duda en prestar sus servicios a la causa del pueblo sublevado, y participó activamente en las Cortes de Cádiz. Pero su postura conservadora dentro del reformismo (abogaba por una representación parlamentaria por estamentos, y no en cámara única), le ganó enemigos entre los miembros del partido liberal, y Jovellanos murió con la amarga sensación de no haber tenido éxito en la vida. El desengaño de Jovellanos es la mejor garantía de su idealismo, porque el quijotismo nunca puede ser recompensado.

Hemos comentado ya en varias ocasiones el célebre *Informe en el expediente de la Ley Agraria* (1795) y su moderna postura en favor de la *desamortización* y el *fisiocratismo*. Podríamos añadir su *Plan general de Instrucción Pública*, en el que insiste en la idea básica de que la educación es la fuente de la prosperidad social, o su célebre *Memoria para el arreglo de la policía de los espectáculos*, escrito bastante polémico en que Jovellanos, llevado del celo de los ilustrados por imponer los dictados de la razón, censura con dureza la fiesta nacional de los toros y el teatro clásico español. Pero la obra que nos conquista definitivamente son los *Diarios*, libro no destinado a la publicación y donde Jovellanos nos muestra realmente dónde residía su grandeza: en la continua preocupación por los mil detalles de su gestión pública, en la ilusión que ponía en la fundación y buen funcionamiento del Real Instituto Asturiano, en el estoicismo con que sobrellevaba los castigos y destierros... Jovellanos conserva toda la vida el candor y la inocencia de la niñez, y esta virtud suya se nos antoja superior incluso a sus indudables méritos de hombre público.

El arte neoclásico en la arquitectura

El arte neoclásico es una reacción provocada por los excesos del arte barroco. Es la respuesta del siglo XVIII, el *siglo de la razón*, a un arte que amenazaba convertirse en capricho. Es el retorno a la *medida*, a la *norma*, al *canon* que impone la razón. Siguiendo las alternancias pendulares entre *arte clásico* y *arte romántico* que parecen presidir la evolución de los estilos artísticos, el arte neoclásico es una segunda edición del clasicismo renacentista. De nuevo la geometría, la proporción, la imitación del mundo clásico. De nuevo el primado de la razón sobre la inspiración, pero esta vez con mayor radicalismo que en el Renacimiento: las excavaciones de Herculano (1719) y Pompeya (1748) permiten contemplar más de cerca los modelos auténticos. Ya no es Roma el modelo a imitar, sino Grecia, o Roma a través de Grecia. El neoclasicismo es una especie de *purismo clasicista* en que se pretenden corregir los excesos de un mal entendido clasicismo renacentista. Pero el *purismo* estilístico significa que la renovación del arte está presidida por criterios científicos. El teórico del arte tiene más de historiador que de artista. Puede confundirse casi con el arqueólogo. La *imitación* del mundo clásico es cuestión que exige una reconstrucción científica del pasado. Y todo un transfondo de *ideal pedagógico,* de *propósitos moralizantes* acompañan con frecuencia las discusiones sobre el arte clásico. Se ve en Grecia no solamente el modelo artístico, sino los ideales morales y sociales que han hecho posible ese arte. Cuando Winckelman publica en 1764 el primer tratado sobre arte antiguo, está idealizando toda una estructura social, política y económica. El arte al servicio de la pedagogía, casi se podría decir. «Edle Einfalt und stille Grösse», la característica que Winckelman atribuye a las producciones del arte griego, es todo un programa pedagógico. Pero la reconstrucción del mundo antiguo se salva de convertirse en disertación pedagógica por la pasión que los neoclasicistas ponen en su empeño. Había auténtica sensibilidad artística en esta erudita reconstrucción del pasado; el concepto de «gracia» que elaboran Winckelmann, Lessing o Schiller (algo así como «sentimiento contenido», «emoción presentida»), es de una fecundidad extraordinaria.

El neoclasicismo en la arquitectura se introduce en España con motivo de las reformas del despotismo ilustrado y se difunde rápidamente debido a la proliferación de las Academias (Academia de Bellas Artes de San Fernando, en Madrid, y luego las de Valencia, Zaragoza, Cádiz, Valladolid...). Es un estilo que está al servicio del bien público, de las nuevas medidas higiénicas, de los modernos planes urbanísticos. Se trata de una arquitectura poco inspirada, no solamente porque es *imitación* de los cánones clásicos, sino por este carácter *utilitario* que la hace depender de un bien social. Pero esto, que puede parecer grave en las demás artes, es disculpable en la arquitectura, que es el arte utilitario por excelencia. La arquitectura neoclásica hay que comprenderla en su contexto. El siglo XVIII, en especial en tiempos de Carlos III, es la revolución de la política urbanística: se retiran los pisos volados de las viviendas medievales y se introducen fachadas cortadas a plomo, que hacen las calles más anchas y aireadas; se crea el primer alumbrado público; se mejora el pavimento; se abren nuevas calles, muy anchas; se colocan numerosos arcos de triunfo («puertas»); se crean numerosos jardines, fuentes públicas, paseos... Buena parte del Madrid monumental que hoy admiran los turistas tiene su origen en estas medidas. Por lo demás, el estilo arquitectónico en sí mismo es poca cosa: uso y abuso de *columnas*, frecuentemente de fuste liso y capitel dorio; *frontones* decorados o sin decorar; *fachadas* exentas de adornos... Y todo ello presidido siempre por el *número*, la *proporción*, el ideal *utilitario*. Hay un gran contraste entre la riqueza barroca, que pretendía halagar los sentidos, y la pobreza neoclásica, que aspira a satisfacer a la razón. Pero es una pobreza intencionada, consciente de la necesidad de corregir los abusos barrocos.

Podemos señalar tres artistas, representantes de tres estilos y tres épocas diferentes en la evolución del neoclasicismo español: *Ventura Rodríguez*, todavía muy inspirado por planteamientos barrocos, *Francisco Sabattini*, que inicia la transición hacia el neoclásico puro y *Juan de Villanueva*, que lleva a sus últimas consecuencias los principios del neoclasicismo.

Ventura Rodríguez (1717-1785) extrae su inspiración de arquitectos barrocos de origen italiano, como Juvara, Sacchetti y Bonavia. Incluso llega a emplear soluciones borrominescas (fachadas curvas al estilo de Borromini). Pero cuando construye la Catedral de Pamplona (1783), de una severidad monumental, Ventura Rodríguez es ya un neoclásico convencido, aunque la solución dada a los campanarios recuerde todavía el influjo barroco.

Francisco Sabattini (1722-1797) fue un arquitecto de una actividad infatigable cuyo monumento más famoso es la célebre Puerta de Alcalá de Madrid, construcción en que se adivina ya la presencia de la pureza de líneas directamente inspirada en los cánones griegos.

Pero el arquitecto neoclásico por excelencia fue **Juan de Villanueva** (1739-1811). En la miniatura arquitectónica de la Casita del Príncipe, del Palacio del Pardo, está ya en germen toda la planta del célebre Museo del Prado, ejemplo máximo de combinación de lo útil con lo hermoso. El Museo del Prado, en principio planeado como Museo de Historia Natural, es edificio que sorprende por la armonía de sus proporciones: un pequeño cuerpo central cerrado en semicírculo y dos cuerpos cuadrados en los extremos unidos al cuerpo central mediante amplios corredores... El exterior es, al mismo tiempo, sencillo y grandioso, sin que su grandiosidad resulte imponente o avasalladora. Las columnas de estilo dórico producen un magnífico juego de luz y sombras, sin llegar a convertirse en contraste barroco. En el Observatorio Astronómico de Madrid, Villanueva se declara admirador de Andrea Palladio: las columnas, el frontón y la cúpula recuerdan las empleadas por el célebre arquitecto italiano del Renacimiento, si bien en Villanueva se acentúa la nota de sobriedad y purismo.

XI: FERNANDO VII: ABSOLUTISTA Y LIBERALES

La política del despotismo ilustrado del XVIII, a partir del giro conservador que impuso el estallido de la Revolución Francesa (1889), se fue convirtiendo en simple despotismo absolutista con Carlos IV. A esto contribuyó el torpe gobierno de Godoy, favorito de la reina y árbitro absoluto de la política española. De esta manera, los ideales progresistas de los ilustrados tuvieron que ceder ante las exigencias de los conservadores, y el proyecto ilustrado pasó a la oposición.

La dialéctica entre «ilustrados» y conservadores se transformó en el siglo XIX en la lucha entre «liberales» y «progresistas». En efecto, la época de Fernando VII (1814-1833) y los años de la regencia de María Cristina hasta el final de la primera Guerra Carlista (1833-1839), presencian la lucha inevitable entre los ideales progresistas de la Revolución Francesa (introducción de la sociedad igualitaria), y los ideales reaccionarios de los defensores de la sociedad estamental. Los ideales progresistas, que habían introducido los ilustrados del XVIII a lo largo de toda una revolución pacífica, experimentaron una gran efervescencia a principios del XIX debido a la invasión napoleónica (1808): los patriotas refugiados en el sur de la Península improvisaron, en las célebres Cortes de Cádiz, toda una constitución política basada en los principios de la nueva sociedad igualitaria. La ausencia del rey Fernando, prisionero de Napoleón, facilitó la ascensión al poder de toda una clase política nueva que decretó la muerte del «ancien régime» en el documento político-institucional más importante del siglo: la Constitución de Cádiz del año 1812.

Pero la revolución liberal duró solamente lo que duró la Guerra de la Independencia contra los franceses. Cuando Napoleón fue vencido y regresó a España el rey Fernando, regresó con él la reacción, la defensa a ultranza de la sociedad estamental y del régimen absolutista. Fernando VII, llamado por los patriotas «el Deseado», se convirtió pronto en «el Indeseado», e instauró un régimen represivo de terror. Pero no es tanto la represión en sí misma lo peor de su reinado, sino el contraste entre sus ideales reaccionarios y la sociedad progresista de su tiempo: los años de Fernando VII, como los años de la dictadura de Franco, representan un paso atrás en todos los aspectos. Fernando VII no supo comprender la sociedad de su tiempo, vivió de espaldas a la realidad, en parte por los ideales en que fue educado, en parte por falta de inteligencia y honradez política.

La España de Fernando VII es una tensión continua entre los ideales liberales y los principios del absolutismo. La tensión es tan fuerte, que nada más morir Fernando VII (1833), se produce una guerra civil (Guerra Carlista) entre los partidarios del absolutismo y los partidarios del liberalismo. La guerra civil acelera el proceso liberal, y ya antes de terminar la guerra se imponen los ideales políticos de los liberales, que van a liquidar definitivamente los principios del «ancien régime» facilitando la desamortización eclesiástica (1836) y una serie de leyes de inspiración liberal.

El capítulo de historia que ahora iniciamos es el reflejo traumático de una sociedad que exige el cambio más radical de su historia: la transformación de la sociedad estamental en la sociedad de clases. El lema del cambio es la libertad, la declaración de *mayoría de edad de una sociedad que no quiere sentirse vigilada. Durante el reinado de Isabel II (1846-1868), no habrá ya luchas entre «absolutistas» y «liberales», pues todos serán liberales, sino entre liberales «moderados» y liberales «progresistas»...*

A: HISTORIA

La Guerra de la Independencia

El final del reinado de Carlos IV, de quien conocemos ya su lamentable falta de carácter y responsabilidad política, llegó de la mano de Napoleón Bonaparte, señor de media Europa que vio una ocasión favorable en la decadencia de la realeza española para conquistar toda la Península.

Napoleón dominaba la práctica totalidad de la Europa continental, pero Inglaterra había impuesto un bloqueo naval que entorpecía considerablemente sus movimientos. La Península Ibérica, llave del Mediterráneo y con puertos tan codiciables como Cádiz y Lisboa, se ofrecía como la única garantía de éxito contra las tropas inglesas. Se comprende el interés de Napoleón por ganarse a Godoy, ministro universal de Carlos IV, para firmar una alianza entre España y Francia (Tratado de Fontainebleau, 1807) que significaba la participación de España en las guerras europeas. La firma de este tratado contenía unas condiciones increíbles, la mejor muestra de la decadencia de la clase política española: España y Francia ocuparían conjuntamente Portugal, que sería dividido en tres zonas de influencia: la zona norte para Francia, la central para España, y la tercera para Godoy (!!!). El todopoderoso ministro de Carlos IV creía haber logrado el mayor éxito político de su vida, pero Napoleón decidió aprovecharse de la estupidez de la clase dirigente española y conquistar la Península entera: con el pretexto de conquistar Portugal, empezó a enviar tropas a la Península. Como los ejércitos que atravesaban los Pirineos eran mucho mayores de lo que se necesitaba para la incursión en Portugal, cundió la alarma entre la clase política, y ante las preguntas de la Corte, Napoleón se atrevió a sugerir la cínica propuesta de intercambiar la zona portuguesa que le tocaba a Francia por todo el norte español, desde los Pirineos hasta el Ebro.

Alarmada la corte y desengañada sobre las verdaderas intenciones de Napoleón, se apresuró a preparar la huida hacia el sur de la Península. El pueblo, enterado de los planes de fuga de la familia real, acudió a Aranjuez, residencia de los reyes, para impedir la partida de la familia real y para vengarse de Godoy, a quien se sabía responsable de la entrega de la nación a las tropas napoleónicas. En el célebre **Motín de Aranjuez** (18 de marzo de 1808) no se logró capturar a Godoy («el indigno», como le llamaba el pueblo), pero se obligó al débil Carlos IV a abdicar la corona en favor de su hijo Fernando. El Motín de Aranjuez es todo un símbolo de los tiempos: el pueblo toma la iniciativa (llegaron a desenganchar los caballos de la carroza real) e impone con decisión un viraje político a una clase dirigente vacilante e inoperante. El pueblo empieza a ejercer el protagonismo político que las desprestigiadas clases dirigentes eran incapaces de detentar.

Pero la familia real entera (el destronado Carlos y el recién estrenado rey Fernando) va a descender todavía un peldaño más en la deshonra. Napoleón finge querer entrevistarse con la familia real para aclarar la situación y propone Burgos como lugar para conferenciar. La familia real se pone ingenuamente en camino hacia Burgos, pero cuando llega a esta ciudad se encuentra con un mensaje del Emperador en que le ruega que continúen viaje hasta Vitoria, pues negocios urgentes le impiden llegar a Burgos. De nuevo parte la familia real hacia Vitoria, pero también aquí se encuentra con un mensaje y una disculpa del Emperador, quien ruega que continúen viaje hasta un lugar cercano a la frontera. Al final, quedando tan poco espacio por recorrer, la familia real consiente en pasar la frontera francesa, y allí cae en manos de un Napoleón que obliga a Fernando a abdicar en favor de su hermano José Bonaparte. La historia de la captura y abdicación de la familia real parece un cuento inventado por los enemigos de los reyes de España...

José Bonaparte es mal recibido en Madrid. Solamente una minoría de «afrancesados» (grupo político que aceptó la abdicación del rey Fernando como voluntaria y libre) se muestra de acuerdo con la situación, y pronto se produce en Madrid el segundo movimiento espontáneo popular del siglo, el célebre **levantamiento del 2 de mayo**, que supo inmortalizar Goya en los cuadros que comentaremos más adelante. Naturalmente, el levantamiento popular contra los mejores ejércitos de Europa no tenía ningunas posibilidades de éxito, y el heroísmo popular solamente sirvió para excitar una represión sangrienta en Madrid y para alentar en las provincias una lenta guerra por la independencia en que, de acuerdo con la tónica política del momento, el pueblo se organizó a sí mismo e improvisó un ejército nuevo, una administración nueva y un nuevo sistema político.

No seguiremos en detalle las vicisitudes de la guerra, que no tienen sentido para nuestro objetivo. Prestaremos atención solamente a aquellos elementos distintivos que la caracterizan y que, en parte, marcan la historia posterior de la nación. Estos elementos, siguiendo al profesor Jover Zamora, podemos resumirlos en cuatro palabras clave: *levantamientos*, *sitios*, *guerrillas* y *juntas*.

Los **levantamientos** constituyen la primera manifestación, la más espontánea y popular, de la guerra de la Independencia. El pueblo se rebela, casi instintivamente, contra el invasor, y no duda en enfrentarse con armas improvisadas contra los ejércitos mejor preparados de Europa. Con frecuencia, estos levantamientos carecen de la lógica más elemental, por lo que suelen terminar en la derrota de los sublevados; a pesar de todo, los levantamientos paralizaron la ocupación del ejército francés, que tuvo que prepararse para una larga guerra de ocupación. El levantamiento más célebre fue el del pueblo madrileño, como acabamos de comentar.

Los **sitios** constituyen igualmente una respuesta espontánea a la ocupación de los franceses. Sitio es la resistencia hasta el límite de lo humano de núcleos de población que están dispuestos a morir antes de entregarse al invasor. Los sitios más célebres fueron los de las ciudades de Gerona (donde se hizo célebre el general Palafox) y Zaragoza (cuya resistencia se hizo célebre por estar alentada por una mujer, Agustina de Aragón). Los sitios vienen a continuar, según toda una historiografía romántica, la heroica tradición secular de la dureza de la raza, tradición que, erróneamente, se hace descender de la defensa de Numancia. Habría que revisar este concepto y poner en duda el sentido de los sitios, que, en su mayoría, no han servido más que para provocar inútiles derramamientos de sangre.

En la formación de las **guerrillas** hay ya, además del elemento espontáneo, un principio de organización que exige una cierta jerarquización de los elementos participantes. Levantamientos y sitios son casi respuestas automáticas a una situación de emergencia, pero las guerrillas son la organización de pequeños ejércitos que se van imponiendo poco a poco al invasor merced a su mejor conocimiento del terreno y a poder maniobrar en espacios reducidos. Las guerrillas cuentan con capitanes improvisados, pequeños maestros de estrategia militar que supieron imponerse a los experimentados capitanes de Napoleón por su mejor conocimiento de la accidentada geografía.

Las **juntas** serán las células políticas y administrativas de la España sin rey y representan, por lo tanto, el máximo de organización dentro de la natural improvisación que impone el momento histórico. Las juntas suelen coincidir con las unidades de población más o menos amplias, y están unidas y coordinadas entre sí por una Junta Central que, debido a la estrategia de la guerra, está situada en Cádiz, el punto geográfico más alejado del invasor. Las juntas, y en especial la Junta Central, tienen a su cargo, ante todo, organizar el nuevo ejército, pero también organizar, aunque sea rudimentariamente, la administración del país. Volveremos más tarde sobre las actividades políticas de la Junta Central, en especial sobre la redacción de la primera constitución escrita de la historia española, la célebre Constitución de Cádiz del año 1812.

En conjunto, la organización política y militar del pueblo español resultó una sorpresa para Napoleón, que no esperaba una resistencia tan efectiva. Hay que constatar, sin embargo, que la derrota de Napoleón y el regreso del rey Fernando en 1814 se deben, ante todo, a los problemas que tuvo la Gran Armada en Europa, además de la importante ayuda que recibieron los españoles de los ingleses (Lord Wellington...).

El reinado de Fernando VII: absolutistas y liberales

La enorme mayoría del pueblo español no había aceptado la abdicación de Fernando VII por considerarla forzada por las circunstancias. Cuando Napoleón fue vencido por las potencias aliadas, Fernando regresó y fue aclamado legítimo rey de los españoles.

Pero Fernando se encontraba con una nación que parecía haber llegado a la mayoría de edad y que durante su larga ausencia (1808-1814) había organizado espontáneamente no sólo la resistencia armada, sino también un sistema político nuevo que había cristalizado en una constitución liberal (Constitución de Cádiz de 1812). Esta constitución, además de ser una constitución escrita y representar así una especie de garantía de los derechos del pueblo contra los posibles abusos del soberano, contenía en germen los principios del nuevo orden social: abolición de la sociedad estamental.

El rey Fernando podía aceptar el orden político establecido en su ausencia o rechazarlo y regresar al despotismo ministerial de los tiempos de Carlos IV. Aceptar el nuevo orden de cosas sería un reconocimiento del valor del pueblo, ya que el monarca todo se lo debía al pueblo «soberano», incluso la libertad de que gozaba después de su cautividad en Francia. Pero aceptar la nueva situación política significaba también reducir significativamente la esfera de actuación del monarca, que quedaba «vigilado» por una constitución. Significaba también acabar con los estamentos como realidades políticas, y con toda una clase política en la que se habían amparado sus antecesores.

Fernando VII, además de ser desagradecido con el pueblo, no era suficientemente inteligente para comprender los nuevos tiempos, y decidió dar una especie de «golpe de estado» (así lo llamaron los políticos liberales) y prescindir de la Constitución de 1812: el 4 de mayo de 1814 publicó un decreto real según el cual quedaba abolida la Constitución de 1812. Hay que tener en cuenta, sin embargo, que la mayoría del pueblo español era ajena a los nuevos conceptos políticos que se manejaban en la época, y que la misma Constitución de Cádiz era incomprensible para la inmensa mayoría. Y no solamente el pueblo inculto era hostil o indiferente a los nuevos tiempos: al decreto real del 4 de mayo precede un *Manifiesto de los Persas* en que un número considerable de diputados realistas invitaron al rey Fernando a prescindir de la citada constitución...

Durante el reinado del rey Fernando VII (1814-1833), y de acuerdo con el esquema que sigue el profesor Jover Zamora, se pueden observar tres etapas en los movimientos liberales: a) los liberales *conspiran* (1814-1820), b) los liberales *gobiernan* (1820-1823), y c) los liberales *emigran* (1823-1833).

La etapa de la **conspiración liberal** es la más interesante y llena de colorido: asistimos a una explosión de vitalidad social, a la entrada en la escena política de toda una *clase* nueva (*clase*, no *estamento*), una *clase media* compuesta por profesionales intelectuales (médicos, abogados) y comerciantes, una *clase* que es consciente de su posible protagonismo político y que sabe establecer contactos con los militares descontentos. Los *cafés* serán los lugares públicos de las conspiraciones; las *tertulias privadas* los lugares íntimos, reservados para las amistades; las *loggias masónicas* los lugares secretos donde solamente entran los afiliados... Un cierto aire romántico («romanticismo liberal») rodea todas estas conspiraciones, que tienen como ideal político inmediato la restauración de la Constitución de Cádiz. Algunas de estas conspiraciones llegaron a ser verdaderamente peligrosas para el rey (en 1816 se descubrió en Madrid la «conspiración del Triángulo», que tenía propósitos regicidas), pero la mayoría aspiraba únicamente a *pronunciarse* («manifestarse, mediante una demostración de fuerza militar, para lograr un cambio político»). Conspiraciones y pronunciamientos se siguen sin éxito unos a otros hasta que, en 1820, *se pronuncia* el general Riego en Cabezas de San Juan (Cádiz) y se unen a este pronunciamiento una serie de militares liberales que obligan a Fernando VII a aceptar la Constitución de Cádiz.

La segunda etapa es la del **gobierno liberal**, y ocupa los años de 1820 a 1823, por lo que se le ha llamado a este período *trienio liberal*. En realidad, los liberales no gobiernan, sino que intentan gobernar. Los liberales en el poder son moderados (Martínez de la Rosa, por ejemplo), que se ven rodeados de enemigos a la izquierda (liberales «exaltados» que fundaron sociedades secretas con el ánimo de alterar el orden público) y a la derecha (los reaccionarios absolutistas deseosos de restablecer su hegemonía). El desgobierno del equipo liberal fue desmontado por la intervención del rey de Francia, quien, a petición del reaccionario escritor vizconde de Chateaubriand, organizó un formidable ejército («Los cien mil hijos de San Luis») que entró en España y restableció el *ancien régime*.

La tercera etapa (1823-1833) es la de la forzada **emigración** de todas las personalidades liberales para salvar la vida. La emigración se dirige a Inglaterra, pues la Francia de Luis XVIII representa el último reducto de la reacción en Europa. Este dato es interesante, porque los liberales se empaparán en Londres del espíritu romántico y lo importarán a España cuando regresen después de la muerte de Fernando VII, en 1833, lo que ayuda a explicar lo tardío del movimiento romántico en España. A partir de ahora se recrudece la represión absolutista, pues el rey Fernando no tiene prácticamente oponentes. Un dato basta para certificar el furor reaccionario: en 1824 se reinstaura nada menos que el Tribunal del Santo Oficio (!!!). Conocemos una víctima de esta anacrónica Inquisición, que fue un triste maestro de escuela acusado de haber empleado una edición de la Biblia no autorizada...

La independencia de América: Simón Bolívar, el «Libertador»

La independencia de la América hispana es el resultado de dos factores decisivos: el primero, de naturaleza ideológica, fue el impacto de *las ideas liberales surgidas de la Revolución Francesa*, y el segundo, de naturaleza histórico-política, fue *la ocupación de España por las tropas de Napoleón*.

Las *ideas liberales surgidas de la Revolución Francesa* inspiraron los movimientos emancipatorios de forma directa e indirecta: directamente, porque en nombre del principio de la *libertad* había que sacudir la servidumbre política de unas naciones que se sentían maduras para el autogobierno; añádase a la idea de liberación nacional la idea de liberación de los indios (programa indigenista), que fue también uno de los motores de la insurrección, aunque nunca se cumplió. Indirectamente, porque la Revolución Francesa había destruido los *estamentos* y había hecho aparecer una sociedad de clases, esto es, una sociedad dominada por el ciudadano, especialmente por el ciudadano influyente, por el «burgués». La burguesía de negocios, fuerza emergente en Europa al desaparecer el poder de los estamentos (aristocracia y clero), era en América el motor de las ideas independentistas. Los independentistas americanos veían en el viejo estamento aristocrático fiel a España (la aristocracia adminsitrativa y militar) solamente los residuos de un aparato político-administrativo contrario a los intereses nacionales, intereses que, naturalmente, coincidían con los de la burguesía de negocios. Los *criollos* (descendientes de españoles, pero nacidos en América) encontraron en las ideas del liberalismo el fermento de su conciencia de clase explotada, y aunque muchos pertenecían a la clase aristocrática, como Simón Bolívar, su ideología se identificaba con la de la naciente burguesía.

La ocupación de España por Napoleón fue el segundo factor determinante: al producirse el vacío político que surgió con la emigración forzosa del rey Fernando a Francia, las naciones americanas aprovecharon el vacío de poder para crear, al igual que en España, Juntas de Defensa, asambleas de autogobierno completamente libres de todo vínculo con la metrópoli. En principio, las Juntas de Defensa se declaraban fieles a la metrópoli y al rey Fernando; su autoridad se establecía como interina y limitada al tiempo que tardase el rey Fernando en regresar a España. Pero es evidente que, de acuerdo con los principios liberales que antes hemos expuesto, la fidelidad a la monarquía española era un contrasentido: el rey de España representaba, justamente, los principios de la sociedad estamental, lo que se oponía radicalmente a los intereses de la burguesía de negocios. De esta manera, las Juntas de Defensa eran, a pesar de sus declaraciones programáticas, el mejor fermento independentista.

El principal autor de la independencia de Hispanoamérica fue el venezolano **Simón Bolívar**. Bolívar nació en Caracas en 1783 en el seno de una riquísima familia aristocrática. Su preceptor o mentor político fue Simón Rodríguez, curioso personaje que –influido por las ideas de la Ilustración– dedicó su vida al ideal de hacer libre al pueblo americano por medio de la educación, especialmente la educación escolar. Es difícil saber exactamente la influencia que ejerció en Bolívar, además de haberlo introducido en el pensamiento de Montesquieu y Voltaire. En Roma, con ocasión de un viaje educativo de Bolívar a través de Europa, parece ser que fue este personaje el que le inspiró la idea de jurar ante el Monte Sacro la liberación de Venezuela. Pero entre Bolívar y Simón Rodríguez no hubo apenas contactos durante las guerras de liberación, con excepción de un breve paréntesis en que Bolívar le nombró director de Enseñanza en la República de Bolivia.

Bolívar era el mejor ejemplo –y también el más extremado– de las clases elevadas de la sociedad criolla venezolana: elegante, apasionado, elocuente, soñador, acaso con poco sentido de la realidad, y de una fuerza de voluntad a prueba de los mayores fracasos. Bolívar creía ciegamente en su estrella, que le arrastraba fatalmente al papel de *liberador* de toda Hispanoamérica. No sabemos hasta qué punto era realista Bolívar en sus ideas políticas y en sus campañas militares; tenemos la impresión de que todos sus logros, como también buena parte de sus fracasos, se deben a una voluntad poderosísima que mantenía su persona en continua tensión y le obligaba a superarse a sí mismo ignorando los condicionamientos de su naturaleza, que eran muchos y muy grandes. Pese a todos sus defectos, Bolívar tuvo la virtud de mantenerse siempre honesto: cuando comenzó la revolución era uno de los hombres más ricos de Venezuela (su fortuna se calculaba en 4 millones de pesos), y cuando murió le quedaban apenas 7.000 pesos, y esto gracias a que había vendido su vajilla de plata.

Cuando España se sublevó contra Napoleón, casi todas las colonias americanas siguieron su mismo ejemplo, declarando no querer someterse a la autoridad de Napoleón y formando las Juntas de Defensa que hemos mencionado. La hora de Bolívar había llegado. Pero no sólo de Bolívar. Hacia 1810, el joven Simón Bolívar coincidió en Londres con un compatriota mayor que él, el general Francisco Miranda, el primero que planteó el tema independentista. Miranda se encontraba precisamente negociando con Inglaterra la ayuda militar para independizarse de España...

Bolívar hizo redactar el texto de la proclamación de la independencia del país, votar una Constitución republicana, poner un ejército en pie de guerra y entablar los primeros combates contra los ejércitos fieles a la metrópoli.

Pero la carrera político-militar de Bolívar está llena de serios reveses, en parte debidos a su inexperiencia como militar. En Bolívar había una gran desproporción entre lo que quería y lo que lograba realizar. A Bolivar la ambición le volvía ciego ante la realidad. Y la realidad de la América hispana era desfavorable al tipo de guerra que quería realizar Bolívar: no existían apenas carreteras y las armas y las municiones debían transportarse a hombros de esclavos o sobre reatas de mulas por caminos intrasnsitables, por los paisajes desiertos de los Andes o a través de las impenetrables selvas americanas. Pronto surgieron desavenencias entre el experimentado capitán Miranda y el inexperto Bolívar, sobre todo a partir del desastre militar de Puerto Cabello, del que fue responsable Bolívar. Además de estos primeros reveses militares, se produjo, precisamente en el aniversario de la revolución, el terrible terremoto de Caracas, que dejó la ciudad prácticamente destruida y que llevó a muchos caraqueños a ver en esto un castigo de Dios. Miranda, decepcionado ante los desastres militares y ante el desánimo popular, decidió capitular ante los ejércitos españoles. Pero justamente en este momento de mayor postración llegó la hora de Bolívar, que decidió actuar con rapidez: hizo prisionero a Miranda, lo acusó de alta traición por habers capitualado y lo entregó a los españoles. Miranda moriría cuatro años más tarde en una situación lamentable.

Bolívar era ahora amo absoluto de los destinos de su pueblo. Replegado en Nueva Granada (Colombia) por encontrarse Venezuela ocupada por los españoles, dirigió desde este país la guerra en dirección a Venezuela, atravesando una selva en teoría impenetrable y llenando de asombro a sus enemigos. Bolívar reconquistó Venezela y entró triunfalmente en Caracas, se convirtió en dictador y capitán general del país y el pueblo le dedicó el título de «Libertador».

Pero el triunfo de Bolívar fue efímero: en los años de 1813 y 1814 se produjo la reorganización de los ejércitos españoles, pues a la caída de Napoleón y regreso de Fernando VII comenzó la metrópoli a conquistar de nuevo el terreno perdido. Bolívar tuvo que huir de Venezuela y refugiarse en las Antillas.

De nuevo, vuelta a empezar. La fe de Bolívar en su estrella es inquebrantable y a partir de 1816, «la revolución vuelve a ponerse en marcha». Esta vez la campaña siguió la dirección contraria a la anterior: Bolívar recuperó primero Venezuela y realizó la marcha desde Venezuela a Nueva Granada (Colombia). De nuevo se producen gestas asombrosas, más propias de un loco que de un capitán en uso de razón. De nuevo el viaje por las selvas impenetrables, de nuevo la incredulidad y el asombro de sus contemporáneos, esta vez aumentado por el hecho de tener también que atravesar la cordillera de los Andes y hacer el camino a 4.500 metros de altitud, sin casi víveres, sin casi animales de carga y sin casi leña para hacer el fuego. En 1819, la batalla de *Boyacá* marca un hito decisivo: Bolívar entra en Bogotá declarando que viene a pagar un la deuda que Venezuela había contraído con Nueva Granada (Colombia) por haber ayudado en la guerra anterior a liberar Venezuela. Bolívar propuso la *unificación de Nueva Granada (Colombia) y Venezuela en la República de Colombia.* Como era de esperar, Bolívar fue elegido presidente de la nueva república.

Paralelamente a estas campañas militares, otro héroe de las guerras independentistas, el general **San Martín,** había logrado liberar Argentina y, poco después, en una expedición a los Andes que despertó tanta admiración como la de Bolívar, logró liberar Chile. San Martín, como los revolucionarios venezolanos, contaba con la ayuda militar de Inglaterra, en teoría aliada de España desde las guerras napoleónicas, pero en la práctica más interesada en liberar los países hispanoamericanos para conquistar nuevos mercados. Después de liberar Argentina y Chile, San Martín dirigió su atención a Perú, la colonia donde España tenía más fuerza. Aunque San Martín no logró conquistar el país por entero, consiguió entrar en Lima, la capital, y ser nombrado «Protector» del país. De esta manera, dos generales de las guerras independentistas se repartían la geografía de la América hispana: Bolívar al norte (Venezuela, Colombia, Bolivia, Ecuador...) y San Martín al sur (Argentina, Chile y gran parte del Perú).

San Martín comprendía la necesidad de colaborar con Bolívar para conquistar por completo el Perú, con lo que prácticamente toda la América hispana estaría liberada. Pero un proyecto para unirse a Bolívar en una acción concertada para conquistar el Perú no tuvo éxito debido a ciertas intrigas militares. San Martín, que además de gran militar, era hombre de extrordinaria honradez y modestia, decidió retirarse de la escena política y militar, dimitió de todos sus cargos y abandonó América para retirarse a Francia. El terreno quedaba libre para Bolívar, decidido a conquistar él solo el inmenso país del Perú. En 1824, un general de Bolívar dotado de gran talento, el mariscal Sucre, lograba la victoria de *Ayacucho,* y con ella la conquista defintiva de todo el Perú. Toda Hispanoamérica estaba liberada, y Bolívar, después de la desaparición de San Martín, resultaba el indiscutido protagonista de la independencia americana.

Bolívar, soñador febril, luchó todavía por un objetivo más alto: *la unidad de todas las repúblicas hispanoamericanas,* algo así como unos *«Estados Unidos de Hispanoamérica».* Pero entre los criollos dominaban los intereses particulares, y, poco a poco, Bolívar se iba quedando solo con su lema «Uníos, o el caos os devorará». Bolívar murió en 1830, a los 47 años, desesperado ante la anarquía reinante en los países por él liberados. Parece ser que durante la enfermedad que precedió a su muerte pronunció estas palabras: «Los tres mayores locos de la historia fueron Jesucristo, Don Quijote... y yo».

La Guerra Carlista

Fernando VII muere en 1833 sin dejar hijos varones. La tradición dinástica española permitía que las hembras heredasen la corona (basta recordar el ejemplo de Isabel la Católica), pero una ley introducida por los monarcas borbónicos en el siglo XVIII lo impedía. Si se aceptaba la tradición dinástica española, gobernaría Isabel, hija de Fernando VII, y durante su minoría de edad (hasta 1844), sería *regente* María Cristina, su madre. Si se aceptaba la rectificación introducida por los Borbones, el sucesor de Fernando VII sería su hermano Carlos (Carlos María Isidro).

El problema, sin embargo, no era exclusivamente dinástico-legal, pues las leyes y tradiciones dinásticas pueden alterarse según la conveniencia del momento. El problema real era el régimen político que había de suceder al de Fernando VII. Si se aceptaba a Isabel como heredera, se aceptaban por lo menos once años de gobierno liberal, pues la regente María Cristina era una decidida partidaria del liberalismo. Si se aceptaba a Carlos por rey, se aceptaba la continuidad absolutista, pues en torno a Carlos María Isidro se reunieron todos los grupos reaccionarios del país. Las luchas entre los partidarios de la revolución y los partidarios de la reacción continúa de esta manera después de la muerte de Fernando VII.

De hecho, la Guerra Carlista comienza ya con las intrigas sucesorias en el lecho del moribundo rey Fernando: los partidarios de uno y otro bando intentaron conseguir para su provecho ventajas testamentarias, y el rey casi inconsciente otorgó su voluntad a unos y otros según las circunstancias. Al final triunfó el partido de María Cristina, y cuando murió el rey Fernando fue proclamada heredera su hija Isabel. Los partidarios de don Carlos no aceptaron el nombramiento de Isabel y proclamaron rey de España al hermano de Fernando. «Carlistas» y «cristinos» o «liberales» se preparaban para una larga lucha armada.

Los carlistas se hicieron fuertes, sobre todo, en el norte de España, especialmente en el País Vasco, Navarra y en la región montañesa del Maestrazgo (sur de Aragón), regiones muy apegadas a sus tradiciones históricas. Invocaban como principios políticos los de la tradición monárquica y cristiana, a los que añadían de manera oportunista la defensa de los Fueros («derechos especiales») regionales. Su lema era «Dios, Patria, Rey, Fueros», principios demasiado abstractos y generales (con excepción de los «Fueros») para justificar política alguna. El carlismo era, en sus principios teóricos, una reacción sentimental ante los principios del materialismo de la sociedad moderna, por lo que algunos simpatizantes adoptaban una actitud romántica de cruzados. Pero bajo su aparente ideario cristiano y romántico se escondía la triste realidad de su defensa a ultranza de la sociedad estamental, del «ancien régime» con todos sus inveterados privilegios. El carlismo defendía una marcha atrás (involución) en todos los aspectos de la realidad político-social, por lo que «carlista» y «reaccionario» son conceptos sinónimos. El carlismo suponía, además, una concepción teocrática del poder: se pretendía hacer leyes basándose en la Sagrada Escritura, por lo que no era raro ver al Pretendiente (don Carlos) rodeado de frailes y altos dignatarios eclesiásticos en su corte de Estella (Navarra). El carlismo, digámoslo de una vez, era un doble error político: era un error por querer invocar los principios ya extinguidos del Antiguo Régimen, y era un error también por querer justificar dichos principios acudiendo a la religión. A pesar del doble anacronismo político y religioso, el carlismo afloró en diversas ocasiones de nuestra historia moderna. La última, la más grotesca, apareció en tiempos de Franco, fundida con el fascismo y a las órdenes del dictador (!!!).

El carlismo obtuvo al principio algunos éxitos militares considerables, especialmente gracias al talento de su general Zumalacárregui, cuyas dotes de estratega igualaban su crueldad y su fanatismo. A la muerte de Zumalacárregui en el sitio de Bilbao, el militar carlista más famoso (léase «sanguinario») fue Cabrera. Pero junto con los generales de la insurrección carlista habría que mencionar los numerosos pequeños cabecillas regionales que improvisaban *partidas* («pequeños grupos armados») donde menos se podía imaginar. Los componentes de estas *partidas* eran reclutados con facilidad: después de la Guerra de la Independencia, muchos de los antiguos participantes en la guerra de *guerrillas* se convirtieron en bandoleros, en gente sin trabajo y enamorados del *trabuco* («fusil»); la catastrófica situación económica en tiempos de Fernando VII permite tender un puente entre las guerrillas, el bandolerismo y los miembros de las *partidas* carlistas.

Don Carlos quiso emprender algunas «expediciones» o «correrías» de castigo a través de la geografía española para hacer propaganda política. La más célebre fue la que dirigió el general Gómez en 1836, que atravesó toda España, desde el País Vasco hasta Cádiz. Pero tales campañas eran más espectaculares que efectivas, y la España de los liberales, aprovechando el peligro de la vuelta al absolutismo, llevó a cabo reformas institucionales de cierta envergadura, como la Desamortización Eclesiástica de Mendizábal (1837) y la redacción de la Constitución de 1837, inspirada en la Constitución de Cádiz de 1812 y, por lo tanto, de un cierto radicalismo liberal, aunque preveía un sistema bicameral... La rebelión carlista, indirectamente, sirvió para radicalizar la política liberal en la España de María Cristina.

Finalmente, ante el cansancio general de la guerra, comenzaron a entablarse conversaciones de paz entre el general liberal Espartero y el general carlista Maroto, conversaciones que facilitaron el *Convenio de Vergara* de 1839: en un abrazo teatral entre ambos generales que tuvo lugar en presencia de sus tropas, se acordó respetar el gobierno legítimo de Madrid; a cambio de ello los oficiales del ejército carlista conservarían su graduación y medallas dentro del ejército único. Aunque el general Cabrera se atrincheró en el Maestrazgo y se negó a aceptar este convenio (los carlistas intransigentes hablaban de la «traición de Vergara»), su resistencia sólo sirvió para prolongar la guerra durante algún tiempo.

La guerra carlista fue objeto de tratamiento literario por gran número de escritores de las más diversas generaciones y corrientes literarias. Mariano José de Larra, autor contemporáneo de quien hablaremos más tarde, le dedicó la mordacidad y el tono ácido de sus artículos de crítica política. Pérez Galdós, a pesar de su simpatía por los liberales, captó con imparcialidad, ante todo, el colorido de la guerra, su tipismo, ese aire de cosa cien por cien española que ayuda a disimular la crueldad de la guerra y el fanatismo de sus caudillos. Pío Baroja, sin descuidar el ambiente y los paisajes, se fijó más en la intriga política y en el aspecto conspirativo, que nos describe con toda crudeza y sin ahorrar críticas al cerrilismo de los rebeldes. Y Valle Inclán, que en cierta época de su vida no ocultaba su simpatía por la causa carlista, pretende mitificar los héroes carlistas como cruzados de una imposible misión redentora; la sensibilidad decadente del autor en este tiempo (época del modernismo literario) hace de la majestad caída del pretendiente carlista el principal atractivo de esta guerra.

B: SOCIEDAD

La labor de las Cortes de Cádiz

Cuando se produce la invasión napoleónica, las tendencias políticas más importantes son cuatro: *afrancesados*, *jovellanistas*, *doceañistas* y *absolutistas*.

Los **afrancesados** son los que creen que la renuncia al trono español por parte de Fernando VII no ha sido forzada; en consecuencia, la legitimidad del rey José I es incuestionable. El nombre de «afrancesado», que en su origen es despectivo y equivale a algo así como «traidor a su patria», esconde la realidad ideológica de los que comparten esta tendencia. Los afrancesados no eran oportunistas que se habían pasado a Napoleón a cambio de prebendas, sino patriotas convencidos de las ventajas de una dinastía que encarnaba los principios de la Razón y la Revolución (Napoleón supo vender muy bien la carga ideológica de la Revolución Francesa, aunque él personalmente aspiraba únicamente al poder). Para los afrancesados, el bonapartismo garantizaba la revolución pacífica de los ilustrados del XVIII. Es más: el rey José había entrado con una constitución escrita (la Constitución de Bayona de 1808), y una constitución es la mejor garantía contra toda tentación de absolutismo. Naturalmente, los afrancesados son un pequeño número de ilustrados que no comparten la fiebre antinapoleónica. Políticamente, su influjo va a ser prácticamente nulo.

El segundo grupo lo constituyen los **jovellanistas**, es decir, seguidores de Jovellanos y partidarios de una política de reformas (ya conocemos el talante político de Jovellanos), pero de reformas moderadas. Los jovellanistas sí son importantes y canalizan una gran parte de la opinión política del momento. Curiosamente, a pesar de todo lo que sobre Jovellanos conocemos, el reformismo jovellanista es conservador, se ha quedado anclado en el pasado. Primer punto: Jovellanos y los jovellanistas no quieren una constitución escrita, pues creen que es suficiente la tradición secular española de un rey que gobierna dialogando con las cortes; esta tradición, creen los jovellanistas, es suficiente para garantizar una política liberal y ahuyentar el riesgo del absolutismo. Segundo punto: las cortes han de reunirse al modo tradicional, convocadas por estamentos, es decir, en dos cámaras distintas, una para el estamento nobiliario y los altos dignatarios de la Iglesia, y otra para el estado llano y los miembros inferiores de la Iglesia. Conocemos la justificación que da Jovellanos de esta separación parlamentaria por estamentos según la expone en una de las cartas a Lord Chandos; el problema es que en su tiempo nadie comprendió sus razones, y Jovellanos vivió sus últimos años amargado por la experiencia de la incomprensión y el fracaso.

El tercer grupo, para la teoría política el más importante, era el de los liberales «**doceañistas**,» es decir, el de aquellos que se impusieron en las cortes que hicieron la Constitución de 1812. Se trata de los verdaderos liberales, de los que aplican los principios revolucionarios y defienden la liquidación definitiva e inmediata de la sociedad estamental. En oposición a los jovellanistas, defenderán, como los revolucionarios franceses, la redacción de una constitución escrita, única garantía contra la tentación absolutista de los monarcas. Y también en oposición a los jovellanistas, exigirán la convocatoria de un parlamento en cámara única.

El cuarto grupo es el de los **absolutistas**, el de la inmensa mayoría inculta del pueblo español, que nada entendía de política y que tradicionalmente identificaba al monarca con un representante de Dios. Para este grupo, el patriarcalismo de un soberano absoluto era la mejor garantía del orden social.

Es evidente que ni los afrancesados ni los absolutistas podían tener protagonismo en la política de la época de la invasión napoleónica. Los primeros, por ser considerados traidores, los últimos por su incultura (en 1803 todavía un 94% de la población era analfabeta). Las *juntas* envían a la *Junta Central* de Cádiz a sus representantes, pero éstos son gente que tiene un mínimo de cultura y que se identifican o bien con los jovellanistas o bien con los que se llamarán más adelante «doceañistas». Naturalmente, hubo algunos representantes pertenecientes al estamento nobiliario, como el obispo de Orense, que defendieron posturas absolutistas, pero las discusiones, en general, se centraron entre jovellanistas y doceañistas. En el último momento triunfaron los «doceañistas», que impusieron la reunión de parlamentarios en cámara única y la urgencia de redactar una constitución escrita.

La labor fundamental de las Cortes de Cádiz consistió en a) una serie de *medidas revolucionarias* tendentes a destruir los fundamentos de la sociedad estamental, y b) la redacción de la *Constitución de 1812* en que esos principios revolucionarios quedaban plasmados por escrito.

Las **medidas revolucionarias** más importantes fueron las siguientes. En primer lugar, una ley de 1811 por la que se incorporaban a la nación los *señoríos jurisdiccionales*, es decir, se abolía el derecho feudal de ciertos dominios donde un aristócrata era señor de vidas y haciendas. En segundo lugar, dos años más tarde, *supresión de los mayorazgos* inferiores a tres mil ducados de renta anual, así como una reglamentación de los límites económicos de los mayorazgos para el futuro. En tercer lugar, una tímida *desamortización eclesiástica* por la que se enajenaban los bienes de las comunidades religiosas extinguidas o reformadas por el gobierno de José Bonaparte. En cuarto lugar, la *privatización de propios, realengos y baldíos* (hemos estudiado estas realidades económicas en el capítulo X), operación en parte comenzada a finales del XVIII por la política de los ilustrados. Y en quinto lugar, la *liberalización del trabajo*, que se encontraba rígidamente reglamentado por los *gremios* («sindicatos») de origen medieval y no permitía el libre desarrollo de la actividad económica.

En conjunto, las medidas tienden a crear una sociedad libre: libre del control de los estamentos (nobleza y clero), y libre de las ataduras económicas que imponían los bienes vinculados. A una economía dirigida y reglamentada, como era la estamental, oponen los políticos liberales una economía de libre competencia. Y a una política de autarquía económica propia de los estamentos (los bienes eran inalienables y no entraban en el libre juego económico), oponen los liberales una economía abierta de libre intercambio... El liberalismo del siglo XIX es la continuación lógica del reformismo social de los ilustrados del XVIII, reformismo que ahora, en época de guerra y sin el control de la clase dirigente, puede alcanzar los planteamientos extremos de la Revolución Francesa.

La redacción de la **Constitución de Cádiz de 1812** es la otra gran labor de las cortes de Cádiz. Téngase en cuenta que se trata de la primera constitución escrita de la historia de España (si se exceptúa la Constitución de Bayona otorgada por el régimen napoleónico), y que sirvió de modelo para todas las constituciones liberales del siglo XIX en España e incluso en Portugal, en Italia y en los países hispanoamericanos. El primer punto que conviene destacar es su declaración de principio de que *la soberanía reside esencialmente en la Nación*, y que, por lo tanto, «pertenece a ésta exclusivamente el derecho de establecer sus leyes fundamentales», derecho que se ejercerá, esto es claro, consultando las Cortes. La soberanía, pues, no reside en el rey, sino en el pueblo, el cual delegará el poder en sus representantes (diputados) y en un rey encargado de velar por el bien común. El absolutismo ya no tiene justificación legal de ningún tipo. El segundo aspecto es el del *racionalismo administrativo*, cuyas consecuencias prácticas más sobresalientes son la representación política en las Cortes (elección indirecta de un diputado por cada 70.000 habitantes) y la reforma de la administración municipal.

Naturalmente, tanto la Constitución de Cádiz como las medidas políticas adoptadas por los liberales revolucionarios tenían la perfección de los modelos impracticables: la sociedad para la que estaban hechas no entendía de liberalismo, de constituciones, de soberanías nacionales ni de desamortizaciones. Las Cortes de Cádiz trabajaban de espaldas a la realidad, construyendo un mundo político un tanto utópico cortado a la medida de los deseos de la incipiente burguesía de pequeños comerciantes e intelectuales. La vuelta de Fernando VII en 1814 significó el final de las reformas, y el movimiento liberal, como ya hemos visto, tuvo que volver a empezar...

La Desamortización de Mendizábal

Hemos explicado los principios teóricos en que se basa la desamortización formulada por los intelectuales del siglo XVIII (capítulo X). Hemos expuesto también en líneas generales los primeros ensayos desamortizadores emprendidos por los monarcas ilustrados y por los diputados de las Cortes de Cádiz, ensayos mucho más tímidos de lo que la radicalidad del planteamiento hacía esperar. La verdadera puesta en práctica de estos principios desamortizadores tiene lugar en la década de los años treinta, cuando gobiernan los liberales y cuando la guerra carlista radicaliza las posiciones en el gobierno de Madrid.

Efectivamente, durante los años de 1833 a 1839, en parte por la lógica misma de la política liberal, y en parte porque el gobierno necesitaba apremiantemente dinero para financiar las campañas contra los ejércitos carlistas, se emprendieron una serie de medidas desamortizadoras que se pueden dividir en tres grupos: a) desamortización de las tierras pertenecientes al estamento nobiliario (*desvinculación de patrimonios nobiliarios*), b) desamortización de los terrenos comunales (*desamortización civil*) y c) desamortización de las tierras pertenecientes a la Iglesia (*desamortización eclesiástica*).

La **desvinculación de patrimonios nobiliarios** es, en principio, la más atrevida y revolucionaria, pues significa nada menos que dejar sin medios de subsistencia al estamento de donde tradicionalmente se reclutaba la mayoría de los individuos de la clase política. En realidad, esta desamortización comenzó en los años del Trienio Liberal (1820-1823), pero sólo fue confirmada legalmente en 1836.

La segunda, la **desamortización civil**, se centraba en el problema de la desvinculación de los bienes comunales, y representaba la confirmación legal de un proceso que había comenzado ya en el siglo XVIII y que ya hemos comentado en el capítulo X. Por una ley del año 1834, se reconocían las ocupaciones de tierras de *baldíos* y *realengos* que habían realizado colonos particulares con el objeto de explotar las tierras.

La tercera, la famosa **desamortización eclesiástica**, tiene también sus orígenes en medidas desamortizadoras anteriores, como ya sabemos, pero en el año 1837 se produce la más radical de todas, la que va a producir mayor indignación entre los conservadores y tradicionalistas de todos los tiempos: la desamortización que emprendió Mendizábal.

Mendizábal era la estrella política del momento: nacido en Cádiz en 1790, pronto destacó en las tareas mercantilistas, que en esta ciudad eran tradición. Fue empleado de banca y más tarde funcionario de la administración militar en los años de la Guerra de la Independencia. En Cádiz frecuentó los ambientes liberales y entró en contacto con los masones, llegando a formar parte de la logia conocida bajo el nombre un poco cursi de «Taller sublime». Es conveniente tener presente estos datos de juventud porque son la clave de la política desamortizadora de sus años maduros: Mendizábal pertenecía a la burguesía mercantilista (lo que explica su lucha contra los *estamentos*), entró en contacto con los círculos liberales siendo todavía muy joven (lo que explica su pertenencia a la *familia política*), y fue miembro de la masonería (clave de su radical *anticlericalismo*). Su militancia liberal le llevó a colaborar en el gobierno de Riego (1820-1823) e incluso a hacerse acreedor de la pena de muerte, de la que se salvó emigrando a Londres. Mendizábal debía de ser un hombre extraordinariamente inteligente y emprendedor, un buen ejemplo del moderno burgués pragmático y «doctrinario»: en Londres, al poco tiempo de entregarse a las operaciones bancarias y mercantilistas, llegó a establecerse por su cuenta y fundar una casa de comercio y contratación. Su fortuna debía de ser considerable, pues se permitió financiar desde Londres la expedición dirigida a restablecer en el trono de Portugal a María II, hija de Pedro de Brasil. También desde Londres financió la formación de una legión inglesa para ayudar al gobierno liberal a vencer a los carlistas. Al regresar a España en 1835, le acompañaba una tal fama de hacendista, que fue nombrado ministro de Hacienda en el gobierno del conde de Toreno. Al poco tiempo, sustituyó a Toreno y formó su propio gobierno (septiembre de 1835 - mayo de 1836). Mendizábal participó también en el gobierno en otras ocasiones, aunque solamente como ministro de Hacienda (1836 y 1843).

La desamortización de Mendizábal consistía en declarar «propiedad nacional» los bienes raíces, rentas, acciones, etc. de las comunidades e institutos religiosos (a excepción de los dedicados a la enseñanza de niños pobres y asistencia de enfermos), que serían sacados a pública subasta. El Estado se comprometía a indemnizar a los clérigos pagándole directamente las rentas que habitualmente percibían de sus tierras. Mendizábal pretendía, con el dinero sobrante, financiar el coste de la guerra civil contra los carlistas...

Las medidas desamortizadoras, en general, tenían el doble objetivo de poner en circulación gran cantidad de bienes (ya lo hemos visto) y de dividir los grandes latifundios en pequeñas propiedades. Pero las medidas desamortizadoras se hicieron de prisa y mal, y no es fácil saber si la economía nacional resultó realmente beneficiada. La *desvinculación de patrimonios nobiliarios* fue más teórica que práctica: las grandes familias aristocráticas pudieron quedarse con sus tierras, y las pequeñas tuvieron que abandonar terrenos relativamente poco importantes. La *desvinculación civil* realizada con los terrenos comunales resultó igualmente un fracaso, pues los nuevos colonos, gente por lo general muy pobre, se tuvieron que enfrentar a tierras no aptas para el cultivo, tierras que necesitaban muchos años para ser productivas. Y por último, la *desamortización eclesiástica* fue una reforma de dudoso valor social: las subastas favorecían, como es lógico, a los más ricos, y los compradores de los latifundios eclesiásticos fueron los miembros de la burguesía. Las tierras de la Iglesia cambiaron de manos, pero el sistema del latifundio siguió existiendo. Es posible que las tierras se volvieran un poco más productivas, pero el problema social del trabajador en el campo quedaba intacto.

C: CULTURA

El romanticismo. España, país romántico.

Las palabras «romanticismo» y «romántico» proceden del adjetivo «románico» en la acepción de «cristiano», o de «romano de la época cristiana» en oposición a «romano de la época clásica». El romanticismo será, pues, una reacción contra el clasicismo. El romanticismo se rebelará contra los dictados de la razón y proclamará los derechos del *sentimiento*, proclamará la *libertad* radical del hombre, que ya no conocerá normas ni cánones, aceptará la *naturaleza* como única fuente de inspiración, y defenderá la espontaneidad creadora de los *pueblos*, únicos depositarios de la verdadera tradición cultural.

Romanticismo y clasicismo son dos movimientos pendulares a los que estuvo sometida la cultura europea: después de una época «clásica» viene siempre una reacción «romántica», aunque no siempre se la llame así. De esta manera, el romanticismo propiamente dicho es la reacción contra el neoclasicismo del XVIII, el barroco sería la reacción «romántica» contra el Renacimiento, el románico y el gótico la reacción igualmente «romántica» contra el clasicismo griego y romano...

Sin embargo, la potenciación del sentimiento de las épocas «románticas» no es la característica que aquí más nos interesa; las reacciones a lo clásico, y muy especialmente la reacción que se produce con el romanticismo propiamente dicho, se caracterizan también por el deseo de enaltecer las características peculiares de cada nación, de cada pueblo. Reaccionar contra el centralismo clasicista francés presupone ahondar en las raíces propias nacionales. Las creaciones *populares* (especialmente en poesía), la búsqueda de lo *típico*, la pintura de *costumbres*, las *escenas de género*, etc., van a experimentar un gran desarrollo en esta época. El romanticismo es el movimiento cultural más adecuado para poner de manifiesto el carácter nacional, lo peculiar y distintivo de cada nación.

Es casi un cliché cultural hablar de España como país típicamente romántico. Y este cliché empieza a ponerse de moda justamente en la época que estamos estudiando. De una parte, debido a los estudios de los filólogos alemanes, y de la otra, debido a la irradiación internacional de la Guerra de la Independencia, cuyos rasgos característicos –exaltación del sentimiento de libertad, improvisación, carácter popular, heroísmo, tipismo local– favorecieron esta imagen de país romántico.

Pertenece a Wilhelm Schlegel la conocida división de las grandes culturas europeas en dos grupos: naciones «clásicas» (Francia, Italia), y naciones «románticas» (Alemania, Inglaterra y España). Las primeras representarían la norma, el canon, la razón universal, y las segundas lo típico, lo específico, el genio nacional. Con la clasificación de Schlegel se producía la revalorización de la cultura española, que después del desprestigio que había sufrido en Europa durante los siglos XVII y XVIII, resultaba ahora emparentada con las demás literaturas europeas y aún revalorizada al considerarla superior a cualquiera de las literaturas clásicas. Toda una ola de estudiosos extranjeros se volcaron, siguiendo las teorías basadas en el *Volksgeist*, a estudiar las manifestaciones populares de la literatura española, especialmente su obra más universal, el *Romancero*.

Pero la Guerra de la Independencia contribuyó aun más a la revalorización de la cultura española, y no sólo por la admiración que producía en toda Europa el espectáculo de un levantamiento y una resistencia exclusivamente populares, sino por el prestigio de que gozó la Constitución de 1812, que sirvió de modelo, entre otros, a los intelectuales del Risorgimento italiano. Ante el patrón clásico francés, que imponía una norma igualitaria para toda Europa, surgía la afirmación de los valores culturales propios. Otra vez el pueblo español (como en el caso de los *Romances*) era objeto de admiración universal.

¿España país romántico? Habría que especificar qué se entiende por romanticismo y qué tipos de romanticismo se producen en España. A finales del siglo XVIII comienza a manifestarse una espontánea efusión sentimental que rompe el esquema de la literatura clasicista, por lo que suele hablarse de «prerromanticismo». A esta corriente pertenecerían las *Noches Lúgubres* de José Cadalso, obra de un sentimentalismo morboso en que se describen los disparatados deseos de un amante (proyección autobiográfica del autor) por desenterrar a su amada, muerta en la flor de la juventud (Cadalso llegó a decir que esta obra debería escribirse en letras amarillas sobre papel negro...). A esta corriente pertenecería también buena parte de la obra poética de Meléndez Valdés, obra en que se manifiesta un lánguido sentimentalismo que contrasta con la orientación racionalista de la literatura del XVIII. Es evidente que no es éste el tipo de romanticismo que se identifica como típicamente español.

El romanticismo español será el romanticismo maduro, el que se manifiesta desde principios del XIX, pero tampoco hay gran acuerdo sobre el sentido de este romanticismo, que se suele dividir en «romanticismo histórico» y «romanticismo liberal». El romanticismo histórico es el que, como reacción al racionalismo clasicista, revalorizó la Edad Media y potenció una reconstrucción histórica del pasado en que sobresalían los ideales de la fe religiosa, la exaltación de lo popular y el sentimiento nacionalista. La novela histórica a lo Walter Scott, el teatro historicista a lo Victor Hugo y la imitación de la poesía popular de los *Romances,* son algunas de las características más sobresalientes de esta dirección. Además del medievalismo, el romanticismo histórico suele inspirarse en los ambientes nebulosos de los países nórdicos. El romanticismo histórico tiene, por lo tanto, un marcado sabor reaccionario: enaltecer la Edad Media significa enaltecer la sociedad estamental, defender los ideales de la fe y el sentimiento equivale a poner en duda la labor de la razón como legisladora universal, etc.

Frente a este romanticismo denominado «histórico» se manifiesta un romanticismo «liberal» que no sueña con la reconstrucción del pasado, sino con la construcción del futuro político y social del país. Se trata de intelectuales descontentos que aplican el escalpelo de la crítica racional (elemento clásico, no romántico) para ponerlo al servicio de los ideales de la revolución liberal. El romanticismo liberal, al contrario del histórico, prefiere inspirarse en Francia, y no en los países nórdicos; es lógico, si se tiene en cuenta la importancia que para estos escritores tiene la facultad de la razón. Algunos de estos románticos liberales incluso habían sido clasicistas en su juventud. Naturalmente, están de acuerdo con las medidas tendentes a desmontar la sociedad estamental, y critican la insurrección carlista del norte de España.

El romanticismo histórico, o «primer romanticismo», se extiende hasta la época de la muerte de Fernando VII (1833), y los comienzos del romanticismo liberal o «segundo romanticismo» se pueden hacer datar a partir de 1834, coincidiendo con el retorno de los liberales que habían emigrado a Londres. El problema es que en muchos autores de la época se dan ambas tendencias al mismo tiempo y no es posible separarlas radicalmente. En los años de la Guerra Carlista se producen una serie de estrenos teatrales que constituyen una verdadera erupción del «Sturm und Drang» romántico español. Sería suficiente pasar revista a estos dramas para estudiar todas o casi todas las características del romanticismo histórico y del romanticismo liberal al mismo tiempo. Obras como *La conjuración de Venecia,* de Martínez de la Rosa (1834), *Don Álvaro o la fuerza del sino*, del Duque de Rivas (1835), *Los amantes de Teruel*, de Hartzenbusch (1837), y *El trovador*, de García Gutiérrez (1836), contienen elementos del romanticismo histórico (exaltación del sentimiento, recreación de la Edad Media, complacencia con el tipismo regional...) con los planteamientos políticos libertarios propios del romanticismo liberal. Por lo demás, el teatro romántico español vale poco literariamente: el tremendismo, la acumulación de incongruencias y fatalidades gratuitas y, sobre todo, la falta de un armazón psicológico, despiertan la hilaridad en el lector moderno. *La forza del destino*, de Verdi, basada en el *Don Álvaro*, o *Il Trovatore*, del mismo compositor e inspirada en la obra de García Gutiérrez, son óperas que se pueden escuchar haciendo grandes esfuerzos para concentrarse en la música y olvidar los libretos, cuya única virtud es, precisamente, recoger los ambientes y recrear algunas escenas de género.

El mejor romántico español de esta época (en el próximo capítulo trataremos del romanticismo tardío) es **Mariano José de Larra** (1809-1837), personalidad originalísima y uno de los mejores prosistas de las letras españolas. Larra pertenece cien por cien al romanticismo «liberal», aunque en sus primeras creaciones se adhirió al romanticismo «histórico» y escribió obras verdaderamente ilegibles (como *El doncel Don Enrique el doliente*) en que pretendía reconstruir la Edad Media. Larra se hizo célebre por sus geniales *Artículos de costumbres*, pequeñas obras maestras de sátira social en que el tipismo y las escenas de género aparecen descritas por una luz agria de sátira social. Nada queda fuera del escalpelo crítico del autor: la suciedad de las fondas, la incomodidad de las casas nuevas, los problemas de viajar en diligencia, lo grotesco de los banquetes improvisados, la ridiculez de las tertulias de cafés, la falsedad de las fiestas de disfraces, etc. etc. No es ya el costumbrismo romántico de la primera época en que el escritor se deleita en la pintura de las costumbres, sino una España vista bajo una perspectiva casi grotesca. Si se comparan sus *Artículos de costumbres* con las *Escenas matritenses* de Mesonero Romanos o las *Escenas andaluzas* de Estébanez Calderón, se verá la gran diferencia entre ambos tipos de costumbrismo. Larra recoge la tradición crítica de un ilustrado del XVIII, como por ejemplo Cadalso, y la lleva a sus últimas consecuencias. Larra estaba descontento de sí mismo, de la sociedad que le rodeaba, de España y, acaso, del mundo entero. Pero su *Weltschmerz* se manifiesta con un humor amargo, cáustico, destructivo, desesperanzado. Larra se suicidó por su fracaso sentimental con la Dolores Armijo, por su fracaso como escritor no reconocido y por su fracaso en la política. Pero le faltó sentimentalismo a su muerte para llegar a convertirla en el cliché romántico de un Werther: Larra murió de despecho, acaso sin derramar una lágrima ni pronunciar lamentaciones, sin querer despertar compasión. Hay algo de violento, de autodestructivo y desequilibrado en este escritor genial. Acaso por esta razón no encaja bien su personalidad en el panorama romántico español.

Aparte de Larra y del teatro tremendista del romanticismo, el tipismo romántico tuvo muchos representantes (Mesonero Romanos, Estébanez Calderón), que contribuyeron a construir esta imagen más o menos verdadera y más o menos falsa de la «España romántica». Pero es evidente que la «España romántica» está muy cerca de la «España de pandereta», y poco a poco se va convirtiendo en un cliché que muchos autores extranjeros (Theophile Gautier, Prosper Merimée) van a exportar por el mundo entero. La mundialmente famosa *Carmen*, de Bizet, tiene un argumento basado en Merimée que abunda en escenas de género sacadas del ambiente romántico: sin los bandidos de Sierra

Morena, los zapateados flamencos, las corridas de toros, las cigarreras, etc., la obra pierde gran parte de su interés.

La pintura de Goya

La obra de Francisco de Goya y Lucientes (1746-1828) presenta las típicas dificultades clasificatorias que ofrecen los genios. ¿Clásico o romántico? Por la época que le tocó vivir debería ser clásico, pues su formación tiene lugar en los años en que triunfa el neoclasicismo. Sin embargo, el temperamento vital del artista es romántico, y después de una primera etapa clasicista se convierte en pintor romántico. ¿Impresionista, expresionista, surrealista? Cualquiera de estas denominaciones pueden encajar en Goya, y todas juntas también, y sin embargo Goya es mucho más que todo eso. Goya está detrás de todas las clasificaciones, porque Goya no se dejó arrastrar por ninguna escuela, por ninguna tendencia. Goya es, ante todo, un temperamento, un carácter, una forma de ver el mundo. Y un temperamento rebelde, áspero, brusco, a veces desprovisto de gracia y elegancia, pero siempre espontáneo y sincero. Quizás esto es lo que más le emparenta con el romanticismo: su personalidad vigorosa, única, irrepetible. Goya está un poco como fuera del tiempo, aunque no fuera del espacio, pues sin España no es posible entender a Goya. Y tan fuera del tiempo, que inaugura toda una nueva forma de ver la pintura. Se podría decir que hay una época anterior y una época posterior a Goya, tanto ha influido este artista la pintura de las generaciones posteriores.

Comenzó muy joven a pintar en un taller de Zaragoza. Intentó varias veces conseguir algún premio de la Academia de San Fernando para conseguir una beca para estudiar en Italia, pero fue siempre rechazado, suponemos que por no coincidir su vigorosa personalidad con la preceptiva artística de la época. Logró de todas maneras ir a Italia por cuenta propia, donde aprendió, sobre todo, la técnica de la pintura al fresco. A su regreso de Italia se casó con Josefina Bayeu, hermana de Francisco Bayeu, pintor de cámara. Parece ser que fueron sus relaciones familiares las que le facilitaron encargos para la Real Fábrica de Tapices; Goya tenía que pintar los *cartones* sobre los que luego se tejían los *tapices*. Esta época se caracteriza por cuadros técnicamente irreprochables, pero donde se advierte el deseo del pintor de agradar a la sociedad aristocrática para la que iban destinados los tapices. Tanto *El cacharrero*, como la serie de *Las cuatro estaciones* o el cartón de *La gallina ciega* nos muestran una sociedad elegante, deliciosamente estilizada, en armonía con la naturaleza, en un ambiente idílico e irreal, todo un poco edulcorado con sonrisas galantes. Evidentemente, el Goya de los cartones parece evocar un minué galante de la época rococó: los destinatarios de este arte pertenecen a la sociedad superficial y alegre del *ancien régime*. Hay, además, un elemento geométrico, de proporciones y simetrías (en todos estos cuadros las figuras se inscriben en un círculo, un triángulo, un cuadrado) que obedece a la preceptiva clásica. Nada puede hacer suponer el Goya maduro, a no ser la maestría de la técnica...

Poco a poco, las pinturas de los *cartones* le van haciendo famoso, y en 1780 se le abren por fin las puertas de la Academia de San Fernando, para cuya recepción pintó su *Crucifijo*, al parecer inspirado en Velázquez. Este cuadro es de una rara perfección, pero un tanto frío, inexpresivo, académico. Parece pintado pensando en la institución a que iba dedicado.

Por este mismo año se enemistó con los Bayeu en ocasión de los trabajos en la bóveda de la iglesia del Pilar y regresó a Madrid, donde su fama le introdujo en los salones de la alta nobleza, especialmente en los salones de la duquesa de Osuna y en los de la duquesa de Alba. Goya acometerá en esta época la pintura de retratos de la alta aristocracia, retratos llenos de veracidad y sin concesiones a los retratados. Y en 1889, cuando asciende al trono Carlos IV, le nombra pintor de cámara. Goya conoce una época de felicidad y triunfo social por estos años, pero por lo mismo que es feliz, no nos entrega todavía ese mensaje que parece proceder de los abismos del alma: Goya es «solamente» un pintor magistral.

A partir de 1793 se va a producir la gran crisis. Y con la crisis, la genialidad. Goya lucha durante unos meses entre la vida y la muerte, y cuando sana se encuentra totalmente sordo. El golpe es demasiado fuerte, especialmente por el contraste con su anterior felicidad, y el pintor sufre una crisis gravísima. Alguna oculta fibra del alma debió alterarse profundamente, porque el pintor que sólo era magistral se convirtió en absolutamente genial. Como fruto de esta crisis surgen los *Caprichos*, cuadros difícilmente explicables con una gran carga surrealista. Goya pinta lo que sueña, y el título de uno de ellos nos explica la nueva preceptiva pictórica: *El sueño de la razón produce monstruos*. Goya ha superado definitivamente su siglo, el siglo de la razón. Evidentemente, su mundo interior, trastornado por la enfermedad de la ceguera, tenía que rechazar el mundo armónico de la razón, de la coherencia. Abundan, en esta serie de los *Caprichos*, los temas de la brujería, como en *Que viene el coco*, de crítica social, moral, etc.

Algunos cuadros de esta época manifiestan una sensibilidad verdaderamente grotesca en que el hombre se degrada en animal y el animal se degrada en cosa; lo grotesco sirve para ridiculizar al hombre y a la sociedad en que vive, para desenmascararlo, para mostrar su lado oculto, que es el que hunde sus raíces en lo monstruoso. Y monstruoso resulta todo, especialmente lo que podríamos denominar el tema de la «España negra», representada por una religión despiadada y brutal, por el orden social represivo... A veces lo grotesco va acompañado de una risa sardónica que ya no es risa, sino máscara de la risa. Ejemplos de esta sensibilidad grotesca se encuentran en *El entierro de la sardina*, *Los disciplinantes*, *El tribunal de la Inquisición*, *Corrida de toros*... Anotemos este aspecto importantísimo de la «España negra», que será tema recurrente entre los pintores y escritores de izquierdas durante los siglos XIX y XX.

Goya siguió pintando retratos, ahora de una extraordinaria penetración psicológica, de un realismo expresivo absolutamente genial. Se han hecho universalmente famosos los de la *Duquesa de Alba*, la *Condesa de Chinchón*, o también los de los intelectuales de la época: *Iriarte, Moratín, Jovellanos*... Pero la verdadera obra maestra de este período son los frescos de la iglesia de *San Antonio de la Florida*. Aquí demostró Goya que, junto a un gran dominio de la técnica del fresco (que requiere gran rapidez en el ejecución, pues los colores se alteran al secarse) tenía el estilo más original que imaginarse pueda. Goya inaugura el *impresionismo* pictórico: sus pinceladas, vistas de cerca, son simples manchas y juegos de transparencias que devuelven la imagen concreta solamente vistos desde una gran distancia. Pero además se podría hablar aquí de un cierto *expresionismo* pictórico, pues todos los personajes hablan, gesticulan, se dirigen unos a otros con la mirada, muestran de mil maneras el asombro ante el milagro que acaba de realizar el santo. En una palabra: hablan de la única manera en que se puede hablar en pintura o en el cine mudo: con el gesto, un gesto casi excesivo, desproporcionado, barroco. Un gesto que puede ser de mudo, pero también de sordo, pues el sordo también necesita reforzar la expresión, el gesto... En conjunto, los frescos de *San Antonio de la Florida* son la obra de un exaltado, acaso de un desequilibrado, de un pintor que está en las antípodas de la serenidad de un Velázquez.

Pero la evolución de Goya presenta todavía una sorpresa, de nuevo propiciada por una experiencia conmocionante: el levantamiento del pueblo español ante la invasión napoleónica en 1808. Goya contempla la guerra no con el entusiasmo típico de los patriotas, sino más bien con el pesimismo propio de los filósofos. Goya no ve en la guerra más que calamidades y sufrimiento, y no se deja arrastrar por el chauvinismo del pueblo que había de ser el vencedor. Goya dibuja los temas de la guerra que luego se convertirían en grabados y que llevan el título significativo de *Los desastres de la guerra*. Estas obras son, un poco, como la continuación de los *Caprichos*, pues el mundo de la razón se ha desmoronado definitivamente y la vida humana es perfectamente absurda. Pero ahora hay un elemento real, una experiencia que realizó el propio artista. Ahora no es necesario recurrir al *surrealismo*, pues ahora duerme de verdad la razón y permite que se produzca la barbarie.

Después de la guerra y rememorando estas experiencias traumáticas pinta Goya los dos cuadros más famosos de toda su producción: *El dos de mayo* (aplastamiento de la sublevación popular) y *Los fusilamientos* (los fusilamientos en la Moncloa de los patriotas sublevados). Especialmente este último cuadro le ha valido a Goya la fama de que goza en todo el mundo: los dos elementos que antes hemos mencionado como característicos, *impresionismo* y *expresionismo* estallan ahora más patentes que nunca: los colores apenas pueden dar más de sí, *La lechera* parece reflejar una extraña placidez y conformidad con el destino. son como una llamarada de luz, expresión tensísima de un momento trágico. La expresión y la impresión son una y la misma mancha luminosa, como el recuerdo ahondado por la conciencia moral de un hecho traumático.

Goya muere en Francia en 1828; la persecución de que fue objeto por el sistema represivo del odiado rey Fernando VII le obligó a decidirse por el destierro voluntario en Burdeos. El hermosísimo cuadro

XII: LA ÉPOCA DE ISABEL II

La época de Isabel II está presidida por el triunfo del liberalismo burgués, por una nueva sociedad sin estamentos (o donde los estamentos están reducidos a su mínima expresión). Naturalmente, la superación de la sociedad estamental no significa el advenimiento de una sociedad igualitaria, como se había creído durante la Revolución Francesa. El liberalismo, al poner en práctica el principio del «laissez faire» económico, creó un nuevo principio de desigualdad: el pez grande se comió al chico, y una incipiente burguesía de negocios, entre la que hay que contar a los que se enriquecieron con la Desamortización, fue naciendo y distanciándose de la sociedad pretendidamente igualitaria.

Se puede decir que el liberalismo traicionó sus propios objetivos, pues estando concebido para libertar al hombre, lo encadenó de nuevo con otro tipo de cadenas, las que forjó la acumulación del capital. A la esclavitud que imponía la sociedad estamental sucedió la esclavitud que imponía la ley del dinero. A las desigualdades sociales de la sociedad estamental siguieron las desigualdades de la sociedad de clases. Esta es la causa de que el liberalismo decimonónico se haya escindido en dos grupos antagónicos: moderados y progresistas. Los primeros aceptan del liberalismo solamente los principios básicos de la sociedad abierta (rechazo de los estamentos), pero tienden a favorecer a los beneficiados de la nueva situación social, esto es, a la burguesía, por lo que concentran sus miras en lograr seguridades para los nuevos señores. Son liberales empeñados a toda costa en el mantenimiento del orden, del orden burgués. Los liberales progresistas, por el contrario, pretenden hacer extensivos a todos los ciudadanos, y no solamente a la burguesía, los derechos humanos. Son los verdaderos liberales, los que descubren las limitaciones del liberalismo teórico, los que descubrirán más tarde el socialismo.

Entre liberales moderados y liberales progresistas, una reina incompetente, Isabel II, perfectamente ignorante del alcance de las medidas políticas de unos y otros, de carácter alegre, ligero e irresponsable. En los corrillos de la Corte se rumoreaba que la reina otorgaba el puesto de jefe de gobierno al personaje que ella elegía como pareja de baile en las fiestas de Palacio. Pareja de baile que podía resultar después pareja de alcoba: los amores de la reina eran famosos, como también eran famosos sus arrepentimientos, que terminaban llamando a palacio a una monja milagrera, Sor Patrocinio, de gran influencia en el Palacio Real. «La Corte de los Milagros», como se le ha llamado más adelante a la corte isabelina, estaba presidida por los caprichos amorosos de la inconsciente reina y por el contrapunto obligado de gazmoñerías de monja. El casamiento de Isabel con Francisco de Asís Borbón, personaje insignificante que parecía una figura de porcelana, no alteró para nada la situación: el rey consorte soportó los cuernos alternando enfados pueriles con reconciliaciones ridículas.

No podía tener peores abogados la causa de la transformación social que exigían los tiempos del liberalismo...

A: HISTORIA

Los principios del régimen: liberales moderados y liberales progresistas

Despúes de liquidada la Guerra Carlista con el triunfo de los liberales, el absolutismo no va a contar ya con más defensores, a no ser esporádicamente. Todas las agrupaciones políticas se identifican con el credo liberal. Pero no habrá un solo credo liberal, porque el liberalismo no supo crear una sociedad igualitaria. Y de esta manera se produjo una escisión entre liberales «moderados» y liberales «progresistas». A la oposición entre «absolutistas» y «liberales» en el período de Fernando VII, sigue la oposición entre «moderados» y «progresistas» en el período de Isabel II.

¿Cómo se produjo esta escisión? El liberalismo tenía como objetivo acabar con la sociedad estamental, liberar al hombre de la servidumbre de los *estamentos* y del corset económico de las *tierras vinculadas:* una vez alcanzada esta finalidad, en lugar de surgir una sociedad igualitaria, el libre juego económico creó otro tipo de desigualdad, el de las *clases sociales.* Aunque no se puede hablar de *burguesía* en el sentido clásico de la palabra, surgen en la España isabelina una serie de profesiones y actividades económicas que crean unas circunstancias preburguesas y contribuyen a aumentar la distancia entre ricos y pobres. En España y en esta época han surgido unas clases medias enriquecidas por la Desamortización, se han reforzado las clases medias ilustradas, ha aparecido una burguesía de negocios basada en la construcción de las líneas férreas, se ha consolidado la vieja burguesía tradicional de base mercantil e industrial (Cádiz, Barcelona...) y, finalmente, se ha mantenido la aristocracia latifundista que logró burlar las leyes de la Desamortización. La distancia entre estas clases acomodadas y las clases medias formadas por los pequeños comerciantes, menestrales, artesanos, empleados y funcionarios modestos, resulta considerable y contradice los principios progresistas en que se basa la revolución liberal. El liberalismo tradicional (liberalismo «moderado»), favoreció esta situación, por lo que urgía revisar la teoría liberal y adaptarla a la nueva situación social (liberalismo «progresista»).

El liberalismo de los moderados era una justificación legal de los privilegios de las clases enriquecidas, una adaptación oportunista de los ideales liberales a la situación privilegiada de la incipiente burguesía. Por una parte, defendía los logros de la Revolución Francesa, la extinción de la sociedad estamental, el liberalismo económico. Pero por otra parte defendía los privilegios económicos adquiridos, y ello recurriendo a toda una serie de medidas claramente reaccionarias entre las cuales se encontraban: 1) «la defensa de la propiedad privada como principio sagrado, absoluto e intangible» (Jover Zamora); 2) la defensa del orden público (orden que, naturalmente, coincidía con la defensa de la propiedad); 3) el centralismo administrativo; 4) el entendimiento con la Iglesia católica; 5) la introducción del *sufragio restringido* (podía votar solamente una minoría: los que podían demostrar poseer una determinada fortuna o los que podían demostrar un determinado grado de instrucción).

El último punto enumerado (*sufragio restringido*) resume muy bien la orientación de esta ideología política. Es verdad que en la época de los liberales moderados se podía ejercer, por vez primera, el derecho a voto, se podía influir en los acontecimientos políticos, ya no existía el rígido absolutismo que excluía toda influencia política a los gobernados. Pero según la Ley Electoral de 1846, el *sufragio restringido* permitía votar a solamente 158.000 españoles, y aunque la Ley Electoral de 1865 «mejoró» este resultado ampliando el número total de votantes a 418.000, el ejercicio del voto seguía siendo terriblemente minoritario. Teniendo en cuenta que la población total de España en estos años era de 15.5 millones de habitantes, se comprobará que el equipo liberal moderado tenía muy poco de liberal. Las elecciones eran cuestión de una minoría, justamente la de aquellos pocos que tenían intereses que defender. Si de la triste teoría política que registran las leyes pasamos a la praxis política real, a la que se hacía en las antecámaras (y a veces en las alcobas) del Palacio Real, entonces tendremos que ni siquiera este restringidísimo sufragio tenía valor real: las elecciones eran dirigidas «desde arriba», y con frecuencia se alcanzaban unos resultados electorales ya escogidos de antemano. Analizaremos en el período histórico que viene a continuación el verdadero alcance de estas elecciones amañadas por la elite gobernante.

No es extraño que ante el anquilosamiento y corrupción de la ideología liberal surjan los liberales «progresistas». No se trata de un movimiento «proletario» o de tipo «obrerista». No existe en España todavía un proletariado porque no existe tampoco una auténtica fuerza burguesa ni una potente industria que haga posible estos fenómenos. Se trata de un movimiento surgido de las clases medias modestas que antes hemos señalado como víctimas del crecimiento unilateral de las clases pudientes. Los progresistas españoles, como los italianos de la «democrazia» de Mazzini o los portugueses del «septembrismo», son una especie de luchadores imprevisibles partidarios de la acción directa. No están organizados como los movimientos de trabajadores de otros países (recordemos que la Primera Internacional se constituye por estos años, justamente en 1864), por lo que su actuación tiene algo de espontáneo, de improvisado. En palabras del profesor Jover Zamora: «La expresión 'voluntad nacional' será su santo y seña; su ídolo, el general Espartero; su forma de acción política, la Milicia Nacional cuando soplen buenos vientos –es decir, cuando el progresismo esté en el poder– , y el motín, la barricada, la jornada callejera, la 'junta' en rebeldía cuando sea preciso afirmar la 'voluntad nacional' frente al poder establecido».

No es necesario insistir en que el progresismo, con su idealismo revolucionario, no tuvo apenas ocasión de poner en práctica estos principios. La presión social de los conservadores y la inevitable inercia histórica de un país todavía oscurantista y notablemente retrasado con respecto al resto de Europa, hizo casi imposible el proyecto progresista. Sin embargo, si los liberales progresistas no fueron capaces de imponer un gobierno estable de izquierdas, contribuyeron decisivamente a destronar a Isabel II en alianza con otros partidos afines (unionistas y demócratas) en el año 1868.

La evolución política: década moderada, bienio progresista, Unión Liberal

En los primeros años que siguen a la Guerra Carlista gobierna el general Espartero, hombre de inquebrantables convicciones progresistas que en 1840 logra expulsar a la reina regente, María Cristina, para imponer su ideario durante la minoría de edad de Isabel II. Pero el radicalismo y las intransigencias de Espartero causan defecciones en su propio partido, y a partir de 1844 y coincidiendo con la mayoría de edad de Isabel, comienza a dominar la escena política Narváez, otro general, pero defensor de la ideología de los moderados. Durante los primeros diez años del reinado de Isabel II (1844-1854), gobernarán los liberales moderados, por lo que se llama a este período *década moderada*.

La **década moderada** se caracteriza, de acuerdo con los principios que hemos establecido en el parágrafo anterior, por una posición ecléctica: por una parte, defensa de los valores consagrados por la revolución liberal, y por otra, defensa de los intereses económicos adquiridos. No sorprenderá que la mayor parte de las medidas político-económicas tiendan a reforzar los intereses de la nueva organización económica, basada en el crecimiento de la incipiente burguesía. Conviene tener presente, sin embargo, que los moderados fueron buenos administradores, y que la orientación general de su política centralizadora, por muy reaccionaria que nos parezca en la actualidad, tuvo consecuencias positivas en la actividad económica.

Pasemos revista a las principales medidas de gobierno, que casi todas coinciden en una orientación común: la *centralización político-administrativa*. En primer lugar, el establecimiento de un *orden jurídico unitario* para toda España. En 1843 se crea una «Comisión General de Codificación» que redactará un proyecto de Código Civil unitario. El último capítulo del proyecto del Código Civil declara abolidos todos los fueros, leyes, usos y constumbres anteriores a su publicación. En segundo lugar, y de acuerdo con esta misma orientación centralista, la creación de la *Guardia Civil*, primera policía verdaderamente unitaria. Al centralismo de las leyes sigue el centralismo de la autoridad encargada de hacerlas cumplir. En tercer lugar, la sustitución de la unidad administrativa de los *reinos* o *regiones* por la de las *provincias*, medida que igualmente refuerza el centralismo: las provincias son unidades artificiales y muy pequeñas que no tienen la cohesión de los *reinos* o *regiones* tradicionales. El hecho de dotar, más adelante, a cada provincia con un *gobernador* o representante del gobierno central, viene a reforzar el aspecto centralista de la articulación por provincias. En cuarto lugar, la *unificación tributaria*, llevada a cabo por Alejandro Mon en 1845 y que acabó con las particularidades regionales. En quinto lugar, la creación de un *banco nacional*, el Banco de España, resultado de fusionar el Banco de Isabel II con el Banco de San Fernando en el año 1847. En sexto lugar, la *unificación de los planes de estudio* mediante dos reformas de capital importancia: el Plan de Estudios de 1845, que unificaba los estudios universitarios, y la Ley Moyano de Instrucción Pública de 1857, que unificaba los estudios en las escuelas (la fecha de aprobación no pertenece a este período, pero recoge los esfuerzos de los moderados en este sentido). Y en séptimo lugar, la *unificación de pesos, medidas y monedas* llevada a cabo en 1858, reforma que implantó definitivamente en todas las provincias el sistema métrico decimal...

Pero si las medidas político-administrativas fueron, por lo general, beneficiosas, no se puede decir lo mismo de los *principios políticos* en que se basaba el régimen. La Constitución de 1845 fue una reforma en sentido moderado de la Constitución de 1837 (que, a su vez, como ya hemos visto, era una reforma moderada de la de 1812) y se diferenciaba de ella, en primer lugar, en que *la «élite» de los senadores ya no era elegida por el cuerpo electoral*, sino que pertenecían a ella los que formaban parte de la aristocracia administrativa, de la aristocracia de la sangre, de la Iglesia, del Ejército o de la gran propiedad privada. En segundo lugar, esta constitución *hacía desaparecer la preeminencia del Congreso (cámara baja) sobre el Senado (cámara alta)* en cuestiones legislativas, por lo que se acentuaba aun más el carácter elitista del régimen político. En tercer lugar, la Constitución de 1845 *preveía un sufragio restringido*, como ya hemos comentado antes, y solamente un cierto grado de riqueza o de conocimientos garantizaban el derecho al voto. En conjunto, la base político-legal del régimen coincidía con los intereses de las clases dominantes, por lo que es difícil hablar de «liberalismo» en sentido estricto. La semántica de las palabras políticas suele desgastarse con mayor rapidez que las palabras habituales, pero en el caso de la palabra «liberalismo» bastaron treinta años para corromper su sentido original.

El denominado **bienio progresista** (1854-1856) se inicia, sintomáticamente, por un escándalo político-financiero: el gobierno del conde de San Luis había concedido licencias fraudulentas de «contratas» para la construcción del ferrocarril. El Senado derrotó al gobierno, pero éste reaccionó suspendiendo las sesiones parlamentarias y relevando a los militares que habían tomado parte en la votación contra el gobierno. Pronto se produjeron las rebeliones. *Rebelión militar*: el general O' Donnell dirige el «pronunciamiento» militar en Vicálvaro. *Rebelión política*: el joven abogado Cánovas del Castillo redacta un manifiesto cargado de ideas progresistas: mejorar la ley electoral y la ley de imprenta; rabajar los impuestos, descentralizar la administración... *Rebelión popular*: formación de «juntas» al estilo de la Guerra de Independencia, manifestaciones espontáneas contra la burguesía de negocios... Figura principal del bienio fue, con el mencionado O' Donnell, otra vez el general Espartero, «resucitado» para dirigir la revancha de los verdaderos liberales. Pero el *bienio progresista* apenas tuvo tiempo de gobernar: tanto la Constitución de 1856 (principio de la «soberanía nacional», limitación de atribuciones de la Corona, Senado de elección popular...) como la *Desamortización General* (desamortización que recoge todas y cada una de las legislaciones anteriores sobre los tipos de desamortización) se quedaron en simple documento teórico con cierto valor para el estudioso de la historia de las ideas, ya que no para el estudioso de la historia de los hechos políticos. Una vez más el idealismo político quedaba lejos de la praxis política, y las fuerzas de la reacción, amparándose en la inexperiencia de las fuerzas de la izquierda, supo imponer su dictado.

El período de la **Unión Liberal** (1856-1868) está dominado por la figura del general O' Donnell, que a veces alternaba con el general Narváez en el gobierno, y apenas contiene novedades con respecto al período anterior. En teoría, la Unión Liberal pretendía unir a los moderados más progresistas con los progresistas más moderados. Dominaba, por lo tanto, una ideología *ecléctica* en que el liberalismo había perdido el poco color que tenía en el período de la década moderada. En la práctica, sin embargo, había desaparecido casi toda ideología: moderados y progresistas se ponían de acuerdo para gobernar, aprovechando que el *sufragio restrictivo* les permitía amañar las elecciones desde arriba. Los *unionistas* tenían un solo enemigo: los progresistas auténticos, y contra este enemigo estaban dispuestos a luchar recurriendo a todos los medios, haciendo alianzas entre ellos y falsificando el sistema electoral.

Una carta del general Narváez al general Fernández de Córdova nos pone de manifiesto el cinismo político de los unionistas:

> Si subimos ahora («si gobernamos»), es preciso pegar, y pegar mucho, a los revolucionarios; pero, al mismo tiempo, a los hombres serios, aunque sean liberales y todo lo progresistas que quieran, debemos
> facilitarles los medios de formar uno o dos partidos que puedan *alternar* con nosotros; y para eso crea usted que, si llegamos al poder disolviendo las nuevas Cortes y hacemos otras elecciones, las dejaremos libres y veremos qué resulta y qué sale de ellas...

Los *unionistas*, sin saberlo, están inaugurando el estilo político que va a triunfar años más tarde en la época de la Restauración: el turno pacífico de partidos, sistema político en que las elecciones se dirigen desde el gobierno. Con este sistema, el liberalismo se consagra como fachada ideológica al servicio del pragmatismo de las clases dominantes. Las ideas se instrumentalizan y se ponen al servicio de la burguesía...

La revolución de 1868

A pesar de su fachada liberal, la monarquía isabelina era un anacronismo histórico que conservaba algunas de las características del Antiguo Régimen: la Corona tenía amplios poderes para formar gobierno y para influir en los acontecimientos políticos. Pero más anacrónica todavía era la peripecia vital de la propia reina, que protagonizó multitud de anécdotas amorosas (algunas inventadas o amplificadas por la fantasía popular) que fueron minando su buena fama y que le provocaron pueriles ataques de devoción religiosa. Sus amores solían tener consecuencias políticas, pues desde el general Serrano (el «general bonito») hasta el ministro Marfori, el amor y la política andaban íntimamente mezclados. (Alguien sugirió que en los bailes de Palacio se decidían las preferencias amorosas de la reina y, por lo tanto, los destinos políticos de la nación). Los ataques de devoción tuvieron igualmente consecuencias políticas, pues tanto el padre Claret, confesor de la reina, como la monja milagrera Sor Patrocinio, tuvieron cierta influencia en las decisiones políticas de Isabel. (Se ha llamado a la corte isabelina «Corte de los Milagros» en recuerdo a este ambiente de crédula milagrería que dominaba en el Palacio Real...).

Así pues, el amor y la superstición ocupaban la vida de la reina, mujer sensual e indolente a la que se solía retratar en salones tapizados de terciopelo rojo y con muebles dorados. Eran los rojos y dorados anacrónicos del Antiguo Régimen, que recordaban viejos esplendores y que ahora brillaban por última vez. La reina no era consciente de este anacronismo; quizás, porque la fachada «liberal» servía sólo para encubrir la verdadera estructura política de unas oligarquías gobernantes directamente sucesoras de la vieja aristocracia. O quizás porque la misma vieja aristocracia participaba todavía en los acontecimientos políticos de la época, aunque en menor escala. O, simplemente, por falta de inteligencia y visión política.

Pero lo cierto es que nuevas fuerzas políticas estaban formándose durante este período, y que el mapa político se estaba transformando profundamente. Hay que tener en cuenta dos causas fundamentales para entender el final del reinado de Isabel II: de una parte, el *control político de las minorías gobernantes* al que ya hemos aludido (sufragio restringido a unos pocos electores y elecciones dirigidas desde arriba), y de la otra la *desaparición de las figuras políticas* que dominaban la escena (O' Donnell murió en 1867, Narváez en 1868). El primer aspecto hace que el sistema político pierda credibilidad, y el segundo deja prácticamente desamparada a la reina, cuyo estilo autoritario necesitaba de grandes personalidades para imponerse.

Los partidos encargados de organizar la revolución y expulsar a la reina son, fundamentalmente, tres: la *Unión Liberal*, el *Partido Progresista* y el *Partido Democrático*. El primero y más conocido para nosotros es la Unión Liberal, dispuesta a renovarse después de la muerte de O' Donnell y dirigida ahora por el general Serrano. La Unión Liberal, a pesar de compartir la responsabilidad en los fracasos del régimen isabelino, aportaba el prestigio que le confería el ser un partido moderado, defensor del orden y garantía contra los excesos revolucionarios que temían los conservadores. Además, Serrano contaba con un cierto prestigio de hombre culto, refinado, inteligente y resentido contra Isabel. El segundo partido son los progresistas, que llegan a la revolución aureolados por el prestigio que les confería la integridad de tantos años en la oposición. El partido progresista estaba dirigido por el general Prim, militar brillantísimo que comenzó su carrera militar, todavía muy joven, en la Guerra Carlista, conquistó la fama en la guerra de África y en las guerras de la independencia americana y, sobre todo, fue autor de innumerables pronunciamientos militares contra Isabel II. El tercer partido es el de la Democracia, que es la lógica evolución del liberalismo progresista: los demócratas exigen el *sufragio universal*, única solución al escándalo del *sufragio restringido*. Los demócratas están divididos en dos grupos, los partidarios de la monarquía democrática (Nicolás María Rivero), y los partidarios de la república (Castelar).

Los partidos progresista y demócrata se unen en el *Pacto de Ostende* (la línea política que defendían unos y otros era, prácticamente, la misma). Al Pacto de Ostende se unieron más adelante, por motivos tácticos, los de la Unión Liberal, por lo que la práctica totalidad de los partidos reformistas estaban de acuerdo en la idea de destronar a Isabel II. Quedaban fuera de este grupo, lógicamente, los *moderados*, que, a la muerte de Narváez estaban dirigidos por Cánovas, futuro defensor de la sucesión monárquica a favor de Alfonso, hijo de Isabel. Y quedaban fuera, con mayor lógica aun, los *carlistas*, viejos representantes del absolutismo tradicionalista que encendieron de nuevo una pequeña «guerra civil» en el norte y N.E. de España.

La anécdota del destronamiento de Isabel se puede resumir en pocas palabras. El 17 de septiembre, el general Prim se unió al almirante Topete y desembarcó en Cádiz, donde lograron que el pueblo se alzara contra el gobierno; el 18 de septiembre, la escuadra naval mandada por el almirante Topete dio en Cádiz la señal de insurrección al grito de «¡Viva la soberanía nacional!». Y poco después, el general Serrano se enfrentó a las tropas fieles a Isabel II en el puente de Alcolea, a poca distancia de Córdoba, donde obtuvo una fulminante victoria. Los acontecimientos se produjeron con tal rapidez, que sorprendieron a la reina y a su corte, que se encontraban veraneando en San Sebastián. Algunos fieles seguidores de Isabel le propusieron abdicar en favor de su hijo Alfonso para salvar la dinastía, pero Isabel prefirió cruzar la frontera y refugiarse en Francia. «La de los tristes destinos» (así se le llamó a Isabel II) pudo comprobar, al atravesar la frontera, que la multitud que presenciaba su salida se mantuvo en silencio. «Creía tener más raíces en el país», dicen que dijo la reina comentando la indiferencia del pueblo...

B: SOCIEDAD

La ascensión de la burguesía de negocios

España es uno de los países europeos en que la burguesía ha tardado más tiempo en establecerse. No solamente han permanecido durante más años los residuos de la vieja sociedad estamental, sino que la pobreza y el atraso económico han impedido la necesaria acumulación de capitales para disparar el proceso de industrialización. No surge, en toda la España del siglo XIX, una auténtica *burguesía de negocios* comparable a la que dominaba la vida social y económica en Francia o Inglaterra. No hay tampoco el obligado contrapunto de un *proletariado urbano* surgido a la sombra del mercantilismo y la revolución industrial. España se encuentra, durante la época isabelina, en esa frontera imprecisa del tránsito de una sociedad estamental a una sociedad de clases. Los estamentos, aunque han perdido fuerza económica y control político, siguen estando presentes en la vida social (recordemos que la *desamortización* no se atrevió a enajenar los bienes de la alta nobleza). Y la burguesía, aunque parcialmente dueña de la situación política, adolecerá de recursos para imponerse como clase estable (el gran problema de la incipiente burguesía fue encontrar capitales disponibles). Quizás esta situación intermedia entre dos épocas es lo que mejor explica el anacronismo político de la presencia de los militares («espadones») en los sucesivos gobiernos isabelinos.

A pesar de esta crónica debilidad de la burguesía española, no cabe duda que en la época isabelina se dieron pasos de gigante en la configuración de una sociedad moderna e industrial. Se puede decir que, económica y socialmente, la España moderna del siglo XX tiene sus raíces en las transformaciones económicas de los años cincuenta y sesenta del siglo XIX.

El sector de la **minería** es sintomático de la evolución económica de este período: grandes recursos mineros, pero prácticamente imposibles de explotar por falta de capitales. Un empresario belga, Jules Hauzeur, advirtió por vez primera la gran riqueza de los depósitos españoles de mineral de zinc, pero cuando quiso explotarlos, se dio cuenta que era imposible por falta de capital disponible. La Real Compañía de Asturias, fundada en 1853, era española solamente de nombre, pues sus capitales eran belgas, y las personalidades que integraban su consejo de administración eran españolas solamente para cubrir las apariencias. Cosa parecida sucedió con las enormes riquezas en cobre: las célebres minas de cobre de Río Tinto, que eran las mayores de toda Europa, tuvieron que ser explotadas acudiendo a una empresa británica. La burguesía había llegado al poder, pero sin medios propios para sostenerse.

Uno de los fenómenos más distintivos de la actividad económica de esta época fueron los **ferrocarriles**, que alteraron por completo los esquemas económicos tradicionales, aumentando extraordinariamente la *velocidad del transporte* (que había quedado estancada desde la época romana), y permitiendo la *especialización económica* de las regiones (cada región podía buscar mediante este transporte lo que mejor producían otras regiones). La primera línea de ferrocarril es la de Barcelona-Mataró (1848), seguida de la línea Madrid-Aranjuez (1851) y la de Sama de Langreo-Gijón (1855). En 1864 quedó terminado el tramo más ambicioso, el que unía Madrid con Irún (frontera con Francia), línea que simbolizaba, para los liberales progresistas, la esperanza del progreso proveniente de Europa. Los ferrocarriles representaban un gran desafío a la incipiente burguesía: había que contratar empresas constructoras, encargar gran cantidad de materiales y productos manufacturados, contratar mano de obra... y, sobre todo, disponer de enormes capitales, que era lo que no había. Hubo que recurrir, como en la explotación de minas, al capital extranjero, sobre todo al de origen francés, y las firmas de Rotschild y Pereire controlaron, por medio de oficinas con directores ficticios, buena parte de los ferrocarriles españoles. En total, el capital francés alcanzó más de la mitad del capital total.

El problema de la **actividad industrial** es muy semejante. La *industria textil*, tradicionalmente establecida en Cataluña, experimentó una notable mejora con la introducción de la máquina de vapor en las fábricas de algodón. También se introdujo en esta región la producción de la lana, que hasta entonces era producto exclusivo de Castilla, y que resultó, en general, un buen negocio. Pero la *industria metalúrgica* tenía ya más problemas, tanto en Cataluña, donde se había comenzado a fabricar maquinaria para la industria textil, como en el País Vasco, que empezaba a convertirse en centro sidero-metalúrgico de gran importancia. Efectivamente, la producción industrial de este sector era notablemente más cara que la extranjera, y los propietarios de telares preferían importar las máquinas del extranjero, que las que eran fabricadas en Cataluña con el material de hierro o acero procedentes del País Vasco. En torno a la delicada situación de la industria española se centró la interminable discusión sobre las ventajas o desventajas del *proteccionismo* (introducción de aranceles aduaneros a ciertos productos para garantizar la competitividad de los productos nacionales). Catalanes y vascos eran «proteccionistas», mientras que en las regiones del centro y, sobre todo, en el sur, triunfaba la idea del «liberalismo económico», un liberalismo salvaje que pretendía que el Estado debía desentenderse de toda injerencia en la vida económica. No nos interesa aquí la polémica en detalle; baste con observar que el «proteccionismo» es la consecuencia obligada de una situación de atraso industrial típica de país subdesarrollado. La industria española, sin el apoyo de capital y técnica extranjera, no era capaz de competir en el mercado internacional.

Los años cincuenta y sesenta contemplan un extraordinario impulso de la **actividad financiera**, en parte facilitada por el fenómeno del ferrocarril. Las operaciones bancarias eran de un dinamismo inaudito, especialmente si se tiene en cuenta que los capitales en la época de Fernando VII apenas se movían ni patrocinaban negocios de ningún tipo. Madrid estaba llena de banqueros, de negociantes y especuladores. Pero también en la actividad financiera había algo de artificial y falso: buena parte de los capitales provenían de Francia, del Crédit Mobilier, de la Banca Rotschild o de los hermanos Pereire. Además: una estructura económica basada en el simple crédito, sin un respaldo económico en la riqueza real, termina autodestruyéndose. En efecto, fueron numerosas las quiebras bancarias en esta época, quiebras que presentaban el obligado contrapunto al entusiasmo crediticio. La biografía del famoso banquero José de Salamanca nos ilustra muy bien la situación del momento. Salamanca comenzó su carrera financiera consiguiendo el monopolio de la sal, lo que, además de proporcionarle extraordinarios beneficios (300 millones de reales en cinco años), le hizo influyente en los medios políticos. A partir de 1845, un cargo político le permitió especular con papel del Estado. En los años cincuenta dedicó su atención al negocio de los ferrocarriles, y en los sesenta se especializó en la especulación inmobiliaria, comprando grandes extensiones de terreno catalogados como «rústicos» y vendiéndolos como «urbanos», previa autorización gubernativa, claro está (se trata del célebre «Barrio de Salamanca» de Madrid). Para darse una idea de la inmensa riqueza de este desaprensivo especulador, baste recordar que fue el primer español que tenía un vagón de ferrocarril privado, sostenía un teatro con cuerpo de baile propio, tenía enormes palacios decorados con valiosas pinturas, y se atrevió a contratar a su servicio al cocinero del emperador Napoleón III. La fortuna de Salamanca dependía del mismo sistema que había empleado para hacerse rico: el préstamo con altos intereses. En 1867 toda esta fortuna se vino abajo y el ilustre financiero tuvo que subastar sus cuadros en París para poder sobrevivir. Todavía intentó hacerse con el monopolio del tabaco para poder recuperarse, pero la proclamación de la República en 1873 echó abajo sus planes.

En conjunto, el retrato social de esta primera burguesía de negocios no puede ser más negativa. «La amalgama de especuladores, industriales, propietarios agrarios, junto con los abogados prósperos y los generales ennoblecidos que eran su voz política por excelencia, constituyó lo que los demócratas empezaban a llamar 'la oligarquía gobernante', calculada en quinientas familias» (Raymond Carr). Serán, poco más o menos, las quinientas familias que se mantendrán en el poder hasta terminar el siglo. Su instrumento para monopolizar el poder fue, como hemos visto al exponer la política de la Unión Liberal, el manejo del procedimiento electoral desde el gobierno.

Las primeras asociaciones obreras

La antigua sociedad estamental permitía la existencia de los *gremios*, especie de sindicatos, de origen medieval, que regulaban las actividades profesionales y protegían a sus miembros. Con la desaparición de la sociedad estamental, los obreros quedaron desprotegidos y entregados a las duras leyes de la competividad económica. La sociedad burguesa, confiando el buen funcionamiento de la economía a las solas leyes del mercado, desatendió el aspecto social de las clases humildes. Coincidiendo con este problema, se produjo la segunda *revolución maquinista* (introducción, especialmente en la industria textil, de máquinas que hacían innecesario el trabajo humano), con lo que el incipiente obrerismo quedó doblemente desprotegido. Tanto la desaparición definitiva de la sociedad estamental, como el fenómeno de la segunda *revolución maquinista*, se producen precisamente en la época isabelina, por lo que los primeros conflictos obreros comienzan en esta época. Hay que hacer constar, sin embargo, la escasa incidencia del problema obrero en una época de modesto desarrollo industrial. El proletariado es un fenómeno que no empieza a producirse hasta la época de la Restauración, y aun en esta época con ciertas limitaciones, debidas al atraso económico de España.

Ya en 1839, para salvar el vacío que significaba la desaparición de los *gremios*, se autorizó la creación de sociedades obreras de socorros mutuos o dedicadas a la beneficencia. Lógicamente, eran los centros industriales los que más necesitaban estas asociaciones, y en 1840 se fundó en Barcelona la famosa Sociedad de Tejedores. A partir de 1848, el asociacionismo obrero se fue extendiendo, pero generalmente encubría, bajo apariencias benéficas, verdaderas «sociedades de resistencia» políticamente muy concienciadas. En Madrid, por ejemplo, funcionaba una asociación que se llamaba Fomento de las Artes, pero en lugar de hacer honor a su título, invitaba a que expusieran su filosofía política personajes tan poco conservadores como Castelar y Pi y Margall, futuros protagonistas de la I República. Los miembros de esta sociedad, especialmente a partir de la revolución de 1854, estaban muy orgullosos de exhibir su tradición liberal. Lo mismo sucedía con los casinos obreros, como el Ateneo Catalán de la Clase Obrera en Barcelona, que de Ateneo solamente tenía el nombre. En 1853, en plena *década moderada*, se publicó una Real Orden para evitar la politización de estas asociaciones, disponiéndose que los *gobernadores civiles* de cada provincia reunieran datos sobre las actividades de dichas asociaciones.

Paralelamente a la creación de las asociaciones obreras, tiene lugar la difusión de las primeras teorías socialistas, generalmente de un socialismo utópico, ingenuo y romántico. Tal ocurrió con las ideas de Fourier, que pretendieron crear algunas células de actividad social...

El primer choque serio entre las asociaciones obreras y el Estado oligárquico se produjo en 1854, en Barcelona y otras ciudades industriales catalanas, coincidiendo con el comienzo del *bienio progresista*. La ocasión era la introducción de las máquinas textiles, que ahorraban mucha mano de obra y generaban paro. Las huelgas que se produjeron en estas ciudades ocuparon, prácticamente, todo el *bienio progresista*, y se resolvieron con la actuación directa del general Espartero, que a pesar de su progresismo no tuvo inconveniente en emplear al ejército. A finales de octubre de 1855 fue firmado un proyecto de ley sobre el «ejercicio, policía, sociedades, jurisdicción e inspección de la industria manufacturera». Según el historiador Palacio Atard, en este documento se declara, al mismo tiempo, que la asociación es un «derecho natural», pero que solamente debería reconocerse cuando tuviera un «fin laudable». (Naturalmente, era el Estado el encargado de definir la significación de lo «laudable»). A continuación se fijan una serie de normas y castigos contra las infracciones al trabajo, entre ellas contra la huelga, y se definen los poderes disciplinarios de los patronos. A cambio de estas medidas represivas, se hacía a los patronos responsables de la salubridad del trabajo. Además, se creaban una especie de jurados «de prohombres de la industria» nombrados entre los fabricantes, empresarios o jefes de taller (parte patronal) y entre los mayordomos, sobrestantes y obreros (parte obrera) para resolver los conflictos que pudieran plantearse en el futuro. A pesar del acento represivo de este proyecto, algunos historiadores lo consideran como un primer esbozo de legislación social para la regulación de las relaciones laborales.

Los últimos años del período isabelino van a contemplar el rápido crecimiento del asociacionismo obrero, en parte debido al contagio con la actividad obrera internacional. En efecto, en 1864 se funda en Londres la A.I.T. (Asociación Internacional de Trabajadores) en la que entran, fundamentalmente, franceses e ingleses. Las ideologías que dominaban el congreso fundacional eran muy dispares: el pragmatismo sindical de las Trade Unions inglesas, el socialismo utópico y patriarcalista de las sociedades francesas proudhonianas, las asociaciones bakuninistas de orientación anarquista, los socialistas de orientación marxista... Después del I Congreso, que tuvo lugar en Ginebra en 1866, empezaron a celebrarse congresos todos los años. Pero con la unidad del mundo del trabajo surge la división sobre la línea unitaria a seguir. Dos tendencias generales se manifiestan pronto: la de los bakuninistas, orientados a un socialismo libertario sin burocracia, sin jerarquías, sin organizaciones estatales, y la línea de los marxistas, que tendían a una rígida organización del partido y a una clara definición «científica» de los ideales de la lucha política. En el Congreso de Basilea de 1869 se plantea el choque entre marxistas y bakuninistas, y en el de La Haya de 1872 Carlos Marx hizo que se votara la expulsión de Bakunin de la A.I.T. Los seguidores de Bakunin abandonaron la asamblea y se reunieron poco después en Saint-Imier, donde continuaron la sesión separados de los marxistas. El cisma entre marxistas y bakuninistas se había abierto para siempre.

En las asociaciones españolas dominaba ya desde el principio la tendencia bakuninista, acaso por la influencia del italiano Fanelli, que llegó incluso a ejercer influjo en el joven Pablo Iglesias, el futuro fundador del partido socialista español. Paul Lafargue, yerno de Marx y refugiado en España por algún tiempo, intentó contrarrestar el influjo bakuninista insistiendo en los principios del socialismo «científico» y en la importancia de la formación de cuadros dirigentes. Pero Lafargue no tuvo muchos seguidores, y cuando se celebró el Congreso de Córdoba de 1873, los socialistas españoles imitaron a los socialistas europeos y se escindieron igualmente en bakuninistas y marxistas, pero, a diferencia de la escisión de La Haya y Saint-Imier, en Córdoba se unieron casi todos en bloque al grupo anarquista. Solamente Pablo Iglesias y un pequeño grupo de marxistas ortodoxos resistieron fieles a las ideas del «socialismo científico». Luchaban contra corriente, pues en España hubo siempre más simpatía por la espontaneidad de lo anárquico, que por las ideas bien hilvanadas de los teóricos del socialismo marxista. Pero el partido de Pablo Iglesias salió reforzado con las dificultades del aislamiento, y cuando comenzaba el siglo XX, era prácticamente el único partido de izquierdas de ideología coherente.

C: CULTURA

El romanticismo tardío de Gustavo Adolfo Bécquer

En 1836 nace en Sevilla Gustavo Adolfo Claudio Domínguez Bastida. El origen flamenco de la familia, que se había asentado en España desde el siglo XVI, está registrado en el cuarto apellido paterno, Becker, que fue rescatado y ortografiado Bécquer con finalidad artística tanto por Gustavo como por su hermano Valeriano.

El padre de Gustavo muere muy joven, cuando Gustavo contaba sólo cinco años, y la madre muere pocos años después. Los ocho huérfanos se dispersan y son acogidos por distintos familiares. Gustavo, en casa de su madrina, descubre una buena biblioteca llena de libros de autores románticos europeos. Parece que ya muy joven se sintió poeta: «Cuando yo tenía catorce o quince años (...), cuando yo me juzgaba poeta...».

A los 18 años se trasladó a Madrid, donde tuvo que realizar trabajos modestos en el mundo del teatro y del periodismo para poder malvivir. Hacia 1858 conoce a dos hermanas, Julia y Josefina Espín, que, al parecer, inspiran al poeta la composición de sus primeras *Rimas*. En la década de los años 60 el poeta va publicando en revistas diferentes hasta 14 composiciones, pero no obtiene reconocimiento literario ni compensaciones económicas. Sabemos que Bécquer comparte el entusiasmo de su generación por la poesía de Heinrich Heine, dato que hay que tener muy en cuenta a la hora de valorar su estilo. La amistad y admiración que sentía por Augusto Ferrán es otro dato a tener en cuenta, pues Ferrán era también un poeta del romanticismo intimista.

Sus últimos años fueron muy amargos, y al sentimiento de fracaso literario se añadieron las desgracias familiares, la soledad y la muerte. En 1868 recopila el conjunto de sus poemas inéditos para entregarlos a la imprenta, y los deposita en el despacho del ministro González Bravo. Pero las tormentas políticas de la revolución de 1868 hace que se pierda este manuscrito cuando las turbas asaltan la casa del célebre político. En este mismo año tiene lugar la separación matrimonial de Casta Esteban, con la que se había casado en 1861. Bécquer se va a vivir con sus hijos a la casa de su hermano Valeriano, el pintor, hasta que éste muere poco tiempo más tarde y Bécquer queda solo. Finalmente, en 1870 y cuando apenas contaba 34 años, muere el poeta sin haber conocido ni la gloria literaria ni la tranquilidad material.

Sus amigos publican al año siguiente sus *Obras* repartidas en dos volúmenes. Las célebres *Rimas*, que convirtieron a Bécquer en uno de los mejores poetas de España, estaban en la última parte de la edición, y copiaban un manuscrito titulado *Libro de los gorriones*, que contenía un epígrafe curioso: «Poesías que recuerdo del libro perdido». Se supone que el libro perdido era el manuscrito que se perdió en el despacho de González Bravo.

Es difícil explicar la genialidad de Bécquer, no sólo porque el genio no se explica, sino porque la genialidad de Bécquer consistió en ir *a contracorriente de la tradición poética española*, que estaba en buena parte dominada por la grandilocuencia de los románticos. Bécquer es el gran descubridor de la sencillez. Del tremendismo romántico pasamos a la *delicadeza* becqueriana, de las palabras altisonantes al *acento íntimo*, del sentimiento hueco y declamatorio a un *tono menor* de queja humilde. Bécquer es, en palabras de Antonio Machado, el poeta «de las rimas pobres, la asonancia indefinida y los cuatro verbos por cada adjetivo definidor». No basta invocar la moda de Heinrich Heine, porque la sencillez de Bécquer nace de su personalidad humana. Bécquer era un poeta que no quería llamar la atención y que, de no ser por sus amigos, acaso hubiera quedado inédito. Era también un poeta que tenía pocas cuerdas en su lira, pero las pocas cuerdas que tenía supo aprovecharlas al máximo.

La mejor introducción a su originalísima preceptiva literaria nos la ofrece el propio Bécquer en el prólogo al libro *La soledad*, de su amigo Augusto Ferrán. Bécquer contrapone dos tipos de poesía, la que es fruto del arte y la retórica, y la poesía que surge directamente del alma. Sus formulaciones son invocadas aún hoy día por los mejores poetas:

> Hay una poesía magnífica y sonora; una poesía hija de la meditación y el arte, que se engalana con todas las pompas de la lengua, que se mueve con una cadenciosa majestad, habla a la imaginación, completa sus cuadros y la conduce a su antojo por un sendero desconocido, seduciéndola con su armonía y hermosura.
> Hay otra natural, breve, seca, que brota del alma como una chispa eléctrica, que hiere el sentimiento con una palabra y huye, y desnuda de artificio, desembarazada dentro de una forma libre, despierta, con una que las toca, las mil ideas que duermen en el océano sin fondo de la fantasía.
> La primera tiene un valor dado: es la poesía de todo el mundo.
> La segunda carece de medida absoluta: adquiere las proporciones de la imaginación que impresiona: puede llamarse la poesía de los poetas.

Toda una preceptiva para quedarse solo e incomprendido, especialmente en una época en que todavía se aplaudían los ecos del romanticismo más aparatoso. Ciertamente, Bécquer es romántico, pero su romanticismo es *muy delicado, muy interior*. El romanticismo se siente en los temas, en el aire desengañado del poeta, en la vibración que le da a las palabras, pero no en la forma literaria que emplea, que es casi la de la poesía popular. Se trata de un romanticismo delicado, intimista, que siempre parece estar a punto de caer en el *kitsch*, pero que nunca llega a caer de verdad. Se adivina la peripecia vital del poeta en todas sus poesías, y esta vibración personal es lo que le salva de la cursilería. Bécquer no encarna el estereotipo del romántico dolorido, porque en Bécquer el dolor es auténtico.

Otra característica asombrosa de la poesía de Bécquer es la *musicalidad*. Se trata de una poesía en que se adivina inmediatamente el esquema rítmico, la estructura musical, estructura que no solamente se extiende a los versos, sino a la colocación simétrica de las estrofas.

La rima LIII puede servir de ejemplo de todo lo que llevamos dicho:

> Volverán las oscuras golondrinas
> en tu balcón sus nidos a colgar,
> y otra vez con el ala a sus cristales
> jugando llamarán.
>
> Pero aquellas que el vuelo refrenaban
> tu hermosura y mi dicha al contemplar,
> aquellas que aprendieron nuestros nombres...
> ésas... ¡no volverán!
>
> Volverán las tupidas madreselvas
> de tu jardín las tapias a escalar

y otra vez a la tarde aún más hermosa
sus flores se abrirán.

Pero aquéllas cuajadas de rocío
cuyas gotas mirábamos temblar
y caer como lágrimas del día...
ésas... ¡no volverán!

Volverán del amor en tus oídos
las palabras ardientes a sonar,
tu corazón de su profundo sueño
tal vez despertará.

Pero mudo y absorto y de rodillas
como se adora a Dios ante su altar,
como yo te he querido... desengáñate,
así... ¡no te querrán!

Entre el realismo y el impresionismo. Mariano Fortuny.

El romanticismo en la pintura había potenciado el subjetivismo del artista, el sentimiento que se proyectaba en la naturaleza y en las cosas. El sujeto dictaba sus reglas al objeto. El romanticismo en la pintura, lo mismo que en la literatura, proyectaba el yo del artista sobre las cosas, y no transmitía de la realidad más que una imagen distorsionada, producto de la imaginación del pintor. Incluso cuando se pintaban paisajes, el alma del artista se proyectaba en la naturaleza, penetraba el aire, los árboles, las montañas...

El realismo, por el contrario, procuraba anular el yo del artista para concentrarse en las cosas. El objeto dictaba ahora sus reglas al sujeto. O al menos se pretendía que fuese así, porque el realismo era un estilo que se contradecía a sí mismo y que, tomado al pie de la letra, dejaría de ser arte. El pintor realista que pretendiese encarnar estos principios se convertiría en una cámara fotográfica, negaría su propia creatividad. La preceptiva del realismo era, si se quiere, el primer intento de «deshumanizar» el arte, de prescindir de la mirada humana. Se pretendía, por así decirlo, que las cosas se presentaran a sí mismas.

El realismo surgió porque la sociedad (especialmente en Centroeuropa) se había hecho realista. Se producía la segunda revolución industrial, nacía la burguesía y el proletariado, la lucha de clases, la alienación del trabajador... y lo más importante: la convertibilidad de todos los valores en valores económicos. Nos guste o no nos guste, la desaparición del Antiguo Régimen trajo consigo un notable empobrecimiento de los valores, y en la sociedad triunfaba lo práctico, lo positivo, la realidad tangible... Claro está que no todo es negativo en la cosmovisión de los realistas, que supieron descubrir la belleza de las botas retorcidas de un caminante o los harapos de un vagabundo. Con su amor por las cosas humildes de nuestro tiempo y su desprecio por los gestos un tanto grandilocuentes de los héroes del pasado, humanizaron en cierta manera la pintura. Paradojas del arte realista: introducir una perspectiva «deshumanizada» en que no hay artista, y, al mismo tiempo, humanizar los temas acercándolos a la humilde perspectiva de lo cotidiano...

El realismo en España comienza produciendo *cuadros históricos*, género que demuestra poca fantasía artística y en el que sobresalieron unos pocos pintores. Claro está que el *cuadro histórico* había sido cultivado por los pintores románticos, pero la diferencia entre los románticos y los realistas caracteriza muy bien la nueva tendencia pictórica: los románticos enaltecían el pasado, engrandecían los héroes y proyectaban su idealismo nacionalista sobre las escenas históricas. Los pintores del realismo procuran pintar objetivamente, aportando multitud de detalles sacados de la historia y empleando un estilo frío y distante, como si la escena no les importase demasiado. Los pintores realistas sustituyen la fantasía por la erudición histórica, y llenan los cuadros de multitud de detalles que pretenden reconstruir la realidad. Los *cuadros históricos* de los pintores realistas hacen las delicias de los maestros de escuela, de los guías de los museos y de todo género de pedantes. Es una pena que hayan malgastado su tiempo en este género, pues en general eran pintores técnicamente perfectos que componían bien las escenas y distribuían a la perfección el color. Los temas más frecuentes son los de las «desgracias nacionales», desgracias en que los héroes muestran la impotencia de un heroísmo sobrehumano.

Los cuadros más famosos de este estilo son: *La rendición de Bailén*, de Casado del Alisal, cuadro inspirado en el de *La rendición de Breda*, de Velázquez; el *Fusilamiento de Torrijos* de Antonio Gisbert, que muestra un equilibrio y perfección verdaderamente admirables (Torrijos fue el héroe de uno de los últimos levantamientos contra el absolutismo de Fernando VII); *Doña Juana la Loca acompañando el cadáver de Felipe el Hermoso,* cuadro de Francisco Pradilla de un cierto gusto morboso; *Los amantes de Teruel*, de Antonio Muñoz Degrain, etc., etc. Acaso el mejor cuadro de esta dirección y que merece comentario aparte es el del *Testamento de Isabel la Católica*, de Eduardo Rosales, cuadro que anuncia una naturalidad, una sobriedad y una elegancia que le acercan a Velázquez. Rosales (1836-1873) es también autor de cuadros notables, como la *Muerte de Lucrecia o Tobías y el ángel*.

Pero el verdadero genio de la época, el artista que escapa a las clasificaciones, es **Mariano Fortuny** (1838-1874), pintor que comienza siendo realista, pero que anticipa en muchas de sus obras el impresionismo. Por encargo de la Diputación de Barcelona fue al África para pintar las escenas de la guerra, y allí descubrió todas las posibilidades de una luz cegadora que parecía desteñir los colores. Es la *impresión* de esta luz cegadora, de esta luz que está más allá de todo color y de toda forma, lo que caracteriza los cuadros de su etapa africana. Está naciendo, en imperceptible transición, el estilo impresionista. El objeto se desdibuja, pierde contornos, queda reducido a la impresión subjetiva. Ya no es el objeto, sino la forma de contemplarlo, lo que constituye el sentido del cuadro. Fortuny pinta también deliciosos cuadros de ambiente andaluz a los que parece haber transmitido esta vibración de la luz descubierta en África. Pero, además del impresionismo, sorprende en Fortuny encontrar algunas recreaciones del mundo rococó, como *La vicaría*, delicioso cuadro de una policromía inusitada que describe su propia boda. Algún cuadro de desnudos en la playa anticipa, tanto por el tema como por el juego de luz (sol intenso, piel desnuda, agua) los temas predilectos del impresionismo de Sorolla. Lamentablemente, Fortuny murió muy joven, a los 38 años, y dejó truncada una carrera que prometía ser extraordinaria.

XIII: DE LA REVOLUCIÓN A LA RESTAURACIÓN

El período que vamos a estudiar a continuación contiene dos momentos radicalmente diferentes: un primer momento que constituye un ensayo revolucionario, y un segundo momento que constituye una recaída en la política reaccionaria. El primer momento parece el tan ansiado por las izquierdas: gobernar mediante el sufragio universal y cimentar las bases políticas en una constitución progresista. El segundo momento es la respuesta desengañada al fracaso del primero: insistir en la idea del orden y de la garantía de las seguridades burguesas. El primer momento responde a una fase optimista, el segundo a una fase pesimista...

El período revolucionario comienza siendo monárquico (monarquía constitucional de Amadeo de Saboya) y continúa con un brevísimo período republicano (I República). El período reaccionario comienza con un golpe de estado y restablece la monarquía tradicional de los Borbones en la figura de Alfonso XII, hijo de Isabel II.

¿No ha servido para nada la lección de la historia? ¿Qué se ha ganado con sustituir a Isabel II por su hijo Alfonso? ¿Fue un sueño imposible el de las fuerzas progresistas?

Aparentemente, la restauración monárquica, además de garantizar el orden y la unidad de la nación, aporta la experiencia revolucionaria de los progresistas y demócratas: el gobierno tiene que contar con el respaldo del Parlamento, el sufragio es universal (al menos a partir de 1890) y la Constitución de 1876 garantiza los derechos individuales . Pero en la práctica, la restauración monárquica significa la institucionalización del fraude electoral, al efectuar mediante el sistema «caciquil» las elecciones desde arriba. La restauración de la dinastía borbónica, bajo el pretexto de recuperar la paz y el orden, ha refinado el fraude electoral practicado en los tiempos de la Unión Liberal, porque ahora, con el «sufragio universal», se manejan cifras de votantes muy superiores a las que permitía el «sufragio restringido».

Para que la apariencia democrática sea más perfecta, se produce un «turno pacífico» de partidos en el poder. Cánovas, jefe del partido conservador y Sagasta, jefe del partido liberal, alternan en los gobiernos de la nueva monarquía, produciendo impresión de paz y armonía. Evidentemente, los años de paz y estabilidad política que inaugura la monarquía restaurada son muchos. Pero el precio que se ha pagado por la aparente paz ha sido demasiado elevado, pues se ha contribuido en gran manera a desprestigiar las instituciones políticas democráticas. En la España de finales de siglo, la palabra «política» era sinónimo de «engaño», y los españoles fueron los ciudadanos más desengañados de Europa en lo que concierne a estos temas.

Con la Restauración se produce la más triste instrumentalización de las ideas políticas, porque, como hemos de ver, sólo había una realidad política: la de las grandes familias políticas, que tejían y destejían combinaciones de gobierno siguiendo sus propios intereses económicos...

A: HISTORIA

Ensayo democrático: monarquía de Amadeo de Saboya, I República.

Los grandes triunfadores de la revolución del 68, progresistas y unionistas, serán los que dirijan los destinos políticos del país tras la caída de Isabel II. Y los caudillos de ambos partidos, los generales Prim y Serrano, serán los indiscutibles líderes del momento. En principio, y teniendo en cuenta que los demócratas contribuyeron a apoyar el programa revolucionario, se puede decir que las izquierdas están, por vez primera, firmemente establecidas en el poder. Pero la verdadera dificultad del nuevo período histórico será la de incorporar las ideas de las izquierdas liberales al estado español y, al mismo tiempo, garantizar el respeto al orden público. Progresismo y estabilidad política son dos ideales que nunca se cumplieron juntos, y basta observar la historia de los movimientos liberales en el siglo XIX para convencerse de que las izquierdas fueron siempre incapaces de ofrecer un programa estable. Es evidente que el programa de izquierdas chocaba contra los intereses establecidos y resultaba siempre torpedeado por las oligarquías gobernantes, que terminaban por vencer. En este sentido, las izquierdas pecaron de ingenuidad al creer que su programa se podía defender con simple idealismo en un país controlado por los caciques. Pero esta misma falta de experiencia política explica los desastres de las izquierdas: obligadas a mantenerse en la oposición, no contaban con esa tupida red de ideas prácticas y elementos humanos que garantiza la realización concreta de las ideas. Las izquierdas en España tuvieron habilidad solamente para provocar revoluciones; una vez en el poder, las revoluciones se quedaron sin poder ser llevadas a la práctica.

No extrañe que en el nuevo período histórico que preside la revolución del 68, la preocupación mayor sea la de garantizar el orden, y que la política sea directamente manejada por militares, e incluso por militares partidarios de una disciplina de hierro, como es el caso del general Prim. El vacío de poder que representa la ausencia de la reina (en aquel tiempo era difícil separar «gobierno» y «estado») podía conducir fácilmente al caos, y los nuevos generales se cuidaron ante todo de mantener el orden.

La primera etapa política será la formación de un *gobierno provisional* compuesto, como es natural, por progresistas y unionistas, y en el que el presidente fue Serrano, el ministro de Guerra el general Prim, y el de Marina el almirante Topete. Entre las primeras medidas de este *gobierno provisional* se encuentran: implantación del *sufragio universal* (por primera vez en la historia de España), *libertad de cultos* (tema tabú entre los moderados), *libertad de imprenta* (vieja reivindicación de la época del «bienio progresista»), *libertad de enseñanza* (de nuevo una declaración de guerra a las comunidades religiosas, que detentaban casi el monopolio de la enseñanza) y *libertad de reunión y asociación*.

A continuación, y aplicando el *sufragio universal*, se convocaron elecciones, que confirmaron el triunfo del *Gobierno*, integrado por unionistas y progresistas, pero donde hubo también muchos votos para el partido democrático republicano. Reunidas las nuevas Cortes, se les impuso la tarea de redactar una nueva constitución, que fue la *Constitución de 1869*, y que acaso sea la más liberal de todas las existentes, incluida la de 1812. La Constitución de 1869 declaraba que la soberanía residía en la nación (no en la institución monárquica), reconocía la libertad de cultos, proclamaba los derechos individuales, etc., y declaraba como forma de gobierno la monarquía (monarquía constitucional en la que el rey reinaba, pero no gobernaba).

La revolución trajo, pues, una nueva monarquía, y esto es sintomático de los nuevos políticos: las ideas revolucionarias deberían quedar garantizadas por una institución tradicional que impidiera el desorden... El paso siguiente era buscar un rey, para lo cual el gobierno se convirtió en *regencia*: se eligió a Serrano regente, y a Prim jefe de gobierno y ministro de Guerra. De hecho, Serrano como regente no tenía casi ningún poder y sus funciones se limitaban, de acuerdo con la nueva Constitución de 1869, a vigilar las leyes. Emilio Castelar, el célebre republicano, acuñó la frase *jaula de oro* para el puesto de regente. Prim sería el verdadero árbitro de la política.

Y comenzó la búsqueda del nuevo rey, que no podía ser el hijo de Isabel II por las sospechas de absolutismo que despertaba su nombre, y también por el radical «¡jamás! ¡jamás! ¡jamás!» que pronunció el general Prim. Tampoco podía ser un Hohenzollern, pues Francia se sentía amenazada e imponía su veto (de hecho, Bismarck supo aprovechar esta oposición de Francia para declararle la guerra a Napoleón III, la célebre guerra franco-prusiana de 1871). El candidato a la Corona de España tenía que ser un príncipe neutral y, a ser posible, de una dinastía poco importante. Después de una serie de acontecimietos lamentables (como la muerte en duelo del candidato don Enrique de Borbón), y de otros acontecimientos ridículos, como la candidatura del veterano general Espartero (!!!), se le ofreció la corona a Amadeo de Saboya, segundo hijo del rey Victor Manuel de Italia.

Pero el **reinado de Amadeo de Saboya** fue un desastre. Apenas llegado a España a principios de 1871, el joven rey se entera del asesinato de Prim, su principal valedor. No podía empezar peor su reinado, que estuvo caracterizado por numerosas desavenencias entre los principales partidos. El rey juró la Constitución y empezó a reinar como auténtico «rey constitucional». El primer gobierno lo presidió Serrano, y estaba constituido por miembros de los partidos que hicieron la revolución: unionistas, progresistas y demócratas, pero esta coalición era poco seria. Pero además, el rey era, ante los ojos del pueblo, un extranjero que apenas hablaba el castellano, razón suficiente para no contar con el apoyo popular. Por si esto fuera poco, la vieja aristocracia, que se sentía ligada a los Borbones, le fue negando el reconocimiento, y a los que aceptaban al nuevo rey los motejaban de *nobleza haitiana*. Algunas autoridades civiles, militares e incluso eclesiásticas, se atrevieron a negarse a prestar juramento de fidelidad al nuevo rey, por lo que hubo que decretar destierros y encarcelamientos. Y el partido demócrata-republicano, dirigido por Castelar, llegó a anunciar el propósito de «destronar legalmente a don Amadeo». Para colmo de males, en Cuba ardía la guerra independentista y en el norte de España los carlistas volvían a levantarse en armas...

Pero el principal problema de Amadeo era el papel que le reservaba la Constitución de 1869, que era prácticamente nulo. El rey se encontraba, para repetir la famosa frase de Castelar, en una «jaula de oro», y nada podía hacer para salvar la distancia entre los partidos. Pronunciamientos federales, como el del Ferrol, tentativas republicanas en Madrid y terribles desaires en el propio Palacio Real (en ocasión del día de Reyes, las personalidades invitadas por Amadeo se negaron a asistir a la fiesta), fueron minando los ánimos de Amadeo, que a principios de 1873 y con ocasión de una rebelión de artilleros, decidió abdicar.

En la misma sesión de Cortes en que se aceptaba la abdicación de Amadeo de Saboya, se votó el régimen republicano. La **I República** fue una realidad política precipitada que no duró ni siquiera once meses y que tuvo hasta cuatro presidentes (!!!). El primer presidente fue Estanislao Figueras, que formó un gabinete de coalición que dictó las leyes más progresistas que conoce España: abolición de la esclavitud en la colonia de Puerto Rico, disolución de las anacrónicas y reaccionarias Órdenes Militares y supresión de los títulos nobiliarios. Pero en este tiempo se radicalizó la Guerra Carlista y la guerra independentista de Cuba. El ejército dio muestras de gran anarquía e indisciplina y Figueras, que no pudo él solo hacer frente a los problemas, decidió huir cobardemente a Francia.

El segundo presidente fue Francisco Pi y Margall, cuyo nombramiento coincidió con la proclamación de la República Federal. Pi era autor del proyecto federalista, pero se vio sobrepasado por los acontecimientos, pues surgían *cantones* federalistas como los hongos, y algunos de ellos, como los de Málaga, Sevilla, Cádiz y Cartagena pretendían ser independientes. A los problemas cantonalistas se unían los de la rebelión y anarquía militar, y como el presidente quería evitar el derramamiento de sangre, dimitió al cabo de sólo un mes y ocho días.

El tercer y cuarto presidentes de la República tuvieron que ensayar la vía autoritaria. Nicolás Salmerón se mantuvo casi dos meses en el poder, pudo acabar con la rebelión cantonalista y mantuvo a raya a los ejércitos carlistas. Pero no pudo acabar con la indisciplina del ejército, que sólo se podía conseguir firmando sentencias de muerte. Salmerón prefirió dimitir y dejó el puesto a Emilio Castelar, el gran teórico del republicanismo, que se mantuvo cuatro meses en el poder, pero que no pudo demostrar tampoco estar a la altura de las circunstancias. Castelar quiso imponer el princpio de autoridad, reorganizó el Cuerpo de Artillería, estableció el servicio militar obligatorio, fortaleció la disciplina de los ejércitos y tuvo ciertos éxitos contra los carlistas. Pero su política de orden y disciplina amenazaba convertir la República en un régimen de derechas, y Salmerón, Pi y Margall y otros republicanos le acusaron de traicionar la revolución. En la misma sesión del 3 de enero de 1874 en que dimitió Castelar, el general Pavía dio un golpe de estado, entró con sus tropas en las Cortes y disolvió la sesión. La I República había muerto...

La restauración borbónica y el sistema caciquil

El golpe de estado del general Pavía tenía la justificación teórica de la ingobernabilidad de la I República. Los abogados del orden fueron imponiendo una política conservadora tendente a «restaurar» (mejor sería decir «reinstaurar») la monarquía borbónica. Se trataba, ante todo, de garantizar el principio de autoridad, de buscar un fundamento político estable, pues las izquierdas se habían mostrado, una vez más, inexpertas e ineficaces. Naturalmente, detrás de esta búsqueda de estabilidad política se encontraban también los intereses de la oligarquía burguesa, expuestos a la inseguridad de la vida económica y a las amenazas de los ideales libertarios.

Pero con la Restauración de la dinastía borbónica se incorporan algunos de los principios del liberalismo progresista, como el *sufragio universal* (que llegaría algunos años más tarde), y toda una serie de *garantías de los derechos individuales*. El período de la Restauración, al menos en teoría, no solamente es estable, sino también democrático, progresista. Con la Restauración se entra en un período de relativa paz y prosperidad que cubre los años de la monarquía de Alfonso XII (1875-1885), los de la regencia de su mujer, María Cristina (1885-1902), y que se extiende incluso hasta bien entrado el reinado de

Alfonso XIII (desde 1902 hasta, por lo menos, los sucesos de la «Semana Trágica» de 1909).

La autoridad y el orden que presiden el cambio de régimen están representados, como no podía ser de otra manera, por un general, Martínez Campos, que a finales de diciembre de 1874 *se pronunció* en Sagunto a favor de la reinstauración monárquica en la figura de Alfonso XII, hijo de Isabel II. El *pronunciamiento* fue secundado en poco tiempo por la enorme mayoría del ejército.

Y los fundamentos liberales, la herencia de las tradicionales reivindicaciones de la izquierda, están representados por Antonio Cánovas del Castillo, auténtico forjador teórico de la Restauración. Cánovas estaba encargado directamente por la destronada Isabel de defender la causa monárquica. Y el 1 de diciembre de 1874, casi cuatro semanas antes del *pronunciamiento* de Martínez Campos, redactó un manifiesto monárquico que firmó el príncipe Alfonso («Manifiesto de Sandhurst») en que se sentaban las líneas programáticas del nuevo estado: «Lo único que inspira ya confianza en España es una monarquía hereditaria y representativa, mirándola como irreemplazable garantía de sus derechos e intereses desde las clases obreras hasta las más elevadas».

El *pronunciamiento* de Martínez Campos era innecesario, y se asegura que el propio Cánovas lo calificó de «botaratada» (tontería, estupidez). Sin embargo, tiene algo de emblemático, y se nos antoja que la Restauración tenía que ir acompañada necesariamente de militares: la oligarquía gobernante estaba impaciente por experimentar el retorno al orden burgués, y no había mejor garantía del orden burgués que la que ofrecían los *espadones*...

El último día del año 1874 se le encargó a Cánovas la constitución de un *Ministerio-Regencia* para preparar el camino político del nuevo régimen. El rey Alfonso XII entró en España dos semanas más tarde, entre las aclamaciones populares. Había como un ambiente general de reconciliación nacional, ambiente que se pone muy claramente de manifiesto en la preparación del texto constitucional, que se realizó poco más tarde. Cánovas formó una asamblea bastante numerosa de ex senadores y ex diputados de todas las tendencias políticas que habían ejercido sus funciones en los últimos treinta años, y les encargó elegir una «Comisión de Notabilidades» de solamente 39 miembros para que éstos redactasen las bases de una nueva Constitución. Las Cortes aprobarían, un año más tarde, este texto constitucional, por lo que se le denominó *Constitución de 1876*. El régimen político de la Restauración comenzaba practicando una política basada en el diálogo y el consenso, pues la Constitución era el resultado de un compromiso entre partidos.

En realidad, la Constitución de 1876 era un esfuerzo para evitar que en el futuro cada partido impusiera su propia Constitución. Era un marco o plataforma de inspiración liberal con el que se podían identificar todos los partidos políticos. Y como tal plataforma, la Constitución de 1876 contenía elementos conservadores y elementos progresistas. Los elementos conservadores consistían, ante todo, en que el texto constitucional preveía el equilibrio de poderes entre el Rey y las Cortes, aspecto que la hacía semejante a las constituciones conservadoras: *la soberanía no residía en la Nación (en las Cortes), sino en el juego concertado entre las Cortes y el Rey*. El rey participaba en la labor legislativa de las cortes, pues tenía el derecho de sancionar las leyes y vetarlas; además, era el rey el que convocaba las Cortes y el que podía suspenderlas e incluso disolverlas. Entre el Rey y las Cortes se encontraba el gobierno, que debía estar compuesto por los ministros que obtenían la mayoría en las Cortes. El jefe de gobierno, de acuerdo con este equilibrio de poderes, debía contar con la confianza de las Cortes y del Rey al mismo tiempo. Si perdía la confianza de las Cortes, podía dimitir o convocar nuevas Cortes. Pero si no tenía la confianza del Rey, no le quedaba más remedio que dimitir y dejar paso a otro jefe de gobierno. Como además de todas estas prerrogativas, el Rey era inviolable, da la impresión que la Constitución de 1876 estaba inspirada en la de 1845, que era muy conservadora y presidió la política reaccionaria de la «década moderada».

Pero la Constitución de 1876, además de esta aparente tendencia hacia el conservadurismo, aporta los logros de la Revolución de 1868 plasmados en la Constitución de 1869 y contiene una *declaración de derechos individuales* que hace que el régimen de la Restauración sea considerado verdaderamente liberal. Al principio, junto con el texto constitucional, se aplicaba una ley electoral de *sufragio censitario* (tenían derecho a voto solamente los que hubiesen cumplido 25 años y pagasen una cuota mínima de 25 pesetas anuales de contribución territorial o de 50 pesetas por subsidio industrial), pero a partir de 1890 y por influjo de los liberales y los demócratas-republicanos, se llegó al *sufragio universal*. Tanto la declaración de los *derechos individuales* que garantizaba la Constitución, como la aprobación de la nueva ley electoral del *sufragio universal*, hacían que el régimen de la Restauración fuese considerado, al menos en teoría, como un régimen de inspiración liberal capaz de admitir el diálogo con las más diversas orientaciones políticas. De hecho, con el régimen de la Restauración participaron incluso los republicanos, lo que da buena idea de su universalidad.

Todavía un rasgo más del liberalismo de la Restauración: los partidos estaban de acuerdo para *turnarse* o *alternarse* en el poder. De acuerdo con el patrón inglés de la división en *conservadores* y *laboristas*, o del italiano con su *destra* y *sinistra*, los partidos españoles estaban convencidos de la necesidad de ofrecer vías alternativas a los problemas políticos. El mismo Cánovas llegó a decir: «Un solo partido no puede asegurar y hacer duradera la Restauración». En realidad, el sistema del bipartidismo no es idea original de Cánovas, sino praxis política corriente en los años de la Unión Liberal. Los políticos que se orientaban hacia el conservadurismo se unieron a Cánovas y formaron el *partido conservador*. Los que se orientaban hacia tesis más progresistas, se unieron a Sagasta y formaron el *partido liberal*. De esta manera, conservadores y liberales se alternaron en el poder durante más de treinta años (se puede aceptar la fecha de 1909, año de la «Semana trágica» de Barcelona, como final de este entendimiento pacífico), y Cánovas y Sagasta fueron las columnas del régimen de la Restauración. La rotación y el buen entendimiento entre conservadores y liberales fue especialmente eficaz a partir de la muerte de Alfonso XII, en 1885: la regencia de María Cristina les parecía a los políticos de la Restauración poco estable si no estaba reforzada por un pacto político, y se cree que el Pacto del Pardo acordado por Cánovas y Sagasta en 1886 es el punto de partida de esta colaboración.

Ahora bien: el *turno pacífico* de partidos, así como esa original síntesis de elementos contrarios que exhibía la Constitución y las leyes fundamentales (liberalismo y autoritarismo) eran difícilmente realizables sin acudir a un truco político. El sufrido pueblo, especialmente cuando contaba con la poderosa arma del *sufragio universal*, no podía ponerse de acuerdo para votar a conservadores o liberales siguiendo las conveniencias políticas de tales partidos. Además, conservadores o liberales pertenecían por igual a una oligarquía gobernante por completo ajena a los intereses de los humildes, y sería absurdo que los electores entrasen en el juego para contentarles o para contribuir a construir una fachada democrática. Para que el sistema de la *rotación de partidos* funcionase, la Restauración acudió a un truco: la falsificación de las elecciones mediante el *sistema caciquil*. En realidad, este truco era ya viejo y se practicaba en España desde, por lo menos, la época de la Unión Liberal. Pero la Restauración supo refinarlo y adaptarlo a la nueva situación electoral.

La palabra *cacique* («señor de vasallos en alguna provincia o pueblo de indios») viene del español de la América precolombina, donde era frecuente encontrar la figura de esta especie de reyezuelos. En la Península empezó a aplicarse a aquellos personajes que, debido a su poder económico, tenían gran influencia político-social en medios rurales. Era una especie de supervivencia del régimen señorial en el campo. Este es el caso especial de los terratenientes, que debido a su peso en la economía rural, podían controlar a los grupos humanos que dependían de ellos. De la influencia económica se seguía la influencia política. Pues bien, el *cacique* es la figura principal del sistema político de la Restauración. Las elecciones se hacen *de arriba abajo*, desde la oligarquía gobernante hasta los humildes electores facultados por el *sufragio universal*. Primer paso: los partidos políticos se ponen de acuerdo sobre qué partido ha de gobernar el país en el próximo período legislativo. Segundo paso: el Ministerio de Gobernación (hoy Interior) da la orden a los *gobernadores civiles* de cada provincia de que se hagan elecciones favoreciendo a determinados *candidatos*, que son aquellos que pertenecen al partido favorecido. Tercer paso: los *gobernadores civiles* entran en contacto con los *caciques* y les transmiten las consignas del Ministerio. Cuarto paso: los *caciques* imponen a los *electores*, recurriendo a sobornos o amenazas, a la obligación de votar a favor de tales candidatos... De esta manera, la figura del *elector*, que en un régimen democrático es la base del sistema, pasa a ser el último eslabón de la cadena. La Restauración ha invertido el proceso electoral para convertirlo en una farsa.

Cuando no era suficiente el número de electores ganados por los *caciques,* se recurría a la acción de «volcar el puchero» (esconder los votos contrarios y meter en la urna solamente los votos a favor del gobierno). «Volcar el puchero» o también «dar pucherazo» eran expresiones corrientes en la jerga electoral de aquellos tiempos, y correspondían también a la labor de los *caciques*. En cuanto a los procedimientos empleados para conquistar el voto de los electores, sería larga tarea enumerar aquí todos los que se emplearon. Lo normal era, simplemente, amenazar al elector con retirarle su protección económica. Pero había también procedimientos basados en el soborno del elector, como el que consistía en repartir regalos o dinero (en cierta época se llegó a calcular con cierta exactitud cuánto dinero era necesario para ganar las elecciones en todo el país). Otros procedimientos consistían en la violencia (los caciques asistían a las elecciones armados de garrotes). Y otros, finalmente, llegaban a lo grotesco: incluían papeletas de gente que ya estaba muerta... Citaremos, como ejemplo ilustrativo del absurdo de este procedimiento, las elecciones realizadas en 1884, en las que el ministro de Gobernación, Romero Robledo, el mayor experto en falsificar elecciones, llegó a conseguir 293 diputados (!!!) por este procedimiento. Se comentó entonces que las Cortes fabricadas por Romero Robledo quedaron «deshonradas antes de nacidas»...

A pesar de todo, Cánovas y Sagasta se alternaron en el gobierno siguiendo la práctica del sistema caciquil, y resulta sorprendente que se haya podido mantener la ficción democrática durante tanto tiempo. Algunos historiadores atribuyen la relativa calma de este período a la rotación de partidos, pero es evidente que la paz y relativa prosperidad que gozó el país la tuvo que pagar al más alto precio: el del total descrédito del mundo de la política. Los españoles que vivieron esta época perdieron definitivamente la fe en los sistemas políticos y empezaron a mirar con desconfianza toda seria labor de reconstrucción nacional. Y es que, en el fondo, la política toda de la Restauración está dominada por el pesimismo, por el miedo a la revolución social. Para Cánovas, que veía el fantasma de la Revolución en todas partes, el único ideal al que había que supeditarlo todo era el de la *paz, el del orden público*. Y para alcanzar este ideal no dudó en sacrificar los más altos valores, como el de la *democracia* y el de la *justicia social*, sin los cuales no puede haber verdadera paz y en los cuales, probablemente, no creía demasiado. En el año de 1914 Ortega y Gasset analizó muy bien este problema básico de la Restauración: «*Orden, orden público, paz...* es la única voz que se escucha de un cabo a otro de la Restauración. Y para que no se altere el orden público se renuncia a atacar ninguno de los problemas vitales de España, porque, naturalmente, si se ataca un problema visceral, la raza, si no estaba muerta del todo, responde dando una embestida, levantando sus brazos, su derecha y su izquierda, en fuerte contienda saludable».

La emancipación de las últimas colonias

La época de la Restauración coincide con la liquidación del imperio ultramarino, pues España, que había dejado de ser gran potencia colonial hacia finales del primer tercio del siglo XIX, pierde sus últimas colonias (Cuba, Puerto Rico, Filipinas) en el año 1898. De hecho, la posesión de estas últimas colonias no dejaba de ser un anacronismo histórico, pues la lucha por la independencia en América había comenzado ya a principios del siglo XIX.

En efecto, y como ya hemos visto en el cap. XI, los movimientos por la emancipación de las colonias americanas habían surgido en la época de la Guerra de la Independencia contra Napoleón (1808-1814), aprovechando que España apenas podía mandar tropas a América, y aprovechando también el triunfo de los *liberales progresistas* en las Cortes de Cádiz, que se mostraban comprensivos ante las reinvindicaciones de los independentistas americanos. El mismo o parecido carácter y organización tenían las *Juntas* que organizaban los patriotas españoles para luchar contra Napoleón, que las *Juntas* que surgían en América para organizar la independencia. Prácticamente, hacia 1824 y después de las guerras de liberación que capitanearon Bolívar y San Martín, se habían independizado la mayoría de las colonias americanas, dando lugar a las modernas repúblicas actuales: Venezuela, Colombia, Méjico, Perú, Chile, Argentina...

Es evidente, pues, que la pervivencia de colonias como Cuba, Puerto Rico y Filipinas era un fenómeno anacrónico que esperaba el detonante adecuado para estallar. Y los políticos españoles, ciegos ante la realidad de la madurez política de estos territorios, no tardaron en ofrecerles a los independentistas motivos suficientes para rebelarse. Una sola excepción en el triste panorama de políticos retóricos y triunfalistas la ofrece Antonio Maura, que desde el Ministerio de Ultramar intentó una reforma del gobierno y la administración civil de la isla de Cuba que le conferiría una cierta autonomía política. Maura quería reducir las seis provincias cubanas a una sola y así instituir una Diputación provincial única integrada por dieciocho diputados, que, elegidos por cuatro años, se renovarían por la mitad cada dos años. La existencia de una Diputación provincial en Cuba hacía que se pudieran asumir ciertas funciones delegadas, relativas a determinados servicios públicos como Obras Públicas, Comunicaciones, Agricultura, Industria y Comercio, Instrucción Pública, Beneficencia y Sanidad. El proyecto autonomista de Maura, que llevaba la fecha de 1893, llegaba ya un poco tarde, y los independentistas, comprometidos ya en la lucha por la libertad de la isla, no lo aceptaron. ¿Quiénes eran, cómo pensaban los independentistas?

Nos limitaremos a Cuba, donde el sentimiento independentista era más fuerte. En Cuba el inspirador de la rebelión era José Martí, criollo, apasionado independentista, político y poeta. Las ideas políticas de Martí se basaban en a) la *idea indigenista* y b) un *socialismo populista* de origen pequeño-burgués. Ninguna de estas ideas era totalmente nueva en Hispanoamérica. Tampoco resultó novedad, después de conseguida la ansiada independencia, el desprecio sistemático de estos mismos ideales, pues en ninguna de las jóvenes naciones emancipadas se produjeron movimientos a favor de los indios, ni mucho menos reformas de la estructura social. El impulso ideológico, que venía de Martí, se concretizó en la formación del «Partido Revolucionario», que dirigía el mismo Martí, y que contaba con el apoyo militar de una improvisada «guerrilla» dirigida por Antonio Maceo.

La guerra por la independencia cubana observa un movimiento este-oeste para las guerrillas de Maceo, y un movimiento oeste-este para los ejércitos gubernamentales. En el medio de la isla se formó una «trocha» que separaba ambas partes y donde se combatió con gran dureza. Las tropas gubernamentales intentaban por todos los medios evitar el desembarco con ayuda norteamericana. De la dureza de la guerra nos hablan las tristes hazañas del general Weyler, que había sustituido a Martínez Campos, y también la estúpida frase de Cánovas, de que había que luchar «hasta el último hombre y la última peseta».

La guerra se decidió en poco tiempo gracias a la intervención norteamericana. Las campañas de la prensa liberal en E.E.U.U. en contra del colonialismo, los intereses económicos de la Sugar Refining Company y el empeño personal del presidente Mac Kinley ante la dureza inhumana del general español Weyler, hicieron posible el ultimátum, en 1897, del presidente norteamericano a la Reina Regente, María Cristina: o el estado español vendía la isla por 300 millones de dólares, o se consumaba la intervención norteamericana en la isla (!!!). A la desvergüenza de ofrecer dinero por la isla, se añadía el soborno de un millón de dólares para los negociadores de la venta...

Los políticos españoles reaccionaron como si se rasgaran las vestiduras, pero hicieron algo más grave que acceder a los intentos de soborno americanos: aceptaron la guerra y enviaron a sus pobres escuadras navales a luchar contra fuerzas muy superiores. La irresponsabilidad de la clase política española ante los desastres de la guerra con los E.E.U.U. no ha sido suficientemente resaltada por la historiografía. El almirante Cervera en Santiago de Cuba y el almirante Montojo en Manila fueron vencidos sin ninguna dificultad por escuadras mucho más modernas y mejor equipadas. Los marineritos españoles fueron a la guerra por una cuestión de honor y sabiendo que no tenían posibilidades de vencer. (Por cierto que a Montojo se le entabló proceso por haberse rendido ante fuerzas tan superiores, pero a nadie se le ocurrió juzgar la conducta criminal de Cánovas y todos los que apoyaron una guerra suicida).

El 10 de diciembre de 1898 España reconoce la independencia de Cuba y cede a los Estados Unidos Puerto Rico, Filipinas y la isla de Guam (Marianas). El «desastre» del 98 servirá, paradójicamente, para despertar la conciencia dormida de la intelectualidad española, que producirá muchas de las obras que constituyen lo que viene llamándose «Edad de Plata» de la literatura española...

B: SOCIEDAD

La evolución económica en el último tercio del siglo XIX

En el último tercio del siglo XIX se produce una evolución económica en que alternan los factores negativos del atraso tradicional con otros francamente positivos que acercan la economía española a la de otros países europeos. En general, y como hemos de ver, las cifras de crecimiento son notables, pero por desgracia no todo el crecimiento económico tuvo repercusiones inmediatas en la sociedad española.

Si atendemos a algunos **indicadores generales** del proceso económico, observaremos, en primer lugar, una *limitada disponibilidad de capitales* para impulsar el desarrollo industrial y comercial. En efecto, el desarrollo de la burguesía de la época isabelina había sido más bien modesto, y el conjunto total de capitales disponibles era incomparablemente inferior al de otras naciones europeas. Esta falta de capitales propios se palió en parte abriendo las puertas a los inversores extranjeros, pero, como es lógico, gran parte de los capitales extranjeros revirtieron en los países de donde procedían, por lo que el conjunto de la economía no salió muy favorecido. Otro elemento negativo es la *escasez de fuentes de energía*, de lo que es buena muestra la importación de carbón de Inglaterra (los mismos barcos que exportaban a Inglaterra el hierro de las minas de Bilbao, regresaban cargados de carbón inglés). Si se aplican las fórmulas de Hoffmann a la realidad económica española, se comprobará que, a pesar de cierto crecimiento, el país se encuentra todavía atrasado: la relación entre *bienes de consumo* y *bienes de capital o de equipo* es todavía muy elevada (se produce mucho más para consumir directamente que para crear equipamiento). Un ejemplo concreto: en España la *ratio* («relación») entre la producción textil (típico exponente de una industria de bienes de consumo) y la producción siderúrgica (típico exponente de una industria de bienes de equipo) era en 1913 de 5.6:1. En el último tercio del XIX, varios países del occidente europeo mostraban ya una *ratio* de 2.5:1, y a partir del siglo XX era ya frecuente encontrar países que habían alcanzado o se estaban aproximando a la *ratio* 1:1.

En el terreno concreto de las **finanzas**, hay que señalar la gran importancia de las inversiones extranjeras y, sobre todo, de su *carácter selectivo*: hasta el año 1881 el capital extranjero se invirtió en ferrocarriles y minas; a partir de 1881, además de ferrocarriles y minas, se invirtió en los servicios públicos (gas, alumbrado, tranvías, aguas), y también algunas industrias de bienes de equipo. Se trata, en general, de inversiones que, según Tamames, contribuyen poco al desarrollo económico del país, pues los beneficios se ingresan en el país de origen. Se trata de una especie de «colonialismo económico» como el que suele hacerse en los países subdesarrollados. Acaso la única inversión extranjera que se aprovechó en el país fue la de la extracción del hierro en Vizcaya, que se aprovechó para reinvertirla en la industria siderúrgica y naviera. A pesar de la importancia de los capitales extranjeros, a finales del siglo XIX y como consecuencia de la repatriación de capitales americanos, se produjeron inversiones que quedaron en el país y que, en parte, pudieron sustituir las inversiones extranjeras. (Los capitales repatriados a finales del XIX y principios del XX sobrepasaron la cifra de 2.000 millones de pesetas...).

Capítulo de gran importancia es la evolución del **ferrocarril** y de los **transportes**. Aunque la revolución del ferrocarril en la economía española pertenece, como ya hemos visto, al período isabelino, en el último tercio del siglo experimenta un crecimiento extraordinario, contribuyendo en gran manera a abaratar la vida económica. Algunas cifras ayudan a comprender su importancia. Al final de la época isabelina en los ferrocarriles españoles se habían recorrido 10.4 millones de kilómetros, y a finales de siglo 36.5 millones; la diferencia es de más del triple. Y las toneladas transportadas habían pasado de 1.2 millones en la primera fecha a 4.8 millones en la segunda; también más del triple. Y de nuevo una triplicación: el número de viajeros pasó de 11.6 millones a 34.8. Frente a este desarrollo del ferrocarril, la carretera quedó prácticamente estancada hasta la aparición de los automóviles, fenómeno que ocurrirá ya entrado el siglo XX. En cuanto a la industria naviera, hay que mencionar el auge extraordinario, que coincide exactamente con este período histórico, de la construcción de barcos de vapor. Ya en el año de 1886, la flota española contaba con un total de 610.000 toneladas, de las cuales solamente 220.000 pertenecían a barcos de vela. Es decir, dos tercios del total de barcos eran ya modernos barcos de vapor. España, haciendo honor a su tradición de potencia marítima, ocupaba en esta época el noveno lugar en el mundo por el volumen de su transporte por mar. Desgraciadamente, los barcos de vapor eran casi todos de fabricación extranjera.

Es difícil ofrecer un panorama unitario del **sector agrícola**. En general, puede decirse que la agricultura representaba el aspecto más negativo de la economía debido a las estructuras de la propiedad. En Galicia predomina el *minifundio*, a veces con una parcelación tan excesiva del terreno, que el agricultor no tiene suficiente para vivir. Además del *minifundio* abundan los arrendamientos de tipo *foro*. La situación en la cornisa del Cantábrico (Asturias, Santander) es semejante. En la fachada de Levante (Cataluña, Valencia) alternaba el régimen de pequeña y mediana propiedad con el sistema de *aparcerías* o contratos de arrendamiento de tierras. (En Cataluña los conflictos entre arrendadores y arrendatarios o *rabassaires* fueron bastante graves). En la Submeseta Norte y Aragón dominaba la propiedad mediana, pero era frecuente también la práctica del arrendamiento en condiciones poco favorables para los arrendatarios. En la Submeseta Sur (La Mancha y Extremadura) y en Andalucía, dominaba el *latifundio*, situación tradicional en estas tierras y que hunde sus raíces en la Reconquista (las tierras al sur de la Cordillera Central fueron encomendadas a las Órdenes Militares, a la alta aristocracia y a la Iglesia). La Desamortización, como ya hemos visto, no cambió apenas la situación... En cuanto a los productos agrícolas, hay pocas novedades que registrar: el trigo, la vid, el olivo y los cítricos ocupan el centro de la actividad agrícola. La producción de trigo (producto típico de la Submeseta Norte) sufrió algún retroceso debido a la competencia del trigo extranjero, que el arancel liberalizador de 1869 permitía importar sin problemas. Al contrario, el vino experimentó un gran crecimiento, especialmente debido a la epidemia de la filoxera en Francia; según Vicens Vives, España «monopoliza el comercio mundial del vino» desde 1882. En la época isabelina, la producción de vino se estimaba en 10.8 millones de hectolitros, y en 1900 ascendió a 21.6... Los frutos secos (almendras) y los cítricos de la región mediterránea tenían ya, comparativamente, la misma importancia que tienen hoy.

La **minería** y también la **industria siderúrgica** son los dos grandes pilares de la industria española de la época. La minería fundamental se concentra en la faja cantábrica, y es la del carbón en Asturias y la del hierro en Vizcaya. La producción de carbón pasó de 270.000 toneladas en la época isabelina a 1.360.000 en el año 1900, y la a producción de hierro llegó a experimentar un fantástico crecimiento: de 173.000 toneladas en la época isabelina a 8.675.000 a finales de siglo. Hay que subrayar especialmente la formación del núcleo minero y siderúrgico de Bilbao, porque caracteriza toda una época industrial. Su crecimiento se debió, fundamentalmente, a las nuevas técnicas de extracción de hierro a partir de filones donde abunda el material calcáreo. Pero además, el hierro de Vizcaya posee gran riqueza metálica (50%), sus filones se encuentran a cielo abierto, y la proximidad del mar (la ría de Bilbao) lo hace fácilmente exportable. El hierro de Vizcaya tuvo un éxito extraordinario, especialmente cuando empezó a subir el precio del hierro inglés (en 1873 el hierro inglés costaba 33 chelines la tonelada, y el español de mejor calidad se pagaba a 9 chelines la tonelada... Como hemos dicho antes, las inversiones extranjeras realizadas en la zona de Vizcaya revertieron en la industria siderúrgica, logrando el único complejo industrial de verdadero nivel internacional.

La **industria textil** se concentra, como ya es tradicional, en Cataluña. La lana de Tarrasa y Sabadell no solamente satura el mercado nacional, sino que exporta a Europa y ocupa el tercer lugar entre los países europeos. Superior todavía es el crecimiento de la industria textil del algodón, cuyo auge se puede seguir, indirectamente, consultando las cifras de importación de la materia prima.

En conjunto, la economía de la época de la Restauración, amparada en el crecimiento económico mundial y en la relativa estabilidad política del régimen, experimentó un notable crecimiento, aunque no podemos olvidar las cifras que antes apuntamos como indicadores económicos, especialmente la falta de una industria básica de equipamiento. La aparición del proletariado urbano será la consecuencia social de este crecimiento económico...

Partidos burgueses y partidos proletarios. La cuestión social.

Hemos visto en la España isabelina los primeros intentos para organizar asociaciones obreras. La España de la Restauración va a experimentar el surgimiento de los primeros partidos obreristas, con una estructura y organización que se corresponde, en líneas generales, con los demás partidos proletarios europeos.

Conviene recordar, sin embargo, que el proletariado español es todavía relativamente poco importante, ya que el desarrollo industrial en España, como ya hemos visto, va a remolque del europeo. Masas proletarias propiamente dichas se encuentran solamente en Madrid, Asturias, Vizcaya, Barcelona y algunas ciudades industriales catalanas, es decir, en los pocos lugares donde hay una población industrial significativa. Se podrá comprobar, al repasar las fechas, que los movimientos obreros españoles acusan un retraso de unos veinte o treinta años con respecto a los europeos.

A pesar de la relativa insignificancia del proletariado español, la sola mención de las asociaciones obreras despierta pánico entre las clases dominantes. Y esto ocurre no sólo en la esfera de los conservadores, sino también entre los miembros del equipo liberal. El miedo al proletariado es parte del miedo al pueblo en general, sea proletariado, campesinado o clases humildes urbanas. Cuando comienza el período de la Restauración, el partido conservador de Cánovas se opone drásticamente al *sufragio universal* por ver en éste el origen de la subversión social y de la supresión de la propiedad privada. Ya en 1871 había dicho Cánovas terminantemente: «El sufragio universal será siempre una farsa, un engaño a las muchedumbres, llevado a cabo por la malicia o la violencia de los menos, de los privilegiados de la herencia y el capital, con nombre de clases directoras; o será en estado libre, y obrando con plena independencia y conciencia, comunismo fatal e irreductible». Detrás de este pánico al voto popular se esconden las tormentas políticas de la I República y también las más radicales de la Comuna de París. Pero téngase en cuenta que los liberales compartieron con los conservadores este mismo pánico: el liberalismo de la época isabelina no veía con buenos ojos la existencia de huelgas y asociaciones obreras, y hemos visto que todo un general Espartero, paladín del liberalismo progresista, intervino en la huelga de Barcelona de 1855, en pleno *bienio progresista*, para imponer una solución autoritaria y paternalista al problema social. Y el general Serrano, brillante jefe de la Unión Liberal, tras el golpe de estado del general Pavía, no dudó en firmar la orden de disolución de la A.I.T. (Asociación Interanacional de Trabajadores) en su calidad de Presidente del Poder Ejecutivo. Para Serrano, como para el general Pavía, como para todos los políticos no republicanos, las asociaciones obreras estaban relacionadas con los desórdenes de la I República y con las ideas que tendían a subvertir los valores. El proletariado era una nueva realidad social que no entraba en los esquemas de los partidos establecidos, ni siquiera en los esquemas más abiertos del liberalismo progresista. La revista conservadora titulada *La Defensa de la Sociedad* recoge muy bien esta mentalidad tremendista cuando señala que la A.I.T. es «el más grande peligro que hayan corrido jamás las sociedades humanas».

Evidentemente, conservadores y liberales eran incapaces de comprender el nuevo fenómeno social, y ante la aparición del socialismo (tanto en su versión marxista como en su versión bakuninista) reaccionaron unidos como formando parte de lo que realmente fueron siempre: partidos de la burguesía. La política, a finales del XIX, sufre una drástica polarización: *partidos burgueses* (en su vertiente *conservadora* o en su vertiente *liberal*) y *partidos proletarios*. Esta polarización sustituye a la más antigua de *liberales moderados* y *liberales progresistas,* pues en la España de la Restauración, las diferencias entre los *conservadores* de Cánovas y los *liberales* de Sagasta eran realmente muy pequeñas, especialmente teniendo en cuenta la rotación de los dos partidos y el entendimiento entre las oligarquías gobernantes para organizar el mecanismo caciquil. En esta época, ser de izquierdas, ser verdaderamente progresista, era pertenecer a los partidos o a los sindicatos socialistas. El liberalismo comenzaba a envejecer, a perder sus ambiciones universalistas para convertirse en el partido de una sola clase, la clase burguesa. Y aunque no se puede negar la presencia de cierta preocupación social en los partidos burgueses, como hemos de ver, sus esfuerzos tendían solamente a mitigar el sufrimiento de las clases humildes, no a suprimir las causas de lo que empezó a llamarse oficialmente «la cuestión social»...

Efectivamente, la «cuestión social» fue objeto de un tratamiento más bien teórico por parte de los partidos gobernantes. En 1883 y siendo ministro de Gobernación (Interior) Segismundo Moret, se creó una Comisión de Reformas Sociales presidida por Cánovas y con Gumersindo de Azcárate como secretario. Si hemos de dar crédito a las manifestaciones de los políticos que trabajaron en esta Comisión, los políticos burgueses estaban realmente preocupados por los problemas sociales. Cánovas, al parecer, fue evolucionando de un paternalismo social a un cierto intervencionismo de la sociedad y del Estado. Y Gumersindo de Azcárate llegó a decir: «El hambre no es católica ni protestante. Bien venido será todo el que procure soluciones para la cuestión social: no nos importa que pertenezca a la escuela de Bakunin, o que comulgue con Lassalle, o que crea en el Evangelio de Cristo». El historiador Palacio Atard resume la labor de esta Comisión de Reformas Sociales en tres tipos de actividades: a) actividad informativa, b) actividad legislativa y c) actividad editorial. Resumiremos aquí las dos primeras.

Respecto a la actividad informativa, la Comisión elaboró todo un «dossier» sobre la situación real de los obreros mediante encuestas directas. Así surgió, en 1884-1885, la primera *Información escrita y oral sobre el estado y necesidades de la clase obrera,* que respondía a un cuestionario de 195 preguntas sobre 32 temas sobre huelgas, gremios, impuestos, créditos, condiciones de vida material y moral, participación en beneficios y salarios, condiciones del trabajo industrial o agrícola, emigración, etc. Representantes de la Agrupación Socialista Madrileña (Pablo Iglesias) y de la Asociación de Tipógrafos (García Quejido) fueron invitados a participar en las sesiones informativas, y es sintomática la respuesta que dieron a los proyectos de la Comisión: «Nosotros consideramos totalmente ilusoria la labor de esta comisión», afirmó decididamente García Quejido, y añadió que las reformas eran simples remiendos de los que no cabía esperar el arreglo de la sociedad, pues por buena que fuese la voluntad de la Comisión, representaba solamente «los intereses de la clase explotadora». Más duro todavía fue Pablo Iglesias, que aseguró que los objetivos socialistas «los alcanzaremos apercibiéndonos para las dos luchas que se preparan: para la lucha económica y para la lucha política».

En cuanto a la prepraración de proyectos de ley, la Comisión estudió proyectos de ley relativos al *descanso dominical,* a la ley sobre el *trabajo de las mujeres y los niños* y, sobre todo, a la célebre ley de *accidentes del trabajo,* que fue aprobada en 1900 y que parece ser la base de la legislación moderna al respecto. No disponemos de datos concretos para verificar el alcance de estas leyes, ni para averiguar si estaban a la altura de los tiempos. Pero hay que subrayar que los temas sociales en general (accidentes de trabajo, agricultura, huelgas, manifestaciones, descanso, educación, emigración, habitación, trabajo de mujeres y niños, salario, etc.) fueron ocupando cada vez más tiempo de las sesiones de Cortes, hasta el punto de que entre 1875 y 1900 hubo en total 199 debates parlamentarios sobre estos temas, y se aprobaron 50 leyes o decretos...

Por lo demás, las organizaciones obreras en la época de la Restauración van a convertirse en los primeros partidos obreros organizados. Prohibida la sección española de la A.I.T por Serrano en 1874, comienza la Restauración con asociaciones obreras que viven en la ilegalidad, pero a partir de 1881 se autorizaron de nuevo las sociedades obreras, y en España se fueron perfilando las dos organizaciones obreras clásicas, el Partido Socialista (P.S.O.E.) de orientación marxista, y el Partido Anarquista de orientación bakuninista. Hemos asistido a la gestación de ambas en el período isabelino y especialmente a la separación entre «bakuninistas» y «marxistas» en el Congreso de Zaragoza de 1873. De la época de la Restauración hay que decir que, de las dos formaciones socialistas, solamente la de los bakuninistas creció considerablemente y adquirió proporciones europeas, especialmente entre el proletariado catalán y el campesinado andaluz. Se ha dicho que el anarquismo iba mejor con el carácter individualista de los españoles, poco amigos de sujetarse a una disciplina de partido, a una organización burocratizada. Pero los anarquistas estaban divididos en terroristas y no-terroristas, y aunque los primeros eran minoría, fueron los responsables del terror político de finales de siglo: la bomba del Liceo de Barcelona (1893), la bomba de la procesión del Corpus de Barcelona (1894) y el asesinato de Cánovas en 1897, son algunos de los episodios más sobresalientes de esta fracción. Los socialistas marxistas, con Pablo Iglesias a la cabeza, protestaron del terrorismo anarquista. Pablo Iglesias, en 1896, condenó a «los dinamiteros o terroristas, que con sus actos más que a nadie dañan a la clase obrera».

En cuanto a los socialistas (marxistas), hay poco que decir en esta época, porque el crecimiento del partido socialista fue muy lento y no empezó a influir activamente en la política española hasta el período histórico que inaugura Alfonso XIII (1902). Hablaremos en su momento del partido socialista y de su heroico fundador, Pablo Iglesias, que empezó a trabajar por la causa obrera a partir de 1873, en la Asociación del Arte de Imprimir, fundó el Partido Socialista en 1879 y el sindicato socialista, U.G.T. (Unión General de Trabajadores), en 1888.

C: CULTURA

La Institución Libre de Enseñanza

La aparición de la Institución Libre de Enseñanza es uno de los fenómenos que mejor pueden ilustrar el desfase ideológico entre los ideales de la Restauración y los ideales de la moderna sociedad de finales del XIX. La Institución Libre de Enseñanza es la protesta de la intelectualidad universitaria ante la censura ministerial, la rebelión, en nombre de la libertad de la ciencia, ante una política inquisitorial que pretende dictarle normas morales y religiosas a la enseñanza y a la investigación científica.

Los orígenes del problema hay que situarlos en los últimos años del reinado de Isabel II, en ocasión de la primera «cuestión universitaria». Un grupo de intelectuales inspirados por Julián Sanz del Río, filósofo «krausista» (partidario de Krause), van a despertar recelos entre los católicos conservadores o «neos» (neocatólicos o neotomistas) por su espiritualismo laicista y poco respetuoso con la tradición católica oficial. La Iglesia incluye en el *Índice* (catálogo de libros prohibidos) el libro de Krause y Sanz del Río *El Ideal de la Humanidad para la vida,* en el mismo año de su publicación, 1860. En este mismo año aparece el primer órgano de los «neos», el periódico archiconservador *El Pensamiento Español,* que inaugura toda una serie de ataques destemplados al krausismo y a su inspirador. La lucha entre «neos» y krausistas va a determinar, en 1864, la Real Orden por la que el Ministerio de Fomento (Ministerio de Cultura) va a recordar un artículo de la Ley de Instrucción Pública según el cual un profesor puede ser separado de su cargo por infundir entre sus discípulos «doctrinas perniciosas». El ministro de Fomento (Antonio Alcalá Galiano) recuerda también que los profesores universitarios habían jurado, para tomar posesión de sus cátedras, defender la religión católica, ser fieles a la Reina y obedecer la Constitución de la Monarquía. Como se ve, principios demasiado abstractos que daban margen al Ministerio para inmiscuirse de la manera más desvergonzada en la enseñanza universitaria. Alcalá Galiano podía decidir, al parecer, cuándo una doctrina era «perniciosa» y cuándo no. Por otra parte, toda esta polémica demuestra claramente hasta qué punto eran falsos los principios «liberales» del régimen isabelino. El liberalismo se limitaba a la fachada parlamentaria y a las definiciones generales de los artículos de la Constitución, artículos que podían tolerar el funcionamiento de una verdadera Inquisición ministerial.

La polémica entre «neos» y krausistas se complica con otros problemas típicos de los años finales de la monarquía isabelina, como el que desencadenó el proyecto de venta del Real Patrimonio por parte de la Reina para subvenir las necesidades de la Hacienda, que se encontraba en situación muy apurada. Isabel II, al menos en teoría, mostraba un rasgo de generosidad al regalarle a Hacienda su propio patrimonio, pero hay que tener en cuenta que la Reina se reservaba para sí una cuarta parte del capital total. Emilio Castelar y los republicanos aprovecharon la ocasión para criticar esta pretendida «generosidad»: el Real Patrimonio era, en realidad, patrimonio de toda la nación, y la Reina no tenía derecho a disponer libremente de él. El escándalo fue considerable, y los «neos» se unieron a los gubernamentales para atacar a Castelar, que en esta época era hegeliano, republicano y masón, virtudes suficientes para que entrase en funcionamiento la moderna Inquisición burguesa. Se pretendió juzgar a Castelar y suspenderle de la cátedra, pero la rebelión estudiantil de la célebre «Noche de San Daniel» de 1865, rebelión en la que se produjeron algunos muertos y un centenar de heridos, y que además ha pasado a la historia como la primera rebelión estudiantil contra un gobierno de derechas, provocó la muerte por apoplejía del ministro Alcalá Galiano, que fue sustituido por Manuel Orovio.

Con el ministro Orovio la represión inquisitorial llegó a suspender a Castelar de empleo y sueldo. Las protestas se hicieron sentir en toda España, y muchos catedráticos dimitieron, especialmente los krausistas. Y en 1867, cuando ya no era ministro Orovio, el mecanismo represivo llegó al colmo: suspender de su cátedra al mismísimo Julián Sanz del Río, cosa verdaderamente ridícula, pues su libro de traducción y comentarios a Krause, aunque figuraba en el *Índice*, hacía siete años que venía siendo tolerado por las autoridades académicas sin despertar sospechas de constituir «doctrina perniciosa». Por otra parte, Sanz del Río no había participado nunca en política, limitándose a ser el cabecilla de un movimiento de renovación filosófico-espiritual de dudosa peligrosidad. De hecho, Sanz del Río no podía ser peligroso debido a la escasa talla intelectual que demostró en sus numerosos escritos, poco originales (inspirados en un filósofo alemán desconocido incluso en Alemania) y un tanto oscuros y redactados en un estilo artificiosamente complicado. Incluso Menéndez Pelayo, a pesar de ser un ferviente «neo», calificó su estilo filosófico de «galimatías» (según el diccionario: «lenguaje oscuro debido a la impropiedad de los términos o a la confusión de las ideas»).

Con la Revolución de 1868 («La Gloriosa») se pone punto final a la intromisión del Estado en los asuntos universitarios, se imponen los principios de la libertad de enseñanza y todos los profesores son restituidos en sus cátedras universitarias. Pero la Restauración de Cánovas, cuyo carácter ambiguo hemos tenido ocasión de comentar, vuelve a provocar la «cuestión universitaria» (segunda «cuestión universitaria») al exigir de nuevo el principio de la confesionalidad en la enseñanza. No solamente exige Cánovas sumisión al principio religioso, sino que tiene la mala ocurrencia de llamar al mismísimo Orovio para desempeñar el cargo de Ministro de Fomento. Nos encontramos, pues, con una segunda edición de los problemas universitarios de la época isabelina.

El 26 de febrero de 1875 se publica un Real Decreto y una Circular del Ministerio de Fomento por los cuales se restablecen los libros de texto y los programas oficiales, que deberán así ser sometidos a la censura ministerial. Se vuelve, con ello, a la situación anterior a 1868. Los conservadores no habían aprendido nada de la historia, y pretendían justificar su bárbara medida recurriendo al conocido pretexto de la decadencia de la enseñanza cuando estaba controlada por los liberales. En el fondo, lo que determina la desafortunada política de Orovio es el triste afán de vengarse de los políticos liberales. El historiador La Cierva comenta así esta recaída en el despotismo ministerial: «Respondiendo con la violencia sectaria a la violencia sectaria de los demócratas de cátedra, que a raíz de su triunfo en 1869 excluyeron también de la Universidad a sus enemigos ideológicos, el gobierno campa por sus pocos respetos en la Universidad de la primera Restauración, designa arbitrariamente profesores y cátedras y mina en los cimientos intelectuales del país la base de una convivencia imprescindible». Sería larga tarea enumerar aquí la cadena de protestas, de retiradas voluntarias de la cátedra, de expulsiones de la Universidad y hasta de encarcelamientos.

Es en este contexto histórico donde germina la idea de una Universidad verdaderamente libre, independiente tanto de las influencias políticas como de la sujección a toda confesionalidad. Francisco Giner de los Ríos, catedrático de la Universidad de Madrid y discípulo favorito de Julián Sanz del Río, fue su principal inspirador. La trayectoria política y universitaria de Giner es la típica de un gran idealista: en la primera «cuestión universitaria» se mostró solidario con sus compañeros expulsados de la universidad, hasta el punto de dejar voluntariamente la cátedra; y en la segunda «cuestión universitaria» resultó la mayor víctima de Orovio, pues fue proscrito y encarcelado en el Castillo de Santa Catalina de Cádiz (!!!) como si fuera un delincuente.

En realidad, el proyecto de fundar una universidad libre lo compartía Giner con otros krausistas de su tiempo, especialmente con Nicolás Salmerón, a quien ya conocemos como antiguo presidente de la I República, y Gumersindo de Azcárate, de quien igualmente hicimos mención en ocasión de la labor de la Comisión de Reformas Sociales. Por fin, en el año de 1876, el mismo de la Constitución canovista, se funda la Institución Libre de Enseñanza de acuerdo con unas *bases* que están inspiradas en las que diseñó Francisco Giner de los Ríos, y que aquí ofrecemos en esquema: 1) la Institución estará consagrada al cultivo y propagación de la ciencia en sus diversos órdenes, especialmente por medio de la enseñanza, aunque también podrán establecerse en ella estudios profesionales; 2) la Institución es completamente ajena a todo espíritu e interés de comunión religiosa, escuela filosófica o partido político; 3) los profesores serán libremente nombrados y removidos por una Diputación de patronos elegida por los socios fundadores; 4) la Institución publicará mensualmente una hoja en la que se insertarán los programas o resúmenes de las lecciones explicadas, así como una relación de los gastos realizados; 5) la Institución será regida por un Consejo autónomo en que entrarán los patronos, los profesores y ayudantes, los representantes de los socios y los representantes de los alumnos; 6) este Consejo deberá nombrar al Presidente de la Institución; 7) las cuentas y presupuestos generales deberán ser aprobados en junta de todos los socios...

Naturalmente, el principal problema era el económico, por lo que se decidió abrir una suscripción por acciones a razón de doscientas cincuenta pesetas pagaderas en cuatro plazos. La Institución empezaba así funcionando con una base económica de sociedad anónima, y si se consulta la lista de accionistas fundadores, hay que constatar el gran entusiasmo que despertó, pues las grandes personalidades del mundo de la política, de las finanzas y de la cultura se habían unido para apoyar la generosa empresa. Por desgracia, la Institución no pudo contar durante mucho tiempo con este entusiasmo popular, y los proyectos universitarios, por falta de fondos, fueron abandonados para concentrarse en la enseñanza primaria y en la enseñanza media. Al no poder contar con una universidad propia, la Institución Libre tuvo que contentarse con ejercer su influencia a través de los miembros que accedían a una cátedra; el objetivo de la Institución era el de tener en las universidades españolas el mayor número posible de cátedras para difundir sus ideales.

Además de las actividades docentes propiamente dichas (enseñanza media a través de institutos propios, enseñanza superior en las universidades del Estado), la Institución ejerció gran influencia en la vida cultural a partir de 1910 gracias a la fundación de la Residencia de Estudiantes, institución que iba a ser una especie de *college* inglés y que iba a albergar a gran número de intelectuales y artistas. Por la Residencia de Estudiantes pasaron buena parte de los intelectuales de la generación de 1898 y afines (Valle Inclán, Unamuno, Juan Ramón Jiménez) y de la generación de intelectuales y artistas vanguardistas de los años veinte y treinta: el poeta García Lorca, el director de cine Luis Buñuel, el pintor Salvador Dalí...

El impacto de la Institución Libre de Enseñanza en la cultura española de finales del siglo XIX y principios del XX (especialmente entre los intelectuales y artistas de orientación liberal) fue enorme, aunque, por las razones expuestas, se haya limitado a ejercer su influjo en las minorías intelectuales. Pero además, la Institución significa toda una respuesta al reto planteado por la problemática de la Ciencia Española, problemática que volvió a plantearse justamente en ocasión de los decretos del ministro Orovio: ¿existe una ciencia española? ¿No ha sido víctima la ciencia española, desde finales del siglo XVI, de la intolerancia católica que, a través de la Inquisición, hizo todo lo posible por ahogar toda manifestación de especulación libre? Respuesta valiente, desinteresada, idealista, que coincide, en líneas generales, con los planteamientos europeístas de la cultura finisecular.

Entre el realismo y el naturalismo: la generación literaria de 1868

Es difícil clasificar y ponerle etiquetas a las ideas literarias que dominaron en la época de la Restauración. El nombre mismo de «generación de 1868», además de discutible, no dice nada sobre el programa o línea común que han seguido los intelectuales de esta época. Tampoco estamos seguros de que el grupo de escritores que vamos a estudiar se identifiquen realmente con el espíritu de una «generación». Además, el 68 es la fecha de la Revolución, pero entre los escritores de esta pretendida generación no se encuentra un solo revolucionario, e incluso hay algunos francamente conservadores y hasta reaccionarios. Debido a la necesidad de presentar este interesantísimo capítulo de la literatura española, no queda más remedio que hacer una verdadera abstracción de la riquísima variedad que ofrece la realidad concreta y ofrecer una apretada síntesis de características formales. De acuerdo con esta necesaria limitación de nuestro objetivo, diremos que la generación o grupo literario de estos años se caracteriza por una especie de tensión entre el *realismo costumbrista de tradición española*, y el *naturalismo de importación francesa*. Es decir, del *realismo* tal y como lo había conservado una tradición que venía desde, por lo menos, «Fernán Caballero» (Cecilia Böhl de Faber), y del *naturalismo* francés inaugurado por Flaubert y Zola. Claro está que hay escritores que rechazan todo influjo del naturalismo (Pereda y Valera), y otros que rechazan la tradición del realismo costumbrista (Leopoldo Alas). Pero unos y otros pueden definirse en función de la postura que adopten con respecto a la tendencia contraria, y así el realismo costumbrista de Pereda insiste en valores tradicionales justamente para criticar a los que abrazan el credo naturalista, y lo contrario podría decirse de Leopoldo Alas, que es naturalista casi para enfrentarse con una «tesis» social a los que solamente pretenden hacer realismo costumbrista. En medio de unos y otros se encuentran escritores de difícil clasificación, como Pérez Galdós y Pardo Bazán, que suelen exhibir una mezcla de características pertenecientes al *realismo* y al *naturalismo* por igual.

La novela del *realismo* sigue el programa que tan bien había definido Stendhal: ser un espejo que refleja todo lo que hay en el camino. Pero en España este espejo suele ser paseado, preferentemente, por caminos rurales o provincianos, aquellos que nos dan «costumbres», «tipos y caracteres», «escenas» populares... Hay un hilo directo entre el *costumbrismo romántico*, que ya hemos estudiado, y el *realismo costumbrista* de la época isabelina. El *realismo* que observamos en la época de la Restauración es, en principio, el mismo de la época anterior, aunque muchas veces mezclado con elementos procedentes del *naturalismo*. Veremos entonces que los autores realistas describen una realidad seleccionada por ellos, la realidad un tanto idílica del pueblo español, del pueblo típico, del pueblo castizo. A veces, el realismo insiste tanto en la nota idílica de las escenas populares (por ejemplo, Pereda) que se convierte en irreal, en algo fantástico, en cuento de hadas. Pero otras veces está el ambiente popular tan cerca de los bajos fondos de la novela francesa (por ejemplo, Pardo Bazán), que ya casi pertenece al *naturalismo*...

La otra corriente es el *naturalismo*, especie de *realismo* que selecciona solamente los aspectos negativos de la realidad, justamente aquellos que sirven para establecer una *tesis*: que el hombre no es *libre*, sino dependiente del *medio* ambiente y de la *herencia* genética. El ambiente social es, incluso, más determinante que la herencia, y el escritor naturalista se empeñará en una minuciosa descripción ambiental para demostrar la influencia del medio social en la conducta humana. Los héroes de la novela naturalista son, en cierta manera, antihéroes o héroes negativos, aptos para establecer un ejemplo del influjo pernicioso del medio o de la naturaleza en los actos humanos. No son héroes activos, sino más bien pasivos, pues son víctimas de las circunstancias sociales y de la herencia genética. Y, naturalmente, el autor de las tramas naturalistas tiene algo del científico que quiere exponer una *tesis*. Es evidente que, en una novela de este tipo, que llegó a llamarse *experimental*, los personajes tienen algo de marionetas que el autor maneja a su gusto para demostrar algo. Son personajes que no viven su vida, sino la que le presta su autor.

Simplificando un poco las características de ambas tendencias, se podría decir que el *realismo* (al menos el *realismo costumbrista*, que es el que aquí nos interesa) tiende a seleccionar los aspectos positivos de la realidad, y el *naturalismo* tiende a seleccionar sus aspectos negativos. Evidentemente, un autor es un artista que no puede copiar la realidad tal cual, y al proyectar la imaginación sobre esta realidad, la transforma en una u otra dirección. Pero hay que tener en cuenta que, por muy grande que haya sido la influencia del *naturalismo* francés en algunos de los escritores de esta generación, en España no se ha llegado a las formulaciones radicales de, por ejemplo, los *Rougon Macquart* de Zola.

En una breve exposición de la obra de los autores de la generación de 1868, empezaremos por los autores realistas o pretendidamente realistas, seguiremos con los que exhiben una mezcla de elementos realistas y naturalistas, y al final mencionaremos obras o autores que han incorporado el naturalismo francés, aunque de forma menos virulenta.

José María de Pereda (1833-1906) encabeza la lista de los realistas por ocupar una posición extrema en sus críticas al naturalismo francés. Más que realista, habría que considerarlo anti-naturalista, enemigo encarnizado de la nueva novela experimental francesa. Pero este autor pretende enfrentarse al naturalismo esgrimiendo las armas del realismo, y lo que consigue es caer en el idealismo más ingenuo y artificial que imaginarse pueda. Pereda, en rigor, no es realista, sino autor de argumentos idílicos donde la idealización de los personajes llega a prescindir de toda psicología. Y sin psicología no hay realismo. Pereda es maniqueo y divide la sociedad humana en buena y mala; buena es la sociedad patriarcal provinciana, mala la sociedad urbana. Buenas son las costumbres y tradiciones de nuestros antepasados, malas las que imperan en los tiempos modernos. En suma: bueno es el ambiente natural campesino, malo el ambiente artificial urbano. Pereda parece defender a Rousseau: el hombre primitivo, el que está más cerca de la naturaleza, es bueno, está sano, actúa noblemente... Pero para defender esta especie de rousseaunianismo, se ve obligado a fingir una realidad que no existe: la del mundo idílico de la sociedad campesina de la Montaña (provincia de Santander). Claro está que Pereda permite un mínimo de sociedad para que haya novela: se trata de una sociedad rudimentaria, con algún patriarca bonachón llovido del cielo y un rebaño de siervos felices en su simpleza. En realidad, la sociedad campesina casi no existe, aplastada por los magníficos paisajes naturales, paisajes que sustituyen la simplicidad de la trama argumental. Pereda, más que novelista es un gran paisajista. Pero las montañas no tienen psicología, y a base de paisajes no se puede construir una novela. En los escasos capítulos donde se describen escenas de sociedad, la obra de Pereda resulta cómica: los viejos hidalgos de la sociedad campesina ejercen su autoridad patriarcal mediante los buenos ejemplos, los sabios consejos, el rezo del rosario en comunidad... Pereda, que tenía habilidad con la pluma cuando se trataba de descripciones naturales, fue incapaz de describir al hombre en sociedad. La ingenuidad de Pereda roza con la tontería, y no se entiende cómo un hombre de su tiempo podía defender el patriarcalismo campesino de la sociedad estamental. También asombra que haya sabido criticar las exageraciones del naturalismo, y no haya visto que más exageración aun contienen sus cursis idilios bucólicos, a los que se puede llamar realistas solamente por el estilo.

La novela *Peñas Arriba* resume muy bien su tendenciosidad conservadora: un joven decadente y un tanto corrompido decide abandonar Madrid para acudir a la llamada de su tío, viejo hidalgo de la Montaña santanderina que le quiere hacer heredero. Al contacto con el saludable ambiente montañés, que Pereda se cuida de contrastar con el corrompido de Madrid, el joven se transforma, recupera la salud y el equilibrio espiritual, y decide establecerse en la Montaña. «Happy end» obligatorio: el joven, para que sea más completa su regeneración física y moral, encuentra una señorita sencilla, modosa y sanota con la que se casa. Este es todo el argumento. Lo demás son paisajes de montaña y más paisajes de montaña, con alguna escena de cacería de osos para amenizar la historia...

Otro escritor de la generación del 68, **Juan Valera** (1824-1905), comparte con Pereda la preferencia por el idilio, pero desde una perspectiva muy diversa. Valera es de talante liberal y muy escéptico. Al revés que Pereda, que enarbola una tesis reaccionaria y que pretende nada menos que mejorar la sociedad devolviéndola a sus orígenes tradicionales y cristianos, Valera, que no cree en nada, tiene solamente la intención de divertir, de hacer literatura amena. Valera critica lo mismo a las izquierdas que a las derechas, y está convencido que la función de la literatura, como la del arte en general, e incluso el de la filosofía y hasta de la religión, consisten en ofrecer una imagen del mundo que consuele por su belleza intrínseca, por sus valores formales. No es que Valera sea solamente un esteta, es que es un hombre tremendamente escéptico, y ante los resultados desalentadores de la ciencia, de la filosofía y de la teología, prefiere contentarse con la fruición estética, de cuyo valor no puede dudar. Valera fue un vividor, un sibarita, un gozador del momento (sus cartas de diplomático nos ofrecen suficientes motivos para asegurarlo), pero también un hombre de extraordinaria sensibilidad espiritual e inteligencia. A Valera no se le ocultaba el lado sombrío de la existencia, pero prefería callarlo para evitar el sufrimiento. Se tiene la impresión de que los idilios que nos pinta Valera son subterfugios para huir del dolor. Es una literatura un poco como de guante blanco, en la que el autor apuesta con pocas ganas. A Valera se le nota demasiado el carácter de diplomático, de hombre frío que no llega a comprometerse con nada ni con nadie. El tiempo ha envejecido considerablemente la obra literaria de Valera (al menos sus novelas), y ya nadie toma en serio sus idilios, que parecen lo que son: juegos literarios intrascendentes situados en un ambiente de felicidad rural con alguna dosis de folklore y ambiente local.

La novela más celebrada de Valera es *Pepita Jiménez*. Un joven seminarista, al regresar a su pueblo de vacaciones, se enamora de Pepita, la prometida de su padre, que se encontraba viudo. El padre descubre la inclinación de su hijo, pero, comprendiendo que él, a su edad, ya no está para esos trotes, y viendo que su amor es correspondido por Pepita, permite a su hijo que cuelgue los hábitos y se case con su prometida. El «happy end» no sorprende a nadie, pues el lector acepta las convenciones del autor desde el primer momento (el tono de la obra es festivo, juguetón, intranscendente). No ha pasado nada, ni podía pasar, dadas las premisas literarias de Valera. Un final con venganza sangrienta, estilo Lope de Vega o Calderón, sería impensable. Una escena escabrosa o de adulterio entre madrastra e hijastro sería llegar casi a Zola, cosa que repugnaría a nuestro festivo novelista...

Casi todas las novelas de Valera (*El comendador Mendoza, Juanita la Larga, Pasarse de listo*...) pertenecen a este género, pero la crítica en España suele olvidar su mejor novela (el propio Valera la considera la mejor): *Doña Luz*. En esta novela, para sorpresa del lector acostumbrado a Valera, existe la tragedia, o al menos el drama de la existencia, sin ningún género de disimulos. El ambiente rural no logra esconder el dolor. Doña Luz, joven cuyo único defecto es el orgullo, rechaza los amores sacrílegos de un sacerdote misionero que se alberga en su casa, para entregarse, por orgullo, a un joven político madrileño que llega al pueblo para hacer propaganda en favor de su candidatura para las Cortes (Valera no rehúsa aquí realizar una pintura realista del ambiente *caciquil*). Cuando se casa con este personaje, descubre que la boda se había realizado por dinero, y no por amor, pues Doña Luz era muy rica, sin saberlo ella misma. Con pena descubre que quien de verdad la había querido era el misionero...

Es una pena que el público, e incluso el público culto, no conozca bien los ensayos y la cartas de Valera, que son, sin duda, lo mejor de su producción literaria. Valera es, probablemente, el mejor prosista en lengua castellana de todos los tiempos. Valera tiene el gran estilo de los maestros: el del orden de los conceptos, el de la claridad de exposición y, sobre todo, el de la jugosidad de su vocabulario, que encuentra siempre la expresión más justa y cabal. Su español tiene esa increíble flexibilidad que le permite, al mismo tiempo, ser gracioso y ser profundo, y puede recoger por igual el gracejo andaluz y la elegancia académica. Algunos de sus ensayos son tan profundos y, al mismo tiempo, tan sencillos y amenos, que producen asombro, especialmente en nuestra época, en que se siente la necesidad de la complicación y la oscuridad verbal. Valera podía disertar de filosofía, filología, teología, historia, etc., siempre con enorme talento. Además, sus profundos conocimientos humanísticos (Valera podía leer en griego y latín, además de conocer perfectamente el inglés, el alemán, el italiano y el portugués) le convierten en el escritor más culto que tuvo España.

Pedro Antonio de Alarcón (1833-1891) puede muy bien representar al realista por antonomasia, al realista equilibrado que huye tanto de la tendencia idealizante como de la tendencia naturalista. Es verdad que se inclina muchas veces al *realismo costumbrista*, especialmente cuando el ambiente que recoge pertenece al sur (*El niño de la bola, El sombrero de tres picos*), pero en general no cae en el folklorismo ni en ningún género de idealización popular. Lo malo de Alarcón es que, en general, es novelista menor, y exceptuada alguna pequeña obra maestra, como el citado *Sombrero de tres picos*, su obra es poco importante. Su novela *El escándalo* es de un tremendismo y truculencia verdaderamente notables, y hoy difícilmente se puede sostener.

Con **Emilia Pardo Bazán** (1851-1921) llegamos a una curiosa síntesis de las dos tendencias literarias, la *realista* y la *naturalista*. La gran escritora conocía muy bien la técnica novelística y era una autoridad en cuestiones de preceptiva literaria. En su libro *La cuestión palpitante* nos ha dejado no solamente una viva exposición del estilo naturalista francés (exposición que tiene el doble mérito de ser muy brillante y, al mismo tiempo, contemporánea a los hechos que describe), sino también una confesión de fe literaria que se podría resumir en lo siguiente: el *realismo costumbrista* al estilo de Trueba o Fernán Caballero constituye una falsificación de la realidad por teñirla de un falso idealismo. El *naturalismo francés* falsifica igualmente la realidad por insistir de forma morbosa en sus aspectos negativos, especialmente en el del *determinismo* ambiental. Es decir, que para la Pardo Bazán, ninguna de ambas direcciones es verdaderamente *realista*, aunque cada una de ellas invoca los principios del realismo. La Pardo Bazán huye de ambos extremos, situándose en lo que en alguna ocasión denominó *naturalismo católico*, expresión no muy afortunada pero que quiere conciliar la técnica de la novela naturalista francesa (la descripción de las miserias humanas, el análisis pormenorizado del factor ambiental) con la creencia en la dignidad humana, en la libertad de autodeterminación que enseña la teología católica a partir de Trento. En otras ocasiones insiste en que esto es lo que de verdad corresponde a la verdadera tradición realista de la novela española, que nunca desdeñó pintar las mayores crudezas sin por eso caer en el fatalismo de los intelectuales contemporáneos.

Pardo Bazán será capaz de describir los ambientes más sórdidos sin que por ello estos ambientes sean determinantes de la conducta de sus personajes. El medio ambiente *explica* la conducta humana, pero no la *determina*. El ser humano es más que el resultado mecánico de su herencia genética o las condiciones sociales en que vive. En resumen: por la *forma* o *estilo* de sus novelas, Pardo Bazán parece compartir el ideario naturalista, pero por el *contenido argumental* se ve que es una novelista de orientación católica y tradicional. Los escándalos que despertó en su época se nos antojan desproporcionados o resultado de la envidia. Si hubiese que enjuiciar su obra aplicando los criterios de la ortodoxia católica (cosa que no nos interesa aquí ni lo más mínimo), tendríamos que concederle el «nihil obstat» de la censura. Incluso hay algunas obras, como *La prueba* o *Una cristiana*, que parecen escritas intencionadamente para glorificar la ortodoxia católica.

Una de las novelas más representativas de Emilia Pardo Bazán es *La Tribuna*, primera novela de una trilogía a la que pertenecen *Memorias de un solterón* y *Doña Milagros*. *La Tribuna* responde muy bien a ese doble aspecto *realista-naturalista* que antes comentábamos. El estilo, la técnica, los ambientes, parecen pertenecer a la novela naturalista francesa; el argumento, con la decidida afirmación de la voluntad, pertenecen al estilo que la autora considera auténticamente realista. La novela comienza con una descripción ambiental al estilo del naturalista francés Zola: el padre de «La Tribuna», fabricante y vendedor ambulante de barquillos, trabaja en condiciones de una sordidez inimaginable. En un patio sucio y maloliente comienza todos los días su trabajo de confeccionar barquillos cuando todavía es de noche; tiene un dedo ya medio quemado, pues tiene que sostener un hierro candente para darle forma a los barquillos. Este trabajo, en el que debe ayudarle su hija, es solamente la primera parte, pues después de varias horas de esfuerzos, tiene que salir a la calle a vender la mercancía y aguantar el frío del invierno o el calor insufrible del verano. «La Tribuna», después de ayudar a su padre, tiene la obligación de servir a su madre, que se encuentra paralítica en la cama, y que agradece los cuidados de la hija criticando sus menores descuidos. Leyendo el primer capítulo de esta novela se tiene la impresión de que el medio ambiente va a determinar las acciones de la heroína y hacer de ella un personaje negativo. Pero ocurre todo lo contrario. «La Tribuna» entra a trabajar en la fábrica de tabacos y, al contacto con las compañeras de oficio, que tienen muy desarrollada la conciencia social, va madurando su conciencia política, que le lleva a participar en las reivindicaciones sociales y ganarse el apodo de «Tribuna», es decir, «tribuna del pueblo». Un joven militar perteneciente a una de las «buenas familias» de la ciudad, da en cortejar a «La Tribuna», que, a pesar de las grandes diferencias sociales, toma su galanteo en serio. Cuando «La Tribuna» le advierte que van a tener un hijo, el militar desaparece de la escena para casarse con una señorita de su condición social. El último capítulo de la novela nos describe los momentos anteriores al nacimiento del niño: «La Tribuna» decide poner todo su empeño en educar a su hijo, en hacerlo consciente de la problemática social y, a ser posible, en lograr que sea reconocido por su padre (cosas todas que se verán confirmadas en las novelas siguientes de esta trilogía). Como se ve, no hay aquí determinismo ambiental de ninguna clase, sino conciencia de la propia dignidad humana. No hay tampoco resignación, sino lucha, respuesta valerosa a unos problemas que no son nunca problemas-límite de la naturaleza humana, sino, simplemente, problemas sociales.

La novela más famosa de Emilia Pardo Bazán es *Los pazos de Ulloa*, que tiene su continuación en la titulada *La madre naturaleza*. Se trata, de nuevo, de una doble perspectiva naturalista-realista. El ambiente rústico de una Galicia bárbara y feudal es el marco ideal para desarrollar la tesis de la esclavitud de las pasiones, en especial de la pasión carnal. El señor de los pazos de Ulloa mantiene una concubina, de cuya relación nace un niño. La llegada a los pazos de la mujer legítima, Nucha, no cambia la situación, ni tampoco la del cura, que representa la conciencia moral cristiana contra el cinismo natural. En *La madre naturaleza* la hija legítima del señor de los pazos se enamora y mantiene relaciones carnales con el hijo natural del señor de los pazos, sin saber que es su hermanastro. Aparentemente, pues, y aparte del tremendismo que sugieren estas situaciones un poco artificiales, se vulneran de manera necesaria y fatal las leyes morales, y los personajes parecen marionetas del destino. Pero sólo aparentemente. Frente al indudable salvajismo de personajes que encarnan la barbarie rural, se encuentran figuras cuya conducta parece dictada por la *gracia divina* (en la que la autora creía y que en ocasiones defiende incluso acudiendo a argumentos teológicos). Tal ocurre con Nucha y con el sacerdote, siempre fieles a un ideal que se mantiene siempre muy alejado del suelo.

En la última época de su creación literaria (pero antes de llegar a la decadencia de las últimas novelas), Emilia Pardo Bazán llega casi a crear una especie de *antinaturalismo*, pues escribe novelas con una *tesis*, como hacían los naturalistas, pero con una tesis *idealista* o *espiritualista*: el ser humano es libre, puede vencer, con su libertad, el destino más adverso. Las novelas *La prueba* y su continuación, *Una cristiana*, son buen ejemplo de esta nueva corriente...

La obra de **Benito Pérez Galdós** (1843-1920) muestra, como la de Emilia Pardo Bazán, las dos tendencias que venimos comentando, pero no repartidas entre la forma y el fondo, entre el estilo y los argumentos, sino agrupadas en los argumentos mismos de sus novelas, en las que a veces es muy difícil decidir si domina el realismo o el naturalismo. Se podría aventurar la hipótesis de que Galdós sentía un amor tan grande a los *ambientes*, a la *atmósfera social*, a las escenas *típicas o castizas*, que este entorno de sus novelas llegó a hacerse dueño de los argumentos mismos, llegó a imponer sus leyes a los personajes de la trama novelística, que pasarían así a ser secundarios. El *ambiente* o *entorno social* se habría tragado a los personajes, que dependerían de éste en todos sus actos...

Pero vayamos por partes. El Galdós de la primera época (*Doña Perfecta*, *Gloria*, *La familia de León Roch*), es un autor de novelas de *tesis*, y estas tesis no están lejos del naturalismo puro y simple. La tesis es (en esta época) siempre la misma: el atraso social y económico de España se debe al influjo de los elementos casticistas y reaccionarios, a una mala entendida religión católica, al todopoderoso caciquismo... Naturalmente, los personajes de estas novelas están prendidos en las redes de estos prejuicios sociales, son víctimas que no pueden elegir. Aunque hay siempre un par de personajes libres de prejuicios que critican el sistema (Pepe Rey en *Doña Perfecta*, Morton en *Gloria*, León Roch en la novela del mismo nombre...), estos pocos idealistas terminan siendo víctimas de la situación...

Luego viene el período en que Galdós abandona estos planteamientos simplistas y escribe novelas que podríamos, en principio, considerar *realistas*. Pero el *realismo* de Galdós, a veces, puede ser interpretado como *naturalismo*, pues no está del todo ausente la influencia del medio ambiente. Si Galdós abandona la *novela de tesis* para hacerse simplemente *realista*, hay tanta fidelidad a los ambientes en este *realismo*, que los personajes desaparecen comidos por el ambiente. Galdós sustituye la *tesis* por el *ambiente* o *entorno social*, por lo que en muchas de sus novelas hay más semejanzas con el *naturalismo* que con el *realismo*. Es como si Galdós no se hubiese decidido nunca a crear auténticos personajes libres; en su primera época, por querer demostra una *tesis* social, y después por concederle demasiada importancia al ambiente.

Este *ambiente* que nos describe Galdós con tanta delectación es, en la mayoría de los casos, el de la ciudad de Madrid, que el autor conocía como pocos, y cuyos personajes y situaciones sociales están directamente calcados del original. Galdós tiene el don inestimable de conferirle vida a estos ambientes, de llegar hasta la médula de lo *concreto*, de lo que solamente puede ser descrito individualmente. Galdós, como Velázquez, es retratista de lo individual e irrepetible, de lo que está alejado del arquetipo, de lo que no podemos pintar con la imaginación creadora, sino con la imaginación reproductora. Pero lo concreto se encuentra solamente en los personajes del *pueblo*, que no sabe imitar formas arquetípicas, que es fiel a su idiosincrasia. También en este amor al pueblo se parece Galdós a Velázquez, con la ventaja de que nuestro autor nunca se vio obligado a pintar retratos de la clase dominante, por la que no sentía ninguna simpatía. Mozos de café, empleados de comercio, burócratas modestos, boticarios, serenos de barrio, verduleras, mendigos, porteros, busconas...Quien quiera conocer la historia social de la España del siglo XIX, no la historia esquemática de los manuales, sino la lección irrepetible de los hechos concretos de la intrahistoria, deberá leer a Galdós. Con Galdós la historia se convierte en vida.

Pero la increíble capacidad para retratar *ambientes* puede volverse contra el novelista, que corre, a veces, el riesgo de convertir a sus personajes en criaturas dependientes de su entorno social. Y, en este caso, tenemos al autor *naturalista*, con toda su grandeza, pero también con todos sus inconvenientes. Y es que no sabemos ya hasta qué punto un personaje puede ser responsable de sus actos, porque el medio puede explicarlo absolutamente todo. En la deliciosa novela *Miau* se describe la historia de un «cesante», es decir, de un empleado del estado que, en virtud de uno de esos cambios de gobierno frecuentes en el tormentoso panorama político español, se queda sin su puesto de trabajo. Los desesperados intentos de recuperar su puesto, la continua obsesión de la miseria, la permanente exposición al ridículo, hacen que este personaje se vuelva completamente loco. El determinismo social no puede estar más claro. La novela titulada *La de Bringas* (esto es: la mujer de Bringas) es la historia de una seducción amorosa. La mujer de Bringas, que representa la virtud aparente de la clase burguesa, es mujer sexualmente fría, pero muy sensible a la coquetería de la moda. Su pasión son «los trapos», comprar nuevos vestidos y adaptar los viejos a las nuevas modas. Por desgracia, su marido no puede satisfacer su desmesurada presunción, pues es un modesto burócrata en el Palacio Real (Galdós aprovecha esta circunstancia para hacer una deliciosa descripción del mundillo burocrático, instalado en este edificio) y, por añadidura, bastante preocupado por hacer ahorros. Un amigo de la familia, una especie de Don Juan maduro con fama de rico, logra convencer a la mujer de Bringas para que acepte un préstamo a cambio de sus favores amorosos. Al final, el Don Juan no puede cumplir su promesa, por lo que la mujer de Bringas queda doblemente deshonrada: comete infidelidad a su marido, y no puede pagar las facturas de las modas. A este desastre se une la cesantía de su marido, pues ha triufado la Revolución de 1868 y todos los funcionarios del Palacio Real se quedan sin trabajo...

Las dos novelas más famosas de Galdós son *Fortunata y Jacinta* y la trilogía de *Torquemada*. *Fortunata y Jacinta* es la historia de los amores adúlteros del señorito Santa Cruz con una mujer sencilla del pueblo, Fortunata. La pintura de la psicología de los dos personajes femeninos (Fortunata, mujer del pueblo, «amante», mujer «mala» según la moral al uso, y Jacinta, la esposa legítima, la engañada, la «buena» y, creemos, un poco bobalicona) da el título a la obra, pero se nos antoja que no es lo mejor de la novela. La maestría de Galdós es el sabor de lo concreto e irrepetible, son los ambientes populares, es todo ese pulular de tipos del pueblo que hablan y actúan incesantemente y que nos cautivan por su vitalidad y veracidad. Comparados con ese mundo multicolor de personajes populares, nuestro mundo moderno se nos ,antoja gris, aburrido, monótono... La trilogía de *Torquemada* nos pinta la ascensión social de un oscuro usurero que, aumentando su capital por los medios más deplorables, aumenta su influencia política hasta llegar a ser uno de los personajes más influyentes de la Corte. Tanto en los libros sobre *Torquemada* como en la novela *Fortunata y Jacinta*, hay demasiadas claves interpretativas, hay demasiada riqueza argumental para reducir su interpretación a un simple esquema. Apuntemos, una vez más, la todopoderosa presencia del *ambiente social*, que puede explicar muchos aspectos, aunque no todos...

Leopoldo Alas, «Clarín» (1852-1901), es ya escritor netamente *naturalista*. En el caso de Galdós no estaban claras las fronteras entre *realismo* y *naturalismo*, en el caso de «Clarín» esto ya no es posible. *La Regenta*, que constituye, junto a *Su único hijo*, toda la producción novelística de este autor, representa el apogeo del naturalismo en España. Es casi un modelo de lo que tiene que ser el naturalismo, del naturalismo químicamente puro: todos los personajes están encadenados a una serie de vicios, casi siempre producidos por el sórdido ambiente social provinciano del que no pueden liberarse. La conducta externa de los personajes está dirigida por una serie de normas casi rituales que tienden a salvar las apariencias de la respetabilidad burguesa; la conducta real está inspirada por los instintos más bajos y depravados. Entre las *apariencias* de la moral burguesa y la *realidad* de los corazones hay un abismo insalvable, un abismo que todos conocen, pero que hacen como que no conocen, haciéndose a la ilusión de que no existe más que el mundo de las apariencias. En la sociedad que nos describe Clarín, la moral es una especie de ritual puramente externo que hay que respetar, al modo del fariseo, para que la sociedad funcione; todo ocurre *como si* los personajes creyesen que tras este ritual se esconde alguna realidad moral, pero en el fondo son conscientes de su valor de simple fachada, con lo que este ritual moral se convierte en una especie de voluntario espejismo colectivo. «Clarín» no respeta ni a la institución más respetada en la España de la Restauración: la Iglesia Católica, cuyos miembros son, en esta novela, el mejor exponente de esta especie de esquizofrenia social.

La Regenta nos presenta a un personaje central, doña Ana Ozores, esposa del antiguo «regente» (juez) de Vetusta (la ciudad de Oviedo), y a tres personajes que la rodean: su esposo, su confesor y su amante. Su esposo, don Víctor Quintanar, es un viejo acartonado de ideas esclerotizadas que, en vez de dormir con su joven esposa, se dedica a leer en voz alta las tragedias de Calderón hasta altas horas de la noche. El confesor de doña Ana, Fermín de Pas, es un joven ambicioso que quiere dominar en Vetusta a través de su magisterio espiritual; es confesor de la Regenta y está locamente enamorado de ella, pero, como es natural, no se atreve a declararle su amor. Y el amante es don Álvaro de Mesía, especie de Don Juan de provincias que decide conquistar el corazón de la Regenta con el solo objeto de exhibir sus amores en el Casino de Vetusta, como si se tratase de un trofeo de guerra. El nudo de la novela lo constituye la rivalidad amorosa entre el confesor y don Álvaro, rivalidad que llega a encender en ambos los deseos más criminales. Doña Ana es quizás la única excepción a la maldad que domina en Vetusta: es joven, se siente desatendida por su marido, sufre ataques de una histeria de orígen sexual que logra calmar en los primeros momentos entregándose a la oración (triunfo del amor divino, representado por su confesor Fermín de Pas), pero que más adelante llevan a exigir la satisfacción sexual (triunfo del amor humano, representado por su amante don Alvaro). Cuando esto último ocurre, don Víctor sorprende a don Álvaro saltando del balcón del dormitorio de doña Ana, levanta la escopeta de caza, apunta... y no dispara porque no tiene valor para matar a nadie, y menos a un hombre que, además, es su amigo. Pero le reta a un duelo para «lavar su honor» y muere en el duelo. Don Álvaro huye de Vetusta y doña Ana, enferma y despreciada de todos, se retira a su viejo caserón durante algún tiempo. Cuando decide ir a la catedral para confesar sus pecados, el confesor y amante despreciado, al verla, huye como si viera el diablo. Ana comprende que también el confesor la deseaba y cae desmayada por la impresión. Cuando recupera el conocimiento, siente una extraña sensación de asco: el monaguillo, aprovechando su desmayo, la ha besado en la boca... Fin de la novela. Y fin de las ilusiones de todo tipo, porque *La Regenta* es, probablemente, la obra más desesperanzadora de la literatura española.

Acaso se le pueda hacer a *La Regenta* el reproche de ser una novela demasiado «cocinada», demasiado elaborada. Tiene también una andadura lenta, de obra poco espontánea. Pero, en conjunto, es una de las mejores novelas de toda la literatura española, de una técnica perfecta, de un equilibrio admirable y construida toda ella con una tensión dramática que va acentuándose a medida que avanzamos en su lectura, hasta llegar a un desenlace que tiene la grandeza de una obra trágica.

El gran novelista **Vicente Blasco Ibáñez** (1867-1928) es tan *naturalista* o más que «Clarín» (al menos en sus primeras novelas), pero su obra no entra exactamente entre los límites de esta generación. Su clasificación resulta incómoda, a caballo de las generaciónes del 68 y del 98. Blasco Ibáñez es un novelista injustamente olvidado; se le reprocha falta de sensibilidad, vulgaridad, ideas destinadas al gran público... El reproche de falta de sensibilidad parece que fue lanzado por los escritores del 98, Baroja en especial, el cual, sin embargo, admitió que era un gran novelista, que sabía construir muy bien sus novelas. Olvidémonos del reproche de vulgaridad, que suena extraño en nuestra época, donde los novelistas se dedican a halagar el gusto del público más grosero para aumentar las tiradas de sus obras. Olvidémoslo también porque la estructura argumental de la mayor parte de sus obras es de una tensión extraordinaria. Las novelas de Blasco Ibáñez, que no vamos a examinar aquí, están concebidas con una fuerza plástica verdaderamente admirable; se adivina en el autor esa hipersensibilidad típicamente mediterránea para describir paisajes y ambientes, paisajes que, en cierta manera, dictan buena parte de la trama argumental. El primer capítulo de sus novelas (nos referimos a las novelas naturalistas) contiene *in nuce* todo el desarrollo argumental posterior (*Cañas y barro, Arroz y Tartana, La Bodega...*); es decir, que Blasco nos presenta en los primeros capítulos una escena característica de toda la obra, una especie de *obertura* o *preludio* que tiene condensado en pocas líneas el desarrollo y desenlace de la obra. Pero lo curioso es que tales *preludios* argumentales están íntimamente unidos al *paisaje*, al *ambiente*, por lo que el planteamiento *naturalista* es indudable. Paisaje y paisanaje están compenetrados, y es difícil comprender el uno sin el otro. Al lector avisado le es posible adivinar buena parte de la trama leyendo con atención estos primeros capítulos, como también el aficionado a la ópera puede entender mejor su desarrollo conociendo la secuencia de los temas de la obertura. Todo está encadenado a la lógica que presiden estas primeras escenas, lógica que tiene mucho de hado, de golpe del destino. No debemos pensar en las limitaciones que impone aquí el método naturalista, pues la tragedia tiene una grandeza que las compensa con creces...

La pintura impresionista: Sorolla

En una exposición de París de 1874 apareció un cuadro de Monet titulado *Amanecer del Sol. Impresión.* A partir de entonces, las palabras *impresión* e *impresionista* sirvieron para caracterizar toda una nueva tendencia que llenó el último tercio del siglo XIX. Naturalmente, la tendencia no era totalmente nueva: ya hemos visto que Velázquez, Goya y Fortuny, por citar solamente pintores españoles, emplearon una técnica que se acerca mucho a lo que luego se llamó *impresionismo*. No era del todo nueva la técnica, sino más bien la intensidad, el exclusivismo y la intención con que se aplicó.

Se puede intentar una aproximación al *impresionismo* comparando esta tendencia con el *realismo,* del que surgió por evolución. En este sentido, el impresionismo se distingue del realismo en tres aspectos:

–aspecto *filosófico.*
–aspecto *psicológico.*
–aspecto *técnico.*

Desde el punto de vista *filosófico,* el realismo pretende captar realidades *objetivas*, el impresionismo pretende captar la *percepción subjetiva* de esas mismas realidades. El realismo se interesa por el mundo *objetivo*, el impresionismo por el mundo *subjetivo*. El realismo supone una adecuación del *sujeto* percipiente al *objeto* percibido (el arte, siguiendo el clásico precepto aristotélico, imita a la naturaleza). El impresionismo supone más bien que entre el *sujeto* y el *objeto* no hay correspondencia (el arte impone su perspectiva a la naturaleza).

Desde el punto de vista *psicológico,* el arte del realismo es *intelectual*, pues reconstruye con el cerebro los datos de los sentidos (las manchas, las líneas, los colores) para darles un sentido. Esto quiere decir que, psicológicamente, el arte del impresionismo es *sensual*, pues se contenta con esos datos mismos de los sentidos y los convierte en objeto de una experiencia estética. Para los realistas existía el *mundo* objetivo, para los impresionistas solamente las *impresiones* subjetivas que produce ese problemático mundo. No hay más realidad que la realidad del alma, y el alma consiste en meras *sensaciones...*

Desde el punto de vista *técnico,* los artistas del realismo pintan con *líneas, volúmenes, claroscuros,* pues estos elementos entregaban *formas, objetos, realidades* independientes del alma que los contempla. Los artistas del impresionismo pintan con *colores,* con simples *manchas coloreadas,* pues estas manchas entregan la *luz,* el *aire,* la pura *sensación* que es condición de lo visible. Más concretamente, la técnica del impresionismo consiste en pintar *sin mezclar los colores* en la paleta, es decir, sin llegar a las *medias tintas*, pues tales colores eran menos *limpios*. Se emplearán, por lo tanto, colores directos, o bien los *primarios* (rojo, amarillo, azul), o también los *binarios* (mezclas de los primarios entre sí). Pero estos colores no solamente no se mezclan en la paleta, sino que tampoco se mezclan en el lienzo: las pinceladas ofrecen el aspecto de un *mosaico* en el que alternan los colores sin tocarse. Solamente cuando los vemos de lejos, los colores que de hecho están separados se juntan en la retina y dan lugar a la *mezcla óptica*. Dentro de esta técnica del *mosaico* se encuentra la del recurso a los colores *complementarios* (rojo y verde, por ejemplo), que hacen más vigorosa la impresión de luz.

En cierta manera, el *impresionismo* es la lógica evolución del *realismo*, pues los pintores realistas, preocupados por la *técnica* más adecuada para lograr el *objeto*, dirigieron su atención a los fenómenos de *percepción subjetiva*. Su interés estaba en el *objeto*, pero los resultados fueron enriqueciendo el análisis de la percepción del *sujeto*. Esto explica que en los pintores clásicos, en Velázquez, por ejemplo, para llegar a la realidad se ha tenido que descomponer la materia pictórica en manchas, en simples combinaciones de manchas sin líneas, sin volúmenes... La pura sensación resultado de la visión había que interpretarla tomando distancia ante el cuadro; sólo así surgía la forma, el volumen, el mundo objetivo.

El *impresionismo* tiene mucho de experimento, de cosa artificial y de laboratorio. Porque lo natural es retratar las cosas como se dan, y no las condiciones subjetivas que las hacen visibles. El *impresionismo* invierte el orden del proceso cognoscitivo, porque no le interesa *lo que* se ve, sino *cómo* se ve. El impresionismo, en este sentido, parece seguir las huellas de la filosofía sensualista inglesa (Locke, por ejemplo), para la que todo análisis de la realidad descansaba en el análisis de las *sensaciones* con las que comienza el proceso cognoscitivo. Pero el *impresionismo* tiene su lógica al elevar la *sensación* a categoría estética: por los años en que se desarrolla el *impresionismo*, tiene lugar el desarrollo de la fotografía, y es evidente que la pintura tiene que ofrecer otros recursos que la simple perspectiva del realismo ingenuo. Quedarse en el realismo sería, en parte, competir con la fotografía, por lo que eran necesarios nuevos caminos al arte pictórico.

En España hemos visto un auténtico comienzo del impresionismo en los geniales cuadros de Fortuny, que muere precisamente en el mismo año (1874) en que se celebra la exposición parisina que consagra el nombre del nuevo movimiento. De Fortuny habíamos visto que había hecho un descubrimiento fundamental: la luz en sí misma, una luz que casi cegaba y se descomponía, desleía los colores y las formas de las cosas... Era una luz protagonista, una luz que se enseñoreaba del cuadro y hacía pasar a segundo término el objeto pintado. Pues bien, precisamente uno de los mejores cuadros de Fortuny representaba a unos niños bañándose en la playa (reflejos de la luz del sol sobre el agua), y este mismo tema es recreado, años más tarde, por el mayor representante del impresionismo español, Joaquín Sorolla (1863-1923), estableciéndose así un puente generacional dentro de la misma tendencia pictórica.

Efectivamente, nadie ha sabido pintar el reflejo vidriado de los cuerpos mojados a la luz del sol como lo ha hecho Sorolla, que ha aprovechado al máximo las posibilidades de la luz de la España mediterránea para plasmar la plenitud del sol en la playa. Sorolla ha sabido glorificar el destello luminoso de los cuerpos, que parece que conquistan la eternidad con sólo su reflejo. En eso consiste su grandeza: en pintar como eterno el brillo de lo más fugitivo, que es la luz. Sorolla solía madrugar para sorprender el nacimiento del sol en el litoral de Valencia, y la mayoría de sus cuadros de playa presentan figuras de bañistas y escenas de pescadores. En sus paseos por la playa solía encontrarse a Vicente Blasco Ibáñez, el gran novelista valenciano que tantas veces ha plasmado en su obra la presencia del Mediterráneo. Blasco Ibáñez en la novela y Sorolla en la pintura, son los dos mejores representantes de la luminosidad mediterránea. Claro está que el sol en Sorolla es un sol que deslumbra, que le roba el color a los objetos, que los hace aparecer como desleídos. El sol aquí es, más que la fuente de luz que hace visibles los objetos, algo que los hace borrosos. Son colores que parecen pasados por agua, que se desvanecen empalidecidos por la presencia radiante de la luz. De esta manera, Sorolla llega a pintar lo imposible, que es la luz misma, o la luz a través de sus efectos en los objetos, generalmente personas.

Sorolla se formó primeramente en Roma y después en París, donde descubrió el impresionismo. Pero el impresionismo de París no tenía la luz del Mediterráneo, que Sorolla incorporó más tarde. De esta manera, Sorolla representa el aspecto nacional del impresionismo, que en España llevaba camino de convertirse en un movimiento universal y cosmopolita. Tanto la luz, como los tipos, como los paisajes que pinta Sorolla, no son concebibles fuera de España.

Sorolla comenzó pintando cuadros de ambiente *naturalista* donde la preocupación social era el objetivo principal. En el cuadro *Aún dicen que el pescado es caro* la escena representa un accidente laboral en un barco. Pero pronto se imponen los cuadros del litoral mediterráneo, entre los que destaca el titulado *Niños en la playa*. Es digna de mención la colección de cuadros de paisajes españoles que Sorolla pintó para la Hispanic Society de Nueva York, aunque hay que decir, en honor a la verdad, que los paisajes del norte de España, faltos de la luz mediterránea, no están tan logrados como los que reflejan la luz del Levante.

XIV: LA ÉPOCA DE ALFONSO XIII

Casi siempre los lemas políticos se hacen vigentes cuando ya han dejado de corresponder a las realidades sociales del momento. Da la impresión de que las ideologías llegan al poder demasiado tarde, de que la sociedad evoluciona mucho más rápidamente que las ideas. O de que, cuando las ideas llegan al poder, ya no lo hacen en su estado puro, cuando todavía tienen algo de utópico, de ideal soñado, sino cuando han sido adaptadas (y pervertidas) para no chocar demasiado con los intereses de la realidad. Al menos esto es lo que ocurre en la España de los siglos XIX y XX, donde se produce un atraso considerable de las ideologías: en la época de Fernando VII se aplicaban los principios absolutistas del siglo XVIII (con la agravante de que este absolutismo no era ya «ilustrado»); en la España de Isabel II se gobernaba aplicando los principios del liberalismo moderado (sufragio censitario, gobierno de la oligarquía burguesa), cuando la realidad social del país exigía el liberalismo progresista (sufragio universal, libertades fundamentales...); en la España de la Restauración triunfa por fin la democracia con el sufragio universal, pero solamente en teoría, pues el «sistema caciquil» perpetuaba el predominio de la oligarquía burguesa...

La época de Alfonso XIII va a liberarse paulatinamente del abuso del «sistema caciquil», va a garantizar, al menos en ciertas ocasiones, unas elecciones auténticamente democráticas. Antonio Maura será el preconizador de una especie de «revolución desde arriba» para erradicar el sistema caciquil. Pero las medidas llegan tarde (cuando llegan), pues la democracia no es ya la última palabra, sino el socialismo. Los partidos burgueses, anclados en el viejo liberalismo decimonónico, no ofrecerán a los electores más posibilidades que ligeras variantes de la ideología liberal-burguesa. Y el electorado, en parte desconocedor de la nueva situación social (de su propia situación social), y en parte temeroso ante los peligros que cree ver en la política de orientación socialista, se sentirá siempre frustrado e irá perdiendo paulatinamente la confianza en la política. Conservadores o liberales (ya lo hemos visto en ocasión de la Restauración) en nada o casi nada se diferenciaban; los republicanos, más radicales que los anteriores, solían unirse a los monárquicos liberales, o se refugiaban en una oposición gesticulante e inútil; y el partido de los «reformistas» (Melquiades Álvarez) no dejaba de ser un partido tradicional que se identificaba con el sistema monárquico burgués. Quedaban los partidos no-burgueses, los socialistas y los anarquistas, pero ya hemos visto en el capítulo anterior con qué dificultades se abrían paso los partidos antiburgueses en la sociedad española finisecular.

Se puede dividir la época de Alfonso XIII en dos períodos: el primero va desde 1902, fecha en que se declara al rey mayor de edad, hasta 1923, año en que se instaura la dictadura del general Primo de Rivera; y el segundo, desde 1923 hasta el destronamiento de Alfonso XIII y la proclamación de la II República. El primer período representa el último intento de mantener el sistema de la «democracia» burguesa; las crisis políticas se suceden con increíble rapidez, y los partidos burgueses se van fraccionando en pequeños bandos, en parte por la falta de grandes personalidades políticas. Las crisis alcanzan momentos de gran virulencia, como la del año 1917, fecha que coincide con la revolución rusa. El segundo período significa la liquidación de la confianza en el funcionamiento de *la «democracia» burguesa: el rey permite al general Primo de Rivera dar un golpe de estado, es decir, suspender la Constitución de 1876 y gobernar autoritariamente. Naturalmente, una dictadura no resuelve los problemas, y después de siete años se desgasta el régimen dictatorial, cae el dictador y, poco después, la propia monarquía, que se había desprestigiado permitiendo la suspensión de la Constitución.*

En conjunto, la época de Alfonso XIII produce la impresión de un régimen que quiere mantener artificialmente un armazón ideológico (el del liberalismo burgués) que ya quedaba muy atrasado. La importancia creciente del proletariado y de las clases medias urbanas va a plantear la necesidad de una política social activa. Esta necesidad de insistir en los problemas sociales será comprendida por los políticos de la II República, que hicieron una alianza entre los representantes de la pequeña burguesía y los representantes del proletariado...

A: HISTORIA

Antonio Maura y el proyecto reformista

La figura de don Antonio Maura domina la escena política española de finales del siglo XIX y principios del XX y caracteriza una corriente política que podríamos denominar «reformista». Es todo un símbolo de los esfuerzos (inútiles) desde la derecha, desde la legalidad y hasta desde el gobierno mismo, de reformar un sistema que hacía agua por todas partes. Maura se había propuesto una tarea imposible: acabar con el sistema caciquil impuesto por la Restauración sin erradicar las causas que lo hacían posible. Es decir, acabar con el caciquismo sin acabar con los caciques, tarea contradictoria para la que ni el propio Maura contaba con medios suficientes. No se puede dudar de la honradez del gran político conservador, pero tampoco hay que olvidar la gran testarudez que ponía en el empeño de restablecer una legalidad que las condiciones socioeconómicas hacían imposible. Tenemos la impresión de que Maura, brillante abogado, pensaba en términos exclusivamente *legales*, desconociendo el transfondo *social* y *económico* de toda legalidad.

Ortega y Gasset dice en *La España invertebrada* unas palabras muy acertadas sobre la personalidad política de Maura: «Don Antonio Maura, en medio de no pocos aciertos, cometió el error de pronunciarse. Fue un pronunciado de levita». Es decir, un revolucionario burgués y conservador (la «levita» es símbolo de las clases acomodadas), un político que pretende la revolución desde arriba. Hay que aplaudir la buena dosis de idealismo que presidió su actividad política, pues Maura no fue un político al uso, un político profesional, uno de tantos que hicieron de la política un negocio o un instrumento para satisfacer la ambición egoísta. En medio de tantos políticos corruptos y trepadores como Romero Robledo o Montero Ríos, la figura de Maura destaca por su idealismo. «No soy un político de profesión –dijo en cierta ocasión– , yo soy un voluntario que ha tomado las armas como las toma el hombre civil para defender la independencia de su pueblo cuando el interés de la patria lo reclama».

Maura nació en 1853, en Palma de Mallorca, de familia pequeño burguesa. Huérfano de padre a los 13 años, la familia conoció algunos aprietos económicos que, sin embargo, no impidieron enviar al joven Antonio a Madrid para estudiar derecho. En Madrid vive algún tiempo de estudiante pobre en una modesta casa de huéspedes. Su gran problema era superar la sintaxis mallorquina, que era continuo objeto de burla entre sus compañeros de estudios. El voluntarioso provinciano lo logró entregándose a la lectura de los clásicos castellanos (con el tiempo llegaría a ser un gran orador forense y parlamentario). Precisamente se debe a una de estas burlas de sus compañeros la fulgurante carrera forense y política de Maura: ridiculizado en las aulas por su pronunciación y sintaxis, el joven provinciano se ve obligado a defenderse con los puños; en la desigual pelea es auxiliado por los hermanos Gamazo, de ilustre familia madrileña bien conectada con la oligarquía a través del partido liberal. Maura comienza su carrera forense en 1871 trabajando de pasante de abogado en el bufete de los Gamazo. Desde esta fecha hasta 1902, en que abandona la abogacía para dedicarse íntegramente a la política, transcurren más de treinta años de intensa actividad forense que servirán de gran experiencia al futuro político. Maura se hizo célebre como abogado y como orador forense, y fue en todo momento el hombre de confianza de los Gamazo. En 1878 llegó a emparentar con esta familia por su matrimonio con Constancia, hermana de los Gamazo.

En 1892 Sagasta ensaya nuevo gobierno encargando a Gamazo, el protector de Maura, un ministerio; Maura es diputado a Cortes y, apoyado por Gamazo desde el gobierno, presenta sus proyectos de *Reformas de Ultramar* en que solicitaba mayor autonomía para las colonias americanas. Era la época en que comenzaban las primeras rebeldías en las colonias, especialmente en Cuba, y Maura mostró gran comprensión por la autonomía de los isleños, asegurando que de todos aquellos conflictos eran más culpables los administradores y representantes del gobierno español que los propios rebeldes.

Un año más tarde, Sagasta, para congraciarse con Gamazo, llama a Maura al poder y le nombra ministro de Ultramar. Maura intenta aplicar en Cuba un paquete de medidas autonomistas que había anunciado en las Cortes cuando era diputado, pero no se las admiten y tiene que dimitir. Poco a poco se iba cimentando la fama de Maura, fama de hombre íntegro y radical, quizás demasiado radical para ser admitido sin más por la familia política de la época, esclerotizada después de tantos años en el poder. No sabemos si las medidas políticas que había reservado Maura para Ultramar hubieran impedido la emancipación de las colonias, hecho que sucedió, como ya hemos visto, en 1898, pero probablemente la habrían retardado considerablemente.

En el año de 1901 pronuncia Maura el célebre discurso en las Cortes en que anuncia que «España necesita una revolución desde el gobierno», es decir, una revolución desde la legalidad existente, una revolución que haga realidad la letra de la Constitución. Se trata de acabar con el caciquismo y garantizar unas elecciones verdaderamente democráticas. Un año más tarde muere Gamazo y Maura, libre del compromiso político con esta familia, se pasa al partido conservador de Silvela, sucesor del legendario Antonio Cánovas. Es difícil saber hasta qué punto este cambio de partidos influye en la línea política de Maura; algunos historiadores lo encuentran lógico, pues Maura fue siempre conservador. Pero habría que verificar qué puntos ideológicos podían todavía separar estos dos partidos después de tantos años de pacto caciquil. Por fin, en este mismo año de 1902 y coincidiendo con la declaración de mayoría de edad del rey Alfonso XIII, llega el gran momento de Maura: don Alfonso XIII inaugura su reinado con un gobierno conservador presidido por Silvela y con Maura en la cartera de Gobernación. Precisamente era en el ministerio de Gobernación donde se concertaban las consignas electorales, donde se fabricaban artificialmente las mayorías gubernamentales. Maura tiene ahora ocasión de poner en práctica su «revolución desde arriba», y se empeña en controlar desde este ministerio las elecciones de 1903 para evitar que se produzcan pactos caciquiles. Se puede decir que las elecciones de 1903 son las primeras elecciones completamente libres de caciquismo, las primeras en que no se produjeron «pucherazos». Ante el peligro de que el gobierno perdiese las elecciones en una votación verdaderamente democrática, Maura tuvo el valor de afirmar: «Y si se pierden las elecciones, que se pierdan». Y el peligro de perderlas era real, no sólo para el gobierno, sino incluso para la institución monárquica misma: en las grandes capitales como Madrid, Barcelona y Valencia ganaron los republicanos, hasta el punto de que la reina madre, María Cristina de Austria, llegó a ejercer presiones sobre Silvela para echar fuera del gobierno a Maura.

A finales de 1903 Maura es *presidente de gobierno* (primer gobierno, o «gobierno corto» de Maura) y tiene ocasión de ensayar en la praxis su teoría política de la «revolución desde arriba». Tres tipos de proyectos de ley va a impulsar durante su gobierno: a) proyecto de ley para la reforma de la administración local; b) proyecto de ley para la reforma del procedimiento electoral y c) proyecto de ley sobre la responsabilidad de los funcionarios públicos. Pero los proyectos de Maura se van a quedar en proyectos: algunos incidentes ajenos a la política reformista (la imposición del obispo ultraconservador Nozaleda en la sede de Valencia, la prohibición a don Alfonso XIII de conducir automóviles, por ser todavía muy peligrosos, la sucesión de Jefe de Estado Mayor...) en los que Maura mostró una falta de diplomacia verdaderamente intolerable, precipitaron su caída en 1904.

Maura *gobierna por segunda vez* desde 1907 a 1909 (segundo gobierno, o «gobierno largo» de Maura), proyectando las mismas reformas legales que antes hemos comentado. De nuevo una serie de medidas rígidas y ultraconservadoras (especialmente las leyes contra el terrorismo, que llegan incluso a justificar la extradicción de simples sospechosos) hacen a Maura impopular. Pero la verdadera causa del hundimiento de Maura es la *Semana Trágica de Barcelona*, revolución espontánea que estalló en el mes de julio de 1909 para protestar contra los envíos de tropas a Marruecos. Efectivamente, Marruecos, declarado «protectorado» español, estaba dominado por tribus rebeldes a toda autoridad central, y una rebelión en el Rif desencadenó la respuesta militar española. Los intereses económicos en las minas marroquíes ayudaron a convencer a los menos partidarios de la intervención, y España se vio involucrada en una guerra que, con algunas intermitencias, iba a durar hasta 1926. El gobierno de Maura cometió varios errores imperdonables: mandó a Marruecos a los soldados reservistas, a pesar de contar con un ejército especial para los asuntos de África; la mayoría de los reservistas estaban casados y tenían familia que mantener; además, se trataba de soldados catalanes exclusivamente, lo que parecía un abuso del poder centralista de Madrid; por si esto fuera poco, a la guerra iban solamente los pobres, según era habitual en el sistema de reclutamiento de la época... La *Semana Trágica de Barcelona* fue el fin de la carrera política de Maura: se formaron barricadas, se volcaron tranvías, se quemaron 42 conventos... Maura solamente supo responder extremando unas medidas tan represivas, que el propio gobernador de Barcelona, Ossorio y Gallardo, hombre de probada tradición liberal, pidió la dimisión del cargo. El gobierno instó a los ciudadanos a delatar a los sospechosos, a los cuales se les sometía a juicios sumarísimos en los que apenas era posible aportar pruebas. No se comprende bien el precipitado juicio y ejecución de Ferrer Guardia, el creador de la Escuela Moderna, hombre de ideas anarquistas, pero de insignificante relevancia política y cuya muerte solamente sirvió para acentuar la consigna popular «¡Maura no!», a la que los cada vez menos numerosos partidarios de Maura contestaban con un «¡Maura sí!».

La dimisión de Maura después de los acontecimientos de Barcelona no significa el total apartamiento de la política (fue tres veces más presidente de gobierno), pero su prestigio y poder real estaban minados. A partir de 1913, y debido a las cada vez más frecuentes abstenciones políticas de Maura, el partido conservador se fracciona en «mauristas» (los partidarios de Maura, los conservadores «puros»), «datistas» (seguidores de Dato, más «pragmáticos» e inclinados a contemporizar) y «ciervistas», partidarios de La Cierva. El experimento de la pretendida «revolución desde arriba» había fracasado.

Anotemos todavía un dato para equilibrar el retrato político de Maura: a pesar de su autoritarismo, Maura se mantuvo siempre fiel a sus principios de la democracia parlamentaria. En 1917, en ocasión de la crisis más profunda de la época de Alfonso XIII, los militares le ofrecieron una especie de dictadura, y Maura se negó a aceptarla...

Crisis de la monarquía parlamentaria y dictadura de Primo de Rivera

Aunque el funcionamiento de las instituciones políticas en la época de la Restauración estaba lastrado por el sistema caciquil, no se puede negar que entre los miembros de la gran familia política existía al menos un entendimiento, un consenso general que hace suponer una cierta disciplina política. La inmoralidad del sistema era evidente, pero también su unidad y cohesión. En la época de Alfonso XIII, especialmente después del fracaso del «gobierno largo» de Maura, se va a producir una **ruptura del consenso político**: ya no se entenderán las dos grandes formaciones políticas (conservadores y liberales) entre sí. Mucho más grave todavía es que no existirá consenso ni siquiera dentro de cada partido: después del terco apartamiento de Maura que siguió a los sucesos de la «Semana Trágica», el partido conservador se dividirá en «mauristas», «datistas» (partidarios de Dato) y «ciervistas» (partidarios de La Cierva). Lo mismo ocurre en el partido liberal, que a la muerte de Canalejas (sucesor de Sagasta) en atentado anarquista perpetrado en 1912, y tras el éxito relativo de su sucesor Romanones, se va a dividir en «demócratas» (seguidores de García Prieto), «izquierda liberal» (capitaneados por Santiago Alba), «liberales agrarios» (seguidores de Gasset), etc., etc.

Evidentemente, las disensiones internas de los partidos reflejan una disesión más profunda que se produce en la sociedad misma. Hay un fermento de ideas producidas por el creciente malestar social que van causando las cada vez mayores diferencias sociales y un desarrollo económico que amenaza con destruir las antiguas formas de vida. Se ha dejado atrás el mundo de seguridades que representaba el siglo XIX para meterse de lleno en el ritmo trepidante del siglo XX. Surge el moderno proletariado industrial y la *sociedad de masas*, es decir, la sociedad de los desarraigados del campo que olvidan su cultura y sus tradiciones para improvisar nuevas formas de vida en el ambiente despersonalizado de las ciudades. Nace el asalariado anónimo en barrios construidos a toda prisa para absorber la continua inmigración procedente del medio rural. La vida pierde su carácter orgánico y se hace monótona, gris, maquinal. El obrero industrial no se identifica con el nuevo entorno social, se siente alienado y desfoga su frustración en la taberna o el prostíbulo...

No se produjo, que sepamos, un cambio en las ideologías políticas que reflejara estos profundos cambios sociales. Los políticos seguían ofreciendo los mismos lemas anticuados, en los que alternaba el liberalismo trasnochado con nuevas formas de autoritarismo. Ninguna versión del reformismo (reformismo de los conservadores de Maura, reformismo de los liberales de Melquiades Álvarez) se salía de los planteamientos legales de la monarquía parlamentaria. (El caso de Melquiades Álvarez es muy significativo, pues este político continuó siendo fiel al sistema monárquico incluso cuando el rey Alfonso XIII permitió la dictadura de Primo de Rivera). Entre los políticos de la oposición era frecuente el histrión republicanista (el joven Alejandro Lerroux, por ejemplo), que parecía que tenía en el bolsillo la fórmula mágica para hacer la revolución y resolver de un plumazo los problemas del país. Los socialistas y los anarquistas, que eran los únicos que supieron denunciar los nuevos problemas sociales, se concentraron casi exclusivamente en los sindicatos.

La situación política se agravó considerablemente al producirse la **crisis política del año 1917**, crisis en la que confluyeron tres factores desestabilizadores: a) las *Juntas de Defensa* de los oficiales del ejército, b) la *huelga general* de trabajadores y c) la *Asamblea de Parlamentarios*. Las *Juntas de Defensa* eran asociaciones de militares que se sentían como una especie de «clase media de uniforme» (Jover Zamora). Efectivamente, la Administración les pagaba mal porque el ejército español, una vez liquidadas las colonias americanas, era desproporcionado en número a las reales necesidades del país. Después de perder Cuba, el ejército español contaba con 499 generales, 578 coroneles y un total de más de 23.000 oficiales. Como el ejército regular español contaba solamente con unos 30.000 soldados, resultaba que las fuerzas armadas españolas tenían un número total de oficiales cinco veces más alto que el de Francia para un ejército regular de 180.000 hombres (!!!). En el año 1917, los oficiales llegaron a presionar para que Maura aceptase la presidencia de gobierno con facultades dictatoriales, a lo que el gran político conservador se negó, como dejamos indicado.

El segundo factor desestabilizador, *la huelga general de 1917*, estuvo favorecida sin duda por el desarrollo de los acontecimientos en Rusia, pero de una manera directa tuvo su origen en la subida de los precios que se produjo como consecuencia de la Primera Guerra Mundial. La huelga fue iniciada por los ferroviarios valencianos, pero acaso la región que ha caracterizado mejor el ambiente de huelga fue la Andalucía campesina, que se levantó en armas contra la oligarquía latifundista. En las ciudades, los obreros participaron activamente en la huelga a través de los sindicatos, especialmente de la U.G.T. (Unión General de Trabajadores), de orientación socialista. Precisamente en este año se logró la gran reivindicación obrera: la jornada de ocho horas...

El tercer factor, la *Asamblea de Parlamentarios*, constituyó un hecho de incuestionable gravedad que atentaba contra la legalidad política del momento: se trataba de reunir en Barcelona a todas las fuerzas reformistas y disconformes de toda España (especialmente a los «mauristas», a los catalanistas, a los republicanos y a los socialistas) para iniciar una reforma constitucional a fondo.

La coincidencia en 1917 de estos tres factores estuvo a punto de hacer cambiar el rumbo de la política de la monarquía. Pero ciertas huelgas descontroladas, al parecer provocadas para deshacer todo posible entendimiento entre los militares y los partidos orientados a las reformas sociales, hicieron que las Juntas de Defensa se decidiesen a favor de la política reaccionaria. En efecto, los militares apoyaron la represión violenta de las huelgas, y los gobiernos de don Alfonso XIII siguieron arrastrando su carácter indeciso hasta la proclamación de la dictadura.

Entre 1917 y 1923, la ruptura del consenso político va a agudizar la inestabilidad hasta el punto de producir solamente *gobiernos de concentración* formados por políticos de distintos partidos que coinciden en algunos puntos generales. A veces, la formación de estos gobiernos está presidida por la desesperación, por el miedo a la ingobernabilidad, por el deseo de salvar la situación como sea. En este período de tiempo de sólo seis años se produjeron trece crisis totales de gobierno y treinta crisis parciales (!!!).

La **dictadura del general Primo de Rivera** (1923) no iba a ser una sorpresa para nadie: después de las intentonas militares de 1917, de la paulatina pérdida de prestigio del régimen parlamentario y del triunfo de la ideología fascista en Europa (gobierno de Mussolini en Italia, crecimiento del partido de Hitler en Alemania), la aparición de un gobierno de militares era casi la consecuencia lógica del desgobierno habitual.

El general Primo de Rivera quiso establecer una especie de dictadura «estable», es decir, una dictadura dotada de sus fundamentos constitucionales propios, y no una simple dictadura provisional como solución de emergencia ante determinados problemas políticos. En este aspecto, la dictadura de 1923 sirvió de ejemplo a la que iba a instaurar Francisco Franco trece años más tarde. Pero las diferencias entre la dictadura de Primo de Rivera y la de Franco comienzan ya cuando trazamos el perfil moral del dictador. En opinión de Salvador de Madariaga, pensador liberal nada sospechoso de simpatizar con la dictadura, el general Primo de Rivera poseía, junto a defectos evidentes, como el de no estar bien informado, de ser demasiado espontáneo e intuitivo, ser un tanto simplista y un mucho personalista, algunas buenas cualidades, como las de su valentía física y moral, su generosidad, su buen corazón y hasta una cierta habilidad y finura. Pero además de las diferencias personales, Primo de Rivera supo realizar cosas positivas. No solamente emprendió obras públicas de envergadura, como la mejora del estado de las carreteras españolas y de los ferrocarriles (recurso frecuente en las dictaduras fascistas), sino que supo poner fin a la guerra de Marruecos (cosa verdaderamente notable en una dictadura militar e integrada por ministros militares) y, lo más importante, supo mantener el diálogo con las clases trabajadoras a través de los sindicatos: la U.G.T de los socialistas fue invitada a colaborar en los comités paritarios, y Largo Caballero, líder del partido socialista, llegó a ser nombrado Consejero de Estado (!!!). La comprensión del problema social por parte del dictador demuestra que, paradójicamente, Primo de Rivera era más inteligente que la mayoría de los políticos del régimen parlamentario burgués de don Alfonso XIII. También son notables los esfuerzos del régimen por mejorar las finanzas, especialmente en lo que toca al equilibrio del presupuesto.

Pero una dictadura es una dictadura, y todos sus evidentes aciertos no lograron evitar el nacimiento de una fuerte oposición. La crisis del *crack* de la bolsa de Nueva York (1929) fue quizás el factor desencadenante que se unió a la postura crítica que mantenían los intelectuales, a las protestas de la vieja oligarquía de políticos parlamentarios e incluso al de un buen número de altos cuadros del ejército. El rey don Alfonso XIII le retiró su confianza al dictador, que dimitió en enero de 1930. Se exilió en París, donde murió al mes y medio justo de haber dejado el poder. Traído su cadáver a Madrid, el pueblo le tributó un gran homenaje, en contraste con la actitud distanciada de los medios oficiales.

Un año más tarde caería el régimen monárquico, totalmente desprestigiado y desprovisto de figuras políticas capaces de sostenerlo.

B: SOCIEDAD

Pablo Iglesias y los orígenes del socialismo español

Pablo Iglesias representa el extremo opuesto de Antonio Maura. Ambos eran políticos sinceros y se distinguían de la mediocridad ambiente por su decidida afirmación de los ideales. Pero Maura había apostado por el liberalismo burgués, por el respeto al orden establecido, y Pablo Iglesias había comprendido la necesidad del socialismo. El primero miraba hacia el pasado y creía poder rescatar los valores tradicionales efectuando una *revolución desde arriba*. El segundo miraba hacia el futuro, consciente de que la nueva situación social (el surgimiento del proletariado) hacía necesaria una *revolución desde abajo*.

Pablo Iglesias nació en 1850 en El Ferrol (Coruña), de familia muy humilde. Huérfano de padre cuando todavía era muy niño, se vio obligado a emigrar a Madrid con su madre para buscar ayuda en un tío que allí vivía. Realizaron el viaje entre El Ferrol y Madrid (cerca de 700 Km.) a pie acompañando una caravana de arrieros. En Madrid se encontraron con que había muerto el tío que les había de proteger. La madre tuvo que dedicarse a uno de los oficios más modestos, el de lavandera, y su hijo tuvo que ingresar en un hospicio para niños pobres. Pablo Iglesias pudo solamente realizar estudios elementales (hasta los 11 años), para aprender a continuación un oficio, que fue el de impresor. La elección de este oficio explica la cultura de Pablo Iglesias, ya que entre los obreros impresores abundaban los autodidactas que se habían formado una cultura propia al contacto con los libros. El caso del autodidactismo del joven Iglesias es notable por la amplitud de lecturas que realizó en situaciones inverosímiles, a veces aprovechando pequeñas pausas en el trabajo; la *Gramática Latina* de Raimundo de Miguel la estudiaba al mismo tiempo que trabajaba entre las máquinas de imprimir. También tenía una gran cultura literaria, al menos en lo que a teatro se refiere: el joven impresor solía frecuentar las representaciones teatrales y a veces llegaba a ver dos funciones teatrales en el mismo día. Es preciso aludir a estos difíciles comienzos de Iglesias para comprender la autenticidad y radicalismo de sus posiciones.

Como era de esperar, los primeros pasos en política los realiza Iglesias a través del sindicato o asociación profesional de los impresores, donde intervino frecuentemente para defender a sus colegas. Naturalmente, recibe Iglesias las influencias de las principales tendencias del socialismo europeo de la época: *socialismo científico de Carlos Marx, socialismo utópico* de Proudhon y *socialismo anarquista* de Bakunin, pero en los primeros años parece que Pablo Iglesias se sintió influido especialmente por el anarquismo bakuninista. A esto contribuyó el haber conocido personalmente al italiano Fanelli, organizador de la Primera Internacional y decidido anarquista. A los 20 años es nombrado delegado por España de la Internacional, y por esta misma época compone, sin cobrar un céntimo por su trabajo, *La Solidaridad*, órgano de la Internacional. Más tarde cambia su orientación anarquista por la del *socialismo científico* de Carlos Marx. Determinante de este cambio de orientación fue la amistad trabada con Paul Lafargue, un yerno de Carlos Marx que había huido de Francia y había inspirado la publicación en España del libro de Marx *Miseria de la filosofía*, en que se ridiculizan las tesis de Proudhon. Lafargue influyó también en la publicación de la primera versión castellana del célebre *Manifiesto Comunista* de Marx y Engels. Poco después, cuando en el Congreso de Zaragoza se consagra la escisión entre socialistas marxistas y socialistas bakuninistas, Iglesias toma partido decididamente por los primeros. Es necesario tener en cuenta estas orientaciones del joven Pablo Iglesias porque son las que van a caracterizar su pensamiento maduro: Iglesias dedicó toda su vida no sólo a luchar contra los partidos burgueses, sino también a la lucha contra los socialistas anarquistas de Bakunin y, en parte también, a todos los socialistas que se orientaban a favor del vago idealismo paternalista de origen proudhoniano. Iglesias será un «duro» del socialismo marxista que nunca estará dispuesto a pactar con la burguesía.

En el año 1879 funda Pablo Iglesias el *Partido Socialista Obrero Español* (P.S.O.E.). A pesar de la orientación marxista que hemos señalado, el programa contiene muchos puntos que recuerdan las tesis de Bakunin, por lo que tuvo que ser revisado por el propio Carlos Marx. En el momento de su fundación, el P.S.O.E. cuenta con apenas 30 o 40 socios, y durante los primeros años el crecimiento del partido será muy lento. Los socialistas tienen en España, y especialmente en los núcleos proletarios de Cataluña, un poderoso contrincante en los anarquistas.

Una de las primeras participaciones políticas del P.S.O.E. tiene lugar con motivo de las consultas realizadas por la Comisión de Reformas Sociales. Ya conocemos, por el capítulo precedente, la respuesta que dieron los socialistas: toda mejora de la cuestión social debe ser conquistada por el obrero mismo; la clase trabajadora no va a recibir nada gratis de la clase burguesa, y la participación de los socialistas en las consultas de esta Comisión se debe únicamente a un deber de informar.

En 1886 aparece el primer número de *El Socialista*, órgano del partido. Debido a la mala situación económica del P.S.O.E., hubo que emitir 3.000 acciones de una peseta cada una para poder financiar su publicación. En este periódico Pablo Iglesias polemizó agriamente con los partidarios de colaborar con la burguesía. Se producía entre los socialistas españoles la misma polémica que entre los socialdemócratas alemanes, años más tarde, iba a producir la escisión entre no-colaboracionistas (Rosa Luxemburg) y colaboracionistas (Karl Kautsky). El estilo un tanto machacón de Iglesias en sus ideales anticolaboracionistas le granjeó pocas simpatías, y el periódico, en general, tenía poco éxito y se vendía mal.

En 1888 se funda la *Unión General de Trabajadores*, central sindical del P.S.O.E., que con el tiempo competiría con la C.N.T., central sindical de los anarquistas. La oficina central de este sindicato estaba en Barcelona, precisamente para rivalizar con los anarquistas.

Uno de los primeros éxitos del partido fue la organización de la manifestación del 1 de Mayo en el año 1900. En esta manifestación obrerista participaron incluso algunos representantes de los partidos burgueses, como el jefe del partido liberal, Práxedes Sagasta. El lema de este primero de mayo era la jornada laboral de ocho horas. Como sabemos, este objetivo se consiguió solamente en 1917.

La primera participación activa en la política se produce en los años 1891 y 1893, donde los socialistas presentan candidatos propios en las elecciones generales. Los resultados fueron modestísimos: 5.000 votos en 1891 y 7.000 votos en 1893. El obrero español es todavía republicano o se ha pasado a las filas de los anarquistas. Anotemos una anécdota reveladora del carácter estoico de Iglesias: a pesar de la catastrófica situación de las finanzas del partido, rechazó la indemnización económica que le ofreció el gobierno de Sagasta para sufragar los gastos de las elecciones.

En ocasión de la guerra de Cuba, la actuación del partido socialista fue de una claridad meridiana: «no» rotundo a la guerra, pero en caso de que ésta fuese realmente inevitable, habría que enviar a Cuba a todos los españoles en edad de cumplir el servicio militar, y no solamente a los pobres. Es sintomática la contestación de Sagasta a las exigencias del partido socialista: «Imposible ahora (obligar a los ricos a cumplir el servicio militar), porque ustedes mismos comprenderán que sería una atrocidad llevar a los hijos de buenas familias a esos cuarteles tan malos que tenemos». La posición del P.S.O.E. en el asunto de la guerra de Cuba contrasta notablemente con el belicismo que defendía Cánovas y los conservadores, que eran partidarios de enviar a Cuba «hasta el último hombre y hasta la última peseta».

Poco a poco, Iglesias va abandonando su apartamiento de la política activa, y participa por primera vez en las elecciones comunales de 1905, en las que es elegido concejal para el Ayuntamiento de Madrid. En alguna ocasión comentó el desagrado que le producía tener que saludar a muchos colegas concejales de los que se sabía que estaban metidos en sucios negocios relacionados con su cargo municipal. En 1910 participa en las elecciones generales y obtiene un acta de diputado en las Cortes, acaso favorecido por el clima izquierdista que habían producido los acontecimientos de la Semana Trágica de Barcelona y el cada vez más frecuente «¡Maura no!» que se oía en toda España. Son estos los años en que se va consolidando el partido socialista y se van cuarteando los partidos liberal-burgueses. La crisis de la sociedad española, la falta de entendimiento entre la clase política y la base social a la que antes hemos aludido, van favoreciendo el lento afianzamiento de los socialistas y los órganos sindicales. Por esta época el P.S.O.E. tiene, repartidas por toda España, más de 100 *Casas del Pueblo* (especie de casinos con bibliotecas y salas de lectura rudimentarias) con un total de unos 35.000 asociados. El partido mismo cuenta con unas 115 agrupaciones, y la central sindical socialista (U.G.T.) tiene 250 secciones con unos 39.000 federados. Y el órgano oficial del partido, *El Socialista*, es un periódico que empieza a venderse bien y que se hace independiente económicamente.

Iglesias supo tener paciencia y esperar. Como hemos visto, el partido de Pablo Iglesias empezó a triunfar ya entrado el siglo XX, casi 30 años después de su fundación. Jamás traicionó sus ideales a cambio de pequeñas concesiones a la burguesía. Su línea anticolaboracionista era considerada como muy dura incluso dentro de su propio partido, pero el tiempo le dio la razón, pues el partido resultó fortalecido por esta pureza de ideales y se forjó un merecido prestigio de incorruptible. Cuando Iglesias murió en el año 1925, casi en la misma fecha que su rival Antonio Maura, soplaban ya otros vientos en el partido socialista, que no tuvo inconveniente en colaborar con la administración de la Dictadura de Primo de Rivera.

Pablo Iglesias murió pobre, como había vivido toda su vida, alejado siempre de las tentaciones del poder y el dinero.

Utopía y violencia: el anarquismo español

Como hemos visto, la idea socialista que sigue Pablo Iglesias es la del *socialismo científico* de Carlos Marx. Se trata de una ideología basada en el estudio de las condiciones reales del proletariado y elaborada aplicando criterios pretendidamente científicos. El marxismo pretende ser una ciencia, y hasta una ciencia inspirada en los principios del positivismo experimental del siglo XIX. Nada de «pathos», nada de utopías, de sueños más o menos irrealizables basados en el cándido filantropismo de la época. Hoy sabemos que lo que se salva del marxismo es justamente el impulso humanista, la inspiración idealista, la exigencia de una justicia social que rebasa los planteamientos puramente «técnicos» y «científicos» de la teoría. Marx y Engels fueron geniales en el diagnóstico del problema social, pero tuvieron las naturales limitaciones de todos los hombres de su época a la hora de establecer la terapia adecuada. El planteamiento «científico» de la revolución ha envejecido considerablemente, y ya a finales del siglo XIX la socialdemocracia alemana dudaba seriamente de la aplicación de unos principios que estaban establecidos casi con exactitud lógica o matemática. Cuando el socialdemócrata Bernstein invocaba el principio de que «el objetivo es caminar», estaba sustituyendo los rígidos principios de una ciencia social exacta por una dialéctica continua en búsqueda de la verdad.

La **ideología anarquista** representa una crítica radical de los principios del *socialismo científico*, pues vio el problema mucho antes que los socialdemócratas alemanes. Y lo vio justamente en aquello que más hiere a la mentalidad del hombre moderno: la supresión de la libertad, la imposición de una rígida disciplina de partido, la creación de un poderoso *aparato estatal* para dirigir la revolución. Pero la reacción de los anarquistas a la rigidez doctrinal de los marxistas desembocó en la idea de que la revolución es un *acto espontáneo de las masas*, de que la revolución no puede ser dirigida desde arriba. Y este principio se convirtió en el origen de la violencia y del caos, pues la exigencia de una *radical espontaneidad* de las bases trabajadoras hizo imposible el control del movimiento. De hecho, el principio de la *espontaneidad* de las bases tenía que tolerar todo tipo de acciones políticas, incluso las más violentas. Los anarquistas no actuaban de forma coordinada, sino desde *células* aisladas entre sí. Era frecuente que entre los anarquistas se encontrasen no sólo atracadores de bancos (cosa lógica dentro del radicalismo de izquierdas), sino incluso auténticos criminales. Para muchos anarquistas, el fin justificaba los medios.

El anarquismo tenía razón en su crítica del socialismo científico: la creación de un *aparato político* (gubernamental o sindical) conducía sin remedio a la *burocratización* y a la traición de los ideales revolucionarios. Lo que Pablo Iglesias en su crítica de los anarquistas denominó «temor a la organización» desembocó, más que en una especie de *revolución continua*, en una especie de *continuo caos*. El historiador Raymond Carr hace a los anarquistas responsables de la venida de la dictadura de Primo de Rivera y, poco más tarde, de Francisco Franco. (De hecho, los fracasos republicanos en la Guerra Civil se deben al continuo sabotaje de los anarquistas al proyecto de las izquierdas).

Los anarquistas se diferenciaban de los socialistas también en su *original concepción de sindicato*. Mientras que para los primeros la U.G.T. era, simplemente, un órgano de lucha laboral para imponer mejores salarios y mejores condiciones de trabajo, para los anarquistas una organización como la de la C.N.T. era la verdadera matriz de una nueva sociedad. El sindicato era el órgano de acción política por antonomasia, el medio ideal para ejercer su principio de *acción directa*. El anarquista, en lucha continua contra los patronos, no aceptaba ninguna instancia superior a la constituida espontáneamente por la solidaridad en el trabajo, y convertía al sindicato en el único órgano o institución política verdaderamente representativo de esta espontaneidad.

Es evidente, si se tienen en cuenta estos dos aspectos, el de la *espontaneidad* y el del *sindicalismo*, que la ideología anarquista tenía mucho de utópica y nada de realista. Los anarquistas no supieron decir cómo podía autoorganizarse el obrero en unidades mayores que las simples *células* o *agrupaciones locales, regionales,* etc. Pero además, una simple enumeración de los ideales de la sociedad futura basta para convencer de la ingenuidad y hasta estupidez de muchos de los teóricos del movimiento, al menos en España. En un congreso anarquista celebrado en 1898 se esbozaron las líneas maestras de una sociedad que nacería de la destrucción del principio burgués-capitalista. Citamos literalmente del libro de Raymond Carr: «Grandes edificios de viviendas dotadas de electricidad, con ascensores automáticos y servicios de limpieza, alojarían a unos trabajadores que se limitarían a ser supervisores libres de las máquinas; una sociedad en la que la madera sería sustituida por el acero y las prisiones por 'Casas de Corrección Médica', el dinero por vales y el Estado por una oficina de estadística que coordinaría el 'trabajo armonioso'...» Produce asombro que unos hombres capaces de cometer actos terroristas fuesen capaces de creer en una sociedad idílica diseñada según las recetas de la ciencia-ficción.

La historia del movimiento anarquista en España muestra unos comienzos un tanto azarosos. Su desarrollo se produce de una manera cíclica, alternando épocas de gran crecimiento con otras de repentinos retrocesos. Generalmente, los períodos de crecimiento coinciden con la orientación relativamente moderada de algunos de sus dirigentes, y los de retroceso se deben a las represiones gubernamentales provocadas por las oleadas de terror. De todas maneras, y a pesar de estos continuos altibajos, no se puede comparar el extraordinario dinamismo de las organizaciones anarquistas con el lentísimo crecimiento del partido socialista, que, como ya hemos visto, solamente empezó a ganar votos ya muy entrado el siglo XX.

Los primeros años del anarquismo están dominados por la **política del terror.** Después de la represión gubernamental de 1884, los anarquistas partidarios de la propaganda por los hechos comenzaron una oleada de atentados con bombas y de asesinatos de personalidades del mundo de la política, que alcanzaron su apogeo en los años noventa. Los anarquistas hicieron estallar una bomba en el teatro de ópera del Liceo de Barcelona (símbolo de la clase burguesa) que causó la muerte a veintiún espectadores; hicieron estallar igualmente una bomba en la procesión del Corpus de Madrid (símbolo del fanatismo, de la religión como «opio del pueblo») que mató a diez fieles; y lograron asesinar al mismo artífice de la Restauración, Antonio Cánovas (símbolo de la oligarquía explotadora), mientras descansaba en un balneario. Más tarde asesinaron a tres presidentes del Gobierno, lo que da idea del grado de virulencia que llegó a adquirir este movimiento. No es extraño que la represión contra este anarquismo terrorista haya sido brutal y haya despertado protestas internacionales que llegaron a crear una versión moderna de la Leyenda Negra.

El anarquismo español presenta dos variantes: el anarquismo agrario, endémico en Andalucía, y el anarquismo industrial, situado en los núcleos más industrializados de Cataluña, especialmente de Barcelona.

El **anarquismo agrario andaluz** tiene su origen en la lamentable situación social del jornalero del campo, esclavizado por la estructura oligárquica y casi feudal del latifundio. Las enormes extensiones de tierra estaban en muy pocas manos (resultado del reparto feudal de las tierras del sur en la última etapa de la historia de la Reconquista), y el campesinado estaba convertido en una especie de posesión de los señores de los *cortijos.* En esta situación desesperada, el mesianismo que predicaba el evangelio de Bakunin era muy bien recibido por las multitudes famélicas que se agarraban a la promesa del «reparto» de tierras como a su última esperanza. El anarquismo campesino andaluz se autoorganizaba como podía, generalmente en pequeños grupos, como el anarquismo sindicalista de las grandes ciudades. Se produjeron algunas jornadas de violencia que suponían una cierta organización y un cierto programa: quema de cosechas, matanza de perros guardianes, asesinato de guardias rurales... En los años de 1883-1884, en los procesos seguidos contra la Mano Negra, parece que se llegó a organizar una especie de sociedad secreta revolucionaria. Hacia 1892 un ejército de campesinos famélicos, armado con hoces y escopetas, invadió Jerez, disparando contra todos los que iban bien vestidos. Es interesante constatar, entre los campesinos rebeldes andaluces, la presencia frecuente de una especie de *apóstoles de la Revolución*, predicadores y propagandistas itinerantes que recorrían los cortijos del país para predicar el evangelio anarquista. En la excelente novela de Blasco Ibáñez titulada *La bodega*, se encuentra una magistral recreación histórica de la actividad de uno de estos *apóstoles*, Salvochea, y de su influjo en las revueltas campesinas jerezanas de finales del siglo XIX.

Mayor incidencia social tuvo el **anarquismo urbano catalán**, especialmente en los núcleos industrializados de Barcelona y su entorno fabril. En principio, parece extraño el triunfo del anarquismo justamente en Cataluña, región industrial por excelencia. Diversos factores explican esta preponderancia del anarquismo sobre el socialismo: a) la presencia de inmigrantes de las zonas del sur de España, especialmente de campesinos andaluces obligados a emigrar por hambre, que serían los introductores del anarquismo; b) la presencia de un gran puerto, como es el de Barcelona, que favorecería igualmente la difusión de las ideas anarquistas, especialmente las importadas desde Italia; c) el crecimiento meteórico de barrios obreros de aspecto miserable y donde el proletariado se amontonaba en viviendas que carecían del mínimo de comodidades... Fue precisamente en Barcelona donde el anarquismo se decidió a fundar, en 1911, su poderoso sindicato, la C.N.T. (Confederación Nacional del Trabajo). En cierta manera, la creación de un sindicato significa tender un puente para parlamentar con la sociedad burguesa. Pero no se olvide el verdadero carácter del sindicato de orientación anarquista: lograr la destrucción del Estado para sustituirlo por una simple asociación de trabajadores...

C: CULTURA

La Edad de Plata de la cultura española: modernismo y 98

Los finales del siglo XIX y comienzos del XX constituyen, en contraste con la crisis política y el desastre colonial, la época denominada «Edad de Plata» de la cultura española. Nunca, después del «Siglo de Oro», se produjo semejante florecimiento literario y artístico en España. Curiosamente, tanto la «Edad de Plata» como el «Siglo de Oro» coinciden con épocas de postración económica y social. Se puede aventurar la tesis de que en una y otra época se produce un movimiento de autocrítica y de reflexión, de revisión de los ideales de la cultura y de la sociedad. La contemplación de la decadencia política y social habría espoleado a los espíritus más despiertos para pronunciarse sobre la situación, incluso para tomar parte activa en la política...

Sin embargo, no debe tomarse demasiado al pie de la letra la «catástrofe del 98», es decir, la emancipación de las últimas colonias, como dato a partir del cual comenzaría el despertar de la literatura crítica. De hecho, muchos temas tratados por los autores de la *Edad de Plata* (fanatismo religioso, política caciquil, hipocresía burguesa, situación de las clases humildes, casticismo contra europeísmo, etc.) constituían el trasfondo de las novelas del realismo y naturalismo de la generación del 68. Por otra parte, la literatura crítica propiamente dicha de esta nueva generación (ensayos y obras literarias dedicadas a analizar los problemas del país) había comenzado ya unos años antes de la «catástrofe»: Angel Ganivet y Joaquín Costa, especialmente este último, habían publicado ya libros y artículos dedicados a analizar las causas de la decadencia. La denominada «catástrofe del 98» (que no fue tal catástrofe, pues el mismo día en que se conoció la pérdida de las colonias el pueblo acudió a los toros con perfecta indiferencia) no fue el origen de la generación de intelectuales y artistas que lleva su nombre, sino el acontecimiento que agudizó aun más la conciencia crítica y sirvió de emblema generacional.

Hay que tener en cuenta que la denominada «Edad de Plata» incluye dos movimientos artístico-literarios completamente distintos: el grupo de literatos, artistas y científicos llamado *generación del 98* y el grupo de poetas y artistas que constituye el *modernismo literario.* Los pertenecientes a la *generación del 98* son los intelectuales y artistas propiamente críticos, los preocupados por la decadencia. Los pertenecientes a la corriente *modernista* defienden la idea del «arte por el arte». Los primeros están a favor de la literatura comprometida, los segundos a favor de la literatura como juego y evasión. Ahora bien, ¿cómo puede una misma situación político-social suscitar dos respuestas tan antagónicas? La crítica literaria tradicional (Laín Entralgo) ha insistido en la radical separación de ambas tendencias; la crítica moderna, a partir de Ricardo Gullón, tiende a unirlas y considerarlas dos manifestaciones distintas pertenecientes a un mismo movimiento renovador. Acaso los dos enfoques del problema sean complementarios: ante el marasmo político-económico de la cultura de finales de siglo, se produce una reacción, una respuesta revolucionaria, una protesta de inconformismo. Los cimientos de la cultura burguesa serán combatidos, y tan radicales se mostrarán en rechazarla los *noventaiochistas* como los *modernistas.* La diferencia está en que los primeros emprenderán una crítica demoledora de los principios de la sociedad burguesa, y los segundos se contentarán con rechazarla desde su torre de marfil. Los primeros intentarán aportar soluciones para cambiar la sociedad, los segundos se contentarán con una revolución estética. Ambos movimientos tienen, pues, una base de inspiración romántica e idealista común: el sentimiento, y no la razón, les dictará los principios de la rebelión contra una sociedad racionalista y positivista, una sociedad en la que el hombre ya no es libre por estar encadenado a los principios utilitaristas de la producción y el consumo...

Veamos las **características generales del pensamiento de los intelectuales de la generación del 98**. García López sintetiza las manifestaciones del pensamiento noventaiochista en tres puntos cardinales: a) *descubrimiento del paisaje castellano*, b) *recuperación de la Edad Media española* y c) *reivindicación de la literatura española anterior al Renacimiento.*

El *descubrimiento del paisaje castellano* es, quizás, el mayor hallazgo de los intelectuales de esta generación. Porque Castilla será, para estos autores, la esencia de lo español. Meditando en la identidad cultural de España, descubren que España está hecha, en gran parte, por Castilla. Y al estudio de la realidad castellana llegan mediante el estudio del paisaje, que será un paisaje espiritualizado, un paisaje en el que la geografía física desaparece para transformarse en fuente de inspiración del pensamiento. La austera Castilla, país sin sombras ni matices, sin curvas ni relieves, ofrece en su desnudez la grandeza de lo que es esencial y auténtico. Y los intelectuales del 98, todos ellos procedentes de la periferia peninsular (tres vascos: Baroja, Unamuno, Maeztu; un levantino: Azorín; un gallego: Valle-Inclán; un andaluz: Machado) van a sentirse irresistiblemente atraídos por el austero paisaje castellano. Los intelectuales noventaiochistas, con su centralismo castellanista, representan justamente el polo opuesto al movimiento intelectual de la España actual, que pretende devolver a las regiones periféricas su original identidad cultural. Resulta verdaderamente paradójico que un vasco como Baroja apenas dedique espacio en su novela *La nave de los locos* a la descripción del paisaje vasco, y en cambio se deshaga en elogios del paisaje castellano, hasta llegar al extremo de encontrar en simples escenas de pastoreo la grandeza ejemplar de las escenas bíblicas. Resulta igualmente chocante que Azorín, en *La ruta de don Quijote*, construya todo el libro en función del capítulo final, en que la descripción del pueblo semiabandonado de Esquivias (ruinas y polvo enfrentados a la tormenta) alcanza unas dimensiones verdaderamente trágicas. Y el andaluz Machado, de vuelta en la sonriente Andalucía después de su estancia en Castilla, no puede ocultar su emoción cuando recuerda las tristes tierras castellanas, «tan tristes, que tenéis alma»...

La recuperación de la Edad Media es la directa consecuencia del compromiso político noventaiochista: crítica de la visión histórica tradicional, que ensalzaba solamente la España Imperial, la España de la Inquisición y el fanatismo, la triste España del arte barroco, del misticismo y de la teología de Trento, la España que había justificado la aparición de la Leyenda Negra... Los intelectuales noventaiochistas pretenden presentar una España anterior a los años del Imperio y de las guerras de religión, y recrean la imagen de una Edad Media un tanto elegante y cosmopolita en la que florecían las joyas artísticas del románico y del gótico, verdaderos estilos joviales, llenos de esperanza, ajenos a la triste glorificación barroca de la muerte. El pensamiento histórico de los noventaiochistas está marcado por el pesimismo, pues contemplan la historia de España como un proceso de continua decadencia histórica desde que el país se puso al servicio de un catolicismo seco y formal que agotó las energías de sus hombres... Y unido al tema de las raíces históricas de esta España cosmopolita y alegre, se encuentra el tema del *europeísmo*, que todos los noventaiochistas defienden contra el *casticismo* de los pensadores oficiales. Hemos visto, en parte, la lucha entre *europeísmo* y *casticismo* cuando pasamos revista a la «cuestión universitaria» que surgió en tiempos de la Restauración, y que dio origen a la Institución Libre de Enseñanza. Pues bien, muchos intelectuales noventaiochistas, algunos directamente discípulos de la Institución Libre de Enseñanza, defendieron este ideal *europeísta* ante los partidarios de la tradición.

En cuanto a la posición de los noventaiochistas con respecto a la *literatura anterior al Renacimiento*, es de destacar, paralelamente a su visión de la historia, el rechazo por la literatura clásica española, especialmente por los escritores del Siglo de Oro. Los del 98 defienden a los primitivos medievales o, como máximo, a los renacentistas, pero nunca a los escritores del barroco. En los primitivos medievales encuentran la jovialidad y libertad que echaban de menos en la tradición posterior, y además se entusiasmaban por la sencillez de su estilo. Los medievales escribían con espontaneidad, poniendo más atención en el fondo que en la forma, y confiando más en la intuición que en las reglas de la preceptiva literaria... Hay que tener en cuenta que estos principios coincidían con los ideales de los noventaiochistas, que nunca se preocuparon por cuestiones de preceptiva, y que consideraban que el estilo debía adaptarse al contenido como un guante a la mano (Baroja)...

Más de acuerdo con la sensibilidad «fin de siglo» y, por lo tanto, más semejantes a otras manifestaciones artísticas y literarias del resto de Europa, son las **características del modernismo literario**. Ya hemos señalado que se trata de un movimiento que defiende el principio del *arte por el arte*, la total autonomía de la estética con respecto a la moral, la liberación de todo compromiso político-social. El esteticismo que pregona Oscar Wilde en el prólogo a su *The picture of Dorian Gray* puede servir de programa para la escuela modernista. El modernismo tiene mucho del *movimiento romántico*, pero también de los movimientos finiseculares como el *parnasianismo* y el *simbolismo*. Si los intelectuales de la *generación del 98* representan un fenómeno típicamente español, los de la *generación modernista* representan solamente la versión española de un movimiento universal de esteticismo y decadentismo.

Los modernistas, en su afán de distanciarse de la cultura ramplona de la burguesía (cultura presidida por el utilitarismo y las virtudes caseras), adoptan la postura de un desdeñoso *aristocraticismo* que se manifiesta, sobre todo, en su preferencia por lo que es *exquisito* y *distinguido*. No es posible encontrar tipos populares, personajes humildes, escenas o situaciones de la vida corriente. El modernismo es una especie de manifiesto contra el realismo, contra todo tipo de realismo... Y la mejor manera de huir de la realidad social (que estaba ya marcada por la presencia del proletariado urbano) era refugiarse en la clase aristocrática. Contra el espíritu plebeyo, exaltación del espíritu aristocrático... Claro está que la figura del *aristócrata* que nos presenta el modernismo está siempre o casi siempre envuelta en el *decadentismo*. Se trata de aristócratas que no hacen nada, que no tienen ya función social, que no aspiran a protagonismo alguno. Su máxima aspiración es coger la rosa del día sin dejarse arrastrar demasiado por el *spleen*. El decadentismo es también la causa de que exhiban siempre una actitud *desdeñosa y altiva,* con la que disimulan mejor su situación de marginados sociales; los aristócratas del modernismo no parecen ser víctimas de la exclusión social que produjeron los nuevos tiempos, sino que ellos mismos parecen haberse excluido voluntariamente de todo comercio con una realidad demasiado plebeya.

Pero el refugio en el *aristocraticismo* implica fingir mundos inexistentes, y el ambiente que describen los modernistas está lleno de situaciones fijas creadas *ad hoc*, meros *clichés* literarios a los que el escritor echa mano cuando le conviene. Son demasiado frecuentes los *jardines* (a ser posible, *jardines otoñales),* las *fuentes* provistas de figuras mitológicas, las *princesas* soñadoras, los *estanques* (a ser posible, con *cisnes*), los *poetas* que aspiran la *fragancia de las rosas*... Se nos vuelve todo demasiado artificial, demasiado construido expresamente para lograr determinados fines. El problema del modernismo no es solamente que estos *clichés* se hayan convertido, con el paso de los años, en un verdadero *kitsch* difícil de tomar en serio, sino que la existencia misma de estos *clichés* convierte estas obras en algo sin trascendencia. Es un arte difícil y exquisito, pero está construido sobre una base artificial, y no llega a conmovernos. El poeta modernista rara vez llega a dejar una nota original e irrepetible, algo que permanezca imborrable en nuestra memoria. Su inspiración está al servicio de unos esquemas preconcebidos...

Una última característica del modernismo: su estética persigue la *exaltación máxima de los sentidos*. El modernismo se confiesa *sensualista*, procura aprovechar al máximo las impresiones sensoriales y convertirlas en material poético. De las sensaciones visuales, hay que destacar la importancia que le dan a los colores, de los que supieron emplear una gama cromática muy rica y original. De las sensaciones auditivas, hay que subrayar la selección de palabras que realizaron para lograr efectos musicales de gran novedad. Hay también, curiosamente, una presencia extraordinaria de datos sensoriales procedentes de la olfación, especialmente en lo que concierne al aroma de las plantas y flores. Pero la presencia de datos sensoriales aislados (visuales, auditivos, olfativos) no es nada en comparación con el empleo frecuentísimo y atrevidísimo de la *sinestesia* (combinación de varias sensaciones por asociación mental), como en los ejemplos «rimas de oro» o «fragancia azul»... Hay que reconocer que en este recurso frecuentísimo a los datos de los sentidos, los modernistas abrieron nuevos rumbos a la poesía, la liberaron de la pobreza expresiva en que se encontraba a finales del siglo XIX. Los modernistas actuaron aquí como verdaderos revolucionarios en el mundo de la literatura. Pero esta misma excelencia de la revolución sensualista muestra también los límites de la misma, porque el poeta modernista se diluye en el mundo de las sensaciones que tan bien ha sabido recoger. El alma del poeta son sus sentidos, y solamente sus sentidos. Los sentimientos (cuando los hay) parecen estar inspirados por las sensaciones, y el poeta parece aquí una buena ejemplificación de la *estatua sintiente* de Condillac.

Pasaremos revista a los autores de ambas direcciones, la noventayochista y la modernista, sin hacer una separación neta entre ambas. Y esto, no sólo porque el origen de ambos movimientos es el mismo y coincide con el deseo común de renovar las artes y las letras, sino porque algunos escritores (Valle Inclán, Antonio Machado), sufren las influencias de una y otra escuela.

Miguel de Unamuno (1864-1936) es una de las principales figuras intelectuales de la época. Polemista incansable, autor de numerosísimos artículos y ensayos, pensador original, filósofo, teólogo, novelista, poeta, filólogo... Ortega y Gasset le llamó acertadamente *excitator Hispaniae*, pues sus ideas, generalmente expresadas en un estilo polémico que recuerda el de sus encarnizadas discusiones personales, sirvieron para encender vivas discusiones. Unamuno no escribe *sobre* algo o alguien, sino *contra* todo y *contra* todos. Muy frecuentemente, no está de acuerdo ni siquiera consigo mismo, y muchos de sus libros o artículos de la edad madura contradicen los que escribió en su juventud. Se le ha reprochado a Unamuno falta de coherencia y espíritu arbitrario, pero lo cierto es que sus escritos, sean o no certeros, alcanzan siempre gran profundidad. Él mismo dijo, en cierta ocasión, que vale más desbarrar con gracia, que acertar diciendo verdades de Pero Grullo...

Una buena parte de la producción literaria de Unamuno la constituyen libros que tratan el problema religioso. Unamuno, obsesionado por un cristianismo existencialista a lo Kierkegaard, dedicó muchos libros y artículos a este tema, entre los que destacan *El sentimiento trágico de la vida* (1913), y *La agonía del cristianismo* (1925). Pero no es el conflicto religioso de Unamuno el tema que aquí nos interesa, sino la postura de Unamuno ante la sociedad y la Historia de España. ¿Qué aporta Unamuno al 98? Además de sus acertadas calas en el espíritu del paisaje castellano (*Por tierras de Portugal y España* es uno de los libros más brillantes y sugestivos de todo el 98), Unamuno escribe una pequeña obra maestra titulada *En torno al casticismo* (1895) donde pone de manifiesto su postura sobre el tema tan polémico de la ciencia española, tema que hemos visto ya al tratar de la llamada «cuestión universitaria». Hay que distinguir, según este sugestivo librito, lo que acontece en la *historia* de lo que acontece en la *intrahistoria*. La *historia* es solamente el conjunto de hechos externos que asoman a la superficie, la *intrahistoria* es ese tejido de ideas, costumbres, hábitos inveterados, que van formando el carácter de los pueblos. La *historia* es solamente el conjunto de datos registrados en las crónicas, los hechos de armas, la sucesión de dinastías... La *intrahistoria*, el espíritu de los pueblos que subyace, el carácter maleado por el suelo y el clima. La *historia* es como la superficie de las aguas del mar, que siempre cambia pero que nada significa, nada aclara. La *intrahistoria* es el agua profunda que apenas cambia, que sigue su curso siempre la misma, indiferente a lo que acontece en la superficie... Con esta capital distinción, Unamuno toma partido en la polémica entre los partidarios del *casticismo* (españolismo triunfalista, tradicionalismo, chauvinismo, ortodoxia religiosa) y los partidarios del *europeísmo* (cosmopolitismo europeísta, progresismo, laicismo). Para Unamuno, el *europeísmo* no constituye peligro alguno: España no perderá su idiosincrasia por abrir sus puertas a Europa, por dejar que penetren los ideales de la cultura europea. Lo que cambiará es sólo la superficie, pero no la *intrahistoria*, esa tradición que Unamuno llama «eterna» y que se ha ido formando lentamente al contacto con la tierra. No tiene sentido ser casticista, defender los valores de la España tradicionalista, porque esos valores no son la verdadera tradición: son solamente superficie, moda, imposiciones del momento «histórico»... Para Unamuno, que ve la *intrahistoria* de España en las manifestaciones del carácter del pueblo castellano (no podía ser de otro modo en un autor del 98), la historia que hicieron los reyes, la Inquisición, el cristianismo puramente «histórico», no tiene absolutamente ninguna profundidad. Cambiar esta tradición por nuevas corrientes venidas de Europa no significará cambio alguno en la verdadera idiosincrasia espñola... El libro de Unamuno, publicado en 1895, viene a sumarse entusiásticamente al conjunto de teorías progresistas y renovadoras que habían indiciado los intelectuales de la Institución Libre de Enseñanza.

Como se ve, Unamuno se inscribe plenamente en la corriente noventaiochista: regeneracionismo de España a través de una teoría en inspirada en a) Castilla y el paisaje castellano, b) rechazo de la «historia» tradicional, que es la historia del Imperio y del tradicionalismo religioso... Falta en esta obra el recurso a la crítica literaria, pero esto es natural en un libro dedicado exlcusivamente al problema del contexto histórico...

José Martínez Ruiz, «Azorín» (1874-1967), es la figura más representativa del 98, el que mejor encarna el espíritu del regeneracionismo. Hombre en apariencia frío y distante, era el más emotivo de su generación, tan emotivo que tenía que disfrazar sus sentimientos recurriendo a una especie de máscara impersonal. Aunque dejó escritas algunas novelas, no era, propiamente hablando, un novelista, sino un fino ensayista que supo captar como nadie el paisaje y el carácter de los pueblos de España. «Su ideal –nos dice Baroja– es lo estático y la desilusión de la vida ante una luz clara»; es evidente que con tal ideal es muy difícil hacer novelas. Azorín quería rescatar del tiempo a sus personajes, hacerlos eternos, lo que le llevó a fijarlos en situaciones que tienen la inmovilidad de la fotografía (un buen ejemplo es *Doña Inés*, publicada en 1925, obra que casi no es novela). Otro elemento igualmente difícil de conciliar con la postura regeneracionista del 98 es que Azorín se volcaba por lo pequeño y cotidiano, por aquello que que hunde sus raíces en la *intrahistoria* unamuniana: la vida monótona de los pueblos, los usos y costumbres, la cultura material...

A pesar de estas características, en apariencia contradictorias con las líneas maestras de sus compañeros de generación, se transparenta en todos sus escritos una honda preocupación por la realidad político-social de España. En Azorín todo puede servir de material para ejercer su crítica social y ofrecer ideas para una regeneración del país. Es verdad que las ideas políticas de Azorín se fueron transformando desde el radicalismo de su primera juventud, en que se declaraba partidario del amor libre y del comunismo libertario, hasta el conservadurismo de sus años maduros, en que llegó a colaborar en el gobierno de los conservadores. Pero, a pesar de sus cambios, Azorín empleó siempre la literatura como un arma, y nunca tuvo comprensión para el principio de los modernistas del *arte por el arte*. Azorín es siempre, incluso cuando parece más conservador, un revolucionario. Pero un revolucionario de maneras elegantes, acaso por desprecio de los extremos a que conducía la izquierda de su tiempo. Antonio Machado resume muy bien este carácter contradictorio:

¡admirable *Azorín*, el reaccionario
por asco de la greña jacobina!

La novela *La voluntad* (publicada en 1902) podría ser todo un documento programático de la generación del 98. En un pequeño pueblo alicantino, Yecla, vive «Azorín» (en esta novela todavía *personaje* de José Martínez Ruiz), pequeño filósofo de provincia admirador de Nietzsche que no hace más que contemplar y lamentarse de la decadencia social que le rodea. El pueblo es miserable, pero tiene una iglesia gigantesca, desproporcionada, casi una catedral que, naturalmente, ha quedado sin terminar, pues la *voluntad* de construir no está en proporción a la realidad. Sus habitantes viven en la pobreza, pero en lugar de estimular en sus hijos el deseo de cultivar las tierras, los envían al colegio de los escolapios, donde no hacen más que perder el tiempo estudiando disciplinas que no reportan utilidad social. En el pueblo vive un peregrino inventor (Quijano de nombre, es decir, Quijote...) que, en lugar de inventar algún instrumento útil para la agricultura, inventa un cohete (!!!); como es natural, el cohete no tiene capacidad para elevarse en el aire, y cuando llega el día de la prueba, el cohete estalla en mil pedazos... «Azorín» está enamorado de una joven del lugar, hermosa, llena de vida... Pero la joven es obligada a entrar en un convento. Toda manifestación de alegría es ahogada por el espíritu de intolerancia, toda energía es desperdiciada al servicio de una religión formalista y seca. Al final de la novela, «Azorín» mismo es víctima de este ambiente opresivo, pues lo vemos casado con una mujer fea, sucia, que huele mal y va vestida de negro; y lo que es peor: Azorín, el antiguo filósofo librepensador, tiene que ayudar a su mujer... ¡a remendar el estandarte de la iglesia! Decididamente, en España no hay voluntad, o la voluntad, cuando existe, está enferma, puesta al servicio de ideales absurdos o grotescos.

La crítica de Azorín es demoledora. Pero es realizada con suavidad, con elegancia, sin énfasis ni retórica. Azorín es un aristócrata del estilo, un escritor que jamás descompone el gesto, que nunca llega al grito. Su prosa es de una sencillez increíble. «La elegancia (dijo Azorín en cierta ocasión) es la sencillez». Y, efectivamente, la sintaxis tiene la sencillez del párrafo corto, del orden de las palabras más elemental. «Haced lo siguiente y habréis alcanzado de golpe el gran estilo: colocad una cosa después de la otra. Nada más; esto es todo». Téngase en cuenta que los primeros libros de Azorín se imprimen en una época en que todavía está vigente en España el estilo oratorio, la grandilocuencia de los políticos que hinchaban sus discursos para hacer olvidar lo vacío de sus programas...

Pío Baroja y Nessi (1872-1956), escritor de espíritu anárquico e individualista, no creyó nunca en la existencia de una «generación del 98», que él consideraba pura invención de los intelectuales de la época. Pero, a pesar de su escepticismo, Baroja compartió con sus colegas generacionales el mismo diagnóstico sobre los males de la patria y empleó los mismos medicamentos para curarla: inmersión en el pueblo castellano, revisión crítica de la historia triunfalista y rechazo de la cultura del Siglo de Oro. Algunas de las mejores páginas de Baroja podrían confundirse con las mejores de Azorín, salvando, naturalmente, las inevitables diferencias de estilo.

En Pío Baroja hay dos personalidades contradictorias: la del incorregible romántico partidario de la vida aventurera, y la del melancólico intelectual amargado, partidario de la vida sedentaria. El primero quisiera encarnar en la vida real alguno de los numerosos papeles que desempeñaron los personajes de sus *Memorias de un hombre de acción*. El segundo es el fiel reflejo de los héroes de sus novelas de tesis, como *El árbol de la ciencia*. El uno vitalista, nietzscheano, admirador de los héroes; el otro pesimista, schopenhaueriano, desilusionado... La vida de Baroja refleja un poco estas dos tendencias que alternan en sus novelas, aunque no de una manera tan extrema: su nietzscheanismo se fue amortiguando en protesta anárquica, en crítica destemplada contra todo y contra todos, en continuos viajes por el mundo que le hacían olvidar la estrechez del marco burgués... Y su schopenhauerismo fue reduciéndose, con los años, a un amable pesimismo burlón que no le impedía gozar de los placeres del momento. Toda la obra de Baroja, de una originalidad extraordinaria, está marcada por esta doble personalidad de su autor, que es demasiado vitalista para aceptar la vida gris del momento, y demasiado intelectual para vivir la vida con la plenitud de sus héroes.

Ni Baroja mismo fue consciente de la extraordinaria originalidad de su célebre trilogía de 1904 *La lucha por la vida* (*La Busca, Mala Hierba, Aurora Roja*), originalidad que consiste, simplemente, en observar la vida humilde del pueblo madrileño. Naturalmente, la trilogía tiene su trasfondo naturalista, pues su autor no se limita exactamente a *observar* (ningún escritor puede ser simple *observador*), sino a escoger los elementos que ha de observar. Se trata de una *observación selectiva* en la que entran, ante todo, aquellos elementos que el autor quiere criticar: la miseria y el embrutecimiento de las clases humildes, la sordidez de los barrios obreros, la hipocresía de las clases burguesas, la esclerotización de la religión, la vida incolora del arrabal, los amores salvajes sin un átomo de poesía, el olor ácido del sudor y la mugre... En una palabra: una *lucha por la vida* presidida por las leyes del más brutal egoísmo y enmarcada en un ambiente de sordidez sin horizonte de esperanza. Es la tragedia del mundo moderno, la tragedia que diagnosticaba Maxim Gorki en su célebre obra *Los pequeños burgueses*: una tragedia cotidiana, una tragedia sin ruidos, sin gritos, sin lágrimas... pero tragedia al fin y al cabo. Por cierto que, a propósito de Gorki, se le ha reprochado a Baroja haber copiado al genial escritor ruso. El reproche es injusto, y quien haya leído a Baroja comprenderá que todo en él es sincero y auténtico. Baroja no sabría escribir copiando o plagiando a otro; su insobornable sinceridad y autenticidad se lo impediría...

Camino de perfección (1902) pretende representar el ideal contrario del «camino de perfección» que siguieron los místicos españoles (Sta. Teresa dejó una obra del mismo título): Fernando Osorio, el héroe de la novela, se siente acometido por violentos ataques místicos que a veces se convierten en ataques de erotismo descontrolado. La contemplación del desnudo paisaje castellano, la estancia en los desangelados pueblos de Castilla, la estancia en la mística Toledo, no hacen más que agudizar esta doble excitación mistico-erótica (Sigmund Freud y Lou-Andre Salomé trataron el problema del parentesco de ambos sentimientos). Al final de la novela, Fernando Osorio recupera el equilibrio casándose en tierras del Levante con su prima y regresando así al estado «natural» que antes pretendía superar recurriendo a la experiencia mística. La *visión de Castilla* parece aquí negativa, pues Castilla encarna el impulso místico, y las tierras del Levante (Castellón, Valencia) la reconciliación con la naturaleza. Baroja siente, sin embargo, una especie de amor-odio por las tierras castellanas, y no es difícil adivinar, bajo la amargura de la crítica, la enorme atracción que ejercían sobre su espíritu.

El árbol de la ciencia (1911) es una novela mal escrita y quizás también mal ensamblada, pero que alcanza una altura extraordinaria en un par de capítulos inolvidables en que el protagonista, Andrés Hurtado, expone su *pesimismo schopenhaueriano*: la vida es una fuerza irracional que se puede vivir plenamente sólo con los instintos. La razón, el intelecto, son ajenos a la vida, representan la paralización de la energía de los instintos. El hombre no puede ser feliz con la razón, y cuando su vida se adapta a las exigencias intelectuales, deja de ser vida. El mito bíblico del «árbol de la ciencia» representa muy bien esta prohibición de entregarse al cultivo del intelecto, prohibición que está refrendada por la expulsión del paraíso. La vida misma de Andrés Hurtado no es más que la ejemplificación de esta imposibilidad de ser feliz, de vivir en el paraíso: Andrés Hurtado pierde a su mujer, a la que tanto quería, y se suicida al final.

A pesar de sus novelas filosóficas, a pesar de toda su carga crítica, Baroja fue una especie de *epígono del romanticismo*, un escritor que se sentía desplazado de la época que le tocó vivir. Baroja expresa frecuentemente su nostalgia por el mundo romántico, mundo que aprendió a conocer a través del ambiente postromántico de la España de finales del XIX y que para Baroja contiene las últimas manifestaciones de la poesía. Con frecuencia se lee en Baroja esa queja sorda ante un mundo cada vez más tecnificado donde la máquina de escribir sustituye a la pluma, los faroles eléctricos a los faroles de gas, los barcos de vapor a los barcos de vela... En su deliciosa novela *Las inquietudes de Shanti Andía*, recrea Baroja un mundo de aventuras de piratería donde todavía era posible vivir al azar, fuera del sofocante mundo moderno, libre de ataduras sociales y de hipocresías. El amargo Baroja nos descubre en esta novela su tierno corazón de niño, siempre sensible a las emociones que despertaban las situaciones de antaño. Naturalmente, se trata de un tiempo que ya no volverá, algo que el propio autor no ha podido ni podrá experimentar, porque el mundo romántico está solamente en el pasado. El protagonista de *Las inquietudes de Shanti Andía*, personaje contemporáneo, tiene ya muy poco de aventurero, y se dedica a reconstruir la vida verdaderamente aventurera de su tío Juan de Aguirre, que pertenece ya a otra época; la verdadera acción novelesca queda así envuelta en el pasado y produce, en la rememoración de Shanti Andía, el sentimiento de nostalgia. Shanti es marinero en un mundo en que los barcos han perdido definitivamente su aire romántico y están presididos por los modestos y serviciales dioses del progreso, como son el hierro, el carbón y el vapor. Su tío Juan de Aguirre, en cambio, navegaba en poéticos veleros de madera dotados de hermosos mascarones de proa; la navegación era una aventura a la que se unían a veces los peligros de la piratería, los motines o los riesgos del comercio negrero. Shanti reconstruye así el pasado romántico desde la perspectiva del recuerdo. No hay, en rigor, una vivencia de la aventura, sino su reflejo intelectual en la conciencia del hombre moderno. De ahí la nostalgia barojiana ante un mundo definitivamente perdido...

Ramón María del Valle-Inclán (1866-1936) es el más artista de su generación, el que empleó más recursos literarios y con mayor acierto. Valle-Inclán fue, ante todo y sobre todo, un artista integral, un escritor dispuesto a morir de hambre antes que cambiar sus principios estéticos para agradar al público (de hecho, gran parte de su vida vivió sufriendo grandes penalidades económicas, si no llegó a pasar hambre). Pero su extraordinario arte, aunque siempre autónomo, independiente, experimenta dos épocas claramente definidas: a) una primera época en que se deja inspirar por los principios del «modernismo literario», y b) una época en que se orienta hacia la crítica social, hacia el compromiso político. La primera época es la del «arte por el arte» y coincide con el decadente esteticismo finisecular. La segunda viene a coincidir, aunque con medios muy diversos, con aquella preocupación política que hemos visto que caracterizaba a los miembros de la «generación del 98».

La etapa modernista de Valle-Inclán contempla la aparición de obras maestras desde el punto de vista formal, como las célebres cuatro *Sonatas* (*Sonata de primavera*, *Sonata de estío*, *Sonata de otoño* y *Sonata de invierno*), pero perfectamente vacías de contenido. Se trata de un arte que ha envejecido porque le falta densidad humana. La preocupación puramente estética, la obsesión por el estilo, no son nunca garantía de calidad. Se admira la maestría del escritor, pero se lamenta la superficialidad de la obra. Todo está un poco como construido *ad hoc*, con personajes y escenas que tienen mucho de clichés literarios. En la *Sonata de Otoño*, el Marqués de Bradomín (un inverosímil Don Juan patentado por Valle-Inclán: «feo, católico y sentimental») viene al palacio de Concha (belleza otoñal enferma de tuberculosis) para recordar antiguos amores y quizás despedirse para siempre de ella ante lo avanzado de la enfermedad. El ambiente del jardín otoñal del palacio de Concha es reflejo del amor otoñal y morboso que vuelve a encenderse, ante las puertas de la muerte, entre los dos antiguos amantes. Amor y muerte, erotismo y morbosidad, son los elementos que presiden esta estética decadente. La presencia de la muerte llega incluso a actuar de afrodisíaco. Al final, Concha muere en los brazos del Marqués de Bradomín y en la cama de éste, por lo que el Marqués calavera se ve obligado a transportar el cadáver hasta su habitación para no provocar el escándalo de la familia de Concha. La escena del traslado del cadáver (procesión nocturna a través del palacio semivacío) es de un efectismo barato que sólo la prodigiosa pluma de Valle-Inclán logra salvar del ridículo.

La segunda época comienza hacia 1917, año emblemático en que se produce la Revolución Rusa. Valle-Inclán despierta de su letargo esteticista un día en que, contemplándose a sí mismo en un espejo cóncavo, encuentra que su imagen así deformada es más real que la imagen que ofrece el espejo normal. Valle encuentra su figura grotesca, pero este carácter de lo grotesco define mejor la verdadera realidad, especialmente la realidad social y espiritual. Lo grotesco es una deformación degradante, es un descenso en la jerarquía de los seres: las personas se degradan en animales, los animales se degradan en cosas... A los resultados de esta técnica deformante los llamó *esperpentos*, es decir, figuras grotescas como los *esperpentos* de carnaval. «Los héroes clásicos –dice Valle en *Luces de Bohemia*– reflejados en los espejos cóncavos dan el esperpento. El sentido trágico de la vida española sólo puede darse con una estética sistemáticamente deformada»... Hay en España toda una tradición de *esperpentos* (aunque no sean conocidos con este nombre) desde, por lo menos, el pintor Goya y sus figuras monstruosas de fiestas y aquelarres... La técnica del *esperpento* consiste, pues, en sustituir la pintura realista por la caricatura. Caricatura de personas como de ambientes y situaciones sociales. Todo cabe en esta caricatura, especialmente las manifestaciones de la España negra, de la España del fanatismo y la Inquisición, de los políticos corruptos, de las sacrosantas tradiciones patrias... Ya nada será respetado ni tomado en serio: toda España ofrecerá un panorama grotesco, ideal para la sátira política. En la misma obra que hemos citado, *Luces de bohemia*, llegará a decir esta frase lapidaria: «España es la deformación grotesca de la civilización europea».

Este es el verdadero Valle-Inclán, el que, sin dejar de ser artista, incorporó los ideales de la «generación del 98». Con este estilo magistral escribió sus mejores obras, entre las que destaca la trilogía de *El ruedo ibérico* (*La corte de los milagros*, *¡Viva mi dueño!*, y *Baza de espadas*), espléndido fresco de la decadente corte isabelina, y *Tirano Banderas*, novela en que satiriza a un dictador latinoamericano. Su teatro de *esperpentos*, en el que destaca la divertida parodia *Los cuernos* *de don Friolera*, contenía una sátira tan fuerte contra los políticos y militares de la época, que fue representado a partir de la muerte de Franco (más de cuarenta años después de la muerte de su autor).

Parecida evolución a Valle-Inclán sufrió el gran poeta **Antonio Machado** (1875-1939), que comenzó inspirándose en el modernismo («adoro la hermosura, y en la moderna estética / corté las viejas rosas del huerto de Ronsard»), pero que pronto abandonó para incorporarse a las preocupaciones de sus compañeros de la «generación del 98». El modernismo no se correspondía con su honda melancolía, con su profunda preocupación por los temas humanos, por su sensibilidad trágica y ajena a todo esteticismo:

> Desdeño las romanzas de los tenores huecos
> y el coro de los grillos que cantan a la luna.
> A distinguir me paro las voces de los ecos,
> y escucho solamente, entre las voces, una.

Fruto de su etapa modernista es el libro *Soledades, galerías y otros poemas* (1907), y de su etapa noventaiochista *Campos de Castilla* (1912). Pero, a diferencia de Valle-Inclán, no hay un contraste brusco entre ambos libros. El Machado modernista es muy poco modernista, y la sencillez formal, la nota dolorida y el acento intimista de sus primeros versos lo separan claramente del brillo y del sensualismo de los modernistas. Machado no es, en rigor, un esteta, ni siquiera en esta primera etapa. Su biografía íntima pesa demasiado en sus versos para crear «arte por el arte».

Pero la originalidad del libro *Campos de Castilla* no reside solamente en esa nueva orientación «noventaiochista» (magnificación de Castilla, preocupación por España, búsqueda de la «intrahistoria»...), sino en una radicalísima innovación estilística: Machado parece renunciar a las galas de la retórica, cosa verdaderamente notable en el panorama literario español. El libro de Machado es casi un «manifiesto» contra la retórica, contra la poesía declamatoria. Nadie ha escrito con tanta sencillez en España, ni siquiera Bécquer. No solamente hay escasez de metáforas y de adjetivos; a veces faltan incluso los verbos, y sus composiciones se reducen, en buena parte, a simples invocaciones provistas de desnudos sustantivos o, a lo sumo, sustantivos acompañados de un solo adjetivo:

> ¡Colinas plateadas,
> grises alcores, cárdenas roquedas
> por donde traza el Duero
> su curva de ballesta
> en torno a Soria, oscuros encinares,
> ariscos pedregales, calvas sierras,
> caminos blancos y álamos del río,
> tardes de Soria, mística y guerrera,
> hoy siento por vosotros, en el fondo
> del corazón, tristeza,
> tristeza que es amor! ¡Campos de Soria,
> donde parece que las rocas sueñan,
> conmigo vais! ¡Colinas plateadas,
> grises alcores, cárdenas roquedas!...

Hay en Machado como una radical desconfianza en las posibilidades expresivas de la palabra, al menos de la palabra literaria. Machado está en las cosas, no en las palabras. En la emoción directa que despiertan las cosas mismas, y no en la emoción prestada que viene de las palabras. Por otra parte, Machado dejó en Castilla (en Soria, donde fue modesto profesor de francés) el cadáver de Leonor, su joven esposa, muerta muy poco después de casarse. Y a esta Castilla y a esta Leonor volverá siempre Machado en sus versos, incluso desde su segundo destino, en la andaluza Baeza, hasta el punto de llegar a sentirse «extranjero en los campos de mi tierra». Machado, como todos los miembros del 98, procede de la periferia (Andalucía) y resulta conquistado por Castilla, en cuyo paisaje cree encontrar el reflejo de su alma. Acaso Machado llevaba dentro el paisaje castellano, incluso antes de visitar Castilla, pues, como él mismo dice refiriéndose a los campos de Soria,

> Me habéis llegado al alma,
> ¿o acaso estábais en el fondo de ella?

Pero Machado no es solamente el dolorido cantor del paisaje castellano. En este mismo libro de *Campos de Castilla* aparecen versos con vocación política y hasta revolucionaria, de acuerdo con la orientación izquierdista del autor, («hay en mis venas gotas de sangre jacobina», dice en el «Retrato» que encabeza el libro). Es el tema de la postración y decadencia, el de la crítica amarga a la España de la tradición. La amargura de la queja está paliada por los deestellos de esperanza en el futuro:

> La España de charanga y pandereta,
> cerrado y sacristía,
> devota de Frascuelo y de María,
> de espíritu burlón y de alma inquieta,
> ha de tener su mármol y su día,
> su infalible mañana y su poeta.
> ....
> Una España implacable y redentora,
> España que alborea
> con un hacha en la mano vengadora,
> España de la rabia y de la idea.

El poeta no pudo vivir el nacimiento de esa nueva España; después del triunfo del ejército fascista de Franco, el republicano Machado tuvo que huir a través de la costa catalana para refugiarse en Francia. Murió poco más tarde en Colliure (Francia), contemplando el mar desde la playa. El refugiado no llevaba nada encima, por lo que se cumplió el vaticinio de su «Retrato»:

> Y cuando llegue el día del último viaje,
> y esté al partir la nave que nunca ha de tornar,
> me encontraréis a bordo ligero de equipaje,
> casi desnudo, como los hijos de la mar.

La arquitectura modernista en España: Antonio Gaudí

El *modernismo* en arquitectura es un estilo universal que, bajo nombres diferentes, se estableció en casi toda Europa entre finales del siglo XIX y principios del XX. En general se le puede llamar *art nouveau*, aunque en Inglaterra se conocía bajo el nombre de *Liberty* y en Alemania y Austria con el de *Jugendstil*. Es difícil resumir las características comunes de las distintas manifestaciones nacionales de este estilo, pues es evidente que el *art nouveau* de un Victor Horta (Bélgica) no es exactamente el mismo que el *Liberty* de un William Morris o el *Jugendstil* de un Otto Wagner. Lo mismo ocurre en España, donde el *modernismo* de Antonio Gaudí tiene suficiente personalidad como para considerarlo un estilo propio.

Sin embargo, es preciso establecer un mínimo de características comunes, que podríamos resumir en dos: 1) en cuanto a la forma, el *art nouveau* es una renovación arquitectónica que pretende recuperar las *formas naturales*, volver a la naturaleza; 2) en cuanto a la materia, el *art nouveau* se apoya en las nuevas y revolucionarias *técnicas constructivas modernas*, especialmente el hierro y el hormigón. En realidad, el aspecto formal y el material dependen el uno del otro: las nuevas líneas arquitectónicas son posibles porque los nuevos materiales empleados se lo permiten; y, a su vez, estos nuevos materiales son empleados con preferencia debido a que se adaptan perfectamente a las nuevas formas...

Recuperar las *formas naturales* significa introducir temas decorativos vegetales, imitar hojas y tallos, eliminar el rigidismo de las formas geométricas, prescindir de la simetría, usar y abusar de la línea curva y, especialmente, de la parabólica... Una verdadera revolución artística que liberó a la arquitectura del riguroso corset que imponía el *historicismo* del siglo XIX. En la reaccionaria Austria del Emperador Francisco José, la lucha entre los partidarios del *Jugendstil* de Otto Wagner y los partidarios del *historicismo* alcanzó verdaderas dimensiones políticas. El temor a lo *nuevo* imponía en la Corte Imperial la moda del *historicismo*, que era simple imitación de estilos pasados, una recreación automática y desprovista de imaginación de las ideas artísticas del pasado.

Emplear *técnicas constructivas modernas* significa renovar notablemente la estructura arquitectónica, pues la plasticidad del hierro y del hormigón permite adaptar los espacios arquitectónicos a las formas más caprichosas de la imaginación más ardiente. (El hormigón consiste en arena, pequeñas piedras, cemento y agua). La guerra declarada contra la tiranía de las formas geométricas tiene su base en estos nuevos materiales.

Antonio Gaudí (1852-1926) es la figura más representativa del *modernismo* en España. Pertenece a ese profundo movimiento cultural catalán que se llama *Renaixenca*, pero el alcance de su arte es universal y rebasa ampliamente el marco de la cultura de Cataluña. Su inspiración tampoco tiene nada que ver con Cataluña, sino con las ideas estéticas de Rushkin y con los ensayos de Viollet le Duc. Comienza Gaudí aplicando las nuevas formas sobre un fondo de inspiración que podríamos llamar *mudéjar* o también *oriental*: recurso frecuente de los *azulejos*, que introducen la fuerte presencia del color en las fachadas, empleo de *celosías*, que sirven para dar ambiente misterioso, y empleo de *rejas*. El edificio más famoso de este primer estilo es la *Casa de Manuel Vicens*, en Barcelona. Más tarde aparece un segundo estilo, que podríamos llamar *gótico* o *goticista*, y que responde a una inclinación por el *medievalismo* que le va a acompañar toda su vida. Puertas y ventanas exhiben los *arcos apuntados* típicos del gótico, y además es frecuente el empleo de una especie de imitación de los *pináculos*. Los edificios de este estilo tienen, además, un cierto aire de *fortaleza* medieval. Los más célebres edificios de esta orientación son el *Palacio Episcopal* de Astorga (León), y la *Casa de los Botines* (León capital).

La madurez de Gaudí se manifiesta en la creación del *Parque Güell* de Barcelona. Aquí se puede hablar de estilo *modernista* propiamente dicho, aunque se trata de un *modernismo* muy especial. Para Gaudí, como para los grandes arquitectos de la escuela barroca, no hay grandes diferencias entre la arquitectura, la escultura y la pintura: el Parque Güell exhibe bancos de figuras caprichosas que tienen mucho de esculturas, pero que, al mismo tiempo, exhiben multitud de mosaicos pintados o diseñados por él mismo. Los edificios de este parque manifiestan formas naturales, imitación de árboles o plantas, y siempre asimétricos, de líneas ondulantes y caprichosas. Hay algo de fantástico y hasta monstruoso en esta imitación de la naturaleza, pero que no abandona la presencia de lo orgánico. El arte de Gaudí es como una venganza contra la dictadura de la geometría, pues no hay líneas geométricas. Resulta imposible encontrar una línea recta, lo cual es apropiado a los edificios que están en un parque y que, de esta manera, parecen proyecciones un poco caprichosas de la naturaleza misma. Y las columnas que sostienen la galería del Parque Güell, imitando troncos de palmera, son todas asimétricas y distintas entre sí. Este odio a la geometría se manifiesta también en la forma en que Gaudí realizaba sus planos: no calculaba matemáticamente las fuerzas y empujes, sino construyendo maquetas...

La *Casa Batlló*, en el barcelonés Paseo de Gracia, es uno de los mejores ejemplos de la presencia de la vida y lo orgánico en la obra de Gaudí, pues las ventanas fingen huesos humanos en sus parteluces (columnas que separan en dos un vano). Y la *Casa Milá*, situada casi enfrente de la Casa Batlló, supera a todas las demás en imaginación: una línea ondulada, como el remate de una cordillera, dibuja la cresta del tejado. La superficie de la fachada está llena de ondulaciones que sugieren labios humanos. Los pretiles de los balcones están hechos con hierros retorcidos, imitando las lianas de un bosque. Y en todo el edificio, que es de enormes dimensiones, no hay dos pisos iguales, con lo que se consagra definitivamente el principio de la asimetría. Las formas orgánicas, en la Casa Milá, se combinan con una cierta inspiración surrealista, como en los edificios del Parque Güell: se trata de algo orgánico pero monstruoso, como salido del mundo de los sueños. El mejor ejemplo de este elemento surrealista son las chimeneas de este edificio, que parecen figuras monstruosas.

El templo de la *Sagrada Familia* es la culminación del arte de Gaudí, aunque, a pesar de haber invertido en él más de cuarenta años, ha quedado sin terminar. La inspiración general del edificio, dotado de un impulso ascensional, es gótica, aunque la ornamentación es modernista. Sobre esta inspiración gótica parece proyectarse una cierta presencia del mundo surrealista, del dominio de lo fantástico... Las portadas son un prodigio de sincretismo artístico, pues son, al mismo tiempo, una obra maestra de la arquitectura y la escultura. Y las torres son un desafío a los estilos tradicionales, especialmente por sus remates fantásticos.

XV: LA SEGUNDA REPÚBLICA

La Segunda República (1931-1936) representa el esfuerzo combinado de todas o casi todas las fuerzas de la izquierda española para imponer la revolución burguesa en España, una revolución que no había tenido lugar, a pesar de las apariencias, en todo el siglo XIX. Se trataba de la revolución que aspiraba a igualar verdaderamente a todos los ciudadanos ante la ley y acabar con los dos residuos de la sociedad estamental: el ejército y la Iglesia. El ejército, porque estaba constituido por una poderosa casta militar de gran influencia en la vida política de la nación (sin el consentimiento del ejército resultaba difícil o imposible gobernar). Y la Iglesia, porque seguía presente en la legislación, haciendo imposible el libre desarrollo de las libertades ciudadanas. Ejército e Iglesia eran, pues, los residuos de los antiguos estamentos, el aristocrático y el eclesiástico; su pervivencia en una época en que en toda Europa se exigía la plena libertad del ciudadano era un verdadero anacronismo.

Evidentemente, se trataba de una tarea reservada a los partidos burgueses, o liberal-burgueses. Pero la época en que se plantea esta revolución es la que contempla la formación del proletariado urbano, la de las masas de trabajadores que han dejado de ser «pueblo» y que se han organizado, como hemos visto en capítulos anteriores, en poderosos sindicatos obreros. La revolución que se prepara será, si quiere tener éxito, burguesa y proletaria al mismo tiempo; será patrocinada por los partidos burgueses, pero en alianza con los partidos obreros (en especial, con el Partido Socialista). Y aquí reside la debilidad de la nueva orientación política: la alianza entre burguesía ilustrada y socialismo parlamentario fue muy frágil durante la Segunda República. Había un recelo mutuo entre los «señoritos» y los trabajadores. No será extraño que la alianza entre la burguesía ilustrada (algunos la llaman «burguesía de izquierdas») y los partidos obreros se realice solamente en la teoría parlamentaria o en las coaliciones de gobierno; en la calle, las centrales sindicales no siempre respetarán ese pacto de las izquierdas y promoverán la discordia...

La II República nacerá lastrada por este gran problema, que es la falta de unión entre las izquierdas. Por el contrario, los partidos conservadores estaban muy unidos por un sentimiento común, que era el de derrocar la República. Las izquierdas tenían la fórmula de la renovación social, pero estaban desunidas. Las derechas carecían de ideas, pero estaban unidas. Los primeros eran creadores y miraban hacia el futuro, pero se entendían mal entre sí. Los segundos eran conservadores y miraban hacia el pasado, pero tenían un objetivo común. El pueblo, que no siempre era capaz de comprender la nueva política, empezó a mirar con desconfianza una República que no era capaz de garantizar el orden, y cuando se produjo el estallido de la Guerra Civil (1936), muchos españoles que nada tenían de conservadores se unieron a la sublevación militar simplemente porque estaban cansados del desorden.

Hay que decir también que la II República nació como una especie de «desquite» o venganza de las izquierdas contra las oligarquías gobernantes: las fuerzas de izquierdas veían por vez primera la posibilidad de «darle su merecido» a las derechas, y este trasfondo vengativo influyó en la conducta violenta de algunos de sus miembros. La quema de iglesias y conventos que se produjo casi simultáneamente con la proclamación de la República fue un triste espectáculo que el gobierno republicano no se dio prisa en sofocar.

Un último detalle: el español de este tiempo solía identificar los conceptos de «republicanismo» e «izquierdismo», así como los de «monarquismo» y «reaccionarismo». El cambio de la forma del Estado (estado monárquico o estado republicano) implicaba, por lo tanto, un cambio considerable en la forma de gobierno. No era pensable, al menos al comienzo, un estado republicano de derechas o conservador. La República no se había proclamado para continuar la ideología burgués-conservadora heredada de la época de la Restauración, sino para llevar a su término los principios de la revolución liberal y, de paso, satisfacer las exigencias sociales que planteaba el mundo moderno.

A: HISTORIA

Manuel Azaña y la revolución de la burguesía ilustrada

Es difícil comprender la II República sin acudir al perfil político de Manuel Azaña, su figura más representativa. Azaña simboliza el espíritu de la joven República Española por su ideología, en apariencia contradictoria, de *burgués revolucionario*. De *burgués*, porque nunca pretendió romper el orden legal de la burguesía; y de *revolucionario*, porque quiso completar la revolución burguesa que en nuestro anacrónico siglo XIX no pudo realizarse. Azaña pretendía aplicar los principios de la Revolución Francesa (igualdad para todos basada en la supresión de los estamentos) en la atrasada España del siglo XX; su ideología, por lo tanto, no ofrece grandes novedades. Es simplemente una puesta al día de la situación político-social de España, que parece que ha perdido el tren de la Historia y comienza el siglo XX manteniendo ciertos residuos del régimen estamental, como son la preeminencia del *ejército* y el poder de la *Iglesia*.

Pero, además de completar la revolución burguesa, Azaña supo comprender que la revolución igualitaria en el siglo XX debía contar con la nueva fuerza política del momento, que era el socialismo. Y, aunque Azaña no era socialista, no tuvo inconveniente en hacer alianza con los socialistas, en colaborar con ellos para realizar una verdadera política de igualdad social. Azaña será el representante, por su alianza con los socialistas, de una especie de *burguesía de izquierdas*, siempre respetuosa con la legalidad abstracta, pero también sensible a la realidad social de su tiempo. Acaso resulte un poco contradictoria la denominación de *burguesía de izquierdas*, como también resultaba un poco contradictoria la de *burgués revolucionario*. Pero estas contradicciones representan muy bien el espíritu de la naciente República, que, antes de radicalizarse por causa de la Guerra Civil, ofrecía este doble aspecto, al mismo tiempo *burgués* y *social-revolucionario*.

Los dos enemigos de Azaña son los *militares*, casta privilegiada en la que cree encontrar a los sucesores de la nobleza, y los *eclesiásticos*, casta no menos privilegiada que controla la moral pública y la enseñanza. Pero el jacobinismo de Azaña es más bien legalista, está inspirado en el respeto a la ley. Azaña no es un revolucionario de la acción directa, sino una especie de abogado genial que pretende cambiar el mundo dándole leyes.

Azaña gobernó a través de sus artículos y discursos parlamentarios tanto o más que a través del Ministerio o la Presidencia. Su prestigio consistía en su palabra (oral o escrita), siempre clara y certera, ausente de retórica, decidida y hasta elegante. Azaña representa una de las pocas excepciones en el panorama político español, pues era un hombre de gran sensibilidad literaria, autor de espléndidos ensayos y algunas novelas de cierto interés.

Manuel Azaña nació en Alcalá de Henares (Madrid), en el seno de una familia pequeño-burguesa, en 1880. Pronto se quedó huérfano de padre y madre, pero la familia pudo costearle los estudios de Derecho en el Real Colegio de Estudios Superiores de El Escorial, colegio de cierto prestigio regentado por monjes agustinos (años más tarde, Azaña recogerá las impresiones de su vida entre los agustinos en su novela autobiográfica *El jardín de los frailes*). Ya antes de terminar sus estudios, sus inquietudes literarias le llevan a fundar una revista literaria, *Brisas del Henares*, que tuvo el efímero éxito de todas las revistas dedicadas a las musas. En 1900 hizo su tesis doctoral y comenzó a trabajar de pasante de abogado. En 1903 fundó, juntamente con su hermano, una fábrica de electricidad (!!!), que quebró algunos años más tarde. En 1910 fundó otra revista literaria, *La avispa*, que tampoco obtuvo gran éxito. Y en este mismo año, quizás desengañado de aventuras, decidió ser fiel a su vocación burguesa e hizo las oposiciones a notario.

Pero Azaña es *burgués ilustrado, burgués de izquierdas* (como ya hemos visto), y la notaría le sirve para trabajar poco y poder dedicarse a su vocación verdadera, que es la literatura y la política. En 1911 y 1912 tiene lugar su primera estancia en París, adonde acude con una beca de ampliación de estudios. En 1913 es nombrado secretario del Ateneo de Madrid, cargo que le proporcionará entrar en contacto con las personalidades más sobresalientes de la vida intelectual y política del país. En 1916 visita el frente de guerra francés y en 1917 el frente italiano, circunstancia que le permite participar en numerosos mítines pro-aliados. En 1918 se presenta candidato a Cortes por el Partido Reformista de Melquiades Álvarez, pero sin éxito. En este mismo año pronuncia en el Ateneo un ciclo de tres conferencias sobre la organización militar francesa, tema que había estudiado con atención en París y que le servirá de base para orientar en el futuro su política de reformas militares. En 1919 publica la obra *Estudios de política francesa. La política militar*. En este mismo año tiene lugar su segunda estancia en París. En 1920 el incorregible fundador de revistas literarias da a la estampa una tercera, *La Pluma*, que dirige en colaboración con su primo Rivas Cheriff. En 1921 aparece en esta misma revista un importante estudio sobre Ganivet (predecesor de la ideología noventaiochista) y la novela *El jardín de los frailes*, que ya hemos mencionado. En 1923 dirige la prestigiosa revista *España,* de José Ortega y Gasset. En conjunto, la actividad de Azaña anterior al año 1923 (comienzo de la Dictadura de Primo de Rivera) se reparte por igual entre la literatura y la política, pero la política siempre contemplada desde una perspectiva teórica.

El acontecimiento que impulsó a Azaña a participar activamente en política fue la proclamación de la Dictadura en 1923. Azaña rompe, indignado, su militancia en las filas del Partido Reformista, que había aceptado la Dictadura por respeto a la institución monárquica, y funda su propio partido, *Acción Republicana* (1925). Azaña es consciente de que ya ningún tipo de reformismo es posible si se respeta la institución monárquica. Y un año más tarde, en 1926, decide formar alianza con los republicanos radicales de Lerroux para ampliar así la nueva formación política, y surge *Alianza Republicana*, partido que será el núcleo de la futura II República. En este mismo año recibe el Premio Nacional de Literatura por su brillante estudio *La vida de don Juan Valera*. En 1930, en ocasión de la caída de Primo de Rivera, tiene lugar la primera gran aparición pública de Azaña en la plaza de toros de Madrid, en un mítin en que quedaron patentes sus grandes dotes oratorias. Azaña amplía su alianza y colaboración a los socialistas. El centro de la conspiración que ha de destronar a don Alfonso XIII es el Ateneo de Madrid; un buen número de ateneístas pasaron a desempeñar algún cargo en la República. En las elecciones del 14 de abril de 1931, triunfa la coalición republicana. Azaña, escondido en la casa de su suegro por miedo a la policía de Alfonso XIII, recibe la noticia con desagrado: se encontraba feliz escribiendo su novela *Fresdeval* y le faltaba solamente muy poco para terminarla... Registremos la anécdota como genuina expresión de la contradicción viviente que era Azaña: siempre dedicado a la literatura y a la política, le costaba mucho decidirse exclusivamente por una de las dos...

Los conservadores han pintado un Azaña revolucionario, «comecuras» y enemigo de la tradición, pero nada de verdad hay en esto. A la extraordinaria inteligencia de Azaña no se le ocultaban los valores que albergaba el pensamiento católico tradicional. Y su discurso parlamentario del 13 de octubre de 1931 sobre la política religiosa, discurso que los conservadores desde el periódico *El Debate* señalaron como un ataque a la religión católica, no puede ser más equilibrado y respetuoso. Es cierto que en este discurso Azaña pronunció la célebre frase «España ha dejado de ser católica». Pero la frase se inscribe en el contexto de la oficialidad de la religión en el Estado republicano: España había dejado de ser católica sólo *oficialmente*. Sólo la mala intención de sus enemigos podía ver en este discurso un ataque a la religión. He aquí un botón de muestra del célebre discurso:

> Por consiguiente, tengo los mismos motivos para decir que España ha dejado de ser católica, que para decir lo contrario de la España antigua. España era católica en el siglo XVI, a pesar de que aquí había muchos y muy importantes disidentes, algunos de los cuales son gloria y esplendor de la literatura castellana, y España ha dejado de ser católica, a pesar de que existan ahora muchos millones de españoles católicos, creyentes [...]. El uso más desatinado que se puede hacer del *Evangelio* es aducirlo como texto de argumentos políticos, y la deformación más monstruosa de la figura de Jesús es presentarlo como un propagandista demócrata o como lector de Michelet o de Castelar [...]. La experiencia cristiana, señores diputados, es una cosa terrible, y sólo se puede tratar en serio; el que no la conozca que deje el *Evangelio* en su alacena y que no lo lea...

Las «escandalosas» ideas de Azaña, que en su tiempo despertaron los ataques de la hipócrita oligarquía católica, son hoy aceptadas en todos los países europeos como la cosa más natural del mundo: separación de Iglesia y Estado.

La biografía política de Azaña es un poco la historia de la II República: Presidente de Gobierno y Ministro de Guerra desde 1931 a 1933 («bienio azañista») y Presidente de la República entre 1936 y 1939 (años del «Frente Popular» y de la Guerra Civil). Tendremos ocasión de referirnos con detalle a su biografía política. Azaña muere en el exilio francés en 1940, casi con la muerte de la República, con la que tanto se había identificado. Podemos arriesgar un apretado perfil humano de Azaña: era hombre *frío, elegante, brillante, idealista* y, *según sus enemigos, vanidoso, cobarde y hasta vengativo*. (No debemos creer que fue vengativo, pues este defecto lo propalaron los vencedores de la Guerra Civil, campeones de la venganza; la vanidad se la perdonamos por ser literato, y la cobardía la interpretamos más bien como falta de valor físico, defectos que abundan en el intelectual). De todas maneras, sean cuales sean las virtudes de esta figura contradictoria, la lucidez de su pensamiento político, la claridad y elegancia de su estilo hacen olvidar sus posibles defectos.

La II República: del Gobierno provisional al Frente Popular

El entusiasmo popular de que gozaba la II República era inmenso. Según el profesor Ballesteros, en las elecciones del 12 de abril de 1931 «se aseguraba que presbíteros toledanos habían votado, con papeleta abierta, la república». Y según el Conde de Romanones, testigo presencial de los hechos, en Madrid «puede asegurarse que votaron contra la monarquía gran número de sacerdotes, frailes, militares y aristócratas. En el resto de España ocurrió lo mismo. En todas las capitales, menos cuatro, la mayoría se mostró en favor de la república». Un Comité Revolucionario presidido por Alcalá Zamora envía un ultimátum al rey exigiéndole la cesión del poder. Don Alfonso XIII decide evitar derramamientos de sangre y abandona el país. El Comité Revolucionario se convierte en Gobierno Provisional y el 14 de abril se proclama oficialmente la II República Española. La II República, hasta el advenimiento de la Guerra Civil, manifiesta cuatro fases perfectamente delimitadas: a) *gobierno provisional*, b) *bienio social-azañista*, c) *bienio radical-cedista* y d) *coalición del Frente Popular*.

El **gobierno provisional** presentaba una fachada relativamente conservadora, para inspirar confianza a los timoratos. Estaba presidido por Alcalá Zamora, que representaba la garantía de la continuidad burguesa. Miguel Maura, de la familia Maura, reforzaba esta impresión de seguridad y estabilidad burguesa. El republicanismo radical, representado por Lerroux y Martínez Barrio, llegaba al poder un tanto domesticado y curado de extremismos; no quedaban, en el partido de Lerroux, más que viejos lemas tremendistas que ya no asustaban a nadie. Tampoco podían ya infundir miedo los radical-socialistas de Marcelino Domingo y Álvaro de Albornoz, partido de difícil definición, pero claramente conservador. Según el profesor Seco Serrano, la verdadera novedad estaba en la *presencia de los socialistas* –Prieto, Largo Caballero y Fernando de los Ríos– y en el *moderno partido jacobino* de Manuel Azaña, cuyas ideas ya hemos expuesto. Socialistas y azañistas serán la columna vertebral de la ideología republicana, y cuando estos políticos cedan el poder a los otros grupos (como ocurrió en el bienio 1934-1935), la República perderá personalidad «republicana»... Añadamos como novedad la presencia, por primera vez en la historia de España, de representantes de las aspiraciones regionales en el gobierno central: Nicolau d'Olwer por parte de los catalanistas, y Casares Quiroga por parte de los galleguistas.

El Gobierno Provisional intentó, durante seis meses, ser fiel al *Pacto de San Sebastián* que habían suscrito los principales partidos republicanos. Las bases de este pacto eran muy generales y abstractas, y lo único que consiguieron fue provocar la desesperación y el descontento de los extremistas de todas tendencias, especialmente el de los separatistas vascos y catalanes (Francisco Maciá llegó a proclamar en Barcelona el «Estat Catalá»), y el de los anticlericales (en Madrid se quemaron numerosas iglesias y conventos, con el general beneplácito del gobierno, que no se dio mucha prisa en detener a los instigadores). Pero los problemas, mal que bien, se solucionaron sin pérdida notable de prestigio de la República. Restaba el problema de la falta de homogeneidad del Gobierno, escindido en un grupo conservador (burguesía tradicional) y en otro progresista (burguesía ilustrada de Azaña, socialistas de Largo Caballero)...

El problema se solucionó retirándose Alcalá Zamora y Maura del gobierno y dejando el camino libre a Azaña y sus aliados los socialistas. El 14 de octubre, Azaña es nombrado jefe de gobierno y Alcalá Zamora pasa a ocupar la presidencia de la República. Comienza así la etapa que podemos denominar **bienio social-azañista** (octubre de 1931 -

septiembre de 1933), el período que mejor caracteriza la II República. Efectivamente, el equipo de azañistas y socialistas está empeñado en poner en práctica los principios de la burguesía liberal (Revolución Francesa) y añadirles la preocupación por la cuestión social. Se trata de desmantelar los tradicionales privilegios de los estamentos y, al mismo tiempo, poner en práctica los principios del socialismo. Tres puntos esenciales conviene tener en cuenta: a) *la reforma militar*, b) *la secularización del Estado* y c) *la redistribución de la tierra*. Los dos primeros están orientados directamente por Azaña y el último por los socialistas.

La *reforma militar* fue tema prioritario en la política de Azaña, que había realizado estudios muy detallados sobre la organización militar francesa. Fue además el tema que le tocaba como ministro de Guerra, cargo que ocupaba juntamente con la Presidencia de Gobierno. Se trataba de reducir el número de oficiales, número exageradamente alto teniendo en cuenta la escasa presencia militar de España en el mundo después de la pérdida de las colonias americanas. Azaña veía en los militares una casta reaccionaria siempre dispuesta a actuar en política (todavía estaban muy recientes la Dictadura militar de Primo de Rivera y la intervención de los militares en las huelgas de 1917). Los militares eran, a efectos prácticos, una especie de aristocracia de uniforme. Azaña propuso pasar a la situación B (reserva) a todos los oficiales que lo desearan, garantizándoles en todo caso la percepción del 100% de su sueldo. Muchos aceptaron la propuesta, pero otros se mantuvieron en una posición de altivo rechazo a un régimen que consideraba superflua la casta militar. Por el despacho del Ministerio de Guerra pasaron numerosos altos oficiales para asegurar su fidelidad a los principios republicanos, aunque algunos, como Sanjurjo, estaban complicados en proyectos de golpes de estado contra la joven república.

La *secularización del estado* parte del espléndido discurso parlamentario que pronunció Azaña el 29 de septiembre en el que pronunció la célebre frase a la que antes nos hemos referido: «España ha dejado de ser católica». La aplicación práctica de este principio suponía la *secularización de la enseñanza* (la enseñanza media y también la superior, pues no hay que olvidar que Azaña fue alumno de los agustinos de El Escorial), la *introducción del divorcio* (Ley del Divorcio), y la *secularización de los cementerios*. Subrayemos una vez más que las leyes de Azaña no atentan en modo alguno contra la Iglesia ni su moral ni sus dogmas, sino contra la intromisión de la Iglesia en la estructura del Estado. Se trata, en definitiva, de acabar con los privilegios de lo que fue un antiguo *estamento* para convertirlo en lo que en realidad debería ser: una congregación de creyentes con fines extramundanos...

El tema de la *redistribución de la tierra* quedó en simple proyecto. Se trataba nada menos que de suprimir los latifundios agrarios, especialmente los tradicionales en Andalucía y Extremadura. Este gran proyecto de los socialistas, que se llamaba Reforma Agraria, pretendía expropiar de sus tierras a los antiguos propietarios de los terrenos y asentar en ellas a los simples jornaleros y colonos. El problema era que el Estado no contaba con suficiente dinero para realizar una operación de tal envergadura, y el entusiasmo con el que fue acogido en un principio fue pronto degenerando en decepción.

El bienio azañista pudo salir victorioso de la intentona golpista del general Sanjurjo, pero no de un pequeño incidente –en sí mismo ajeno al gobierno Azaña– sobre el que iban a confluir las iras de los enemigos de las reformas. En enero de 1933 se produjo una brutal represión del anarquismo libertario andaluz en Casas Viejas, localidad cercana a Jerez de la Frontera (las fuerzas del orden público quemaron vivos a 25 anarquistas refugiados en el interior del pueblo). Azaña no supo o no pudo eximir la responsabilidad del incidente, y su prestigio empezó a disminuir. Y en las elecciones de noviembre de 1933 se produjo una victoria aplastante de las fuerzas de la derecha.

El **bienio radical-cedista** (noviembre de 1933 - noviembre de 1935) representa la reacción de los conservadores, de los descontentos procedentes de todos los grupos y partidos, y también de los desencantados, de los que esperaban más de la República. De hecho, en las elecciones de noviembre de 1933 triunfó, en primer lugar, la C.E.D.A (conglomerado de diversos matices de derechas, de orientación católico-conservadora) y sus aliados monárquicos y tradicionalistas: en total 217 escaños. En segundo lugar, el centro republicanista, especialmente los radicales de Lerroux: 163 escaños. La antigua coalición de azañistas y socialistas obtuvo solamente 93 escaños, de los cuales solamente 7 pertenecían a «Acción Republicana».

Es difícil explicar un cambio tan radical en tan poco tiempo. Se ha hablado de la reacción del campo contra la ciudad, de la disgregación del bloque republicano-socialista, del desquite del nacionalismo, de la retracción de los socialistas e incluso del abstencionismo suicida de los anarquistas... Pero acaso convendría hablar mejor de simple «desquite» o «venganza» de un electorado descontento con la situación. Sería una especie de «voto de castigo» a las izquierdas, más que de verdadero repudio a los principios del social-azañismo.

Con todo, la coalición entre la C.E.D.A, dirigida por el hábil abogado Gil Robles, y los radicales republicanos dirigidos por Lerroux, no podía ser más fructífera que la anterior coalición social-azañista. Aunque la ruptura de Lerroux con Azaña le había aproximado peligrosamente a las derechas, y aunque este partido había colaborado en repetidas ocasiones con el corrupto régimen monárquico de Alfonso XIII, no podía producirse una total identificación con los principios católicos y conservadores sin perder el color y la tradición del combativo republicanismo. Lo mismo ocurría con el partido de Gil Robles, que arriesgaba perder su carácter de partido tradicionalista aliándose a un antiguo partidario de destruir los valores en que se asentaba la civilización cristiana. Es difícil imaginarse qué tipo de política común podían realizar ideologías tan dispares, la de los cedistas y la de los radicales. Y la crisis no tardó en llegar: la rebelión de los mineros de Asturias, que obligó al gobierno radical-cedista a enviar al ejército (organizado y dirigido desde Madrid por el general Franco) a reprimirla empleando la brutalidad que hay que esperar en los profesionales de la guerra. La represión de los obreros de Asturias fue para el gobierno radical-cedista lo que la represión de los anarquistas andaluces para el gobierno social-azañista: un grave deterioro de imagen. Se le veían las intenciones al gobierno, intenciones que se vieron reforzadas con las medidas de una desafortunada «contrarreforma agraria». Un simple escándalo de corrupción denominado «Straperlo» (juego de azar autorizado mediante el soborno de altas figuras del radicalismo) fue el empujón que precipitó la crisis del bienio radical-cedista.

El **Frente Popular** (febrero-julio de 1936) es la última etapa –y no precisamente la más gloriosa– de la II República antes de producirse la Guerra Civil. Con el Frente Popular se produce el desquite de las izquierdas, que esta vez se presentan más unidas. La idea misma de un Frente Popular proviene de la III Internacional, que había inspirado la táctica de la unidad de socialistas y comunistas con la izquierda burguesa con vistas a alcanzar mayoría parlamentaria. Se trata, pues, de un pacto electoral, pero de un pacto que no encubre una gran diversidad ideológica e incluso táctica. El socialismo más radical - Largo Caballero - se siente defraudado ante la continua posposición de las metas sociales; mira con desconfianza la postura de la izquierda burguesa, que le parece que ha entrado en un callejón sin salida, y se decide a apoyarla solamente para evitar que se repita el triunfo electoral de las derechas. Otras ramas del socialismo –Prieto– seguirán siempre fieles al pacto con la izquierda burguesa.

Efectivamente, las elecciones de febrero de 1936 dieron el poder a los partidos de izquierdas por abrumadora mayoría. Pero la alianza que se produjo de cara a las urnas, no se produjo en el Gobierno mismo, ni siquiera en el Parlamento. El poder estaba más bien en las centrales sindicales, que habrían de imponer la «dictadura del proletariado», la «revolución desde abajo». Azaña era, de facto, impotente: ni como jefe de gobierno ni como (a partir de mayo) Presidente de la República, pudo hacer nada por controlar la situación. Las centrales sindicales se hicieron dueñas de los depósitos de armas y, en automóviles requisados, se dedicaban a hacer la justicia por su cuenta. Se les daba el paseo a los «señoritos» («darle el paseo a alguien» significaba matarlo en las afueras de las ciudades), se perseguía a los sacerdotes, se incendiaban y destruían templos... A la violencia de las izquierdas contestaba la violencia de las derechas, especialmente la que formaban los grupos fascistas partidarios de la acción directa. El 13 de julio, el asesinato de Calvo Sotelo, diputado del «Bloque Nacional», fue el detonante que provocó la rebelión de los militares cinco días más tarde. La II República, a partir del 18 de julio, tenía que improvisar una nueva política: la de ganar una guerra...

B: SOCIEDAD

El Proyecto de Reforma Agraria

El gran problema de la II República era la situación social, especialmente en el campo, donde todavía dominaban características verdaderamente medievales. Mientras en buena parte del norte peninsular (especialmente en Galicia) dominaba el *minifundio*, grandes extensiones del sur (especialmente Extremadura y Andalucía) estaban en poder de enormes *latifundios*. El *minifundio* o excesiva parcelación del terreno, apenas permitía alimentar al campesino, ya que los terrenos no solamente eran demasiado pequeños, sino que estaban alejados unos de otros y eran difícilmente accesibles a la maquinaria agrícola y al trabajo en equipo; por otra parte, gran cantidad de *minifundios* estaban arrendados y había que pagar por ellos un *foro* o canon según el rendimiento de las tierras. El gran *latifundio* andaluz y extremeño era todavía peor, pues permitía al poseedor de las tierras actuar como señor feudal y reducir a los trabajadores a la condición de esclavos: el *cortijo andaluz* (finca y casa de labranza) contaba con una cámara especial para los trabajadores donde éstos estaban obligados a comer y dormir juntos como los animales en un establo. Además, el señor del *cortijo* poseía más tierras de las que le bastaban para vivir bien, por lo que gran parte de éstas podía permanecer sin cultivar.

El origen de los grandes *latifundios* está en la política repobladora llevada a cabo por los reyes cristianos que conquistaron estas tierras a los musulmanes a partir del siglo XIII. En efecto, los reyes no repartieron estas tierras entre el pueblo, sino entre los nobles, eclesiásticos y órdenes militares que tomaron parte en la conquista. Hemos visto el problema en el capítulo V, por lo que no insistiremos. Sabemos que la gran ocasión para liberar las tierras de esta estructura feudal o semifeudal llegó en el siglo XIX con la Desamortización de Mendizábal en los primeros años de la época isabelina, pero que la ocasión fue desperdiciada por los intereses de la nueva burguesía, que compró los latifundios y se dispuso a continuar el sistema de explotación. Se había cambiado de amo, no de estructura de propiedad. Las rebeliones anarquistas a las que hemos aludido en el capítulo precedente no pasaron de simples tentativas incapaces de cristalizar en una rebelión social auténtica. Y se llegó al siglo XX manteniendo una increíblemente anacrónica situación de régimen semifeudal...

La tarea de realizar por fin una «reforma agraria» estaba reservada a la II República, al menos al período que hemos denominado *bienio social-azañista*. En efecto, Azaña y los azañistas estaban interesados en acabar con una situación que recordaba la de la sociedad estamental (aristocracia de terratenientes). Y los socialistas, a mayor abundamiento, se sentían impulsados a poner fin a la injusticia social agraria, que era mucho más grave que la del proletariado urbano. En el Parlamento se aprobó en 1932 una *Ley Agraria* que creó un *Instituto de Reforma Agraria* compuesto de veintiún miembros. El Instituto, con sede central en Madrid, actuaba en provincias a través de comités regionales, y tenía por objetivo la *expropiación de todas las tierras de más de 22 hectáreas* que no fuesen trabajadas por sus propietarios, así como la *expropiación de todas las tierras pertenecientes a la aristocracia*. Naturalmente, el estado republicano se obligaba a indemnizar el valor de las tierras (con excepción de las pertenecientes a la aristocracia), pero como la mayoría estaban declaradas por la mitad o la tercera parte de su valor para pagar menos impuestos, sus antiguos propietarios tuvieron que resignarse a perder una parte considerable de su auténtico valor. El Estado, según la interpretación que hacían los políticos republicanos, recuperaba así parte del dinero perdido durante generaciones y generaciones de propietarios faltos de honradez que, además de explotar a los campesinos pobres, falsificaban la declaración de impuestos...

En la expropiación automática y sin indemnización de las tierras de la aristocracia hay que suponer dos motivaciones fundamentales: una, la de realizar la expropiación de enormes posesiones sin gastar un céntimo, y la otra, la de alejar el fantasma de un movimiento contrarrevolucionario poniendo fuera de escena a la aristocracia monarquizante... En cuanto a la primera motivación, hay que tener en cuenta que, contando solamente las tierras en manos de la *grandeza* de España, se encontraban en su poder 577.359 hectáreas (sólo el duque de Medinaceli poseía 79.146). Si el Estado tuviera que indemnizar la pérdida de tan enormes extensiones, es evidente que la Reforma Agraria no se realizaría nunca.

La segunda motivación para tan drástica medida expropiatoria tiene carácter estrictamente político, y no económico. En palabras de Gerald Brenan: «Este trato inferido a los nobles fue una medida política. Así como un siglo antes, las tierras de la Iglesia fueron expropiadas porque los curas y los monjes apoyaban a la causa carlista, ahora los nobles se veían privados de sus tierras, con el fin de debilitar la influencia del rey desde el extranjero. El alzamiento de Sanjurjo condujo a posteriores expropiaciones contra aquellos que estaban complicados en el mismo y para los cuales no hubo compensación alguna».

El primer gran problema que plantea la reforma agraria es que se limitó exclusivamente al problema del *latifundio*, dejando intacto el problema del *minifundio* y de la situación de los que tenían que pagar *foros*. Fue una ocasión única para ganar votos entre la enorme masa de campesinos rurales, ocasión que la República no supo aprovechar. Pero el segundo problema, mucho más grave, es que ni siquiera contaba con medios adecuados para realizar la expropiación de los *latifundios*. A finales de 1933, el Instituto de Reforma Agraria había podido instalar solamente a 8600 familias y expropiado 80.000 hectáreas. Entre los objetivos que se había propuesto este Instituto se encontraba el asentamiento mínimo de 60.000 campesinos (!!!)... Pero si el ritmo de la reforma era lento durante el *bienio social-azañista*, durante el *bienio radical-cedista* llegó casi a detenerse en virtud de lo que se llamó una «amnistía de derechas». Una serie de leyes fue retrasando y entorpeciendo esta reforma: se establecieron excepciones numerosas a las fincas expropiables y, lo que es peor, se suprimió la expropiación sin indemnización de las tierras de la aristocracia. El profesor Seco Serrano resume la situación acudiendo a un discurso parlamentario de José Antonio Primo de Rivera, caudillo fascista y fundador de Falange: «En este proyecto del señor ministro de Agricultura se dice que la propiedad será pagada a su precio justo de tasación, y se añade que no se podrán dedicar más de cincuenta millones de pesetas al año a estas operaciones de Reforma Agraria. ¿Qué hace falta para reinstalar a la población española sobre el suelo español? ¿Ocho millones de hectáreas, diez millones de hectáreas? Pues esto, en números redondos, vale unos ocho mil millones de pesetas; a cincuenta millones al año, tardaremos ciento sesenta años en hacer la Reforma Agraria. Si decimos esto a los campesinos, tendrán razón para decir que nos burlamos de ellos».

La Reforma Agraria estaba tan desprestigiada, que incluso la extrema derecha se podía permitir denunciar sus absurdos planteamientos...

La política regionalista: la II República y el problema catalán

Una de las tareas más urgentes que le estaban reservadas a la II República era la articulación de las aspiraciones regionales en la estructura del Estado español, pues la monarquía era tradicionalmente centralista y veía en toda manifestación regionalista una amenaza de separatismo político. El equilibrio entre poder central y aspiraciones autonómicas fue manteniéndose con variable fortuna a través de la historia, siendo de destacar, como ejemplo extremo de máxima descomposición de la unidad del Estado, la sublevación de Cataluña y Portugal a mediados del siglo XVII, y como ejemplo de máxima unidad centralista, la política universalizadora del despotismo ilustrado del siglo XVIII, que intentó borrar toda diversidad cultural entre las regiones o «naciones»...

El siglo XIX se caracteriza por el despertar de la conciencia regional: a mediados de la centuria se extiende una corriente de *tipismo y realismo regionalista* (el romanticismo y el realismo literario, como hemos visto, contribuyeron a la exaltación de la realidad regional) que favorece una especie de «renacimiento» de las culturas regionales. Naturalmente, debajo de estas realidades regionales se encuentran las antiguas *nacionalidades históricas* que han mantenido a través de los siglos, a pesar del centralismo adminsitrativo, una fuerte identidad cultural. Tres esferas culturales perfectamente delimitadas y dotadas de lengua propia (lengua galaico-portuguesa, lengua castellana y lengua catalano-valenciana) constituyen las tres grandes realidades políticas regionales todavía presentes, con ligeros cambios, en la España de nuestro tiempo. A estas tres esferas culturales correspondían antiguamente tres diversas «coronas», y todavía en el siglo XVII, mucho después de la unidad realizada por los Reyes Católicos, era posible leer en los tratados políticos frases como la que encontramos en Lorenzo de Mendoza: «[España] principalmente depende destas tres Coronas de Castilla, Portugal y Aragón unidas y hermandadas»... Naturalmente, sabemos que el reino de Portugal se hizo independiente a mediados del siglo XVII, quedando en el Estado español solamente Galicia; sabemos también que Aragón perdió su dominio sobre Cataluña-Valencia, pasando a formar parte de la esfera cultural castellana y dejando las tierras de Cataluña y Valencia aisladas. Pero, en líneas generales, la antigua división tripartita por *reinos* se corresponde con la división tripartita por esferas de *identidad cultural*: Galicia, Castilla y Cataluña-Valencia. A ellas hay que añadir la existencia del elemento cultural vasco, que pocas veces traspasó los límites geográficos de las montañas del norte para hacerse presente en la historia de España.

Es evidente que la hegemonía de Castilla en los territorios hispánicos, fundada en el papel predominante que desempeñó este reino en la Reconquista contra el Islam, en el descubrimiento y colonización de América, en la política internacional (especialmente en la época imperial) y en el mayor peso específico de la economía y demografía castellanas, provocó un injusto abandono de los territorios no castellanos, que quedaron un poco al margen de los acontecimientos. La cultura y lengua de Castilla borró en parte la originalidad y riqueza de las culturas regionales, produciendo una injusta asimilación de su personalidad histórica. Sólo a mediados del siglo XIX, y paralelamente al descubrimiento literario del tipismo regionalista, fueron despertándose las culturas regionales y empezaron a reivindicar sus derechos. La manifestación de la *identidad cultural* fue el preludio de las reivindicaciones políticas, que habrían de venir un poco más tarde.

Nos concentraremos solamente en el problema catalán por considerarlo el de mayor tradición histórica. En Cataluña, al contrario que en Galicia o en el País Vasco, el renacer de la conciencia nacional está sostenido por una casi ininterrumpida continuidad en la lengua y en las tradiciones culturales; solamente la alta burguesía y los intelectuales permanecieron, en alguna época, apartados de la cultura autóctona.

El despertar de las reivindicaciones autonómicas catalanas podemos dividirlo en tres períodos: a) *renacimiento cultural catalán* (mediados y finales del XIX), b) *regionalismo autonomista conservador* (primer tercio del XX), y c) *nacionalismo izquierdista* (época de la II República).

El primer período, el del **renacimiento cultural catalán**, está caracterizado por la «Renaixença» (el nombre procede de una revista cultural catalanista), movimiento tendente a revalorizar la identidad cultural catalana que tiene su primera manifestación en la restauración de los célebres «Jocs Florals» (Juegos Florales) de tradición medieval. La historiografía, la filología y la literatura de orientación histórica contribuyen a la revalorización, no exenta de una sutil idealización mitificadora, de la realidad catalana. Poco más tarde aparecen las dos figuras claves de la «Renaixença», el gran poeta Jacinto Verdaguer (nacido en 1845) y el dramaturgo Ángel Guimerá (nacido en 1847). Jacinto Verdaguer es el autor de los célebres poemas en lengua catalana *L'Atlantida* y *Canigó*, en que se defiende la imagen de una Cataluña cósmica, telúrica y eterna, pero donde, a pesar de la aparente grandilocuencia del proyecto, se manifiesta una vena de lirismo intimista más propia de un poeta caído del cielo que de un cantor de las excelencias de la tierra. Ángel Guimerá es famoso, sobre todo, por el profundo drama de ambientación rural *Terra Baixa* (que fue más tarde adaptado para el libreto de la célebre ópera *Tiefland*, de Eugen d'Albert) y por sus teorías sobre la situación de Cataluña, que Guimerá considera humillada, oprimida y colonizada por la administración centralista. (En los Juegos Florales de 1889 pronunció la célebre frase que habría de tener tanta difusión entre los catalanistas: «Catalunya no ha mort! »).

A esta misma época pertenece Pompeu Gener, escritor y doctor en Farmacia y en Ciencias Físico-Químicas, y cuya orientación pseudo-científica ya nada tiene que ver con la idealización literaria de sus predecesores; Gener pretende aplicar el método de las ciencias positivas a las teorías nacionalistas, y de ello resulta un curioso pot-pourri de nacionalismo y racismo. Su dilettantismo científico, alimentado por la pasión nacionalista, le lleva a decir disparates de antología. Gener mezcla las razas históricas como si fueran elementos químicos en un laboratorio. En palabras de Jorge Sánchez Cabrera: «Pompeu Gener desarrolla el antagonismo entre castellanos y catalanes bajo la luz científica de la polaridad entre raza fuerte y raza débil. Los catalanes son una mezcla de los pueblos celta, griego y romano, a la que luego se añadieron el visigodo y el franco, es decir, 'razas fuertes, inteligentes y enérgicas' (...) Los castellanos, por el contrario, son una mezcla de razas débiles: iberos, árabes, judíos, gitanos, con pocos elementos romanos y germanos. Si a esto añadimos una geografía adversa, seca y árida, no nos extrañará encontrar un pueblo de gran parecido con los nómadas asiáticos: los castellanos medievales se parecen a los mongoles y a los hunos...»

A pesar de las ideas extremas de un Pompeu Gener, durante la época de este renacer de las culturas regionales no se discute la existencia de una nación española común a todos los pueblos que la integran. A lo sumo, el catalanismo de esta época se orientaba en sentido *republicano-federalista*, no en sentido nacionalista. Recordemos que en el período federal-revolucionario de 1868 a 1873, tres de las grandes figuras políticas eran de origen catalán: Prim, Pi y Margall y Figueras. En esta época el concepto de nación no tenía por qué ser equiparado siempre al de lengua; casos como el de Suiza (tres lenguas distintas en una sola nación) o el de Alemania y Austria (dos naciones diferentes y una sola lengua común) serán comentados en 1876 por Pi y Margall, el apóstol del republicanismo federalista español, como ejemplos de que la nación, contrariamente a lo que defendían los románticos, es un concepto superior al de lengua. No había llegado, todavía, la hora del nacionalismo propiamente dicho. (Las ideas federalistas de Pi y Margall fueron actualizadas y perfeccionadas en el siglo XX por un inteligente pensador político: Francisco Rovira y Virgili, que defendió siempre la idea de un pacto libre y flexible entre los distintos pueblos de España).

El segundo período, el del **regionalismo autonomista conservador**, es ya propiamente un período político y no solamente cultural; el catalanismo se organiza políticamente y comienza su lucha por los escaños en las Cortes. Pero el matiz de este catalanismo político es en buena parte económico y conservador, está sostenido e inspirado por la burguesía catalana. Es un nacionalismo que pretende identificar el bienestar de Cataluña con la prosperidad de la industria y el aumento de las cuentas bancarias, prosperidad que, según los catalanistas, impide el gobierno centralista con una injusta distribución de cargas fiscales y reparto de bienes. Cataluña, argumentaban los catalanistas, aunque constituye sólo un 1/8 de la población total de España, se ve obligada a contribuir con un 1/4 de los impuestos generales del país. «En Cataluña, nosotros tenemos que sudar y trabajar para que vivan diez mil zánganos en las oficinas del gobierno de Madrid», parecía ser el slogan de las nuevas reivindicaciones. El motivo que disparó las primeras protestas fue la pérdida de Cuba en 1898, pues la burguesía catalana tenía muchos intereses económicos en la isla del Caribe. Se acusó al gobierno centralista de mal gobierno por la pérdida de Cuba, pero los catalanistas no tenían razón, pues la burguesía catalana fue la más violenta opositora al proyecto de concederle amplia autonomía a la isla. Según Gerald Brenan, la protesta de los fabricantes catalanes unida al clericalismo de las «clases acomodadas» de las ciudades y al carlismo de las clases rurales (el carlismo defendió siempre una cierta autonomía de las regiones) cristalizó en la formación de la «Lliga Regionalista», fundada por Prat de la Riba. Se trataba de una unión de todas las fuerzas de la derecha catalana que coincidían en los intereses regionalistas. En 1901, la «Lliga» obtuvo notables resultados en las elecciones parlamentarias, comenzando así la lucha por la autonomía política de Cataluña. Sus reivindicaciones autonomistas se vieron coronadas por el éxito con la creación, en 1914, de la *Mancomunidad*, importante organismo que confería a Cataluña una amplia autonomía administrativa, no política, pues el Real Decreto de creación de la Mancomunidad establecía que esta institución estaba creada «para fines exclusivamente *administrativos* que sean de la competencia de las provincias». En su estatuto se establecía el funcionamiento de a) una Asamblea General o parlamento del que formaban parte todos los diputados provinciales y b) un Consejo Permanente o gobierno formado por un presidente y 8 consejeros. La *Mancomunidad* desarrolló una importante labor cultural, subvencionando y creando numerosos centros de enseñanza e investigación, al tiempo que fomentaba la lengua y cultura catalanas. También fue considerable su labor de fomento de las obras públicas y de la beneficencia. La «Lliga», que era el alma de la Mancomunidad, se estaba convirtiendo en un serio partido regionalista con el que tenía que negociar el gobierno de Madrid. Tras la muerte de Prat de la Riba, la «Lliga» fue dirigida por Francisco Cambó, inteligente político de un nacionalismo ecléctico que combinaba los intereses nacionalistas catalanes con los intereses del Estado español. (Cambó llegó a decir que la autonomía de Cataluña era un bien para todo el Estado español, pues si los catalanes administraban su propio país, le permitirían al Gobierno central ahorrar «el tiempo que debería ocupar en los grandes problemas propios característicos de la soberanía del Estado»)...

Pero el problema de la «Lliga» era su carácter marcadamente conservador. Se trataba de un partido burgués-catalanista que, llegado el momento de un auténtico enfrentamiento con Madrid, se confesaba más burgués que catalanista. La sumisión a los ideales de la gran burguesía catalana lo hacía fácil objeto de las críticas de las fuerzas progresistas y de izquierdas. De esta manera surgió en Barcelona una especie de réplica a la «Lliga», un partido progresista y republicano denominado «Partido Radical». Su fundador era el joven periodista Alejandro Lerroux, un verdadero demagogo de palabra y gesto violento, que encarnaba los principios del anticonservadurismo. La oposición al conservadurismo de la «Lliga» se extendió además a la crítica del catalanismo, de manera que los seguidores de Lerroux eran, al mismo tiempo, progresistas y centralistas.

La lucha entre catalanistas y centralistas fue ensombrecida por la participación del gobierno de Madrid, que no dudó en apoyar a Lerroux con todo tipo de medios, incluso acudiendo a la violencia: se llegó a contratar a pistoleros y bandidos para poner bombas y sembrar el terror entre la población. Lerroux contaba siempre con la protección de la policía, que no se atrevía ni a prohibir los escandalosos mítines políticos del jefe de los radicales. (Lerroux llegó a pronunciar un discurso en que incitaba así a la juventud de su partido: «Jóvenes bárbaros de hoy: entrad a saco en la civilización decadente y miserable de este país sin ventura; destruid sus templos, acabad con sus dioses, alzad el velo de las novicias y elevadlas a la categoría de madres para virilizar la especie. Romped los archivos de la propiedad y haced hogueras con sus papeles para purificar la infame organización social...»). Causa asombro comprobar que la cristianísima monarquía tradicional de Alfonso XIII pudiera apoyar a un iconoclasta de esta naturaleza; para la monarquía era más interesante vencer a los catalanistas que impedir la subversión social. En España, como es fácil comprobar por estos datos, las pasiones que levanta la polémica nacionalista son capaces de realizar las más increíbles alianzas.

En las elecciones de 1903 los radicales de Lerroux lograron vencer a la «Lliga» de Cambó, pero en 1907 el catalanismo obtuvo un éxito rotundo al presentarse unido en un frente común llamado

«Solidaridad Catalana», con Cambó y la «Lliga» a la cabeza. Dos años más tarde, en ocasión de la «Semana Trágica» de Barcelona a la que nos hemos referido en su lugar, el Partido Radical fue otra vez vencido, esta vez por haberse retirado de sus compromisos con la clase obrera en la lucha contra el poder central. Lerroux y su partido comenzaron un lento proceso de voluntaria domesticación política, cambiando los violentos métodos de agitación social por la retórica parlamentaria...

Pero la «Lliga» fue aproximándose cada vez más al ejército y a las fuerzas reaccionarias y Cambó aceptó en varias ocasiones el puesto de ministro del Gobierno centralista de Madrid. En la «Lliga» primaban más los intereses de clase que la defensa del nacionalismo catalán; no hay que olvidar que Cambó, con el pretexto de poder dedicarse a la política en cuerpo y alma, supo hacerse con una fortuna fabulosa y hasta convertirse en mecenas del arte y de las letras. Sus cruceros en yate por el Mediterráneo y Oriente Medio son un buen exponente de la mentalidad de los caudillos catalanistas de este período. La «Lliga» terminó por arruinar su crédito político intentando salvar la monarquía de Alfonso XIII. Cambó había apostado por la monarquía incluso en su último período, cuando la institución monárquica, después de haber tolerado la Dictadura de Primo de Rivera, estaba ya completamente desprestigiada. Como era de esperar, la llegada de la República significó el fin de la «Lliga» y su orientación conservadora.

Y con esto entramos en el tercer período, el del **nacionalismo izquierdista**. Ya en los últimos años de la Dictadura y en vista del progresivo desprestigio de la «Lliga», se fueron formando grupos de tendencia catalanista orientados hacia una política de izquierdas; la coalición de estos grupos en un solo partido se llamó «Esquerra». Estaba dirigido por el coronel Maciá, «alto y hermoso gentilhombre de cabellos y bigotes blancos, quien se convirtió en un héroe nacional organizando ineficaces complots desde el otro lado de la frontera francesa» (Gerald Brenan). En las elecciones que dieron el triunfo a la República, la «Esquerra» obtuvo un gran éxito y Maciá regresó del exilio para ser aclamado como un héroe.

El verdadero triunfo del catalanismo llegó, pues, de la mano de la República, de las izquierdas burguesas. El conservador Cambó, por el contrario, se hizo tan impopular, que tuvo que alejarse del país...

Maciá, hombre demasiado impetuoso, se apresuró a proclamar el nacimiento de la «República Catalana» al día siguiente de conocerse el resultado de las elecciones. Se rectificó el «faux pas» de Maciá y se trabajó en la presentación de un amplio estatuto de autonomía para Cataluña que, después de intensos debates parlamentarios, fue aprobado en septiembre de 1932. Azaña fue el principal defensor del *Estatuto de Autonomía*, argumentando, con su habitual lucidez, en favor de los problemas reales del momento y prescindiendo de todo tipo de prejuicios históricos. (Contra la tesis *historicista* de un Menéndez Pidal, por ejemplo, que se oponía a la autonomía catalana porque Cataluña nunca había sido históricamente independiente, defendía Azaña que la libre y unánime voluntad de un pueblo en el presente momento histórico era razón suficiente para concederle la autonomía).

Un breve vistazo a los artículos de la ley del *Estatuto de Autonomía* de Cataluña nos dispensa de un comentario más extenso. El artículo 1 dice: «Cataluña se constituye en *región* autónoma dentro del Estado español, con arreglo a la Constitución de la República y el presente Estatuto». El artículo 2: «El idioma catalán es, como el castellano, lengua oficial en Cataluña. Para las relaciones oficiales de Cataluña con el resto de España, así como para la comunicación entre otras Autoridades del Estado y de Cataluña, la lengua oficial será el castellano». Artículo 14: «La Generalidad (gobierno autónomo) estará integrada por el Parlamento, el Presidente de la Generalidad y el Consejo ejecutivo (...) El Presidente de la Generalidad asume la representación de Cataluña. Asimismo representa a la región en sus relaciones con la República, y al Estado en las funciones cuya ejecución directa le esté reservada al Poder central»...

Con la II República se llegó a articular jurídicamente la personalidad catalana con la del resto del país. Resulta inexplicable, con la perspectiva que proporcionan los setenta años transcurridos desde entonces, que la opinión política conservadora haya protestado ante leyes tan equilibradas y respetuosas para con los derechos y deberes respectivos de unos y otros. Téngase en cuenta que el Estatuto de 1932, a diferencia de lo que ocurre hoy, jamás menciona la palabra «nación» referida a

Cataluña; en su lugar se encuentra el término más modesto «región». A cambio de esto, tampoco España es presentada como «nación», sino como «Estado»... La cooficialidad de las dos lenguas, el castellano y el catalán, corrobora esta impresión de equilibrio y mutuo respeto.

C: CULTURA

La generación poética de 1927

De nuevo una *generación* literaria. Debe producir asombro en el estudioso extranjero la abundancia de *generaciones* literarias en las letras españolas. *Generaciones* que a veces son presentadas de forma monolítica, con sus características bien determinadas y establecidas de una vez para siempre... Con excepción de la generación romántica, movimiento universal fácilmente definible, las generaciones que hemos estudiado (*generación del 68*, *generación del 98* y *modernismo*) presentaban unas manifestaciones individuales tan ricas y variadas, que sólo con grandes dificultades podíamos hacer abstracción de los creadores para concentrarnos en las características generales del movimiento. Ortega y Gasset, y más modernamente Laín Entralgo, han echado las bases del moderno concepto de *generación*, concepto que sigue teniendo muchos adeptos en España, pero que empieza a tropezar con numerosos críticos en el extranjero. A veces, del concepto de generación queda en pie solamente la amistad o las relaciones y el entorno común a una serie de escritores, intelectuales y artistas...

La generación de 1927 toma su nombre del centenario de la muerte de Luis de Góngora, escritor que estos poetas toman como modelo; pero ni siquiera esta fecha es representativa de la pretendida generación: Luis Cernuda, uno de sus mejores representantes, habla repetidamente de la «generación de 1925»... Quizás habría que recurrir a elementos biográficos, a argumentos vitales, a las anécdotas personales y concretas para establecer la mutua pertenencia de los miembros de esta generación. Este es el camino que ha seguido Dámaso Alonso para introducirnos en el nacimiento del grupo poético del 27. Camino que hemos de tener muy en cuenta, pues Dámaso Alonso es, además de miembro de esta generación poética, uno de los mejores filólogos que ha tenido España.

Dos acontecimientos decisivos marcan el nacimiento del grupo del 27: la excursión a Sevilla que realizaron en este año destacados miembros de esta generación invitados por el Ateneo para dar conferencias y leer versos, y la misa de funeral por el alma de Góngora en ocasión del tricentenario de su muerte. Las conferencias sevillanas tuvieron muy poco éxito (cuarenta personas en las conferencias y cuatrocientas en el banquete que siguió a las conferencias...), pero sirvieron para cimentar la amistad y admiración mutua de los jóvenes poetas, que se dedicaron durante varios días a sumergirse en el encanto nocturno de Sevilla. (Dormían por el día y recorrían la ciudad por la noche; Dámaso Alonso no recuerda haber visto la Giralda a la luz del día...). La segunda anécdota contiene rasgos cómicos: los poetas han decidido encargar una misa de funeral por un escritor muerto trescientos años antes. Dámaso Alonso describe la anécdota: «Lucen los cirios en el altar, y delante se alza un gran catafalco. ¡No se quejará don Luis: buenas honras le hemos costeado! El funeral por el descanso eterno de Góngora se ha anunciado en los periódicos; hemos mandado invitaciones a las autoridades. Nada: ni un alma. La amplia y noble nave está vacía, salvo el trajín del altar y un banco en primera fila, donde están compactos, codo con codo, once jóvenes, y con ellos, el pobre don Miguel Artigas, único representante de la erudición que no había atacado al llamado «príncipe de las tinieblas» (es decir, Góngora). Alberti y Bergamín lucen en la solapa enormes y rojos claveles reventones. Los oficiantes nos miran de reojo, muy asombrados. Sin duda, piensan: '¡Qué extraordinario funeral el de este señor don Luis de Góngora!'. Al final nos escrutan a los doce las caras, sin saber por quién decidirse; resuelven, parece, que el rostro más difícil y lúgubre es el de Bergamín, porque a él es a quien sahuman».

Elevemos la anécdota a categoría: los jóvenes poetas comparten un mínimo de sentimientos comunes que refuerzan los lazos de la amistad y la admiración sentida por Góngora. ¿Qué significa Góngora en el panorama literario de los años veinte? Según el mismo Dámaso Alonso, «Góngora venía a favorecer el culto por la imagen, la ambición universal de nuestros anhelos de arte y el enorme intervalo que queríamos poner entre poesía y realidad». Es decir que, el nuevo movimiento literario, al menos en sus comienzos, venía a ser una réplica a la generación del 98, venía a liberar a la literatura de todo tipo de realismo, de toda atadura a un ideal que no fuese estrictamente estético. Si entre los miembros de la generación del 98 el arte se ponía al servicio de la realidad, ahora la realidad se ponía al servicio del arte; si para aquellos no existía un arte independiente y autónomo, para éstos había un «arte por el arte». Entre los miembros del 98 no había preocupación por el estilo, al menos por un estilo autónomo; entre los miembros del 27 el estilo literario lo será todo, y la creación literaria será un fenómeno puramente estético con leyes propias... En cierta manera, los del 27 son continuadores del gran fenómeno de revolución estética que propició el *modernismo literario*, aunque liberando sus creaciones de toda sujección a un cliché, a un modelo preestablecido. La poesía de los jóvenes poetas es, ante todo, libertad, creación, ruptura con el pasado...

Y donde mejor se manifiesta esta libertad es en dos características básicas que parece que comparten todos sus miembros: en el *libre uso de la metáfora*, que pasará a ser el elemento capital del poema, y en una especie de *espontaneidad*, de *inmediatez*, de lenguaje *directo*. El uso de la metáfora –casi podríamos decir «abuso» de la metáfora– es herencia del *Ultraísmo*, uno de los muchos movimientos efímeros de la postguerra que se caracterizó por el culto a la metáfora por la metáfora misma. Pero en el 27 la metáfora no aspira ya a producir sorpresa ni a dejar huellas de audacia; la metáfora está al servicio del sentimiento, cumple una función subordinada, aunque muy importante en el poema... En cuanto a la *espontaneidad* del lenguaje poético, parece que cada poeta es aquí verdadero creador, que las palabras del poeta están rescatadas de su valor de uso; el poeta parece *estrenar* las palabras, decirlas por vez primera. No son palabras prestadas, imitadas o sugeridas, sino que forman parte de un lenguaje que nace del contacto con el ser. En el 27 las palabras –acertadas o no acertadas– son expresión directa de la emoción del poeta, y no recurso retórico.

Además de estas dos características, pocos rasgos comunes comparten todos los miembros de esta generación, por lo que se debería hablar, más bien, de *tendencias predominantes* dentro de la misma generación. Estas *tendencias* son, fundamentalmente, tres: a) *poesía de tema popular*, b) *poesía pura* y c) *poesía metafísica*. Las denominaciones de *poesía pura* y *poesía metafísica* no son muy afortunadas, pero las utilizaremos a falta de otras mejores. Algunos autores añaden la dirección *surrealista*, pero hay que tener en cuenta que poemas inspirados por el surrealismo fueron escritos por gran parte de los autores de esta generación en al menos alguna época de su vida.

Los más brillantes representantes de la poesía de inspiración *popular* son **Federico García Lorca** (1898-1936) y **Rafael Alberti** (1902-1999). El primero alcanzó precisamente en este género los mayores éxitos, recreando las formas populares andaluzas y combinándolas con la moderna sensibilidad vanguardista (especialmente con el surrealismo). El *Romancero Gitano* (1928) y el *Poema del cante jondo* (1931) representan dos monumentos literarios que sorprenden por la presencia, en un mundo todavía popular y casi primitivo, de verdaderos recursos vanguardistas. Sorprende también el sentido musical de todos estos poemas, que son, verdaderamente, *romances*, esto es, poemas para ser cantados o recitados en voz alta, marcando bien el ritmo... He aquí un ejemplo del célebre *Romancero Gitano*:

> Verde que te quiero verde.
> Verde viento. Verdes ramas.
> El barco sobre la mar
> y el caballo en la montaña.
> Con la sombra en la cintura,
> ella sueña en su baranda,
> verde carne, pelo verde,
> con ojos de fría plata.
> Verde que te quiero verde.
> Bajo la luna gitana
> las cosas la están mirando
> y ella no puede mirarlas.
> Verde que te quiero verde.
> Grandes estrellas de escarcha
> vienen con el pez de sombra
> que abre el camino del alba.
> La higuera frota su viento
> con la lija de sus ramas,
> y el monte, gato garduño,
> eriza sus pitas agrias.
> Pero ¿quién vendrá? ¿Y por dónde?
> Ella sigue en su baranda,
> Verde carne, pelo verde,
> soñando en la mar amarga...

Rafael Alberti, aunque cultivó otros muchos estilos, se estrenó a los veintidós años (1924) con un libro de poemas en la línea típicamente popular que hemos apuntado: se trata del atrevido libro *Marinero en tierra*, verdero libro original donde el autor llega a la suprema audacia de negar todo recurso literario culto. Las formas populares, los pobres recursos estilísticos, la huida deliberada de toda afectación, las repeticiones, la sencilla estructura rítmica, hicieron de esta obra un hito de la nueva poesía. *Marinero en tierra* ganó el Premio Nacional de Literatura de 1925. He aquí una muestra de esta difícil sencillez:

> Mi corza, buen amigo,
> mi corza blanca.
> Los lobos la mataron
> al pie del agua.
> Los lobos, buen amigo,
> que huyeron por el río.
> Los lobos la mataron
> dentro del agua.

La tendencia que hemos llamado *poesía pura*, y que tiene antecedentes literarios en la obra de Paul Valery, está representada por los poetas **Jorge Guillén** (1903-1984) y **Pedro Salinas** (1891-1951). Guillén representa en su obra *Cántico* (primera edición, 1928, última edición, 1950) el colmo de la intelectualización de la poesía, y aunque el autor nos asegura en cierta ocasión que se trata de una poesía pura «ma non troppo», lo cierto es que de la realidad nos ofrece solamente una depuración conceptual. Guillén nos entrega *conceptos* más que *emociones*, *ideas* más que *sentimientos*... Es verdad, como dice Salinas defendiendo esta poesía, que no son ideas del todo abstractas, pues siempre están unidas a la *realidad sensible*, al *aquí* y al *ahora* de la experiencia sensible. Pero el problema es que esta realidad sensible, una vez admitida su presencia, está contemplada a la luz de las ideas, de los conceptos que las ilustran. *Es como si la realidad sensible estuviese justificada solamente desde la realidad conceptual.* De esta manera, estas ideas no encuentran resonancia en nuestra capacidad emotiva, en nuestra sensibilidad. La poesía de Guillén tiene la belleza del mármol tangible y concreto, pero mármol al fin y al cabo. Guillén expresa el gozo del ser, la alegría de la luz, la intensidad del instante... Pero este gozo no es directo, está filtrado por la actividad intelectual, no nos hace vibrar. El poema «Beato sillón» es un buen ejemplo:

> ¡Beato sillón! La casa
> Corrobora su presencia
> Con la vaga intermitencia
> De su vocación en masa
> A la memoria. No pasa
> Nada. Los ojos no ven,
> Saben. El mundo está bien
> Hecho. El instante lo exalta
> A marea, de tan alta,
> De tan alta, sin vaivén.

La invocación a los sentidos está presente (la intermitencia del movimiento del sillón, que produce esa visión también intermitente, expresada aquí por magníficos encabalgamientos métricos). También está presente el intelecto, que nos entrega la idea de la plenitud del instante. Pero acaso falta el sentimiento, el yo del poeta, esa oscura resonancia del mundo objetivo que permite que conozcamos al creador del poema.

Pedro Salinas pertenece también a lo que con mayor o menor éxito viene denominándose *poesía pura*, pero, a diferencia de Guillén, hay en su obra mayor presencia del sentimiento, incluso de un cierto patetismo. La «pureza» de Salinas consiste en la total desnudez de retórica verbal, en la sobriedad de la expresión del sentimiento. *La voz a ti debida* (1933) y *Razón de amor* (1936) representan lo mejor de su obra poética.

Menos afortunada que las anteriores es la expresión de *poesía metafísica* bajo la que pretendemos incluir a otros dos autores, **Luis Cernuda** (1904-1963), y **Vicente Aleixandre** (1898-1984). Cernuda es, en nuestra opinión, el mejor poeta del 27, aunque posiblemente el peor estudiado y conocido. En Cernuda se produce un increíble equilibrio entre la *sensibilidad*, la *imaginación* y la *inteligencia*, equilibrio que echábamos de menos en Guillén: la sensibilidad le proporciona los *datos sensibles* (las impresiones sensoriales) que el poeta no desdeña, pero que elabora en la imaginación para formar las *imágenes* dotadas de su correspondiente resonancia interior (*emociones*). Pero el proceso no se detiene aquí, pues la imaginación está en contacto con una *inteligencia* muy aguda que interpreta estas emociones y las traspasa con las *ideas*. Sensaciones, emociones, ideas... , y todo ello en síntesis armónica, sin producirse nunca desequilibrios en favor de uno o el otro elemento.

La obra completa de Cernuda está reunida en el libro que lleva el título emblemático de *La realidad y el deseo* (primera edición: 1936), que es, por así decirlo, una especie de síntesis de dos momentos antagónicos en la personalidad del autor, el que representa el libro *Los placeres prohibidos* (1931) y el que representa el libro siguiente *Donde habite el olvido* (1934). La primera obra es una explosión de vitalismo nietzscheano, con la consiguiente dosis de amoralismo y hasta de satanismo a lo Lautreamont. La segunda, un desesperado lamento schopenhaueriano sobre el sinsentido de la vida. En la primera triunfa el imperativo de la voluntad, en la segunda el de la razón. El contenido del primer libro es afirmativo, el del segundo, completamente negativo. *Los placeres...* adopta un tono elocuente, brillante, llamativo, abundante en metáforas. *Donde habite...* prefiere un tono intimista, directo, parco en imágenes, más de acuerdo con la biografía personal y literaria de su autor.

Se puede resumir el tono vitalista de *Placeres prohibidos* en estos pocos versos:

Adónde fueron despeñadas aquellas cataratas,
Tantos besos de amantes, que la pálida historia
Con signos venenosos presenta luego al peregrino
Sobre el desierto [...]

Y se puede resumir el tono desengañado de *Donde habite el olvido* con los últimos versos del poema que encabeza este libro:

En esa gran región donde el amor, ángel terrible,
No esconda como acero
En mi pecho su ala,
Sonriendo lleno de gracia aérea mientras crece el tormento.
Allá donde termine este afán que exige un dueño a imagen suya,
Sin más horizonte que otros ojos frente a frente.

Entre estos dos extremos se moverá siempre la sensibilidad trágica de Cernuda. El poeta llegará a la conclusión de que «la realidad exterior es un espejismo y lo único cierto mi propio deseo de poseerla»...

En **Vicente Aleixandre** domina la idea del panteísmo, de la sustancia común a todos los seres, que el poeta expresa mediante un lenguaje que siempre parece contaminado de resonancias surrealistas. Aleixandre, de salud siempre delicada, sintió la nostalgia de la plenitud de los seres, plenitud que él nunca pudo alcanzar desde sus limitaciones físicas. Y esta plenitud la expresó mediante el amor, amor que es destrucción de la individualidad, que es encuentro con la sustancia de que están echas las cosas. En Aleixandre late siempre, por debajo de las apariencias de los seres concretos, la sustancia única del universo. Esta especie de «consuelo metafísico» le inspiró los mejores versos en libros que tienen el título invertido, como para subrayar precisamente que todo es uno y lo mismo: *Espadas como labios* (1932), que quiere decir «los labios son como espadas», y *La destrucción o el amor* (1935), que hay que leer como «el amor es lo mismo que la destrucción».

Veamos un ejemplo, en el poema «Las águilas», de esta especie de metafísica panteísta:

El mundo encierra la verdad de la vida,
aunque la sangre mienta melancólicamente
cuando como mar sereno en la tarde
siente arriba el batir de las águilas libres.

Las plumas de metal,
las garras poderosas,
ese afán del amor o la muerte,
ese deseo de beber en los ojos con un pico de hierro,
de poder al fin besar lo exterior de la tierra,
vuela como el deseo,
como las nubes que a nada se oponen,
como el azul radiante, corazón ya de afuera
en que la libertad se ha abierto para el mundo.

Citemos, por último, a **Dámaso Alonso** (1898-1990) y **Gerardo Diego** (1896-1988), poetas que pertenecerían al grupo de poetas-profesores. El primero es autor de *Hijos de la ira* (1944), libro extraño, de inspiración existencialista, donde el gran filólogo parece desquitarse de su vida disciplinada al servicio de la ciencia para irrumpir en un «estallido de rabia impotente ante la propia miseria y ante el dolor del mundo circundante» (García López). Preferimos, con mucho, al profesor que al poeta...

Gerardo Diego nos dejó libros deliciosos de poemas, como *Manual de espumas* (1922), *Versos humanos* (1925), *Alondra de verdad* (1941)... Deliciosos, pero sin llegar a la altura de los grandes de su generación. A los versos de Gerardo Diego les falta densidad, sentido trágico. Es un poeta amable, sonriente, al que le faltó quizás ese mínimo de drama personal necesario para transfigurar el dolor en sustancia poética.

La Guerra Civil (1936-1939) produjo una separación espacial entre los miembros de esta generación, además de la trágica muerte de García Lorca, ejecutado por la Guardia Civil. Alberti, Salinas, Cernuda y otros tuvieron que emigrar, especialmente a América. Algunos murieron en el exilio, otros tuvieron que esperar a la muerte de Franco para poder regresar a España. Pero la «generación de la amistad» continuó siendo un grupo de amigos que supieron entenderse más allá de las disidencias políticas.

Salvador Dalí y el surrealismo

La sensibilidad artística del siglo XX comienza con la guerra de 1914. Hasta esta fecha podrían considerarse todavía en pie los valores de la sociedad decimonónica, el mundo de las seguridades burguesas tal y como lo supo describir tan magistralmente Stefan Zweig en *Die Welt von gestern*. Pero la Gran Guerra introduce la inseguridad, rompe los esquemas mentales de la sociedad, hace patente lo *irracional* del mundo moderno. El mundo no tiene sentido, y el hombre del siglo XX descubre que con la razón sólo puede aumentar su capacidad destructiva. La *crisis de la confianza en la razón* va a manifestarse, sobre todo, en el arte y en la literatura, más sensibles que la filosofía al espíritu de su tiempo. El *dadaísmo*, el *surrealismo*, etc., son anteriores a *Sein und Zeit*, de Martin Heidegger...

El *surrealismo* es el movimiento artístico y literario que mejor define esta crisis de la razón. Pero el *surrealismo* tiene antecedentes en dos movimientos artísticos que abrieron el camino: *el movimiento dadaísta* y la denominada *pintura metafísica*. El *movimiento dadaísta* fue fundado por el rumano Tristán Tzara en Zurich en 1916. El nombre del movimiento delata sus intenciones: *dadaísmo* no significa nada, viene de la palabra *dada*, que es la primera que encontraron en un diccionario Larousse. El *dadaísmo* es un manifiesto de rebelión contra el orden racional, contra todo control de la inteligencia. Es casi una protesta por la protesta misma. Es la negación de todos los valores. No hay valores, pues no hay jerarquías (y las jerarquías que había establecido la sociedad burguesa desembocaron, de hecho, en lo más absurdo que puede existir: las matanzas de la guerra). Ya no tiene sentido el principio de Leonardo de que «la pintura es cosa mental». En su lugar, los *dadaístas* instalan el capricho, el absurdo, la contradicción, y llegan a proclamar que un moderno automóvil es tan hermoso como una estatua de Fidias. Marcel Duchamp se burló de los clásicos del arte, poniendo bigotes a la célebre Gioconda de Leonardo. Y Francis Picavía, pintor de origen español, llegó a firmar una pintura suya que se reducía a una simple mancha de tinta...

La llamada *pintura metafísica* puede considerarse también origen del surrealismo, pues se basa en simples *asociaciones de ideas*, aparentemente sin nexo racional. No hay una realidad objetiva, sino trozos sueltos de la realidad, y el hombre que ha organizado el conjunto se encuentra ausente (una habitación vacía y una puerta abierta sugieren que hay un hombre que ha abierto la puerta; pero no se ve al hombre). La realidad total está sugerida, pero no dada. Tenemos que reconstruir esa realidad. El cuadro es sólo una invitación, una sugerencia, por lo que normalmente está envuelto en el misterio. Principal representante de esta corriente es Giorgio de Chirico.

La palabra *surrealismo* (parece que fue Apollinaire el que bautizó este movimiento) es la traducción directa del francés (*surrealisme*), lo que puede causar equívocos, pues en francés significa, literalmente, *suprarealismo* o *superrealismo*, es decir, *encima, más allá del realismo*, mientras que en español el prefijo *su* parece sugerir *debajo del realismo*. Algunos autores prefieren para el nombre español la palabra *superrealismo*, pero esta denominación no parece haber tenido mucho éxito.

El movimiento surrealista, tal y como lo describió su mejor propagandista, André Breton, consiste en el automatismo, en la expresión directa, en la falta de control racional. Se trata de recuperar el *inconsciente*, ese magma de sentimientos-formas que constituye el núcleo más íntimo de la psique. La recepción de las teorías psicoanalíticas de Sigmund Freud sirve de base de apoyo: el arte deberá reflejar el *id* (los sentimientos, los impulsos) y rechazar el *ego* (la razón) y el *superego* (la conciencia moral). El camino del artista se parecerá al del psiquiatra que utiliza el psicoanálisis, y el mundo de los sueños será el verdadero objeto que hay que representar en los cuadros. Paradójicamente, el programa surrealista, que no puede ser más moderno y revolucionario, utiliza los medios más tradicionales para pintar: retorno al dibujo clásico, a la perspectiva y a los juegos de luces y sombras. Los surrealistas son innovadores en cuanto al tema del cuadro, pero del todo conservadores en los medios que emplean para pintarlo. A veces, y como máxima concesión a la técnica moderna, hacen *collages* como los cubistas, recortando papeles de revistas ilustradas y pegándolos en los cuadros.

Salvador Dalí (1904-1989) es el máximo representante español del surrealismo. Según su propio testimonio, es el principal representante en el mundo, pues, como dijo en cierta ocasión con su habitual falta de modestia, «el surrealismo soy yo». Algo de verdad hay en esta afirmación, pues Dalí, en palabras del profesor Martín González, «es el único pintor superrealista que cuenta con experiencia propia, ya que él ha puesto en ejecución su propia paranoia. Diríase el médico de sí mismo». Otros autores, como Gaya Nuño, prefieren creer que la locura de Dalí no es más que «show» escenificado por su indudable talento comercial. Sea como sea, la misma polémica en torno al valor de su obra nos certifica que nos encontramos ante un pintor singularísimo.

El surrealismo de Dalí se basa, por un lado, en el principio del *automatismo inconsciente*, y por otro en el principio de la *paranoia crítica*. El surrealismo de Dalí, al menos en teoría, sigue muy fielmente la definición programática que de este movimiento dejó André Breton en su *Manifiesto surrealista*: la asociación de imágenes que dispara el tema surrealista es realmente *automática*, hunde sus raíces en el *inconsciente*, no cuenta con la colaboración de la *razón* o del *espíritu*. (Según Breton, en la imagen «en el arroyo hay una canción que fluye» no hay ningún proceso racional o intelectual, ni siquiera un dato que pertenezca a la *conciencia*). La originalidad de Dalí consiste en haber añadido a este principio del *automatismo inconsciente* el sistema de la *paranoia crítica*, una especie de visión de la realidad que se basa en la *locura*, pero en una locura *coherente*. Las alucinaciones del artista surgen de forma consecuente y se integran en una *cosmovisión* más o menos coherente, en la que frecuentemente se transparenta el *delirio de grandeza*

(Dalí solía repetir que él era un genio) y un deseo de transcender la realidad para construir una *metafísica*. Por desgracia, Dalí tiene mucho de charlatán, y sus explicaciones teóricas caen frecuentemente en la palabrería. Es difícil saber hasta qué punto su *paranoia crítica* es auténtica y no un fingimiento para atraer ingenuos o *snobs*.

Dalí comienza pintando cuadros ligeramente inspirados por el cubismo, aunque el clasicismo de su dibujo y la presencia de lo figurativo nada tienen que ver con la avanzada abstracción de este movimiento. En París descubre el surrealismo, del que pronto se convierte en uno de sus más ruidosos apóstoles. Los cuadros surrealistas de Dalí insisten con frecuencia en un tema: el de la contraposición entre materia orgánica e inorgánica: cuerpos perfectamente dibujados (Dalí era un espléndido anatomista) se descomponen, se van convirtiendo en materia inorgánica. O al revés: cuerpos en descomposición van reconquistando paulatinamente la integridad de sus formas orgánicas (*La resurrección de la carne*). Otros temas relativamente frecuentes son la aparición de hormigas (generalmente devorando cuerpos) y los relojes (relojes blandos que parecen de cera, relojes en forma de sillas de montar...). Naturalmente, no hay que pedirle una lógica a estos temas recurrentes, pues se trata de asociaciones de imágenes que no significan nada más allá de su pura presencia en el subconsciente. A veces tenemos la impresión de que en Dalí, además de la creación «automática» que preconizaba Breton, se esconde una imaginación mecánica, una imaginación que produce temas de acuerdo con un esquema determinado, de acuerdo con una «receta». ¿Son realmente estas hormigas una presencia obsesionante padecida por el subconsciente del artista, o se trata de un proceso de elaboración consciente gracias al cual el pintor pudo vender gran número de cuadros? En una entrevista concedida a Baltasar Porcel, ya en la vejez, el artista asegura que el surrealismo había practicado siempre un falso automatismo, y que había llegado a programar lo que no es programable...

Los años de la Guerra Civil los pasa en Italia, donde se entusiasma con Rafael y Leonardo; de Rafael desea imitar la pintura, y de Leonardo el dibujo. El célebre cuadro *La Madona de Port Lligat* refleja esta preocupación de Dalí por el Renacimiento italiano, especialmente por Rafael. Y el cuadro *La cena* refleja el amor por Leonardo. De nuevo presentamos objecciones: tanto *La Madona de Port Lligat* como *La cena* se sirven de un esquema, de una receta, de algo que nada tiene que ver con el automatismo del subconsciente. En estos cuadros se juega con la doble perspectiva interior-exterior (interior de un edificio que se transparenta en un exterior). No se tiene la impresión de que Dalí sea en estos cuadros «clásicos» un pintor inspirado, sino más bien un artista muy consciente que presenta cuadros muy elaborados. Lo mismo pasaba en los cuadros más surrealistas de la primera época: el esquema, la técnica, la idea preconcebida parece que dominan un proceso creador que no tiene nada de subconsciente.

Esta preocupación por la receta, por la técnica pictórica, se pone especialmente de manifiesto en cuadros como el que lleva por título *Cristo*, que pretende ser original a base de jugar con la perspectiva: Cristo es visto desde el cielo, en una perspectiva invertida en que la cabeza es grande y los pies pequeños... Hay en Dalí mucho truco de buen mercader catalán, quizás demasiado para poderle conceder uno de los primeros puestos entre nuestros pintores. Su talento era enorme, pero le faltaba auténtica originalidad. Sus cuadros no parecen necesariamente suyos.

Acaso lo más grande de Dalí sean sus dotes para el *dibujo*, su extraordinario conocimiento de la anatomía humana. Pero esto ya nada tiene que ver con el *surrealismo* ni con las modernas tendencias de la pintura. Dalí era en el fondo un pintor conservador, casi tradicionalista, que consideraba la *fotografía* como una especie de «salvadora de la pintura». Según Dalí, la pintura moderna, que comienza con el *impresionismo*, no hace más que dislocar y romper la realidad. (No es difícil imaginarse la opinión que le merecería el *cubismo*). Es necesario, según Dalí, volver a recuperar la realidad que el arte moderno está destruyendo. A esto llama «hiperrealismo», palabra que no logra engañar sobre las intenciones verdaderamente reaccionarias que esconde su arte.

XVI: LA GUERRA CIVIL

La insurrección militar de 1936 es el resultado del entendimiento de las viejas oligarquías latifundistas, la burguesía industrial, la Iglesia católica, los partidos de orientación «nacionalista» y fascista, y toda una clase media conservadora simplemente descontenta con la inestabilidad política causada por la República. Porque hay que tener en cuenta que el peso específico de la clase media española en la insurrección militar fue enorme, y que sin esta influencia no sería explicable el entusiasmo de los que a sí mismos se llamaban «nacionalistas».

Hay que tener en cuenta también que esta clase media –acaso incluso algunos miembros de la pequeña burguesía– abrazaron la causa de la rebelión militar no para defender intereses de clase, sino por simple hastío de la política republicana. La II República había fracasado en lo que constituye el punto más delicado de un Estado: la garantía del orden público. Efectivamente, los sucesivos gobiernos republicanos a partir del triunfo del Frente Popular (febrero de 1936) eran incapaces de controlar el orden público, y las brigadas sindicalistas, a las que respondían los grupos fascistas, recorrían las principales ciudades españolas «haciendo justicia» por su propia cuenta. La II República había producido gran cantidad de brillantes gobernantes, pero incapaces de entenderse entre sí.

La rebelión militar, a pesar de los graves desórdenes públicos a que hemos hecho mención, no tenía justificación alguna. El número de muertos producidos o tolerados por el desgobierno republicano no era más que una insignificante fracción de los 500.000 que murieron en la Guerra Civil (el «millón de muertos» a que se suele aludir es una evidente exageración que rechazan los modernos estudios). Si los rebeldes hubieran dedicado sus esfuerzos a fortalecer el orden dentro de la República en vez de malgastarlos en derribar las instituciones republicanas, se hubiera ahorrado un inútil derramamiento de sangre. También le hubieran evitado a la nación cuarenta años ininterrumpidos de dictadura franquista que vendrían a continuación, pues solamente el trauma de la Guerra Civil pudo alimentar durante tanto tiempo el miedo a la libertad.

Digamos en descargo de los militares que ellos no pensaban que el golpe contra la República iba a durar tanto tiempo y resultar tan sangriento. Se creía que en un plazo máximo de tres meses se podía acabar con la República (los republicanos pensaban también acabar en tres meses con los militares rebeldes). Los tres meses se convirtieron en casi tres años, y la guerra que comenzó como una simple rebelión intestina se convirtió en una contienda en que participaron grandes potencias internacionales (Alemania, Italia y Rusia), además de un significativo contingente de voluntarios republicanos procedentes de varios países.

Los rebeldes militares ganaron la guerra por dos motivos: porque la ayuda militar de sus aliados fascistas era incomparablemente mayor que la ayuda que recibieron los republicanos, y porque la unidad y disciplina de sus fuerzas contrastaba con la dispersión y diversidad de pareceres de las fuerzas republicanas. Resulta un espectáculo lastimoso comprobar que en la España republicana, donde abundaban las ideas, no hubiera nadie capaz de canalizarlas y darles un sentido unitario. En la España de los rebeldes, por el contrario, no había una sola cabeza con ideas, pero la jerarquización de las fuerzas y la *militarización de la vida política eran la mejor garantía de éxito. Ganó la fuerza bruta, porque se trataba de una guerra y no de un discurso parlamentario. Naturalmente, la fuerza bruta echó mano a una ideología política (el fascismo de José Antonio Primo de Rivera), pues sin ideología el movimiento militar caería en el vacío. Pero se veía que era una ideología prestada, un recurso para atraer simpatizantes. En el fondo, la fuerza militar solamente creía en la fuerza misma, y no supo ser fiel a ninguna ideología. Un fascismo más o menos descafeinado por su alianza con el tradicionalismo carlista y su entendimiento con la jerarquía católica fue todo el aparato ideológico que ofreció Franco a los ingenuos que creyeron en él y le siguieron.*

A: HISTORIA

La Guerra Civil: mapa político y fases de la guerra

A partir del triunfo del Frente Popular en febrero de 1936, algunos de los militares más señalados por su posición tradicionalista empezaron a entablar contactos para derribar la República. Se aceptaba tácitamente la jefatura de Sanjurjo, exiliado en Portugal después de su fracasado golpe de 1932, pero las figuras más activas de la conjuración eran los generales Franco y Goded (que habían colaborado desde el Ministerio de Guerra durante el bienio radical-cedista), Mola, Varela y Orgaz. El gobierno republicano procuró ir alejando de Madrid a los más peligrosos: a Franco, el general más brillante y de mayor prestigio, lo envió a Canarias; Goded fue enviado a las Baleares y Mola fue trasladado a Pamplona (un error, pues en Navarra había un núcleo tradicionalista muy activo que el general supo aprovechar). Quedaban Varela y Orgaz en Madrid como cabezas de la conjuración, pero el gobierno parece que tuvo sospechas y envió a Varela a Cádiz y a Orgaz a Canarias...

A pesar de estas precauciones, la conjura seguía en marcha, y un acontecimiento de gravedad extraordinaria –el asesinato en Madrid del diputado conservador Calvo Sotelo por obra de los Guardias de Asalto– precipitó los acontecimientos. Se acordó un «alzamiento» del ejército contra la República que debería tener lugar el 18 de julio. En realidad tuvo que anticiparse 24 horas, pues el general de Melilla estaba sobre aviso y hubo que pronunciarse el 17. A Melilla le siguió inmediatamente Ceuta –la otra plaza africana– y al día siguiente toda España se encontraba ya claramente dividida en zonas sublevadas y zonas leales al gobierno.

El mapa político de las dos Españas puede explicarse, en parte, recurriendo a la estructura social de las diversas regiones. Toda la Submeseta Norte (Castilla-León), región tradicionalmente dominada por las grandes familias políticas del latifundio agrario, se encontraba entre las tierras sublevadas. En Galicia, y por razones inversas, los pequeños propietarios del minifundio veían en las tendencias izquierdistas de los republicanos el fantasma del comunismo, por lo que fueron también fácilmente ganados para la causa rebelde. Navarra era la prolongación de la zona rebelde hasta los Pirineos; ya hemos aludido a los fuertes núcleos tradicionalistas (especialmente carlistas) que dominaban en la escena política de esta región. Al sur, las regiones de Extremadura y de Andalucía contaban con núcleos urbanos favorables a la rebelión militar, mientras que en el campo las simpatías del campesinado estaban por la República; es fácil explicar este fenómeno teniendo en cuenta que las ciudades (la estructura política de las regiones) estaban controladas por los «señoritos» del régimen latifundista. Ciudades como Cáceres, Sevilla, Córdoba, Granada y Cádiz estuvieron desde el primer momento en manos de los rebeldes... La España fiel a la República era, sobre todo, la de las grandes ciudades (Madrid, Barcelona, Valencia), es decir, la España progresista, donde se encontraban los ideólogos e intelectuales y se concentraba el proletariado industrial. Comprendía, además, las regiones tradicionalmente ricas y abiertas al comercio internacional, como buena parte del Levante (Valencia) y casi toda Cataluña. Curiosamente, el País Vasco se mantenía fiel a la República a pesar de su acusado tradicionalismo político; la razón se debe a las promesas de los republicanos de garantizar las libertades políticas de esta región.

Las tres fases de la guerra coinciden, en líneas generales, con los tres años de la contienda (1936, 1937 y 1938). El año de 1939 fue un simple epílogo en el que el ejército republicano se limitó a aguantar para defender el honor. El general Sanjurjo murió en accidente de aviación cuando se disponía a abandonar Portugal para unirse a los sublevados. Quedaban como jefes supremos del ejército rebelde los generales Franco (ejército sur) y Mola (ejército norte). A partir del mes de octubre, Franco detentaría la jefatura suprema del ejército...

La primera fase (1936) se desarrolla, fundamentalmente, en el sur (la conquista de San Sebastián fue una excepción que se explica por la necesidad de cerrar la frontera con Francia) y tiene por objetivo primordial trasladar el grueso del ejército sublevado desde África a la Península para consolidar la rebelión en Andalucía y Extremadura, regiones que, como ya hemos visto, eran relativamente fáciles de controlar. El traslado del ejército africano se realizó en parte estableciendo un puente aéreo sobre el Estrecho de Gibraltar y en parte burlando la flota republicana. El éxito de la operación fue completo. En Andalucía se logró unir los núcleos urbanos de Sevilla-Córdoba con Granada, se logró el control del valle del Guadalquivir y se logró también aislar la zona republicana de Málaga, único núcleo republicano de toda Andalucía. Y en Extremadura se conquistaron las ciudades de Mérida y Badajoz, lo que permitió no solamente el control de esta región, sino también la soldadura de estas dos regiones.

Era imposible, en esta primera fase de la guerra, llegar a Madrid y paralizar el centro neurálgico de la República. Pero una atrevida combinación de las tropas de Mola y Franco permitió conquistar Toledo (finales de septiembre), victoria en sí misma de escaso valor estratégico, pero de demoledoras consecuencias para la moral de los ejércitos republicanos (Toledo se encuentra a unos 80 kilómetros de Madrid). El Gobierno de la República decidió, en el mes siguiente, trasladarse a Valencia, dejando Madrid protegido por una división militar.

La segunda fase (1937) se desarrolla, fundamentalmente, en el norte. El objetivo de los rebeldes era conquistar Madrid, cuya conquista podría significar el rápido final de la guerra. Franco confió parte de esta estrategia a los soldados italianos que envió Mussolini y que, después de conquistar Málaga, decidieron cerrar el este de Madrid planteando la guerra en Guadalajara. Pero la *batalla de Guadalajara*, aunque hizo avanzar notablemente las tropas rebeldes, fue un desastre militar (los carros de combate italianos se vieron imposibilitados para moverse en el fango), y Franco decidió abandonar el cerco de Madrid y concentrarse en la periferia. La guerra se podía ganar solamente –así lo creía Franco– mediante acciones de desgaste en las regiones periféricas sin arriesgar ninguna batalla decisiva.

En marzo de este mismo año y como compensación al desastre de Guadalajara, se consiguió romper el «cinturón de hierro» en torno a Bilbao y conquistar esta ciudad. La *conquista de Bilbao* significaba una gran pérdida para la República, pues los yacimientos de hierro y la poderosa industria siderometalúrgica eran de capital importancia para el aprovisionamiento militar del ejército republicano. En el mes de agosto se producía la *conquista de Santander*, y en el de octubre la *conquista de Gijón*. El parte oficial del Cuartel General del ejército rebelde anunció lacónicamente: «el frente Norte de España ha desaparecido»...

La tercera fase (1938) se desarrolla en el este. Vencidos los ejércitos republicanos en el sur (primera fase) y en el norte (segunda fase), vuelve a plantearse el problema de la estrategia militar: ¿ataque decisivo contra el centro o desgaste progresivo sobre la periferia? La táctica del ejército republicano (envío de tropas contra Teruel para conquistar esta plaza del frente aragonés) decidió a Franco a abandonar el proyecto de conquistar Madrid para continuar la misma línea de ataques a la periferia que le venía dando tan buen resultado. Efectivamente, el ejército republicano, esta vez bien abastecido y coordinado gracias al talento organizativo de Indalecio Prieto, logró conquistar Teruel en diciembre del año 37. Pero una gran tormenta de nieve en el que fue uno de los inviernos más duros de esta región, convirtió la victoria republicana en una derrota. El ejército rebelde, robustecido por la *victoria de Teruel*, avanzó hacia el Mediterráneo, y en abril de 1938 logró alcanzar la costa en Vinaroz y Benicarló, al norte de Valencia. El gobierno republicano, instalado en Valencia desde octubre de 1936, se encontraba ahora aislado de Cataluña, su principal sostén político y económico.

Para evitar tan angustiosa situación, el ejército republicano decidió arriesgar una batalla decisiva concentrando el grueso de sus efectivos en un ejército que, partiendo de Cataluña y atravesando el río Ebro, avanzase hacia Aragón. Pero el paso del Ebro en torno a la que se denominó «bolsa de Gandesa» fue justamente lo que causó su ruina: el ejército republicano se vio imposibilitado de retroceder precisamente por estar su retaguardia rodeada por el arco que dibujaba el río. En la *batalla del Ebro*, que comenzó en julio y terminó en noviembre de 1938, pereció definitivamente el ejército republicano (se produjeron cerca de 90.000 bajas).

Los resultados de la *batalla del Ebro* permitieron a los ejércitos de Franco invadir Cataluña en diciembre del mismo año. A finales de enero se produjo la conquista de Barcelona, y desde esta fecha hasta el primero de abril de 1938, fecha de la victoria de los rebeldes, van entregándose una tras otra las ciudades aisladas que permanecieron fieles a la República, entre ellas Madrid.

Evolución política en la España republicana

Es difícil señalar una línea política coherente entre los defensores de la República. Esto fue debido, en gran parte, a la gran desunión de las izquierdas, que formaban tres bloques políticos distintos y difícilmente conciliables: socialistas, comunistas y anarquistas. Pero una segunda causa de la falta de cohesión política fue la guerra misma, que obligó a los políticos a cambiar de táctica frecuentemente, sacrificando sus propios ideales a la necesidad de ganar la guerra.

Esta falta de coherencia contrasta notablemente con el pensamiento monolítico de las derechas, que supieron improvisar una teoría política desprovista de ideas, pero muy adaptada a los imperativos bélicos. La II República se mostró ingobernable en los años de paz e incapaz de organizar la defensa militar durante los años de guerra.

Los primeros meses de la guerra están dominados por el **gobierno Giral**, que es un buen exponente de la inseguridad y de las contradicciones pequeño-burguesas que acompañaron siempre o casi siempre a la II República. Giral, en su doble calidad de Presidente del Gobierno y Ministro de Marina, fue una figura decorativa, un político inexistente a efectos prácticos. Giral se limitó a abrir los parques militares a los obreros de las organizaciones sindicales. Una vez realizado esto, la revolución le superó, se hizo autónoma, independiente de todo control político. La política se decidía en la calle, y no en los Ministerios. Giral, como el propio Presidente de la República, Manuel Azaña, era más espectador que actor en la escena revolucionaria. La «revolución espontánea» que se produjo en las organizaciones sindicales era un acontecimiento lógico que tenía que manifestarse después de tantos años de represión y engaño por parte de la burguesía. El comienzo de la Guerra Civil permite al obrero sentirse consciente por vez primera de su situación social, y la desconfianza por todo tipo de institución política (que automáticamente es identificada como institución al servicio de la represión burguesa) le hace autoorganizarse en sindicatos. El sindicato lo hace todo: organiza la «justicia» estableciendo tribunales populares que juzgan a los representantes de la burguesía y del clero, organiza la resistencia armada contra la sublevación fascista, organiza el abastecimiento de las tropas y de la población civil...

Evidentemente, no es éste el camino más adecuado para ganar la guerra. La espontaneidad, sin ningún género de control o dirección jerarquizada, conduce al caos, como pronto pusieron de manifiesto los ejércitos anarquistas de Durruti en su espontánea campaña militar contra el frente de Aragón (tendremos ocasión más adelante de referirnos a este episodio). La toma de Toledo (septiembre de 1936) y el avance de las tropas rebeldes hacia Madrid, motivaron un cambio de dirección en el gobierno republicano, que despidió a Giral e impuso el **gobierno Largo Caballero**. El veterano caudillo socialista estaba dispuesto, por imperativos del momento, a formar un *gobierno de concentración* del que formasen parte todos los grupos participantes en la lucha. Sería como una nueva edición del Frente Popular del mes de febrero, pero ampliado ahora a otras fuerzas, entre las que se contaban la Esquerra de Cataluña, un representante de los nacionalistas vascos y –lo que constituye la verdadera novedad de la nueva coalición gubernamental– *cuatro representantes del anarquismo*. Aunque existían algunos precedentes de colaboración de los anarquistas con la izquierda burguesa, no deja de ser verdaderamente extraña la participación de éstos en una estructura gubernamental. Los enemigos de toda organización, de todo «aparato», de toda «burocratización» de la política, se ven obligados a pactar con sus enemigos tradicionales, los socialistas y los comunistas... Es más: el Presidente de la República, Manuel Azaña, era su enemigo personal, por ser el jefe de gobierno cuando se produjo la matanza de Casas Viejas. Por si esto no fuera suficiente, los anarquistas participaban en un gobierno en el que el representante de los nacionalistas vascos, Irujo, era un católico...

Como era de esperar, la coalición carecía de cohesión. Estaba integrada, fundamentalmente, por tres grupos políticos (socialistas, comunistas, anarquistas) que no se entendían bien. Los socialistas (al menos los fieles a Largo Caballero) pretendían hacer la revolución sin concesiones. Los comunistas pretendían presentar una fachada burguesa para no atemorizar a los propietarios y para lograr la ayuda de las potencias internacionales.

Y los anarquistas eran enemigos de toda organización que no se basara en la simple espontaneidad popular...

Apenas estrenado el nuevo equipo gubernamental, el gobierno de Largo Caballero se hizo impopular por *abandonar Madrid y establecerse en Valencia* (noviembre de 1936). Las amenazas de los rebeldes sobre la capital hacían peligrar el gobierno, pero lo cierto es que el pueblo de Madrid se sintió traicionado. Una Junta de Defensa confiada al general Miaja sería la única institución oficial encargada de mantener el contacto con Valencia. Pero los problemas más graves eran las presiones de Moscú para hacer que Largo uniese a socialistas y comunistas y expulsase del gobierno a los anarquistas. Stalin condicionaba parte de la ayuda militar a esta política de unificación. Curiosamente, Largo Caballero permaneció fiel a la alianza con los anarquistas, y no cedió ni siquiera cuando en Cataluña, en mayo de 1937, *las centrales sindicales anarquistas plantearon la guerra a los socialistas y a los comunistas*. Se trataba de una guerra civil dentro de la Guerra Civil, un hecho insólito y de características suicidas...

Superada la crisis política en Cataluña, donde socialistas y comunistas estaban unidos y pudieron vencer a los anarquistas, se le exigieron responsabilidades a Largo Caballero por seguir defendiendo la alianza con los anarquistas. De resultas de esta crisis surgió, en mayo de 1937, el **gobierno Negrín**, socialista también, pero orientado hacia la izquierda burguesa y, por lo tanto, partidario de una estrecha unión con los comunistas. Negrín, catedrático de Medicina de la Universidad de Madrid, era hombre capaz de desarrollar una extraordinaria actividad. Estaba auxiliado por el también socialista Indalecio Prieto, que detentaba el Ministerio de Defensa (Guerra, Marina y Aire), y que fue siempre un político que gozó de gran popularidad.

A pesar de la relativa cohesión del nuevo equipo, surgieron las inevitables disputas con Stalin, que condicionaba el *apoyo militar soviético* a la cesión de puestos claves a los hombres del partido comunista. Prieto era partidario de no ceder ante las amenazas de Stalin, e incluso tuvo el valor de enfrentarse con el comunismo internacional por causa de los *comisarios de guerra*, funcionarios infiltrados en el ejército y dotados de gran poder. Después del desastre de la *batalla de Teruel* (comienzos de 1937), Prieto se vio obligado a dimitir, y Negrín gobernó en un estilo dictatorial obligado por las necesidades apremiantes de la guerra.

Se puede decir, en conjunto, que la República durante los años de la Guerra Civil se fue cerrando más y más, desde posiciones de izquierda burguesa (Giral) o proclives a la revolución espontánea (Largo Caballero), hacia una severa jerarquización y burocratización de la política. Los ideales se plegaban a las necesidades de la guerra, y la Revolución fue perdiendo importancia para ser sustituida por el oportunismo de la estrategia militar.

Evolución política en la España de los rebeldes

Al contrario de lo que sucedía en la España republicana, la zona de los rebeldes contaba con una rigidísima estructura política que, prácticamente ya desde los primeros meses, funcionaba como una dictadura militar.

El alma de la España rebelde era el general Franco, hombre de ideas vulgares y mediocre estadista, pero brillante soldado y habilísimo diplomático. La fulgurante carrera política de Franco se debe, ante todo, a su fama de brillante militar y a su indudable honestidad personal. Franco era ambicioso, pero incorruptible, completamente insensible a los halagos del soborno. Su brillantísima carrera militar la realizó en África, donde su valor temerario y sus dotes de estratega le hicieron merecedor de las insignias de general a los 33 años (Franco resultó el general más joven de Europa). Durante la República sufrió los desprecios de Azaña, que ordenó cerrar la Academia Militar de Zaragoza, de la que Franco era director. Pero Franco colaboró con el gobierno derechista de Gil-Robles, y dirigió con su característica dureza las operaciones represivas contra los mineros de Asturias.

Franco hacía carrera solamente con la guerra, vivía de la guerra y de la muerte. Es difícil saber hasta qué punto sus convicciones políticas (tradicionalismo religioso, conservadurismo social, inmovilismo económico) eran auténticas o simples adaptaciones oportunistas a las circunstancias (en el próximo capítulo examinaremos este aspecto con algún detalle). Cuando se produjo la insurrección militar, de la que él era uno de los principales instigadores, vio la gran ocasión para culminar su carrera militar y política.

En el mes de octubre de 1936 y paralelamente al reajuste ministerial del gobierno de Largo Caballero, Franco logra ser nombrado *Jefe del Gobierno del Estado* y, al mismo tiempo, *Generalísimo de los ejércitos de Tierra, Mar y Aire*. El nombramiento de «Generalísimo» resultaba lógico hasta cierto punto, pues ninguno de sus colegas de armas contaba con el prestigio y dotes de mando del joven general. El nombramiento de «jefe de Gobierno» era también lógico si se quería evitar justamente el defecto capital de la República, que era la falta de una estructura política jerarquizada. Teóricamente, Franco había alcanzado una doble cima: la de la carrera militar, y la de la carrera política.

Pero le quedaba todavía reservada una importante dignidad: la de ser el jefe político del único partido tolerado por los militares, *Falange Española*. Sin un partido político, sin una ideología, su poder parecía limitarse solamente a lo militar, a la tarea de ganar la guerra. Cuando se produjo el Alzamiento, el partido de Falange Española de José Antonio, así como la Comunión Tradicionalista (partido «Carlista») colaboraron con los militares rebeldes e incluso organizaron batallones de voluntarios. Fascistas y carlistas tenían, evidentemente, muchos puntos en común con los militares rebeldes... La muerte en prisión del jefe de Falange, José Antonio Primo de Rivera, así como ciertas disensiones habidas en el interior de este partido, le permitieron a Franco negociar la *unificación de los partidos Falange y Comunión Tradicionalista* en un solo partido, que pasó a llamarse Falange Española Tradicionalista y de las JONS. Lo curioso de esta unificación es que Franco, después de vencer las resistencias de algunos oponentes, logró ser nombrado *jefe político* de este nuevo partido. Con el Decreto de Unificación (abril de 1937), Franco es, además de jefe supremo del ejército y del gobierno, el jefe ideológico de la rebelión. Franco actúa ya como un perfecto dictador...

Es difícil concretar las líneas políticas del gobierno de Franco, pues, como ya hemos dicho, su principal preocupación era ganar la guerra. El color político que le prestó la asimilación del fascismo y el carlismo se limitó a unas tímidas declaraciones en que alternaban unos vagos principios de jerarquía y disciplina típicos del fascismo con otros principios de orientación tradicionalista y religiosa típicos de los carlistas. Franco, maestro de una retórica nebulosa y abstracta, parecía querer encarnar al mismo tiempo la figura del *Führer* alemán o el *duce* italiano y la del patriarca cristiano. Debió producir bastante extrañeza entre los extranjeros este cruel *Caudillo* (así se hizo llamar, a imitación de Hitler), que firmaba sentencias de muerte en presencia de una reliquia de Santa Teresa de Jesús que conservaba en su despacho.

El gobierno de Franco orientó su política, fundamentalmente, en dos direcciones: 1) restauración de la situación institucional y legal anterior a la venida de la República, y 2) política social basada en los «sindicatos verticales». El primer punto comprendía la derogación de la legislación laica de la República (ley del divorcio, enseñanza pública...), la incardinación de la Iglesia en el Estado, y la devolución de las tierras que había incautado el Instituto de Reforma Agraria. Era la perfecta contrarrevolución, a la que no le faltaron las bendiciones de la Iglesia católica (el cardenal Gomá llegó a calificar el movimiento franquista como «Cruzada Nacional»).

El segundo punto pretendía ofrecer una alternativa a la «lucha de clases» de orientación marxista buscando una integración de patronos y obreros en un sindicato vertical. No el enfrentamiento, sino el diálogo y la búsqueda de soluciones dentro de un mismo plano sindical... Esta teoría pretendía reproducir la versión nacional-socialista del fascismo alemán rebautizándola con la menos comprometedora fórmula de nacional-sindicalismo. En realidad, la fórmula del sindicato vertical apenas pudo ponerse en práctica debido a los imperativos de la guerra. Tendremos ocasión de volver sobre el asunto.

B: SOCIEDAD

La extrema derecha: José Antonio y los orígenes del fascismo español

Es difícil rastrear los orígenes del fascismo español. Las Juventudes Mauristas de 1909 podrían ser, según algunos autores, el primer movimiento fascistoide de nuestra historia, al que seguirían, en los años de la dictadura de Primo de Rivera, los miembros de la Unión Patriótica, todos ellos seguidores del general y admiradores de la política de Benito Mussolini.

Pero estos movimientos pertenecen un poco a la prehistoria del fascismo español; no hay en ellos, que sepamos, una declaración de principios fascistas. El verdadero fascismo, el fascismo «histórico», comienza en 1931, en el mismo año del advenimiento de la II República. Pero se trata de un fascismo «sui generis», un fascismo típicamente español que no siempre ha de confundirse con el fascismo italiano o el alemán. Paradójicamente, este fascismo está en gran parte inspirado en el célebre filósofo y ensayista José Ortega y Gasset, pensador de orientación liberal, pero cuyo pensamiento, que expondremos más adelante, guarda ciertas semejanzas con el de los defensores del autoritarismo, la jerarquización y el imperialismo modernos.

Según Giménez Caballero, en la obra del filósofo español hay los siguientes elementos fascistas o inspiradores de la ideología fascista: militarismo contra pacifismo, principio jerárquico contra principio democrático, Estado fuerte contra Estado liberal, huestes ejemplares («milicias imperiales») contra ejércitos industrializados, amor al peligro frente a espíritu industrial, política internacional y ecuménica frente a nacionalismos de política interior... Y, sobre todo, capitanes máximos, responsables y cesáreos que asumiesen la tragedia heroica de mandar, frente a muñecos mediocres irresponsables y parlamentarios que eludieron constantemente la noble tarea de gobernar mundos. No entraremos en la discusión de hasta qué punto es el pensamiento de Ortega efectivamente fascista; nos basta con conocer la *recepción* que tuvo su obra entre algunos fascistas (Giménez Caballero lo era) para considerarlo uno de sus inspiradores más notables...

El primer fascista digno de mención es **Ramiro Ledesma Ramos**, creador de un grupo político de un nombre muy significativo: Juntas de Ofensiva Nacional Sindicalista. (La palabra «nacional» indicaría la componente derechista del fascismo, la palabra «sindicalista» aportaría la componente izquierdista de revolución social). Las Juntas funcionaban, al parecer, a base de células sindicales y células políticas; las primeras estarían integradas por diez individuos pertenecientes a un mismo gremio sindical, y las segundas por tan sólo cinco individuos pertenecientes a profesiones diversas. Tanto las células políticas como las células sindicales formarían las unidades inferiores dotadas de «voz y fuerza» en el partido.

Ramiro Ledesma publicó y dirigió un semanario que salió un mes antes del nacimiento de la República y que llevaba el significativo título de *La conquista del Estado*. Citamos algunos de los párrafos más significativos de las ideas que defendía esta agrupación política: «Todo poder corresponde al Estado». «Hay tan sólo libertades políticas en el Estado, no sobre el Estado ni frente al Estado». «Es un imperativo de nuestra época la superación radical, teórica y práctica del marxismo». «Frente a la sociedad y al Estado comunista oponemos los valores jerárquicos, la idea nacional y la eficacia económica». «Estructuración sindical de la economía». «Expropiación de los terratenientes. Las tierras expropiadas se nacionalizarán y serán entregadas a los municipios y entidades sindicales de campesinos»... En conjunto, dominan las ideas típicamente fascistas del *totalitarismo* y *el autoritarismo nacionalista*, así como una curiosa pretensión de superar el marxismo recurriendo a un *sindicalismo radical*. Subrayemos especialmente esta última nota de radicalismo en la política social y sindical, que resultó incómoda e impracticable entre los políticos que quisieron asimilar el espíritu fascista durante la dictadura franquista.

Todavía una característica más, verdaderamente descabellada en la España de los años 30: la *vocación imperialista*. Leemos un increíble párrafo en el número de *La conquista del Estado* correspondiente al 9 de mayo de 1931: «España ha de acostumbrarse desde hoy a ambiciones gigantescas. Cuando un gran pueblo se pone en pie, es inicuo conformar su mirada a los muebles caseros que le rodean. Nos cabe a nosotros el honor (...) de ser los primeros que de un modo sistemático situamos ante España la ruta del Imperio. Todo está ahí a disposición nuestra. Los pueblos hispánicos de aquí y de allí se debaten entre dificultades de tipo mediocre, y es deber nuestro facilitar e incrementar su desarrollo». (Los pueblos hispánicos «de aquí» son España y Portugal, que el visionario Ramiro Ledesma veía ya unidos, y los pueblos hispánicos «de allí» eran nada menos que las naciones de Hispanoamérica, que deberían volver a formar parte del antiguo Imperio de Carlos V...).

Retengamos los tres ingredientes básicos del *cocktail fascista* según la receta de Ramiro Ledesma: a) *totalitarismo y autoritarismo de orientación nacionalista*, b) *sindicalismo radical* y c) *vocación imperialista*.

En este mismo año de 1931 surge otro partido fascista de características similares. Su fundador, **Onésimo Redondo**, había estudiado en Alemania, y estaba doblemente influido por la religiosidad del colegio católico de Mannheim y por la figura política de Adolfo Hitler. Es extraña esta combinación de fascismo y religión que tanto se repite entre los fascistas españoles. O tenían un conocimiento muy superficial del Evangelio, o desconocían el alcance de la propia teoría fascista. Onésimo Redondo llegó a considerar al *Führer* como el representante ideal del «cristianismo frente al marxismo»... Onésimo Redondo fundó en junio de 1931 un periódico titulado *Libertad* y que llevaba como lema de la publicación las palabras «Disciplina y audacia», y como consigna «Por España grande, por España verdaderamente libre, a la lucha». Dos meses más tarde fundó un partido político que llevaba el campanudo título de *Junta Castellana de Actuación Hispánica*, y que estaba integrado, en su mayoría, por estudiantes universitarios.

No vale la pena pasar revista con todo detalle a las ideas de Onésimo Redondo, que son, sustancialmente, idénticas a las de Ramiro Ledesma. La diferencia está en el tono, de retórica más belicosa, y en la orientación moral, mucho más conservadora que en el anterior. «El momento histórico –dice en cierta ocasión– nos obliga a tomar las armas. Sepamos usarlas en defensa de lo nuestro y no de los políticos». En otra ocasión asegura que «la juventud debe ejercitarse en la lucha física, debe amar, por sistema, la violencia. La violencia nacional es justa, es necesaria, es conveniente. Es una de nuestras consignas permanentes la de cultivar el espíritu de violencia». La vocación imperial de España, a su juicio, es un hecho incuestionable; la historia de España proclama, según Onésimo Redondo, «la comunidad de la raza y destino con las comunidades de ultramar». En cuanto a la vertiente de *radicalismo social*, Onésimo Redondo, que disponía de una cierta experiencia en las luchas del sindicato agrario de remolacheros, asegura que hay que crear unas nuevas fuerzas de derechas, ya que las tradicionales no estaban vivas, no tenían un ideario vivo. Como contraste a sus tiradas en favor de la violencia, un ejemplo de increíble mojigatería de convento: el modelo escolar de la coeducación (hembras y varones en una misma clase) le parece nada menos que «un crimen ministerial contra las mujeres decentes»; por si fuera poco, Onésimo Redondo nos asegura que la causa de este crimen radica en la «acción judía contra las naciones libres»...

A finales de octube de 1931 se unieron los dos partidos fascistas, el de Ramiro Ledesma y el de Onésimo Redondo, conservando el nombre unitario de *Juntas de Ofensiva Nacional Sindicalista (J.O.N.S.)*. Copiamos el texto del programa común, que perseguía «la rotunda unidad de España, la suplantación del régimen parlamentario por uno de autoridad, el respeto a la tradición religiosa, la expansión imperial de España, la ordenación de la Administración pública, el exterminio del marxismo, el sometimiento de las riquezas a las conveniencias nacionales, que los sindicatos se declaren bajo la protección del Estado...»

Los «jonsistas» adoptaron como emblema el yugo y las flechas (distintivo de los Reyes Católicos), el saludo «¡Arriba España!» y la consigna «España una, grande y libre». Los colores de la bandera eran el rojo y el negro.

Unos dos años más tarde surge el tercero y más importante partido fascista: el de *Falange Española*, fundado por **José Antonio Primo de Rivera**, hijo del anterior dictador. José Antonio era, posiblemente, más intelectual que político, y su perfil humano no encaja bien entre los de sus compañeros de ideología. Comenzó su carrera política presentándose a diputado para las Cortes Constituyentes con el solo objeto de «defender la sagrada memoria de mi padre», y no precisamente por ambiciones políticas, pues, como él mismo confesó en esta ocasión, «bien sabe Dios que mi vocación está entre los libros...» Extraño comienzo de una carrera política, y más extraño todavía en un fundador de un partido de acción violenta. En una carta dirigida a Julián Pemartín, primo suyo y uno de los primeros colaboradores políticos, llegó a declararse inútil para la política. «El ser caudillo –decía en la carta– tiene algo de profeta, necesita una dosis de fe, de salud, de entusiasmo y de cólera que no es compatible con el refinamiento [...]. Yo, por mi parte, serviría para todo menos para caudillo fascista. La actitud de duda y el sentido irónico, que nunca nos dejan a los que hemos tenido más o menos una curiosidad intelectual, nos inhabilitan para lanzar las robustas afirmaciones sin titubeos que exigen a los conductores de masas». José Antonio era hombre culto y hasta experimentaba ciertas veleidades literarias, escribía novelas y versos, conocía medianamente bien la literatura de su época y leía con admiración las obras de Ortega y Gasset, Eugenio D'Ors, Oswald Spengler, Carlos Marx...

¿Cuál es la obra política de un hombre que confiesa que su vocación «está entre los libros»? Parece que el origen del partido de Falange Española hay que situarlo en marzo de 1933. En octubre del mismo año se dio a conocer el nuevo partido político en una especie de mitin celebrado en el madrileño Teatro de la Comedia. Asistieron Ramiro Ledesma y otros dirigentes de las J.O.N.S. La actuación de José Antonio, que despertó gran expectación, se limitó a presentar las líneas generales del partido con una buena dosis de originalidad. Anotemos una de sus principales ideas programáticas: la de *rechazar la noción de partido* para sustituirla por la idea de *movimiento político*; esta idea se la apropió el general Franco años después para sostener los principios institucionales de su dictadura. «El movimiento de hoy –dijo– no es de partido, sino que es un movimiento, casi podríamos decir que un antipartido, sépase desde ahora, que no es de derechas ni de izquierdas. Porque en el fondo la derecha es la aspiración a mantener una organización económica aunque sea injusta, y la izquierda es en el fondo el deseo de subvertir una organización económica, aunque al subvertirla se arrastren muchas cosas buenas». José Antonio insiste en su idea central de la superación de los partidos tradicionales: «Nosotros seríamos un partido más si viniéramos a enunciar un programa de soluciones concretas. Tales programas tienen la ventaja de que nunca se cumplen. En cambio, cuando se tiene un sentido permanente ante la historia y ante la vida, ese propio sentido nos da soluciones ante lo concreto, como el amor nos dice en qué casos debemos reñir y en qué casos nos debemos abrazar, sin que un verdadero amor tenga hecho un mínimo programa de abrazos y de riñas». Además de la inspiración general de Falange (superación de la noción clásica de «partido»), enumeró José Antonio algunos puntos concretos que, en parte, venían a coincidir con los que defendían las J.O.N.S.: a) concepto de España como «unidad de destino en lo universal», b) sustitución de los partidos políticos por la representación de las familias, los municipios y los sindicatos («corporaciones»), c) derecho de todo trabajador a una vida «humana, justa y digna», d) «respeto y amparo del espíritu religioso, sin que esto signifique que el estado se inmiscuya en la Iglesia ni ésta en aquél...»

En conjunto, el estreno político del literato de vocación causó una cierta extrañeza. En el periódico «El Sol» se calificó el proyecto político de José Antonio como «movimiento poético» (!!!). Y el escritor (llamémosle así) José María Carretero, que escribía bajo el seudónimo de «El Caballero Audaz», hizo una pintura semejante del acto: «Yo, al salir a la calle, despejada, tranquila, tuve la sensación de haber asistido a una hermosa velada literaria del Ateneo».

A pesar de estos comienzos poco afortunados, al poco tiempo del mitin de la Comedia se produjo la unificación de *Falange Española* y las *Juntas de Ofensiva Nacional Sindicalista*. Un triunvirato dirigía el nuevo partido, que se llamaba *Falange de las J.O.N.S.* y mantenía prácticamente el conjunto de insignias, lemas, saludos y uniformes del partido de Ramiro Ledesma y Onésimo Redondo. El primer acto oficial del nuevo partido, su presentación pública, tuvo lugar en el Teatro Calderón de Valladolid, en marzo de 1934, en un ambiente cargado de violencia y que era ya como el preludio de la Guerra Civil. A finales de este mismo año, el triunvirato cede al mando único en la persona de José Antonio Primo de Rivera. A comienzos de 1935, y por disensiones internas poco conocidas, se expulsó de Falange de las J.O.N.S. a Ramiro Ledesma, que intentó convencer a Onésimo Redondo a abandonar también el partido, sin conseguirlo.

Además del programa de superación de partidos, hay otro punto interesante en el ideario de la Falange de José Antonio: el de la *crítica del capitalismo*, que formuló con palabras precisas en el mitin del cine «Madrid» en el año 1935: «El capitalismo, mediante la competencia terrible y desigual del capital grande contra la propiedad pequeña, ha ido anulando el artesanado, la pequeña industria, la pequeña agricultura: ha ido colocando todo– y va colocándolo cada vez más– en poder de los grandes trusts, de los grandes grupos bancarios. El capitalismo reduce al final a la misma situación de angustia, a la misma situación infrahumana del hombre desprendido de todos sus atributos, de todo el contenido de su existencia, a los patronos y a los obreros, a los trabajadores y a los empresarios». Hay en la crítica de José Antonio al capitalismo moderno unos acentos que parecen inspirados directamente en el *Manifiesto comunista* de Marx y Engels, especialmente cuando asegura que la sociedad capitalista es más inhumana que la sociedad feudal:

> La propiedad feudal imponía al señor, al tiempo que le daba derechos, una serie de cargas; tenía que atender a la defensa y aun a la manutención de sus súbditos. La propiedad capitalista es fría e implacable: en el mejor de los casos, no cobra la renta, pero se desentiende del destino de los sometidos. Y en cuanto a los esclavos, éstos eran un elemento patrimonial en la fortuna del señor; el señor tenía que cuidar de que el esclavo no se muriese, porque el esclavo le costaba el dinero, como una máquina, como un caballo, mientras que ahora se muere un obrero y saben los grandes señores de la industria capitalista que tienen cientos de miles de famélicos esperando a la puerta para sustituirle.

Aunque Falange de las J.O.N.S., como hemos visto, añadía a su programa de derechas una serie de principios de *radicalismo social*, su verdadera postura distaba mucho de ayudar al proletariado. Los miembros de Falange se ganaron desde el principio el mote de «señoritos», y como tales «señoritos» se portaron en ocasión de la rebelión minera asturiana de 1935: cuando unos diez mil mineros armados invadieron la ciudad de Oviedo, un pequeño grupo de falangistas se atrincheraron en una casa y resistieron hasta la llegada de las tropas que envió el Gobierno (tropas dirigidas personalmente por Franco desde Madrid). A pesar de las ideas anticapitalistas, en caso de enfrentamientos entre el capital y los obreros, Falange tomaba partido en favor del capital.

Las elecciones de febrero de 1936 dieron el triunfo al Frente Popular. Falange obtuvo un verdadero descalabro electoral: 5.000 votos solamente en Madrid (1.19 % del electorado), 4.000 en Valladolid (4 % del electorado)... Paradójicamente, la vida de Falange empieza ahora, en la clandestinidad, contestando a la violencia de los milicianos sindicalistas con la violencia. Es la «dialéctica de los puños y las pistolas», el culto a la violencia que tanto predicaban algunos de sus jefes, incluso el propio José Antonio.

Conocemos ya el resto de la historia: fusilado José Antonio al poco tiempo de producirse la guerra (noviembre de 1936), aprovechó Franco el vacío de poder que había dejado la desaparición del «Fundador» para impulsar la última reunificación de la derecha: *Falange de las J.O.N.S.* se uniría a la Comunión Tradicionalista (carlistas) para transformarse en *Falange Española Tradicionalista y de las J.O.N.S.* (abril de 1937). Los tradicionalistas se comprometían a aceptar los principios, la jerarquía y la organización de los falangistas, y los falangistas se comprometían a aceptar la instauración de una monarquía imperialista (!!!) al estilo de la dinastía Habsburg. En esta última reunificación, Falange perdía el poco contenido social que le quedaba, y Franco, autonombrado jefe del nuevo partido, procuraría convertir este conjunto de ideas mal hilvanadas en un «aparato» del poder, en una organización intermedia entre la sociedad y el Estado, en algo que ya no sería ni carne ni pescado. El *nacionalsindicalismo* fascista, domesticado por Franco y castrado por su contacto con los tradicionalistas, se había convertido en lo que humorísticamente se denominó más tarde «nacionalcatolicismo»...

A pesar de sus errores, contradicciones y prejuicios, José Antonio era hombre inteligente, sensible y honesto, y si no hubiera muerto en la cárcel de Alicante, hubiera impedido la instrumentalización de su partido. Probablemente también, si hubiera vivido unos años más, hubiera evolucionado hacia un entendimiento con las izquierdas, como realizaron otros fascistas de la primera hora. Los papeles encontrados entre sus pertenencias personales de la cárcel y recientemente publicados, son exponentes de una evolución en este sentido.

La extrema izquierda: Durruti y el anarquismo militante

A finales del siglo XIX y principios del XX hemos visto crecer el anarquismo, sobre todo en su aspecto teórico (la utopía de la revolución espontánea) y en su aspecto práctico (formación de las centrales sindicales). En el período de la Guerra Civil podemos ver su desarrollo político: la creación de ejércitos populares, la formación de comunidades agrarias de autogestión, su participación en el gobierno... En la Guerra Civil el anarquismo abandonó la pequeña lucha cotidiana de las reivindicaciones sindicales para entregarse de lleno a la revolución social. Había llegado la hora de poner en práctica los principios del comunismo libertario, de demostrar que el anarquismo no era una utopía, sino una realidad.

El anarquismo se diferenciaba del socialismo y del comunismo por su radical rechazo de toda jerarquía. En este sentido, para los anarquistas eran tan peligrosos los socialistas y los comunistas como los mismísimos fascistas, pues todos ellos contaban con un denominador común: la organización desde arriba, las minorías rectoras, la estructura burocrática. El anarquismo era el movimiento más radical que existía, pues rechazaba como «imposición burguesa» toda organización, todo principio rector. Las ideas anarquistas tenían algo de esa ingenuidad romántica de Rousseau, que aseguraba que el hombre es bueno por naturaleza y que sólo la sociedad lo hace malo. Para los anarquistas hay algo así como una invitación a volver a este estado de bondad primitiva. Cuesta trabajo sustraerse a la fascinación de estas ideas, que fueron mantenidas con un entusiasmo verdaderamente admirable. Hay figuras en el movimiento anarquista que tienen algo de la belleza de los héroes trágicos románticos. Aunque no convenzan, conmueven. Aunque no hagamos nuestras sus ideas, las admiramos. ¿Es realmente posible una organización social desde abajo, espontánea, completamente democrática y libre? Nuestra experiencia nos dice que la sociedad humana, cada vez más complicada y especializada, es el resultado de una voluntad organizativa en la que la especialización resulta imprescindible. Y la especialización conduce a la diferenciación entre gobernantes y gobernados...

Pero el anarquismo, al menos el anarquismo español, incurrió en dos graves defectos, uno *moral* y el otro *estratégico*. El defecto moral es que pretendían que el fin justificase los medios, y no tenían inconveniente en recurrir a toda clase de crímenes para alcanzar sus objetivos. El segundo defecto fue la creencia misma en la posibilidad del triunfo del comunismo libertario sin contar con ningún tipo de alianzas. Los anarquistas consideraban enemigos a todos los que no pensaban como ellos, y cuando por fin se decidieron a colaborar con los socialistas y comunistas en el gobierno de concentración de

Largo Caballero, lo hicieron a regañadientes y no pudieron impedir una auténtica guerra civil en Barcelona iniciada por anarquistas disconformes. A la larga, los anarquistas fueron el gran problema de la República: desprestigiaron el «orden burgués» republicano desestabilizando la situación, y entorpecieron la labor política de gobierno.

La figura de **Buenaventura Durruti** (1896-1936), principal representante del anarquismo revolucionario en la España del siglo XX, resulta fascinante incluso para quienes no compartan sus ideas. Tiene una rigidez de carácter que equidista entre la integridad y la tozudez. Es una figura tosca, como esculpida a hachazos, pero su tosquedad es la del campesino, que resulta natural y humana. Está convencido de la legitimidad de sus fines, y no duda jamás de la oportunidad de sus medios. Su valentía física roza con la temeridad. Su fe en el futuro del comunismo libertario, que él ve como la cosa más evidente, es algo que deja sorprendido a todo lector de su biografía; no es la fe de un místico o un visionario, sino la de alguien que tiene los pies en la tierra, que tiene gran capacidad organizativa, que sabe mover a las masas. Su energía es inagotable, no tiene explicación racional, como no sea la de que es la energía que brota del ideal. Durruti vivió para su idea y no escatimó esfuerzos para lograrla. Una idea que le cegaba y le impedía ver la realidad en torno: el desprestigio de las izquierdas, el desmoronamiento de la República, la desorganización del ejército republicano...

Durruti nació en León en el seno de una familia comprometida en las luchas sociales (un tío de Durruti fue el fundador de la primera asociación obrera de orientación mutualista). Sus primeras experiencias en el mundo de las reivindicaciones obreras las realizó en 1917, el año de la huelga general, siendo trabajador de la Compañía Ferroviaria del Norte. Durruti tuvo que exiliarse a Francia, como consecuencia de la represión gubernamental, cuando apenas contaba 21 años. Después de una aventurera existencia en que cambiaba frecuentemente de domicilio para escapar de la policía, se decidió a participar en un golpe decisivo contra el «pistolerismo» gubernamental (hemos aludido ya a este problema: el gobierno pagaba a «pistoleros» o profesionales del crimen para sembrar el pánico entre la población y justificar la represión policial). El golpe consistía nada menos que en el asesinato del cardenal Soldevila, que al parecer había colaborado en la introducción de estos «pistoleros» en Zaragoza. El asesinato tuvo lugar en 1923 en la ciudad de Zaragoza, y desencadenó una ola de indignación en la prensa conservadora, donde se señalaba a Durruti y a su banda como «temible» personaje, y se exigía poner fin a este «azote de Dios».

Cuando se produjo el golpe de estado de Primo de Rivera, los anarquistas tuvieron que desaparecer de escena. Durruti y sus compañeros iniciaron una larga peregrinación por Hispanoamérica: Cuba, Méjico, Argentina... En todos estos países sublevaban a la población trabajadora y hasta llegaron a asesinar a un explotador de plantaciones en Cuba. Lograron salir milagrosamente de todas estas peripecias, recurriendo a todo tipo de medios, incluyendo al soborno. Pero la aventura hispanoamericana les dejó mala impresión: se convencieron de que los trabajadores en estos países no estaban maduros para la revolución espontánea. Curiosamente, Durruti creía que el trabajador español de su tiempo sí lo estaba.

En 1926 llegó a París y se decidió por un golpe de audacia: capturar a Alfonso XIII y al dictador Primo de Rivera, que habían anunciado su visita oficial a la capital francesa por aquel tiempo. Durruti cayó en manos de un confidente de la policía francesa y tuvo que ir a la cárcel, de donde le sacó un buen abogado y la justificación de estar luchando contra una dictadura. Causa asombro pensar en la audacia de Durruti, que apenas disponía de tiempo ni de medios para realizar un rapto de esta envergadura.

Cuando se produjo la proclamación de la República, Durruti no se hizo muchas ilusiones sobre su verdadera naturaleza. En un mitin celebrado el 19 de abril en Barcelona puso de manifiesto el carácter burgués de la República y hasta hizo una certera predicción sobre el comienzo de una guerra civil: «Si fuésemos republicanos –dijo en esta ocasión– aseguraríamos que el el gobierno es incapaz de reconocer el triunfo que le ha dado el pueblo. Pero nosotros no somos republicanos y sí auténticos obreros y, en nombre de ellos, llamamos la atención del gobierno sobre el peligroso camino que ha emprendido, que, de no cambiar, conducirá al país al borde de la guerra civil. La República no nos interesa como régimen político, y si la hemos aceptado es pensándola como punto de partida de un proceso de democratización social». A pesar de las críticas a la República, Durruti y sus compañeros supieron aprovecharse del nuevo régimen para iniciar acciones de una audacia y un radicalismo admirables. Pocos días más tarde, en la manifestación del 1 de mayo se leían pancartas anarquistas que proclamaban claramente lemas como «Disolución de la Guardia Civil», «La fábrica para los obreros», «La tierra para los campesinos» y «Abajo la explotación del hombre por el hombre». Pero los anarquistas no se limitaron a escribir pancartas en este primero de mayo; desde la tribuna se pronunciaron discursos en que se invitaba sin más a «ocupar las fábricas, ponerlas en marcha y apoderarse de las tierras. La clase obrera es capaz de hacer todo esto, sólo nos falta la audacia revolucionaria». No les faltaba audacia, sino que les sobraba, como se pone de manifiesto en la alocución que pronunció este mismo día el comité regional de la CNT: «Tenemos que marchar, marchar enérgicamente a la conquista del futuro, que no puede ser otra cosa para la clase obrera que la total destrucción del capitalismo y del Estado. Solamente después se podrá instaurar la sociedad sin clases».

¿Podía la República permitir un movimiento político que pretendía destruir no solamente el capitalismo, sino tambien el Estado? El primer gran enfrentamiento entre la joven República y los anarquistas tuvo lugar en enero de 1932, en pleno bienio social-azañista, cuando los mineros catalanes, aleccionados en un mitin revolucionario de los anarquistas, publicaron un manifiesto en el que determinaban la abolición del Estado, del dinero y de la propiedad privada. La represión de Azaña fue inmediata, y comenzó en toda España una caza de anarquistas. Durruti y algunos de los más señalados militantes anarquistas fueron encerrados en un barco y enviados al África y a las Canarias; la deportación duró hasta el mes de septiembre.

Durante la República, los anarquistas siguieron insistiendo y profundizando en su ideología del comunismo libertario. Una de las ideas que se formularon con mayor entusiasmo fue la de la *comuna o municipio libre*. «En la comuna toma asiento la aspiración revolucionaria de nuestro pueblo, y ella ofrece a su expresión federada el principio de organización social en sus diversos aspectos: administrativo, económico y político. Apoderarse de los ayuntamientos y proclamar la comuna libre es el primer paso de la revolución social. Una vez convertido el ayuntamiento en comuna libre, la autogestión se generaliza a todos los niveles y el pueblo se constituye, por medio de la asamblea popular, en poder ejecutivo soberano y único». Estas palabras, pronunciadas por el órgano central de la CNT, expresaban el punto central del anarquismo ibérico: organización desde abajo, partiendo de la célula social más elemental (el municipio) y excluyendo todo control de una instancia superior (capital de provincia, capital de nación, Estado, etc.). Durruti procurará aplicar esta fórmula en Aragón, al comenzar la guerra, fundando comunas agrícolas.

Otra idea capital, relacionada con el mundo del trabajo, es la organización en *comités obreros* completamente democráticos y estructurados también de abajo arriba. El propio Durruti nos describe el funcionamiento: «Para mí, los órganos representativos y básicos de una alianza obrera son sus comités de fábrica, elegidos por los obreros en asambleas abiertas. Estos comités, federados por barrios, por distritos, por localidad, comarcal, regional y nacionalmente serán, en mi opinión, la auténtica expresión de la base. Interpreto, pues, en el sentido que nosotros lo interpretamos todo: de abajo arriba, con menos y menos atribuciones a medida que los organismos vayan alejándose de los comités de fábricas, talleres o minas».

La piedra de toque del movimiento revolucionario anarquista fue la Guerra Civil. Con el comienzo de la guerra se iba a poner de manifiesto hasta qué punto era capaz el anarquismo de realizar sus sueños y de articular sus esfuerzos con las demás fuerzas de la izquierda. Nos concentraremos en Cataluña, donde el anarquismo tenía mayor tradición y contaba con mayores apoyos.

El Comité Central de Milicias Antifascistas estaba formado, en Cataluña, por un 50% de anarquistas y otro 50% de socialistas, lo cual no correspondía exactamente a la verdadera repartición de fuerzas, pues el anarquismo era mucho más fuerte que el socialismo. Pronto se formaron comités para *acudir a Aragón y liberar Zaragoza*, en manos del ejército rebelde. El entusiasmo de la empresa era extraordinario, como lo era el fervor revolucionario que llenaba Barcelona en estos primeros meses de la guerra. Los hospitales y farmacias, ocupados desde los primeros momentos de guerra, funcionaban colectivizados. Lo mismo pasaba con los teléfonos, los mercados de abastos, el metro, las panaderías... Los sindicatos de agricultores, después de colectivizar la tierra, establecían almacenes de alimentos para abastecer la ciudad. Los grandes almacenes, incautados a sus antiguos propietarios, repartían ropa gratuitamente. Se tenía la impresión de que había desaparecido la circulación del dinero...

Los anarquistas formaron su propia columna militar para conquistar Zaragoza, la *Columna Durruti*. Una columna un tanto extraña, compuesta de camiones, autobuses, taxis y diversos turismos, y en la que, aparentemente, nadie mandaba, pues los jefes militares no llevaban galones ni distintivos de mando. El pueblo barcelonés salió a despedirles al Paseo de Gracia, donde fueron aclamados como héroes. Durante el trayecto se le fueron uniendo más y más milicianos voluntarios. Durruti aprovechó la larga marcha a Zaragoza para organizar *comunas agrícolas* por el camino. Cuando la columna hacía un alto, Durruti solía hablar a los vecinos: «¿Habéis organizado ya vuestra colectividad? No esperéis más. ¡Ocupad las tierras! Organizaos, de manera que no haya jefes ni parásitos entre vosotros. Si no realizáis eso, es inútil que continuemos hacia adelante. Tenemos que crear un mundo nuevo, diferente del que estamos destruyendo. Si no es así, no vale la pena que la juventud muera en los campos de batalla. Nuestro campo de lucha es la revolución».

Pero el entusiasmo solo no fue suficiente para vencer. La columna de Durruti llegó hasta Bujaraloz y no pudo pasar de allí. El ejército estaba improvisado, hubo problemas de atribución de mandos, faltaba la coordinación entre los distintos grupos, la munición era escasísima y además se produjeron faltas de disciplina muy graves. La columna de Durruti no pudo dar ni un paso adelante.

Lo peor de todo vino a continuación. El gobierno recién estrenado de Largo Caballero, empeñado en encontrar una alianza de todas las fuerzas de la izquierda, invitó a los anarquistas a formar parte del gobierno. Después de largas negociaciones (y apasionadas discusiones entre los anarquistas, divididos en colaboracionistas y anticolaboracionistas) entraron cuatro anarquistas en el gobierno. Era el principio de las claudicaciones, la alianza con la izquierda burguesa... A Durruti le obligaron a someterse a la disciplina de la izquierda unida, pues la República estaba en peligro. Para el Gobierno, la prioridad de la lucha, lógicamente, estaba en salvar Madrid, por lo que se le obligó a Durruti a dejar el cerco de Zaragoza y entrar en Madrid, donde participó en la *defensa de la Ciudad Universitaria*. Las tropas de Durruti entraron en Madrid casi al mismo tiempo que salía el Gobierno de Largo Caballero en dirección a Valencia. En Madrid los milicianos de Durruti, ya muy diezmados, se batieron sin descanso a las órdenes del general Miaja (un militar de profesión). El sentimiento de humillación de Durruti debía de ser considerable. El creador de un ejército libertario se encontraba obedeciendo órdenes y sometido a disciplina castrense...

En noviembre de 1936 Durruti fue alcanzado por una bala delante del Hospital Clínico (Ciudad Universitaria) y murió desangrado en el Hotel Ritz, convertido en hospital de guerra. Durante mucho tiempo se creyó que había sido una bala enemiga, pero hace poco que se ha desvelado el secreto de su muerte: se le disparó casualmente el fusil y nadie se atrevió a dar la versión real por miedo a no ser creído.

Con Durruti muere un mito, el del comunismo libertario. En realidad, el mito había muerto algún tiempo antes, pues Durruti había tenido que renunciar a sus ideales para someterse a lo que más odiaba: a la jerarquía. Y a una jerarquía dictada precisamente por las fuerzas burguesas, contra las que él luchaba.

C: CULTURA

La novela de la Guerra Civil: Foxá, Barea, Gironella.

La guerra civil española atrajo la atención de los intelectuales de todos los países; era quizás la última guerra en la que se luchaba por ideales, en la que los escenarios de la lucha servían de marco ideal para el conflicto de las ideas. Los escritores extranjeros que participaron directamente en la contienda o que asistieron como simples observadores (Ernest Hemingway, George Orwell, André Malraux...), no pudieron contener el entusiasmo que les inspiraba el pueblo en armas. Es difícil exigir objetividad a estos autores; la pasión disculpa los errores o las exageraciones.

En los autores españoles son menos disculpables los extravíos pasionales. El intelectual español, al convertir en literatura unos hechos históricos que conoce en profundidad, está obligado a mantener más corta la distancia entre la literatura y la historia. Y sin embargo, es difícil encontrar escritores españoles verdaderamente objetivos. A los horrores de la guerra real (batallas sangrientas, delaciones, juicios sumarios, bombardeos contra civiles...) siguieron los horrores del enfrentamiento ideológico entre los defensores de uno y otro bando, y sólo con los años se ha ido amortiguando la discusión.

Hemos seleccionado tres novelistas representativos de tres tendencias diversas: Agustín de Foxá, defensor de la derecha fascista; Arturo Barea, defensor de la izquierda revolucionaria; y José María Gironella, representante de la derecha católica.

Agustín de Foxá, conde de Foxá (1903-1959) debe su fama de novelista a la publicación del libro *Madrid de Corte a Checa*, una de las mejores novelas sobre el tema de la guerra civil. Diplomático de profesión, carrera en que ocupó algunos cargos de cierta responsabilidad, su vocación indiscutible era la de escritor. Fue, además de novelista, poeta, autor teatral y brillante cronista. Fue también académico de la Real Academia de la Lengua. Apuntemos todos estos datos, porque nos dan parte de la clave de *Madrid de Corte a Checa*: Foxá es un aristócrata culto, un escritor refinado. Más que por novelista, destaca por estilista, por escritor que sabe su oficio y lo exhibe. Su prosa, un poco fría y distante, es perfecta, medida, exacta. No llega a conmovernos, pero tampoco puede aburrirnos. Tiene verdadero instinto para recoger lo esencial y despreciar lo accidental. Y lo esencial está muchas veces en el detalle, en la anécdota, en el rasgo.

Madrid de Corte a Checa es la historia de José Félix, joven de la clase media conservadora que asiste al desmoronamiento de la monarquía, a las peripecias de la II República y al estallido de la Guerra Civil. Una historia casi sin historia, pues José Félix (suponemos que un trasunto del propio autor) es un joven poco decidido que apenas toma parte en los acontecimientos. Al principio se deja arrastrar por los círculos izquierdistas y por el ambiente cultural de la vanguardia, pero con el tiempo evoluciona hacia las derechas, conoce a José Antonio Primo de Rivera y decide ingresar en la Falange. El ingreso en el partido fascista está contemplado como una especie de regeneración moral, pues José Félix se encontraba «envenenado por la literatura y la podredumbre intelectual del nuevo régimen (la República)». El paralelismo con la ideología nazi resulta evidente. Al lado de José Félix se ven actuando los jóvenes fascistas, héroes en lucha contra los milicianos sindicales, exponiendo sus vidas en un Madrid prácticamente controlado por las izquierdas. Foxá ha tenido el buen gusto de no convertir a José Félix en un héroe; el protagonista se limita a conseguir un salvoconducto para huir con su amiga del Madrid republicano, y poder llegar al extranjero, desde donde, al final de la novela, vuelve a entrar en España lleno de ilusión para luchar al lado de los militares rebeldes. No sabemos si José Félix se va a convertir de verdad en un héroe, pues la novela termina aquí. La continuación, planeada en otra novela que se titularía significativamente *Salamanca, cuartel general*, no llegó a escribirla.

Madrid de Corte a Checa está construida con la técnica que había inaugurado Galdós de intercalar episodios históricos con episodios ficticios. En los episodios históricos aparecen gran cantidad de personajes reales de la política (Alcalá Zamora, Azaña, Gil Robles, José Antonio, Prieto, etc.), a veces nombrados solamente por sus nombres de pila o incluso por sus apodos, lo que puede dificultar la comprensión de la obra al lector de nuestros días. Los episodios ficticios son, probablemente, no del todo ficticios, pues hay mucho de autobiográfico en la novela. Es difícil decir qué es más interesante en la novela, lo ficticio o lo histórico. Probablemente, ninguno de ambos aspectos. *Madrid de Corte a Checa* es una novela de ambiente, es un *cuadro impresionista* sobre la guerra y la sociedad que la ha hecho posible. Foxá es un maestro del matiz y del detalle. La descripción de la inútil aristocracia alfonsina, del gesto brutal de los milicianos, de los tristes amaneceres de sangre, son algo muy superior a la trama novelesca, casi inexistente.

El estilo de la novela parece que está basado en el arte de la *sugerencia*: Foxá no hace descripciones completas, sino que se limita a anticipar dos o tres *rasgos esenciales* para que el resto lo complete el lector con su imaginación. Tampoco recoge grandes diálogos, sino solamente unas pocas palabras iniciales que recogen el estado anímico de quien las pronuncia. Aquí es donde radica la auténtica maestría de Foxá, lo que hace que su libro no se caiga nunca de las manos. Un ejemplo, tomado del primer capítulo, en que describe una aparición pública de Ramón del Valle-Inclán en una tertulia de literatos:

Llegaba don Ramón con sus barbas de Padre Tajo, sucio, traslúcido y mordaz. Hablaba a voces contra el general Primo de Rivera.

–Ese espadón de Loja...

–Don Ramón, a la salida nos esperan los «carcas».

Sentíase Valle Inclán guerrillero de Oriamendi. Pidieron unas gaseosas de bolita, y decía:

–Estoy manso, como todos los animales que comen hierba. No puedo ser vegetariano.

Le interrumpió Monís, un catedrático miope y rizoso de Murcia, fundador de la F.U.E. y abonado al «Cine Club».

–¿Qué me dice entonces de los toros de lidia?

Le miró don Ramón con el ojo ardiente de Bradomín.

–Los toros toman una pasta de hierba y sal. En realidad, comen mojama.

Al lado de los evidentes logros estilísticos, la novela muestra el gran defecto de su orientación reaccionaria. No podía ser de otra manera en un escritor aristócrata y diplomático. En *Madrid de Corte a Checa* molesta la simpatía por el fascismo y, más aún, el desprecio por la clase proletaria. Foxá no ha sabido recoger el admirable entusiasmo de las milicias populares, ni su heroísmo, ni su sentido de la solidaridad humana. Foxá interpreta la lucha de clases trivializando las ideas de Friedrich Nietzsche:

Era el gran día de la revancha, de los débiles contra los fuertes, de los enfermos contra los sanos, de los brutos contra los listos. Porque odiaban toda superioridad. En las «chekas» triunfaban los jorobados, los bizcos, los raquíticos y las mujerzuelas sin amor, de pechos fláccidos que jamás tuvieron la hermosura de un cuerpo joven entre los brazos.

Foxá no solamente es ciego ante la grandeza de la revolución proletaria; su incomprensión se extiende incluso ante las masas que saludan con júbilo el advenimiento de la II República. Nos consta que el entusiasmo popular fue inmenso, y que no se restringió a las clases inferiores. No importa; Foxá recoge de las manifestaciones del 14 de abril de 1931 solamente aspectos grotescos que parecen salidos de los esperpentos de Valle-Inclán:

Olían las calles a sudor, a vino; polvo y gritos. Pasaban los camiones con hombres arrebatados, enronquecidos, en mangas de camisa, y las golfas de San Bernardo y de Peligros con los pechos desnudos, envueltas como matronas de alegoría en las banderas tricolores y rojas. Era el día de los instintos sueltos. Nadie pagaba en los tranvías ni en los cafés. Vomitonas en las esquinas, abortos en la Dehesa de la Villa, pellizcos obscenos y el sexo turbio que se enardecía en los apretones.

Frente a la deformación grotesca de las clases populares, la presentación idealizante, de un color rosa que roza la cursilería, de los caudillos fascistas e incluso del mismísimo general Franco. El contraste no puede ser más vivo: en pocas líneas pasamos de una *estética deformante* en que los hombres están convertidos en bestias, a una *estética idealizante* en que los hombres se convierten en ángeles. Pero los ángeles son personajes difícilmente imaginables por el hombre, que recurre siempre, incluso en la mejor literatura, a procedimientos falsos, a colores que recuerdan la purpurina. Es la venganza de haber vivido de espaldas a la realidad. He aquí un ejemplo de idealización de Franco y de su Cuartel General:

[José Félix] imaginaba a Franco, joven, con la espada desnuda en la belleza severa de Burgos, edificando una Patria nueva, en un Cuartel General sin palaciegos ni aduladores, rodeado de alegres requetés navarros, de falangistas vestidos de azul que defendían una patria alegre entre el ruido de talleres, con un Estado Mayor de jóvenes capitanes con la Laureada.

Hay solamente una cosa que disculpa la visión idílica de Foxá: la novela está escrita en el año 1938, en plena Guerra Civil, cuando la esperanza de una España mejor todavía podía justificar confianzas ilimitadas en el *Caudillo*...

La obra de **Arturo Barea** (1897-1957) titulada *La forja de un rebelde* es difícil de clasificar simplemente como novela. Se trata más bien de una apasionante autobiografía que está confeccionada con una técnica novelesca. Es la vida del autor, pero presentada bajo un ropaje literario. Barea no se limita a recoger o seleccionar los diversos episodios de su vida: hay un tono triste y melancólico para los años de la niñez y juventud, y un tono crítico y agresivo para los años de la madurez. Hay, además, una necesidad de apresar el pasado en una especie de *presente intemporal* que sorprende al lector: cada una de las tres partes de la obra suele comenzar con una descripción de situaciones y paisajes en la que todos los verbos conservan la forma del *presente de indicativo*. Parece que estamos leyendo a Azorín. He aquí el comienzo de la tercera parte de esta obra:

> El calor de agosto *disuelve* el almidón. El interior del cuello planchado *se convierte* en un trapo húmedo y pegajoso; la tela exterior *conserva* su rigidez y sus aristas *rozan* la piel sudorosa.
> Cuando trato de procurarme alivio metiendo el pañuelo entre mi piel y el cuello de la camisa *surge* en mi mente la imagen del tío José introduciendo su pañuelo de seda cuidadosamente doblado entre su fuerte garganta y el cuello almidonado...

A pesar de todo, algunos críticos siguen considerando la novela de Barea como un género híbrido en que lo novelesco y lo histórico están mal soldados. «Para novela, le sobra historia, para historia, le sobra todo lo que hay en ella de novelesco» (Torrente Ballester). Estos y otros juicios negativos apenas tocan la esencia de la obra: el género novelesco es suficientemente abierto y proteico para permitir fórmulas complejas que escapan a la clasificación clásica. La cuestión del género literario a que pertenece *La forja de un rebelde* es de importancia secundaria.

La obra está escrita con una especie de «tierna y áspera sinceridad apasionada» (Eugenio de Nora) que constituye su máximo atractivo. Porque en Barea todo es vivo y auténtico, todo es reflejo de la personalidad humana de su autor. No nos molesta la pasión, ni siquiera cuando la pasión se hace alegato político. La cuestión de estar de acuerdo o en desacuerdo con las ideas políticas de Barea no es esencial; en primer lugar, porque ni a él mismo le hubiera molestado nuestra disidencia de lectores y, en segundo lugar, porque su entusiasmo político nunca le llevó a identificarse con ningún partido. Barea rechazó toda sujeción a disciplina, permaneció siempre independiente y tercamente fiel a sí mismo. Tuvo carnet de sindicato, no de partido político.

Digamos también que la obra no está bien escrita, carece de elegancia y, en algunos casos, de sensibilidad literaria. Peor aun: la obra, aparecida en castellano en 1951, parece estar contagiada de algunos calcos de la edición inglesa de 1941. No importa: la pasión del autor justifica los defectos formales de la obra, la peripecia vital del propio Barea deja en la sombra la cuestión, acaso menos importante, del estilo.

La forja de un rebelde consta de tres partes: *La forja, La ruta* y *La llama*. La primera es la historia de la infancia: la infancia descolorida y amarga de un niño pobre, hijo de una lavandera de Madrid. La segunda está dedicada, en gran parte, a una experiencia más amarga todavía: la guerra de África, donde Barea tiene que combatir, en medio de un ejército corrupto e indisciplinado, para defender los intereses de la oligarquía española. Con la tercera parte, *La llama*, Barea alcanza el colmo de la amargura y la desilusión: es la historia del Madrid sitiado por las tropas de Franco, el Madrid que resistió, contra toda esperanza y abandonado por el gobierno republicano, durante los casi tres años de guerra.

La crítica suele reconocer la primera parte como la mejor. Se nos permitirá disentir de esta opinión. La primera parte puede ser la mejor desde el punto de vista «literario», formal; incluso algunas escenas de costumbres del Madrid de principios de siglo pueden acercarse a las que nos dejaron las grandes figuras del 98. Pero el punto de vista exclusivamente «literario» no nos parece, después de lo que hemos anticipado sobre su estilo, lo mejor de Barea. La excelencia de Barea está situada más allá de su literatura: es el temple humano del novelista lo que nos seduce y nos impide dejar la lectura. La última parte, *La llama*, se lee de un tirón, desde el principio al final. Barea describe su actividad como censor de prensa en el edificio de la Telefónica; Madrid está sitiado por las tropas de Franco; el gobierno republicano, cómodamente instalado en Valencia, muy lejos de los horrores de la guerra; el edificio de la Telefónica es alcanzado repetidas veces por la artillería del enemigo, que se encuentra a muy poca distancia, en la Ciudad Universitaria; escasean los alimentos, abunda el trabajo, se prodigan las noches sin sueño... Poco a poco, la vigilia se confunde con el sueño, y el sueño se confunde con la realidad más grotesca de la vigilia. La Guerra Civil, en la directa visión que nos ofrece Barea, alcanza la dimensión surrealista y grotesca de un cuadro de Goya. En una ocasión, como consecuencia de un bombardeo, Barea contempla cómo una vendedora de periódicos es destrozada y una pierna aparece al otro lado de la calle. En otra ocasión, igualmente después de un bombardeo, el autor ve un objeto que se mueve pegado al cristal de un escaparate: se trata de un trozo de cerebro humano todavía vivo...

La obstinación de Barea en permanecer en Madrid rodeado de muerte y miseria cuando sus jefes inmediatos de Valencia le invitan a abandonar la capital, es algo que produce enorme impacto. Una corta visita a Valencia –luz, alegría, buena comida, ambiente festivo– y de nuevo el encierro en el Madrid sitiado, esta vez dirigiendo una emisora de propaganda... A Barea le hicieron la vida imposible sus propios correligionarios del partido comunista y tuvo que dejar la emisora de radio, como anteriormente había tenido que dejar la censura. En parte, fueron motivos ajenos a la política: Barea vivía con otra mujer mientras tramitaba el divorcio. Pero además, Barea estaba enfermo y sufría mareos con frecuencia. Su salida de España estaba más que justificada.

José María Gironella (1917) es autor de *Los cipreses creen en Dios* (1953), *Un millón de muertos* (1961) y *Ha estallado la paz* (1966), trilogía que recoge la historia de la familia Alvear en el ambiente provinciano de Gerona durante, respectivamente, el período republicano, la guerra civil y los primeros años de paz. En principio, nos interesaría solamente la obra *Un millón de muertos*, pues solamente aquí el trasfondo lo constituye la guerra civil. La trilogía tiene, sin embargo, bastante unidad, por lo que hay que hacer referencia a las otras dos, y muy especialmente a la primera, que es, con mucho, la mejor y la que mayor éxito obtuvo de crítica y público (55 ediciones en los catorce primeros años).

La familia Alvear pertenece a la modesta clase media provincial. Matías Alvear es empleado de Telégrafos; su mujer, Carmen Elgazu, tiene que hacer equilibrios para hacer la compra; su hijo Ignacio se ve obligado a trabajar en un banco al mismo tiempo que estudia el bachillerato; César, el segundo hijo, es seminarista en régimen de criado de sus condiscípulos, para poder estudiar gratis... Nada ocurre que interrumpa esta felicidad un poco gris de familia de clase media, a no ser la progresiva radicalización política durante la República, que hace predecir, en la primera parte (*Los cipreses...*) lo que ocurrirá en la segunda: asesinato de César por los milicianos, simpatía creciente de Ignacio por los falangistas, incorporación a filas de Ignacio, abandono del campo republicano para pasarse al enemigo... La familia Alvear tiene parientes en Madrid, pero éstos son anarquistas. La escisión de la familia Alvear refleja la escisión de la sociedad española en izquierdas y derechas. El argumento de la trilogía es, ante todo, la historia de una familia; pero esa familia es representativa de la sociedad provinciana de Gerona y Gerona es representativa de toda la sociedad española.

Suponemos que la mayoría de los personajes ficticios de esta trilogía son trasposiciones más o menos afortunadas de personajes reales. Porque todo el relato, al menos en *Los cipreses...* tiene el indecible sello de la autenticidad. Es imposible «inventar» personajes que tengan tanta vida como los que circulan por estas páginas. Con esto no se pretende disminuir el enorme mérito del novelista, que ha sabido mantener unidas todas estas vidas sin que se despeguen de su ambiente natural. Todo encaja bien, todo está resuelto con maestría. Pero esto ocurre en *Los cipreses...*, que es novela de una sola pieza, de gran tensión argumental. *Un millón de muertos* pierde en densidad humana: los personajes ya no están soldados unos con otros; Gironella va sustituyendo la trama humana de la familia por la trama más abstracta de los hechos de la guerra. Los personajes se despersonalizan, se convierten en ideas. Todo está en función de los hechos de armas, de la historia. Gironella ha olvidado en esta segunda parte que no hay historia sin intrahistoria. Es posible que la pasión partidista, la interpretación tendenciosa, el discurso político, tengan la culpa de esta pérdida de densidad humana.

Y con esto tocamos el punto débil de la obra de Gironella: *el parcialismo político y la escasa sensibilidad humana* que muestra a lo largo de toda la trilogía. Este autor tiene la pretensión de ser historiador objetivo, imparcial, y en el prólogo a *Un millón de muertos* se permite pasar revista crítica a todas las obras literarias relacionadas con la guerra civil. No deja sana ni la obra de Arturo Barea. Pero el ingenuo lector, después de haber leído este prólogo, se encuentra desagradablemente sorprendido por una realidad chata, de sacristía o confesionario, donde todo tiene el valor que le asignan las pedestres opiniones del cura provinciano o la beata gazmoña. ¿Era ésta la realidad de la clase media española? Gironella no oculta sus simpatías por las derechas, por el tradicionalismo político, por el movimiento de Falange. Pero no es esto lo que se le puede reprochar a la obra; el tradicionalismo de Gironella está protagonizado no por católicos valientes y generosos, sino por personajillos supersticiosos partidarios de la casuística jesuítica. Las preocupaciones que dominan en la familia Alvear son tener un hijo cura, rezar el rosario en familia, mantener la castidad a toda costa... Incluso Matías Alvear, de tradición liberal, va siendo conquistado por la beatería de su mujer, y en las elecciones parlamentarias tiene que ocultarle que ha votado por las izquierdas. En la familia Alvear domina una especie de matriarcado, según parece, y Carmen Elgazu, la mujer de Matías, aunque dotada de gran simpatía humana, se impone en la escena familiar con su intransigencia de tradicionalista vasca. Carmen Elgazu reza un Credo para medir el tiempo de cocer un huevo, un Padrenuestro y un Avemaría para dejar reposar el café... Uno de sus mayores disgustos es ver que su hijo Ignacio no tiene vocación de sacerdote y abandona el seminario. Carmen Elgazu, como la mayoría de los tradicionalistas de esta novela, confunde la religión con sus ritos. No ha abierto nunca el libro de los Evangelios, pero se conoce de memoria las mil y una superfluidades de la liturgia católica. La preocupación religiosa, mejor dicho, pseudo-religiosa, va ahogando a los personajes de esta trilogía, y el lector siente la tentación de justificar las barbaridades cometidas por las izquierdas contra la Iglesia. Sin quererlo, el catolicismo de Gironella se vuelve contra su autor. A la obra de Gironella le ocurre lo que a esos insistentes anuncios televisivos que llegan a hacernos antipático el producto que enaltecen.

Digamos también que la *sensibilidad literaria* de Gironella es bastante limitada. Muchos párrafos de sus novelas parecen escritos para hacer las delicias de una portera. Ya el hecho de que su catolicismo se identifique con los hábitos religiosos de Carmen Elgazu señala buena parte de las limitaciones de este autor. Ser cronista de la vida cotidiana de provincias obliga a descender a la vulgaridad. Pero Gironella no ha visto que hay también una poesía de las cosas vulgares, que la verdad no se limita nunca a la superficie de las cosas. Gironella no ha vivido en profundidad, o no ha sabido transmitirnos sus vivencias más profundas, si es que las ha tenido. No nos molesta la pasión de Gironella, sino que sea una pasión superficial, de clérigo rutinario. A pesar de las tragedias que nos evocan los relatos de guerra, falta la verdadera dimensión trágica. Lo mejor de la trilogía está en *Los cipreses...*, cuando todavía no ha estallado la guerra, cuando todavía no hay tragedia y el novelista se contenta con acercarnos a las minucias cotidianas de la vida provinciana gerundense.

La literatura de ensayo: José Ortega y Gasset

José Ortega y Gasset (1883-1955) es la figura más relevante de las letras españolas en la generación que siguió a la del 98 y a los modernistas. Representa en parte una novedad y en parte una continuación de la tradición noventayochista. La novedad reside en que Ortega es *un intelectual que no tiene nada de autodidacto, que es incluso la figura contraria al autodidacto*: es un brillante universitario que realizó estudios filosóficos en Alemania y ocupó la cátedra de Metafísica de la Universidad de Madrid. (No es Ortega el primer español dedicado a importar la cultura filosófica alemana, pero entre su antecesor krausista Sanz del Río y Ortega hay la enorme diferencia que separa al aburrido diletante del profesor brillante y bien preparado). El elemento tradicional le viene de su admiración por las figuras del 98, admiración que le hace imitar en parte su estilo y en parte también su *preocupación por los temas de España*. De la novedad (de su formación científica) se desprende su estilo más objetivo, menos apasionado, más analítico, menos intuitivo que en los escritores del 98. De la tradición le viene su afición a las aventuras interpretativas, la audacia a la hora de establecer una tesis, la pretensión de elevar una simple anécdota a categoría filosófica o científica. El problema de Ortega consiste en interpretar los problemas de España y de la sociedad contemporánea con el atrevimiento de los escritores del 98, pero sin contar con su intuición, con sus dotes poéticas. Ortega es un frío racionalista que sintió nostalgia de los intuitivos (de los maestros del 98), y el resultado es una prosa ensayística que quiere alcanzar el brillo de un literato, pero que se queda en gris disertación profesoral con pretensiones. Para filósofo le sobran metáforas, para escritor inspirado le falta intuición, sentimiento, originalidad.

Donde mejor se manifiesta esta contradicción entre el profesor y el escritor es en su estilo literario, especialmente en el *uso de la metáfora*. O más bien en el *abuso* de la metáfora, porque Ortega emplea metáforas continuamente, vengan o no a cuento. La metáfora de Ortega es, con frecuencia, un cuerpo extraño en el discurso, una especie de adorno que desentona de la orientación didáctica del texto. Es como la venganza del poeta ante la gris tarea del profesor. Pero de un poeta poco inspirado, porque la metáfora de Ortega nos produce la sensación de algo rebuscado que intenta sorprender al lector. La metáfora orteguiana es signo de vanidad, de presunción. En el libro *La rebelión de las masas* encontramos un buen ejemplo de abuso metafórico:

> «Noble» significa el «conocido», se entiende el conocido de todo el mundo, el famoso, que se ha dado a conocer sobresaliendo sobre la masa anónima. Implica un esfuerzo insólito que motivó la fama. Equivale, pues, noble a esforzado o excelente. La nobleza o fama del hijo es ya puro beneficio. El hijo es conocido porque su padre logró ser famoso. Es conocido por reflejo, y, en efecto, la nobleza hereditaria tiene un carácter indirecto, es *luz espejada, es nobleza lunar como hecha con muertos.*

Antonio Machado, que no se atrevía a criticar a Ortega en público, llega a decir en una carta íntima a Guiomar: «Ortega tiene indudable talento, pero es, decididamente, un *pedante* y un *cursi*» (la cursiva es nuestra).

Ortega tiene, a lo largo de toda su densísima obra, dos temas dignos de especial interés: a) el tema de *las minorías selectas* y b) el tema de *la razón vital y el perspectivismo.*

El tema de *las minorías selectas* tiene su primera manifestación en el libro *España invertebrada* (1921), en donde se pretende explicar la situación de atraso social de la nación recurriendo precisamente a la tesis de la falta de una *minoría selecta.* Esta falta proviene, según Ortega, de la Alta Edad Media, pues los visigodos que entraron en la Península Ibérica, entraron «ebrios de romanización» (nótese la metáfora), es decir, corrompidos ya por el contacto con las instituciones decadentes del Imperio Romano y faltos de una verdadera aristocracia dirigente. La palabra «invertebrada» significa, pues, «falta de vertebración», «falta de jerarquización», «falta de minorías selectas». No hay decadencia en la España actual, sino continuación de un estado de postración causado por aquel acontecimiento histórico que no ha permitido el desarrollo de las minorías dirigentes... La tesis de Ortega es digna de un relato de ciencia-ficción, y resulta asombroso que la mayoría de los historiadores consagrados (Menéndez Pidal, Américo Castro, Sánchez Albornoz) hayan mantenido silencio o hayan elevado solamente ligeras críticas a una tesis tan disparatada. Ortega era ya en 1921 una especie de «vaca sagrada» de la cultura española a la que no se podía criticar.

La segunda manifestación del tema de las *minorías selectas* aparece en el libro *La rebelión de las masas* (1930), que es una especie de ampliación del tema de *La España invertebrada* a todos los países modernos de Occidente. Naturalmente, no se trata aquí de la fantástica tesis de los visigodos, pues este pueblo germánico se asentó solamente en España. Se trata, más bien, del problema, común a todos estos países, de la aparición de las *masas,* conjunto de ciudadanos que se consideran con *derechos* pero que no sienten los *deberes.* Según Ortega, en la plana sociedad contemporánea ya no hay *nobles* («los conocidos por sus hazañas»), ya no hay *aristócratas* («los mejores») capaces de dirigir y aprovechar los impulsos populares y darles un sentido. La *masa* domina con sus aspiraciones vulgares, dirige la sociedad moderna, que ha perdido estilo, formas, sentido. Naturalmente que Ortega no lamenta la falta de los *aristócratas reales,* de la clase social aristocrática, que normalmente está formada por individuos que han heredado la gloria de sus mayores y que no han hecho esfuerzo alguno por mantenerla. Ortega se refiere a la aristocracia del talento, a la aristocracia de todos los que se sienten capaces de un *esfuerzo gratuito y deportivo* (de un esfuerzo que no está motivado por necesidades físicas inmediatas...). La tesis de este libro, que está inspirado, entre otros, en las ideas de Oswald Spengler (*Der Untergang des Abendlandes*) fue asimilada con gran interés por la juventud fascista española, que identificaba las *minorías selectas* de Ortega con los *cuadros dirigentes* del futuro régimen nacional-sindicalista.

El tema de la *razón vital* y el *perspectivismo* (desarrollado especialmente en el libro *El tema de nuestro tiempo*, 1923) es lo que constituye el núcleo del pensamiento filosófico orteguiano. Ortega, que había estudiado en Alemania con los neokantianos, reacciona de manera radical ante la teoría del *yo puro* del racionalismo. El *yo* no es más que un extremo de la relación dialéctica que se establece entre el *yo* y el *mundo*, pues el *yo* no existe a no ser como relación al *mundo*. Esto equivale a decir que ya no existe una *razón pura*, y que el filósofo debe renunciar a las verdades universales y necesarias para contentarse con las verdades más modestas que surgen de su relación con el mundo. La idea kantiana de *mundo* la transforma Ortega en la de *circunstancia*, y por ello suele resumir su filosofía con la frase: «yo soy yo y mi circunstancia». Martin Heidegger hizo de esta incardinación del *yo* en el *mundo* la base de su filosofía existencialista, y cuando salió su libro *Sein und Zeit* en 1927, Ortega pretendió que todas estas ideas estaban ya en su filosofía de la *razón vital*. Pero entre la profunda visión del ser en el filósofo alemán y la superficialidad y carácter divulgatorio de la teoría orteguiana hay un verdadero abismo.

La teoría de la *razón vital* es también una teoría *perspectivista*: la incardinación del *yo* en el *mundo* hace imposible una perspectiva universal. Todas las concepciones del mundo son igualmente válidas, pues su diversidad depende del punto de vista adoptado. «Cada vida es un punto de vista sobre el universo... Yuxtaponiendo las visiones parciales de todos se lograría tejer la verdad omnímoda y absoluta...» Esta teoría del perspectivismo es poco original, guarda ciertas semejanzas con las teorías historicistas de Dilthey, y está poco desarrollada.

La importancia de Ortega radica no tanto en su filosofía, que es muy poca cosa, como en su tarea divulgadora a través del *ensayo,* especialmente del *ensayo corto*. El género ensayístico es lo que mejor dominaba, tanto por la gran cantidad de temas que abarcó, como por la sencillez y claridad de su exposición. Ortega tenía una indudable vocación de *claridad expositiva*, y en todo momento da la impresión que el vigor intelectual está siempre acompañado por unos esquemas de pensamiento muy sencillos y por una *representación imaginativa* verdaderamente notable. Además, otro de los indudables atractivos de sus numerosos ensayos es haber tratado temas de actualidad, «temas de nuestro tiempo», como el mismo Ortega les llamó. La obra *El Espectador*, que consta de ocho tomos, recoge ensayos sobre los temas más variados (literatura, historia, pintura, filosofía, etc.). Es, en cierta manera, una obra menos ambiciosa que la obra filosófica propiamente dicha, pero en esta modestia está su acierto. Ortega no estaba capacitado para las altas especulaciones filosóficas, como él creía, sino para una labor más modesta de divulgación de ideas ajenas. En España todo el mundo lee y cita a Ortega, incluso los políticos, que no suelen leer nada. Razón que nos confirma la naturaleza divulgadora, y no creadora, de su obra.

La pintura de Pablo Picasso

No es posible explicar el genio, pues su aparición rompe todos los esquemas y todas las posibles relaciones entre causa y efecto. Hay que contentarse con describir las manifestaciones de su arte, analizarlas, relacionarlas. Pero siempre conscientes de que el fenómeno artístico en sí mismo es inaccesible al pensamiento racional, y de que la descripción ha de quedarse en aspectos superficiales.

En el caso de Picasso, estas razones son más válidas que a propósito de cualquier otro genio. Porque Picasso es un genio de *naturaleza proteica*, un genio totalmente imprevisible que no conoce el reposo, que ensaya continuamente nuevas formas, nuevos colores, nuevas técnicas para interpretar el mundo. No sabremos nunca en qué consiste el arte de Picasso, ni siquiera de una manera intuitiva. Picasso se esconde tras sus manifestaciones siempre cambiantes y no se identifica con ninguna de ellas. Aunque la mayoría de los grandes pintores han experimentado grandes transformaciones a lo largo de su vida, siguen siendo reconocibles a través de sus cambios: hay siempre un estilo, una sensibilidad, una técnica propias que se mantiene por encima de los «estilos» históricos que jalonan su vida. Esto no es posible en Picasso, donde parece que el pintor experimenta muchas y distintas personalidades artísticas, cada una de ellas con su estilo, sensibilidad y técnica independientes. El genio de Picasso parece que reside en el cambio. Tan necesario le es el cambio, que a veces prefiere volver atrás y recrear un estilo que ya ha experimentado, antes que continuar en el mismo camino. No hay, pues, una dirección determinada en sus cambios, una evolución más o menos previsible, como él mismo nos advierte: «Los diversos estilos que yo he utilizado no deben ser considerados como una evolución o una serie de etapas hacia un ideal desconocido. Todo lo que yo he hecho, lo he hecho siempre para el presente, y con la esperanza de que siguiera siendo presente...». No hay, por ejemplo, una tendencia progresiva a la abstracción, o hacia la geometrización cubista, o a la pintura figurativa, etc., porque toda tendencia, toda evolución están interrumpidas por cambios imprevisibles o por retrocesos que ya no son exactamente tales retrocesos...

A pesar de su naturaleza proteica, Picasso muestra una característica constante, ya que no un estilo: sus pinturas siempre tienen *alma*. No sabemos cómo definirla, no sabemos dónde está, pero el alma existe. Picasso no es sólo la técnica, la búsqueda de lo nuevo por lo nuevo mismo. Picasso no es solamente la sorpresa del color o de la línea. Picasso es, ante todo, el alma del artista, que se transparenta hasta en los cuadros más «técnicos» del cubismo, hasta en los cuadros más caprichosos de la serie de los monstruos. Picasso logra que una mujer llorando y provista de dos narices, un pecho como ubre de vaca y manos como pezuñas, no nos parezca grotesca, sino algo muy humano y que produce tristeza. La mirada del artista supo llegar a esa realidad profunda donde ya nada puede parecer ridículo, grotesco o absurdo. En medio de sus coqueteos con lo superficial, con el capricho, con las concesiones a la moda (que de todo esto hubo un poco en la obra de nuestro artista), Picasso permaneció fiel a su mirada de artista. Quizás aquí radica la verdadera grandeza del artista: permanecer profundo en medio de unas manifestaciones superficiales, entregar un mensaje verdaderamente humano a través de unos medios banales. Picasso no hace de sacerdote de la religión del arte, no adopta el gesto o las maneras de los que quieren decirnos cosas trascendentales; pero su mensaje es trascendental, a pesar de todo. Algunos autores (Carlos Rojas) han insistido en el carácter profundamente religioso de este pintor ateo, que con sus provocaciones y su aparente informalidad ha sabido captar el sentido trágico de la vida.

Pablo Ruiz Picasso, nacido en Málaga en 1881, demostró ya desde muy niño gran afición al dibujo. Una de las primeras palabras que pronunció fue «piz», abreviatura de «lápiz». Su padre, que también era pintor, pudo satisfacerle en lo relativo al lápiz y al pincel y ayudarle en sus primeros pasos, aunque el niño pudo muy pronto superar al maestro. La familia Picasso cambió Málaga por La Coruña, y después por Barcelona, siguiendo los empleos de profesor de dibujo del padre. En La Coruña se vio ya que el niño tenía concentrada toda su inteligencia y sensibilidad en los pinceles: en el colegio tenía muchos problemas para leer, escribir y hacer las cuentas elementales. Picasso era todo ojos, era un intuitivo que veía, comprendía y explicaba el mundo solamente *a través de los ojos*. Lo curioso es que estos ojos puedan explicarnos cosas que el intelecto no es capaz de explicar. En Barcelona dejó asombrados a los profesores de la Academia de Bellas Artes, pues cuando se presentó al examen de ingreso, pudo realizar en un solo día el trabajo que otros realizaban en un mes.

Barcelona es para Picasso la primera experiencia artística, acaso también la primera experiencia de bohemia. En esta ciudad expuso por vez primera en el café-taberna del barrio chino «Els quatre gats». Su estilo es, en esta época, de un *realismo* muy marcado de *impresionismo*... Para asombro de muchos que creen que la pintura del cubismo y de la abstracción surge de no dominar perfectamente la técnica del dibujo y de la pintura, estos cuadros de la juventud son de una perfección técnica verdaderamente admirable. Pero Picasso va a repartir, durante sus primeros años como artista, la bohemia barcelonesa con la bohemia parisina. En París sufrirá la influencia de Toulouse-Lautrec, principalmente. En 1901 regresa a España, se establece en Madrid y funda la revista *Arte Joven*, en donde se publican artículos de arte acompañados de dibujos de Picasso. En la revista colaboran algunos de los escritores del 98, como Baroja y Unamuno. Además de la influencia impresionista y de Toulouse-Lautrec, parece que en esta época Picasso se siente muy influenciado por el *modernismo* catalán. En este mismo año abandona Madrid para seguir repartiendo su bohemia entre Barcelona y París. Una última influencia de este período juvenil: el *fauvismo* parisino, que se manifiesta en el uso del color vivo y concentrado.

A partir de 1904 decide establecerse definitivamente en París. Más o menos es esta la fecha en que Picasso deja de imitar o asimilar a otros pintores y empieza a ser realmente Picasso. Se pueden observar las siguientes épocas o períodos:

La **época azul** comienza poco antes de dejar Barcelona, y se caracteriza por la presencia de este color como componente fundamental. Es el color de la tristeza, de la desesperanza. Los tipos que nos pinta Picasso parecen estar dominados por estos sentimientos: se trata de seres marginados de la sociedad que no protestan, no se rebelan contra ella. A lo sumo, se refugian en el alcohol, rodeados de indiferencia. Según el psicólogo Jung, la entrada del pintor en el período azul es el signo mismo de la *esquizofrenia*, pues en estas pinturas hay como la expresión de un «desgarramiento moral»: Picasso siente solamente atracción por la fealdad y el mal, retrata casi exclusivamente gentes del hampa, especialmente prostitutas. Evidentemente, Jung no entiende mucho de arte, y lo que considera «descenso a los infiernos» no tiene nada de rasgo patológico. Picasso era un hombre sano y de gran vitalidad, y los ambientes de estos cuadros reflejan, probablemente, la simple búsqueda de la verdad (Pierre Cabanne). Su gran amigo Sabartés nos asegura: «Picasso cree el arte hijo de la Tristeza y del Dolor. Cree que la tristeza se presta a la meditación y que el dolor es el fondo de la vida». Los cuadros más famosos de esta época son *La vida* y *La Celestina*.

La **época rosa** (a partir de 1905) continúa siendo triste, pero la gama de colores es más brillante, los ángulos son más suaves y las curvas más envolventes. Algunos críticos creen ver en estos cuadros un rayo de esperanza, pero lo cierto es que los tipos que pinta pertenecen igualmente a la serie de los marginados sociales o a las clases más humildes, como son los saltimbanquis. «La época azul era rebeldía y desesperación; el período rosa es soledad y melancolía» (Pierre Cabanne). Diremos, por nuestra parte, que esta «soledad y melancolía» de la época rosa parece más auténtica, más lejos de todo posible estereotipo, que la «rebeldía y desesperación» de la época azul. Estos pobres artistas de circo, estas pobres bailarinas, nos contagian la impresión de frío y de miseria, de vejez prematura, de fracaso profesional. La *época rosa* no refleja una moda, sino la compasión del artista por el mundo de los marginados. Las *Maternidades* y los *Arlequines* son lo mejor de esta época.

Es muy discutida la génesis de la **época cubista** (a partir de 1907), que caracteriza la madurez y máxima originalidad del arte de Picasso. Según los críticos, la inspiración de la *época cubista* surge en ocasión de las visitas de Picasso al Musée de l'Homme, del Trocadero. Allí experimenta la fascinación de las máscaras africanas, con su grandiosa simplificación geométrica de la realidad: los ojos cilíndricos, la boca rectangular, la nariz triangular... Picasso descubriría así el *cubismo*, una manera de romper la realidad en sus *planos* o *volúmenes* geométricos, y en 1907 pinta el primer cuadro de este estilo: *Las señoritas de Avignon*. Pero Picasso pudo igualmente ser influido por la gran exposición de *esculturas ibéricas* celebrada el año anterior en el museo del Louvre. Disponemos de un documento de primer orden en las afirmaciones que hizo el artista, treinta años más tarde, a su amigo Zervos, y según las cuales «Si *Las Señoritas de Avignon* habían sido concebidas antes de conocer la escultura negra, él había, en cambio, encontrado su inspiración en las estatuas ibéricas del Louvre». La *época cubista* representa para Picasso la fama definitiva, a la que contribuyó considerablemente el generoso mecenazgo de Gertrude Stein (cuyo retrato, por cierto, es uno de los mejores ejemplos de transición al cubismo: la cara de la escritora es casi una máscara africana, pero el resto del cuadro se inscribe todavía en una técnica convencional). La *época cubista* propiamente dicha se extiende hasta 1917, pero en realidad Picasso fue cubista toda su vida...

Hay que tener en cuenta que el cubismo, lejos de ser un estilo inspirado por el capricho que dominaba la vida bohemia, es un arte que exige un gran *rigor* y una gran *disciplina*. Picasso nunca se dejó conquistar por la anarquía de los surrealistas; a la inspiración del artista responde siempre una técnica muy lúcida presidida por los dictados de la lógica. Toda la obra de Picasso es el resultado de la feliz conjunción de la *intuición artística* y el *análisis racional*.

La **época neoclásica** o **ingresca** (de Ingrés, el maestro del dibujo clásico) surge a partir de 1917, y en ella se observan cuadros de una factura clásica (realismo, predominio de la línea sobre el color) que quedan como sin acabar, para no ser clásicos del todo. De esta época son los maravillosos retratos de *Olga* (su mujer) y de *Pablo*, su hijo. Hay en los cuadros de esta dirección una *dulzura* y una *serenidad* que contrastan notablemente con casi todo lo que ha pintado hasta ahora.

Pero la serenidad dura poco, y acaso debido a la falta de armonía familiar, surge, a partir de 1924, la **época de los monstruos**. Picasso experimenta, como Goya, la necesidad de pintar lo monstruoso, a lo que a veces añade algunas *Metamorfosis* de monstruos marinos. Lo monstruoso puede apoyarse en el surrealismo, pero Picasso proyecta en todos sus cuadros demasiada lucidez para que puedan identificarse sus cuadros con cualquier tipo de *automatismo inconsciente*. Toda una serie de *Mujeres* o de *Bañistas*, monstruosamente deformadas hasta lo grotesco, parecen recoger la amarga experiencia matrimonial de Pablo Picasso situándola en las playas de Cannes o Dinard. Es como un reto, una respuesta airada a la felicidad de las familias de veraneantes ricos. Detrás del aparente idilio playero ve Picasso una realidad monstruosa, repelente. La mujer, eterno tema en Picasso, ya no es seducción, gracia, amor, sino máquinas tentaculares, monstruos grotescos, formas repulsivas que muestran su verdadera naturaleza por debajo de unas apariencias sonrientes. Surge la bestia, lo primitivo, lo que nos cautiva para luego destruirnos... Resulta característico de esta época que una de sus más horribles cabezas se llame *Mujer sonriendo*... También de esta época son las *gigantas*, mujeres de extraordinaria corpulencia, casi grotescas, de dudosa feminidad.

Al comenzar los años treinta, Picasso parece haber encontrado de nuevo el equilibrio y la calma en el amor de Marie Thérèse Walter, cuya dulzura le inspira **retratos femeninos** en que dominan las curvas envolventes, las líneas onduladas, los perfiles redondeados. Ahora todo es ritmo ondulante, colores suavemente armonizados, luz matizada. *El sueño*, de 1932, es uno de los mejores ejemplos de esta dirección. Después de 1934 abundan las **tauromaquias**, inspiradas por un viaje por España. Las tauromaquias de Picasso son siempre trágicas, míticas, grandiosas a pesar de su simplicidad. No olvidemos que Picasso, como buen español, no puede abandonar su obsesión por la muerte, su sentido trágico de la vida.

La **época de la guerra de España** es la más amarga en toda la obra del genial pintor. «Las formas más aristadas y cortantes –dice Martín González– buscan alianza con coloraciones ácidas y agresivas para ofrecernos todo el dolor de una guerra en las entrañas». Destacan, en esta época, los cuadros *Mujer llorando*, de increíble dramatismo, y el mundialmente famoso *Guernica*, en recuerdo del atroz bombardeo por parte de la aviación alemana de la ciudad vasca del mismo nombre. El *Guernica* es el cuadro más trabajado de Picasso, pues realizó nada menos que cuarenta y cinco dibujos preparatorios. A pesar de su técnica moderna, los estudiosos pudieron detectar influjos de Goya y de El Greco en este monumental cuadro, especialmente de Goya: todo el cuadro es una contorsión y un grito que recuerda *Los fusilamientos del 2 de mayo*. Camón Aznar lo llamó «asamblea de aullidos», pues todo grita ante el dolor de la destrucción. En el *Guernica* está presente también el tema de los *monstruos*, pero lo monstruoso es ahora la realidad misma de la barbarie. En cierta manera, el monumental *Guernica* representa un retorno al *sentimiento*, en contraste con el matiz fuertemente intelectualista que presidía la época del *cubismo*. «Este cuadro –dice Pierre Cabanne– enlaza con las obras más dolorosas de la época azul». A pesar de esto, el *Guernica* fue comprendido solamente por los intelectuales y no pudo llegar al pueblo. Los símbolos que emplea –el toro, el caballo...– son un tanto herméticos y no valen como manifiesto político. Ni siquiera las autoridades republicanas se mostraron agradecidas al pintor, que hablaba un lenguaje demasiado alejado del realismo de las clases populares y del arte comprometido.

En los últimos años el pintor lleva sus experimentos hasta límites inverosímiles, y las armonías de colores buscan intencionadamente los contrastes más violentos, las combinaciones más inusitadas. Parece que Picasso se orienta hacia una estética de lo feo, de lo llamativo, de lo chillón... Pero hay que tener en cuenta que Picasso, en medio de estos cambios, es siempre un pintor *directo*, *intuitivo*, que trabaja como impulsado por una visión súbita que dispara todo el proceso creativo. El arte de Picasso es el más opuesto al de Matisse, a quien supo criticar con agudas palabras:

> Matisse hace un dibujo, luego lo copia... lo recopia cinco, diez veces, depurando cada vez más su trazo, persuadido que el último, el más escueto es el mejor, el más puro... Y quizás, casi siempre, el mejor es el primero... Tratándose de dibujar, nada mejora el primer trazo.

Luego, sobre esta *intuición* aplicará toda una técnica y todo un proceso analítico. Pero la intuición del cuadro parece que se encuentra ya en una especie de iluminación primitiva.

El anciano Picasso (murió en 1973, a los 92 años) parecía buscar continuamente nuevas formas de expresión, nuevas maneras de sentir el mundo. Resulta paradójico que el pintor que menos se ha repetido a lo largo de su vida no encuentre reposo ni siquiera en la ancianidad. Picasso no buscaba «su» mundo, porque «su» mundo consistía en la búsqueda misma.

La revolución cinematográfica de Luis Buñuel

Luis Buñuel (1900-1983) es uno de los directores de cine más importantes de todos los tiempos. Sus primeros ensayos cinematográficos, más acompañados del escándalo que del éxito, coinciden casi con la II República y la guerra civil, y su período creativo más maduro con la época del franquismo, lo que obligó a Buñuel a vivir casi permanentemente fuera de España e incluso a nacionalizarse en México.

Buñuel es un director de cine muy intelectual que compaginó su actividad de cineasta con la de escritor y artista de vanguardia. En el cine de Buñuel se pueden encontrar casi siempre dos elementos casi contradictorios: el *vanguardismo surrealista* por una parte, y el compromiso social en forma de *realismo esperpéntico* por otra (es decir, el realismo que es una deformación grotesca de la realidad, un realismo construido ad hoc por el artista, seleccionando y deformando de la realidad aquellos elementos que mejor le parecen para expresar su verdad). El primer elemento, el surrealista, lo compartió con Salvador Dalí, con quien colaboró en algunas ocasiones, y representa el elemento europeo y universal en su creación artística. El segundo elemento representa la aportación genuinamente española. El primero coincide con las corrientes de vanguardia dominantes en la Europa de los años veinte y treinta. El segundo es expresión de su genio personal y de la tradición española a lo Goya o Valle Inclán. Tanto uno como otro elemento hacen difícil el éxito comercial del cine de Buñuel, especialmente en sus comienzos: el público no comprende un arte empeñado en expresar sistemáticamente el *absurdo* (el absurdo de la existencia humana mediante el surrealismo, y el absurdo de la sociedad burguesa mediante el realismo esperpéntico).

Buñuel nació en Calanda (provincia de Teruel), realizó los estudios de bachillerato en Zaragoza, se trasladó a Madrid en 1917 con objeto de estudiar ingeniería (carrera que pronto cambió por la de Filosofía y Letras) y entró en la célebre Residencia de Estudiantes, donde tuvo lugar su maduración artística al contacto con la vanguardia artística y literaria del momento, especialmente al contacto con García Lorca, Rafael Alberti y Salvador Dalí. (El mismo Buñuel dirá más tarde, en su libro de memorias, que se consideraba perteneciente a la generación del 27). Entre 1920 y 1929 ensayó él mismo la literatura de vanguardia, interesándose especialmente por el surrealismo y el ultraísmo. A esta época pertenecen numerosos artículos dedicados a la crítica cinematográfica que fueron publicados en la célebre *Gaceta Literaria,* revista de vanguardia dirigida por Giménez Caballero. En 1925 se instala en París y su interés por el cine le lleva a matricularse en la Academia de Cine de Jean Epstein, del que llegará a ser ayudante de dirección.

Después de algunos fracasos iniciales, Buñuel logra realizar sus dos primeros filmes, *Un perro andaluz* (1928) y *La edad de oro* (1931), que provocan grandes controversias y escándalos. *Un perro andaluz*, en cuyo guión colaboró Salvador Dalí, es el film de la provocación, del golpe de sorpresa, de la incitación al escándalo. El mismo Buñuel nos dice cómo nació la idea de la película:

> Esta película nació de la confluencia de dos sueños. Dalí me invitó a pasar unos días en su casa y, al llegar a Figueras, yo le conté un sueño que había tenido poco antes, en el que una nube desflecada cortaba la luna y una cuchilla de afeitar hendía un ojo. Él, a su vez, me dijo que la noche anterior había visto en sueños una mano llena de hormigas. Y añadió: «¿Y si, partiendo de esto, hiciéramos una película?»

La escena del ojo humano cortado por una navaja de afeitar, la de la mano llena de hormigas o la del burro muerto sobre el piano resumen muy bien la intención del artista de provocar al público. El mundo surrealista de Buñuel-Dalí no tiene sentido: la metáfora ya no es metáfora, porque no hay un analogante entre el término real y el figurado. Mejor dicho: ya no se puede hablar de término «real» y término «figurado» porque todo está en un mismo plano y lo real y lo soñado pertenecen a la misma categoría. El artista se venga de la pretendida lógica de la sociedad burguesa provocando el sin sentido. No hay hilo argumental porque no hay conexión entre la distintas escenas. Es más: cada escena consta de imágenes que tampoco tienen conexión entre sí.

En el film *La edad de oro* las secuencias son igualmente inconexas: desde el hallazgo de unos obispos que se están pudriendo en sus tumbas hasta la descripción de un director de orquesta que se vuelve loco por un dolor de cabeza, todo es perfectamente ilógico, absurdo, inconexo. El público espera encontrar alguna simbología profunda, alguna señal que signifique algo, pero no hay absolutamente nada que garantice un hilo argumental dotado de lógica, y el film podría acabar o comenzar en cualquiera de sus escenas. Pero quizás haríamos bien en no tomar el procedimiento surrealista demasiado en serio: bajo la intención subversiva y revolucionaria del surrealista se esconde el sano campesino aragonés que no puede olvidar la sorna.

A pesar de los numerosos problemas que causaron los estrenos de estos dos filmes (dos mujeres abortaron durante la proyección de *Un perro andaluz,* estallaron algunas bombas y se destruyeron las sillas durante la representación de *La edad de oro*), el impacto del cine de Buñuel fue más allá de los círculos revolucionarios surrealistas. Un representante de la célebre Metro-Goldwin-Mayer americana, reconociendo el talento de Buñuel, le ofreció seis meses de sueldo espléndido para que observase la técnica de filmar en sus estudios.

Un año más tarde (1932) regresa a España para filmar *Las Hurdes. Tierra sin pan,* película que pretendía recoger escenas campesinas de la zona tradicionalmente más pobre y primitiva de España. Se trataría, en principio, de un film realista, una especie de documental geográfico. Pero el gran artista disfraza la realidad, la distorsiona y la adapta a su peculiar expresión artística, convirtiéndola en un cliché de la España negra campesina. Todavía hoy día los habitantes de estos pueblos, descendientes de los contemporáneos del film, se rebelan ante las manifiestas «exageraciones» del gran artista, que no ha dudado en pintar una especie de inversión de la Arcadia: enfermos de bocio, cretinos, edificaciones primitivas, un asno comido por un enjambre de abejas, un niño muerto que es transportado en una caja de madera... El film fue prohibido por la censura de la II República, que lo encontró antipatriótico...

Durante la Guerra Civil Buñuel se refugia en la embajada española en París, donde prepara el film de propaganda a favor de la República *España leal en armas,* y donde recibe el encargo de juntar material cinematográfico propagandístico para enviarlo al extranjero. Después del triunfo de Franco en 1939 se traslada a Hollywood, donde realiza actividades semejantes a favor de la idea republicana.

A partir de 1946 Buñuel se instala en México, donde vivirá prácticamente el resto de su vida. Las películas de Buñuel no suelen llegar al gran público, son demasiado intelectuales, demasiado revolucionarias e inconformistas, más aptas para salas especiales que para hacer las delicias de un público adormecido por el consumo. Su primer gran éxito fue *Los olvidados*, película que sigue la orientación «realista» de *Las Hurdes* (el tema es la miserable situación de los niños mejicanos) y que obtuvo el premio a la mejor dirección y el de la crítica internacional en el Festival de Cannes de 1951. Con esta película, Buñuel fue «redescubierto» en Europa.

Viridiana (1961), Palma de Oro en Cannes, representa la consolidación de la fama internacional del gran director. Fue rodada en España, circunstancia que escandalizó a muchos que creían que Buñuel estaba dispuesto a pactar con Franco. En este film, de guión original de Buñuel, se pone de manifiesto la *vertiente esperpéntica* de su pretendido realismo. Viridiana, la protagonista del film, no logra hacer realidad sus propósitos de redimir a la gente pobre practicando con ellos la caridad: los pobres y sirvientes, en una noche de descuido en la casa de los señores, transforman el sentimiento de represión acumulado a través de generaciones en una bacanal destructiva. El pueblo ya no es aquí el pueblo que nos ha dejado la tradición realista de un Velázquez, por ejemplo, sino la bestia que ha pintado Goya en su pintura negra. Es el verdadero *esperpento*, la «deformación grotesca de la realidad» que repitió Valle-Inclán en la literatura… *Viridiana* provocó casi tantos escándalos como *La edad de oro*; el ministro de Información y Turismo la prohibió en España a consecuencia de un artículo condenatorio en el periódico oficial del Vaticano y hasta llegó a destituir al director general de Cinematografía por haber acudido personalmente a Cannes a recibir el premio. Curiosamente, Franco, alarmado por la mala prensa de la película, pidió verla y no encontró nada censurable. Pero era tarde para revocar la decisión de su ministro y la película siguió prohibida en España.

El ángel exterminador (1962), de guión igualmente original del propio Buñuel y filmado en México con muy pocos medios (su autor se lamentará más tarde de no poder exhibir más que una sola servilleta), es la historia de un absurdo: los invitados participantes en una cena, no pueden abandonar el salón donde se encuentran. El propio Buñuel explica así el significado de este absurdo:

> Lo que veo en ella es un grupo de personas que no pueden hacer lo que quieren hacer: salir de un habitación. Imposibilidad inexplicable de satisfacer un sencillo deseo. Eso ocurre a menudo en mis películas. En *La edad de oro,* una pareja quiere unirse, sin conseguirlo. En *Ese obscuro objeto del deseo*, se trata del deseo sexual de un hombre en trance de envejecimiento, que nunca se satisface. Los personajes del *Discreto encanto* quieren a toda costa cenar juntos y no lo consiguen.

Belle de Jour (1966), basada en la novela de Joseph Kessel del mismo título, fue un éxito indiscutible de Buñuel. En esta película se narran las perversiones sexuales de una mujer «bien» cansada de la monotonía que la rodea y que la impulsa a prostituirse por placer. En realidad, la mujer no se prostituye más que en sueños, y la alternancia entre la monotonía de la vida real y la excitación que produce la sexualidad no reprimida constituye un difícil equilibrio en el que las fronteras entre realidad y sueño (¡de nuevo la importancia del mundo onírico!) están desdibujadas. «*Belle de Jour* fue el mejor éxito comercial de mi vida», dice Buñuel en su libro de memorias, «éxito que atribuyo a las putas de la película más que a mi trabajo». Es una triste confesión del autor: su arte llega al gran público solamente cuando aparecen escenas de sexo.

Tristana (1970) se basa en la novela de Pérez Galdós, pero trasladando la acción a Toledo, ciudad preferida de Buñuel. Es la historia de un hidalgo pobre que convierte a su sobrina en amante. Buñuel es en esta obra simplemente «realista», sin más intención que ser fiel al argumento de su admirado novelista.

En *El discreto encanto de la burguesía* (1972) y *Ese obscuro objeto del deseo* (1977) creemos que decae el genio creador del gran artista. Se produce una cierta repetición de escenas y situaciones (por ejemplo, la de los invitados a un banquete que, por una razón u otra, deben abandonar el banquete y dejarlo para otra ocasión), repetición que, aunque al servicio de esa idea que hemos reseñado de la imposibilidad de conseguir algo, llega a producir la impresión del «cliché». Se echa de menos la recia personalidad del artista, que nos parece en estos filmes mucho más convencional, más adaptado a la sociedad que critica.

XVII: LA ESPAÑA DE FRANCO

Es fácil definir y juzgar un régimen político por sus ideas, pero muy difícil o imposible definirlo ni juzgarlo cuando este régimen carece de ellas. Franco protagonizó un período político de casi cuarenta años (1936-1975) durante los cuales la única característica permanente fue su única persona. Franco utilizó diversas ideologías, empleó diversas personalidades políticas, aprovechó diversos grupos de presión... y al final no se identificó con ninguno. El franquismo, diríamos llevando la formulación a sus últimas consecuencias, es el régimen personal de Franco, es la continuidad de la persona de Franco a lo largo de casi cuatro decenios.

¿Qué fue el franquismo? No fue un régimen fascista, pues Franco transformó el fascismo de José Antonio en una especie de aparato burocrático que apenas podía influenciar la vida política del país; además, la poca influencia que haya podido tener el fascismo, se limita a los diez o quince primeros años del régimen. No fue un régimen demócrata-cristiano, pues Franco jamás permitió género alguno de democracia; a lo sumo, se dejó inspirar por algunos principios de la democracia cristiana, y esto solamente durante el segundo decenio de su régimen. Tampoco fue fiel a los principios tecnocráticos del Opus Dei, con los que coqueteó en el tercer decenio de su régimen, y de los que prescindió radicalmente cuando le resultaron incómodos. Ni siquiera se puede decir que el franquismo fuera una dictadura, al menos una dictadura clásica, pues en España se notaban los cambios de gobierno y hasta de ministros aislados, señal de que, hasta cierto punto, Franco dejaba hacer a sus colaboradores. Tampoco fue una monarquía, aunque esta palabra figuraba en la Constitución que hizo Franco; una monarquía necesita un rey, y Franco no pertenecía a ninguna familia real...

Franco fue un experto en el camaleonismo político, pues cambió de color con gran habilidad y sin llamar la atención: poseía el difícil arte de las transiciones graduales, de las expresiones matizadas, de las palabras ambiguas... Al final, nos quedamos sin saber quién fue Franco y qué régimen político representó. Era la cabeza visible del Movimiento, pero nadie puede decirnos qué fue el Movimiento: una especie de partido político que no era partido político (pues los partidos políticos estaban prohibidos); de orientación fascista, pero sin llegar a ser fascista; con elementos cristianos, pero sin ser tampoco un partido de la Iglesia; al servicio del bienestar social, pero sin oponerse nunca a los privilegios de los ricos...

Lo más curioso de Franco era el contraste entre su aspecto físico y su personalidad política. Franco era un hombre de una figura verdaderamente grotesca y todo lo contrario a lo que nos esperábamos en un dictador: pequeñito, barrigón, de voz atiplada y amigo de pronunciar discursos que terminaban con una invocación a los sacrosantos principios de la religión católica. Pero como personalidad política era un hombre frío, con nervios de acero, de una dureza tal, que sus ministros no se atrevían a discutir ni fumar en su presencia. Acaso fue este contraste lo que más ayudó a mantenerle tantos años en el poder, porque Franco presentaba al pueblo la figura paternal de abuelete bonachón, y a sus ministros y hombres de estado su fría personalidad de soldado curtido en la guerra de África.

¿Por qué se mantuvo tantos años en el poder? Dionisio Ridruejo, fascista de la primera hora y pronto disidente del régimen, da dos explicaciones: el miedo y la comodidad. Miedo a una repetición de la Guerra Civil, miedo al terror libertario, miedo a la propia naturaleza violenta de los españoles. Y comodidad, porque España, a pesar del régimen, progresaba económicamente, progresaba por ósmosis, por contacto con el exterior, en una Europa de postguerra en que la economía experimentaba un crecimiento económico casi ininterrumpido.

Entre tantos defectos, Franco tuvo el acierto de mantener a España alejada de la influencia del comunismo estalinista, característica que para muchos de sus seguidores es suficiente para justificar la defensa de su régimen político.

A: HISTORIA

Los disfraces del poder: fascismo, democracia cristiana, tecnocracia.

Cuando el 1 de abril de 1939 finaliza la Guerra Civil, Franco se encuentra con una nación que es suya desde todos los puntos de vista: militar (Franco es el Generalísimo), político (Franco es el Jefe del Estado) e ideológico (Franco es el jefe del único «partido» permitido: el Movimiento Nacional). En principio, sus poderes eran transitorios y estaban limitados a la empresa militar. Así lo creían los españoles, incluso sus más ardientes seguidores. El mismo Franco, en los primeros tiempos de la guerra, llegó a decir que la insurrección militar no iba contra la República, no quería acabar con la Reública, sino introducir orden en la República. Más tarde, y de acuerdo con el decreto de Unificación (1937), se aseguraba que la forma de gobierno futura sería una monarquía tradicionalista...

Pero la ambición de Franco era aprovechar la victoria militar para convertirse en dictador perpetuo. La ocasión se la brindó la situación político-militar europea: pocos meses después de terminada la Guerra Civil comenzaba la Segunda Guerra Mundial, y las potencias del Eje (Italia, Alemania) compartían la misma ideología fascista que el vencedor de la República Española. No sólo resultaba «natural» defender los principios del fascismo, sino que se podía estar seguro de que las naciones democráticas, entretenidas en los sucesos de la guerra, iban a dejar en paz a Franco durante mucho tiempo...

El régimen de Franco, como hemos dicho en la introducción, es un régimen personalista que se identifica con su fundador. Ninguna ideología lo puede definir o explicar, pues Franco solamente fue fiel a sí mismo. Tres grandes períodos más un epílogo de involución marcan los casi cuatro decenios de política franquista; cada uno de ellos coincide, grosso modo, con un decenio, a excepción de los últimos años: a) época del *fascismo* (años cuarenta), b) época de la *democracia cristiana* (años cincuenta), c) época de la *tecnocracia opusdeista* (años sesenta) y d) involución al *fascismo* (años setenta).

La **época del fascismo** (años cuarenta) es continuación de la política fascista de los años de la Guerra Civil. Podemos dividirla en dos etapas: fascismo declarado hasta el año de 1945 (fecha de la derrota de Hitler y sus aliados del Eje) y transición hacia la democracia cristiana a partir de esa fecha.

Ya dijimos que Franco no tenía ideología propia, que se apoderó del pensamiento de la derecha española (Falange Española Tradicionalista y de las J.O.N.S.) y lo fue acomodando a sus intereses. La mayoría de sus ministros eran de Falange, llevaban la camisa azul e imponían todo el rito de saludos y lemas fascistas tradicionales en la época. Destacan el ministro de Asuntos Exteriores, Serrano Suñer (cuñado de Franco y apodado «el cuñadísimo»), de la línea más dura e intransigente de Falange, y Girón de Velasco, ingenuo falangista que tuvo la candidez de proponer la nacionalización de la banca. Es evidente que Franco se servía de la Falange en parte porque no tenía ninguna ideología que ofrecer, y en parte también para coquetear con Hitler y Mussolini. (Con Hitler estuvo a punto de firmar una alianza para entrar en la guerra europea a cambio del reconocimiento de tierras en el norte de África). Pero de Falange le interesaban solamente los principios abstractos (totalitarismo, jerarquía, antiparlamentarismo, imperialismo...) y le molestaba la componente de ideología social (lucha contra el gran capital, reparto de tierras de los latifundios, nacionalización de la banca...). Franco sabía que sólo podía mantenerse en el poder si se apoyaba en las grandes figuras de la vida económica. Aunque Franco era personalmente honesto, sabía que no quedaba otro camino que repartir prebendas y permitir la corrupción de los que le rodeaban, que crecieron como hongos a la sombra del poder y crearon una nueva oligarquía de los negocios.

Los falangistas honrados, al verse instrumentalizados por un régimen corrupto y cuyo único objetivo era la supervivencia, decidieron abandonar la política. Las dos grandes defecciones de la época fascista fueron Dionisio Ridruejo, alto funcionario del Departamento de Propaganda, y el mismísimo Ministro de Asuntos Exteriores, Serrano Suñer. Este último llegó a pedirle a Franco, en la carta en la que justificaba las razones de su dimisión, que licenciase a la Falange antes de que ésta se desprestigiara.

Durante la Segunda Guerra Mundial, Franco, que era un inteligente observador de los acontecimientos políticos, fue comprendiendo que las potencias del Eje no podían ganar la guerra, por lo que comenzó a entablar discretos contactos con las potencias aliadas. Ya a partir del año 1942 empezó a mantener correspondencia con Winston Churchill, sin por ello dejar de mantener buenas relaciones con Hitler y Mussolini (la especialidad de Franco fue siempre jugar a dos cartas, sin apostar demasiado por ninguna de ellas). Cuando terminó la guerra, la posición de Franco era delicada, por representar la única dictadura fascista todavía existente. Efectivamente, en 1945, los E.E.U.U. cerraron la oficina del Plan Marshall en España, y en 1946 *se expulsó a España de la ONU y se produjo una retirada de embajadores*. España se encontraba prácticamente aislada y condenada a una economía basada en la autarquía. Pero sus buenas relaciones con Churchill empezaron a hacerle respetable entre los aliados: en la época de la guerra fría que siguió a la Segunda Guerra Mundial, Franco era una garantía de anticomunsimo. Pero, ¿qué hacer con el partido de Falange (Movimiento)? No bastaba poner el acento en el anticomunismo; era necesario empezar a «desmontar» el Movimiento y sustituirlo por ideologías o sentimientos que amparasen la tradición anticomunista. De esta manera, Franco buscó la alianza con la Iglesia católica, campeona del anticomunismo.

El arzobispo Pla y Deniel había hablado de «Cruzada» al referirse a la rebelión militar contra la República... El Fuero de los Españoles, primera codificación de las leyes de la España de Franco, insistía en la idea de la «cristiana libertad frente al totalitarismo»... Por otra parte, Falange y la Comunión Tradicionalista (ya desde la época de José Antonio) defendían una considerable componente de ideología cristiana. Era evidente, con todos estos antecedentes, que una estrecha alianza con la Iglesia era fácil de conseguir. Y Franco empezó a nombrar ministros y altos cargos de tendencia demócrata-cristiana, como el «embajador volante» Ruíz Giménez, o el ministro de Asuntos Exteriores Martín Artajo...

En 1947 se aprobó la *Ley sobre Institutos Seculares*, con la que se le abrieron las puertas al Opus Dei y a sus hombres, como Ibáñez Martín o Carrero Blanco... Naturalmente, Franco favorecía la entrada en el gobierno de los católicos sin por ello expulsar por completo a los miembros del Movimiento; Franco era un maestro en el arte de las transiciones, y supo aupar a unos sin humillar a los otros. Franco logró lo imposible: que todos se identificasen con los principios de su Movimiento, que empezaba a no ser nada concreto.

Además de esta lenta pero segura conversión del «nacional-sindicalismo» en una especie de «nacional-catolicismo», Franco supo mantener un «lobby» en Washington para lograr paulatinamente el reconocimiento internacional de su régimen. Todavía una inteligente medida política: la promulgación, en 1947, de la *Ley de sucesión*. Era el documento esperado, el que despejaría las incógnitas: Franco declaraba España una nación monárquica (anteriormente había entablado contactos con el sucesor de Alfonso XIII para reinstaurar la monarquía borbónica), con lo que su dictadura ya no era más que un episodio temporal, un paréntesis político antes de la reinstauración del régimen monárquico.

En 1949 los americanos rompieron el bloqueo económico con un *préstamo privado* del Chase Manhattan por valor de 25 millones de dólares. En 1950 se votaron en el Congreso de EE.UU. créditos para España por valor de 62.5 millones de dólares, y en este mismo año se revocó la condena de la ONU y pudieron regresar los embajadores. El «nacional-catolicismo» era ya digno y presentable en el concierto de las naciones.

La época de la **democracia cristiana** (década de los cincuenta), no significa la total desaparición de ministros o de altos cargos procedentes del Movimiento, pero su número es significativamente menor que en los años cuarenta. A veces, los personajes políticos procedentes del Movimiento muestran buen entendimiento con los católicos, como es el caso del ministro Ruiz Giménez, que se entendía bien con los falangistas liberales. Dentro de la línea católica, es de destacar en esta época el ascenso político de Carrero Blanco, ministro de la Presidencia y brazo derecho de Franco. Carrero será figura clave en la introducción de altos cargos procedentes del Opus Dei, aunque este fenómeno es un poco posterior.

El auge de los nuevos ministros contribuye a hacer más inocuo el régimen de Franco, que gana prestigio en el extranjero. La guerra de Corea, con la consiguiente agudización de la guerra fría, contribuye a presentar a España como país anticomunista y defensor de los sagrados principios de la civilización occidental. Nadie se creía esto (y Franco, posiblemente, menos que nadie), pero funcionaba bien como estrategia propagandística. El «Movimiento» se estaba convirtiendo en algo tan desprovisto de connotaciones fascistas, que el hijo de Alfonso XIII, don Juan de Borbón, creyendo que las ofertas monárquicas de Franco iban en serio, llegó a ofrecerse como monarca dispuesto a «canalizar el Movimiento» (!!!!).

En 1953 se firma el *Concordato con la Santa Sede*, en el que se acuerda la plena confesionalidad del Estado español, la fijación de un calendario religioso de días festivos, el derecho de presentación (derecho de Franco a «presentar» candidatos para las altas dignidades eclesiásticas), la dotación económica del clero (dotación que, en parte, pretendía ser una indemnización por los daños sufridos en la Guerra Civil), regulación de las leyes sobre el matrimonio, enseñanza de la religión en los colegios, y lo mejor de todo: la obligación, por parte de los sacerdotes, de rezar por el Generalísimo. El régimen merecía, mejor que otro ninguno, el nombre humorístico de «nacional-catolicismo».

En 1953 se firma un *Acuerdo hispano-americano de defensa y comercio* en el que se estipulaban unos principios básicos de mutua ayuda para defensa, y además un convenio de ayuda económica. El convenio defensivo incluía el alquiler de una serie de bases militares españolas como Torrejón de Ardoz, Morón de la Frontera y Rota, por las que los americanos pagaban 226 millones de dólares anuales. Por fin, en 1955, España puede *ingresar en la ONU*. El fascismo ya no existía, al menos oficialmente...

La tercera etapa, la de la **tecnocracia opusdeísta**, comienza, en realidad, un poco antes de terminar los años cincuenta: López Rodó, brillante catedrático de derecho de la Universidad de Santiago, entra en contacto con Carrero Blanco, ministro de la Presidencia y «número dos» del régimen. El motivo fue bien ajeno a la realidad «nacional-católica» del régimen: Carrero Blanco quería separarse de su mujer y solicitó los servicios de López Rodó como asesor jurídico. Pero López Rodó, como buen miembro del Opus Dei, logró convencer a Carrero para que no disolviese el matrimonio. Carrero, agradecido, facilitó la casi continua ascensión política de López Rodó, desde el puesto relativamente modesto de jefe de la Secretaría General Técnica de la Presidencia de Gobierno, cargo que recibió en 1956, hasta el de ministro. Lo importante del nombramiento de López Rodó, más que en el puesto en sí mismo, está en la influencia que ejerció sobre Carrero, predisponiéndole a favor del Opus Dei y recomendándole ministros pertenecientes a esta institución pseudo-religiosa.

Antes de pasar adelante, es preciso explicar, en la medida en que esto sea posible, qué es el Opus Dei («Obra de Dios»). En principio, es un *instituto secular* (instituto religioso, pero para seglares) cuyas constituciones fueron aprobadas, como hemos visto, en 1947, en los años del fervor del «nacional-catolicismo». Pero no es un instituto secular normal y corriente, pues presenta dos dificultades definitorias: a) no se sabe si es completamente *secular* o es *regular*, pues sus miembros dirigentes deben ser sacerdotes y no seglares, y b) no se sabe muy bien si está orientado a una finalidad *religiosa* o a una finalidad *mundana*. El primer punto es un problema que atañe a la Santa Sede y que aquí no hacemos más que mencionar. El segundo punto es el problema político número uno de los años sesenta: como los fines pretendidamente espirituales (la santificación de la sociedad moderna desde la sociedad misma) pasaban por la adquisición de riquezas, los miembros del Opus se vieron envueltos en todo tipo de operaciones económicas y financieras. En teoría, naturalmente para santificar la sociedad. En la práctica, creando un fabuloso monopolio de poder. El Opus tenía una curiosa manera de santificar las almas, que consistía en alcanzar el control político y el de los medios de producción. Entre las propiedades del Opus se encontraban periódicos, revistas (incluso revistas de modas), editoriales, cines, industrias de todo tipo, acciones de bolsa... Los miembros del Opus controlaban las grandes empresas participando en sus consejos de administración. Pretendían, además, controlar la Universidad, pues entre el profesorado universitario se encontraba la futura élite política de la nación.

Insistimos en que el gran problema del Opus Dei es la *naturaleza mafiosa* de sus actuaciones. Porque los miembros, aunque actúan siempre en favor de la Obra, no actúan nunca en nombre de la Obra, sino como ciudadanos normales y corrientes. En un concurso literario, pongamos por caso, los miembros del tribunal, aunque miembros del Opus, son ciudadanos «normales» que, al menos en teoría, juzgan de acuerdo con sus ideas personales; pero, a pesar de esta aparente imparcialidad, el escritor galardonado con el premio será un miembro o simpatizante de la Obra... Al Opus Dei se le llamó, humorísticamente, la «Santa Mafia» (Jesús Ynfante). Y es que el Opus Dei, en contraste con la Sociedad de Jesús, a la que intentó imitar, actuó siempre de manera escondida. Los jesuitas, que en su tiempo también aspiraban al control político y social y que estaban orientados exclusivamente al contacto con las clases dirigentes (aristocracia, burguesía de negocios), eran reconocibles por su hábito y por su vida religiosa y tuvieron el valor de actuar a cara descubierta. El Opus es la fuerza que actúa en la sombra: ninguna entidad del Opus lleva su nombre, ni siquiera una modesta residencia de estudiantes.

Carrero Blanco y, detrás de Carrero, el mismo Franco, vieron en los miembros del Opus colaboradores ideales, y esto por dos razones: a) políticamente eran neutrales, carecían de las ambiciones políticas que podían tener los miembros de Falange; b) ideológicamente eran simples «tecnócratas», no ofrecían programa político alguno, sino solamente eficiencia «técnica», virtudes administrativas. El ideólogo (llamémosle así) de la tecnocracia en estos años fue Gonzalo Fernández de la Mora, que en un libro verdaderamente antológico titulado *El crepúsculo de las ideologías*, expuso la peregrina idea de que en los tiempos modernos ya no había lugar para las ideologías, sino para las eficacias. Buen gobernante, según este autor, sería no el sabio en teoría política, sino el experto en cuestiones económicas y administrativas. Estas eran las ideas que necesitaba Franco, especialmente en una época en que empezaba a sentirse viejo y podía temer competidores.

Franco, fiel a sus principios de jugar a dos cartas, dejó que creciese paulatinamente el número de ministros pertenecientes a la Obra, pero sin olvidar del todo a los antiguos falangistas defensores del Movimiento. López Rodó o López Bravo representaban al grupo tecnocrático, Fraga Iribarne (el último falangista de prestigio) y Solís Ruiz al grupo del Movimiento. En 1969, los ministros del Movimiento descubrieron y facilitaron el conocimiento público del escándalo Matesa (escándalo de fraude fiscal en que estaba comprometido el Opus Dei). Fraga pretendía con ello derribar a sus oponentes y alejarlos del gobierno, pero Franco, acaso por miedo a la acometividad de Fraga, licenció a los últimos ministros falangistas para presidir, a partir de 1969, gobiernos donde todos los ministros eran del Opus o simpatizantes del Opus... Desde 1969 a finales de 1973, el Opus tenía todo el gobierno de Franco. ¿O era más bien Franco el que tenía al Opus?

La respuesta al interrogante se despeja con el asesinato de Carrero Blanco por miembros del movimiento separatista vasco E.T.A en diciembre de 1973. En la relativamente estable España de Francisco Franco, un hecho de esta magnitud fue considerado poco menos que el fin del régimen personalista de Franco. Pero Franco interpretó el hecho como una desaprobación a la política del Opus, y decidió barrer de un plumazo a todos los tecnócratas en el poder. Naturalmente, no quedaba más opción que volver al otro partido, al que representaban las sombras del Movimiento. Pero, curiosamente, Franco hizo jefe del nuevo gabinete al que era responsable de los servicios de Seguridad cuando se produjo el atentado: Arias Navarro. Comienza así la última fase del régimen franquista, la **involución al fascismo** (1974-1975), que ya no tenía nada de fascismo, sino de vagas reminiscencias teóricas del pasado. Nadie sabía bien en qué consistía el «espíritu del 12 de febrero», día en que Arias Navarro presentó sus proyectos políticos en las Cortes. «El gobierno no desea una política tecnificada y neutra», dijo entonces el nuevo primer ministro, pero no dijo en qué consistiría esta política. La política de Arias duró lo que Franco, escasos dos años, pues Franco murió en noviembre de 1975.

Un régimen personalista no podía durar más que lo que duró la persona física de su fundador...

Instituciones y leyes del franquismo

No es posible entender el régimen de Franco sin saber cómo funcionaban sus instituciones y sus leyes, que llevaban todas el sello característico de la ambigüedad y del círculo vicioso. Las instituciones y leyes de Franco eran una ficción en la que todo el mundo fingía creer. Era como si todo el país se hubiera puesto de acuerdo para respetar en público unas reglas de juego que en privado se consideraban absurdas o grotescas. Teniendo en cuenta que las instituciones y leyes franquistas no servían para nada, y que la mayoría del pueblo no creía en ellas, habría que preguntarse por qué el dictador y sus cómplices no prescindieron de ellas y gobernaron directamente por decreto. Ya hemos explicado, en parte, el porqué de esta ficción legal: el régimen tenía que rodearse de una fachada democrática que lo hiciera digno de entrar en el concierto de las naciones. Pero esto no lo explica todo; habría que añadir, para explicar el respeto popular a estas reglas de juego, las dos causas que colaboraron en el éxito de la dictadura y que indicamos en la introducción a este capítulo: el *miedo* a otra guerra civil, y la *comodidad* ante el lento pero ininterrumpido progreso económico. Éstas fueron las verdaderas causas del respeto ante la ficción institucional. El pueblo estaba cansado de la política, tenía horror a la política y se refugió en la mediocridad de la vida pequeño-burguesa, que implicaba una buena dosis de castración mental y política. El español medio compró una cierta tranquilidad y un mínimo de confort al precio de llevar una mordaza. No podía leer una prensa libre, no podía votar, no podía manifestarse, pero tampoco lo echaba de menos: el fútbol, el automóvil utilitario o el pisito en la sierra absorbían sus ambiciones.

La primera institución a la que tenemos que referirnos es la del **Movimiento Nacional**. Sabemos ya que tiene su origen en el «partido» político *Falange Española Tradicionalista y de las J.O.N.S.*, y hemos analizado en párrafos anteriores la dificultad de analizar su pensamiento, demasiado complejo y contradictorio. Pero el mayor problema del Movimiento no es su mayor o menor dificultad definitoria, sino su naturaleza misma como institución. ¿Es un *partido político*, o es simplemente una *estructura estatal*, una especie de funcionariado especializado? De hecho, Franco había prohibido los partidos políticos (los demócrata-cristianos tampoco pertenecían a la Democracia Cristiana, y los tecnócratas del Opus Dei tampoco eran un partido, sino una congregación religiosa...). José Antonio era el autor del concepto de la superación de los partidos tradicionales, concepto que puso de manifiesto ya en 1933, en el teatro de la Comedia (v. supra). Franco se apresuró a incorporar este concepto cuando se produjo el Decreto de Unificación de 1937. Y lo hizo empleando sus clásicas ambigüedades: «Esta organización, intermedia entre la sociedad y el Estado, tiene la misión principal de comunicar al Estado el aliento del pueblo, y de llevar a éste el pensamiento de aquél a través de las virtudes políticomorales de servicio, jerarquía y hermandad». No se entiende nada en este texto, como es habitual en todo lo que redacta Franco, pues Franco se limita a sustituir el concepto de *partido* por el de *organización*.

El mismo nombre de «Movimiento» es un término cuidadosamente elegido por Franco para evitar todo contagio semántico con el de «partido». Pero si el Movimiento no es un partido, ¿qué es en realidad y qué tipo de actividades desarrolla? El Movimiento es una especie de organización burocrática estatal que realiza una función de *control y propaganda* de los criterios ideológicos que ya conocemos (totalitarismo, nacionalismo, jerarquía, imperialismo, valores cristianos...). De esta manera, el Movimiento ejerce una especie de monopolio de la prensa y la radio (los «mejores» periódicos, revistas y emisoras del país), se encarga directamente de la propaganda de los principios del régimen, de la censura de todas las publicaciones y de la enseñanza de estos principios en las escuelas y colegios. Además de esta función de control y propaganda ideológica, el Movimiento *monopoliza los sindicatos,* a los que nos referiremos más adelante... Franco mismo definió en cierta ocasión al Movimiento como «claque» de su régimen, pues, en efecto, su función principal consistía en alabar y aplaudir al Caudillo y sus jerarcas... Los falangistas con ambiciones pronto se dieron cuenta de la importancia secundaria a que se destinaba el Movimiento y protestaron o abandonaron sus filas; los falangistas del montón, supieron aprovecharse de las prebendas que se le ofrecían, especialmente en la primera etapa del régimen, cuando resultaba tan duro ganarse la vida.

Por lo demás, el Movimiento estaba dirigido por un Consejo Nacional, al frente del cual estaba un Secretario General que era nombrado por Franco. El Consejo Nacional debía reunirse por lo menos una vez al año para examinar cuestiones generales de gran vaguedad, como eran: «la estructura del Movimiento, la estructura del Estado, la organización de los sindicatos y las cuestiones nacionales o internacionales de importancia que le sometiese el jefe nacional» (Ramón Tamames). Como se ve, ninguna función propiamente legislativa le estaba asignada, pues las leyes las decretaba Franco a través de su gobierno o las Cortes a instancias del gobierno. Sin embargo, el Movimiento tenía algo que ver con las leyes, pues funcionaba como una especie de garantía de ortodoxia legal, vigilaba los «principios» del régimen, el espíritu que debía informar a las leyes mismas. El Consejo Nacional del Movimiento funcionaba como una especie de cámara alta o Senado de un país democrático, aunque, a diferencia de éste, estaba controlado por Franco, que era, al mismo tiempo, Jefe del Estado y del Gobierno...

Pasemos revista al corpus legal del régimen, que, vigilado siempre desde cerca por la institución del Movimiento, fue ampliando y adaptando sus leyes a las necesidades del momento. En conjunto, el corpus legal del régimen franquista se puede resumir en siete puntos: 1) *Fuero del Trabajo,* 2) *Ley Constitutiva de las Cortes,* 3) *Fuero de los Españoles,* 4) *Ley de Referendum,* 5) *Ley de Sucesión a la Jefatura del Estado,* 6) *Principios del Movimiento Nacional* y 7) *Ley Orgánica del Estado.* Todas estas leyes están dictadas por la necesidad de disfrazar el régimen con una fachada liberal y democrática. Si Alemania e Italia hubieran ganado la guerra, el régimen de Franco se hubiera quedado en las leyes y principios imperantes en el período del primer gobierno de Burgos.

El Fuero del Trabajo (1938) es un código claramente inspirado en la Carta di Lavoro del fascismo italiano. Naturalmente, la inspiración fascista que presidió su primera redacción fue dejando paso, con el tiempo, a leyes más abiertas y más en consonancia con la situación laboral moderna. En cuestiones de retribución de los trabajadores se insistió en la importancia de los *convenios colectivos sindicales* y ciertas *normas de obligado cumplimiento* (caso de no haber entendimiento entre patronos y obreros, se recurría a un *laudo* de obligatorio cumplimiento). Naturalmente, estaba prohibido recurrir a cualquier tipo de medios no legales (huelgas) para alcanzar los acuerdos salariales. En 1964 se llegó a establecer un *salario mínimo.* Quizás el aspecto más importante de la legislación laboral franquista es la práctica imposibilidad del despido; no se garantizaba, de hecho, un «salario justo», como predicaban las leyes, pero se impedía la total miseria. A la larga, este sistema tan rígido de política laboral dificultó notablemente el desarrollo económico.

El Fuero del Trabajo insistió también en el aspecto de la *seguridad social*, especialmente a partir del ministro Girón de Velasco, que promulgó en 1943 el *seguro obligatorio de enfermedad* (enfermedad, maternidad, vejez, invalidez, accidentes, enfermedades profesionales, previsión social agraria, seguro de desempleo...). La eficiencia del *seguro obligatorio* dejó mucho que desear, permitiendo de hecho y durante muchos años la alternancia de la medicina privada (para los ricos y la clase media acomodada) con la pública (para los obreros y gentes más necesitadas).

Pero el gran defecto del Fuero del Trabajo radicaba en la estructuración de la Organización Sindical, que era un sistema de *sindicato vertical* en que los patronos y los obreros se sentaban a una misma mesa a negociar los problemas laborales. El deseo de evitar la «lucha de clases» de los marxistas llevó a este curioso sistema en que, de hecho, la solidaridad del mundo obrero quedaba cercenada por la presencia del patrono. El segundo defecto de la Organización Sindical es que se trata de un sindicato obligatorio y directamente controlado por el régimen (por el Movimiento, como hemos visto). Los jerarcas de la organización sindical no eran elegidos directamente por los obreros, sino que pertenecían al «aparato» estatal...

En el año 1942, la evolución de los acontecimientos de la Segunda Guerra Mundial aconsejó a Franco la progresiva creación de instituciones «democráticas». Es cuando tiene lugar la promulgación de la **Ley Constitutiva de las Cortes** (Parlamento). Prácticamente, es la primera institución legislativa del régimen, pues el Consejo Nacional del Movimiento, además de limitarse a muy pocos miembros, carecía de funciones legislativas. Naturalmente, la función legislativa de las Cortes era puramente teórica: los proyectos de ley que elaboraba el gobierno se discutían y se aprobaban en las Cortes y luego los sancionaba el Jefe del Estado. La ficción era perfecta, pues *todos* los proyectos de ley eran aprobados y la discusión parlamentaria se convertía en puro «show» del régimen. Para explicar esta unanimidad en las Cortes franquistas hay que tener en cuenta que los diputados o «procuradores» eran elegidos sin sombra de procedimiento democrático: un tercio del total eran elegidos por los jerarcas de la Organización Sindical (que ya hemos visto que estaba controlada por el Movimiento), otro tercio era elegido por los representantes de las *entidades* (colegios profesionales, academias, universidades, etc., es decir, instituciones controladas por gente fiel al régimen), y el tercer tercio era elegido directamente por el Consejo Nacional del Movimiento. Más tarde (1966) se alteró el sistema electivo de los procuradores, pero no vale la pena entrar en detalles: el régimen no podía permitir elecciones por sufragio directo, universal y libre.

El **Fuero de los Españoles** fue promulgado en 1945, justamente cuando las potencias del eje habían sido vencidas y la posición de España había quedado muy comprometida por su simpatía y connivencia con el fascismo. Las leyes del Fuero de los Españoles pretendían ser una especie de «Carta Magna» de los derechos de los españoles, derechos que, de alguna manera, deberían coincidir con los derechos de los ciudadanos de los estados democráticos occidentales. Todo era pura teoría: principios y leyes generalísimas sin ninguna eficacia en la realidad concreta del ciudadano de a pie. He aquí algunos de estos pretendidos derechos: libre expresión de ideas mientras no se atente a los principios fundamentales del Estado (art. 12); libertad y secreto de la correspondencia (art. 13); inviolabilidad del domicilio (art. 15); libre reunión y asociación para fines lícitos (art. 16); detención como máximo por setenta y dos horas antes de pasar a la autoridad judicial (art. 18)... Naturalmente, todos estos derechos podían ser suprimidos cuando así lo justificase la unidad de la nación o la seguridad del Estado, y la interpretación de lo que era «unidad» de la nación o «seguridad» del Estado dependía siempre de instancias superiores...

En este mismo año de 1945 se promulgó la **Ley de Referéndum Nacional**, según la cual, «cuando la trascendencia de determinadas leyes lo aconseje o el interés público lo demande, podrá el jefe del Estado, para mejor servicio de la Nación, someter a referéndum los proyectos de leyes elaborados por las Cortes». Hay que tener en cuenta que un referéndum es una consulta puramente potestativa y que no obliga al gobernante a hacerla; de hecho, Franco hizo uso del referéndum solamente dos veces: en 1947, para sancionar la Ley de sucesión, y la segunda en 1966 para sancionar la Ley Orgánica del Estado. Algunas leyes de gran importancia para el régimen, como la ley de los Principios del Movimiento de 1958, fueron promulgadas sin necesidad de referéndum.

La **Ley de Sucesión en la Jefatura del Estado**, de 1947, a la que hemos tenido ocasión de referirnos, está dictada por la necesidad de borrar el reproche de «dictadura» que el régimen recibía de las democracias occidentales. Franco pretende nada menos que declarar el sistema político español como monárquico (!!!), pero sin abandonar su carácter de jefe vitalicio del Estado. La fórmula que emplea es una obra maestra de ambigüedad terminológica: «España (...) es un estado católico, social y representativo, que, de acuerdo con su tradición, se declara constituido en Reino». Nadie supo explicar cómo era posible la existencia de un reino sin monarca. Pero además de este punto, la Ley de Sucesión contenía otra sorpresa: Franco se reservaba el derecho a designar sucesor. En este aspecto, Franco actuaba ya como un verdadero soberano al que solamente le faltaba elegir a un sucesor de su propia familia...

La **Ley de Principios Fundamentales del Movimiento**, promulgada en 1958, no sabemos si pretendía reforzar los viejos principios fascistas para tranquilizar a unos miembros de Falange que empezaban a retroceder ante los miembros del Opus, o servía justamente para hundir más a la Falange. Porque los principios son, al mismo tiempo, *obligatorios* para todo el que ocupe un cargo público (había obligación de jurarlos antes de desempeñar una función), y *generalísimos* (los podían suscribir incluso los miembros del Opus o de cualquier otra orientación tradicionalista). Los principios estaban inspirados en los viejos ideales de Falange, no cabe duda, pero estaban desprovistos de color político y, desde luego, carecían de toda vocación revolucionaria en lo social. Cualquiera podía declararse de acuerdo con ellos sin ofender su conciencia. Tesis como las que rezaban: «España es una unidad de destino en lo universal», «la unidad entre los hombres y las tierras de España es intangible», «la comunidad nacional se funda en el hombre, como portador de valores eternos», (las entidades naturales de la vida social son) «familia, municipio y sindicato» y otras del mismo género vago y abstracto, muestran hasta qué punto se había «descafeinado» la ideología fascista.

La última ley, la denominada **Ley Orgánica del Estado**, fue promulgada en 1966 y apenas introduce novedades en el régimen. Franco separa, con esta ley, los cargos de Jefe de Estado y Presidente de Gobierno, cosa que era previsible dada su avanzada edad, y se reserva, naturalmente, el de Jefe de Estado exclusivamente. La ley preveía, además, una vaga promesa de apertura política al mencionar la posibilidad de la creación de *asociaciones políticas* (no partidos políticos), que nadie sabía muy bien en qué iban a consistir y que nadie en el régimen tenía el menor interés en favorecer. Toda apertura del régimen hubiera significado su muerte, por lo que España siguió contando con un fantasmal «búnker» político de ideólogos cada vez más en la sombra, que seguían perteneciendo a un Movimiento ya de naturaleza surrealista.

B: SOCIEDAD

La economía franquista: proteccionismo, liberalismo, planificación

La evolución económica del régimen franquista manifiesta ciertos paralelismos con su evolución política: a) fase da *autarquía económica*, que coincide, más o menos, con la *fase fascista* del régimen (década de los cuarenta), b) fase de progresiva *liberalización económica*, que coincide con los años de la relativa apertura política de los demócrata-cristianos (década de los cincuenta) y c) fase de *planeamiento económico*, que no sólo coincide, sino que se identifica, con las directrices económicas que defendían los ideólogos del Opus Dei (década de los sesenta y últimos años del régimen). En nuestra opinión, se debe partir de los hechos políticos para llegar a los económicos (al menos en este caso concreto), y no al revés, como pretenden algunos autores de orientación marxista: es la orientación *política* del régimen la que inspira la política económica, y no al revés. La política económica de Franco, como se verá a continuación, no está dictada tanto por necesidades estrictamente económicas, como por planteamientos de estrategia política. Fue la evolución de la política internacional y la que experimentó el régimen mismo, la que dictó las líneas maestras de la política económica.

Pero si la estrategia económica depende de la estrategia política, y la estrategia política está dictada por los acontecimientos internacionales y por la voluntad de mando de un régimen puramente personalista, se obtendrá un panorama económico bastante singular: no hay líneas maestras, no es posible hablar de una inspiración general en la economía franquista, que cambia de directrices como una veleta, según aconsejen las relaciones internacionales o los grupos de presión en el propio país. No hubo una política económica propiamente dicha, como tampoco hubo una línea de evolución política congruente. En medio de sus numerosos cambios, tanto políticos como económicos, lo único que permaneció invariable en el régimen fue la persona del dictador.

La **fase de autarquía económica** (años cuarenta) está presidida por unas directrices paternalistas y proteccionistas de la economía que eran las únicas que se podían plantear en aquellos años. La situación internacional hacía imposible el comercio exterior: primero debido a la Segunda Guerra Mundial, que restringió notablemente las operaciones comerciales, y después a la política hostil de los vencedores con respecto a la única nación fascista que quedaba en Europa. No es difícil imaginar la gravedad de la situación de la economía española, que después de salir de la Guerra Civil, no tuvo apenas ocasión de restablecerse. Pero además del problema del aislamiento internacional, está el de los planteamientos económicos de los jerarcas falangistas, que tendían al dirigismo económico, a la intromisión del Estado en las actividades económicas, o al establecimiento de una normativa laboral que hacía muy rígido el sistema económico.

En el año 1939 se promulgaron dos leyes para proteger, fomentar y defender la industria nacional. Por estas leyes se concedían amplias ventajas de orden fiscal y crediticio a todas las empresas cuya actividad industrial fuese declarada de interés nacional. Por una parte, estas leyes aseguraban el suministro de productos imprescindibles (fertilizantes, celulosa, fibras sintéticas, productos farmacéuticos, etc.), pero por otra permitían al Estado un auténtico control de la producción, pues las autoridades se reservaban el derecho de aceptar o rechazar solicitudes de creación de industrias, así como el de otorgarles los correspondientes cupos para adquirir materias primas, que escaseaban en estos primeros años.

Pero estas medidas no eran suficientes: para acelerar la iniciativa privada, que se encontraba paralizada por la ausencia de capitales, se creó en 1941 el Instituto Nacional de Industria (INI), verdadero «holding» estatal que apoyó el surgimiento de empresas de todo tipo: petroquímicas, textiles, siderúrgicas, de automoción, etc. Tanto las leyes sobre las industrias de «interés nacional» (es decir, industrias controladas por el Estado), como la ley de creación del INI, insistían en una política económica paternalista, monopolista, autárquica y ligeramente socializante (no olvidemos que los falangistas de la primera hora defendían un cierto socialismo, y que Girón de Velasco, ministro del Trabajo, llegó a sugerirle a Franco la total nacionalización de la banca). La economía estaba, pues, dirigida, rígidamente centralizada. Añádase a esto el racionamiento económico de los productos alimenticios, racionamiento que se impuso ya en los años de la Guerra Civil y que provocó, mediante la distribución de *cartillas de racionamiento*, un verdadero control en los medios de producción y de distribución de bienes de primera necesidad.

Es evidente el defecto que entraña la política de monopolio o proteccionismo estatal: la economía prescinde del factor de la competitividad, la calidad de los productos deja mucho que desear. «Made in Spain» era la peor etiqueta que se le podía colocar a un producto. Pero hay un segundo defecto que mencionar: la política del proteccionismo económico se centró casi exclusivamente en la industria, con patente descuido de la agricultura. El campo, abandonado o semiabandonado, fue contemplando la progresiva escasez y consiguiente aumento de los precios de los productos agrícolas, lo que generó un notable aceleramiento de la inflación. Y lo peor de todo: esta especie de *nacional-socialismo* tenía mucho más de «nacional» que de «socialismo»: favoreció a los incondicionales del régimen, a los que tenían acceso a la clase gobernante, pero fue incapaz de crear riqueza o de repartir la poca que había creado.

La **fase de liberalización económica** (década de los cincuenta) es la consecuencia de la apertura política del régimen, la reacción al reconocimiento internacional y a la entrada de materias primas facilitada por los acuerdos internacionales. En el año 1951 se producen las primera huelgas que conoce el régimen. Las causas: el estancamiento provocado por la *autarquía económica* y la *inflación* casi ininterrumpida originada por el continuo aumento de precios de los productos alimenticios. Pero esta misma fecha de 1951 marca la introducción a la política económica de signo aperturista: el reconocimiento internacional que significaba el regreso de embajadores y los primeros créditos norteamericanos, hicieron posible un relajamiento en el control económico y una flexibilización de la producción y los mercados. La mejor señal del cambio: en 1951 se suprimen las *cartillas de racionamiento*, se liberaliza el mercado de los productos básicos alimentarios. Dos años más tarde (1953) se produce el hecho decisivo: los acuerdos entre España y los E.E.U.U. sobre ayuda económica y defensa mutua, acuerdos que se materializaron en la creación y mantenimiento de bases militares americanas. Era algo así como el Plan Marshall para España, pero con el consiguiente retraso en el tiempo, y con algunas características propias. En total, entre el año 1951 y el año 1963, la ayuda americana se elevó a 1.183 millones de dólares, aunque casi la mitad (537,6 millones) consistía en créditos y no en donaciones, y unos 200 millones fueron a parar no precisamente a la reconstrucción de la economía española, sino a la construcción de bases militares americanas y al personal de la misión americana. Los objetivos de la ayuda económica (donaciones y créditos) se repartieron, según Ramón Tamames, de la siguiente manera: 31,8 % para productos alimenticios, 32,8 % para materias primas y 35,4 % para bienes de equipo (inclusive vehículos y equipos de transporte). Llamamos la atención sobre estos porcentajes para resaltar la diferencia entre la ayuda norteamericana a los demás países europeos y la ayuda a España: en Europa la ayuda se centraba, principalmente, en bienes que permitían reconstruir la industria, los transportes y la agricultura. En España, por el contrario, la ayuda estaba orientada a lograr la pura subsistencia: productos alimenticios, materias primas...

A pesar de la ayuda americana, o mejor, favorecida por esta ayuda, se produjo con el tiempo una aceleración del proceso inflacionista, y el régimen sufrió en 1956 la segunda ola de huelgas y manifestaciones violentas, así como también el primer enfrentamiento serio con los estudiantes universitarios. En 1957, y como resultado de las huelgas, surgió un gobierno todavía más aperturista en lo económico. El nuevo gobierno inauguró una serie de medidas de estabilización de la moneda que culminaron en 1959 en un memorándum dirigido a la OECE en que se anunciaba el compromiso de estabilizar la economía mediante medidas en el sector público, la política monetaria y la flexibilidad económica. El documento, estudiado por la OECE y por el Fondo Monetario Internacional, logró para el régimen la aprobación de una ayuda financiera de 546 millones de dólares.

La **fase de planeamiento económico** (años sesenta) está inspirada directamente por los ministros del Opus Dei, y tiene su origen en los cambios ministeriales de 1957 y en la ascensión política de López Rodó, que ocupaba la Secretaría Técnica de la Presidencia del Gobierno. López Rodó es autor del *Plan de Desarrollo*, o mejor, de los *Planes de Desarrollo,* que diseñó en su función de Comisario del Plan de Desarrollo. El primer *Plan de Desarrollo* está pensado para el período 1964-1967, el segundo para 1967-1972, y el tercero para 1972-1975. Los planes consistían en calcular el índice de crecimiento económico de un período determinado, y después efectuar un programa de ambiciosas inversiones públicas y de inversiones para industrias concertadas con el Estado. Los *Planes de Desarrollo* tuvieron tres defectos capitales (resumimos el detallado análisis crítico de Ramón Tamames): en primer lugar, eran *planes*, y la economía capitalista difícilmente se deja planificar y encerrar en esquemas. En segundo lugar, se trataba de planes inspirados en una mentalidad *tecnocrática* en la que sólo se barajaban números y no realidades humanas: el problema del campo, que obligó a gran número de campesinos a emigrar, o el problema de las industrias básicas relacionadas con la agaricultura, nunca fueron tratados en estas planificaciones. En tercer lugar, los *Planes de Desarrollo* basaban sus cálculos en estadísticas, pero en estadísticas elaboradas sin sinceridad ni competencia, por lo que, frecuentemente, se planeaba cometiendo grandes errores.

En conjunto, la política planificadora fue una especie de fuego de artificio, y no justificó los esfuerzos que se le dedicaron. Los *Planes de Desarrollo* comenzaron modestamente desde una simple Comisaría del Plan de Desarrollo, oficina de coordinación dependiente de la Presidencia del Gobierno, y se transformaron en nada menos que el Ministerio de Planificación del Desarrollo. A pesar de estos esfuerzos, o quizás a causa de ellos, gran número de españoles procedentes del campo tuvieron que emigrar y engrosar las barriadas proletarias de Francia, Alemania, Inglaterra o Suiza. A López Rodó le interesaba solamente la industria, el rendimiento industrial. La tecnocracia gobernante permitió la vergonzosa esquizofrenia social e individual del fenómeno de la emigración para lograr unos porcentajes de crecimiento económico industrial relativamente elevados. Todo era cuestión de números. Por otra parte, los emigrantes contribuían, con sus giros en divisas, a la recuperación de la economía española. Los emigrantes y los turistas (el turismo fue otro de los grandes descubrimientos de estos años) pudieron sostener la balanza de pagos de la economía española, a pesar de los innumerables errores tecnocráticos.

El control de la opinión: propaganda, prensa y censura

No es posible concebir un régimen autocrático moderno sin pensar en el papel que juega la propaganda y el control de los medios de prensa. Los nuevos medios de difusión, como la radio o la televisión, añadieron nuevas posibilidades a las que ofrecían los medios tradicionales, y los dictadores supieron aprovecharse de ellos a través de sus ministros o a través del Movimiento Nacional.

Será suficiente comentar dos textos legales distintos y separados en el tiempo, la *Ley de Prensa de 1938* y la *Ley de Prensa de 1966*, para dar una idea de lo que significó la prensa y la propaganda durante el régimen de Franco.

Cuando comenzó la Guerra Civil, el gobierno de Franco sometió a la prensa a un control severísimo que estaba inspirado en el estado de guerra. No había leyes de prensa propiamente dichas, sino un simple control ideológico supeditado a las necesidades de mantener la unidad y ganar la guerra. La **Ley de Prensa de 1938**, llamada «Ley Serrano Suñer» por estar inspirada directamente por el brazo derecho del régimen, venía a poner en práctica los principios del fascismo español, especialmente su crítica a lo que empezaba a llamarse «el cuarto poder» (el poder de la prensa, su influencia sobre la sociedad). «No podía perdurar –decía el texto de la ley– un sistema que siguiese tolerando la existencia de ese cuarto poder del que se quería hacer una premisa indiscutible... No podía admitirse que el periodismo continuara viviendo al margen del Estado...» En el artículo 1°, definiendo las líneas generales que inspiraba la ley de prensa, se asignaba al Estado la función de organizar, vigilar y fiscalizar las publicaciones periódicas (periódicos y revistas). En el artículo 2°, de acuerdo con estas líneas generales, se concretizaba la función del Estado en los siguientes puntos:

1) Regulación del número y extensión de las publicaciones periódicas.
2) Intervención en la designación del personal directivo.
3) Reglamentación de la profesión de periodistas.
4) Vigilancia de la actividad de la prensa.
5) Censura previa.

Como se ve, bajo el pretexto de incluir en el seno del Estado la actividad periodística, se creaba una prensa amordazada hasta límites increíbles. Los periódicos dejaban de ser empresas independientes, pues su personal directivo debía contar con el *placet* de la Dirección General de Prensa. Los periodistas mismos debían estar controlados por la Federación de Asociaciones de la Prensa, que contaba con un Registro Oficial de Periodistas en el que debía figurar todo aquel que ejerciese la carrera. Curiosamente, un periodista podía ser borrado del Registro Oficial no sólo por no ser fiel a los principios políticos del Movimiento, sino incluso por no cumplir con los principios religiosos. En el año 1955, cuando estaba en plena efervescencia el «nacional-catolicismo», la mencionada Federación formuló un Decálogo del Periodista en el que llegó a decirse: «Como españoles de fe católica y defensores de los principios del Glorioso Movimiento Nacional, tenemos el deber de servir esta verdad religiosa y esta verdad política con fervor, en nuestra tarea de información y orientación». Pero lo que mejor caracteriza esta primera ley de prensa es la existencia de una «censura previa», según la cual el contenido de un artículo tenía que ser previamente autorizado antes de ser publicado. Por si esto no fuera suficiente, los periódicos recibían buena parte de las noticias a través de una agencia oficial, Efe-Cifra, que era la encargada de transformar y aderezar el contenido informativo a gusto de los jerarcas del régimen.

Pero la realidad del funcionamiento de la *Ley de Prensa de 1938* fue mucho más allá de lo que hacían suponer sus artículos: de hecho, el Estado intervino directamente en la prensa a través de la Dirección General de Prensa imponiendo a capricho los deseos más increíbles. Refiere Ramón Tamames que, cuando murió Ortega y Gasset, el Ministerio de Información y Turismo dictó las siguientes consignas: «Cada periódico puede publicar hasta tres artículos sobre el fallecimiento de Ortega y Gasset: una biografía y dos comentarios. Todos los artículos sobre la filosofía del escritor han de poner de relieve sus errores en materia religiosa. Podrán publicarse fotografías de la cámara mortuoria en la primera página, de la mascarilla o del cadáver, pero no fotografías de Ortega en vida». Era frecuente también la inserción obligatoria de artículos enteros, escritos en la Dirección General de Prensa, en los que se definían las líneas maestras del régimen, o se interpretaba al gusto de los jerarcas la actividad política nacional e internacional. Ni siquiera los órganos oficiales del Estado, como *Arriba*, lograron liberarse de esta obligación.

Todavía un truco que no estaba en la ley: el Estado se reservaba el derecho de asignar cupos de papel a las empresas editoras de periódicos y revistas (ya hemos visto que la celulosa era uno de los productos controlados por la economía patriarcalista). Cuando una determinada publicación se permitía disentir de las líneas dictadas por el Ministerio, se practicaban recortes en la asignación de papel y la publicación desaparecía del mercado.

La famosa **Ley de Prensa de 1966** es obra del dinámico ministro falangista Manuel Fraga Iribarne, y responde, en su orientación general, a una política aperturista relativamente revolucionaria. Según Fraga, esta nueva ley perseguía nada menos que «una libertad real [...], sin duelos ni desafíos, sin trusts o monopolios, sin libertinaje y sin abusos. Será una libertad para mantener limpia a España, no para mancharla, ni menos destruirla». Debajo de esta retórica un poco trasnochada se albergaba una auténtica novedad: *la abolición de la censura previa* para la prensa periódica y la introducción de una consulta voluntaria para las demás publicaciones.

Naturalmente, la abolición de la censura previa no significó la abolición de la censura, y el número de publicaciones que, con el tiempo, resultaron secuestradas, denunciadas, expedientadas o multadas, fue considerable. Una serie de decretos o medidas hicieron muy poco efectiva la nueva ley de prensa. Por ejemplo, se siguió haciendo uso de la inserción obligatoria de documentos o textos de interés oficial, lo que hacía que la prensa siguiera repitiendo consignas de estricta ortodoxia política. Otro impedimento para alcanzar la libertad que figuraba en el texto legal era la canalización de gran parte de información a través de las agencias de prensa oficiales Efe-Cifra. (En 1968, y ante el considerable incremento de información sobre crisis laborales, información que procedía de la agencia Fiel, se produjo la absorción de esta agencia por Efe-Cifra). La ley de Fraga, a pesar de ciertas novedades, tendía al monopolio de la información, al paternalismo estatal; y esto ocurría en una época en que la economía había abandonado definitivamente la tutela estatal...

Que la política de prensa seguía siendo reaccionaria, nos lo demuestran los hechos: en los cinco primeros años de funcionamiento de esta segunda ley, se produjeron cierres temporales de dos a cuatro meses en periódicos o revistas como *Destino, Madrid, Triunfo* y *Sábado Gráfico*; se produjeron secuestros de revistas mensuales como *Cuadernos para el Diálogo* o *Índice*; y hubo multas para una gran cantidad de publicaciones de todo tipo. En algunos casos se llegó incluso a cerrar definitivamente un periódico, como ocurrió con el periódico *Madrid* en 1971...

Pero dejemos las leyes: el espíritu de las leyes es lo que cuenta. El régimen no toleraba la libertad de prensa porque no toleraba el diálogo, porque el diálogo era peligroso para los que tenían el patrimonio de la verdad. Insistimos en que el régimen estaba empeñado en castrar políticamente a los españoles, lograr ciudadanos sumisos y políticamente neutros. Entre las publicaciones que sostenía el régimen se encontraba *Marca*, periódico dedicado única y exclusivamente a los deportes, y que era uno de los de mayor tirada en España. Y en los programas informativos, tanto en radio como en televisión, los mayores espacios estaban dedicados a los deportes. El fútbol, «deporte nacional» por excelencia, fue el sustituto de la deficiente información política. Los españoles conocían de memoria las incidencias de los partidos de fútbol, pero la mayoría no sabía en qué consistían los Principios Fundamentales del Movimiento. Panem et circenses...

C: CULTURA

El neorrealismo literario: Buero, Cela, Delibes, Ferlosio

Hemos visto que la situación económica del régimen franquista era poco menos que desastrosa, y que fueron necesarios veinte años para alcanzar los índices de producción de los tiempos de la República. Hemos visto también que el régimen carecía de unos ideales para la vida colectiva que pudieran canalizar el descontento popular. A Franco le había resultado más fácil vencer en la contienda militar que en la lucha día a día por la prosperidad de la nación.

En estas circunstancias, era lógica la aparición del desencanto y la resignación. Frente a las consignas triunfalistas del régimen, la frustración del pueblo. Frente a las brillantes ideas sobre el imperialismo hispánico, la triste realidad de la lucha cotidiana. Los héroes no eran ya los orgullosos vencedores de la guerra, sino las amas de casa que conseguían alimentar a sus hijos, los trabajadores que lograban supervivir en un medio gris y sin esperanzas.

La literatura tenía forzosamente que reflejar esta contradicción social, pero burlando la censura oficial, que imponía el triunfalismo. El régimen no permitía disidencias, pero había muchas maneras de ser disidente sin llamar demasiado la atención. El *neorrealismo* es una de estas formas.

Entendemos por *neorrealismo* una versión más humanizada del *naturalismo clásico*, según la cual el *medio ambiente* es el principal responsable de las acciones humanas. No se trata aquí, como en el *realismo naturalista* de finales del siglo XIX, de un *determinismo total* de los personajes con respecto al medio ambiente, sino de un *determinismo parcial*, de una gran *influencia* del medio sobre el hombre. Tampoco hay aquí, como en el *realismo naturalista* un *determinismo biológico*, una relación directa entre la herencia de la sangre y las acciones humanas. Los autores de esta nueva modalidad de naturalismo se limitan a realzar la importancia del *medio ambiente*, de la *realidad social*, sin por ello establecer de manera dogmática una total supresión de la libertad. No hay un proyecto común de los escritores de esta dirección, no hay un programa que permita hablar de «generación». Pero hay una coincidencia (consciente o inconsciente) en reflejar la influencia de este medio ambiente en sus personajes. La literatura de este tiempo viene a ser como una vengaza de la frustración social, una queja ante la mentira oficial. En España se había ordenado la felicidad por decreto, y los escritores contestan reflejando el sufrimiento.

Pero ¿qué ambiente es el que resulta *determinante* o *influyente* en la literatura de este *neorrealismo* o *neonaturalismo*? El de la vida cotidiana, el de la realidad plana, monótona, vulgar y gris de todos los días. Una vida donde nada o casi nada ocurre, donde los acontecimientos se repiten o se asemejan unos a otros, donde la historia de cada vida es insulsa y carente de interés. Paradójicamente, los autores de esta dirección han hecho interesante lo que carece de interés, han sabido elevar la *anécdota cotidiana* a *categoría estética*.

Aquí radica el mérito de esta literatura: buscar material novelable allí donde, aparentemente, no hay material novelable. Es como un desafío a la línea cultural del régimen, que había decretado que sólo los héroes eran interesantes. Ahora se trata de héroes anónimos, héroes que no pueden pasar a la historia porque todo su esfuerzo se limita a lograr sobrevivir. En cierta manera, lo mismo ocurre en el cine del *neorrealismo* italiano: también allí el fascismo había decretado una literatura triunfalista, por lo que la reacción del artista ante las imposiciones de la cultura fue pintar la vida cotidiana. Acaso la novedad del *neorrealismo* español consiste en insistir más en el aspecto ambiental que en el aspecto argumental: el *argumento* es, prácticamente, inexistente, pues la vida es una realidad plana donde nada destaca. De los personajes parece que nos interesa solamente su *intrahistoria*, aquello que casi se disuelve en anécdota cotidiana. En las obras de nuestro *neonaturalismo* ocurre lo que en el genial drama de Gorki *Los pequeños burgueses*: las tragedias ocurren sin ruido, sin gritos, sin lágrimas, de una manera imperceptible... No es que no haya tragedia, es que la tragedia se cuela por entre los entresijos de la realidad cotidiana. Lo verdaderamente trágico, vienen a decirnos estos autores, es que nos morimos sin darnos cuenta.

Antonio Buero Vallejo (nacido en 1916) obtiene un resonante éxito en 1949 con su obra teatral *Historia de una escalera*, una de las primeras declaraciones de inconformismo contra la estética triunfalista oficial. No pasa absolutamente nada en esta obra. Mejor dicho, «pasan» los personajes de la obra por la escalera, que es una escalera de casa pobre. Pasan sin objeto, porque la historia de sus vidas es apenas digna de ser contada. Pasan forjando proyectos para abandonar la sordidez en que viven. En el primer acto se enamoran dos personajes que pretenden hacer carrera y abandonar la mediocridad de la escalera de vecindad. En el segundo acto se ve a los dós jóvenes ya casados; no se entienden, no logran hacer realidad sus propósitos, no logran abandonar la escalera. En el tercer acto, el hijo de este matrimonio se enamora de otra chica de la escalera; hacen, lo mismo que sus abuelos, proyectos para ser felices, para hacer carrera y poder abandonar la escalera... Argumento cíclico, escalera-símbolo de frustración social, fuerza del medio ambiente, que no es posible vencer...

La novela *El Jarama* (1956) de **Rafael Sánchez Ferlosio** (nacido en 1927) es una obra maestra del género neorrealista. Unos jóvenes de Madrid deciden pasar un domingo de verano en un merendero a las orillas del río Jarama. En el merendero se alternan las tertulias de los jóvenes madrileños con las tertulias de los paisanos del lugar. No pasa nada. Las conversaciones, que parecen recogidas en cinta magnetofónica por el autor, reflejan con fidelidad el lenguaje coloquial de los personajes. Naturalmente, son conversaciones banales, estúpidas a veces, y se refieren a hechos y sucesos que le pueden pasar a cualquiera. De repente, hacia el final de la obra, una de las chicas se ahoga en el río e interrumpe el tono superficial de las conversaciones. La muerte se ha presentado sin sentirla casi, porque pertenece también a la serie de hechos cotidianos. Se vive y se muere sin llamar la atención, sin pretensiones de entrar en la historia. Ha pasado algo y no ha pasado nada. La vida sigue, como un río, como una fuerza oscura pero plana, sin relieves, sin altos ni bajos... El río al que alude el título de la novela es, al mismo tiempo, realidad y símbolo: realidad como lugar de encuentro de una pandilla de amigos en una tarde de verano, y símbolo de esa fuerza oscura, monótona y gris que es la vida.

El Jarama es un poco como una novela-límite: se ha llegado a un tal extremo de realismo, que lo literario propiamente dicho parece que ha desaparecido, absorbido por esa realidad. No hay *embellecimiento* de la realidad, como era de esperar en una obra de este género. Pero tampoco hay un propósito consciente de *afearla*, de cargar las tintas en aspectos negativos. Simplemente, lo que ocurre aquí es que no hay *ningún tipo de interpretación*. Hay un trozo de realidad que se presenta a sí misma en su desnudez, en su opacidad. El escritor no existe, o se confunde con la impersonalidad de un magnetófono. Y sin embargo, a pesar de esta aparente impersonalidad, la obra recoge la poesía de las cosas pequeñas, el encanto de lo efímero, el amor por los pequeños detalles de la vida. Aquí es donde reside el mayor mérito de Ferlosio: en olvidarse de sí mismo para entregarnos más auténticos a sus personajes.

La Colmena (1951) de **Camilo José Cela** (nacido en 1916)) es otra obra maestra de este género. En esta novela hay todavía menos argumento que en *El Jarama*. Prácticamente, *el argumento se reduce al ambiente*, en este caso el ambiente de un café. Por el café pasan cientos de personajes de vida oscura: un mal poeta que se desmaya de hambre mientras busca consonantes, una prostituta que busca clientela, un estafador que vende plumas estilográficas que no funcionan, unos «sablistas» que halagan a un mal escritor para que éste les pague la consumición... Hay clientes que visitan el café porque hay calefacción, y procuran pasar allí el mayor tiempo posible consumiendo un café baratito. La mayoría de estos personajes nos muestran un solo rasgo de su vida; este rasgo no nos permite reconstruir sus vidas, pero esto no es necesario, porque sus vidas no tienen interés. La realidad es plana, vulgar, mezquina, cruel a veces, y de estos rasgos aislados de cada uno de los personajes podemos reconstruir el personaje total anónimo que es el español típico de su tiempo. Porque la principal consecuencia que se desprende de este libro extraordinario es que, en el fondo, no hay muchos personajes, sino uno solo repetido hasta el infinito: el ciudadano de a pie, con sus pequeñas ilusiones y sus pequeñas frustraciones... El mismo autor nos advierte, en el prólogo a la segunda edición: «Nada tiene arreglo; evidencia que hay que llevar con asco y con resignación».

Miguel Delibes (nacido en 1920) llega en algunas de sus novelas a esa cosa tan difícil de lograr que es crear personajes que no son arquetipos de nada. Tan absorbidos están en su ambiente, que no son ni muy buenos ni muy malos, ni ricos ni pobres, ni guapos ni feos, ni felices ni desgraciados... Delibes parece huir instintivamente del *arquetipo*, de toda clase de arquetipo. Logra un poco lo que fue el ideal de Velázquez, que es la realidad misma, con todos esos indescriptibles matices que hacen al individuo irrepetible. Pero el individuo de Delibes se explica por su entorno, que es gris, monótono, vulgar, sin horizontes. El *humor* es lo único que salva a estos personajes de caer en la desesperación; el humor nos descubre que los personajes de estas novelas, a pesar de la limitación de su horizonte, creen en la vida. Son, como los mendigos, capaces de improvisar una modesta felicidad saboreando unos mendrugos de pan y gozando de los rayos del sol. Los libros *Diario de un cazador* y *Diario de un emigrante* (1955) nos presentan a Lorenzo, un simpático representante de la clase media más modesta, haciendo de bedel en un Instituto de Enseñanza Media y alternando este puesto con el de acomodador en un cine; más tarde, las necesidades de la vida le hacen emigrar a América y ensayar multitud de oficios en Chile. La vida de Lorenzo no tiene una dirección fija, no está orientada a nada. Ni siquiera tiene altos ni bajos. Es una vida plana compuesta de momentos inconexos. Lorenzo es simpático, conquista en seguida nuestra atención, pero su vida se agota en una sucesión de anécdotas que no significan nada, como la vida misma. Cualquiera de estas novelas puede interrumpirse antes de llegar al final, o empezarse mucho después del primer capítulo. Delibes ha recortado un trozo determinado de realidad, la que corresponde a una determinada época en la vida del protagonista. Podría haber escogido cualquier otra época, porque cualquier segmento de realidad es representativo de la realidad total.

El régimen de Franco insistía en los valores que caracterizaban el sentido de la *historia*; los escritores e intelectuales respondieron insistiendo en los valores que caracterizan la *intrahistoria*. El régimen de Franco imponía una retórica grandilocuente, de *grandes gestos* y *gestas heroicas*; los escritores contestaron con un estilo sencillo, de *pocas palabras* y *hechos vulgares*. El régimen exigía dirigir la vista a las grandezas del *futuro*; los escritores contestaron describiendo las miserias del *presente*.

La pintura de Joan Miró

Aunque mucho menos conocido que Pablo Picasso, el gran pintor **Joan Miró** (1893-1983) comparte con éste el mérito de haber renovado la pintura moderna a base de *experimentar continuamente* nuevas formas de expresión artística. No parecen las innovaciones de Miró tan radicales como las de Picasso, acaso porque ha combinado elementos tradicionales con los experimentos vanguardistas. Tampoco parece tan radical porque, en definitiva, no se identificó completamente con ningún credo vanguardista y supo mantenerse al margen de toda tentación comercial. Miró supo evolucionar, supo experimentar diversos «estilos», pero, al igual que Picasso, siguió siendo reconocible en medio de sus cambios. La obra de Miró está un poco al margen de las modas y las escuelas, aunque siempre es posible detectar huellas de la vanguardia en cada uno de sus estilos.

Miró comparte también con Picasso el raro don de verlo todo con los ojos, de transformar toda la realidad en *realidad visible*. Esto, que parece una cualidad lógica en un pintor, resulta una cualidad milagrosa cuando se analiza su obra más abstracta; los *colores*, las *líneas*, la *composición* y *distribución* de los elementos pictóricos tienen lenguaje propio. No es el *tema* del cuadro (a veces difícil o imposible de adivinar), sino la *materia pictórica* misma la que contiene los elementos expresivos. Es inútil buscar una significación «profunda» a los jeroglíficos que nos ofrece el gran pintor. Aunque esta significación exista, su verdadera grandeza está en otra parte.

Miró nos ha dejado una biografía insignificante, sin las acostumbradas anécdotas «epatantes» que suelen acompañar la personalidad del artista de vanguardia. Miró no llegó siquiera a identificarse con el *espíritu de bohemia* que dominaba en todos los cenáculos parisinos. Se ha aludido incluso a ciertos hábitos burgueses (el uso de corbata o pajarita, el ir siempre bien trajeado), que presentan al artista como personaje gris de ideas convencionales. Pero su biografía está en sus cuadros, en la gran concentración que exigían los problemas de un arte siempre cambiante; Miró, que parecía despreciar los ambientes artísticos parisinos, reservaba su pasión artística para su atelier.

Los primeros cuadros de Miró muestran un estilo que, a falta de mejor definición, podríamos denominar **estilo ingenuista** (1918-1921). Se trata de un arte perfectamente *figurativo*, sin sombra de abstracción, en que la realidad está ligeramente idealizada o vista con candidez. Es como si el pintor descubriese el mundo con los ojos asombrados de un niño. Tanto los colores, como las líneas y, en fin, el conjunto de la composición, acusan un pronunciado *sentido rítmico y armónico*. Se ha estudiado el influjo de los pintores primitivos del *estilo románico* de Cataluña en estas composiciones, pero tanto o más importante puede ser el influjo de los modernos, especialmente de los *caligramas* de Apollinaire, o el de los mismos pintores del *estilo naiv* como Rousseau. El pintor parece arrodillarse ante las realidades más humildes de la vida campesina, para las que le sirven de inspiración las periódicas estancias en la finca de sus padres en Montroig (Cataluña). Los instrumentos de labranza, los animales domésticos, los frutos de la tierra y el hombre mismo forman un todo armónico. Cuadros como *Huerto con asno* (1918) o *La masía* (1919) son obras maestras de un arte en el que todavía se cree alcanzar la idea de un cosmos ordenado donde todo tiene su lugar natural.

A partir de 1921 parece abrirse paso un **estilo analítico** en que paulatinamente se va abandonando la esfera de lo *concreto-figurativo*. Los temas de los cuadros (personas, animales u objetos) se van *rompiendo o troceando*, y es necesario recomponer la realidad a través de estos trozos aparentemente inconexos. Naturalmente, detrás de esta técnica está la sombra del cubismo y hasta la tentación del arte abstracto. Miró no es todavía un pintor abstracto: la realidad no ha desaparecido, las cosas están ahí, pero hay que recomponerlas mediante un acto de la inteligencia. Los *sentidos* nos entregan una realidad dislocada, incompleta, y la *inteligencia* se encarga de reconstruirla. Pero, naturalmente, reconstruir la realidad es una tarea muy compleja, y Miró se sirve de toda una complicada semiótica en que entran elementos del moderno *surrealismo* y hasta de la antigua *mística* de Jacob Böhme. La crítica investiga con gran aparato crítico el significado de los símbolos que emplea Miró (Hubertus Gassner), pero en sí misma la simbología es ajena al fenómeno artístico. No nos interesa *qué* quiere decirnos Miró con este arte, sino *cómo* lo dice. Las *ideas* del pintor pueden ser interesantes para ayudarnos a comprender sus cuadros, pero no nos interesan en sí mismas. El artista, como el poeta, no es filósofo, ni psicólogo, ni historiador... Cuadros como *Los sembrados*, (1923-24) y *Maternidad* (1924) son buena muestra de este estilo.

También hacia 1924 comienza un estilo que, en parte, está ya presente en algunos cuadros del estilo anterior. Se trata de una especie de **estilo formalista** en que desaparece la tradicional relación entre *color* y *línea*. Miró, influido por la técnica de Paul Klee y Wasily Kandinsky, empezó a prescindir de la línea como elemento aprisionador del color. Un objeto ya no se distingue de otro por tener un determinado color y estar encerrado en una línea. A veces una línea señala un objeto que apenas puede distinguirse de otro por pertenecer a la misma esfera de color. Evidentemente, Miró continúa su alejamiento de la realidad concreta: ahora los objetos no parecen tener cuerpo, el color es la substancia universal de las cosas, y las simples líneas ya no parecen tener más función que hacer vaga mención de realidades casi simbólicas. Cuadros como *Paisaje catalán* (1924) o *Cabeza de un agricultor catalán* (1925), nos presentan ya un ambiente perfectamente desrealizado. No creemos que el pintor haya pretendido solamente ser original; ya hemos dicho que Miró visualiza todo, y el color por sí mismo puede ser también lenguaje. Miró parece decirnos en estos cuadros que hay muchas cosas accesorias en pintura, y una sola verdaderamente importante: el color. Entre las cosas accesorias parece que se encuentran los objetos provistos de realidad corpórea.

Sería imposible recoger en pocas líneas todas las evoluciones experimentadas por Miró. Las numerosas vanguardias, sin influir completamente el estilo del gran pintor catalán, fueron dejando su huella en una obra cada vez más llena de sorpresas. Hemos visto, aparte de la probable presencia del *ingenuismo*, la influencia del *cubismo*, la del *surrealismo*, la del *formalismo* de Klee-Kandinsky... La última gran influencia experimentada por Miró fue la del *dadaísmo* de Tristán Tzara, influencia remota quizás, pero que cristalizó en una interesante e inesperada revolución artística: la de la **antipintura** (a partir de 1928). Revolución radical y no simple manifiesto inconformista, la *antipintura* llevó al pintor a poner en cuestión la existencia misma del arte pictórica, entendida ésta como un conjunto de técnicas y fórmulas prefijadas al servicio de la belleza. «La *antipintura* –dirá Miró años más tarde– era una revuelta contra el estado de conciencia y las técnicas tradicionales de la pintura, las cuales fueron vistas algún tiempo después como algo moralmente inaceptable...». La revolución de la *antipintura* ocurrió justamente cuando menos se lo esperarían los críticos de Miró: el artista empezaba a vender bien sus cuadros, se había permitido casarse y tener familia, entrar en la esfera de la cómoda vida burguesa... Acaso fue la reacción sana del artista integral, que temía ser absorbido por ese mundo de seguridades burguesas en que naufraga la libertad del espíritu. El arte de Miró no se compromete ya con nada que sea «cliché», que tenga un valor fijado de antemano. El artista ya no debe halagar a su público ni seguir las convenciones de una sociedad o una época, sino ser fiel a sí mismo. La tarea concreta más importante será prescindir de la belleza, que tan a menudo es convencional e insincera. Los cuadros de Miró se concentran ahora en el simple color, en la mancha, en el dibujo primitivo... A veces, casi una estética de lo feo. «Miró –dice Carl Einstein en apretada síntesis– ha renunciado al encanto de su paleta. Se trata de la derrota del virtuosismo. La intuición aumenta de grado. Señal de una creciente independencia. Sencillez prehistórica. Cada vez más arcaico».

Arcaísmo, primitivismo... Quizás mejor, vuelta a lo esencial, a la raíz misma de la pintura: al asombro de la luz, del color y de la línea.

El cine de Carlos Saura

Carlos Saura, aragonés como Buñuel, nació en Huesca en 1932, de familia modesta. Su padre era empleado de Hacienda, y su madre empezaba entonces su carrera de pianista profesional. La guerra civil (1936) sorprendió a la familia en Madrid y le obligó a seguir al gobierno republicano, primero a Valencia y después a Barcelona. Terminada la guerra civil (1939), la familia puede regresar a Madrid, donde Carlos estudiará el bachillerato y madurará su personalidad en una sociedad represiva presidida por los ideales de los militares y los miembros de una Iglesia apocalíptica. Buena parte de sus filmes recogerán estas experiencias juveniles.

Hacia 1948 Saura dispone ya en la vivienda familiar de un «gabinete de trabajo, una especie de estudio fotográfico lleno de cámaras y otros instrumentos fotográficos. Después de finalizar sus estudios de bachillerato se matriculó en la Escuela de Ingenieros Industriales, pero su verdadera vocación estaba relacionada con la fotografía. (Saura es famoso no solamente por sus filmes, sino también por sus exposiciones fotográficas).

Más adelante comienza a trabajar en una imprenta, donde aprende tipografía y composición. Después ensaya otro camino completamente distinto e inesperado en el que va a ser un gran artista del cine: Saura se interesa por la producción industrial de motocicletas, trabaja en el diseño de algunos prototipos y hasta participa en carreras de motociclismo, con poco éxito, por fortuna para el cine español.

En 1951 inaugura su primera exposición de fotografías en la Real Sociedad Fotográfica de Madrid. Y por fin, un año más tarde, deja los estudios de Ingeniería Industrial para ingresar en la Escuela de Cine. Saura encuentra su verdadera vocación y comienza a realizar sus primeras experiencias en el mundo del cine en plan de aficionado con una cámara rudimentaria de 16 mm. Al mismo tiempo frecuenta tertulias literarias en el célebre Café Gijón, donde se encuentra con los grandes escritores de la época, como Sánchez Ferlosio, Carmen Martín Gaite o Ignacio Aldecoa.

Los éxitos de Saura comienzan con el documental *Cuenca*, que recibe un premio en el célebre Festival de San Sebastián. En 1959 rueda la primera película, *Los golfos*, que es inmediatamente seleccionada para representar el cine español en el Festival de Cannes. En este festival se encuentra con Buñuel e iniciará una amistad que durará toda la vida. La consagración definitiva se produce con el film *La caza* (1965), para el que escribió el guión en colaboración con Aquilino Pons, y que le valió el Oso de Plata del Festival de Berlín. La trama argumental de este film está concentrada en sólo una jornada de caza protagonizada por cuatro personajes, el paisaje agreste de unos cerros castellanos, y la única muestra de vida de este desierto: los conejos. El calor sofocante excita los ánimos de los cuatro amigos y reaviva viejas rencillas personales, hasta el punto de hacer que desvíen las armas de los conejos y se maten entre sí. El film está hecho casi sin medios técnicos, con muy pocos (aunque muy buenos) actores, y gran concentración argumental. En cierta manera, el protagonista principal es el terrible paisaje de la estepa castellana, que llega a calar en la psicología de los personajes y desatar la tragedia.

A partir de este film comienza una larga y fructífera colaboración con Geraldine Chaplin, la hija de Charles Chaplin, que será su compañera por muchos años. El primer film con Geraldine es *Peppermint Frappé* (1967), que le valió de nuevo un Oso de Plata en Berlín. A partir de *Peppermint Frappé* se pueden establecer ya las características esenciales del arte cinematográfico de Saura, que podríamos condensar en dos puntos en cierta manera contradictorios: a) *intuicionismo*, y b) *intelectualismo*. Saura es un intuitivo, un «vidente», alguien que «ve» la escena en su imaginación antes de crearla, y la «ve» en su naturaleza esencial antes que en sus detalles accesorios. No hay que olvidar que Saura viene al cine desde la fotografía, desde el amor a la imagen concreta. Las escenas de sus filmes son inolvidables porque captan lo esencial de un personaje, de una situación, de un paisaje. Es imposible ver una de sus películas sin recordar una serie de escenas típicas que la definen. La segunda característica, aparentemente contradictoria, es la de la *construcción intelectual* del guión y del desarrollo argumental. (Recordemos que Saura es con frecuencia autor o coautor de los guiones). Hay mucho de lógica, de juego de la inteligencia, de construcción artificial en los argumentos de Saura. El director de cine es ajeno al destino de los personajes de sus películas, que parece que están justificados solamente por la necesidad de divertir al público. Con todo, el defecto del intelectualismo está notablemente paliado por la *técnica improvisatoria* del gran director de cine: en todos sus filmes, incluso los más intelectuales, hay siempre cierta frescura y espontaneidad a la hora de construir una escena, lo que constituye una especie de contrapunto a sus construcciones intelectuales. El director deja que los actores se vayan compenetrando entre sí a lo largo del film y que vayan madurando sus papeles poco a poco. El mismo Saura aseguró en una entrevista: «No me gusta eso de ir con todo atado». Saura representa, como Buñuel, el contrario del ideal de la estéril perfección técnica que se impuso en Holliwood.

En *Peppermint Frappé* todas las escenas sugieren al gran «vidente» que es Saura: los primeros planos de los protagonistas, las escenas, el trasfondo del paisaje de Cuenca... Pero el argumento delata a un frío constructor argumental a quien no parecen interesarle demasiado los destinos de sus personajes... Julián (José Luis López Vázquez), doctor en medicina, solterón y traumatizado por los fracasos amorosos de su juventud, está enamorado de la mujer de su amigo, rubia de belleza exótica y mucho más joven que él. Al mismo tiempo siente atracción por su ayudante, joven morena e igualmente hermosa, que solamente se distingue de la anterior por el color de ojos y cabello. En realidad, ambas mujeres están representadas por la misma actriz, Geraldine Chaplin, una vez como rubia y otra como morena, pero Julián no es consciente de la semejanza de ambas mujeres: está obsesionado por el recuerdo de la rubia, a quien supone haber encontrado tiempo atrás en las fiestas populares de Calanda tocando el tambor. Al final de la película, Julián, para vengarse del desprecio y de las burlas a las que le somete la pareja, mata a su amigo y a su joven esposa, pero con la connivencia de su ayudante, la joven morena, que le ayuda a esconder las huellas del crimen. Sólo entonces descubre Julián que la imagen de la mujer ideal que suponía en la rubia podía coincidir en realidad con la imagen de la morena... Se trata de un argumento bien discurrido, acaso demasiado bien discurrido, demasiado dirigido a la inteligencia del espectador, que comprende y admira el juego intelectual que se le ofrece, pero que no llega a emocionarse por unas peripecias psicológicamente poco verosímiles.

Otra película que comparte las características anteriores es *El jardín de las delicias* (1970), que obtuvo grandes éxitos en el Festival de Cine de Nueva York y que fue elegida como una da las diez mejores películas del año en la Gran Manzana. El personaje Antonio (de nuevo José Luis López Vázquez), está convertido en un paralítico después de un accidente de coche y, lo que es peor, ha perdido la memoria y el uso de la palabra. Toda la familia está interesada en que recupere la memoria, para lo que se ven obligados a montar continuamente escenas que despiertan en Antonio recuerdos del pasado. Las escenas representan historias traumáticas de la infancia y juventud de Antonio: la ocasión en que fue encerrado en una habitación con un cerdo, la ceremonia de la primera comunión y su final con la entrada de las huestes republicanas, la escena de la muerte de la madre, la escena de amor con su tía... Saura mezcla en estas escenas elementos reales con detalles grotescos, y los continuos disfraces y cambios de escenografías constituyen un acompañamiento esperpéntico del argumento principal, que es muy sencillo: en realidad, Antonio debe recuperar la memoria para recordar el número de cuenta bancaria en que metió todo el dinero de la empresa familiar. Toda la familia de Antonio está preocupada de su salud solamente para recuperar el dinero perdido...

Otras películas también características de esta época son *Ana y los lobos* (1972) y *La prima Angélica* (1973). La primera muestra el enfrentamiento de una joven institutriz ante tres hermanos que padecen cada uno de ellos una fuerte tara mental (el uno está obsesionado por el militarismo, el otro por la idea de la santidad, el tercero es un perturbado sexual). Al final, los tres hermanos, incluyendo el aspirante a santo, la violan y la matan. *La prima Angélica* es una película en cuyo guión trabajó Rafael Azcona, y supone una recreación de las obsesiones y traumas de la guerra civil.

Saura es mucho más conocido en el extranjero que en España debido, sobre todo, a la presencia en su obra de la música y la danza, de lo que podríamos llamar el «musical» de estilo español. Recordemos que la madre de Saura era pianista y que pudo influir con su ejemplo en la sensibilidad musical del artista. Toda una trilogía de películas musicales proyectó la fama de Saura por todo el mundo y lo que en España podía ser interpretado por una «españolada» (versión patriotizante de un cliché para turistas, algo así como el «Heimatfilm» en los países germanófonos), fue considerado en todo el mundo como la característica más original y creativa de su cine. Ciertamente, la intención del gran director de cine no tiene nada que ver con los intereses comerciales. Para Saura el «musical» es una especie de «Gesamtkunstwerk» al estilo de Wagner, pues, como dice en cierta ocasión, «el cine musical es un espectáculo fantástico, único y total, como ocurre con la ópera». Naturalmente, el «musical» español cuenta con el ingrediente indispensable del *arte flamenco,* verdadera etiqueta de originalidad del españolismo y garantía de la exportación del producto. Saura realizó esta trilogía en colaboración con el célebre Antonio Gades y su cuerpo de baile. *Bodas de sangre* (1984), basada en la obra de teatro de García Lorca, *Carmen* (1984), basada en la obra de Merimée y *El amor brujo* (1986), música de ballet de Manuel de Falla, son los títulos de estos originalísimos «musicales» de estilo español. *Carmen,* la más famosa de la trilogía, es la historia de un coreógrafo (Antonio Gades, actor en el film y famoso coreógrafo en la realidad) empeñado en el montaje de un ballet sobre el tema de la ópera *Carmen* de Merimée y Bizet. Durante lo ensayos se enamora de la bailarina que desempeña el papel de Carmen, pero ésta, voluble y sensual como la Carmen de Merimée, es sorprendida flirteando con otros miembros del cuerpo de baile y Antonio la mata de una cuchillada. La música de Bizet, alternada con música flamenca, acompaña no solamente los ensayos de ballet, sino también al argumento real. El resultado, a pesar de las excelentes coreografías de Antonio Gades y el brillante acompañamiento de guitarra de Paco de Lucía, es mediocre, y el guión de la película (Saura y Gades) no llega a convencer por su superficialidad psicológica. El éxito de esta película reside en la música y, sobre todo, en el ballet, siendo el guión solamente un pretexto para darle unidad a los distintos números de baile.

Sería tarea de nunca acabar enumerar los éxitos de Saura, que raramente dejó de recibir algún premio internacional. En 1990 rodó *¡Ay Carmela!,* de nuevo en colaboración con el guionista Rafael Azcona, y con gran éxito de taquilla y de reconocimientos internacionales (catorce premios Goya). *¡Ay Carmela!* es la historia de un grupo de actores que recorren los pueblos de la España republicana en los tiempos de la guerra civil para entretener a los soldados con una especie de teatro primitivo de «varietés» y que, despúes de caer en manos de las tropas de Franco, se ven obligados a cambiar el programa y hacer propaganda del régimen fascista. La honestidad personal de Carmela, la protagonista del grupo, hace estallar la tragedia al enfrentarse a la crueldad de los militares y muere asesinada por un soldado fanático mientras actúa en el escenario. El argumento, por la humanidad y directa presencia de unos protagonistas que esta vez son de carne y hueso, contrasta notablemente con los guiones a que nos tiene acostumbrados el gran director. Carmela (Carmen Maura) y Paulino (Andrés Pajares) se acercan tanto al espectador, presentan tan de cerca su dolor, sus frustraciones o sus esperanzas, que se tiene la impresión de estarlos viendo al natural, de que no pertenecen a un «papel» o argumento preconcebido. El humor mismo en que tanto abunda este film nos lo hace más íntimo, familiar y accesible.

Saura es siempre honesto en su labor artística y se ha mantenido al margen de los intereses comerciales, virtud notable en un arte tan fácilmente expuesto a la corrupción como es el cine. «La honestidad –dijo en una entrevista– supone poder hacer lo que te gusta; y a mí siempre me han gustado las películas que he hecho»...

XVIII: LA NUEVA MONARQUÍA

Todos o la mayoría de los españoles creían que después de la muerte de Franco se iba a producir una segunda edición de la Guerra Civil. El régimen de Franco había sabido canalizar y potenciar este miedo de los españoles para justificar el «Búnker» ideológico. Recordemos que el sistema político de Franco ni siquiera hizo realidad las tímidas promesas de apertura que anunciaba la Ley Orgánica del Estado de 1966 («asociaciones políticas»). España era, a la muerte de Franco en 1975, el único país europeo occidental con un régimen político donde no había elecciones libres ni partidos políticos. Sin embargo, bastaron dos años para acabar con todas las instituciones de la dictadura, y poco más de tiempo para dotar al país de una auténtica constitución democrática. Y todo ello de manera pacífica, sin derramamiento de sangre y hasta sin venganzas. Este es el primer mérito de la etapa de la transición: haber cambiado el régimen sin recurrir a la violencia. Quizás fue el síndrome de la Guerra Civil el que ayudó a la transición pacífica. Quizás también fue el mismo desgaste del Movimiento, que ya no era un partido con un perfil político definido. Pero quizás, y sobre todo, fue el protagonismo del rey Juan Carlos, que a su evidente simpatía personal añade las difíciles cualidades de la honestidad, la discreción y el talante liberal.

El segundo mérito de la política de la transición es haberse realizado sin tener presentes modelos previos. El régimen de Franco había dejado todo «atado y bien atado» (son las palabras de Franco), pero atado para que continuase la política autoritaria, no para que se realizase una revolución democrática. Hubo que improvisar fórmulas para desmantelar el régimen sin herir susceptibilidades, sin dejar a nadie en la calle. El fenómeno de la transición hizo de España el centro de la atención mundial.

El tercer mérito de la política de la transición es haberse realizado en una difícil época de gran inestabilidad económica en toda Europa. La crisis del petróleo de comienzos de los setenta provocó, especialmente en los países poco desarrollados, una inflación considerable que no favorecía ningún tipo de evolución política. Los eternos reaccionarios repetían a menudo el disco de que «en tiempos de Franco se vivía mejor». En estas condiciones, haber cumplido los objetivos propuestos es un resultado verdaderamente notable.

Una última puntualización: Franco había restaurado la institución monárquica y nombrado sucesor a Juan Carlos, hijo de don Juan de Borbón y nieto de Alfonso XIII. La elección del príncipe la había realizado contando con su docilidad y sumisión a los principios del Movimiento. Juan Carlos era considerado, a la muerte de Franco, como un favorito del dictador, como un rey de principios reaccionarios y destinado a un breve reinado. Algunos le llamaban, en broma, «Juan Carlos I el Breve». Pero la imagen aparentemente apática y poco dinámica del joven rey dejó paso en poco tiempo a otra bien distinta: inteligente, equilibrado, competente, bien intencionado, liberal y sin ambiciones personales. Juan Carlos llegó a convencer, por su personalidad humana y política, a muchos republicanos, lo que no deja de ser una curiosa paradoja, justamente en la historia de España. La institución monárquica fue no solamente la garantía de la estabilidad de la transición, sino también el motor mismo de los cambios políticos, que fueron directamente inspirados por el rey. Juan Carlos I se ha convertido, por méritos propios, en un rey de todos los españoles.

A: HISTORIA

La transición hacia la democracia (1975-1982)

Después de la muerte de Franco (20 de noviembre) es coronado rey de España Juan Carlos I. La Ley de Sucesión de 1947, que hemos tenido ocasión de comentar en su momento, significaba la reinstauración del sistema monárquico, pero solamente de forma teórica, pues provisionalmente (y nadie sabía lo eterna que iba a ser esa «provisionalidad») permanecía Franco como Jefe de Estado vitalicio. La misma ley reservaba a Franco la competencia para designar sucesor, función que puso en práctica rechazando al legítimo heredero de Alfonso XIII, don Juan de Borbón, y eligiendo a su hijo Juan Carlos. En teoría, pues, se producía una perfecta continuidad del régimen autoritario. Juan Carlos parecía un rey apático y de poca personalidad, heredero del franquismo y dispuesto a seguir los principios del viejo régimen.

Esta impresión parecía confirmarse al contemplar el **gobierno continuista presidido por Carlos Arias Navarro (1975-1976)**, político de antecedentes falangistas y fanático admirador de la figura de Franco (tenía un retrato gigantesco del dictador en su despacho). Hemos conocido a Arias Navarro en su desafortunada aparición pública después de la defenestración de todos los ministros del Opus en 1974: los principios programáticos de signo aperturista con los que quería comenzar a gobernar los últimos años del franquismo (el «espíritu del 12 de febrero») no eran más que un conjunto de frases mal hilvanadas en las que ni él mismo creía. Se decía del gobierno Arias Navarro que era el segundo gobierno Arias y el primero de la Monarquía, pero, según Charles Powell, no fue verdad ni lo uno ni lo otro: no fue el segundo gobierno Arias porque fue obligado a contar con personalidades más liberales y que tenían mayor peso específico en la política (Fraga, Areilza, Garrigues...) que el propio presidente. No fue el primer gobierno de la Monarquía porque el rey Juan Carlos hubiera preferido poner a otro político más liberal al comienzo de su reinado, y las circunstancias le obligaron a pactar con la situación. En realidad, la figura de Arias resulta un tanto enigmática, y nadie sabía por qué Franco había nombrado Presidente de Gobierno precisamente a Arias, que era el responsable de los servicios de seguridad cuando se produjo el asesinato de Carrero Blanco. En realidad, Arias Navarro ni siquiera tenía verdadera autoridad de Presidente de Gobierno, pues algunos de sus ministros valían más que él y hasta se independizaban de su línea política. En la prensa era frecuente hablar del Gobierno como «gobierno Arias-Fraga-Areilza-Garrigues», es decir, no «gobierno Arias» a secas, sino añadiendo los nombres de los ministros más importantes. Por cierto que uno de los ministros mencionados, José María de Areilza, llegó a decir de este mal ensamblado gobierno: «Aquí no hay orden ni concierto, ni propósito, ni coherencia, ni unidad...»

Pero la continuidad del régimen franquista estaba solamente en el gobierno de Arias Navarro, y no en el rey, que veía con desagrado la cerrazón ideológica de la política gubernamental, incapaz de dar un paso adelante. Arias Navarro llegó a decir en cierta ocasión, ante el Consejo Nacional del Movimiento, que su propósito era continuar el franquismo y que, mientras él estuviera en el poder, ese sería el proyecto del Gobierno. La oposición al régimen, canalizada por la célebre «Platajunta» (palabra compuesta por los nombres de organizaciones anteriores, la Plataforma y la Junta), arreciaba las críticas al régimen. El 25 de abril de 1976, la revista americana *Newsweek* publicaba un artículo sobre la situación en que se decía literalmente: «El rey opina que Arias es un desastre sin paliativos, ya que se ha convertido en el abanderado de ese grupo de leales a Franco conocido como 'El Búnker'...»

Por fin, en julio de 1976, el rey Juan Carlos decide sustituir a Arias Navarro y nombrar a Adolfo Suárez Presidente del Gobierno, es decir, presidente del **Gobierno de la Reforma política (1976-1977)**, pues el encargo político del monarca era claramente el de romper con la tradición franquista.

Al principio, el nombramiento de Adolfo Suárez despertó en muchos la misma sospecha de continuismo que en el caso de Arias Navarro. Adolfo Suárez, nacido en 1932, era un joven y dinámico político que había hecho sus primeras armas en Falange (el partido de orientación fascista que hemos visto como partido único: el Movimiento). Había sido director general de Radiotelevisión, vicesecretario general del Movimiento y, a la muerte de Franco, Secretario General del Movimiento. Malas recomendaciones, en principio, para realizar la operación de la transición política. Sin embargo, el rey no se había equivocado: Adolfo Suárez era el hombre de la transición, transición que nos sorprende precisamente por venir de una figura del Movimiento. En realidad, la situación no es nueva: también el rey viene del franquismo y, sin embargo, está dispuesto a licenciar al franquismo. La originalidad de la transición es, como hemos dicho en la introdución, la total improvisación de la democracia, sin modelos ni pautas establecidas.

Suárez formó un gobierno integrado por el sector más reformista de la *familia* católica del régimen. Algunos de los ministros, como Marcelino Oreja o Landelino Lavilla, procedían del grupo Tácito, grupo «representativo de esa zona intermedia entre el régimen y la oposición, característica de la época del tardofranquismo» (Javier Tusell). Más que una ruptura abrupta, se perseguía una ruptura-puente con el régimen anterior. Anotemos un dato importantísimo: *Suárez no representaba una opción de partido, sino más bien un gobierno de gestión que debía preparar el advenimiento de la democracia.* Se trataba de elaborar las normas de juego básicas para llegar a la democracia, sin color alguno de partido. Suárez, además de sincero, fue eficiente: el 8 de septiembre del mismo año tenía ya preparada la *Ley de Reforma Política*, que contenía un principio general de la mayor importancia, *el sufragio universal*, verdadero cimiento de toda democracia, y dos puntos programáticos: a) *convocatoria de elecciones*, y b) *configuración de un marco institucional mínimo*, que, según la ley, debería contar con la creación de dos Cámaras, el Congreso y el Senado (la primera con 350 y la segunda con 204 miembros).

Aunque parezca increíble, el Consejo Nacional del Movimiento permitió la tramitación de la ley; y aunque parezca todavía más increíble, las Cortes (todavía dominadas por los procuradores franquistas), aprobaron el texto de la ley. En parte, el éxito de la operación parlamentaria se debe a Torcuato Fernández Miranda, presidente de las Cortes, que logró que se tramitara por medio de un *procedimiento de urgencia*. En parte también, el éxito se debe a que los recalcitrantes del franquismo se encontraban prácticamente al margen de la situación política, superados por los acontecimientos y carentes de un *caudillo* o jefe político que canalizara su descontento. En diciembre de

1976, el texto de la Ley de Reforma Política fue ratificado por un referéndum nacional (2,6 % de votos negativos y 3 % de votos en blanco).

El país tenía ya una especie de *pre-constitución* que le permitiría votar en elecciones libres y presididas por el *sufragio universal*. Pero antes de producirse las primeras elecciones libres desde el año 1939, conviene apuntar dos hechos trascendentales ocurridos en el mes de abril de 1977 e indicadores de la firme voluntad democrática de Adolfo Suárez: el primero fue la *desaparición del Movimiento Nacional*, cuya estructura burocrática fue integrada en la Administración del Estado, y el segundo fue el *reconocimiento del Partido Comunista*, que a partir de esta fecha pudo salir de la clandestinidad. Ambos hechos requerían una cierta habilidad política, pues no resultaba fácil romper con el aparato del antiguo régimen, ni tampoco admitir oficialmente a los que representaban al enemigo en la Guerra Civil...

El siguiente paso fue la aparición del **gobierno de la Constitución (1977-1979)**, igualmente presidido por Adolfo Suárez, la estrella política del momento. Suárez había conseguido una extraordinaria fama como motor del tan esperado proceso de democratización. *La Ley de Reforma Política* primero, la *supresión del anacrónico Movimiento* después, y la *legalización del Partido Comunista* al final, fueron tres grandes pasos realizados en un tiempo récord; algunos españoles, acostumbrados a las continuas dilaciones que imponían los políticos del «búnker», pensaban estar soñando. Y Adolfo Suárez aprovechó este repentino éxito para formar un partido de cara a las próximas elecciones. Más que un partido, se trataba de una coalición de partidos o grupos de orientación centrista (quince en total), que se llamó U.C.D. (Unión del Centro Democrático). No había una gran homogeneidad entre sus miembros, pero la tarea que se ofrecía a la joven democracia española (elaboración de un texto constitucional democrático) sirvió de cauce de unidad. Las espectativas eran bastante favorables, no solamente por la fama de su líder, sino también porque el partido presentaba a un conjunto de políticos que eran conocidos por sus tesis reformistas y que no se habían comprometido con el régimen franquista (solamente un 17,5 de los diputados de U.C.D. habían sido procuradores en Cortes durante el régimen de Franco).

En las elecciones de junio de 1977, U.C.D. obtuvo un 34% de los votos y 165 diputados. No era la mayoría absoluta, pero resultaba ser el partido mayoritario. El P.S.O.E. (Partido Socialista) obtuvo un 29% y 118 diputados, resultado relativamente modesto, teniendo en cuenta la larga espera; acaso la propaganda franquista contra las izquierdas actuaba todavía en el subconsciente de los españoles, que veían con desconfianza este partido. El PCE (Partido Comunista) obtuvo solamente veinte escaños, y Alianza Popular, partido de la derecha liberal anucleado en torno a Fraga Iribarne, dieciséis.

Las elecciones de 1977 suponían el comienzo de un período constituyente en el que la tarea fundamental o casi exclusiva de las nuevas cortes consistía en *sacar adelante una constitución*. Pero, en cierta manera, estas cortes constituían una paradoja, pues, en opinión del profesor Tusell, «las Cortes Constituyentes se encontraban con que no existía texto legal vigente que determinara la responsabilidad del Gobierno ante el Parlamento». Esto explica la extraordinaria complicación del procedimiento, las dudas y errores de los primeros tiempos.

Mientras se discutía el texto constitucional, tuvo lugar un acto político de gran transcendencia: la *firma de los Pactos de la Moncloa*, documentos socieconómicos que definen el alto grado de entendimiento político entre las más diversas formaciones políticas del momento. En efecto, y ante las dificultades económicas por las que atravesaba el país (aumento acelerado del desempleo, inflación galopante), todos los partidos importantes decidieron una inmediata *congelación de salarios* y, lo que fue todavía más atrevido, el derecho al *despido libre*. Naturalmente, a cambio de estas dos medidas tan impopulares, los partidos de izquierda exigieron una serie de medidas sociales que abarcaban puntos tan dispares como la creación de un elevado número de *puestos escolares*, o la ampliación de *prestaciones de la Seguridad Social*.

Pero lo más importante, como hemos dicho, era el texto constitucional, que fue aprobado en octubre de 1978. Por vez primera en la historia de España (quizás con la excepción de la Constitución de la Restauración, en 1876), la Constitución fue elaborada con un gran consenso, quedando fuera del acuerdo general solamente los partidos minoritarios de extrema izquierda y extrema derecha. Y también por vez primera, y de manera más clara que en los tiempos de la Restauración, la Constitución fue un verdadero marco jurídico para garantizar la democracia. La Constitución de 1978, a diferencia de todas las anteriores, hacía de la figura del elector el verdadero protagonista del acontecer político. Estudiaremos más adelante las novedades que aporta el texto constitucional.

Adolfo Suárez volvió a ganar las elecciones por segunda vez en marzo de 1979, pero su personalidad empezaba a declinar, especialmente por la acometividad del Partido Socialista dirigido por Felipe González. Hay que tener en cuenta que Suárez no era un ideólogo, y que su partido no era más que una coalición de partidos de dudosa unidad. Esto no es un defecto o una limitación de sus dotes políticas: su fuerte eran las instituciones políticas, que él supo transformar sin cambios traumáticos y sin derramamiento de sangre.

Suárez dimitió en 1981, y durante la votación parlamentaria para la investidura de su sucesor, el 23 de febrero de 1981, tuvo lugar el frustrado *golpe militar del teniente coronel Tejero*. La joven democracia estaba expuesta a estas escenas melodramáticas dignas de una opereta, pero no seriamente amenazada. El rey tuvo una función relevante en la estabilización de la situación política, y un año más tarde, el *triunfo resonante del Partido Socialista* inauguraría una época de perfecta «normalidad» democrática. Pero aquí ya no se puede hablar de «transición» de ningún tipo: España no solamente pertenecía a las democracias occidentales, sino que logró su inclusión como miembro de pleno derecho en la Comunidad Europea. España dejaba de ser «diferente», como pregonaba el lema turístico en tiempos de Franco en una frase que escondía una amarga ironía...

El gobierno del Partido Socialista (1982-1996)

A medida que pasa el tiempo, el pueblo empieza a perderle el miedo al fantasma de la izquierda y, apenas trascurridos 7 años desde la muerte de Franco, se produce, sin traumas y casi sin sorpresas, la llegada al poder del socialismo. Naturalmente, para que el socialismo logre convencer de sus programas a un pueblo todavía influenciado por la propaganda franquista, tiene que evolucionar internamente, tiene que desprenderse de buena parte de su carga ideológica, es decir, del marxismo, que entre los españoles era tabú. El antiguo socialismo histórico se transforma en un moderno partido socialdemócrata, más preocupado por llevar a la práctica un programa de reformas concretas, que por la defensa de unos principios generales. El autor de la transformación fue Felipe González, la nueva estrella del momento político, que en el congreso del partido socialista de mayo de 1979 solicitó nada menos que la *desaparición del marxismo* como principio ideológico, abogando por una política pragmática de *modernización* de la sociedad española desde el poder y evitando aludir al programa tradicional de una gradual *transición al socialismo*. Al principio, la propuesta de Felipe González –de un pragmatismo ideológico que rayaba en el oportunismo– no fue aceptada por el ala izquierda del partido, por lo que éste se vio obligado a dimitir. Pero fue una dimisión muy rentable: en el congreso de septiembre del mismo año, en el que el partido se sentía desprovisto de su figura carismática, se decidió aceptar de nuevo a González y su proyecto de renovación. El partido socialista se convierte así en un partido en que «el marxismo era un instrumento teórico, crítico y no dogmático para el análisis y transformación de la realidad» (Javier Tusell). Esta nueva línea política fue confirmada en el congreso que tuvo lugar en 1981, en el que se impuso la tesis inspirada por el ideólogo José María Maravall de un socialismo democrático entendido como «proceso de transformaciones acumulativas». En definitiva, se trataba de aceptar y adaptar al PSOE los principios de la socialdemocracia europea: redistribución de la riqueza y desarrollo del estado de bienestar en aquellos ámbitos en que la sociedad española más lo necesitaba, como la *educación,* la *vivienda,* la *sanidad* y la *seguridad social* (Charles Powell). El PSOE anunciaba una línea semejante a la del socialismo europeo de Olof Palme, Willy Brandt o Bruno Kreisky, políticos con los que González se identificó siempre. Pero se puede plantear la pregunta de hasta qué punto esta transformación ideológica estuvo libre de oportunismo: ¿era realmente más importante conquistar el poder que conservar los principios del socialismo histórico? ¿Quedaba realmente tan anticuado el socialismo tradicional de Pablo Iglesias después de las sucesivas transformaciones experimentadas en los tiempos de Besteiro, Indalecio Prieto o Largo Caballero? No criticamos la política de los socialistas en sí misma, sino el hecho de vender al público un producto adulterado bajo la noble etiqueta del socialismo, ya que la política de González, como veremos, poco o nada tenía ya de socialista.

Las elecciones generales de octubre de 1982 confirmaron la tendencia que se venía haciendo notar en las encuestas de opinión: un descontento creciente del pueblo con la política de las derechas, pero muy especialmente una crítica dirigida a los políticos del centro, a los que muy poco antes se había celebrado como protagonistas de la transición. (En las encuestas anteriores a las elecciones, el equipo de UCD, ahora liderado por Calvo Sotelo, era superado no sólo por los socialistas del PSOE, sino incluso por el partido de AP, en donde militaban antiguos colaboradores de Franco). Se trataba de unas elecciones *por el cambio,* como rezaba el slogan propagandístico del partido socialista, y el extraordinario éxito logrado, el 48% del total de votos, se ve realzado por el hecho de que en estas elecciones hubo tres millones doscientos mil votantes más que en las anteriores (la tasa de participación fue la más alta de todo el siglo XX: 79.8% del total del censo). En este *cambio* tuvieron un cierto protagonismo incluso los votantes católicos: a González le votaron el 35% de los católicos practicantes y el 55% de los no practicantes, mientras que solamente había un 13% de votantes socialistas identificados con el marxismo. La eliminación de la base ideológica marxista dio así sus primeros frutos. La sociedad pedía *cambios sociales,* pero sin radicalismos ni experimentos políticos, sin fijaciones ideológicas...

A partir de 1982 hay una serie de tareas políticas que serán el objetivo preferente del nuevo equipo de gobierno, y que corresponden a una *política de orientación socialdemocrática*: a) incremento en el gasto de *educación,* que aumentó en casi un tercio en los primeros cuatro años, b) mejora de la *sanidad*, especialmente en lo que concierne a los servicios de la *seguridad social*, c) aumento en las prestaciones del seguro de *desempleo*, tan necesario precisamente en una época de gran inseguridad laboral y d) drástico aumento de las *pensiones de vejez*, que llegaron a absorber una cuarta parte del gasto público total. En resumen, el equipo socialista comenzó mejorando la estructura social, tan necesitada de reformas después de cuarenta años de franquismo, para lo que tuvo que aumentar el gasto público desde un 36% del PIB en 1982 hasta un 42% en 1986. La primera legislatura socialista respondía, en líneas generales, a lo que se esperaba del nuevo equipo.

Pero no todo salió bien desde el principio, *ni resultó coherente con la línea ideológica del partido*. Los problemas comenzaron con la necesidad de una *reconversión industrial* (especialmente la siderometalúrgica, la construcción naval y la industria textil), es decir, una especialización y concentración industrial en determinados puntos de la geografía española en detrimento de otros. La *reconversión* estaba exigida por la situación ruinosa de muchas industrias, y había que elegir entre seguir subvencionándolas (y aumentar así el déficit indefinidamente) o reconvertirlas concentrándolas y suprimiendo muchas de ellas. La operación de la reconversión significaba ahorrar unos 80.000 puestos de trabajo, hecho que estaba en abierta contradicción con los principios de la política laboral socialista y que, además, rompía con la promesa electoral de González de crear al menos 800.000 nuevos puestos de trabajo.

Otro problema en que el pragmatismo de los socialistas se mostró incoherente con sus principios fue el tema de la *política de las privatizaciones*. El Estado, según un principio practicado incluso por los políticos de derechas de UCD (e incluso por el franquismo), tenía una cierta obligación de hacerse cargo de las empresas deficitarias, inyectándole el dinero necesario para ponerlas otra vez a flote y salvando los puestos de trabajo amenazados. Pues bien, el partido socialista, a través del ministro Miguel Boyer, defendió la idea contraria, pensando que toda empresa pública era por necesidad menos eficiente que una empresa privada, e iniciando así una política de sucesivas *privatizaciones* del sector público. Aunque la mayoría de privatizaciones tendrían lugar en sucesivas legislaturas, ya en 1986 fue privatizada la deficitaria empresa pública SEAT, que fue vendida a Volkswagen. Los políticos del socialismo pensaban y actuaban con el pragmatismo de altos ejecutivos del sector económico. Es verdad que el grupo Rumasa fue expropiado por el Estado, pero se trataba de una excepción: la expropiación se debió a que las deudas que había contraído el holding dirigido por Ruíz Mateos podían poner en peligro la precaria estabilidad financiera de aquellos años.

Tampoco parece muy lógico en un gobierno socialista un decreto de 1985, de nuevo inspirado por el superministro Boyer, que *liberalizó los alquileres de viviendas y los horarios comerciales*. El gobierno, contrariamente a lo que había defendido en el programa electoral, parecía apoyar las tesis de sus enemigos los conservadores: sustituir paulatinamente la presencia del Estado por el libre juego del mercado.

Pero el colmo de la incongruencia se alcanza con las medidas de flexibilización de la contratación de trabajadores que introdujo el ministro Solchaga ya en 1984, y por el cual era posible establecer *contratos de trabajo de duración limitada*. La liberalización del mercado de trabajo no solamente impidió crear los prometidos 800.000 nuevos puestos de trabajo, sino que produjo un aumento de parados de 825.000 trabajadores, haciendo que la tasa de paro llegara al 21,3% de la población activa. Estos y otros probemas provocaron una verdadera crisis en las relaciones entre el sindicato oficial del PSOE (UGT) y el Gobierno, llegando a producirse ya en 1985 el paradójico caso de una huelga organizada por un sindicato socialista contra un gobierno también socialista...

En el plano de las relaciones internacionales, el equipo socialista tuvo más éxito: en 1986 tuvo lugar *el ingreso de España en la Comunidad Europea* como miembro de pleno derecho, poniendo así fin a la anormalidad histórica que constituía el aislacionismo tradicional. Las negociaciones fueron muy difíciles, complicadas en parte por el hecho de la necesidad de entrar al mismo tiempo en la OTAN (Organización del Tratado del Atlántico Norte), y tuvieron, además, el inconveniente de exigir la introducción del impuesto indirecto denominado IVA (impuesto sobre el valor adquirido).

El gobierno socialista fue uno de los más estables que tuvo España: se mantuvo durante tres períodos legislativos y además experimentó muy pocos cambios en la composición de los ministros. ¿Por qué cayó el gobierno socialista? El desgaste producido por tres legislaturas podría ser la explicación, pero es necesario decir en qué consistió este desgaste. En primer lugar, por la *desilusión* producida en aquellos que verdaderamente esperaban reformas sociales, y para quienes las medidas del gobierno, ya desde el principio, resultaban demasiado conservadoras. El partido de Felipe González hizo, en muchos casos, una política de derechas, y sus hombres de confianza, Miguel Boyer especialmente, se parecían más a altos ejecutivos empresariales que a políticos socialistas. En segundo lugar, por el escándalo de la *guerra sucia* que se emprendió contra ETA: está fuera de duda que desde el Gobierno o desde instancias muy próximas al Gobierno se financiaron los pistoleros del GAL, que se dedicaron a matar etarras dentro y fuera de España . Es verdad que había un cierto tácito consentimiento en la sociedad española, que no parecía preocuparse mucho por la eliminación de los terroristas, pero el descubrimiento de algunos crímenes especialmente crueles (terroristas que aparecieron enterrados en cal viva, por ejemplo), fueron provocando un paulatino cambio en la opinión pública. Y, en tercer lugar, la causa definitiva: *el tráfico de influencias.* Fueron muchos los que, a la sombra del poder y amparados solamente por sus relaciones familiares o personales con los miembros del Gobierno, vendieron su influencia política a buen precio: contratación de obras públicas, concesiones para la importación, aprobación de textos escolares... Aunque los miembros del Gobierno, en general, parecen haber estado al margen de los negocios, no quedan exentos de responsabilidad ante la historia. En nuestra opinión, el partido estaba demasiado cerca de la economía: si se hubiera insistido más en los principios y menos en los aspectos económicos, la proximidad de los hombres del partido a los hombres de negocios no se habría producido. Habría prosperado un poco menos la economía, pero habría brillado más la justicia y aumentado la confianza de los españoles en las instituciones.

El gobierno del Partido Popular (1996-2004)

El Partido Popular tiene su origen en Alianza Popular, antiguo partido de la época de la transición liderado por Fraga (ex-ministro de Franco) que recogía la tradición conservadora y ligeramente aperturista del franquismo. El Partido Popular es, por lo tanto, un partido conservador, de derechas, pero no franquista. Está incluso compuesto por políticos de diversas tendencias: hay conservadores, populistas, liberales, democristianos y hasta socialdemócratas. Las semejanzas con el viejo régimen de Franco son más anecdóticas que sustanciales: se repiten en la España actual las alusiones a los nombres de los ministros del nuevo gobierno para subrayar los parentescos con los antiguos ministros u hombres de confianza de Franco, pero lo cierto es que este partido es un moderno partido conservador que nada tiene en común con las inclinaciones dictatoriales del antiguo régimen. No hay, creemos, una «familia política», como en tiempos de la Restauración, que haya transmitido el poder de padres a hijos...

Es difícil hacer un balance, aunque sea provisional, de los pocos años transcurridos bajo el gobierno conservador. Si hay una característica que llame la atención es la *dedicación preferencial a la situación económica*. El Partido Popular, como es tradicional entre los partidos conservadores europeos, pone el acento exclusivamente en el saneamiento económico, argumentando que antes de poder *repartir* la riqueza es necesario saber *crearla*. Naturalmente, es muy difícil saber hasta qué punto se tiene la intención de repartir, y es muy pronto para calibrar las consecuencias sociales de una tal política. Por el momento, es evidente que la *creación de riqueza* está dando resultados espectaculares y que el país vive un auténtico *boom económico*. Entre 1997 y 1999 la tasa de incremento del PIB (Producto Interno Bruto) aumentó un 3.5% por año, promedio muy superior al de la mayoría de países occidentales. La política monetaria fue igualmente un éxito, y estuvo marcada fundamentalmente por el respeto estricto a los criterios de Maastricht tendentes a reducir la inflación para poder acceder al euro, la moneda única europea: en el año 1997 la moneda española experimentaba una inflación de solamente 1.8%, que era incluso inferior a lo que prescribía la Comunidad Europea. También resultó un éxito (económicamente hablando, claro está) la política de *liberalización y desregulación de los mercados*, donde, al parecer, también se sobrepasaron las normativas dictadas por Bruselas. Numerosas compañías fueron *privatizadas* (tendencia que, como sabemos, había comenzado ya con los socialistas): Argentaria (grupo bancario), Enagás y Repsol (hidrocarburos), Telefónica, Tabacalera, Iberia... Los ingresos obtenidos por estas privatizaciones sirvieron para llenar las arcas del Estado o para revitalizar otras empresas deficitarias. Al comenzar el siglo XXI quedarían muy pocas empresas públicas: Renfe (ferrocarriles), Correos, Radio Televión Española (entidad difícilmnente privatizable, pues es la fuente de la propaganda gubernamental), Efe (agencia de información), la red de Paradores Nacionales y un par de empresas menores. Podemos hacernos una idea de la aceleración del proceso económico y de la fuerte capitalización que se produjo en estos años, si tenemos en cuenta que ya en 1997 el volumen de capital español situado en Europa era superior al capital europeo invertido en España...

También en el plano de lo *social* se puede hablar de éxito, si bien de manera indirecta: el florecimiento económico (y no las medidas del gobierno) produjo una drástica disminución del paro, que bajó del 23% en 1996 al 15% en 2000. Desde el punto de vista de la política social en tanto que tal, será más difícil hablar de éxito, aunque es demasiado pronto para predecirlo: no se han tomado, que sepamos, medidas que mejoren las prestaciones sociales, ni hay una atención preferente al problema social. El *laissez-faire* económico, tendente a hacer tan pequeño como se pueda el papel del Estado, se ha concentrado en la potenciación del mercado. El Estado se está reduciendo a la función de policía del mercado, y no tanto para regularlo como para evitar que se produzcan riñas entre comerciantes.

El gobierno conservador perdió las elecciones parlamentarias de 2004 cuando todos los institutos de la opinión vaticinaban el triunfo. Responsable del fracaso fue el torpe e inmoral manejo informativo del sangriento atentado terrorista cometido por los fundamentalistas musulmanes dos días antes de los comicios (el ministro Acebes sugirió la pista de los terroristas independentistas vascos para no contrariar a una opinión nacional en desacuerdo con la política de intervención en el Irak).

B: SOCIEDAD

La Constitución de 1978 y el funcionamiento de la democracia

La democracia que España estrena a partir de la Constitución de 1978 no es una nueva edición de la democracia, sino, en cierto sentido, la primera democracia que realmente merece este nombre. El elector es, por vez primera, dueño absoluto del proceso legislativo y no mera marioneta movida por los hilos de los poderosos, como era tradición desde la instauración del sufragio universal en la época del caciquismo de la Restauración. Sorprende la radicalidad del pensamiento democrático en una época en que todavía está reciente el recuerdo de la era de Franco. Y gran parte del éxito de la democracia se debe al texto constitucional. Se podrán criticar los gobiernos que pasaron por la Constitución, pero no la Constitución misma, que es un ejemplo de lucidez y equilibrio.

La Constitución de 1978 fue aprobada por unanimidad en las Cortes, pero más unánime fue todavía el voto popular que obtuvo en el referendum del 6 de diciembre de 1978: casi el 90% de los votantes se manifestaron a favor. Básicamente, el texto de la Constitución consiste en establecer una *monarquía parlamentaria* al estilo de las ya existentes en la Europa liberal, aunque con algunos detalles originales para adaptarla a la situación española. Votaron a favor de la institución monárquica incluso los comunistas, que no dudaron en afirmar que la nueva monarquía era perfectamente compatible con la democracia que se quería instaurar. Según la Constitución, el Rey es, al mismo tiempo, jefe del Estado y también jefe supremo de las Fuerzas Armadas, doble función un tanto ambigua y que no era fácil que fuese aceptada por la vieja elite militar formada en los años del franquismo. La soberanía reside en el pueblo, que la delega en sus representantes (diputados) en el parlamento (Cortes). Los diputados de las Cortes son elegidos por *sufragio universal* por todos los ciudadanos mayores de 18 años, pero, para evitar que haya demasiada fragmentación parlamentaria al estilo de Italia, se emplea el *sistema proporcional d'Hont*, es decir, un sistema en que no hay proporcionalidad directa entre el número de votos y el de representantes parlamentarios, de manera que los partidos mayoritarios resultan favorecidos. El presidente de Gobierno es el candidato del partido mayoritario y tiene que contar con la *mayoría absoluta* en las Cortes en una primera votación, o con una *mayoría relativa* en una segunda votación. Para reforzar la estabilidad del Gobierno y evitar que dependa excesivamente de las Cortes, como fue el caso en la II República, está previsto que toda *moción de censura* incluya el nombre del candidato destinado a reemplazar al presidente.

Pasaremos revista a algunos de los 11 títulos de la *Constitución de 1978*. El Título primero («Derechos y Deberes Fundamentales») pone de manifiesto una fórmula de equilibrio para definir el *papel de la religión* en el moderno Estado español: España ya no es un estado confesional, como ocurría en tiempos del franquismo, pero se reconoce la importancia de la Iglesia católica en la sociedad española y el Estado tiene obligación de respetar a la Iglesia como a cualquiera de las demás instituciones ya existentes (partidos políticos, sindicatos...). En este mismo Título se definen los *derechos básicos* de los españoles, que son prácticamente los mismos que los que rigen en cualquier otra moderna sociedad democrática y de los que destacamos el *derecho a la vida* (que incluye la abolición inmediata de la pena de muerte, pero que permite la posibilidad del aborto) y el *derecho a la enseñanza*, artículo muy controvertido que obligaría al Estado a financiar en gran parte la enseñanza media, casi monopolizada por colegios católicos. El Título segundo («La Corona») define la institución de la Monarquía española como *parlamentaria, moderadora y arbitral*. El Rey o Jefe del Estado es símbolo de la unidad y permanencia del Estado, y tiene menos atribuciones que en la mayoría de los países europeos, limitándose a ser la garantía de observancia de la Constitución. De hecho, el puesto del Rey en la nueva Constitución rompe con la tradición constitucional española, que solía hacer del monarca un verdadero presidente del Gobierno. El Título tercero («Las Cortes Generales») y el cuarto («El Gobierno y Administración») se refieren a las funciones del poder ejecutivo (Gobierno) y legislativo (Cortes). Con respecto a este último, el modelo español prevé un *sistema bicameral* (Congreso y Senado), pero las funciones del Congreso son mucho más importantes que las del Senado, que prácticamente se limita a ser a) una especie de *cámara de segunda lectura* (para revisar las leyes aprobadas por el Congreso) y b) a tener ciertas *atribuciones regionales* (sus miembros son elegidos, además de por las circunscripciones provinciales, por las comunidades autónomas). En los títulos sexto («El Poder Judicial») y séptimo («Economía y Hacienda») se definen aspectos pertenecientes a la actividad económica y a las relaciones sociales; destacamos la definición del marco institucional del sistema económico español, que se define como una *economía social de mercado*, de nuevo una fórmula conciliadora que impide los excesos de un capitalismo salvaje. El Título octavo («Organización Territorial del Estado»), fue el que resultó más polémico, pues se trataba nada menos que de romper con el anacrónico centralismo político para reconocer los derechos de las regiones. Después de largas discusiones, se llegó a elaborar una fórmula que establecía diferencias entre las *regiones* y las *nacionalidades* históricas. Galicia, Cataluña y el País Vasco, serían consideradas *nacionalidades* (entidades territoriales que tienen una conciencia nacional desarrollada en términos culturales), mientras que las demás serían consideradas simples *regiones*.

La España de las regiones

Hemos aludido en el capítulo dedicado a la II República al gran problema de las nacionalidades históricas, problema que los republicanos solucionaron en parte concediendo una cierta autonomía política a Cataluña, el País Vasco y Galicia. La guerra civil de 1936 a 1939 paralizó este proceso autonómico, y la larga dictadura de Franco, en que se defendió el más radical centralismo administrativo, no hizo más que exacerbar los ánimos y dividir al país en radicales del centralismo y radicales del nacionalismo.

A la muerte de Franco se plantea el problema una vez más. Es claro que la Constitución de la nueva democracia deberá plantearse como tarea ineludible conciliar la unidad del Estado con el reconocimiento de las realidades regionales, especialmente con aquellas que están cargadas de tradición histórica («nacionalidades históricas»). La Constitución intentará una conciliación entre el principio del *autogobierno* regional y la *solidaridad* entre las regiones. Y para reforzar el principio de *solidadridad,* se entenderá España como una especie de «nación de naciones», un Estado plurinacional en el que la autonomía política de cada región irá acompañada del principio de la *unidad inidisoluble* del Estado español. Junto a este principio de la *unidad*, la Constitución afirma el de la *igualdad*, que reviste una doble dimensión: igualdad entre los ciudadanos del Estado español e igualdad entre las Comunidades Autónomas...

Hablando en concreto: el Estado en su *vertiente centralista* se reserva el derecho de garantizar los principios de la *unidad* e *igualdad antes* mencionados a través de una serie de funciones: 1) relaciones internacionales, 2) defensa, 3) régimen aduanero, 4) comercio exterior, 5) sistema monetario, 6) Hacienda general y deuda del Estado, 7) legislación mercantil, penal, laboral, de la propiedad intelectual y de productos farmacéuticos...

Las demás funciones las realizarán los gobiernos regionales. A partir de la Constitución de 1978 queda el Estado español dividido en 17 *regiones autónomas*: Galicia, Asturias, Cantabria, Euskadi (País Vasco), Navarra, Cataluña, Aragón, La Rioja, Castilla-León, Madrid, Castilla-La Mancha, Valencia, Murcia, Andalucía, Extremadura, Baleares y Canarias. Hay que añadir a esta lista las dos ciudades norteafricanas de Ceuta y Melilla. Como hemos adelantado en el capítulo dedicado a la Constitución, el Título VIII de la misma prevé una división entre a) *nacionalidades históricas* dotadas de una amplia autonomía que se extiende a la política educativa (planes de estudio en lengua vernácula), sanitaria (autonomía de hospitales y servicios de la Seguridad Social) y de orden público (policía autónoma) y b) *simples regiones* de menor autonomía. En realidad, la originalidad y rapidez con que se reconocieron las tres «nacionalidades históricas» tiene su origen en que ya durante la República habían sido aprobados sus estatutos por medio de plebiscito. Andalucía, aunque no estaba considerada propiamente como «nacionalidad histórica», recibió más tarde el mismo nivel de autonomía de las «naciones».

El problema que plantea la descentralización es, en primer lugar, de naturaleza *administrativa.* Se trata de *transferir* poderes a las regiones y a los municipios mediante un largo proceso de negociaciones (que no ha acabado en el tiempo en que escribimos estas páginas) en el que es de destacar el pacto de autogobierno firmado en 1992. Las negociaciones son siempre difíciles, porque el Estado tiene el deber de reducir los desniveles económicos entre las distintas regiones, creando verdaderos lazos de solidaridad entre todos los componentes del Estado. Sin constituir España un país de desigualdades extremas (como lo es la Alemania posterior a la reunificación), es indudable que las diferencias regionales son muy grandes. En 1991, tres regiones superaban la media europea de renta per cápita: Baleares, Madrid y Cataluña. Las regiones más pobres, como Extremadura y Andalucía, no llegaban al 60% del promedio europeo, mientras que Castilla-La Mancha, Galicia, Asturias y Castilla-León se situaban entre el 60% y el 70% del mismo.

La política de *transferencias* puede medirse por la repartición del *gasto público*: mientras que en 1970, en plena era franquista, la administración central gastaba un 90.3% y las regiones el 9.7% restante, en 1982, el primer año del PSOE en el poder, las proporciones fueron ya muy distintas: 79.6% para la administración central y 20.4% para la regional, llegando en 1990 a ser de 65.5% y 34.5% respectivamente. Lógicamente, donde se alcanzan mayores niveles de descentralización es en las regiones que son «nacionalidades históricas», pues sólo la transferencia de la función educativa hace aumentar considerablemente el presupuesto público.

Paralelamente al proceso descentralizador en la economía se ha producido una auténtica *descentralización cultural:* entre 1982 y 1990, el volumen total de publicaciones en castellano aumentó en un 32%, mientras que las publicaciones en catalán aumentaron en un 118% y las publicaciones en gallego nada menos que en un 147%.

La economía después de Franco: riqueza y corrupción

Los últimos años del franquismo y los primeros de la transición a la democracia están marcados por la **recesión económica producida por la guerra árabe-israelí.** La drástica subida de los precios del petróleo incide muy negativamente en la frágil economía española, que, de acuerdo con la *tradición proteccionista* del franquismo, opta por subvencionar la industria para evitar una subida de precios de los derivados del petróleo. Una economía que en principio se consideraba economía de mercado perdía de nuevo sensibilidad ante el mercado y dejaba de reaccionar a las señales de éste. Las consecuencias fueron inmediatas: el mantenimiento artificial de los precios y las continuas subvenciones a las empresas públicas hicieron aumentar considerablemente el *déficit público*. Una segunda consecuencia, más directamente apreciable para el ciudadano de a pie: se pretendía cubrir el déficit público acudiendo no al mercado de capitales, sino al Banco de España, por lo que se alimentaba un fuerte *proceso de inflación*. La fuerte devaluación de la peseta en 1976, aunque favoreció en un principio el aumento de las exportaciones, se quedó prácticamente sin efecto al ser absorbida por el enorme incremento de los precios.

Las primeras medidas de ajuste económico que fueron tomadas se conocen bajo el nombre de ***Pactos de la Moncloa*** (1977) y consisten en un entendimiento entre los distintos partidos políticos (incluyendo el Partido Comunista de Santiago Carrillo) para frenar el proceso inflacionista. Básicamente se reducen a dos puntos drásticos: a) compromiso para *moderar los salarios*, que se orientarían a la inflación prevista y no a la inflación pasada y b) posibilidad del *despido libre*, que permitía una aproximación a la verdadera economía de mercado y posibilitaba la flexibilidad laboral. Naturalmente, los dos puntos representaban una virtual destrucción de las seguridades sociales, por lo que los partidos de izquierdas y los sindicatos exigieron que estas medidas fueran acompañadas de una serie de mejoras en las *prestaciones sociales*.

A pesar del inicial éxito de los *Pactos de la Moncloa*, en 1979 vuelve a producirse la segunda crisis del petróleo, por lo que España de nuevo reincide en los antiguos problemas: déficit público, inflación, desempleo...

La economía que encuentran los socialistas al llegar al poder (1982) no puede ser más desfavorable: inflación del 14% (muy superior a la de los demás países europeos), déficit en la balanza de pagos de 4.000 millones de dólares, y un déficit público que rozaba el 6% del PIB (Producto Interno Bruto). Si se tiene en cuenta que en esta misma época se necesitaba urgentemente una *reconversión industrial* (a la que hemos aludido en el capítulo dedicado al gobierno socialista), se tendrá una idea aproximada del desafío económico que le esperaba al nuevo equipo de gobernantes. Desafío que, como hemos tenido ocasión de ver, podría poner en peligro la base ideológica del partido: una política económica verdaderamente eficiente suponía romper con los principios del socialismo...

La **política económica del gobierno socialista** representa una decidida apuesta por la solución de lo problemas económicos, aun a sabiendas de los riesgos ideológicos que esto suponía. Es verdad que, a partir de 1986, con la caída de los precios del petróleo y la entrada de España en la C.E., la economía tenía que experimentar un respiro considerable. De todas maneras, el esfuerzo económico del equipo gobernante parece indudable. Entre 1986 y 1989 el PIB (Producto Interno Bruto) creció a razón de una tasa media anual del 4.7%, superior a la media europea. La producción industrial aumentó en estos mismos años en un 20% en términos reales, y la renta per cápita española pasó de ser un 71.8% a un 75.9% de la renta media europea. Por último, el mejor indicador con vistas al futuro: el déficit público pasó del 6.9% al 2.8% del PIB en el mismo período de tiempo, con lo que también se contuvo la inflación, que pasó del 8.2% al 6.9%.

Pero en la España gobernada por los socialistas se produce el mayor **fenómeno de corrupción** que conoce nuestra historia. El fenómeno coincide con una época de formación y crecimiento de grandes capitales, de grandes movimientos de dinero. Todo tiene un precio, todo se traduce en pesetas, e incluso las entidades con fines caritativos deciden apostar por la inversión en valores. Paradójicamente, y como ya hemos visto, los años del socialismo están presididos por una potenciación de la economía de mercado (ya hemos aludido a la intensa política de reprivatizaciones del sector público); el Estado, en lugar de hacerse presente para moderar los abusos del mercado, parece estar ausente o incluso potenciar, a través del Gobierno, esta fiebre capitalista.

El gran mundo de la banca tenía sus recelos ante los socialistas en 1982, el año de las elecciones, suponiendo que la llegada al poder de un partido de izquierdas podría propiciar la nacionalización de la banca. Pero no solamente no ocurrió esto, sino que el espíritu mercantilista y financiero propio del mundo de los negocios contagió a los demás sectores de la sociedad y, al parecer, también a los propios gobernantes o a sus colaboradores más inmediatos.

Es difícil saber dónde está el origen de la corrupción, si en la ideología del nuevo partido, que tanto insiste en el pragmatismo político y económico, o en un proceso general de materialismo que contagió por igual a todos los sectores sociales. Si los socialistas querían deshacer esa imagen negativa tradicional tendente a identificar el socialismo con la mala administración, es evidente que lo consiguieron y ya en la primera legislatura, pues los socialistas fueron en seguida identificados con mánagers, con altos directivos empresariales. El superministro Boyer tenía mucho más de empresario, de *broker* o de ejecutivo de una multinacional, que de ministro de un gobierno socialista, y su estilo de vida, los cruceros en yate, la compra de una magnífica residencia en el barrio más *chic* de Madrid o su matrimonio con la multimillonaria Isabel Preysler, le hacían ocupar las primeras páginas de la prensa del corazón. A muchos de los políticos socialistas se les veía alternar gustosamente con la «gente guapa» de la época.

De hecho, el partido mismo funcionaba en parte como un *holding* empresarial: ya antes del triunfo electoral de 1982 y ante la negativa de los socialdemócratas alemanes a seguir regalando dinero a los socialistas españoles, el partido decidió fundar un grupo de empresas que produjeran suficiente dinero para poder autofinanciarse. Las empresas fundadas por el partido, lógicamente, no podían estar a nombre del partido mismo, por lo que se buscaron *hombres de paja* para administrar en nombre propio los nuevos capitales. De esta manera, muchos de los hombres del PSOE conocían muy bien el mundo de los negocios...

Quizás este contacto con el mundo de los negocios es lo que mejor explica la corrupción. Julio Feo, secretario general de la Presidencia del Gobierno, cobraba un sueldo anual de solamente 7 millones de pesetas. Sin embargo, cuando dejó la política, compró una casa valorada en unos 500 millones de pesetas.

Todo podía justificarse en honor a los negocios. Los políticos de este período no tuvieron inconveniente, por ejemplo, en entrar en contacto con un pariente de Kashogui, el célebre traficante de armas y habitual huésped de los saraos de la «gente guapa» de Marbella, para lograr contratos de venta de armamento a Marruecos.

El delito que mejor describe la corrupción es el del *tráfico de influencias*, es decir, la operación de aprovecharse de influencias políticas para realizar negocios a gran escala. Y el mejor ejemplo de tráfico de influencias nos lo ofrece Aida Álvarez, modesta empleada del hogar al servicio de Alfonso Guerra, vicepresidente del Gobierno. Aida pasó en poco tiempo de empleada doméstica a empleada de la Secretaría de Finanzas del PSOE, desde donde pudo establecer contactos entre el mundo de la política y el de los negocios. El fuerte de Aida eran sus contactos con los diversos ayuntamientos del país, donde podía lograr influencias para la adjudicación de obras públicas comunales. Aida Álvarez comenzó su «carrera» de ladrona logrando, a través de sus influencias políticas, un crédito de nada menos que 4.000 millones para realizar una urbanización en Getafe (Madrid). En otras ocasiones llegó a exigir comisiones del 5% para algunas de las operaciones financieras realizadas por las empresas del INI (Instituto Nacional de Industria); las comisiones, en teoría, estaban destinadas a financiar el partido, pero en la práctica eran para su propio bolsillo. Para inspirar confianza en la legalidad de sus negocios, a Aida Álvarez le bastaba mostrar en su despacho fotografías dedicadas de Felipe González y Alfonso Guerra.

Y a propósito de Alfonso Guerra: el escándalo de tráfico de influencias que tuvo mayor resonancia en todo el período socialista fue el protagonizado por Juan Guerra, el hermano del vicepresidente, que llegó a instalar una oficina propia en la Delegación del Gobierno de Sevilla a través de la que tenían que pasar los que solicitaban contratas de obras. A nadie le parecía anormal que el hermano del vicepresidente, que no tenía ningún cargo en esta institución, mantuviese una oficina en ella. Juan Guerra tenía algo de «padrino» mafioso: en su despacho «oficial» recibía muchas visitas en que se alternaban los que mendigaban favores o limosnas, con los que solicitaban contratas millonarias. El escándalo, después de algún tiempo, causó la dimisión de Alfonso Guerra.

Los roces del poder político con el económico llegaron incluso hasta el extremo de favorecer la conversión de una entidad puramente caritativa como la ONCE (Organización Nacional de Ciegos de España) en una verdadera institución capitalista exclusivamente orientada al lucro. Miguel Durán, presidente de la ONCE por la misteriosa muerte de su antecesor (no faltaron acusaciones de crimen), llevó a cabo una lucha implacable contra otras organizaciones caritativas semejantes hasta convertir a la ONCE en un monopolio exclusivo de la lotería de caridad. Para lograr el monopolio necesitó la ayuda del Gobierno, con el que solía mantener contactos para realizar muchos otros negocios multimillonarios. La ONCE, que en épocas anteriores a Durán podía recaudar con su lotería poco dinero, se convirtió en una empresa capitalista más interesada en hacer millones que en la integración social del minusválido o el invidente. La ONCE de Durán llegó a tomar parte en un gigantesco consorcio financiero para constituir un fondo de inversiones, y como los métodos de su presidente no siempre eran los propios del que dirige una institución caritativa, el pueblo empezó a llamar a Durán «Al Cupone» («cupón» = boleto de sorteo)...

Naturalmente, la corrupción no es un fenómeno exclusivamente ligado a la política de los socialistas: el caso Naseiro (financiación ilegal de los partidos) y otros que le siguieron todavía en época de los socialistas, salpicaron igualmente al Partido Popular. No eran los socialistas los inventores de la corrupción política, pero sí los que más sorprendieron al practicarla, pues durante la oposición al régimen franquista parecían tener el monopolio de la honestidad.

C: CULTURA

La novela de los últimos años: Marsé, Mendoza y Muñoz Molina

Juan Marsé es un novelista de extraordinaria originalidad y fuerza creadora. Sus novelas no obedecen a fórmulas estereotipadas, a recetas de moda, y ninguno de sus personajes ha sido tomado prestado de otros autores. Marsé es un novelista de raza, a veces descuidado en el estilo, pero siempre personal y vigoroso. Su estilo es su personalidad, diríamos citando el viejo principio de la Retórica clásica («ut vir, sic oratio»). Acaso esta personalidad se deja explicar si se tiene en cuenta que Marsé es autodidacta, no viene del mundo intelectual de la Universidad, sino del mundo del trabajo.

Marsé nació en Barcelona en 1933, en el seno de una familia humilde. Su formación escolar fue no solamente modesta, sino muy corta, pues se extiende hasta solamente cumplir los 13 años, edad en que la mayoría de los chicos de las clases sociales más humildes solían dejar el colegio y ponerse a trabajar. La formación de Marsé se realiza fuera del colegio, a base de novelas de aventuras, como las del Tarzán de Edgar Burroughs Rice o las de Emilio Salgari. También contribuyó a formar su imaginación literaria el cine de John Ford y Henry Hattaway, así como las grandes comedias de Hollywood deFrank Capra y Billy Wilder.

A partir de los 13 años (entre 1946 y 1959), Marsé tiene que ganarse la vida trabajando como aprendiz de joyería a razón de ocho horas diarias. En alguna ocasión alternó este oficio con el de camarero en centros turísticos como Roses, lo que le permitió conocer el medio social turístico que luego incorporaría a sus novelas. Entre 1957 y 1959 aparecen sus primeros cuentos en la revista literaria *Ínsula.*

A los veintitrés años, y mientras realiza el servicio militar, comienza a escribir *Encerrados con un solo juguete,* novela que presentó al premio Biblioteca Breve de Seix Barral, y que le permitió ser finalista, aunque no ganador.

Entre 1960 y 1962 trabaja en París como mozo de laboratorio en el célebre Instituto Pasteur, y comienza a traducir guiones de cine. En 1964 comienza la redacción de *Últimas tardes con Teresa,* novela que sí alcanzará el Biblioteca Breve en 1965 y que le consagra definitivamente como novelista. Después de esta novela, Marsé se decide a dedicarse exclusivamente a la literatura. *Últimas tardes con Teresa* es la historia del amor entre un muchacho de la clase humilde, «Pijoaparte», y una joven de la alta burguesía, Teresa. La relación es muy desigual, y no solamente por la diferencia de dinero, sino por la ideología de ambos: Teresa pretende sublimar su mala conciencia burguesa acudiendo a la ideología de izquierdas, mientras que Pijoaparte solamente entiende una ideología, la del dinero. Además de esto, es evidente que la diferencia de status económico hace imposible el éxito de la relación: Pijoaparte es un «quiero y no puedo», un pobre hortera pretencioso. Cuando la relación fracasa, el Pijoaparte, pretendiendo compensar su complejo de inferioridad social, roba una moto y se lanza a gran velocidad... hasta ser detenido por la policía de carreteras, que le hace volver a la realidad de su situación social. La novela, además de tener un buen argumento (que ha sido llevado al cine), es una excelente muestra del talento de Marsé para describir ambientes y personajes: las célebres «Ramblas» de Barcelona, los bares, las verbenas, los jugadores de cartas, los estudiantes contestatarios... Pero Marsé no es amigo de largas descripciones; su talento de escritor es verdadero y le bastan pocas palabras y pocos diálogos para captar lo esencial de un carácter, una situación o un ambiente.

Entre 1970 y 1972 Marsé escribe *Si te dicen que caí,* que será su mejor novela (y posiblemente una de las mejores de toda la narrativa castellana de la posguerra) y con la que el gran novelista consigue en México el Premio Internacional de Novela de 1973. Su argumento es un tanto complicado, pues está construido como en un *puzzle* a base de pequeñas historias («aventis») que el lector debe recomponer. En 1970 y en la sala de autopsias de un hospital, dos personajes, Sor Paulina y Nito reconocen los cadáveres de dos antiguos compañeros de juegos infantiles. Sus recuerdos les trasladan a la desolada Barcelona de 1940, en la cual algunos de sus personajes reales parecían salidos de estos «aventis». La novela es una hermosísima reconstrucción de los olores, sabores y sensaciones físicas de los años 40 en Barcelona.

La muchacha de las bragas de oro (Premio Planeta de 1978), es la historia de un viejo escritor de ideología y pasado fascista que vive retirado en un pueblo de la costa escribiendo sus memorias. Un día recibe la visita de su sobrina Marina, a la que no había visto desde hacía mucho tiempo. Al principio la relación entre tío y sobrina es normal, pero poco a poco el tío se va sintiendo atraído por ella hasta culminar en el amor. Al final, el escritor, reconstruyendo detalles de su vida, llega a saber que la joven no es su sobrina, sino su hija... El hilo argumental, que en principio parece un cliché melodramático, es un pretexto para exponer con extraordinaria lucidez la psicología del viejo fascista y los ideales que imperaban en España en los años 40. Marsé es escritor de auténtica vocación realista y no se aventura a escribir aquello que desconoce, por lo que en esta novela, lo mismo que en *Si te dicen que caí,* el verdadero protagonista es el ambiente de la inmediata postguerra.

Muy distinto a Marsé, y también mucho más difícil de definir, es la obra del escritor también catalán **Eduardo Mendoza** (1943). «Soy heredero de todo y rebelde contra nada», confiesa el escritor en una entrevista, frase que puede servir de introducción a una interpretación postmodernista de su obra. En efecto, no parece haber en sus libros un estilo definido, una ideología determinada. Ni conservador ni revolucionario, ni clásico ni moderno, ni castellanista ni catalanista, ni tirio ni troyano. Ni siquiera la recurrente aparición del anarquismo y los anarquistas es tema que pertenezca al credo de Mendoza. Hay siempre en su obra algo de experimental y de ecléctico, como si el autor jugara con sus personajes y con sus ideas. El humor, que en las novelas de Mendoza no puede faltar, hace aún más difícil una interpretación unitaria. Mendoza, al contrario que Marsé, es un escritor intelectual, de gran cultura y de vocación cosmopolita. Un escritor que a fuerza de tomárselo todo en serio ha llegado a tomárselo todo a broma o, por lo menos, a relativizar los valores de la cultura. La cultura le ha hecho escéptico, y su escepticismo se transforma frecuentemente en ironía. A cambio de su mayor riqueza cultural, Mendoza carece de la reciedumbre y autenticidad de Marsé (lo que no anula sus indudables méritos de narrador, de inventor de historias). A pesar de todo, no podemos imaginarnos a Mendoza haciendo otra cosa que escribiendo novelas: Mendoza, lo mismo que Marsé, son dos casos claros de vocación literaria.

La verdad sobre el caso Savolta (1975) es la primera novela de Mendoza que hace saltar su nombre a la fama. Como buena parte de sus novelas, la protagonista de la novela es Barcelona en 1917, en plena efervescencia de los movimientos obreros, especialmente los anarquistas. Un periodista investiga las conexiones entre la patronal y las bandas armadas aparentemente incontroladas y cuyas acciones criminales acabarán por provocar y justificar la dictadura de Primo de Rivera... En principio, la novela había sido concebida como una mezcla de estilos y técnicas muy diferentes, pero el novelista, ante la incomprensión de los editores, decidió reescribirla.

La ciudad de los prodigios (1986) es su novela mejor lograda, y cuenta la historia de Onofre Bouvila, un soñador que trata de huir de su origen rural, escogiendo como destino la Barcelona de 1888, es decir, la Barcelona de la gran Exposición Universal. Onofre conoce a Delfina, la hija del propietario de la posada donde reside e inmediatamente se convierte en el amor de su vida. Inducido por Delfina, Onofre comienza desde abajo, repartiendo folletos políticos anarquistas entre los trabajadores de la Exposición. Pero estamos en la época del gran desarrollo de la burguesía catalana, de la «fiebre del oro» de la bolsa, de la creación de los grandes capitales y Onofre, queriendo imitar el estilo de vida de la burguesía, se convierte en un monstruo de ambición y no desdeñará ascender recurriendo a los negocios sucios, cosa que detesta Delfina. Poco a poco, Onofre se va convirtiendo en una gran figura de la mafia local, extorsionando y asesinando a todo el que puede. Al final, el gran poder de Onofre se ve contrastado por el extrañamiento de Delfina. La novela termina con un golpe de humor de su autor: Onofre desaparece en una máquina voladora de motores atronadores que, después de sobrevolar Barcelona, se precipita en el mar...

La obra literaria de **Antonio Muñoz Molina** (1955) es la más intencionadamente complicada e intelectual. Muñoz Molina construye sus novelas a partir de claves interpretativas que muestran generalmente una psicología muy intelectualizada y sin las cuales sería imposible entender la trama argumental. Este escritor, por lo que ha publicado hasta ahora, que es mucho y de gran calidad literaria, no es un intuitivo al estilo de Marsé, sino un intelectual al estilo de Mendoza, pero todavía con mayor grado de intelectualismo que éste. Educado en la culta Granada, en una de las más ricas tradiciones universitarias de España, en un ambiente donde todavía proyectan sus sombras García Lorca y Manuel de Falla, Muñoz Molina aplica en su obra una cosmovisión que es más el resultado de una rica tradición cultural que de su propia visión del mundo.

La carrera literaria de Muñoz Molina ha sido meteórica. Comenzó con la publicación, a principios de los años 80, de dos series de artículos en forma de diarios que pronto llamaron la atención de la crítica más exigente. Parece que fue el poeta Pere Gimferrer, director de Seix-Barral, el que, impresionado por estos diarios, le encargó la primera novela, *Beatus ille* (1986), que resultó un éxito fulminante. *Beatus ille* es una especie de «viaje a la memoria» (J.C. Mainer), una manera de recuperar el pasado haciéndolo suyo, repitiéndolo con la experiencia personal. La trama argumental, si prescindimos de las truculencias del detalle, es muy sencilla: un joven investigador de la literatura va tras las huellas de un poeta olvidado de la generación del 27 muerto en el año 47. En el transcurso de la investigación se encuentra con un crimen (el de la amante del poeta), que el investigador recompone con detalle, pero que además le lleva a descubrir que el poeta no había muerto, sino que vivía escondiendo su verdadera personalidad bajo otro nombre. Todo este conjunto de ocultaciones y revelaciones simboliza la presencia del pasado en el presente, la renovación del pasado por interiorización. En realidad, el pasado es una especie de invención del presente: del poeta buscado se había perdido su obra o quizás ni siquiera se había escrito...

Un invierno en Lisboa (1987) y *Beltenebros* (1989) son igualmente novelas escritas en clave, son la realidad vista a través de la literatura o, si se quiere más directamente, literatura sobre la literatura. Literatura brillante, pero no muy accesible. Es difícil explicar el éxito de ventas de un tipo de literatura tan intelectual, tan dedicado a las minorías.

El jinete polaco (1991) es una especie de vuelta a los temas de *Beatus ille*: de nuevo el pueblo andaluz (trasunto de Úbeda, lugar de nacimiento del escritor) como escenario de una trama de recuperación del pasado; de nuevo también el tema de la guerra civil y la reivindicación de la ideología de las izquierdas... *El jinete polaco* pasa por ser la mejor novela de Muñoz Molina, la mejor escrita y en la que demuestra mayor sensibilidad. Creemos, sin embargo, que sobran páginas (casi 600 en la primera edición de Planeta), sobran capítulos, sobran palabras. La extraordinaria técnica del escritor amenaza convertirse en verborrea y dejar sin respiración el desarrollo argumental (espléndido, por lo demás).

Carlota Fainberg (1999) es una novela deliciosa en que el escritor no pretende nada extraordinario, y que acaso por esta razón lo alcanza todo. En esta novela no hay retórica: el argumento, que es la narración de las pretendidas aventuras eróticas de un fanfarrón en Argentina, obliga a emplear un estilo coloquial y casi descuidado, de ritmo rápido y escasos recursos retóricos. El autor demuestra también en esta novela un gran sentido del humor: su visión de las modernas corrientes de crítica literaria en los *colleges* americanos es de lo más divertido que se ha escrito en los últimos años.

Es difícil saber qué rumbo va a tomar la obra de Muñoz Molina, si va a seguir en la dirección de *El jinete polaco* o en la de *Carlota Fainberg*. Actualmente empiezan a oírse voces críticas, manifestaciones de cansancio ante una literatura tan en clave. También el estilo del autor, rico y jugoso desde el punto de vista léxico, pero complicadamente barroco en la sintaxis, comienza a tener sus críticos. Muñoz Molina, aunque prodigiosamente dotado para la literatura, ha abusado de sus propias dotes. Hay un cierto exceso de retórica, de palabras inútiles, de imágenes desgastadas, de un torrente verbal que a veces puede entorpecer la comprensión de unas tramas argumentales y de unos ambientes verdaderamente logrados.

El cine de Almodóvar

Difícil presentar el fenómeno Almodóvar. Se trata de un torbellino de ideas, de una revolución en el montaje escénico, de un ritmo de acción que produce vértigo. Almodóvar es un director de personalidad única, para lo bueno y para lo malo. Autodidacta, despreciador de las reglas, intuitivo, rápido, nervioso, sorprendente. En su filmes hay siempre algo que narrar, nunca decae la acción, que puede llegar a producir confusión en el espectador contemplativo. No podemos imaginarnos otra ocupación para él: Almodovar es el director nato.

Almodóvar nació en 1949 en Calzada de Calatrava, provincia de Ciudad Real. A los 8 años emigró con la familia a Extremadura, donde realizó los estudios de bachillerato en un colegio de Salesianos. Dos experiencias de su juventud merecen ser tenidas en cuenta: la presión castrante del entorno familiar, especialmente de su madre, que todo se lo prohibía, y la atmósfera irrespirable de disciplina y fanatismo religioso en el colegio de Salesianos. El niño Almodóvar era, al contrario de lo que parecen sugerir sus películas, tímido, retraído, amigo de lecturas y de pronunciar largos discursos a los mayores. Según manifestaciones del propio Almodóvar, el trabajo en la escena fue una continuación de aquella necesidad de hablar a los demás, de contar los propios problemas...

A los 16 años fue a Madrid completamente solo, dispuesto a estudiar en la Escuela de Cine a cualquier precio. Pero justamente entonces el régimen de Franco acababa de cerrar la Escuela de Cine, por lo que Almodóvar tuvo que aprender su oficio de forma completamente autodidacta. Durante 12 años trabajó en la Telefónica como auxiliar administrativo, conformándose con las noches y los días festivos para sus primeros ensayos cinematográficos, que realizaba rodando modestas películas en una cámara de Súper 8. La sociedad que Almodóvar conoce a través de su trabajo en la Telefónica, así como sus contactos con grupos de música *underground*, parecen ser la fuente de inspiración del artista.

Sus primeros filmes en Súper 8, casi siempre cortometrajes, muestran ya tres características casi permanentes del cine de Almodóvar: a) *tendencia a narrar historias*, no a describir ambientes, paisajes, etc., b) *situaciones y ambientes underground*, esto es, anticonformistas, heterodoxos y hasta provocativos y c) una cierta dosis de *humor negro*, de sarcasmo y hasta de preferencia por lo grotesco. Se trataba, naturalmente, de filmes rodados para festivales de aficionados y que carecían de los más elementales medios técnicos. Como las cintas eran mudas, en ocasiones el mismo Almodóvar se colocaba al lado del proyector y hacía las voces de todos los personajes que entraban en el film, sin olvidar el acompañamiento musical, para el que se servía de un rudimentario magnetofón.

El primer film auténtico, aunque rodado en condiciones muy primitivas, llega en 1980: *Pepi, Luci, Bom y otras chicas del montón*. El paso del Súper 8 al auténtico film fue un parto difícil: Almodóvar pudo contar solamente con medio millón de pesetas, cantidad ridícula incluso en aquel tiempo, y que obligó a trabajar gratis a los actores; Almodóvar podía rodar solamente en los fines de semana, y ni siquiera en todos, sino cuando quedaba dinero; casi todos los actores carecían de experiencia; el material de cine era de lo más primitivo... La historia narra la amistad entre tres mujeres de una sexualidad poco definida (aspecto típico en los personajes de Almodóvar). Una de ellas, casada con un policía autoritario, decide compartir las preferencias sexuales de sus amigas y emanciparse, pero al final prefiere volver con su marido, que comprende que debe maltratarla físicamente para hacerla feliz... La película contiene ya *in nuce* todos los ingredientes que van a hacer famoso a Almodóvar: homosexuales, lesbianas, masoquistas, coprófilos, exhibicionistas..., y todo ello mezclado con la mayor naturalidad, como si el mundo consistiera solamente en individuos de estas tendencias. El propósito del film es provocar, llamar la atención, atraer a base de cosas chocantes, como el concurso de erecciones que tiene lugar en medio de la película, sin guardar relación alguna con el argumento. (Por cierto que el título inicial de este film era el de *Erecciones generales*...). Almodóvar parece ya en este primer film estar convencido del principio de que la normalidad no tiene historia, de que la vida normal y plana de los neorrealistas no es adecuada para construir un film.

Laberinto de pasiones (1982), aunque todavía rodado en condiciones materiales muy difíciles, tenía un presupuesto de 20 millones y permitió a Almodóvar mejorar sensiblemente la parte técnica. Como es habitual, todo o casi todo es de Almodóvar, desde el guión hasta alguna de las canciones. El argumento, del que ofrecemos aquí solamente el comienzo, intenta igualmente la provocación mediante el escándalo sexual: Sexilia, hija de un ginecólogo especializado en la inseminación artificial y la concepción en probetas, se somete a una sesión de psicoanálisis para curarse la ninfomanía, pero el psicoanalista no le sirve de nada, entre otras cosas porque está enamorado... ¡del padre de Sexilia! Con estos y otros recursos tremendistas construye Almodóvar un film de argumento archicomplicado, trepidante de acción, siempre entretenido y hasta brillante, pero incapaz de ocultar la debilidad de base. Y es que el gran talento de Almodóvar se queda en su arte inigualable de creador de escenas, de situaciones, pero escenas en definitiva carentes de conexión, de sentido unitario. La caracterización psicológica no va más allá de las escenas aisladas...

¿Qué he hecho yo para merecer esto? (1984) es ya un film de madurez. Según algunos, el mejor film de Almodóvar. Es también un film cuyo argumento puede resumirse en pocas líneas sin por ello sacrificar nada esencial: Gloria, la protagonista, una mujer doblemente frustrada por la incomprensión e intolerancia de su marido y por una pobreza que la obliga a trabajar sin descanso como empleada doméstica, mata a su marido en el transcurso de una violenta discusión. No se logra descubrir al autor del crimen y, ante las dificultades que se avecinan, su suegra y su hijo mayor deciden irse a vivir al pueblo de la abuela. Ante la casa vacía, la protagonista siente también su vida vacía y cuando está ya a punto de arrojarse por el balcón, regresa su hijo menor al piso y la reconcilia con la vida. La existencia de Gloria tiene de nuevo un sentido... Es verdad que tampoco en este film renuncia Almodóvar a las truculencias relacionadas con los escenarios *underground*: la vecina de Gloria es prostituta, su hijo mayor (14 años) trafica con drogas, su hijo menor (12 años) se acuesta con los padres de sus condiscípulos... Pero se trata de situaciones tangenciales al argumento principal, cuyo fondo humano es indudable. De todas las películas de Almodóvar, ésta es la más humana, la que menos necesita de trucos para convencer. Es, también, la más próxima al neorrealismo, como reconoce el mismo Almodóvar en alguna ocasión.

Mujeres al borde de un ataque de nervios (1987) es una comedia ligera en que, excepcionalmente, Almodóvar no recurre al mundo grotesco de las perversiones sexuales. La trama, como suele ser habitual en Almodóvar, es demasiado complicada para poder resumirla en pocas líneas. Ligeramente inspirada en *La voix humaine* de Cocteau, narra la historia de una mujer que, aunque abandonada por su amante, sabe advertirle a tiempo del peligro que corre: su primera mujer, completamente loca de celos, pretende matarle al saberle en compañía de otra. La protagonista, interpretada como casi siempre por una brillantísima Carmen Maura, está muy bien caracterizada, pero los personajes secundarios, los que complican la trama, carecen de psicología, dan la impresión de comparsas improvisados para engordar el hilo argumental. La crítica, creemos, ha sobrevalorado excesivamente este film.

Kika (1993) es un film muy difícil de clasificar. Es una historia que tiene mucho parentesco con el género policíaco (el descubrimiento de una serie de crímenes cometidos por un escritor de novelas policíacas que va matando a todas sus mujeres o amantes), pero también con el género sentimental (que en Almodóvar no es nunca «sentimental» a secas, sino «erótico-sentimental») e incluso tiene parentesco con el humor y la preferencia por las situaciones grotescas (como la del violador al que tienen que separar los policías de su víctima en medio del acto sexual)... La película está construida de manera deliberadamente heterodoxa y consta de numerosas escenas que forman una especie de *collage* o de *puzzle*. El problema de este film no es el argumento en sí, complicado pero muy original y bien articulado, sino el hecho de que Almodóvar prescinda de todo soporte realista y construya sus personajes un poco en el aire, como castillos de naipes. Almodóvar no sabe que es mucho más difícil construir con materiales reales que con ideas salidas de la pura fantasía. La imaginación de Almodóvar construye sus argumentos con la libertad que facilita la inexistencia de la psicología. Es una imaginación fácil, con la que se pueden construir muchos argumentos en poco tiempo.

Todo sobre mi madre (1999) es uno de los mejores filmes de Almodóvar, al menos desde el punto de vista de la técnica, del ritmo escénico, de la perfección de la fotografía... El argumento, sin embargo, no sabemos si considerarlo perteneciente a la parodia o al género serio: la puta buena que decide sacrificar su vida para cuidar un niño de otra (y todo acompañado del obligado ambiente de prostitutas, ninfómanas, drogadictos, homosexuales, transexuales, etc.) puede ser entendido un poco en broma, y en este caso tomamos nota simplemente del ambiente; pero puede ser tomado también en serio, y en este caso constituye un delito de mal gusto, resulta un *kitsch* sentimentaloide. Preferimos tomarlo a broma y no acusar a Almodóvar de sensiblero y vulgar.

Con la película *Hable con ella* (2003) parece alcanzar Almodóvar la madurez. Es el más humano de todos sus filmes, además de ser el más «normal». El guión, original del mismo Almodóvar, es la historia de un enfermero, Benigno, encargado de cuidar pacientes en estado de coma. Benigno está enamorado de su hermosa paciente, hasta el punto de abusar de ella aprovechando su inconsciencia y hacerle un hijo. Benigno es descubierto y condenado a prisión, pero, no pudiendo soportar la lejanía de su amor, decide poner fin a su vida. El personaje de Benigno –apasionado, ingenuo, soñador, infantil, inconsciente–, provoca la simpatía del espectador, que no duda en considerarlo moralmente inocente. La humanidad del argumento, esta vez completamente libre de todo *kitsch*, supera incluso la técnica, con ser ésta muy grande. Acaso este film inicie una nueva etapa en el genial director de cine.

Es de lamentar que el cine de Almodóvar, con pocas excepciones, suela tener una sola preocupación, mejor dicho, obsesión: el *sexo*, especialmente el sexo en alguna de sus formas «anormales». A Almodóvar no le interesan las contradicciones de la sociedad contemporánea, los problemas derivados del capitalismo y la globalización, la manipulación de la opinión pública, el consumismo, la degradación ecológica, la idiotización programada desde el poder, el influjo del mundo tecnocrático... Y es lástima, porque el talento del gran director de escena habría dejado unos filmes inolvidables retratando los verdaderos problemas de la sociedad de su tiempo. Debemos suponer en las obsesiones sexuales del autor un mínimo de *sinceridad*, de proyección de sus propios problemas en sus filmes (hemos aludido a la «castración» del niño Almodóvar y a sus padecimientos como alumno de los Salesianos). Pero podemos suponer también un cierto *oportunismo*, un aprovechamiento de los traumas de juventud para llamar la atención, para tener éxito en una sociedad igualmente castrada que apenas se ha liberado de la omnipresencia cultural del franquismo. Y podemos sospechar todavía lo peor: un *talento comercial* innato dispuesto a aprovechar estos traumas propios y comunes a gran parte de los españoles para convertirlos en mercancía, para hacer que el éxito de público tenga una recompensa económica. A Buñuel no le importaba que sus filmes no tuvieran éxito, que tuvieran que exhibirse frecuentemente en salas especiales. De hecho, el surrealismo fue siempre un arte de minorías dispuesto a luchar contra buena parte de ese mismo público al que se dirigía. Al contrario de Buñuel, Almodóvar no solamente no lucha, sino que hace todo lo posible por ganarse al público, por conquistar las taquillas. Es verdad que no hay arte sin público, pero que el público llegue a ser elemento tan importante, se nos hace muy sospechoso.

CARTOGRAFÍA

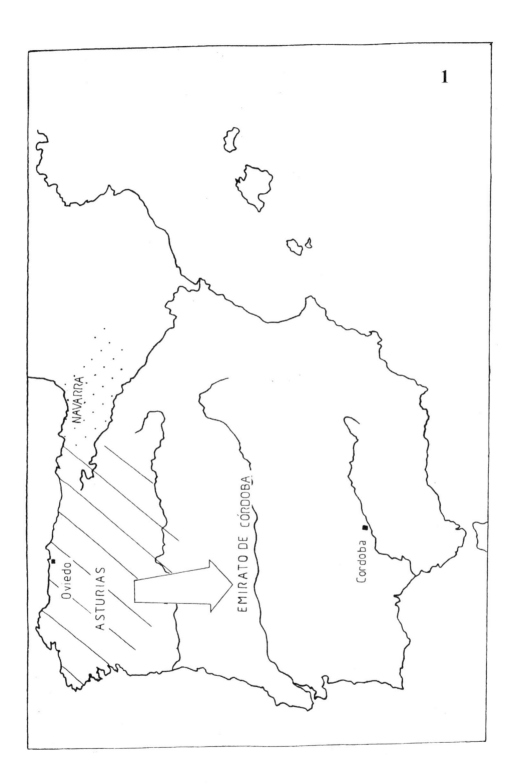

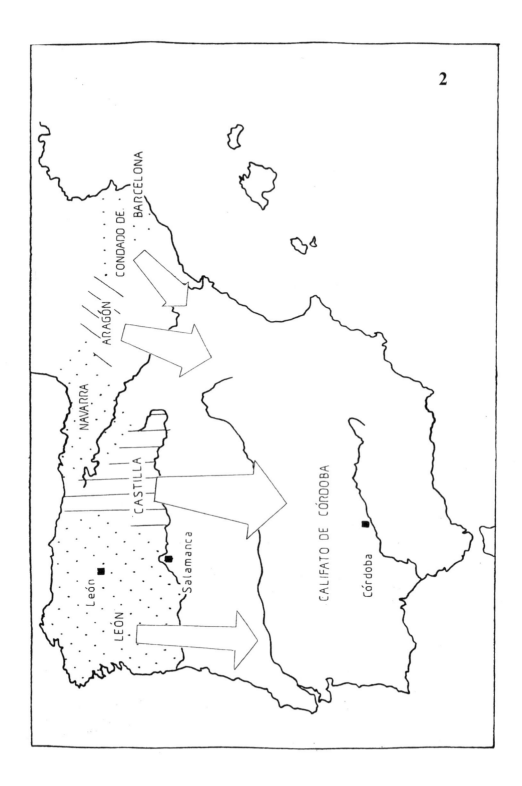

2

CONDADO DE. BARCELONA

ARAGÓN

NAVARRA

CASTILLA

LEÓN

León

Salamanca

CALIFATO DE CÓRDOBA

Córdoba

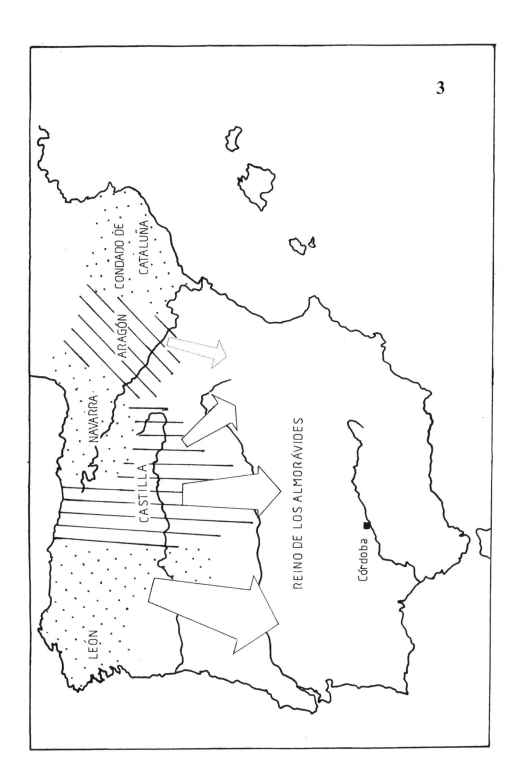

3

LEÓN

NAVARRA

CASTILLA

ARAGÓN

CONDADO DE

CATALUÑA

REINO DE LOS ALMORÁVIDES

Córdoba

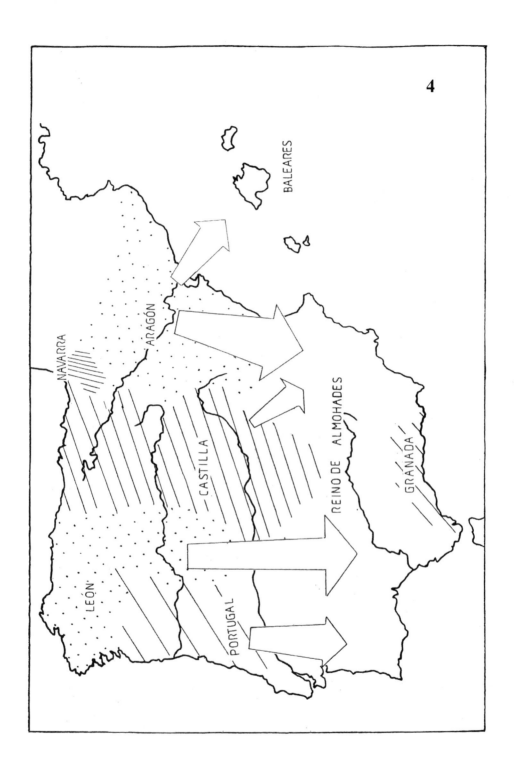

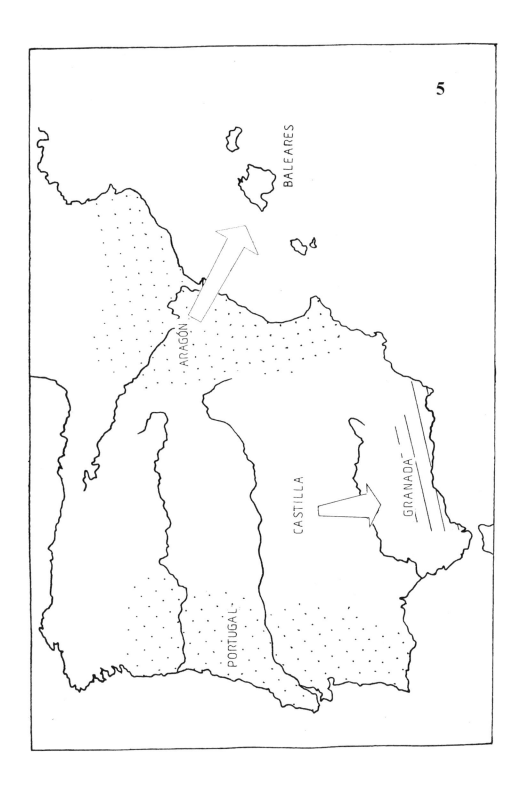

5

BALEARES

ARAGÓN

CASTILLA

GRANADA

PORTUGAL

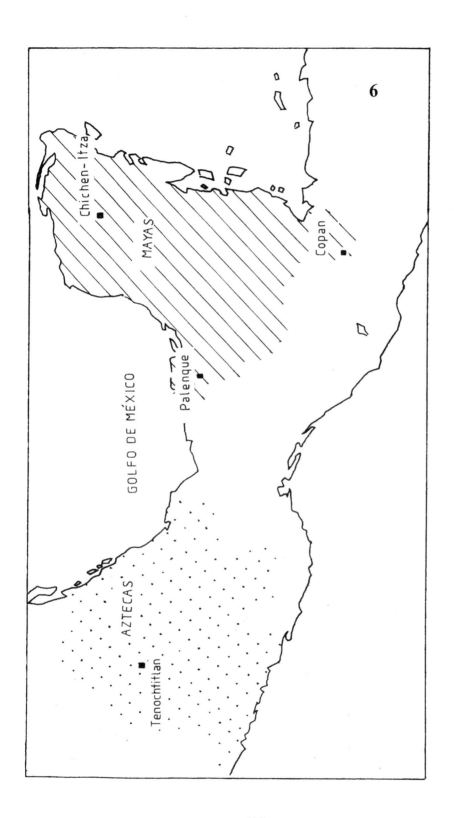

6

Chichen-Itza

MAYAS

Copan

GOLFO DE MÉXICO

Palenque

AZTECAS

Tenochtitlan

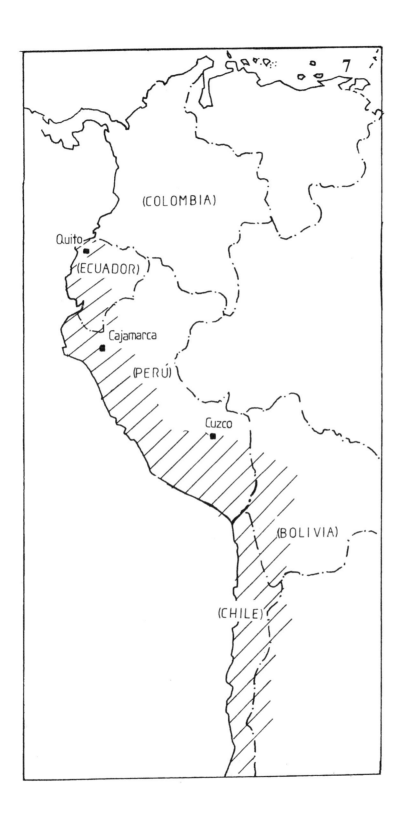

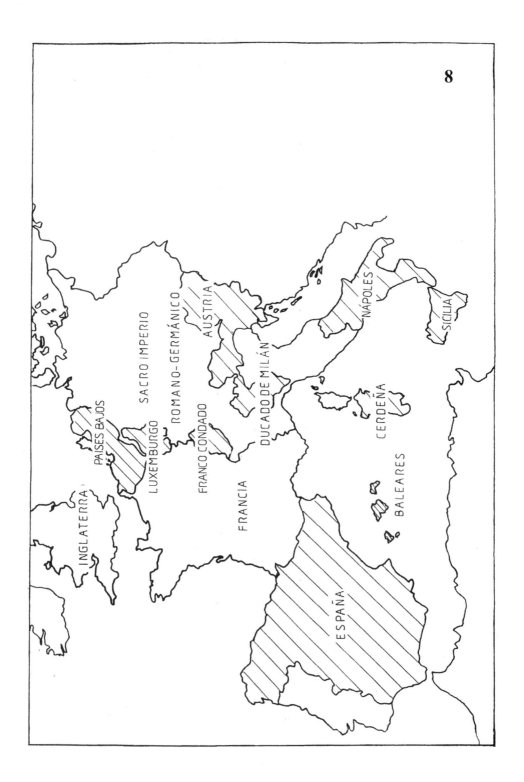

8

INGLATERRA

PAISES BAJOS

SACRO IMPERIO

ROMANO-GERMÁNICO

AUSTRIA

LUXEMBURGO

FRANCO CONDADO

DUCADO DE MILÁN

NÁPOLES

SICILIA

CERDEÑA

FRANCIA

BALEARES

ESPAÑA

Matthias Karmasin
Rainer Ribing

Die Gestaltung wissenschaftlicher Arbeiten

WUV 2002. 3., vollst. überarb. Auflage
102 Seiten, broschiert
ISBN 3-85114-698-0
EUR 10,– / sFr 18,30

Alle notwendigen Techniken und Hilfsmittel für die inhaltliche und formale Gestaltung einer wissenschaftlichen Arbeit: Von der Themen- und Betreuerfindung, dem Aufbau einer wissenschaftlichen Arbeit bis zur Anleitung der Gestaltung mit Microsoft Word. Mit Tipps und Tricks für das Präsentieren und Vortragen.

„Kompakter, praxisorientierter und vor allem übersichtlicher Leitfaden zur inhaltlichen und formalen Gestaltung wissenschaftlicher Arbeiten."

Thorn, ekz

  www.facultas.at

Mira Kadric
Klaus Kaindl
Michèle Kaiser-Cooke

Translatorische Methodik

Basiswissen Translation 1

WUV 2004
159 Seiten, broschiert
ISBN 3-85114-863-0
EUR 12,90 / sFr 23,50

„Es ist den drei AutorInnen gelungen, ein lesefreundliches, leicht verständliches Lehrbuch zu entwickeln, das das Bewusstsein für die Komplexität des Übersetzens/Dolmetschens in unserer globalisierten Gesellschaft schafft und das die grundlegenden Fähigkeiten und Fertigkeiten für professionelles translatorisches Handeln sehr gut vermittelt." VÜD Informationsbrief

Dieses manual bietet einen umfassenden Einblick in die Grundlagen des Übersetzens und Dolmetschens und richtet sich sowohl an Studierende als auch an Lehrende der Translationswissenschaft. In insgesamt neun Kapiteln spannt sich der thematische Bogen von den allgemeinen Grundlagen der transkulturellen Kommunikation und praxisnahen theoretischen Ansätze über translationsrelevante Textanalyse, Auftragsabwicklung und Fachkommunikation bis hin zu gesellschaftlichen und berufsethischen Aspekten. Zur Lösung der translationspraktischen Fragen stellt das Buch entsprechende Analyseinstrumentarien und Entscheidungskriterien zur Verfügung.

Der Band vermittelt Studierenden auf anschauliche Weise das für eine professionelle Berufsausübung wesentliche translatorische Basiswissen.

Lehrenden bietet er ein tragfähiges Gerüst für die systematische Vermittlung von Praxiswissen.

www.facultas.at